经典教材教参系列

人类行为与社会环境

（第二版）

Human Behavior in the Social Environment

汪新建 主 编
管 健 吕小康 副主编

天津出版传媒集团
天津人民出版社

图书在版编目(CIP)数据

人类行为与社会环境/汪新建主编. --2版. --天津:天津人民出版社,2016.6(2025.7重印)
经典教材教参系列
ISBN 978-7-201-10491-1

Ⅰ.①人… Ⅱ.①汪… Ⅲ.①社会人类学—教材
Ⅳ.①C912.4

中国版本图书馆CIP数据核字(2016)第120520号

人类行为与社会环境(第二版)

RENLEI XINGWEI YU SHEHUI HUANJING(DI ER BAN)

出　　版　天津人民出版社
出 版 人　刘锦泉
地　　址　天津市和平区西康路35号康岳大厦
邮政编码　300051
邮购电话　(022)23332469
电子信箱　reader@tjrmcbs.com

策划编辑　王　康
责任编辑　王　琤
封面设计　王　烨

印　　刷　天津新华印务有限公司
经　　销　新华书店
开　　本　710毫米×1000毫米　1/16
印　　张　30
插　　页　2
字　　数　450千字
版次印次　2016年6月第2版　2025年7月第7次印刷
定　　价　75.00元

第一版序

本书从酝酿到最后定稿大约有三年多的时间,经历了反复商讨大纲、多次征询专家意见和几度修改书稿的过程。

“人类行为与社会环境”课程的内容在社会工作专业知识体系中占有十分重要的地位。社会工作者以各种方式帮助人类与环境进行着多样而复杂的交流与融合,通过对具体问题的关注和解决,帮助个人或群体适应和调整社会关系、发现和利用社会资源、改善社会环境,以满足案主的需要、提高案主的社会功能,从而改善其现实生活。专业的社会工作者,应当充分认识到社会环境的复杂性、人类存在的多样性和人类行为的多层面性,同时充分认识到人类受环境影响和如何改变这种影响的能力的复杂性。因此,对人类行为与社会环境基本关系的研究和掌握,是社会工作专业化和职业化的必经之路,也是成为一名合格的社会工作者的必经之路。

美国的社会工作教育委员会在《社会工作教育中学士学位课程指导方针声明》(Curriculum Policy Statement for Baccalaureate Degree Programs)中对本科阶段的社会工作课程作了如下规定:“社会工作教育必须提供有关人类生物(生理)—心理—社会(bio-psycho-social)发展的理论和知识,包括有关个体赖以生存的种种社会系统(家庭、群体、组织、制度和社区)的理论和知识。人类行为与社会环境课程,必须提供对人类生理、社会、心理和文化系统的双向及多重互动关系的理解,以及对它们与人类行为之间的相互影响的理解;必须体现社会和经济力量对个体和社会系统的影响;必须呈现系统如何促进或妨碍人们达到和维持最优健康和幸福状态的内容;必须包括与生物—心理—社会理论有关的价值观和伦理问题;必须教会学生如何评估理论并将理论运用于案主的情境。”(CSWE,1994)对硕士阶段的课程要求基本与此一致。同时，该声明还要求人类行为与社会环境课程中必须包括以下内容：①社会工作价值观与伦理；②多样性；③社会及经济公正；④危险人群。借鉴上述课程指导方针，并结合我国社会工作的推行、研究和教学的实践经验，我们认为，我国的人类行为与社会环境课程必须包含以下基本内容：①介绍有关人类行为与社会环境及其相互影响的关系的基本理论；②提供有关个人成长的基本知识及各成长阶段可能面临的生理、心理和社会问题，分析可能的危险人群的特征和形成原因；③体现社区、社会和文化等制度性、结构性因素对个体的影响作用，分析其对促进或妨碍人们达到和维持健康和幸福状态的具体功能；④体现对社会弱势群体的关注，表明社会工作追求社会及经济公正的价值取向；⑤贯穿对社会工作学习者的基本价值观和专业伦理的培养；⑥体现多元文化对社会工作实践的不同要求，并提供跨文化的视角和案例资料。

我们希望，通过在教材编写视角和体例安排上的探索，能够为本科阶段的学生提供一本兼顾和融合专业性与可读性、理论性与操作性、本土性与国际性、经典性与时代性的入门教材，为培养高水平的专业社会工作者作出贡献。

本书由汪新建任主编，管健、吕小康任副主编，写作的具体分工为：第一章，汪新建、吕小康；第二章，管健；第三章，吕小康；第四章，吕小康；第五章，汪新建、吴清；第六章，付翠；第七章，俞容龄；第八章，管健、徐德胜；第九章，付翠。此外，徐德胜在协助主编统稿方面做了大量工作。

真诚希望同行们对本书提出批评意见。

汪新建

2008 年 3 月于南开大学

第二版序

本书自2008年首版以来，承蒙国内学界同行的厚爱，已为不少院校采用为社会学、社会工作及相关专业的指定教材，并得到了诸多热心的鼓励与中肯的建议。同时，结合我校社会工作专业常年开设“人类行为与社会环境”课程并使用本教材的教学经验，我们也进一步总结了首版的得失，认为有必要在坚持原版基本体例的基础上，根据我国社会工作发展的新形势和当下社会工作课堂教学的新特点对原版作出与时俱进的修订。为此，在天津人民出版社的大力协助下，本书的第二版以全新的面目与读者见面了。

再版的最大变化在于补充更新了诸多新的章节。在本书第一版中，正文内容总共分为九章。在历年的教学实践中，我们发现原来的划分可能太过笼统，可以进一步细化。故在新版教材中，将正文内容划分为十三章。其中，第二章“人类行为的基本理论”为新增章节。我们认为，原教材对于人类行为的一些基本理论介绍得过于简单，有必要提供更加全面和深入的介绍，故新增此章节。第三章“人类发展的生物学基础”也是新增的章节，旨在加强对社会工作的基础生物学知识的教育。由于我国的社会工作专业在招生时多局限于从传统意义上的“文科”招生，故需加强这方面的知识，从而使学生更准确地了解人类行为的生物学原理。另外，我们将一些发展阶段作了更为细节的区分，以容纳更多的篇幅，介绍人类行为与社会环境更多的侧面。读者可以浏览目录了解详细的内容，这里不再赘述。

再版的第二个特色在于大幅度地提高了本书的可读性。针对第一版中图片和背景资料较少的缺点，在修订过程中我们花了很多的精力，搜集重点人物、核心理论、重要实验的知识背景、现场图片和示例图片，以增强学生对相关知识点的感性认识，并启发学生主动学习的兴趣。同时，在各章节的最后，我们都列出了该章的推荐阅读书目，以便学生按图索骥，找到相应的专著进行更加深入的研读，以拓展自己的学识和视野。

本书由汪新建任主编，管健、吕小康任副主编，各章节的具体分工如下：第一章，汪新建、吕小康；第二章，吕小康；第三章，王乃磊；第四章，王丛；第五章，汪新建、冯建新；第六章，管健、王源；第七章，管健、艾利菲热；第八章，王骥；第九章，孙思玉；第十章，程婕婷；第十一章，汪新建、吉芸平；第十二章，陈子晨；第十三章，汪新建、张东书。

全书各章中"对社会工作实务的建议"均由蔺文钧撰写；同时，她还参与了第三至十三章各发展期中涉及的"相关问题"节次内容的规划或撰写。另外，南开大学周恩来政府管理学院博士研究生柴民权、硕士研究生曹松峰在书稿的组织沟通协调和文字、图片及格式的校对方面也做了大量的工作。

感谢天津人民出版社王康编辑的细心工作，才使本书的再版得以顺利面世。

限于时间与编者的水平，本书一定还存在这样那样的不足。欢迎教材的使用者在使用过程中积极提出批评建议，以便再版时更正补充。

汪新建

2015 年 4 月 25 日

目　录

第一章
导论

研究人类行为与社会环境的相互关系，既是其他诸多学科的核心议题，也是社会工作专业的基础性工作。作为社会工作专业的基础课程之一，“人类行为与社会环境”课程介绍的相关知识，都是专业的社会工作者所必须认真学习和掌握的。在本课程中，你将了解到人类行为与社会环境的互动关系，学习到迄今为止人们提出的种种认识人类行为的基本理论观点，意识到个人在毕生的成长历程中可能面对的生理、心理和社会问题，并树立起专业社会工作的基本价值理念和职业操守，从而为日后从事社会工作实务积累基本的专业知识和奠定坚实的理论基础。

第一节　课程宗旨、学科地位与内容概要

一、行为与环境的内涵

（一）行为

行为最简洁的定义是主体的活动，它是主体对环境的反应。在本课程中，我们讨论的行为都限于人类的行为。因此，这里的主体就是人类本身。主体既可以是单个的人，也可以是由多个人组成的群体或组织。社会工作的对象，既可以是直接的个人（微观社会工作实务），也可以是群体或组织（中观或宏观社会工作实务）。主体的活动既可以是外显的、可直接观察的，如朗读、跑步、饮水、交谈、比赛等，也可以是内在的、不可直接观察的，如思想和心理过程等。狭义的行为通常只包括外显的活动，心理学中的行为主义流派，就将行为定义为由外界刺激引起的可观察和测量的外在反应；广义的行为则包括两方面的活动。在现实的生活中，两者其实是不可分割的。社会工作者在接触案主时，不可能只重视案主的外显行为，而忽略其内心感

受、精神追求等内在的活动。行为具有适应性、多样性、变化性等特征,人类的行为是对环境的适应,它同时具有多重的层面,在不同的年龄阶段和社会历史阶段又会呈现出不同的特点。

总体而言,行为可以包含生物、心理和社会三大层面。行为的生物层面或生理层面是指人类的行为模式受到基因即遗传因素和生物系统的影响。所谓生物系统,包括生物化学系统、细胞系统、器官系统等,它们的任何变化都会导致系统内外的相应变化,从而影响到个体的行为。在本书后续章节中,我们将详细分析在不同阶段个体可能遇到的生理问题及其应对方式。

心理可以被看作一种内在的行为方式。行为的心理层面主要包括心理过程和心理结构两个方面。心理过程指的是认识、意志、情绪与情感等一系列的心理活动。其中,认识过程是对客观事物本身的品质和属性以及它们之间的联系和关系的反映过程,是人们获得知识和应用知识的过程或信息加工的过程。认识过程是人最基本的心理过程,包括感觉、知觉、记忆、想象、思维和语言等。意志过程是认识活动的能动方面和自觉的调节方面,是指人们在社会实践中,为达到既定目的而采取的自觉行动,包括自觉地确定行动的目的、有意识地支配和调节其行动以实现目的的心理现象。意志受情感的影响,也是认识过程进一步发展的结果,对人们的社会实践具有积极的促进作用。而情绪和情感,是伴随着认识活动和意志行动而出现的,是指人们对于客观事物是否符合自己的需要所产生的态度的体验。它具有独特的主观体验形式和外部表现形式,具有极为复杂的神经生理和生化的机制,包括有机体在心理和生理许多水平上的整合。情绪和情感在人的心理生活中有着广泛的影响,并在人的生活中起着十分重要的作用。心理结构主要包括个性倾向性和个性心理特征两个方面。个性倾向性是指一个人所具有的意识倾向,也就是人对客观事物的稳定的态度。它是个人从事外在活动的基本动力,决定着一个人的行为方向,其主要成分包括:需要、动机、兴趣、理想、信念和世界观等。个性心理特征是一个人身上经常表现出来的本质的、稳定的心理特点,主要包括能力、气质和性格等。其中,能力是使人能成功完成某项活动所必须具备的心理特征,气质是个人生来就具有的心理活动的动力特征,而性格是个人对现实的稳定的态度和习惯化了的行为方式。

行为的社会层面是指所谓个体的行为其实是个体与社会互动的结果,而并非纯然“个体”的行为。许多社会因素,如家庭、社区、群体和组织(例如同辈群体、亚文化群体、种族、会员俱乐部、工作单位等)、社会制度(如经济制度、政治制度、教育制度、福利制度等)、重大社会事件(如种族冲突、战争、金融危机、恐怖事件等），都对个体的行为起到种种制约、规范或引导等作用，影响个体的行为方式和身心健康状态。事实上，许多个体问题的产生，往往是社会因素作用的间接结果。社会因素可以以突发事件方式，在短时间内改变人们的行为方式。这方面一个典型的例子，就是2001年美国的"9·11"事件，这一恐怖事件极大地影响着美国民众和其他国家民众对生命安全感的需求和认知方式。类似地，2003年我国的SARS事件，同样是在一定时期内形成了全国范围的恐慌，人们的交往方式、出行方式和其他生活方式也都在短期内发生了剧变。但更多地，社会因素是通过社会化过程潜移默化地影响着个体的行为。

（二）环境

"环境"一词是个相对的概念，一般是指围绕某个中心事物的外部世界。中心事物不同，环境的概念也就随之不同。在最广泛的意义上，环境是指影响生物的所有因素和条件。就人类而言，环境可以区分为自然环境和社会环境，是围绕着生物圈的空间和其中可以直接、间接影响人类生活和发展的各种自然因素和社会因素的总和。其中，自然环境是社会环境的基础，而社会环境又是自然环境的发展。

自然环境是环绕人们周围的各种自然因素的总和，如大气、水、植物、动物、土壤、岩石矿物、太阳辐射等。这些是人类赖以生存的物质基础。通常把这些因素划分为大气圈、水圈、生物圈、土壤圈、岩石圈等五个自然圈。人类是自然的产物，而人类的活动又影响着自然环境。

社会环境是在自然环境的基础上，人类通过长期有意识的社会劳动，加工和改造的自然物质、创造的物质生产体系、积累的物质文化等所形成的环境体系，是与自然环境相对的概念。社会环境一方面是人类精神文明和物质文明发展的标志，另一方面又因人类精神文明的演进而不断地丰富和发展。所以也有人把社会环境称为文化—社会环境。按社会环境所包含的要素的性质可分为：①物理社会环境，包括建筑物、道路、工厂等；②生物社会环境，包括驯化、驯养的植物和动物；③心理社会环境，包括人的行为、风俗习惯、法律和语言等。更通俗地讲，社会环境包括了家庭、学校、工作单位、政府等实体组织以及风俗、伦理、法律等社会文化和制度等所有人类的创造物和人类本身。

社会环境与自然本身是相互影响、相互渗透的。人类行为既受到社会环境的影响，也受到自然环境的影响。人类所生活的环境，是自然因素和社会因素相结合的产物。例如目前全世界共同面对的气候变暖问题，其中既有自然环境中非人类因素的作用,也有人类不合理使用和消耗资源的作用(如过量排放二氧化碳导致温室效应);又如环境污染问题,人类对资源的过度开采和利用、对生产和生活废弃物的不合理排放等行为导致自然环境的恶化,而自然环境的恶化又反过来对人类的行为造成不良影响,如导致区域性流行病的产生等。因此,"'人类行为与社会环境'中的'社会环境'也包含了对人类行为有重要影响的自然因素"。(库少雄,2005)这一说法是比较切合实际的。本书在将注意力放在社会环境对个人行为的影响的同时,也将关注自然环境对个人行为的影响。

二、课程宗旨及学科地位

(一)社会工作的专业性质

社会工作的专业性质集中体现在对社会工作的定义上。这方面的定义很多。例如,在当代社会工作发展最为完善的国家之一美国,由美国社会工作者协会(National Association of Social Works, NASW)主持编定的《社会工作词典》(1987 年版)对社会工作给出的定义是:"社会工作是一种专业活动,用以协助个人、群体、社区去强化或恢复工作对象的能力,以发挥其社会功能,并创造有助于达成其目标的社会条件。"(Baker, 1987: 154)而 1995 新版的《社会工作词典》则将社会工作定义修改为:"帮助人们达到有效心理社会功能的水平,并通过导致社会性变化来增进所有人福祉的应用科学。"(Baker, 1995: 357)此前,韦纳·勃姆(Werner Boehm)由美国社会工作教育委员会(Council on Social Work Education, CSWE)赞助的课程研究报告提出的定义也经常被人引用:"社会工作旨在提高个体(不论是单个人意义上的个体或作为群体一员的'个体')的社会功能,它通过对社会关系的工作(activities)达成这一目的,这些关系构成了人与环境的互动的内容。这些工作包含以下三种功能:恢复受损能力,提供私人和社会资源,预防社会功能的失调。"(Boehm, 1959: 54)其中,"社会功能"意指"恰当满足基本的人类需求,使个体达到适当满意度,并执行社会建设者和贡献者的功能"。(Hepworth & Larsen, 1993)还有将社会工作定义为:"一门通过社会工作实务帮助人们解决个人问题、群体(尤其是家庭)问题和社区问题,以使个人、群体和社区的关系处于满意状态的艺术、科学和职业。"(Farley, Smith & Boyle, 2005: 7)

美国社会工作教育委员会也对社会工作的宗旨进行了专门的总结和阐

释。在它于2001年制定的《教育政策与鉴定标准》(Educational Policy and Accreditation Standards of the Council on Social Work Education, EPAS)这一纲领性指导文件中开宗明义地指出:“社会工作实务旨在增进人类福祉,其方式是通过增加机会、资源和提高人们在各自环境中的能力,制定政策并提供服务以改善那些限制人类权利和生活质量的境况。社会工作这一职业,将为消除贫困、歧视和压迫而奋斗。在‘人在环境中’视角的指导和对人类多样性的尊重的前提下,为世界范围内的社会和经济公正而奋斗。”(CSWE, 2001)社会工作的具体目的包括以下六个方面:①增进人类福祉,消除贫困、压迫和其他形式的社会不公正;②促成个人、家庭、群体、组织和社区实现目标、开拓资源、预防和消除不幸,以提高它们的社会功能水平和互动水平;③规划和执行社会政策、社会服务和社会项目,满足人类的基本需要并发展人类潜能;④通过声援和社会行动或政治行动的方式,执行或利用政策、服务和资源,提高社会和经济公正性;⑤完善并运用研究、知识和技能,促进社会工作实务的发展;⑥在多元文化的情境中发展和运用社会工作实务。(CSWE, 2001)

我国的社会工作者也结合我国的国情对社会工作进行自己的定义。王思斌(2004:1)认为,在一般性意义上,“社会工作是以利他主义为指导,以科学的知识为基础,运用科学方法进行的助人活动”。这一定义指出,社会工作的本质是一种助人活动,其特征是提供服务,其基本功能包括助人、救难、解困和发展等。李迎生则认为,在目前的水平下,那种针对全体人民的社会工作在现阶段的我国还不具备普遍意义,在相当长的历史时期内,社会工作的主要工作对象是社会弱势群体。因此,“社会工作是指社会工作者运用专业知识与方法帮助社会上处于不利地位的个人、群体和社区,克服困难、解决问题并预防问题的发生,恢复、改善和发展其功能,以适应和进行正常的社会生活的服务活动。”(李迎生,2004:6)

若对上述定义和阐释进行综合分析,可以发现,不论其具体表述如何,社会工作本质上都是一种帮助个人、群体和社区的专业活动,在这些活动中,既要直接针对案主本人进行工作,也要创造更好的社会条件来促成这种工作,从而在个体和整体水平上增进人类福祉。这是社会工作的宗旨所在。当社会工作者思考和处理一个人的问题时,他们并不是仅仅从个人的角度出发,而是把人当成环境中的人来看待,综合环境和个人的因素进行干预。因此,有学者在描述社会工作的专业特征时,第一条就是:“社会工作的关注点在于个人的全体性和完整性——包括个人、所有的环境因素及行为。社会工作强调完整环境中的完整的人。”(Farley, Smith & Boyle, 2005: 7)为达成这一宗旨,就必然要求社会工作者具备多方面的知识和技能,成为一名具有综合知识和专业技能的职业人员。

(二)社会工作的基本课程内容

1. 美国社会工作教育的基础内容

美国是世界上社会工作最发达的国家之一。它的社会工作教育的基础内容,可以为我们认识社会工作的本质和内容提供具体的借鉴和指导。为贯彻社会工作的专业宗旨,美国的社会工作教育委员会于 2001 年制定的《教育政策与鉴定标准》,对本科和硕士阶段的社会工作课程提出了专门的指导要求,规定了社会工作教育的基础内容。它包含以下八个维度:

(1)价值观与伦理。根据美国的社会工作者协会伦理守则,帮助学生建立个人价值观;发展、展示、提升该职业的价值,并对道德困境进行分析。

(2)多样性。社会工作教育应当提供促进理解、确定和尊重种种背景中人们的内容,这些内容强调文化的复杂本质与个人认同(identity)之间的紧密联系。

(3)危险人群和社会及经济公正性。社会工作教育分析对社会构成危险或促成危险的因素。社会工作提供关于这些危险因素的动力学及相应的、建设性的矫正策略的相关内容。有关社会及经济公正的内容在根据对具体性的公正、人权和公民权利,以及全球性压迫的相互联系的理解上予以呈现。

(4)人类行为与社会环境。社会工作教育的重点在于人类及其环境之间的相互影响。其内容包括建立在实证基础上,关注个体、群体、社会和经济各系统内部及系统之间相互联系的理论和知识。这包括人一生之中所经历的生物、心理、社会、文化和精神发展的理论和知识,涉及人类生活的各种社会系统(个体、家庭、群体、组织和社区),并分析这些社会系统促进或妨碍人们达到和维持健康与幸福状态的方式。

(5)社会福利政策和服务。此方面内容涉及社会工作的历史、社会服务的历史和现行结构,以及政策在服务分配、社会工作实务及达成个体和社会福祉上的作用。

(6)社会工作实务。社会工作实务关注案主系统在广大环境中的优势、能力和资源。案主系统包括以下五个基本方面:①个体,②群体,③家庭,④组织,⑤社区。实务的形式包括:①使案主进入工作关系,②确定案主的需要、问题、资源及优点,③收集并处理信息,④作出分配服务的计划。实务的具体内容则包括:①确定、分析并执行有实证基础的干预措施,②运用实证知识和技术进步的成果,③评估项目结果及其有效性,④发展、分析、提倡和提供在政策和服务上的领导力,⑤提升社会及经济公正水平。

(7)研究。定性和定量研究共同构成职业知识的基础,提供高质量的服务,引导变化,提高实务、政策和社会服务分配的水平,评估个人实务的结果。

(8)实习教育。应根据有关社会工作目的、原理和方法的标准,对实习进行系统的设计、监督、指导和评价。

2. 我国社会工作教育的基本内容

目前,我国(特指中国内地,下同)尚未对社会工作教育的基本维度作出类似说明。不过,由教育部高教司委托全国高校社会学教学指导委员会和社会工作教育协会组织编写,并经教育部高教司审定的社会工作专业指导性教学文件《社会工作主干课程教学基本要求》已经于 2004 年颁行。该文件对于高校社会工作专业本科教学具有规范教学内容和学科体系的指导作用,是从事教学工作的教师和系统学习本专业课程的学生必备的参考书。它规定了其他社会工作专业十余门主干课程的教学基本要求:社会学概论、社会行政、社会工作导论、社区工作、小组工作、个案工作、社会政策、社会福利思想、社会保障、社会调查研究方法、社会心理学(教育部高教司,2004)。但是在其中我们还没有看到"人类行为与社会环境"成为社会工作的主干课程。这也反映国内社会工作教育在课程设置和教材建设方面的滞后性。

国家劳动保障部(现为人力资源和社会保障部)于 2004 年 6 月 15 日颁布的社会工作者国家职业标准,已经明确地将人类行为与社会环境的知识作为社会工作者必须掌握的基本内容。根据该标准,我国社会工作者所应掌握的基础知识包括社会工作基本理论、社会工作基本方法、社会工作实务过程和社会工作实务领域四个基本方面。

(1)社会工作基本理论。社会工作的基本概念,社会工作的价值观与伦理,人类行为与社会环境的知识,社会问题与社会政策方面的知识,社会学、心理学、管理学等学科中与社会工作有密切关联的知识。

(2)社会工作基本方法。个案工作的基础知识,小组工作的基础知识,社区工作的基础知识。

(3)社会工作实务过程。接案的基础知识;收集资料与预估的基础知识;制定计划的基础知识;执行计划的基础知识;评估与结案的基础知识。

(4)社会工作实务领域。青少年社会工作、老年社会工作、残疾人社会工作、家庭社会工作、学校社会工作、医务社会工作、社区社会工作、司法社会工作等实务领域的基础知识。

由于各种因素的影响，虽然我国相关院校在该课程的建设方面一直落后于国际水平，但近几年来也纷纷开设了“人类行为与社会环境”课程，作为社会工作系的基础课程。目前，国内已经自行出版及引进了多本相关教材，说明已经意识到讲授人类行为与社会环境知识的重要性。

三、主要内容与编写体例

（一）“人类行为与社会环境”课程应当包含的主要内容

“人类行为与社会环境”课程的内容在社会工作专业知识体系中占有十分重要的地位。社会工作者以各种方式帮助人类与环境进行着多样而复杂的交流与融合，通过对具体问题的关注和解决，帮助个人或群体适应和调整社会关系，发现和利用社会资源，改善社会环境，以满足案主的需要、提高案主的社会功能，从而改善其现实生活。专业的社会工作者，应当充分认识到社会环境的复杂性、人类存在的多样性和人类行为的多层面性，同时充分认识到人类受环境影响和如何改变这种影响的能力的复杂性。因此，对人类行为与社会环境基本关系的研究和掌握，是社会工作专业化和职业化的必经之路，也是成为一名合格的社会工作者的必经之路。

由于“人类行为与社会环境”尚未成为我国社会工作教育的主干课程，对于该课程应当涵盖的基本内容与达到的基本要求，还没有正式的规定，因此我们仍需借鉴国外（包括我国港台地区）的相关教学经验，对该课程的基本内容作出积极的探索。美国的社会工作教育委员会在《社会工作教育中学士学位课程指导方针声明》（Curriculum Policy Statement for Baccalaureate Degree Programs）中对本科阶段的社会工作课程作了如下规定：“社会工作教育必须提供有关人类生物（生理）—心理—社会发展的理论和知识，包括有关个体赖以生存的种种社会系统（家庭、群体、组织、制度和社区）的理论和知识。人类行为与社会环境课程，必须提供对人类生理、社会、心理和文化系统的双向及多重互动关系的理解，以及对它们与人类行为之间的相互影响的理解；必须体现社会和经济力量对个体和社会系统的影响；必须呈现系统如何促进或妨碍人们达到和维持最优健康和幸福状态的内容；必须包括与生物—心理—社会理论有关的价值观和伦理问题；必须教会学生如何评估理论并将理论运用于案主的情境。”（CSWE，1994）对硕士阶段的课程要求基本与此一致。同时，该声明还要求人类行为与社会环境课程中必须包括以下内容：①社会工作价值观与伦理，②多样性，③社会及经济公正，④危险人群。

借鉴上述课程指导方针，并结合我国社会工作的推行、研究和教学的实践经验，我们认为，我国的人类行为与社会环境课程必须包含以下主要内容：①介绍有关人类行为与社会环境及其相互影响关系的基本理论；②提供有关个人成长的基本知识及各成长阶段所可能面临的生理、心理和社会问题，分析可能的危险人群的特征和形成原因；③体现社区、社会和文化等制度性、结构性因素对个体的影响作用，分析其对促进或妨碍人们达到和维持健康和幸福状态的具体功能；④体现对社会弱势群体的关注，表明社会工作追求社会及经济公正的价值取向；⑤贯穿对社会工作学习者的基本价值观和专业伦理的培养；⑥体现多元文化对社会工作实践的不同要求，并提供跨文化的视角和案例资料。

（二）基本内容与编写体例

本书将分十三章对人类行为与社会环境所应包含的内容进行系统论述。第一章主要对本课程的宗旨、在社会工作教育中的地位和教材编写体例作出准确说明，对“人类行为与社会环境”进行简洁明了的定义与说明，阐述社会工作“人在环境中”的基本理念，说明生态系统理论和生命历程理论的基本视角，介绍人类行为的多重层面。第二章简要介绍有关各个层面的相关理论。第三章介绍人类发展的生物学基础。我们认为，对于社会工作专业的同学而言，了解人类行为的基本理论并掌握一定的有关个体发展的生物学知识，对于以后从事具体的社会工作实务活动是非常有帮助的。第四章至第十三章则根据对人生过程的分类，具体阐述在孕期—新生儿期—婴幼儿期—童年早期—学龄期—青春期—成年早期—成年中期—成年晚期—临终和死亡各阶段中，人类行为与社会环境的相互作用，以年龄为主线介绍各阶段的生物、心理、社会发展特征及各层面因素的影响和具体作用方式。每个章节包括个人发展知识和理论、实际案例、背景资料、相关研究、热点与争议问题探讨、对社会工作实务的建议等具体内容。我们希望，通过在编写视角体例安排上的探索与创新，能够为本科阶段的学生提供一本兼顾专业性与可读性、理论性与操作性、本土性与国际性、经典性与时代性的入门教材，努力为培养高水平的专业社会工作者作出应有的贡献。

第二节 “人在环境中”的基本理念

当今社会工作实务的一个基本理念就是“人在环境中”(person-in-environment,PIE)。这是一种系统论的观点,它将个体遇到的问题与环境中的各种因素结合起来,反对将问题单独归因于个体特质或某一外在因素的简单化观点,而从整个生态系统(包括生理系统、心理系统、社会系统、自然系统)着眼以寻找问题的根源和解决问题的资源。这一思想从起源到成型,经历了一个较长的发展过程,直到最近二十年才逐渐成为社会工作实务的主导性理念。社会工作专业的学生在学习“人类行为与社会环境”这门课程时,首先要树立的,也是这一基本理念。

一、早期思想渊源

早期的社会工作实际上非常重视社会环境对个人的作用。无论是社会工作的早期代表人物、倡导贫民住宅运动的简·亚当斯(Jane Addams)还是社会个案工作的奠基人玛丽·瑞奇蒙德(Mary Richmond),都很注重社会因素(如社会改革和家庭)对个人的影响。瑞奇蒙德在1917年出版了《社会诊断》一书,指出个人所遭遇的问题,是由于个体不能适应社会环境制度,或由于环境不良所导致的个人与社会关系的失调。住宅、失业、医疗卫生等环境因素,都可能是造成案主问题的根源。她建议的社会工作方法有:①了解求助者的个性及其所面临问题的实质;②了解求助者的社会关系,分析其社会助力和阻力及各自的影响;③探求求助者个人心理和问题的相互作用,了解社会环境的间接作用(Richmond, 1917)。1922年,她又出版了《社会个案工作是什么》一书,明确指出:“社会工作者应当对个人的异常和环境的异常给予同样关注……而不应当忽略彼此……(社会个案工作定义是)通过个人对个人、个人与他的社会环境之间的有意识调整,促进案主个性发展的过程。”(Richmand, 1922: 98–99)这是社会工作者第一次正式提出应当注重人与环境的关系以促进社会工作实践。虽然她的社会个案工作范围只局限于社会工作者与案主之间,但她同时注重利用环境资源来促进个案工作。事实上,瑞奇蒙德已经意识到,个案工作、群体工作、社区工作(此三者即社会工作的三大方法)、社会改革、社会研究,都是社会工作不可分割的部分,只有这些因素结合才能更好地维护和实现案主的利益。

随着弗洛伊德精神分析理论的风行和第一次世界大战之后退伍士兵及其子女心理问题的大量涌现，社会工作者的实践取向产生了明显的偏向：人们的注意力普遍集中在对案主心理动力的探究和分析上，注重案主本身对问题的主观看法和解释，强调案主心理、情感及潜意识因素对行为的影响，重视“案主自决”原则的运用，而较少地关注社会情境因素。这种强调个人心理因素的社会工作模式（当然也经历由传统精神分析到新精神分析及其各分支模式的演变）从20世纪20年代开始到第二次世界大战之前，一直主导着美国的社会工作实践。例如戈登·汉密尔顿（Gordon Hamilton）就于1940年出版了此后屡次再版的《社会个案工作的理论与实践》一书，把弗洛伊德的诸多精神分析术语和理论，如移情、防御、阻抗、解释等运用到社会工作实践之中，成为当时颇具影响力的社会工作模式。

尽管如此，汉密尔顿也没有完全忽略社会环境因素在案主问题的形成和解决中的作用。她重新肯定社会工作注重社会环境的传统，认为社会工作“不应当仅仅专注于人格结构及其动力的理解，也应当重新发现环境或社会疗法”（Hamilton，1951：v）。她力图解释内在心理驱力与外在目标之间的互动关系，并认为这种关系是社会工作的职业关注点所在；社会工作者应当利用处于心理冲突之中的案主的健康的心理因素，来帮助案主适应环境。当然，她没能提出如何改变环境使其对案主更加有利，而这在当代社会工作中也是同样重要的任务。

二、“人在情境中”视角的产生

进入20世纪60年代之后，人们对个人病理学的社会工作模式有了更多的反思，对社会问题的关注度又一次大幅度上升。民权运动、反贫困运动等社会改革计划大张旗鼓地推行于美国社会中，社会工作者开始批评心理治疗只是一种点缀性的方法而忽略了心理问题背后的深层社会问题。在这种社会氛围下，弗洛伦斯·赫利斯（Florence Hollis）出版了《个案工作：一种心理社会疗法》一书，将个人和环境因素的互动作为社会工作的关注焦点。她明确指出：“个案工作的核心在于‘人在情境中’这一观念，它包含了三层含义：人、环境以及两者之间的互动。”（Hollis，1964：10）她注意到，弗洛伊德式人格动力学模式并不一定适用非西方的文化背景，如东方社会。赫利斯指出，个案工作“在诊断中应当同时关注个人和情境，它主要针对个人进行工作，但为了案主的最高利益，也会涉及环境领域”（Hollis，1964：267）。因此，尽管赫利斯主要是根据心理动力的模式阐述社会工作的性质，但她已经重新意识到环境因素的重要作用，她的这一理论也被称为“心理社会”（psycho-social）模式，成为社会工作实务理论中的重要流派。

总体而言，心理社会流派的个案工作，旨在改进特定情境中人们的相互关系。社会工作应当综合考虑案主的内在心理过程、外在社会因素以及它们之间的相互影响。人的行为，既受外界环境压力的影响，也受内在心理冲突的影响，这两种影响以复杂的方式产生交互作用。社会工作的目的，就在于解决由于人们心理和环境不平衡所导致的问题。不过，赫利斯仍然把“情境”局限于案主与“重要他人”（如家庭成员和朋友）之间的人际互动，强调把家庭治疗整合进社会工作的重要性，关注家庭中的个人，但没有关注到社会—政治维度。因此，心理—社会模式更多地还是一种直接针对案主的心理动力学取向的社会个案工作，而很少通过直接影响环境获得案主困境的改善，“较少全面认识环境工作，更多注意个人工作。环境工作只被看作工作者与案主周围人的关系，而不是对机构和社区或在政治层面的干预。不过的确也提到了工作者有责任改变不合适的机构服务。”（Payne，2005：91）

与此同时，美国社会工作的整体思潮也发生了转变。心理动力学模式不再享受独宠，社会工作者更多地接受多元决定论的理念，认为社会问题、心理问题的原因，既有个人因素也有环境即社会因素，如伴侣、家庭、社区、社会都有可能成为问题的部分根源，单独强调其中的一个或几个方面都是片面的。在理解和解决人类问题时，绝不能把个人和环境分开。而曾经风靡一时的弗洛伊德式的精神分析诊断模式，此时也饱受批评，批评者认为这种模式不仅没有为环境的受害者解决问题、伸张正义，反而指责受害者本人应当为自己在环境中遇到的问题负责，这实际上是对社会弱势群体和边缘化群体，如女性、同性恋群体、有色人种、少数民族的病态化描述和压制。因此，社会工作转而寻求针对社区组织、社会政策和社会运动的实务干预，力图通过改变社会环境来使案主受益，从而履行自己的专业职责。这时的社会工作，总体上呈现出综合化、多元化的倾向，在案主问题形成的看法和解决方式上都更加趋向全面和完善。

随着“人在情境中”概念的提出，人们越来越普遍地使用这一视角，对新社会情境下的社会工作实务进行反思和整合。在社会工作领域曾一度普遍存在着一种恐惧，即担心这一专业会被其他专业同化，如心理学、精神病学、医学、社会学等。（Turner，1978）在20世纪50年代，心理健康问题在社会上得到了广泛的重视和支持，精神病学取向的社会工作者也由此得到更高的社会地位；与此并行的，在对案主问题的归因上，心理因素依然比环境因素得到更多的重视。这一取向的社会工作者们认为，社会个案工作或临床社会工作就应当是心理治疗的一种具体形式，更应当与精神病学而不是社会工作挂钩。这就迫使社会工作者努力思考一个问题：社会工作的专业特征究竟何在？汉密尔顿第一个利用了“人与情境”这一词语作为论证社会工作“人道的”、临床职业之专业特征的一种方式（Hamilton，1951：5）。而在“人在情境中”的观点提出之后，更多的社会工作开始使用这一视角，为社会工作的专业性质和职业地位辩护。

例如，弗朗西斯·特纳（Francis Turner）1978年出版的《心理社会疗法》就详细论述了当时社会工作领域中的纷争，并着重强调了社会工作中针对个人、家庭、群体、社区的工作技巧，以及利用可得资源的技巧。他指出了社会工作者利用社区资源的重要性和资源得到利用时对案主的“解放性效果”（Turner，1978：60）。此外，特纳还认为，社会工作者在工作中应当扮演一种“便利者”（facilitator）的角色，通过他的工作整合环境中的资源和服务，以便对案主进行有效的介入和干预。相应地，社会工作者也应当掌握多种技巧而不仅仅是心理分析技巧，以更好地为案主服务。

另外一些社会工作者则对于把社会工作等同于心理治疗的观点进行了强烈的批判，认为这些疗法口口声声称遵从“心理—社会”模式却口惠而实违，实际上还是强调心理因素的决定性作用，从而背离了社会工作中注重通过社会实务帮助社会中的贫困群体和受压制群体脱离困境的优良传统。经由这一系列的努力之后，到了1980年，广义上的临床社会工作定义终于“重新确认了‘人在情境中’的视角，同时重视社会和个人情境，（确定了）‘生物—心理—社会的视角和宽泛的知识基础”（Goldstein，1996：93）。这表明，“人在情境中”的基本思想已经在社会工作领域得到了基本的承认。

三、“人在环境中”理念的确立

进入20世纪80年代后，社会工作的理论发展出现了全新的局面。后现代思潮、女性主义理论、建构主义观点等新兴理念不断地冲击着人们的传统思维和职业实践，社会工作在理论和实务上都发生了全面的更新和转变，以适应社会生活的新变化。此时，使整个社会工作领域发生了根本性变革的一种学说——系统论——终于粉墨登场了。这一理论的兴起，为“人在环境中”理念的最终确立奠定了理论基础。

第一章

社会工作领域的系统理论来自于理论生物学家路德维希·冯·贝塔朗菲(Ludwig Von Bertalanffy)创立的一般系统理论。贝塔朗菲在20世纪20年代就已经开始发表相关的思想,但直到20世纪60年代才得到足够的重视,并在此后起到越来越深远的影响。系统理论运用了生物学中的有机论概念,强调生命现象是不能用机械论观点来揭示其规律的,而只能把它看作一个整体或系统来加以考察。虽然系统是由要素或子系统组成的,但系统的整体性能可以大于各要素的性能之和。任何要素一旦离开系统整体,就不再具有它在系统中所能发挥的功能。系统思想的核心问题是如何根据系统的本质属性使系统达到最优化(Bertalanffy, 1973)。

路德维希·冯·贝塔朗菲(Ludwig Von Bertalanffy, 1901—1972),美籍奥地利理论生物学家和哲学家,是20世纪杰出的思想家之一。他从生物学领域出发,涉猎医学、心理学、行为科学、历史学、哲学等诸多学科,以其渊博的知识、浓厚的人文科学修养,创立了20世纪具有深远意义的一般系统论。1972年,法国科学家委员会曾提名他为诺贝尔奖候选人,但是在诺贝尔奖评选委员会讨论这个提名之前,贝塔朗菲不幸辞世。其代表作品有《一般系统论》《生命问题——现代生物学思想评价》《机器人、人与意识》等。

系统论的优点在于:①更加强调不断变化的环境而非心理学因素;②它是互动性的,集中于个人对他人的影响,而非内在的思想和感觉;③它是统一的、整合的或整体论的,提供了一个在任何层面都能描述事物的全面方式,以理解所有影响系统的干预;④它避免了对行为或社会现象的线性的、决定主义的因果解释,因为众多的系统会以复杂的方式产生着多重的结果(Payne, 2005: 163–164)。自20世纪70年代以来,系统论开始对社会工作领域产生深刻的影响,尤其是其中的生态系统论,其晚近发展在美国具有相当的影响力(Dale, Smith, Norlin & Chess, 2006; Germain, 1979, 1991; Germain & Gitterman, 1980; Pincus & Minahan, 1973; Siporin, 1975, 1980; Zastrow & Krish-Ashman, 2001)。生态系统论源自发展心理学家尤里·布朗芬布伦纳(Urie Bronfenbrenner)的个体发展模型。该模型强调发展个体嵌套于相互影响的一系列环境系统之中,在这些系统中,系统与个体相互作用并影响着个体发展。这使得生态学方法逐渐取代心理社会流派而成为社会工作基本概念的知识库。

尤里·布朗芬布伦纳(Urie Bronfenbrenner,1917—2005),俄裔美籍心理学家。曾就读于康奈尔大学,获心理学和音乐双学士学位,后分别在哈佛大学和密歇根大学获得发展心理学硕士及博士学位,在儿童发展领域影响巨大。他是美国"起跑线计划"(Head Start Program)的发起人,该计划旨在为美国存在各种学习障碍的学前儿童提供早期教育、营养和家长养育方面的干预。

与此同时,由于社会工作的职业化过程中带来的知识分裂和专业分化问题,社会工作者也利用"人在环境/情境(situation/environment)中"的概念,对这一职业进行整合。1987 年,美国社会工作者协会指导委员会(Board of Directors of the National Association of Social Workers)、美国临床社会工作团体联盟(Federation of Societies of Clinical Social Work)和美国临床社会工作监考委员会(American Board of Examiners in Clinical Social Work)在临床社会工作的定义上达成共识,规定临床社会工作者必须具备"人在环境中"的知识和理论基础。支持这一取向的社会工作者也明确地用"人在环境中"(person-in-environment)的概念取代了原有的"人在情境中"的概念(Whittaker & Tracy, 1989),以强调更加广泛和综合的环境因素对个体行为的影响。至此,"人在环境中"的理论已经完全成型了。原有的社会工作实务理论,也或多或少地将这一理念融合进原有的理论体系中,从而使这一概念成为社会工作专业的核心理念和共同基础之一。

由上述的回顾可知,社会工作对人类行为的理解,经历了一个由单元决定论到多元决定论的发展过程。早期社会工作奉行的是单元论的思想,认为任何结果都可以追溯至一个单一的原因。许多人相信这种线性的科学范式能解决所有的社会问题,即一旦揭示了问题的原因,问题就能得到解决。但现实却恰恰与此相反,无论把问题的原因归因于个人或某一社会制度,都不能完全解决问题本身。复合因果关系说由此应运而生:社会问题、心理问题的原因,既有个人因素也有环境即社会因素,如伴侣、家庭、社区、社会都有可能成为问题的部分根源,单独强调其中的一个或几个方面都是片面的;在理解和解决人类问题时,绝不能把个人和环境分开。目前,社会工作者普遍接受了这种多元决定论的理念。

"人在环境中"中的视角,把人类问题的两方面原因——个人因素和环境因素——结合了起来，认为人与环境中的各种因素是相互作用的。“人类行为与社会环境”看似两个独立概念的简单相加，实际上它应当被理解为一个概念。在社会工作者的视野中，人类行为与社会环境应当是同一系统的两个方面，两者相互依存不可分割，我们在理解人类行为与社会环境的任何一个方面时，都不能离开另一个方面。这一基本理念启发社会工作者关注以下三个相互关联的领域：①关注个人并寻求提高其解决问题、应对环境和发展自身的能力；②关注人和环境之间的关系，并把人和他们所需要的资源、服务和机会连接起来；③关注环境并在必要的时候改革环境，使之更有效地满足人的需要、促进人的发展（库少雄，2005：17－18）。值得注意的是，尽管环境可能是个人问题的原因，但是社会工作者仍然应当向案主强调自身主动性的作用，通过自身的积极行动和改变，应付生活中遇到的各种问题。

四、生态系统论："人在环境中"的基本理论模式

（一）系统论的两种形态

应当说，“人在环境中”只是一种社会工作理念，它普遍地体现在社会工作的诸多理论中，如原有的心理动力学理论、心理社会模式等。但由于近几十年来系统论在社会工作领域的日渐兴盛，越来越多的学者开始使用系统论的模式对“人在环境中”的基本理念进行理论化和系统化的演绎，并形成了成熟而有效的元理论体系，从根本上指导着社会工作的实践。

社会工作领域的系统理论有两种基本的形态：一是一般系统论，二是生态系统论。前者直接运用了贝塔朗菲系统论的许多术语和思想，在表述上更加生物学化和模型化，强调对系统的功能分类并说明各要素间的相互影响和相互依存关系；后者则将系统论的观点与生态学观点相结合，从而创造出观察人类行为的生态系统模式，用于指导社会工作实务。它强调人们对环境的持续适应和互动过程，往往结合个人或群体的成长过程并对由此产生的种种问题和需要作出解释和处理。当然，这两种理论之间的区别非常模糊，它们在基本假设和主要术语上是一致的。它们都是少数综合的、以社会学为基础的社会工作理论之一，从而区别于传统（强调个体和心理学传统）的社会工作理论。

本书采用的是生态系统论的观点。生态系统理论（Ecosystems Theory）又称为社会生态系统论（Social Ecosystems Theory），它把人类成长生存于其

中的社会环境（如家庭、机构、群体、社区等）看作一种社会性的生态系统，强调生态环境（即人的生存系统）对于分析和理解人类行为的重要性，注重人与环境间各系统的相互作用及这种相互作用对人类行为的重大影响。它注重把人放在环境系统中加以考察，注意描述人的生态系统如何同人相互作用并影响人的行为，揭示了家庭和社会系统对于个人成长的重要影响。个人的生存环境是一个完整的生态系统，是由一系列相互联系的因素构成的一种功能性整体，包括家庭系统、朋友系统、工作职业系统、社会服务系统、政府系统、宗教系统等。人是在环境中与各种生态系统持续互动的主体，既受到各种不同社会系统的影响，也持续而主动与其他系统进行互动。

布朗芬布伦纳划分了环境系统的四个层次——微系统、中系统、外系统和宏系统，这是以行为系统对个体发展的影响和直接程度来分界的，从微系统到宏系统，对儿童的影响也从直接到间接。

第一个环境系统是微系统，指个体活动和交往的直接环境，这个环境是不断变化和发展的。对大多数婴儿来说，微系统仅限于家庭。随着婴儿的不断成长，微系统的活动范围不断扩展，幼儿园、学校和同伴关系不断被纳入到微系统中来。对学生来说，学校是除家庭以外对其影响最大的微系统。布朗芬布伦纳强调，为认识这个层次儿童的发展，必须看到所有关系是双向的，即成人影响着儿童的反应，但儿童决定性的生物和社会的特性与其生理属性、人格和能力也影响着成人的行为。

第二个环境层次是中系统，指各微系统之间的联系或相互关系。如果微系统之间有较强的积极联系，发展可能实现最优化。相反，微系统间的非积极联系会产生消极的后果。例如，儿童在家庭中与兄弟姐妹的相处模式会影响到他在学校中与同学的相处模式。如果在家庭中儿童处于被溺爱的地位，在玩具和食物的分配上总是优先，那么一旦在学校中享受不到这种待遇就会产生极大的不平衡，就不易于与同学建立和谐、亲密的友谊关系，还会影响到教师对其指导教育的方式。

第三个环境层次是外系统，指那些儿童并未直接参与却对他们的发展产生影响的系统。例如，父母的工作环境就是外系统影响因素。儿童在家庭的情感关系可能会受到父母是否喜欢自身工作的影响。

第四个环境系统是宏系统，指的是存在于以上三个系统中的文化、亚文化和社会环境。宏系统实际上是一个广阔的意识形态，它规定如何对待儿童、教给儿童什么以及儿童应该努力的目标。在不同文化中这些观念是不同的，但是这些观念存在于微系统、中系统和外系统中，直接或间接地影响儿童知识经验的获得。

布朗芬布伦纳的模型还包括了时间纬度，或可称作历时系统，即时间作为研究个体成长中心理变化的参照体系。他强调了儿童的变化或者发展应将时间和环境相结合来考察儿童发展的动态过程。婴儿一出生就置身于一定的环境之中，并通过自己本能的生理反应来影响环境。通过行为，比如哭泣来获得生存所必需的物质。另外，婴儿也会根据外界环境来调节自己的行为，冷暖适宜时会露出微笑。随着时间的推移，儿童生存的微系统不断发生变化。引起环境变化的可能是外部因素，也可能是人自己的因素。因为人有主观能动性，可以自由地选择环境，而对环境的选择是随着时间不断推移个体知识经验不断积累的结果。布朗芬布伦纳将这种环境的变化称为“生态转变”，每次转变都是个体人生发展的一个阶段，如升学、结婚、退休等。

应当说明的是，在社会工作实务中实际应用得到的生态系统模式与布朗芬布伦纳的原始理论可能存在一定的差别，它更宜作为一种元理论框架和基本思维模式，而不是一种固定化、套路化的理论框架。总之，生态系统模式关注家庭群体中人与人之间的不良适应与沟通过程，力图发现其中的障碍并应用适当的介入策略。由于它追求对行为和事件的系统性解释，要求社会工作者扩大观察个体案主的视野，把握系统中各要素的相互作用方式。因此，社会工作的介入范围就远远超出了案主个人的范畴，还包括家庭、群体、社区和制度等。在对案主进行介入时，社会工作者的目的就是帮助案主重建系统，提升个人对系统的健康适应能力，同时改善系统状况，使之更符合案主的需求。

（二）对生态系统的划分

生态系统具有层次性，它可以分为微观系统、中观系统和宏观系统（图1-1，Zastrow & Krish-Ashman，2001：18，有改动）。微观系统是指处在社会生态环境中的看似单个的个人，个人既是一种生物的社会系统类型，更是一种心理—社会系统类型；中观系统是指小规模的群体，包括家庭、同辈群体、职业群体或其他社会群体；宏观系统则是指比小规模群体更大一些的社会系统，包括文化、社区、组织、制度等等。这三个系统是传统社会工作应着力关注的三个重要方面，社会工作者的工作领域，主要围绕在个人、团体和社区这三个方面展开。

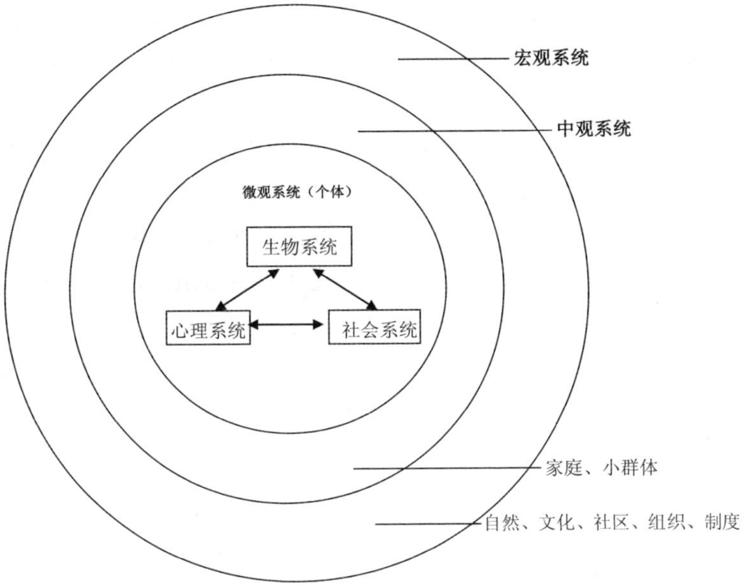

图 1－1 人类行为与社会环境的生态系统图示
资料来源：Zastrow & Krish-Ashman, 2001：18

我们认为，宏观系统同时还应包括自然环境（也就是狭义的生态环境），这样才能构成一个完整的生态系统。自然资源和环境，如大气、水、土地（尤其是耕地）、矿物资源、生物资源等对人口的分布和迁徙、人类死亡率和平均寿命、人群的发病率和患病率及优生和遗传等人类行为的各个具体方面都有着至关重要的影响。由于人类的过度开采、不合理利用和保护不力等行为，造成的植被破坏、水土流失、土地沙漠化、耕地减少、水体污染、大气污染、噪音污染、光化学烟雾污染、地面下沉、城市热岛效应等问题，已经反过来对人类的生存和行为造成巨大的伤害性乃至毁灭性作用，这些负面的例子举不胜举。一个发人深省的事实是，尽管在大部分国家，城市的经济发展水平、社会保障体系和医疗卫生条件都要比乡村优越，但是事实上的长寿区，不论在哪个国家，基本上都是在未受污染的山区和农村，这是环境对人类健康影响的一个有力证明（邬沧萍、侯东民，2005：15）。由此可见，尽管由于专业性质和知识的限制，社会工作者的主要工作并不直接针对自然环境，但是社会工作教育过程中，无疑应当帮助社会工作者树立起系统的、生态论的观点，关注自然环境对人类行为的重要影响并提升案主、团体、社区和整个社会的环保意识。这也是人类行为与社会环境课程的应有之义。

社会生态系统中的微观、中观和宏观系统是相互影响的；在微观系统内部,生物的、心理的和社会的事件会在人的一生中相继发生,并持续地相互作用,影响人的行为。因此,社会工作者应当学会在微观、中观和宏观多种要素相互作用的社会环境背景下评估人类行为。

(三)系统影响模型和生态图:生态系统论在社会工作实务中的应用

如今,生态系统理论对社会工作实务起着越来越重要的影响。对社会工作实务工作有着重要影响的"系统影响模式"(Systems Impact Model,SIM)和评估案主状况的实用工具"生态图",都是生态系统论的具体应用。

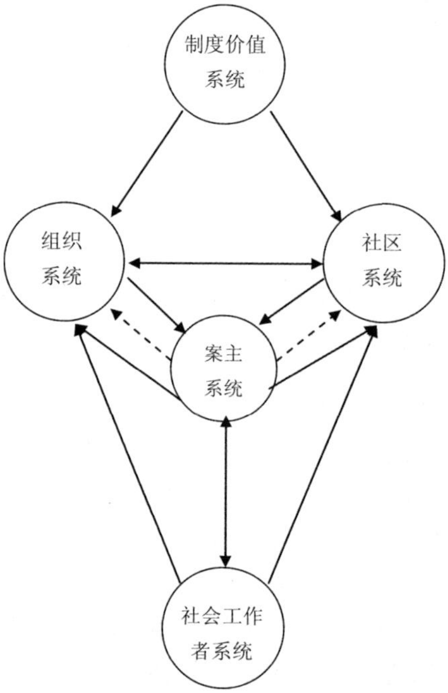

图 1-2 系统影响模式

系统影响模式要求社会工作者不仅仅只针对案主、而应当同时针对其他重要系统进行工作,以解决案主的问题。它强调社会工作者应当在既存的制度和组织结构中为了案主的利益而工作,改变或提升服务和资源的分配与效用,改善社区内的生活条件和服务水平等。图 1-2 是对系统影响的图示说明。其中上方的三个圆圈代表着影响案主的三个重要系统:社会制度、社区、组织(包括政府、工作单位、学校、娱乐机构等)。箭头表示系统间能量输入输出的方向,即系统间的影响状况,双箭头则意味着存在共同的相互影响;虚线表示弱关系,实线表示强关系。

而在预估(assessment)阶段,社会工作者往往要通过绘制生态图(图1-3)来系统考察案主的个人系统与环境因素。生态图可以展示案主的社会生活全貌,呈现案主个人与家庭的内部关联,以及个人的社会系统与外在世界间关系的消长。它可以帮助社会工作者了解案主和其他系统之间的互动,包括资源的交换、系统关系的本质、系统界限的渗透性,以及和社会服务系统及其他支持系统的关联等,从而找到解决案主问题的助力与阻力。在生态图中,案主的家庭系统一般处在中间的圆圈中,其他有意义且与案主有关的社会系统也用圆圈表示,各社会系统之间的关系特征则用线条表示。通过与案主一同绘制生态图,可以让案主提供一个全新的视角去认识自己及所处的环境,在预估案主的环境因素方面是非常实用的工具(朱眉华、文军,2006:51-53)。

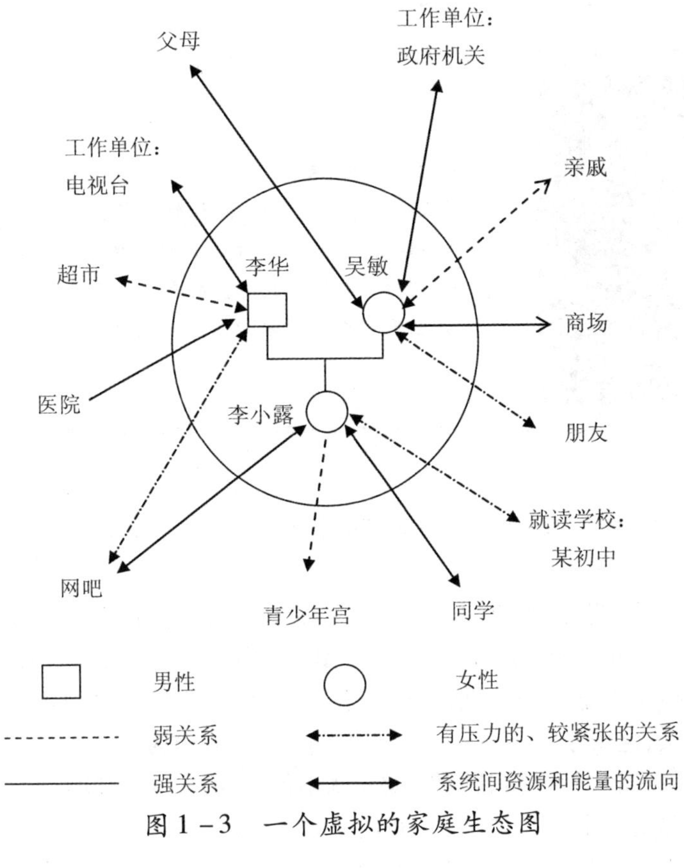

图1-3　一个虚拟的家庭生态图

第三节 生命历程:人类行为与社会环境的基本视角

从20世纪60年代开始由美国学者戈勒恩·埃尔德(Glen Elder)提倡兴起的生命历程视角,以其独到且全面的时间观,综合考察了个体生物心理发展、重大历史事件和社会发展变迁对个体行为的深刻影响。这一理论力图在心理发展过程—生命历程—社会变化三者之间建立联系,认为年龄将人们置于社会结构和特定的同龄群体中,通过对年龄的深入分析了解社会变化在个体身上留下的烙印。它从个体生命发展轨迹的立足点出发研究和解读社会,在方法论上是一种崭新的研究范式。社会工作者由此得到方法论上的启发,从三维的空间领域按时间序列去观察个人和环境的双向动态影响过程,从而成为研究人类行为与社会环境相互关系的另一个基本视角。

戈勒恩·埃尔德(Glen Elder, 1934—),美国社会学家,北卡罗莱纳大学教堂山分校社会学教授。1988年当选为美国文理科学院院士,1993年因其对社会心理学的杰出贡献获"库利—米德"学术贡献奖。主要作品有:《生命历程的研究方法:定性和定量的方法》《大萧条的孩子们》等。

一、时间:影响人类行为的重要环境变量

除去家庭、朋友、职业、制度、自然资源等真实可感的环境系统对人类行为有着重要影响之外,还有一种极其关键的环境变量,也在深刻地影响人类的行为和整个生态系统的功能运作,这就是时间。时间也是生态系统不可或缺的要素,但由于其独特性,我们往往把它单独作为一个维度加以着重说明。要深入理解案主的问题和需求,就不能不考虑案主在时间维度上的成长过程。体现在生命个体上,时间的具体表达形式之一就是年龄。在现实生活中我们会经常问这样一个问题:"他(她)多大年纪了?"以此对他人的行为是否符合场合和身份进行判定。由此可见,即使是没有受过专业训练的

普通人,也在不知不觉地在时间维度上考虑人类行为与环境的相互关系。

具体而言,在个体成长的不同阶段,会遇到不同的生物、心理和社会事件,面临不同的生理、心理和社会发展主题,这三个相互作用的子系统,对案主的个人系统都具有重大影响。家庭同样也有其生命历程,一个典型的核心家庭(由一对夫妇及其子女构成的家庭,通常有独立的住所)会经历形成、扩展、稳定、收缩、空巢与解体这六个阶段组成的家庭生命周期(family life cycle),在不同的阶段,家庭面临着不同的发展任务和问题,这些任务和问题对家庭成员的行为有着重要的影响。同样,社会在不同时期的发展和变迁也对个体行为有着直接或间接的作用,许多社会事件甚至会剧烈地改变个人的生活轨迹,比如战争和社会运动。那么如何结合时间维度,一起研究这些因素对个体行为的影响呢?生命历程视角就为我们提供了一个有效的观察角度。

二、生命历程、生命周期与生命全程

生命历程是指在人的一生中随着时间变化而出现的受到文化和社会变迁影响的年龄层级角色和生命时间序列。它关注的是人生经历、时间选择以及构成个人发展路径的阶段或事件的先后顺序。但是它的关注点并不取决于个体水平,正如埃尔德所言:"年龄、成长和死亡这些生物意义在生命历程中是由社会建构的,年龄层级表达的也是一种社会期望。"(Elder, 1998)因此,"生命历程理论极力寻找的是一种个体与社会的结合点,它试图找到一种将生命的个体意义与社会意义相联系的方式,而时间维度是寻找这种联结的重要方向。"(包蕾萍,2005)简单介绍生命历程概念之后,有必要对生命历程(life course)、生命周期(life circle)、生命全程(life span)和生活史(life history)这四个相近的概念进行必要的辨析,以便更深入地阐述生命历程视角的具体内容。

(一)生命历程与生命周期

生命周期的原义是指由自然人口的再生产机制所驱使的成熟和生育过程,但此后不同研究领域则在象征意义上借用这个比喻对其作出具体界定,例如家庭生命周期和组织生命周期等。生命周期理论重视社会角色的概念,把生命视为一种伴随个体或组织的发展而产生的社会关系或角色不断转换循环的过程和阶段。此外,这一理论还依赖于"世代"(generation)的概念,主张从不同世代的转换来分析个体的社会阶段,如祖辈、子辈等角色的变化等。因而个体的成长和繁衍,实际上就是一个代际更替的过程。

首先,生命周期理论所采纳的关系或角色的视角,是生命历程理论的重要出发点。但这一概念也存在着严重不足,其最重要的缺陷就在于生命周期概念并不包含精确的时间性维度,无法准确地反映不同时代和生活事件对不同人群的独特影响。如果仅从代际转换的角度来观察人类行为的变化,则无法准确捕捉人类行为的情境性和独特性,因为同一世代的成员并不一定是拥有共同历史位置的人。例如,1940 年和 1970 年的人,虽然可以属于同一世代(例如父辈),但其所经历的社会事件已经大为不同,他们的思想观念和行为模式已经大相径庭。"如果仅关注新旧角色带来的身份变化,而对贯穿毕生的时间过程、历史时代或地理位置毫无介绍,就无法去寻找一种个体生命与社会的联结点。"(包蕾萍,2005)

其次,生命周期致力于寻找人类发展阶段的共同模式,有将现实生活简单化、统一化的倾向。例如传统的家庭生命周期概念把家庭分为:①形成阶段,由结婚到第一个孩子的出生;②扩展阶段,由第一个孩子的出生到最后一个孩子的出生;③稳定阶段,由最后一个孩子的出生到第一个孩子离开父母家;④收缩阶段,由第一个孩子离开父母家到最后一个孩子离开父母家;⑤空巢阶段,由最后一个孩子离开父母家到配偶一方死亡;⑥解体阶段,由配偶一方死亡到配偶另一方死亡。但是这种阶段划分只适用于美国社会中理想化道德化的核心家庭,而不适用于许多亚洲国家及其他发展中国家中普遍存在的核心家庭与三代家庭或与其他形式的扩大家庭并存的情况,也没有包括单亲家庭、丁克家庭或因无生育能力或其他原因造成的"无子女家庭"的情况。近些年来,尤其是在西方社会,更有声音呼吁应当将由同性恋者组成的"家庭"也作为家庭类型的一种。因此,许多学者主张舍弃"家庭生命周期"转而使用"家庭生命历程"概念,以涵盖现实生活中存在的多种家庭模式。

此外,生命周期概念也没有对同一个体的多重角色给予足够的关注,其注意力往往集中在个体的某一角色类型上,例如子女(子辈)或父母(父辈),而没有考虑到现实生活中人们往往既是子女、又是父母,同时还可能是企业员工等,每个人通常都在同一时间的多种社会关系中扮演多个角色,但生命周期理论却无法圆满地容纳这些因素,因而无法解决现实生活出现的多重角色的冲突和管理等实际问题。而这些则都是生命历程视角所着重关注的问题。

（二）生命历程与生命全程

“生命全程”（也有社会学家将“life span”翻译成“生命跨度”，如李强、邓建伟、晓筝，1999）是20世纪60年代以来的发展心理学所提出的一个重要概念。此前，以发展为名的心理学实际上大都只限于儿童发展阶段的研究，对于成年及老年的发展问题则极为忽视。一些心理学家充分意识到这种观点的不足，提出发展心理学应研究人类从胚胎到死亡的全过程，研究从产前到死亡的全部行为变化规律，而不应只研究人类发展过程中的某一阶段。人从胚胎到死亡始终是一个前进的发展过程，而且这并不仅仅是一个一个不同的段落，而是一个环环相扣的连续过程；正是这些不同的组合，才发展出我们每个人不同的生命历程。人的生命是一个连续过程，如果我们只着眼于生命早期发展阶段，而忽略了其后的生长，就会使人的心智发展停滞不前。因此，人的发展是一个毕生发展的过程。这也是国内心理学界更多地将“生命全程心理学”（life span development psychology）翻译成“毕生发展心理学”的缘故。

简言之，毕生发展心理学是关于从妊娠到死亡的整个生命过程中行为的成长、稳定和变化的研究。它的核心假设是个体心理和行为的发展并没有到成年期就结束，而是扩展到了整个生命过程。其目的是要获得三方面的知识，即毕生发展一般规律的知识、个体之间发展差异的知识和个体发展可塑性的知识。探讨这三方面及其相互作用是毕生发展心理学的概念和方法论的基础，也是其区别于其他心理学研究的核心特征（任真、桑标，1996）。毕生发展心理学家也认为，人的发展和衰老不只是一个生理过程，同时也是社会环境作用的结果，人的身心发展不能脱离某一时代的社会环境。人的毕生发展，是一个多元的发展过程，包括了生理发展过程、认知发展过程和社会情绪发展过程等。

毕生发展心理学自从20世纪60年代兴起以来，逐渐成为心理学中的一个热点领域而受到广泛的关注，并对发展心理学产生了巨大的影响。毕生发展理论是对生命历程理论影响最大的心理学思潮。生命历程理论吸收了毕生发展观的精华，主张个体的发展应当纵贯其一生，并强调个体在自身发展和生命历程的社会构建中的主动性。毕生发展理论的不足，在于它更多的只是个体心理学层面的发展理论，虽然它也强调社会因素对个体身心发展的作用，但它的发展框架在总体上而言是个体性的，没有将社会制度因素对个体毕生发展的影响阐释清楚，历史因素的影响同样也有所忽略。总之，毕生发展理论是一种带有普适性、规律性的理论，大部分停留于个体水平，还没能综合体现历史、社会、个体三种要素对个体发展的影响（包蕾萍，2005）。而生命历程视角则通过对年龄的全新解释，构建了生命历程的理论框架，使毕生发展概念得到了进一步的发展，并对变迁社会中各种事件和社会角色转变给予了足够的重视。这使它成了更为全面、更具有综合性意义的解释框架。

（三）生命历程与生活史

生活史是在社会、文化和历史情景里，一个生命从出生到死亡的过程所发生的事件和经历。它所涉及的主要是通过非结构或半结构访谈收集到的案主对过去生活的描述，也包括对邮件、照片和日记等个人资料的研究。美国社会学芝加哥学派的早期代表托马斯（William Thomas）和兹纳涅茨基（Florian Znaniecki）厚达五卷本巨著的《身处欧美的波兰农民》是生活史研究方面的经典研究。他们率先运用了生活史、生活记录和情景定义的方法研究社会变化和移民的生活轨迹。他们注重收集有关研究对象生活经历的文献，如信件、报纸等，让移民讲述自己的生活故事，注重让材料本身阐述移民自己的生活故事，而不是由研究者对这些材料进行解释和分析，他们的方法也因此被称为“生活研究法”（the life study method）。托马斯明确指出，研究移民首要的问题是必须运用纵贯研究的方法来研究移民的生活历史，这种研究必须关注不同类型个体的生活经验和他们在不同环境中生活时间的长短，并且跟踪这个群体的未来生活，获得关于发生在他们生活中的各种经历的连续记录。

这一研究证明，在托马斯和兹纳涅茨基研究中已经有结合移民的社会历史时间考察其生活轨迹的初步思路，这可以看作生命历程视角的发端。在阐述移民前波兰农民背景的基础上，他们通过波兰移民与其家庭成员之间的通信，揭示了移民的心态变化等历程。这些移民在以往波兰文化中完全基本社会化，移民到美国后却重新经历了另一种不同的社会化过程，他们之间不同的生活路线为研究者提供了丰富的研究课题。但他们的研究还未能做到根据出生时间信息来确定和比较波兰农民所处的历史年代，没能将生活变迁与特定的年龄段相联系，也没有分析年龄在适应中的意义。而这些内容却恰恰是生命历程所特别关注的重要内容。

通过将生命历程与生命周期、生命全程和生活史这三个概念的相互比较，可以帮助我们理解生命历程视角产生的渊源。下面我们接着介绍生命历程视角的主要内容。

威廉·托马斯(William Isaac Thomas,1863—1947),美国社会学家,芝加哥学派的重要代表人物。他与兹纳涅茨基合著的《身处欧美的波兰农民》一书,是社会学经验研究的代表性著作。在这部著作中,托马斯提出了社会心理学中的重要命题——托马斯定理:如果人们把情境界定为真实的,那么它们在结果上也就是真实的。主要著作还有《社会起源的教材》《不适应的少女》《美国的儿童》等。

兹纳涅茨基(Florian Witold Znaniecki,1882—1958),波兰裔美籍社会学家,是波兰社会学的开创者,同时又被人们称作"美国社会学之父"之一。代表作有《知识人的社会角色》《身处欧美的波兰农民》《社会学方法》等。

三、生命历程视角的主要内容

(一)多元年龄观

生命历程理论强调的是一种多元的"年龄"观。它突破了单纯生物学意义上的年龄概念,从心理和社会的角度对年龄进行多元化的分析。它的时间概念包含了生物年龄、心理年龄、社会年龄三个基本维度。我国学者包蕾萍(2005)认为生命历程视角的时间包括生命时间、社会时间、历史时间三个基本维度;而国外则有学者认为还应当包括精神年龄(spiritual age)。但不论具体分类如何,它们都不是传统的一元生物年龄观,都很好地体现了生命历程理论的综合视角。

生物年龄标志着个体的生理发展和身体健康状况,它代表个体在自身发展中所处的位置,即生命周期的阶段。这通常与人们日常概念中可以用数字表示的"岁数"(chronological age)相一致。但如果仅仅按生命时间划分群组,就很难用社会或历史因素解释群组之间的差异,也无法发现生命与时代变化的联系。

心理年龄有行为和知觉两个基本层面。在行为层面上，心理年龄指个体满足生物和环境需求的潜能和能力，包括在记忆、学习、智力、动机、情绪方面的能力；在知觉层面上，则指人们认为自己到底有多“老”，其中文化对个体对自身心理年龄的判断有着显著影响，例如，有学者的研究证实，美国人比芬兰人更倾向于认为自己比实际年龄更年轻（Uotinen，1998）。

社会年龄，则指社会期望的扮演特定角色的恰当时间，如个体离家、结婚和生育的恰当年龄，这在不同的社会和文化中可能存在巨大的差别。每种类型的文化都会确定属于自己的年龄地位和年龄角色，即依据个体的年龄给予其一定地位，并对占据某一地位的个体提出具体的行为期望。同其他角色一样，年龄角色也是通过社会规范和标准来表现的，这就是年龄规范（age norms）。对于违反年龄规范的行为，则称为年龄越轨（age deviance）。如未成年人的吸烟、怀孕等行为，往往被认为是违背年龄规范的越轨行为。

社会年龄的概念充分反映了社会文化因素对个体发展的实时影响，与生物年龄和心理年龄相比，社会年龄在社会历程视角中占有更重要的地位。在本书中，根据我国的具体情况，我们把个体的成长分成了胎儿期、婴幼儿期、学前期、学龄期、青少年期、成年期和老年期（包含死亡）七个阶段，每个对应着大致的生物时间，但并不严格。

另外，精神年龄反映的是指个体追求意义感和精神实现的状态（Hutchison，2003：32）。而历史时间指出生年份，代表个体在历史中所处的位置。这一时间概念强调的是把个人置于一定的历史情境中，由此出发去关注历史事件和环境对人的影响。

（二）核心术语

生命历程视角的核心术语包括同龄群体（cohort，又译同期群、代群、队列等）、轨迹（trajectory）、转变（transition）、延续（duration）、生活事件（life events）和转折点（turning points）等。

同龄群体是生命周期视角和生命历程视角中最基本的一个概念。美国人口学家诺曼·赖德（Norman Ryder）较早地把它明确定义为由在同一时期经历过同样事件的个人所组成的群体。每个同龄群体都有清晰的构成和特征，能反映有独特起源和历史的时代背景。通过比较不同代群以及对同龄群体移动（cohort movement）的研究能够研究社会的变迁（Ryder，1959：58－59）。此后，同龄群体分析方法在社会学和其他学科中得到推广和发展，其概念的外延也得到极大丰富。现在，同龄群体可以指在一个特定时期经历过特殊事件的个体（人或其他在特定时期出现的实体，如婚姻、组织、教科书、电影等）组成的群体，而定义代群的事件可以是结婚、入党、上学、生育等。

本书中将同龄群体规定为在同一文化取向人群内的那些出生在同一历史时期、以相同的顺序经历过同样社会变化、并有着相同年龄的个体所组成的群体。如现在报刊和媒体中经常出现的“老三届”“80后作家”（1980年以后出生的作家）以及“新新人类”等，都可以认为是同龄群体的一种。生命历程视角认为，作用于同龄群体的特定事件对同龄群体内个体的影响是长期而稳定的，他们因这种影响而获得的特征并不随时代或年龄的变化而变化，这就是所谓的同龄群体效应（cohort effect）。另外，还应当区别同龄群体效应与时代效应和年龄效应的不同。时代效应是由科技进步、环境变迁等引起的社会变动对个人的影响，这种影响普遍存在，并不因年龄和同龄群体的不同而不同；年龄效应则反应生命演化过程对个人的影响，比如一般而言青年人比老年人记忆力更好等等，这种差别与时代和同龄群体无关，而是生物年龄直接作用于有机体的自然结果。

轨迹、转变和延续这三个时间性的概念都是有关个体生命历程动力的长期或短期的观点。轨迹指毕生发展中的某一实质上相联系的社会或心理状态，这种具有跨时间性的倾向或行为模式可能转变，也可能持续，因此轨迹是一个长期概念。在个体身上，轨迹可以表现为某种延续很长时间的社会角色，如子女或父母、学生或教师等等。而转变则是一个短期概念，描述了各种状态的变化，如离家上大学、毕业离校、开始第一份工作、初为人母人父等等。生活总是充满着类似的转变，而且许多转变也与家庭相联系，如结婚、生育、离婚、再婚等。延续是指相邻的转变之间的时间跨度、延续的时期可长可短，取决于当时所处的情境自身。转变和延续都是轨迹的元素，转变往往以入学、结婚这样的社会性的事件为标志，并在很短的时间里发生，它标志着一定角色的建立或丧失；而延续是轨迹的主要构成部分。

生活事件是指导致严重和长期后果的、相对突然的显著事件。它指的是发生的事件本身而不是由于该事件导致的转变。国内有张明园等人于1987年编制的生活事件量表（Life Events Scale，LES），包括了职业、学习、婚姻和恋爱、家庭和子女、经济、司法、人际关系等方面常见的65项生活事件，并对10个省市的1364名正常人进行测试，取得了正常人群及不同年龄组的常模，已在国内临床和研究中普遍应用。另外，还有许多针对具体研究对象编制的生活事件量表，如初中生生活事件量表等，可以为社会工作者进行预估提供便利。

转折点是指持久、而不是暂时性地改变生命轨迹的生活事件，它带来的变化往往是突然而巨大的。比如，以前科举时代所谓的“洞房花烛夜，金榜题名时”就是人生的关键转折点，意味着人生角色的重大变化、生活环境的巨大变化或社会地位的重大提升；或者如现代社会中屡见不鲜的因生意破产，于是一蹶不振终日郁郁寡欢，最终选择自杀的案例，破产就是一个明显的转折点，它有可能让一个人的生命盛极而衰；又如某个成功人物激动人心的演讲，触动某位听众的心扉，促使他也投身相同的职业并最终获得成功，那么对他而言这次演讲也就成为他生命轨迹的一个转折点。一个生活事件要能成为标志性的转折点，应当满足以下三个条件之一：①使个人失去或获得机遇；②导致个人的环境的持久改变；③改变了个人自我认识、信念或期望(Rutter, 1996)。

值得注意的是，个体会对生活事件作出自己的主观判断，因此，同样的一个生活事件对某人而言可能是一个转折点，对另外一个同样经历此事的人则未必有多少影响。例如某人的去世，可能造成“亲戚或余悲，他人亦已歌”的局面，因为个体对同一事件或他人的情感卷入是不一样的，对各自的人生轨迹的影响也是不尽相同的。另外，在不同年龄发生的同一件事，对个体也有不同的影响。如青春期的丧母和中老年期的丧母，对个体的影响是完全不同的；前一种情况中丧母很有可能成为个体轨迹的转折点，后者对个体轨迹的影响则可能相对较小。

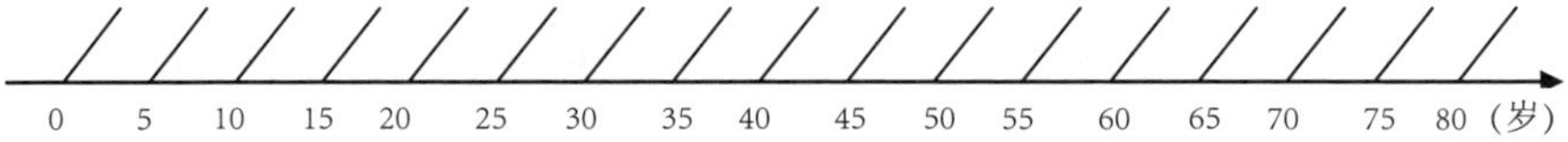

图 1－4　绘制生命线

通过图 1－4 所示的绘制生命线的形式，可以帮助我们更好地了解生命历程的相关概念。假设你的预期寿命为 80 岁，请先确定你现在的岁数在生命线中的位置，并根据你的自身经历或愿望，回顾并展望你自己的生命轨迹。本图的年龄间隔(5 年)只是一个提示，你可以做出更精确的时间线，描绘更详细的生命转变图形。你可以使用不同颜色的笔，从下列维度描述自己的生命轨迹：健康事件和转变、家庭事件和转变、教育事件和转变、职业事件和转变，等等。画的时候，请注意各轨迹之间的相互影响和穿插交织。

(三)基本原理

埃尔德(Elder, 1994)最早只确定了生命历程视角的四个基本原理：①人类生活与历史时间的相互作用性(interplay of human lives and historical time)；②生活的时间性(timing of lives)；③生活的相互依存性(linked or interdependent lives)；④选择时的个人能动性(human agency in making choices)。在后来的研究中,埃尔德和沙纳汉(Elder, 1998; Shanahan, 2000)又陆续提出两个补充性的原理;⑤生命历程轨迹的多样性(diversity in life course trajectories)；⑥风险和保护的发展性(developmental risks and protection)。其简要内涵如表1－1所示。

表1－1　生命历程视角的六大原理

原理	简要内涵
原理一 人类生活与历史时间的相互作用性	必须在历史情境中考察个体和家庭的发展
原理二 生活的时间性	社会对不同的年龄群体(可依生物年龄、心理年龄、社会年龄而进行不同划分)有着不同的角色和规范
原理三 生活的相互依存性	人类的生活是相互依存的,其中,家庭是个体体验和理解历史、文化和社会现象的首要场所
原理四 选择时的个人能动性	个体的生命历程在社会和时代造就的机会和束缚之下,由个体的主动选择和行动构成
原理五 生命历程轨迹的多样性	由于出生时期、社会阶层、社会文化、性别以及个体能动性的区别,不同个体生命历程是千差万别的
原理六 风险和保护的发展性	个体对某一时期转变和生活事件的体验,会对其此后的人生轨迹造成持续性的影响,使其易于或免于遭受某些风险

1. 人类生活与历史时间的相互作用性

人类生活与历史时间的相互作用性原理把人与某种历史力量联系起来,告诉我们人在哪一年出生、他属于哪一同龄群体。在一个变迁的社会中,出生在不同年代的人面临着不同的社会状况,个体所拥有的社会机会和所受到的社会限制也是不一样的。而当社会变化对一代又一代的同龄群体产生了不同影响时,生命轨迹的历史效应就会以同龄群体效应表现出来;而当社会变化对接连几代人的影响大致相同时,社会对生命轨迹的历史影响则会以周期效应(period effect)的形式呈现。在现实生活中我们不难发现这样的实例,如经济恐慌年代长大的一代有终身节俭的习惯(柯惠新、祝建华、孙江华,2004:399),伴随着电视长大的一代比前一代更多看电视、更少读报等(Peiser, 2000)。

2. 生活的时间性

"时间性"(timing)一词的本意指事物在某一时段内才有效、才有意义或有作用的特征。生活的时间性指的是在个体的生命历程中转变所发生的社会时间性(social timing),它首先是一种以年龄层级的概念来对一生中社会角色和事件进行组织的方式,同时也是一种以恰当的方式安排生命中各种变化的过程,另外,它还反映了个体生命历程和历史的位置(Elder, 1998)。这一原理认为,某一生活事件在何时发生甚至比事件本身更具意义。社会性时间指的是角色的发生、延续和后果,以及相关的年龄期望和信念。例如,社会时间性规定了在某一有效的时间段之内(例如学龄期),个体可以有哪种穿着打扮,如果未到这一时期就进行这种打扮或过了这一时期仍然使用这一打扮,则往往会被认为不适合、甚至受到歧视。社会性时间指明了某些生活事件、某类社会角色应发生的恰当时期,是社会所普遍赞许的年龄规范,当然,它也可能受到战争、自然灾害、经济危机等其他环境因素的干扰。社会时间性还可用于规划多个生命轨迹之间的协调发展。例如在现代社会,年轻夫妇为了最大限度地减少经济上和精神上的压力,往往将第一个孩子的出生时间推迟到30甚至35岁以后,而从生物学时间上讲,30多岁可能已经不是最佳的生育年龄,但社会却允许或支持个体进行这样的时间安排。

3. 生活的相互依存性

人总是生活在由家人、亲戚、同学、朋友、同事等所构成的社会关系之中,个人正是通过一定的社会关系才被整合于社会之中,成为某一群体的成员而被接纳。人的一生中都在各种社会关系网中不断与他人进行互动,这些网络将个人与发生在更广阔的社会中的社会变化联系起来。每个人都要受到别人的影响,每一代人的生命历程都要受到上一代乃至上几代人生活轨迹的影响。个体在社会中要履行一定的义务,同时也能获得社会的支持。

社会工作特别关注家庭与个人的联系。家长的生活经历对他们抚养孩子的方式有着极其关键的影响,埃尔德通过对美国大萧条时期长大的孩子的多年追踪调查发现,由于他们的父母承受着沉重的经济压力,因此存在更多的情绪抑郁和婚姻失调的风险,这种情况当然会连累他们的孩子,与其他时期长大的孩子相比,前者出现情绪抑郁、学业困难和问题行为的可能性更高(埃尔德,2002)。反过来,子女的成长历程对父母的生命轨迹也有重要影响。比如,随着子女考入外地大学,有些家长可能会放弃原有的工作和生活,举家搬迁至子女学校所在的城市,开始全新的生活。而许多个体心理问题的产生,也往往与个人与家庭成员的不良互动模式有关。要从根本上改变存在于个体身上的问题,就必须把整个家庭都纳入到社会工作者的工作范围,改变家庭中的不良互动模式和关系类型,解决问题背后产生的家庭根源。如今盛行于社会工作领域的家庭疗法(family therapy),遵循的就是这一治疗理念。

4.选择时的个人能动性

个人能动性原理告诉我们,人总是在一定的社会结构之中有计划、有选择地推进自己的生命历程,人在社会中所作出的选择除了受到社会情景的影响外,还受到个人经历和个人性格特征的影响。各具特点的个体和特定环境之间的互动造成不同的个体行为表现。人的能动作用和自我选择过程对于理解具体的生命历程特征具有重要的意义。例如,不同的人对大学入学专业的选择、对职业的选择、对婚姻对象、对生育时间的选择可能是千差万别的,这些不同的选择塑造了个人不同的生命路线,从而构成了丰富多彩的现实世界。

对个人能动性的强调,被认为是生命历程视角的最重要贡献之一(Hareven, 2000)。社会工作者的重要工作内容,就是增加案主的个人能动性,促使案主认识自己的潜能,对案主进行增权(empower),使之能够主动地适应社会环境、解决实际问题。当然,个人能动性总是会受到局限的,它不能从根本上脱离时代和文化的限制。

5.生命历程轨迹的多样性

传统的生命历程视角更多关注的是各个同龄群体之间的群体差异性,而且现在越来越多的学者开始同时强调同龄群体内部的个体差异性。事实上,由于出生时间、社会阶层、社会文化、性别以及个人心理特质的区别,同龄群体或非同龄群体中的每个人,都会拥有不尽相同的生命轨迹,产生不同的生活故事。这就构成了生命历程轨迹的多样性。

此外,像年龄规范之类的社会期望,也不是一成不变的,而是随着时代的变迁而改变。例如,对于合乎文化规范的结婚年龄,在古代社会和当今社会中,有着相当大的差距。李白的名篇《长干行》中那对“两小无猜”的夫妻,女方“十三为君妇”,若在当下的中国则无疑是未成年少男少女之间的“非法婚姻”,属于严重的年龄越轨!可见,社会对成年期的界定,已经发生了巨大的变化。同时,对于处在同样生物年龄的两性,社会也会存在不同的年龄规范,例如老夫少妻相比老妻少夫,往往更容易得到社会的容忍。因此,那些表面看来性质相同的行为,到了不同环境中的不同个体身上,会具有完全不同的意义,进而可能产生完全不同的人生轨迹。从总体上讲,社会工作者应当尊重并鼓励人类生活的多样性,努力从案主本身的立场去切身体验案主的感受和需求。

6. 风险与保护的发展性

风险与保护的发展性意指某一时期的转变和生活事件，会对此后的人生轨迹造成持续性的影响，即这种影响本身是不断“发展”并逐渐显现的，它既可能使个体此后容易遭受某种风险，也可能成为使个体免受伤害的保护性因素。这一原理类似社会学家罗伯特·默顿（Robert K. Merton）提出的“累积优势”与“累积劣势”概念。默顿通过研究发现了科学研究领域的诸多不平等现象，并指出，在职业生涯早期就能有高产出的学者，得到的认可就越多，这反过来可以促进他有更多的产出，这样就可以形成累积优势，而其他学者就会形成累积劣势，最终造成“穷者愈穷、富者愈富”的“马太效应”。

类似的，出身于富裕家庭、从小接受良好教育的个体，相比于出身于贫困家庭、从小未能得到良好教育的个体，可能会更快地取得事业上的成功，能够维持更好的健康状态并有一个更舒适安逸的晚年。他们幼年和青少年时优裕的生活资源，能保证他们免受贫穷、疾病等风险因素的伤害，从而构成他们日后的生命过程的保护性因素，而在贫困家庭的个体，则可能遭受贫穷、疾病、失学、就业等方面的危机，妨碍他们拥有更好的生命历程。而社会工作的重要目的，一方面是要帮助这些个体在面对风险因素时能够进行合适的应对，增加他们的抗风险能力；同时，也应当通过促成政府制定和执行社会政策等方式，改善他们的生活状况，减少社会不平等程度。当然，这并不意味着出身贫穷就一定不能取得成功，事实上，许多成功人物出身并非显赫、甚至十分卑微，但通过他们的勤劳和智慧，在特定的社会和时代，一样可以做出非常伟大的成就。这也反过来证明了前面所述的个人能动性原理和人生历程轨迹多样性原理。

罗伯特·默顿（Robert King Merton ，1910—2003），美国著名的社会学家，科学社会学的奠基人和结构功能主义流派的代表性人物之一。默顿提出了自己的一整套功能分析范式，并且强调经验实在性，倡导一种适用于解释有限现象的“中层理论”。此外，默顿确立了科学社会学理论体系，提出了构成“科学精神”的四大规则——普遍性、公有性、无私利性和有条理的怀疑性。主要著作有《17 世纪英国的科学、技术与社会》《科学社会学》等。

（四）人与环境的联结机制

为了进一步说明“转变”是如何将环境要求与人类主动性联系在一起的，埃尔德提出了五种联结机制——生命阶段、社会需求、控制循环、相互联系机制和强调机制（转引自包蕾萍，2005）。

1. 生命阶段机制

根据该机制，转变效应与所处的生命阶段有密切关系，我们可以从不同生命阶段的转变来分析人与环境的匹配度。首先，同一“转变”对不同年龄和担当不同角色的人的影响是不同的。譬如，离婚这一家庭“转变”更容易损伤青少年和年长儿童，而不是年幼儿童。另外，这一转变在该生命阶段是在意料之中还是在意料之外，其作用也各不相同，最明显的例子莫过于儿童期丧父或丧母，早期经验中亲子的这种变化比成人期丧父或丧母的负面影响要大得多。

2. 社会需求机制

社会需求机制指的是社会规定或情境对个体的要求。在规定越多的社会或要求越多的情境中，越容易出现迎合角色期望的个体行为。如传统社会中，个人生命周期的转变往往倾向于符合社会时间表的动态特征，越是封闭的乡村，婚龄、习俗对女性的约束就越大。此外，由于某种灾难性事件对社会全体成员的共同威胁，会形成对安全或其他事物的公共需求，平时冲突严重的个体在这种背景下也可能趋向于彼此合作，如美国的“9·11”事件后人们对恐怖主义的普遍谴责和抗议，以及各地发生地震时全民同心协力抗震救灾等。

3. 控制循环机制

当人们刚进入转变阶段时，对周围环境的控制能力往往会下降。转变会使资源、目标和成就之间出现分化，分化越严重，失去控制的可能性就越大。对控制丧失的预期和体验会促使个体努力恢复控制，一旦获得控制，期望或要求就会提高，从而激发另一轮控制循环。从某种意义上讲，这种控制循环也是个体主动性的一种表现，如何通过对这种动态过程的揭示来体现个体的主动性，也是社会工作者的重要任务。

4. 相互联系机制

该机制认为，转变效应是间接通过有关联的“他人”生命来实现的。人际网络为个体的整个生命历程提供了有形无形的支持。以准备怀孕的女儿及其母亲为例，女儿怀孕这一事件会令母亲升级为外婆，故对大部分母亲来说该事件都是喜事，但对少女妈妈的母亲来说它却是悲剧，女儿的这种转变会直接影响与之联系的母亲的人生。

5. 强调机制

通过这一机制，转变体验使个体获得了与过去（或历史）的一种联系。转变对于个体来说也是一种选择，经历转变之后，个性中原有的某些特质可能被放大。如对单亲家庭的一些研究发现，孩子的行为问题并不是由离婚这一转变带来的，而是在离婚前就存在，只是离婚这一事件对孩子的问题行为起到了强调作用，从而让个人过去历史中的某些固有轨迹得到了进一步的积累。所以生命历程理论认为，生活史某种程度上是由个人重构的，每一次转变都会使个体对以前的生活经验重新解释，而这种重写会改变生活轨迹并使之变化。

借助这五种机制，我们即可以转变为切入点，多角度多水平地分析个体、社会、历史三个层面的事件在个人生命历程中的反映。如果转变发生或被安排在恰当时间就会非常受欢迎，如果在不恰当的时间则会降低相互联系的生命之间的支持，减少个体可以利用的联系和资源。

生命历程视角为我们提供了一个动态的观察人类行为发展全过程的极好视角。它给注重静态划分系统层次以分析子系统之间相互影响的生态系统论增加了一个必不可缺的时间维度，从而使生态系统更加完整。本书中所采用的，就是融合了生命历程视角与生态系统论的整合模式，一种容纳了时间维度的生物—心理—社会框架。通过这一模式，既可以关注当下某一时刻中对个体行为产生影响的空间系统，又可以从生命全程的角度考察个体的成长历程。社会工作者应当从这一基本模式出发，树立起专业的社会工作理念，为从事以后的理论和实务工作奠定良好的基础。

推荐阅读书目

Barbra Teater，2013，社会工作理论与方法，余潇、刘艳霞、黄玺、吴腾译，上海：华东理工大学出版社。

埃尔德，2002，大萧条的孩子们，田禾、马春华译，南京：译林出版社。

陈锦棠，2008，香港社会服务评估与审核，北京：北京大学出版社。

多戈夫、洛温伯格，2005，社会工作伦理：实务工作指南，隋玉杰译，北京：中国人民大学出版社。

李昺伟，2014，专业的良心：转型时代中国社会工作的守望，北京：社会科学文献出版社。

特里维西克，2010，社会工作技巧：实践手册，肖莉娜译，上海：格致出版社。

童敏，2011，社会工作专业服务的规划与设计，北京：社会科学文献出版社。

王思斌，2010，社会工作本土化之路，北京：北京大学出版社。

王思斌、阮曾媛琪、史柏年主编,2014,中国社会工作教育的发展,北京:北京大学出版社。
杨克,2014,美国社会工作,北京:中国社会出版社。
赵一红、黄建忠、赵芮,2013,社会工作教育:中美的研究与比较,北京:社会科学文献出版社。

对社会工作实务的建议

- 熟悉中国社会工作者职业道德,并通过与其他国家和地区的职业伦理道德相比较,发现并分析其中的文化差异。
- 熟悉中国社会工作者国家职业标准,了解成为专业社会工作者的必需步骤。
- 从历史情境出发理解案主的问题,探寻影响案主的重大历史事件及其影响方式。
- 与案主一起绘制生态图,了解影响案主生活的各种社会系统及其影响方式。
- 与案主一起绘制生命线,明确并分析案主生命轨迹的构成。
- 掌握生活事件量表的编制原理和测量方式,了解个体一生中的重大生活事件。
- 了解个体一生中可能遭遇的生理、心理和社会风险、应对方式及相关研究。
- 了解家庭成员与个体的互动方式和代际沟通模式对个体的影响及影响方式。
- 鼓励并增强案主的能动性,加强案主对个人生活的主动选择意识和能力。
- 学会利用大众传媒使专业与社会公众之间的联系日益密切,传播专业知识和理论,增加公众的社会责任感和参与感。

第二章 人类行为的基本理论

人类行为具有生物—心理—社会这三个基本层面。在一个现实的社会中,人是一个系统的存在,包含着生物、心理和社会这三个基本方面;当我们观察一个个体的行为表现并思考其原因时,应当从这三个方面去综合把握,忽略其中的任何一个方面,都是片面的、武断的,都不利于问题的理解和解决。迄今为止,人们已经提出了各种各样的理论对人类行为各个层面作出具体解释。虽然没有一个理论能够完整地概括和预测人类的行为,但它们仍为我们了解人类行为的多元层面提供了丰富的维度。了解这些理论,是社会工作者建立专业思维、掌握基本知识和从事实务工作的必备基础。我们自然无法在短短的一章中列出所有的理论并对之作出全面的介绍,而只能提纲挈领地进行简要综述,并在本章最后提供充分的推荐阅读书目,供有兴趣的读者深入学习或参考。

第一节　进化与习性理论

进化论是人类历史上最强有力的思想之一,对人类和生物行为之普遍性特征的解释得到了许多学者的认同,当然也伴随着不少争议。习性学和进化心理学理论都深受进化论的影响,从进化的视角来认识动物和人类行为。这一节的相关理论,相对而言都较为重视人类行为的生物学层面。

一、进化论

进化论是生物物种起源和发展的理论,有多种分支,其中以达尔文的生物进化论最为人们所熟知。达尔文的进化论被恩格斯誉为“十九世纪自然科学的三大发现”之一,它第一次把发展、变化和普通联系的观点带进了生物学。进化论认为,物种具有可变性,形形色色的生物种类是在自然条件的作用下,从简单到复杂、由低级到高级逐步演化而成;生物进化的机制是自然选择和生存竞争,适者生存,不适者被淘汰;物种同时具有遗传性和变异性,一切生物既有遗传的一面以传递种性,又有变异的一面以适应环境。正是变异,使生物在适应环境的过程中出现了新的性状,从而为新物种的产生提供了可能。此外,进化论还可泛指关于一切事物(自然的、社会的)都是由简单到复杂、由低级到高级发展变化演进的理论和思想。在这种意义上,进化论可以被称为一种元理论,并且逐步渗透到社会生活的各个领域,利用类似的生物进化法则来解释人类社会的发展和演变规律,形成社会进化论等观点。

早期的生物进化论在达尔文于1859年出版的《物种起源》一书中得到了系统的阐述。在该书中,达尔文论证了两个问题:①物种是可变的,生物是进化的;②自然选择是生物进化的动力,生物都有繁殖过盛的倾向,而生存空间和食物是有限的,所以生物必须“为生存而斗争”。在同一种群中的个体存在着变异,那些具有能适应环境的有利变异的个体将存活下来,并繁殖后代,不具有有利变异的个体就被淘汰。如果自然条件的变化是有方向的,则在历史过程中,经过长期的自然选择,微小的变异就得到积累而成为显著的变异,由此导致亚种和新种的形成。达尔文的这些观点已早为社会大众所熟知。

查尔斯·达尔文(Charles Robert Darwin,1809—1882),英国博物学家、生物学家,进化论的奠基人。1859年,出版《物种起源》,提出了生物进化论学说。恩格斯将“进化论”列为“十九世纪自然科学的三大发现之一”。其主要作品还有《人类与动物的情感表达》《人类由来与性选择》等。

在进化过程中,基因的演变扮演着重要角色。基因是生物的遗传物质,有忠实的复制性。生物各种不同的性状,都是由各种不同的基因所操纵的。只有当复制发生了差错,基因产生了“突变”,才会出现意想不到的情况。但这种突变是没有规律且极其罕见的,它们通过“自然选择”的作用,将其中偶然变得有利于生存的个体保存下来,而将不利于生存的个体淘汰,于是就有了生物的进化。当代综合性的进化理论认为,进化是生物种群中实现的,而突变、选择和隔离是生物进化和物种形成过程中的三个基本环节。

首先,生物进化的基本单位是种群而不是个体。种群是指生活在同一区域内的同种生物个体的总和。一个物种通常包括许多分布在不同地点的种群。每个种群中的个体具有基本相同的遗传基础,但也存在一定的个体差异,所以种群一般具有杂种性,杂种性的存在意味着等位基因的存在。一个种群中能进行生殖的生物个体所含有的全部基因被称为种群的基因库。在一个种群基因库中,某个基因占全部等位基因数的比率被称为基因频率。种群的基因频率若保持相对稳定,则该种群的基因型也保持稳定。但在自然界中种群基因频率的改变是不可避免的,于是基因型也逐渐变化。

其次,突变为生物进化提供材料。突变引起的基因频率的改变是普遍存在的。当然,突变发生的自然频率是相当低的,例如改变染色体数目(降低后代繁殖率)的染色体平衡易位在人类的发生率大约只有 1/1000～1/500。但是种群是由大量个体组成的,每个个体具有成千上万基因,这样每一代都会产生大量的变异。突变的结果可形成多种多样的基因型,使种群出现大量的可遗传变异。这些变异是随机的、不定向的,能为生物进化提供原料(但已发现的突变大多有害,这一点至今仍未得到很好的解释)。突变的方向是不确定的,一旦产生,就在自然界中受到选择的作用。自然选择不断淘汰不适应环境的类型,从而定向地改变种群中的基因频率向适应环境的方向演化。自然选择不断地调整着生物与环境的关系,定向地改变种群的基因频率。那么自然界又如何将改变了的基因频率在种群中相对固定下来,进而形成新的适应于环境的生物类型呢? 这就涉及第三个环节——隔离。

隔离使不同物种之间停止了基因交流,一个种群中所发生的突变不会扩散到另一个种群中去,使不同的种群朝不同的方向演化。隔离一般分为地理隔离和生殖隔离两类。地理隔离是由于某些地理障碍而发生的。大河、大山、沙漠、海峡和远距离都能将种群阻隔开来,使他们之间彼此不能往来接触,失去了交配的机会。长期的地理隔离使两个种群分别接触不同的环境,各自积累了变异。另一方面,长期的地理隔离使相互分开的种群断绝了基因交流,结果导致了生殖隔离。生殖隔离是指进行有性生殖的生物彼此之间不能杂交或杂交不育。生殖隔离又可分为受精前的生殖隔离和受精后的生殖隔离。生殖隔离一旦形成,原来的一个物种的种群就变成两个物种的种群。

20 世纪 60 年代,生物学家汉密尔顿(William D. Hamilton)还曾提出一种激进的进化理论,即“内含适应性理论”。汉密尔顿认为“经典适应性”

(classical fitness,即指个体将基因遗传给后代的直接繁殖成功率)的含义过于狭隘,不足以描述自然选择的进化过程。他认为,自然选择将倾向于那些能促使有机体的基因得以传播的特性,而不管有机体是否能直接繁殖出后代。个体的亲属身上也携带着与个体类似的基因拷贝,所以生物物种才会对亲属给予照顾,而亲代投资(parental investment,指对直接子女的投资)只不过是照顾亲属的一种特例而已。有机体可以通过帮助其兄弟姐妹、侄子、外甥等亲属的生存和繁殖来增加其基因繁殖的成功率,因为上述亲属身上都可能携带着该有机体的基因。内含适应性的观点在生物学领域造成了诸多争议,并引发通常被称之为"以基因之眼看世界"的思潮:如果你是个基因,你怎样让自己得以生存和繁殖?这主要通过三点:①保证宿主的生存和健康;②直接制造自身的拷贝(经典适应性);③帮助携带自身拷贝的宿主成功地生存和繁殖(内适应性)。当然,基因本身并没有思维,上述过程是无意识发生的。关键在于,基因是最基本的遗传单位,在繁殖过程中会被原封不动地遗传给下一代。所以适应器是通过内含适应性的过程而产生的。那些能增加自身复制成功率的基因,将会取代其他基因,从而随着时间的推移得以进化。

威廉·汉密尔顿(William Donald Hamilton,1939—2000),英国演化生物学理论家,英国皇家学会成员。提出了"内含适应性理论",即自然选择、性选择和"亲属选择"的混合体。著有《社会行为的演化》和《性的演化》论文集。

虽然进化论未能完全解释清楚人类进化的诸多问题,并从诞生之初起就受到各种批评,但它仍是当代社会最强劲的思想潮流之一。优胜劣汰、适者生存的观念,已经成为许多群体和个人的信条。但随着生物进化论思想对社会思想领域的渗透,它也曾对社会发展产生过负面影响,例如社会进化论一度曾被种族歧视主义者奉为理论依据,认为某些种族比其他种族更高级,在进化过程中占据更高的地位,从而为贬低和攻击其他种族寻找借口(如希特勒统治下的法西斯帝国对犹太人的大屠杀)。对社会工作来说,保护与支持弱势（包括由能力上的缺陷和机会上的缺失造成的弱势）群体是其基本的职业要求。因此，社会工作者应当对进化论思想的负面影响进行清醒的认识和正确的对待。

另外，随着基因技术的发展，进化论对人类社会的影响也越来越大。如果将一种生物的 DNA 中的某个遗传密码片断连接到另外一种生物的 DNA 链上去，将 DNA 重新组织，就可以按照人类的愿望设计出新的遗传物质并创造出新的生物类型，这与过去培育生物、繁殖后代的传统做法完全不同。这种由重新组装基因而导致新物种产生的生物科学技术，就是所谓的“基因工程”或“遗传工程”技术。这种技术既给人类带来了诸多福音，如通过器官移植挽救人的生命等，也带来了许多争议和伦理上的难题，如关于克隆人的问题和基因歧视问题（是否应当消灭“不好”的基因而只留下“好”的基因？）等等。这些问题也值得社会工作者进一步地思考。

二、习性学

习性学（Ethology）是生物学的一个分支，研究物种在自然环境中进化的、有意义的行为，其代表人物有洛伦茨（Konrad Lorenz）、弗里希（Karl von Frisch）和廷伯根（Nikolaas Tinbergen）等。虽然习性学主要以动物为基本研究对象，但其研究结论对于理解作为高等动物的人类仍有很大的启发。实际上，在习性学家看来，人类只不过是庞大的动物世界中的一小部分，人类与动物的行为并无本质区别，应当将人类置于动物世界这一广阔的背景中加以研究。多数习性学家均持进化论的观点，认为作为自然选择的结果，每个动物的行为都具有一定的适应意义。因此，他们主张以动物行为个体及其物种的生存价值上来研究行为的功能意义，并通过对各种动物功能或形式上类似行为的比较来探索行为的演化。另外，在习性学视野内，动物行为也是“社会的”：它不仅关注那些只具有个体意义的行为，还关注那些在同一物种不同个体之间具有沟通意义的行为表现。从进化的意义看，动物行为的“社会性”其实是物种生存的一个必要条件。

康拉德·洛伦茨(Konrad Zacharias Lorenz,1903—1989),奥地利动物学家、鸟类学家、动物心理学家,是经典比较行为研究的代表人物,建立了现代动物行为学。1973年,与卡尔·弗里希、尼可拉斯·廷伯根共同获得了诺贝尔生理学或医学奖。他另一个对于动物行为学的贡献是对"印刻"(Imprinting)的研究。主要著作有《所罗门王的指环》和《攻击与人性》等。

习性学非常重视遗传行为的重要性。遗传行为具有三个特征:①模式性,遗传行为在同一物种的所有个体中都能以特定的、固有的模式,按不变的次序表现出来;②先天性,遗传行为不需要学习,是在经验之前就已经掌握了的;③稳定性,遗传行为获得性,不会轻易改变,具有相对的稳定性。习性学着重研究的遗传行为主要分为三种类型:①先天反射,如人类的抓握反射,绝大部分都会在一定的发展阶段消失;②空间定向,指使有机体定向于一种特定刺激的身体运动,如昆虫趋光、蛇类趋暖等;③固定行为模式,是一种复杂的遗传行为,有助于增加物种生存的机会,典型的固定行为模式如蜘蛛结网、丹顶鹤交配之前的求爱舞蹈、松鼠埋藏松果等。先天反射、空间定向和固定行为模式对于个体发展具有重大的意义,婴儿正是通过这些遗传行为与成人建立联系而得以生存的。当然,习性学强调生物的遗传行为并不表明轻视习得行为,事实上个体的大多数行为是遗传的和习得的因素相互作用的产物。

由习性学领域产生、对个体发展理论有着重要影响的两个概念是"关键期"和"依恋"。关键期理论认为,在动物和人类发展的某些特殊时间段中,某一方面的功能或学习水平在适宜的刺激下能得更高的发展,当然关键期的作用是否完全不可逆(即错过了关键期,个体是否就无法习得某些特定行为、获得特定心理发展),仍存在一定疑问。而依恋是儿童与养育者(通常是母亲和父亲,尤其指前者)之间形成的持久的、亲密的情感关系,对个人人格的发展和社会关系的建立具有重要作用。本书将在随后的章节中具体介绍相关内容及伴随的争议,这里暂不展开。

习性学后期发展的代表人物威尔逊(Edward O. Wilson)还创立了颇有争议的社会生物学(Sociobiology)学科,并将之定义为对一切动物(包括人类)

的社会行为之生物学基础的系统研究。在他看来,社会生物学的目的在于获得关于整个社会的生物特征的普遍原理。就人类而言,社会生物学的任务就是从进化的意义上科学地解释人类行为的起源与进化的生物学机制。具体而言,动物种群的组织、个体之间的交往手段、雌雄关系、亲子关系、利他行为等,都属于习性学的范围。威尔逊的社会生物学理论一直在西方进化生物学界有着巨大争议。原因之一是其还原论的基调,即认为最终可以将人类的行为还原到生物学中去理解;之二是对遗传决定论的坚持,即相信人类的基因决定了人类的本性。

三、进化心理学

进化心理学是近年来在西方心理学中出现的一种新的研究取向,运用进化论对人的心理的起源、本质以及一些社会现象进行了颇有新意的研究,其代表人物有巴斯(David M. Buss)、托比(John Tooby)及我国学者张雷等人。进化心理学认为,人是由生理机制和心理机制两部分构成的有机整体,后者与前者一样受到进化规律的制约。进化和行为之间的联系是通过心理机制而实现的,心理机制的进化使得人类的祖先可以解决环境中出现的一些具体适应性问题。这些机制具有领域具体性的特征(domain-specific mechanisms),通常被称为“达尔文运算法则”。与一般意义上的认知不同,达尔文运算法则影响每一个具体的认知操作,比如面孔识别、语言习得或者其他的社会交互作用过程。心理机制被组织成模块,其中的每一种模块都拥有具体的设计,以至于它能够专门解决和应对现实中出现的具体领域的问题。模块的形成是自然选择的结果,是用于解决在进化过程中祖先面对的捕猎和采集生活中的问题。进化心理学在分析时采用“代价—收益”的分析视角,假定行为具有两种后果,或是功能性的收益、或是风险的代价,如果功能收益大于风险代价,那么这种行为就被自然选择过程所继承。

戴维·巴斯(David M. Buss,1953—),美国心理学教授,进化心理学的代表性人物。巴斯从进化心理学的角度对两性择偶策略、性别间冲突、社会地位、社会名声、威望、妒忌等课题进行研究。主要著作有《欲望的演化》《进化心理学:心理的新科学》《进化心理学手册》等。

约翰·托比(John Tooby,1952—),美国人类学家,与其妻子心理学家勒达·科斯米迪(Leda Cosmides)同为进化心理学界的先驱。主要著作有《进化心理学导论》《适应性心智:进化心理学和文化衍变》。

张雷(1960—),香港中文大学教育心理系主任,天津市千人计划入选者、南开大学社会心理学系特聘教授,进化心理学界的华人学者代表,著有国内第一本系统介绍进化心理学的教科书《进化心理学》(2007),并在该领域核心期刊 Frontiers in Evolutionary Psychology 担任副主编。

进化心理学的解释集中在“适应”——强调行为或者特质的功能。比如,怀孕恶心现象在怀孕早期的孕妇当中是一种非常正常且普遍的现象,全世界大多数的怀孕女性都可能出现过。这种症状包括呕吐、恶心和对食物反胃、厌恶等。而从进化的角度看,怀孕恶心现象可以被更好地理解为一种进化功能,用来保护正在成长发育中的胎儿。也就是说,女性在怀孕期间对于食物的厌恶现象就是为了避免摄入含有毒素的食物,从进化角度上讲,那些经历了怀孕呕吐的妇女相比那些没有呕吐经历的妇女来讲,可能少有自发性流产的问题出现。对于怀孕呕吐现象的功能性分析表明,那些有利于进化的优点我们都保留下来了。这些在医学角度上被认为是机能不良、功能紊乱并需要使用药物来进行治疗的状况,实际上却是一种很好的适应性机制,用于保护未出生婴儿的健康成长。

当然,并不是所有现存的认知、行为或者生物形态都可以被看作进化适应的结果,都具有维持生存的功能。进化过程至少产生了三种具体的结果——适应器、副产物以及噪音(或随机影响)。适应器是指那些由进化发展而继承下来的特征,是自然选择的结果,同时也能够有助于解决繁殖和生存适应的一些问题,比如脐带。而副产物是指那些不能解决即时问题,也不是自然选择的结果,但是却与某些适应结果相联系的产物,比如肚脐眼。随机影响是指一些随机作用,用于解释一些环境中的变化或者是发展失常现象,比如特殊形状的肚脐眼(Buss,2007:46),而进化心理学的任务就是发现和描述进化所得到的适应器的心理机制以及功能。此外,也有一些适应特征是具有消极功能的。比如,人类胎儿不断增大的头骨是一种进化的结果,表明人类的能力、智力功能的增加,但是头骨的不断增大也带来了麻烦,那就是孕妇生产过程中的风险,致使很多孕妇在生产过程中死掉。尽管这种“代价—收益”可以被看作相互抵消的,但是我们发现收益的增大要多于生产的风险,因此这种现象仍在不断演化。

繁衍是人类最基本的本能,人类的许多(如果不是所有)行为都与这一本能有关,当人们决定不同行为之得失时,基因生存的目标就已经包含在其中了。因此,个体行动的目标,就是使自身得以实现最大程度的繁衍,即产生尽可能多的子孙后代(Buss,2007)。同时,由于男性和女性有着截然不同的生理构造和进化历程,因此出现了两性之间在生存策略上的根本差别。其中,得到较多研究的有人类的亲代投资行为和择偶行为。

在自然界的物种中,除了极少数的物种是无性繁殖外,多数物种均是有性繁殖,这是因为有性繁殖能够带来基因的多样化,从而更好地解决适应问题。两性选择在一起,接下来就是对于后代的生育和抚养问题。从进化的观点来看,父母对于孩子强烈的关怀和爱是具有生物学意义和生存价值的。生养后代是一项花费很大、代价很大的工作。在一定程度上,个体在生养后代方面所投入的时间和资源是有限的。这些投资在后代身上的精力和时间对他们将来的生活、生存以及继续生养后代可能具有很大的影响。亲代投资可以是由任何一个单亲(母亲或者父亲)或者双亲提供的。但从实际的情况看,在高等动物中,雌性总比雄性在抚养孩子方面投入的精力和资本更多一些。在哺乳动物之中,受精和怀孕是雌性所要承担的任务,而且在孩子出生之后,雌性要对后代养育,直到他们断奶。相反,雄性对于下一代的投资仅仅是贡献了自己的精子。因此,有进化心理学家提出假设,认为雄性之所以较少投入精力照顾后代,是因为照顾后代的精力会减少他们与其余异性交配的机会,从而降低自身基因得以繁衍的概率。而雌性一旦怀孕,短期内就不能通过交配获得繁衍自身后代的机会;也就是说,雄性放弃照顾自身后代的机会成本,远小于雌性放弃自身照顾后代的机会成本,这就是解释亲代抚育的两性差异的“择偶机会成本假说”。

同时,由于雌性占据着宝贵的繁殖资源(如怀孕、分娩、哺乳等),如果她们对配偶不认真加以甄别,则将造成严重的投资风险。为此,进化心理学家假定:为后代投资更多的一方,在择偶时会更加挑剔;同时,投资更少的一方,在争夺异性时的竞争更加激烈。由此,也产生男女两性不同的择偶策略。女性选择男性配偶时,会偏好男性所拥有的资源,这是因为男性拥有较多的资源意味着能为家庭和孩子提供更多的必需资源，这其中包括了食物、经验、居住条件、社会地位等。女性通过观察间接的或者直接的线索以评判对方是否具有这些资源。首先，经济状况是最明显的一个线索。研究表明，不管是过去还是现在，女性在配偶选择时，男性的经济状况都是一个非常重要的考察指标，而且这种现象具有跨文化的一致性。其次，女性选择配偶时还特别偏爱对方的社会地位和权威，社会地位的高低是拥有资源多少的第二条重要线索。社会地位越高，拥有的资源就越多。这似乎是一个不争的事实，身居要职、地位较高的男性往往非常富有，不管是在生存还是生活中都比其他人拥有更多的资源，这些资源可以供给家人，还可以传递给后代。在现代社会亦是如此。判断男性资源的第三条线索就是年龄，年龄和经济状况、社会地位之间会具有一定的关系。年龄不仅是经验和社会阅历丰富的象征，同时也表明了经济累积年限的长短。所以很多女性都重视找一个比自己年长的男性为伴也就不足为奇了。当然，男性的年龄也不是越大越好，双方的年龄差异是有限度的，这是因为：年龄差异太大意味着基因健康程度的下降，不利于产生生理上优异的后代。为此，选择尚未具备丰厚资源、但具有雄心壮志和奋斗意识（从而有可能在长期获得丰富资源）的男性，是更多女性的实际选择。此外，女性择偶还比较偏爱稳定可靠的、有安全感的、身体素质好的、运动能力强的、健康的、智力水平高的、具有幽默感的男性。这些条件都是女性在择偶时要考虑的。从进化的角度上讲，感情稳定可靠的男性会忠诚于对婚姻作出的承诺，不但可以保证女性和孩子得到生活必需的资源，而且可以保证这些资源只提供给家庭。这种对感情的承诺让女性产生安全感和可依赖感。又比如，身体强壮、高大威猛、运动能力较强的男性可以为女性提供身体保护，从而保证女性免受到其他异性或者危险的威胁。

相对于女性而言，男性在选择自己的结婚伴侣时，表现出了不同的心理偏爱。为了保证生命的延续，男性比较偏爱具有较强生殖能力的女性为伴。判断生殖能力的最重要线索莫过于年龄，年龄相对较轻的女性具有较强的生殖潜力和能力。研究发现，男性的年龄越大越喜欢比自己小很多的女性，这种对年龄差距的要求随着年龄的增加而增加。比如，三十多岁的男性要求小自己五岁左右的女性，而五十多岁的男性则喜欢比自己小十几岁的女性。当然，情况并非都是如此，十几岁的男性就喜欢比自己大一些的女性。实际上，这都是因为二十多岁的女性正处在生育能力高峰期。其次，从外表上来看，身材也是一个重要的条件。研究表明，过瘦过胖的女性都不被喜欢,男性真正喜欢的是腰臀比例匀称的女性,因为这标志着女性的生育能力较强。最后,男性要求女性要做到性忠贞,忠诚于感情。在远古时代,在整个生殖过程中男性最为不确定、最为焦虑的事情就是他不能肯定自己就是孩子的父亲。所以男性必须保证女性在性方面的忠贞不渝,以保证自己作为孩子父亲的身份确定性。从这一点上讲,缔结长期的婚姻是一个很好的程序,可以让女性在婚后尽可能地降低在性方面与其他男性的接触。

进化心理学家提出的观点有一定的有效性,许多观点也非常新颖和有冲击力,但它的研究主要是推论性的,我们很难重现进化过程以验证其理论。此外,在一些批评者看来,进化心理学的研究可能暗含的种族主义倾向(人类朝着某一方向进化,可能暗示某些种族处于进化序列的顶端,而另一些种族则处于进化序列的末端)和男性中心主义(如有批评者认为男性择偶策略只是在为男性的“好色”行为作辩护)的倾向,因此也产生了不少的争议。作为社会工作者,未必要完全认同这一理论观点,但通过这一视角来了解人类的普遍进化机制和男女两性的心理差异,仍有一定的启发作用。

第二节　精神分析理论

精神分析理论为奥地利精神病理学家、心理学家弗洛伊德(Sigmund Freud)首创,其后出现了诸多分支和新精神分析流派,其代表人物有阿德勒(Alfred Alder)、荣格(Carl Jung)、沙利文(Harry Sullivan)、霍妮(Karen Horney)、艾里克森(Eric Erikson)、弗洛姆(Erich Fromm)和哈特曼(Heinz Hartman)等。精神分析其实早已不是学院心理学的主导性观点,但是它仍在很大程度上影响着大众对心理学的认知,而建立在精神分析理论基础上的心理治疗模式和社会工作模式曾经一度风靡心理学界和社会工作实践领域,且至今在心理治疗临床和社会工作实践上仍有一定的市场和活力,因此,它仍然是一个值得重视的理论和具有实用价值的案主干预技术。

一、经典精神分析的基本观点

经典精神分析理论,即弗洛伊德本人的精神分析理论认为,精神创伤是引起精神疾病的主要原因,主张用精神分析法来发掘患者被压抑到潜意识内的心理矛盾,从而治好患者,这属于心理动力学心理治疗的范畴。其主要的理论包括如下方面:

西格蒙德·弗洛伊德(Sigmund Freud,1856—1939),奥地利精神病医师、心理学家,精神分析学派创始人。1873 年入维也纳大学医学院学习,1881 年获医学博士学位。1895 年正式提出精神分析的概念,1899 年出版《梦的解析》,被认为是精神分析心理学正式形成的标志,这是心理学史第一个成型的心理学流派,深刻地影响了人类对自我和行为的认知方式。其潜意识理论和人格理论在心理学界的影响力,甚至不如其在普通大众中的影响力那么深远。他曾在回忆中说:“我的这些研究虽然都由精神分析学出发,但却远远地扩展到精神分析学的领域之外;并且比起精神分析学来,也许还容易得到更广泛的了解。”

第一,潜意识和压抑理论。精神分析学说的一个基本概念是,作为一切意识行为基础的是一种潜意识(或称无意识)的心理活动。在弗洛伊德的早期著作中,人的精神生活主要被分为两个独立的部分,即意识和潜意识,中间夹着的很小的一部分为前意识。其中,潜意识(unconsciousness)是指人们不能察觉但对思想和行为有极大影响的心理现象;前意识(preconsciousness)介于意识和潜意识之间,其所包含的内容可以被召回到意识部分中去;意识则是直接可以感知到的有关的心理部分。人的意识、潜意识和前意识之间保持着一种动态的平衡。潜意识中的各种本能冲动或动机、欲望一直在积极活动,但有时又受到意识中的社会道德、宗教法律等压抑而产生焦虑、羞耻和罪恶等感觉。弗洛伊德认为潜意识动机是向上运动、向外推的,而意识却实施相反的力量,这就形成了压抑。他在 1923 年发表了《自我与本我》一书,进一步用自我和超我替代了“看守人”的说法,从而确立了其有关人格构成的学说。

第二,人格构成学说。本我(id,或译伊底)是人格中最原始、最模糊和最不容易把握的部分,是由一切与生俱来的本能冲动所组成的,受到“快乐原则”的指引,一味寻求无条件的、即刻的满足。自我(ego)是现实化的本能,是在现实的反复教训之下,从本我分化出来的一部分,合乎逻辑,受现实原则的支配,同时侍奉三个严厉的主人,即超我、本我和现实。超我(superego)是理想自我、自我典范,是从自我发展起来的一部分,是道德化了的自我,被认为是人格最后形成的最文明的一部分,是一切道德准则的代表。既然自我同时服侍外部世界、超我和本我,而且要使它们的要求和需要相互协调,则非常容易产生焦虑。焦虑的产生促使自我采用一定的方式调解冲突、缓和矛盾，而这便逐渐形成了某些机制，也就是心理防御机制（参见相关条目）。

第三，幼年情结决定论。在弗洛伊德看来，神经症形成的根源，是被压抑到潜意识中未能得到解决的欲望，是早在幼年时期形成的症结，一切神经症都是由于被压抑在潜意识中那些幼年精神创伤、痛苦体验造成的。精神分析治疗的目的，就是使患者真正意识到并在情感上体验到现在的症状是幼年时期形成的病根。在进行心理治疗时，一开始就应告诉患者幼稚的行为源于幼年期的症结，注意向患者介绍医学心理学的理论，要求他们用成人的行为模式代替儿童的行为模式。当然，如果把一切疾病的病因都归结为幼年期性的症结所致，那就庸俗化和简单化了。

第四，性心理发展说。弗洛伊德早年认为人有两种本能，即以食欲为基础的自我保存本能（自我本能）和以性欲为基础的种族保存本能（性本能）。后来他将这两种本能合二为一成为生的本能。他认为以性欲为基础的种族保存本能背后有一种潜力叫作力比多（libido），力比多又被称为性力。按照弗洛伊德的观点，人的发展就是性心理的发展，这一发展是从婴儿时期开始的。儿童在性生活方面是主动的，其发展来源于力比多的驱动。他将人的性心理的发展从婴儿时期到青春期划分为 5 个阶段，即口欲阶段（0～1 岁）、肛欲阶段（1～3 岁）、性器欲阶段（3～6 岁）、潜伏期阶段（6～12 岁）和青春期阶段（12～18 岁）。弗洛伊德认为，性心理发展过程如不能顺利进行，停滞在某一发展阶段，即发生固着；或在个体受到挫折后从高级的发展阶段倒退到某一低级的发展阶段，即产生退化，就可能导致心理的异常，成为各种神经症、精神病产生的根源。

第五，神经症的心理病理学。弗洛伊德认为，神经症的症状与过去的梦相同，都各有其意义，与患者的内心生活有密切的关系。患者本身并不能意识到症状的真实意义，他们往往是无意识的，因此必须通过长时间的自由联想和分析解释才能意识到。弗洛伊德将该学说运用于阐述神经症、性变态、妄想型精神分裂等心理异常现象的形成过程及机制中。

上面对经典精神分析治疗的理论基础作了概括的介绍。而新精神分析治疗的理论基础则不同，他们反对弗洛伊德以本我心理学为核心，以泛性论为动力的生物主义和悲观主义，主张从社会、文化因素和人际关系的新视角去说明人的“焦虑”“内在冲突”“心理危机”“精神疾病”产生的原因，把改善文化、社会条件和人际关系等因素提到了治疗原则的首位，明显地突出了人本主义和乐观主义的精神。由于篇幅所限，这里不再一一展开。

二、经典精神分析的主要治疗技术

在精神分析发展的历程中，产生了诸多具有代表性意义的治疗技术与方法，因为各种具体方法在《梦的解析》或其他精神分析入门书籍中均有详细介绍，在此仅作概括说明。

第一，疏泄疗法。疏泄疗法是最常用的心理治疗方法之一，但它并非最先产生或局限于精神分析领域。治疗家使用疏泄疗法多与催眠、麻醉分析或其他专门的精神分析技术相结合，从而将潜意识被压抑的因素带到意识领域，达到治疗的效果。疏泄疗法为心理疾病来访者和一切有内心痛苦的人提供了倾诉的机会，并通过和心理医生面对面地讨论与情感交流，获得被尊重、被理解的体验。其基本原则是让求诊者将深感痛苦、又不便告诉其他人的心中积郁或思想矛盾倾诉出来，以减轻或消除心理压力。疏泄疗法不但对神经症、心因性精神障碍、情绪反应等心理疾病有较好的疗效，而且对心身疾病的缓解及正常人化解心理问题也有相当大的帮助。

第二，自由联想法。这是精神分析治疗的基本技术。在患者进入诊室后让其躺在舒适的沙发上，然后治疗家鼓励其自由自在、无拘无束地诉述想要说的话，把积郁于心的一切想法都说出来。无论是与疾病有关的，还是无关的；无论是重要的、有意义的，还是不重要的、无意义的；无论是自己愿意讲的，还是自己不愿意讲的；无论是符合道德的，还是难以启齿的；总之，想到什么就说什么。治疗家要承诺为患者保密，鼓励患者按本来的想法讲述，不要怕难为情或怕人们感到荒谬、奇怪而有意加以修改。充分的放松状态可使被压抑的潜意识中的内容逐渐地浮现到意识的层面上来。通过分析患者在自由联想时所谈及的材料，治疗家便可发现深藏于潜意识里的致病原因。自由联想法适用于各类神经症、心因性精神障碍与心身疾病等，也可用于部分早期或已好转的精神分裂症患者。但不适用于处在发病期的精神分裂症、躁郁症与偏执精神病的患者。

第三，梦的解析（或称“梦的分析”“释梦”）。梦的解析是自由联想的亚方法。弗洛伊德认为，梦是一种有价值、有意义的精神现象，梦是通往潜意识领域的重要途径。因此，梦的分析就成为接触潜意识、挖掘被压抑的心理冲突或创伤的一种有效手段。

精神分析治疗家把梦看成是直接通往潜意识的康庄大道，任何梦都可被分为显梦和隐梦。显梦是指那些人们能记忆并描述出来的内容，治疗家要借助于它探求深埋的被压抑的冲动、欲望、观念等，即所谓隐梦。在此，治疗家的全部精力要投入到克服“梦的运作”(dream work)所带来的困难上，因为“梦的运作”通过一些独特的过程把梦的显相完全歪曲了。弗洛伊德归纳了“梦的运作”的六类心理机制，即象征、移置、凝缩、投射、变形和二次加工。治疗家的任务就是从梦者的表面内容深入到隐含内容，去解释梦的符号，找出它的象征性含义，把经过化装变形的梦复原，发掘出梦者压抑在潜意识里的心理矛盾，并在此基础上帮助其正确地加以解决。

第四，移情分析。在精神分析治疗过程中，治疗家和来访者若能建立起和谐亲密的关系，将大大提高治疗的效果。但由于疗程过长，医患之间可能会超出理智沟通或对话的关系，而产生强烈的情感。患者把过去对父母的情感转移到治疗家身上，患者对自己疾病的关注明显降低，而对治疗家的兴趣渐渐突出。弗洛伊德把患者的此种表现称为“移情”。如果患者在儿童期对父母是依赖和信任的，也会以同样依赖和信任对待治疗家，表现为对治疗家的钦佩、友好和爱慕(甚至带有性爱的成分)，这是正移情；如果患者儿童期的双亲是冷漠的、不可信赖的，患者也会同样看待治疗家，对治疗家表示出怨恨和敌意，这则是负移情。治疗家可以通过移情的表现，弄清患者童年期与双亲的关系、该关系的性质及其对患者所具有的心理意义。如果治疗家对移情处理得巧妙和成功，可对治疗起促进作用。通过移情分析，可使患者洞悉深埋于内心的对某个或某些“重要人物”所特有的看法、情感或反应，这对于发掘对患者有影响的早年经历极为关键。

精神分析疗法问世以来，便因其治疗时间过长、对于性驱力的过分强调以及在疗效方面不能令人信服而为人所诟病。为应对这些批评，目前的精神分析疗法呈现出以下三种趋势：①沿着反生物化的方向与神经心理学、婴儿研究相结合。根据精神分析的治疗实践，人际之间的关系(母婴关系、心理治疗关系等)对个体之影响可以从人大脑内部的结构、化学物质发生的变迁来考察。心理分析学家们可从神经心理学的角度获得关于心理治疗疗效的证据。②精神分析与东方哲学的融合。事实上，荣格在此方面已经进行了诸多有价值的探索。在现代精神分析中已经出现了系统论的思想，从强调生物驱力到强调关系的转变中，精神分析的发展必然会求助于东方哲学中对于关系的阐述。当前中国的“道教”和“易经”常常在心理治疗的文献中被提及便说明了这一趋势。③短程化趋势。精神分析更加偏向于解决问题而非矫正人格的短程化浅分析，这应是一个必然的趋势，它更加清晰地把精神分析的治疗功能和人格提升修整功能分开，这是对当下和今后社会发展中职业化和规范化的一种必然反应。

三、客体关系学派与自体心理学

人们往往对经典精神分析的诸多观点有所了解,但对精神分析的当代发展却知之较少。客体关系学派和自身心理学学派是精神分析发展中比较重要的组成部分,是当今精神分析学派中最强盛的理论之一,这里作一简单介绍。

客体关系学派(object relations)是当代心理动力学在英国体系中的一个发展。梅兰尼·克莱茵(Melanie Klein)是这一学派的创始人。不同于经典的精神分析,这一学派不再仅仅将人类视为生物驱力的体系,而是把"关系"(relations)置于人性发展的中心地位。其基本前提是:人的本质是其社会性,我们对他人的需求是最基本的。

梅兰妮·克莱茵(Melanie Klein,1882—1960),女,生于奥地利,后移居英国,儿童精神分析研究的先驱,客体关系理论的创始人。她创新性地指出了婴儿的客体关系发展的三个重要的状态(positions)——偏执—分裂样状态、抑郁状态和修复。主要著作有《羡慕与感激》《一个儿童的分析过程》。

克莱茵认为,所谓客体关系就是指"自我—对象客体之间的关系",这一关系被认为形成于前语言期,也就是0~3岁之间,即语言概念还没有完全形成之前。这一关系模型的形成是来自养育者和婴儿之间的互动关系,一个不良的关系容易被婴儿内射为人生固定的经验,并且一旦基本定型后就直接影响整个人格。这一"自我—对象客体之间的关系"将形成一个人格相对稳定的基本结构,投射在关系具有者日后的生活人际关系中。可见,从这一理论萌生之日起,客体关系的架构就把人类置于外在与内在关系的二元世界中。客体关系理论探究的是心理结构的早期形成与分化,以及这些内在结构是如何在当下人际情境中呈现的。这些理论家所着重探索的早期生命在个人心灵里面的一个残余物(residue)或痕迹(remnant)对后来生命体验方式和应对方式的影响，以及如何对此进行修正或改变。

客体关系疗法认为，在治疗时，患者一定会把儿童期内射的“自我—对象客体之间的关系”投射成为自己和咨询师的关系，这时候咨询师本身是被作为一个客体对象来对待的。一个优秀的客体关系治疗师必须是个性优秀且已被训练成经验老到的。客体关系的分析训练和一般的传统精神分析训练有所不同，客体关系治疗师会在治疗发生之前建立的承诺和情感联结的基础上，在正式治疗阶段运用反移情技术，也就是通过自己的内心来洞察患者的人际交往的问题关系模型，然后直接在治疗关系中对抗面质患者的病态防御模式，以促进患者对于自身关系模式的反思和全新关系模式的发展。客体关系实践的重点不仅是要联结过去的关系，同时更注重当下的关系。这是一个超越经典精神分析的地方。

客体关系学派虽然有很多种，几乎每个著名的客体关系学派的学者都有属于自己的理论，但在总体上他们的理论和实践基础都是围绕“自我—对象客体之间的关系”展开的，并在治疗中注意反移情的运用。这一取向在许多方面超越了经典精神分析的理论框架和实践技术，并在人格障碍等深度治疗中具有强大的能量。这一取向的研究成果在20世纪80年代后的精神分析论文中被越来越多地引用。由海因茨·科赫特（Heinz Kohut，1913—1981）创建的自体心理学（self-psychology）可被看作客体关系理论在美国的发展，这一理论在当代精神分析领域也有较大的影响力。

海因茨·科赫特（Heinz Kohut，1913—1981），奥地利裔美国精神分析学家，曾任美国精神分析协会会长。他在延伸研究精神分析自恋的基础上发展出新的精神分析新学派——自体心理学。代表作有《自体的分析》与《自体的重建》。

自体心理学主张三极自体的结构，以及正常自体是镜像、理想化和孪生需求的平衡。自体心理学的技术核心是精神分析，但在如何看待患者—治疗师关系方面，自体心理学和精神分析有着根本性的不同。在经典精神分析理论中，精神分析师保持与患者的情感距离，以便客观地分析从患者那里接收到的信息。而在自体心理学中，治疗师使用同理心（empathy，或译神入）来获得患者的信任。一旦患者信任了治疗师，患者就会更多地讲话，从而使治疗师收集到更多更好的信息，进而作出更精确的解析。

自体心理学理论对于心理问题的发生机制是这样解析的：健康的自体发展，要求儿童照看者对儿童的重要情感需要作出足够的响应，这些重要情感需要包括他我需要、理想化需要和镜像需要。他我需要（alterego needs）是指儿童需要与类似于自己的其他存在物建立关联；理想化需要（idealizing needs）是指儿童需要依附于一个能使自己平静并获得安慰的情感稳定的照看者；镜像需要（mirroring needs）则指儿童需要感到被理解和被赏识、需要感到自己的情感具有含义。

这些需要内化为个体自体的三端，即密友自体、理想化自体、夸大自体。如果在童年期和随后生命期中这些需要未被满足，自体的发展就会出现问题。忽视（包括身体或情感上的忽视）或者虐待会导致自体发展的脱轨，并削弱个体建立健康关系的能力。要使儿童实现情感分化（情绪健康与稳定）并获得忍耐力，儿童的情感状态（情绪和感情）应得到足够的抚育响应，这是至关重要的。

自体心理学强调个体的一生都需要关系，这些关系唤起并维持自体的完整性和内聚性。不充足的自体客体响应可能会导致分裂，这是一种痛苦的情感（情绪）和认知（心智—意念）状态，标志着自体的内聚性受到威胁。分裂体验可以是轻微的烦躁不安（一般性的不舒适、焦虑、不满、躯体不适感），也可以是面临毁灭或解体时的惊慌感。

当谈及自体心理学的时候，自体客体是一个经常被提及的概念。自体客体是与自体三端能够产生类似重叠共鸣的客体，是与自体的健康胜任感在一起的客体。也就是说，当自体客体神入自体某端时，自体和自体客体是处在同一频率的震颤上的共鸣之音。那是神入共感的最高程度。

自体客体对应的是个体自体的三端，即夸大自体、理想化自体、密友自体。夸大自体即与“我”之自体胜任感，理想化自体即与“你”之自体胜任感，密友自体即与“他”之自体胜任感。这可以被视作人生关系中自尊的基础。从发展心理学的观点来看，一个个体的发展就是按照①全能的我→②父母的你→③游戏伙伴的他这样的次序发生的。

在这里，传统精神分析的俄狄普斯情结被科赫特所颠覆。在科赫特看来，俄狄普斯情结之所以发生，是因为自体没有被父母的自体客体恰当神入。如果父母在孩子、父、母的三角关系中竞争，正如那个希腊故事中所阐述的，父母为了自己的利益居然能自私地准备杀死和抛弃亲生孩子，这是一种对于自体胜任感的伤害性行为。这一不神入自体客体，导致孩子的自体胜任感的崩解，随之而起的就是暴怒和衍生的攻击行为。所以俄狄普斯情结绝非人类命运必须面对的诅咒，而是某些无法神入的人类在家庭中扭曲关系的后果。所以俄狄普斯情结在自体心理学看来，绝非所有神经症的源头，而最多是少部分神经症的原因。而即使是部分神经症的源头，也是由于自体客体神入失败而引发的自体缺陷感。

在三端中，治疗师通过三项移情去诊断到自体的缺陷，即在此相应的自体三端的那些时刻，以高度的注意力去神入同调自体，而在那个时刻同一频率的心灵接通就产生，这么就发生类似两体重叠的振颤感动。这是治疗的要点。当这一些自体客体的神入与自体的接触中，自体就内化了自体客体的那种能感动的品质，而成为自体重建的关键基础——即“转变的内化作用”。最后随着治疗的进展，自体越来越有力量，也越来越有现实感去面对生活，走向自由的生活之路。这就是自体心理学治疗所要到达的极点。

自体心理学围绕自体胜任感的获得，去理解治疗，自体客体的神入是核心，而相关于此的内省、认知、行为策略也在协助自体重建的过程中发挥治疗的推动作用。这令自体心理学具有广阔的领域去促使患者的自我痊愈。

第三节　行为与学习理论

行为与学习理论是20世纪具有重要影响的理论。行为主义由美国心理学家华生首创，并经由斯金纳等人改良，一度成为美国心理学界和教育学界的主流学派，此后又衍生出班杜拉的观察学习理论等分支，这里统称为行为与学习理论。

一、华生的行为主义主张

约翰·华生（John B. Watson，1878—1958）早年跟随美国著名哲学家、教育学家杜威攻读哲学博士学位，期间接触到心理学并迅速产生了浓厚兴趣，同时学习神经学、生物学和生理学。1903 年毕业后就职于芝加哥大学，后执教于霍普金斯大学。1913 年，他在《心理学评论》杂志上发表了一篇题为《行为主义者眼中的心理学》的文章，正式宣告了行为主义心理学的诞生。后因师生恋而被霍普金斯大学解职，转而投身商业领域，并向社会大众推广、普及和实践其激进的行为主义主张。代表作有《行为：比较心理学导言》（1914）、《行为主义》（1925）等。

在华生看来，心理学就是自然科学的一个实验分支，传统心理学将意识作为研究对象是完全错误的，因为意识是无法观察到的内隐过程，只能依赖于个体的内省和主观报告，而内省法又具有很强的主观性和隐蔽性，无法重复验证。因此，华生主张将包括感知觉、情绪、思维在内的所有意识范畴都踢出心理学的领地，只留下那些能够观察、可以验证的行为。行为是一种可观察到的机体反应，是有机体用以适应环境变化的各种身体反应的组合。华生把人的反应区分为外显的习惯反应（如开门、打球）、内隐的习惯反应（如思维、态度）、外显的遗传反应（如眨眼、抓握）和内隐的遗传反应（如内分泌腺的分泌、循环），这种界定和区分有助于明确行为主义的研究内容，即通过后天学习获得的习惯反应。他还指出这种反应往往是由特定的刺激引起的，可能是简单的，如投射到视网膜上的光波，也可能是错综复杂的社会情境，如他人在场的紧急情境。而心理学的研究目的恰恰在于寻找刺激与反应之间的对应规律，也就是所谓的"刺激—反应"公式。只要摸清构成行为的最基本的刺激—反应联结，按照这一研究线路便能获得任何复杂行为的准确知识，进一步实现已知刺激预测行为和控制刺激改变行为的目标。

华生还提出，人格是一切动作的总和，是各种习惯系统的最终产物。将一个人的动作流在某一年龄上切断所得到的横截面便是这个人在该年龄时所具有的人格，依照这些动作中占优势的习惯系统进行分类便可得到他的人格特征。他认为人格是可以改变的，因为人格是在环境的影响下形成的，只要改变一个人所处的环境，则他旧的习惯系统也必将改变，形成新的习惯系统，人格便借此得以改变，华生对改造人格一贯持乐观积极态度，这也是他的观点深得广大民众之心的重要原因，他为群众描绘出一个充满希望的人生。

华生最初承认先天遗传会影响行为，随后变为断然否定先天遗传的作用。起初，他认为本能作为一种遗传的类型反应，主要作用在于引发有机体的学习活动，即获得条件性反应的能力。后来，他却提出在心理学中取消本能的概念，认为行为最终都可还原分解为由刺激引起的反应，而刺激是不可先天遗传的，所以行为自然也不能由先天遗传获得了。在人类行为中那些看似像本能行为的方面，其实都只是在社会中形成的条件反应。而人类通过遗传获得的不过是构造而已，并非功能。至此，华生已经成为了一名彻底的环境决定论和教育万能论者，也因此诞生了那句被视为对行为主义经典概括的言论"给我一打健康而没有缺陷的婴儿，并在我自己设定的特殊环境中教育他们，那么我愿意担保，随便挑选其中一个婴儿，可把他训练成为我所选定的任何一种专家：医师、律师、艺术家、商界首领乃至乞丐和盗贼，而不管他的才能、嗜好、趋向、能力、天资和他祖先的种族"（Watson，1970：104）。

1957 年，美国心理学会授予华生终生成就奖，赞扬其工作是"现代心理学的内容与形式中最关键的因素……是富有成果的、持久的研究路线的出发点"。但到了颁奖的最后一刻，华生虽然坐在颁奖酒店门外的车内，却拒绝走进举行仪式的房间，坚持要其长子代为参加，因为他担心颁奖时会控制不住自己的情绪而当众哭泣，而这并不是一个行为主义者应有的行为。1958 年，华生在烧毁所有的信件、手稿与笔记后，与世长辞。其激进的行为主义主张受到了诸多批评，并得到了后来人的改良。

二、斯金纳的操作行为理论

伯尔赫斯·斯金纳(Burrhus F. Skinner,1904—1990)是20世纪美国最有代表性的心理学家。1927年毕业于汉密尔顿学院,获文学学士学位,并立志成为一名作家。后为创作需要,加深对行为的理解而开始学习心理学。1928年入哈佛大学心理学系,3年后获得博士学位。他长期致力于研究鸽子和老鼠的操作性条件反射行为,与巴甫洛夫的条件反射进行了区分。他发明的斯金纳箱是实验心理学中经典的研究工具。据不完全统计,他一生发表论文112篇,著作18部,其中代表性作品有《有机体的行为》(1938)、《科学与人类行为》(1953)、《言语行为》(1957)和《超越自由与尊严》(1971)等以及小说《沃尔登第二》(1948)。

斯金纳虽然先在哲学上接受了行为主义思想,但并未因此而走上理论构建的道路。恰恰相反,他对行为的研究深受华生和巴甫洛夫的影响,具有浓厚的实证主义色彩。他把心理学看作一门完全致力于行为研究的自然科学,只研究能够观察到的行为,而对于机体内部可能发生的活动则不作任何关注与推测,他的理论也因此被称为"没有有机体"的行为主义。斯金纳还进一步强调,行为科学的研究必须在自然科学的范围内进行,而科学研究的任务就是在先行的、实验者控制的刺激条件(S,自变量)和有机体随后的反应(R,因变量)之间建立函数关系,即 R = f(S)。这一公式完全排除了自变量和因变量之间存在中介变量的可能性,但他却承认一些因素会影响R与S之间的函数关系,比如过去形成的条件(A),但他只将这些因素视作"第三变量",而不是什么内驱力或中介变量,在他看来它们仅仅是一组操作而已,如饥饿,完全可以从上次进食时间(自变量)和找到食物后的进食速度和进食量(因变量)中观察到,这样刺激和反应之间的函数关系就可以表示为:$R = f(S, A)$。

斯金纳为了确定自变量、因变量和"第三变量"三者间的函数关系,不仅设计了一套完整的实验程序,还专门创造了一种实验装置——斯金纳箱。如图2-1所示,斯金纳箱主要由三部分组成,分别是箱体、箱底部的金属网以及由踏板(或杠杆)、与踏板(或杠杆)相连的食物仓所构成的机械系统,箱内的小动物只要一按压踏板(或杠杆)就会有一颗食丸从食物仓掉落到食盘内。在箱外还置有记录器,用来记录小动物按压踏板(或杠杆)的次数及频率。在实验中,实验者通过操纵自变量,观察实验对象的行为反应,将其记录下来并构建两者的函数关系,从而发现刺激和反应之间的规律,这套方法也被称为行为的实验分析体系。

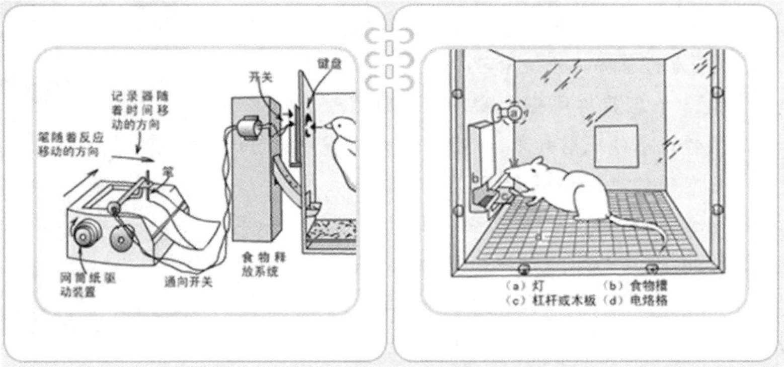

图 2-1 斯金纳箱

斯金纳将有机体的行为区分为应答性行为和操作性行为。应答性行为是指由某一特定的、可观察到的先行刺激所引发的行为。这种行为是被动的对刺激物的回答,受刺激物的控制,在巴甫洛夫的条件反射实验中狗听到铃声或看到灯光流口水的反应就属于应答性行为。而操作性行为则不同,是有机体在没有任何明显的可观察到的外部刺激的情境中表现出的行为,这种行为似乎是主动的、自发的,与任何已知的、可观察到的刺激都没有关系,体现了有机体对环境的主动应对。这两种不同类型的行为是通过不同的条件作用机制获得的,应答性行为是经典条件反射作用的结果,而操作性条件反射则塑造了操作性行为。在斯金纳看来,操作性行为在人类的生活中更具代表性,人类的大多数行为都是对环境的主动操作,因此研究人类行为的有效途径是研究操作性条件反射的作用机制,而不是像华生那样关注应答性行为。

不论是操作性行为的建立、消退,还是分化,其中最重要的因素都是强化,强化决定了一种行为得以保持还是逐渐消失。正因为如此,斯金纳的行为主义理论也被称为“操作—强化理论”。强化过程需要强化物和强化程度的出现。按照强化物作用的不同,可将强化物分为积极强化物和消极强化物。积极强化物是指那些能够增强行为反应发生频率的,与反应伴随呈现的刺激物,比如食物、水、奖励等;而消极强化物则是指当撤销这种与反应相伴出现的刺激物时,行为反应得到增强,例如对斯金纳箱底部放置的电网通电,只有当小白鼠按压踏板时才停止电击,很快小白鼠便学会了按压踏板以减轻痛苦的操作行为。这里的电击就是消极强化物,它的消失增加了小白鼠按压踏板的频率。除此以外,如刺激性气味、噪音、批评等能够给人带来厌恶性体验的事物均属此列。

根据性质的不同,还可将强化物分为原始强化物、条件强化物和概括强化物。那些天然具有强化作用的刺激物是原始强化物,比如食物、水和电击;条件强化物是与一个原始强化物反复伴随出现,从而具备了强化性质的刺激物,与克拉尔·赫尔(Clark Hull)提出的的继起强化物的概念是一致的。例如,在小白鼠按压踏板时食物和灯光刺激同时呈现,重复多次后小白鼠便建立了操作性条件反射,此时当小白鼠再次按压踏板时,不再供给食丸,而仅有灯光刺激时,它按压踏板的行为也会增强,这说明灯光也具有了强化物的性质。当一个刺激物与多个原始强化物多次伴随出现,而同时具备多种强化作用时便称为概括强化物。比如金钱,它通常与衣、食、住、行等生活中方方面面的原始强化物相联系,因而具有相当广泛的强化作用。

在日常生活中的操作行为往往并不总是伴随着强化物的出现,但我们的行为却仍旧被保持了下来,连续强化更多地只是存在于实验室情境中,而现实生活中我们接受的多为间歇强化。间歇强化又可分为固定强化和非固定强化两种,其中固定强化可以按照时间或比率来分配强化物。定时强化便是以反应时间为单位来实施强化的,比如每隔几分钟或几天给予一次强化,计时工资就属于这种强化模式。在这种情况下的反应速度会由于是否接近强化时间而发生变化,在上一次强化刚刚结束时反应速率减慢,快接近下一次强化时间时反应速率加快。定比强化则是以反应数量为单位来实施的强化。比如当反应出现多少次时给予一次强化刺激,计件工资正是采用了这种强化方式。定比强化对反应的增强效果比定时强化要更稳定,反应速度也更快些。非固定强化则克服了固定强化的各种缺陷,通过这种方式习得的反应既稳定又均匀,而且也更加牢固。斯金纳认为,将固定强化与非固定强化相搭配可获得最佳的强化效果。

此外,斯金纳运用操作—强化理论对更为复杂的心理现象也进行了解释,如人格形成和语言获得。他认为,人格只不过是行为的总体,是一种稳定的行为模式。人格的差异就是行为的差异,每个人以往受到了不同的强化而具有不同的行为特点。人的行为会随环境的变化而变化,那么人格也可以因行为的改变而改变。言语行为跟有机体(包括动物)的一切行为一样,也是通过强化获得的。最初婴儿只是偶然发出一些类似于"ma""ba"或"pa"的音节,家长听到后便以为婴儿是在叫自己,会给予他们拥抱、亲吻或喜爱的食品作为奖励,这些语词便因为得到强化而保留下来。而另外一些不正确的语法或不确切的发音则因父母未作出反应或未给予积极强化而消失,他认为人类正是通过强化作用一点点积累起自己的词汇库并习得语言的。

斯金纳对行为主义基本思想的彻底贯彻虽稍显激进而极端,但却将行为主义带到了一个新的高度,也进一步稳固了行为主义学派在行为理论群中的地位。斯金纳的贡献还超越了学术领域,极大地影响了现实生活的方方面面,他所开发的一些教学仪器和行为矫正技术,在教育、罪犯改造以及心理治疗领域都发挥了巨大的作用。

三、班杜拉的社会学习理论

阿尔伯特·班杜拉(Albert Bandura,1925—)生于加拿大,早年就读于加拿大的不列颠哥伦比亚大学,后来为新行为主义所吸引,前往美国学习行为主义,他在上学期间就提出了社会学习理论。他不仅高产,且作品的引用率也相当高,《青少年的攻击行为》(合著,1959)、《社会学习与人格发展》(合著,1963)、《行为矫正原理》(1969)、《心理学的示范作用:冲突的理论》(1971)、《攻击:社会学习的分析》(1973)、《社会学习理论》(1977)等都是其中的典范之作。由于他在心理学理论研究方面的杰出贡献和将心理学知识应用于公益事务的热忱和成功,他曾获得学界内外的多项奖励和荣誉。

班杜拉认为,倘若个体通过华生或斯金纳所说的直接强化的方式学习,那么行为的习得过程将是相当缓慢而漫长的,这种方式既不符合经济原则,也与现实生活中的实际情况不一致。因此,班杜拉提出人类最常使用的学习方式是观察学习,即指个体仅依靠观察他人的行为及结果,而不必亲自体验就能够学会某一行为反应的过程。也就是说,个体不必非得亲自接受食物或通过身体感受上的直接强化便能获得行为。这与以往的行为主义者提出的强化学习存在显著不同:首先,观察学习不一定具有外显行为;其次,观察学习不依赖于直接强化，而是靠间接强化，即通过观察他人的反应受到强化的过程，而使自己的行为反应得到增强；第三，观察学习具有认知性，观察者需要调动记忆和表象等内部心理活动来指导自己的学习；第四，观察学习不同于模仿，模仿只是观察者对行动者行为动作的机械复制，而观察者在观察动作的基础上除了模仿还会进行思考和总结，概括行为的规律，因此观察学习往往具有创造性。

班杜拉从信息加工心理学的角度将观察学习分为四个过程：①注意过程。在注意过程中观察者需要确定从所面对的大量刺激中选取哪一个作为知觉和观察的对象，并对其进行深入的认知加工。观察目标的选定往往受到观察者个人经验、能力、心理定势以及期望的影响，此外，示范活动的特性（如显著性、复杂性等）、示范活动的实用价值以及观察者的交际网络、电视等新兴媒体的发展都对注意过程有着重要的影响。②保持过程。保持过程是指观察者把行为者的动作转换成表象或言语符号贮存在记忆中。这些以符号形式储存的示范信息能够在示范活动不在眼前时，为观察者的行为提供指导。观察者心理上的模拟练习和行为上的实际操作都有助于示范行为的保持。③动作重现过程。前两个过程都是发生在观察者内部的心理过程，是示范信息由外界环境进入到观察者的头脑中并转移到记忆系统中的过程，而这一过程则是将脑中贮存的示范信息以实际行为的方式展现出来，即从内到外的过程。观察者只有通过重现示范活动，才能根据结果的反馈调节自身的行为，使其与示范行为相一致。④动机过程。这一过程决定了哪一种通过观察习得的行为得以表现。行为的习得与行为操作之间并不总是一致的，毕竟人们不会将他学到的所有东西都表现出来，只有在积极诱因的刺激或激励的作用下，行为才会出现。观察学习的这四个过程是相互联系、密不可分的，任何一个环节出了问题，都将干扰观察者示范行为的再现。

班杜拉认为，个人、环境、行为三者中任意两者都是相互联系、相互决定的。具体表现在：环境决定了哪些行为能够得以表现，行为反过来又能创造和改变环境；个人的期望和价值体系影响个体采用何种操作方式实现自己的目标，而行为的结果又会通过个体的评估系统使价值观、期待等认知成分发生改变；个体不同的性格或气质特征将激发不同的环境反应，环境反应又通过自我评价而影响性格、气质的形成。总之，在不同条件下，对于不同的人来说，三者影响力大小的权重都是不同的。认知因素作为个人因素中最重要的成分，与环境、行为相互影响、互为因果。

自我效能是班杜拉理论体系中另一个核心概念，是指个体对于自己是否有能力完成某种活动的主观判断和预期。自我效能的强度总是与个体的努力程度密切相关,个体的自我效能感越强,越可能付出更多的努力,当遇到困难或障碍时会主动去想办法解决;反之,自我效能感低的人信心不足,付出的努力往往也较少,遇到困难时很容易退缩或放弃。自我效能在本质上是一种自我生成能力,通过自我生成,个体能对自己的能力进行评价和判断,并进一步对行为进行自我调节。

自我效能的形成通常会受到五种信息的影响:①以往行为的结果。以往行为的结果以及通过行为获得的信息和直接经验,对自我效能的形成影响最大。成功的经验可以提高自我效能,增强对自己能力的信心;相反,多次的失败则使人灰心丧气,自我判断和自我评价降低,低估自己的能力。②替代性经验。替代性经验,指个体通过观察他人的行为获得的对自己行为表现的预期。当一个观察者看到与自己水平相当的示范者获得成功时,会预测自己的行为也能获得成功,从而提高其自我效能;反之,当看到一个与自己能力不相上下的示范者,付出了很大的努力仍失败了,则会降低其自我效能感。③言语劝说。言语劝说包括他人的暗示、告诫、建议、劝告以及自我规劝。言语劝说用来说服个体相信自己的能力,确立行动目标,尝试做某件事情。经言语劝说形成的自我效能往往不够稳固,当遭遇挫折时容易迅速降低,而且还会受到劝说者特征的影响,如年龄、地位、专家身份等。④情绪的唤起。班杜拉认为,情绪和生理状态也会影响自我效能的形成。当心情愉悦时,个体更倾向于对自己作出积极的评价;而在紧张、焦虑、忧郁或悲伤等消极情绪状态下,则易对自己形成负面评价,认为自己无法胜任某项工作。⑤情境条件。不同的环境提供给人们的信息是不一样的,个体会认为自己对某些情境更熟悉、更具控制力,因此在这些情境下自我效能感增强;反之,当个体进入一个陌生而易引起紧张、焦虑的情境中,自我效能的水平会降低。正因为自我效能对行为的影响大而且直接,可预测力强,所以如何提高个体的自我效能感也成为既具有理论价值又具有现实意义的问题。班杜拉认为适当的外部强化与及时的自我强化都是提高自我效能感的有效途径。

班杜拉对行为理论最大的贡献在于他发现了为前人所忽视的观察学习,这是人类区别于其他动物最主要的学习方式。他提出的观察学习模式同经典条件反射、操作条件反射一起被称为解释学习的三大模式。

第四节　认知发展理论

认知发展是个体发展过程的重要方面，这里主要介绍在儿童发展领域具有重要影响的两种理论，即皮亚杰的发生认识论和维果茨基的心理发展论。

一、皮亚杰的发生认识论

让・皮亚杰（Jean Piaget，1896—1980）生于瑞士，11岁时就发表了有关鸟类生活的论文，有科学神童之称，22岁获得生物学博士学位，同年开始在苏黎世大学研究弗洛伊德和荣格的精神分析理论。1924年起任日内瓦大学教授，1955年在日内瓦创立“国际发生认识论中心”，并任主任直到去世。他还长期担任联合国教科文组织领导下的国际教育局局长等职。皮亚杰曾被哈佛、剑桥、耶鲁等二十多所著名大学授予名誉博士学位，一生发表五百多篇论文和五十多部专著，对儿童教育领域影响深远。代表作有《儿童的语言和思维》（1932）、《儿童的道德判断》（1932）、《智慧心理学》（1947）、《发生认识论原理》（1970）、《认知结构的平衡化：发展的中心问题》（1975）等。

皮亚杰的发生认识论是一门跨学科的科学，其任务是研究知识增长的心理机制，其实质是探索概念和范畴的发生发展。皮亚杰认为，生物学的结构和功能对应同认识论的结构和机能的对应存在着相似性。在生物学中，研究结构的学科属于解剖学，研究功能的学科为生理学。与此类比，对认识论来说，研究认识结构的学科为心理解剖学，而研究认识结构的功能分析学科则为心理生理学。因此，在某种意义上发生认识论即为比较心理解剖学。发生认识论的核心是主客体相互作用的儿童发展心理学。它是皮亚杰以认识论为目标和起点，通过生物学方法论的类比，所创造的一种奠基于主客体相互作用活动之上的发展心理学。

在皮亚杰看来，人的认知结构是一种机能性结构，是发展性的、逐步建构起来的，认识则是发端于联系主客体的动作（活动）中而非其他。发生认识论用“动作—运算”来阐明知识来源于动作，并内化为运算。认为动作既是感知的源泉，也是思维的基础，运算是一种内化的可逆行动作。知识形成于主体与外部世界连续不断，在相互作用中逐渐建构起来的一系列不同水平的认知结构。其中反身抽象（即对先行阶段的运算结构或动作结构在高一层次上进行新的组合，从而把它们整合到更高级的新结构中）和自我调节是知识建构的心理机制，主体正是通过这两种心理机制促使知识增长，也促使新的结构经常处于建构之中。

皮亚杰将认知的发展看成对现实的“建构”。心理的发生是从一个较初级的结构过渡到一个不那么初级的（或比较复杂）结构。皮亚杰认为，行为主义“没有结构的发生”，而格式塔心理学认为“没有发生的结构”。发生认识论的根本特征就是把建构主义和结构主义统一起来。因此，发生认识论又被称为建构主义的认识论。

皮亚杰大半生从事儿童心理的发生研究，他认为，适合的、可行的研究路线只能是从个体心理发生学上来研究发生认识论。因此，儿童心理发展的基本理论就成为发生认识论的基本理论。皮亚杰认为，儿童通过动作实现对客体的适应，因此智力源于动作，它是儿童智力发展的真正原因。智力的本质就是适应，但适应并不是儿童被动地适应客体，而是一种双向关系，即客体作用于主体，同时主体也作用于客体，这种相互作用过程包含着“动作内化”和“格式外化”的两级转化，而智慧也表现为一种双向建构的综合。适应的形成在生物学上是同化和顺应的平衡，在心理学上就是内因和外因相互作用的一种平衡状态。皮亚杰强调认识的获得必须用一个将结构主义和建构主义紧密联系起来的理论来说明，他用图式、同化、顺应、平衡这四个概念来说明认知建构，同时也解释了适应的不同环节。

图式指动作的功能结构，是对同一活动的抽象的认知架构。当遇到外界刺激时，个体借助已有的图式同化外界刺激，以此产生行为反应。人们最初的图式都是一些本能动作。此后，在与环境的不断相互作用中，图式的种类、数量和质量都不断地发展和提高。例如，出生儿的吸吮反射，无论碰到什么东西，婴儿都产生吸吮反射。伴随着婴儿吸奶时看到妈妈的形象，听到的妈妈的声音，闻到的妈妈的气味等，最初的反射图式就渐渐地产生了变化，儿童的心理水平也随之提高。图式的发展水平是人的认识发展水平的重要指标，是认识发展的产物，又是认识发展的基础和条件。

同化是指个体以已有的图式吸收新经验的过程。就像有机体在摄取食物后，经过消化和吸收把食物变成自身一部分的过程一样，一般认为，同化引起的量变能够促进图式范围的扩大，却不能促使图式种类的发展。外界的刺激是复杂的，当原有图式不能吸纳刺激时，同化就失败了，这时就需要另外一种机制——顺应。顺应是指主体改造已有的图式以适应新的情景，这种改造可能是对原有图式的，也可能是创造一个新的图式。顺应过程使图式产生质的变化，使主体的同化能力增强，同时也使认知达到新的水平。

平衡是指由同化和顺应过程均衡所导致的主体结构同客体结构之间的某种相对稳定的适应状态。平衡既是一种状态，也是一种过程。皮亚杰认为，同化和顺应都对认知的发展具有重要作用，主体的适应也需要同化和顺应量之间的平衡。如果只有同化，那么认识就不会得到很好的发展，但如果只有顺化，主体的图式就缺乏概括性，大量细小的图式将导致主体的适应困难。平衡不是静止的，而是动态中的平衡。在心理发展过程中，人们试图用已有的图式同化刺激失败时，就处于不平衡状态，这时个体应用调节机制，以达到新的平衡。发展的实质也就是一个平衡—不平衡—平衡的否定之否定的矛盾运动。

皮亚杰认为，影响儿童心理发展的因素有成熟、物理环境、社会环境以及平衡过程四个因素。第一，成熟。它是指机体的成长特别是神经系统和内分泌系统的成熟。成熟是心理发展的生理基础，为心理的发展提供了可能性。但成熟只是心理发展的因素之一，随着儿童年龄的增长，自然及社会影响的重要性将随之增加。第二，物理环境。个体通过动作获得对物理环境中的物体的经验，包括物理经验和逻辑数学经验。物理经验包括物体的颜色、重量、速度等，是对客体的属性进行抽象、提炼的结果。逻辑数学经验是主体作用于外界环境引起的动作所获得的经验，是对操作客体的动作思考的结果。如六七岁儿童发现用鹅卵石计数和其排列、距离、计数的先后顺序没有关系，这便是一种逻辑数学经验。物理环境因素也不是心理发展的决定因素。第三，社会环境。它包括社会生活、文化、教育、语言等因素。皮亚杰认为，环境和教育对心理发展的作用也是有限的。如果儿童在学校环境中缺乏主动的同化作用，那么外在的教育将是无效的。而儿童主动的同化作用则是以儿童是否具有适当的运算结构作为前提的。第四，平衡过程。它是指心理的成长向着更加复杂和更加稳定的组织水平前进的过程，是连接和整合其他三个因素的核心，是心理发展中最重要的因素。在平衡过程中，主体的自我调节机制发挥作用。自我调节存在于有机体的各个功能水平上，包括同化和顺应的调节、主体结构中各亚系统的调节、部分经验与总体经验的调节三种方式。调节过程充分体现了主体的能动作用。

皮亚杰认为，儿童心理的发展呈阶段性的规律。这种阶段性表现为四个特点:第一,儿童心理发展可分为几个具有质的差异的连续阶段;第二,这些阶段的先后顺序是恒定不变的;第三,认知结构的发展是一个连续构造的过程,前一阶段的结构是形成后一阶段结构的基础,前一阶段的行为模式总是整合到下一阶段,成为其中一部分;第四,各个发展的阶段具有一定程度的交叉重叠,不是阶梯式的。皮亚杰通过大量的观察和实验,将心理发展划分为以下四个阶段:

第一阶段:感知运动阶段(0~2岁)。在这个阶段,婴儿没有表象和运算的智慧,他们主要通过感觉和动作探索周围世界,形成动作图式的认知结构,并逐渐获得客体永久性的概念。这个阶段被认为是智力的萌芽阶段。

第二阶段:前运算阶段(2~7岁)。与感知运动阶段相比,处于这个阶段的儿童思维有了质的飞跃:此阶段儿童的各种感觉运动行为模式开始内化而成为表象或形象模式,并在日益丰富的语言的帮助下,开始从具体的动作中摆脱出来,出现了表象性思维,即儿童从感知运动性行为过渡到了概念化的活动。这个阶段的主要特点包括具体形象性和不可逆性。儿童能够借助表象进行思维,并在此基础上进行各种如绘画、游戏等活动,但仍然无法解决抽象的问题,同时也不具备概念的守恒性。

第三阶段:具体运算阶段(7~12岁)。儿童开始具有了逻辑思维和真正的运算能力,并具有了守恒性和可逆性。但这个阶段的儿童在纯语言叙述的情况下进行推理仍然会感到很困难,他们的运算还离不开具体事物。皮亚杰将这个阶段分成两个水平。第一个水平的基本特点是儿童形成可闭合系统或“结构”,活动可以以一种传递和可逆的方式组合起来。到了第二个水平,儿童具有了力和方向的概念。

第四阶段:形式运算阶段(12~15岁)。这个阶段的儿童有能力处理假设而不单纯地处理客体。他们不再依靠具体事物来运算,使“关系”和“类”从直觉的束缚中解放出来,也能够在头脑中把形式和内容完全分开,从而使关系和分类的运算发展成一个组合系统。这又导致了命题逻辑的产生,即他们能够进行假设—演绎推理以及命题逻辑思维,命题组合系统反映了命题逻辑的整体特征。这个阶段的运算使个别结构达到综合性的水平,这是逻辑思维的高级阶段,同时也是智慧发展的最高阶段。

发生认识论和儿童心理发展理论对中小学教育理论和实践产生了深远的影响。他的研究提示教育内容应以儿童认知发展的限度为依据,教材内容的编排应该是螺旋式的上升,这样便于学生对知识进行循序渐进的认知。儿童在学习中是主动的接受者,应该通过动作进行学习,主张儿童的社会交往等。这些理论不仅对当前的教育实践产生了显著的影响，同样对学习理论和教育理论也产生了深刻的影响。

二、维果茨基的心理发展论

维果茨基（Lev Vygotsky）的心理发展论是苏联心理发展理论的代表，在儿童发展领域也有着较大的影响。他认为，心理的发展是指一个人的心理（从出生到成年）在环境与教育的影响下，在低级心理机能的基础上，逐渐向高级心理机能转化的过程。同时，人的心理的发展是受社会的文化历史发展规律所制约的。

列维·维果茨基（Lev Vygotsky，1896—1934），苏联心理学家。主要研究儿童发展与教育心理，着重探讨思维和语言、儿童学习与发展的关系问题，提出了“最近发展区”的概念。维果茨基认为社会环境对学习有关键性的作用，社会因素与个人因素的整合促成了学习。维果茨基与阿列克谢·列昂节夫（Alexei Nikolaevich Leontyev）和A. R. 鲁利亚（Aleksandr Romanovich Luriya）等人形成了一个极有影响的文化历史心理学学派，也称“维列鲁学派”。主要著作有《心理学危机的含义》《儿童期高级注意形式的发展》《儿童心理发展问题》等。

在他看来，心理机能分为两类：一类是低级心理机能，另一类是高级心理机能。所谓低级心理机能是指感觉、知觉、不随意注意、形象记忆、情绪、冲动性意志、直观的动作思维等。所谓高级心理机能，就是指观察（有目的的知觉过程）、随意注意、词的逻辑记忆、抽象思维、高级情感、预见性意志等。人之所以不同于其他动物，就是因为人具有一切动物所不具有的高级心理机能，所以人才能总结经验、发现事物的内部联系和规律、主动控制自己的行为，并具有积极地改造客观现实、创造世界的本领。维果茨基认为，低级心理机能是种系发展的产物，高级心理机能是历史发展的产物，二者虽然是两条完全不同发展路线的产物，但是在个体的心理发展过程中，这两种不同的心理机能却是相互交织、相互融合的。对于一个具体的儿童来说，个体心理发展既包括种系发展的成分，也包括历史发展的成分。

心理机能的起源，是心理发展理论的核心问题。针对人的高级心理机能的发生问题，维果茨基明确地提出了社会起源学说，认为人的一切高级心理机能都是通过人与人的交往而形成的。高级心理机能同样属于心理现象，它们当然离不开大脑的物质基础，但物质基础不等于心理发展的根源。高级心理机能无法从生物学中寻找根源，而只能从客观的社会环境中去寻找。维果茨基把行为划分为两类：一类是动物具有的自然行为，另一类是人所特有的工具行为。行为的工具也分为两类：一类是物质工具——从最简单的器械到现代化的机器，它是人的物质生产的用品，越是复杂和高级物质生产的效益和质量也越提高；另一类是心理工具——各种符号、记号、语词、语言。人运用心理工具进行心理活动和精神生产。

儿童心理机能由低级向高级发展的标志，维果茨基认为有以下四个方面：①心理活动的随意性增强。心理活动的随意性表现为儿童凭自己的愿望和意志保障心理活动的正常进行。②心理活动的抽象概括机能增强。儿童的概括抽象是依靠语词等符号系统为中介而实现的。③各种心理机能之间关系的变化和重新组合性增强。在不同的年龄阶段，儿童心理发展中的优势过程是不同的。④心理活动的个别化。随着儿童的活动与交往形式的不断内化，儿童意识系统越来越具有自己独特的性质，使心理活动表现出个别化的特征。

维果茨基对“发展”的理解，侧重于强调人的心理发展受社会文化历史发展规律的制约。从这一基本观点出发，维果茨基认为，儿童的教学可以定义为人为的发展，而学校教学则是发展的源泉。为了解决教学与发展的关系问题，他提出了“最近发展区”的概念。维果茨基认为，儿童有两种发展水平，第一种就是儿童现实发展水平，它是指“一定的已经完成的儿童发展周期的结果和由它而形成的心理机能的发展水平”，是儿童独立活动中所达到的水平；第二种就是在成人的指导帮助下所达到的水平。这两种水平之间的差距就是维果茨基所说的“最近发展区”。最近发展区是一个动态的概念，因为处于某一年龄阶段的最近发展区能在一定条件下转变为下一个阶段的现实发展水平，而下一个阶段又有自己的最近发展区。

维果茨基指出，学校中教学和发展的相互关系好比是最近发展区和现实发展水平的关系一样。童年期的教学只有走在发展的前面对发展加以引导，才是好的教学。与皮亚杰不同，维果茨基认为，教学依赖的是正在成熟的功能，而不只是限定在已经成熟的功能中。教学的可能性是由它的最近发展区决定的。因此，从这个意义上讲，学校教学的任何学科总是建立在未成熟的基础之上的。这并不是说教育不要顾及儿童发展的实际水平，不要确定教学的最低阈限，而是说一个正确的有效的教育既要确定教学的最低阈限，也要确定教学的最高阈限，只有在这两个阈限之间教学才能取得成效。反之，如果教学不是瞄准最近发展区，而只是把已经完成的发展系统作为目标，那么从发展的角度看，这种教学是没有什么积极意义的，充其量只是发展的尾巴。

维果茨基对于教学与发展的关系所作的结论是，学龄期是教学的最佳时期，或者是敏感期。他还提出了一个新概念，即学习的最佳期限。"最佳学习期限"这一概念的提出是基于习性学对动物行为研究引申出来的。习性学提出了关键期（或敏感期）的概念，指的是个体在发育的某个时期中，对某种类型的环境影响特别敏感。当这一年龄结束或尚未到来之前，这种影响可能会失去原有的作用，甚至起相反的作用。正如有人用喂养婴儿的方式对待7岁儿童，或用对待7岁儿童的方式喂养婴儿，这都是有害的。在他看来，任何教学都存在最佳的、最有利的时期，过早或过迟实施教学，从发展观点看总是有害的，对儿童的智力发展产生不良影响。也就是说，一定时期的教学在智力发展方面给教学和发展带来更大的效果。成功教育的关键不仅在于确定儿童能够接受教学的成熟情况，更重要的还在于要关注儿童尚未成熟和正在成熟的阶段，那种建立在正在开始但尚未形成的心理机能基础上的教学，即所谓"走在发展前面的教学"，才是最佳的教学。

第五节　中国本土的社会行为理论

与西方结构化、系统化的理论不同，本土视角下的行为理论在形式上更多地体现为一些相对松散的理念、主张和实用型的处世智慧，更多地偏重行为的社会性层面。这正是我们称之为本土社会行为理论的原因。

一、差序格局论

差序格局是我国社会学家费孝通提出的重要概念，也是解读中国人社会行为的基本视角。这一观点源自其著作《乡土中国》，以之说明中国传统社会中的社会结构和人际关系特点。虽然该书最早发表于20世纪40年代，但差序格局这一概念却经久不衰，对当下中国人的社会行为仍有很强的解释力。

费孝通(1910—2005),著名社会学家、人类学家、民族学家,中国社会学和人类学的奠基人之一。他将西方的社会学理论"中国化""本土化",提出了著名的"差序格局"概念。1933 年毕业于燕京大学社会学系,1935 年毕业于清华大学研究生院社会学人类学系,1938 年获伦敦大学研究院哲学博士学位,博士论文《江村经济》被其导师马林诺夫斯基誉为社会学"实地调查和理论工作发展中的一个里程碑",被后学称为"中国社会学派"的开山之作。1981 年 11 月,英国皇家人类学会向他颁发 1981 年度赫胥黎奖章,他成为第一位接受这项荣誉的中国学者。此外,其主要著作还有《乡土中国》《中华民族多元一体格局》等。

费孝通认为,中国传统社会的基本特征与西方社会的基本特征存在不同,前者是差序格局,后者是团体格局。在团体格局中,团体由若干相对独立的人组成一个个的团体,团体是有一定界限的,谁是团体里的人,谁是团体外的人,不能模糊,一定分得清楚。在团体里的人是一伙,对于团体的关系是相同的,如果同一团体中有组别或等级的分别,那也是先规定的。费孝通将西方的社会比喻为人们在田里捆柴,几根稻草束成一把,几把束成一扎,几扎束成一捆,几捆束成一挑。每一根柴在整个挑里都属于一定的捆、扎、把。每一根柴也可以找到同把、同扎、同捆的柴,分扎得清楚不会乱的。但是中国的格局不是一捆一捆扎清楚的柴,而是好像把一块石头丢在水面上所产生的一圈圈推出去的波纹,每个人都是受他社会影响所推出去的圈子的中心,被圈子的波纹所推及的就发生联系,每个人在某一时间某一地点所动用的圈子是不一定相同的。

"差序格局"这个概念揭示了中国社会的人际关系是以己为中心、逐渐向外推移的,表明了自己和他人关系的亲疏远近。作为差序格局中心的"己",并不真正具备个体的独立性,相反,它是镶嵌于层层社会关系的"己",这些社会关系中,最重要的是家庭(或家族)关系。以"己"为中心,实际上是以家庭或家族为中心,个人并没有完全独立的权力和地位,而需要依据自己的角色(如父亲、儿子、母亲、媳妇)来规范自己的行为。在包裹住自身的社会关系中,很多都是先赋性而不是自致性的,个体自出生即被包围其中而难以解脱。同时,这种关系具有很强的衍生性,甚至在正式组织关系和公众关系中,人们也愿意用拟亲缘式的关系来称呼他人(如“老大”“哥们”等)。同时,“以‘己’为中心,像石子一般投入水中,和别人所联系成的社会关系,不像团体中的分子一般大家立在一个平面上的,而是像水的波纹一般,一圈圈推出去,愈推愈远,也愈推愈薄”。因此,人际关系中的远近亲疏,也是中国人社会行为中需要时时加以注意的问题。

差序化的社会关系格局,反映出中国人际关系和社会行为中的上下有分和亲疏有别的特征。它强调人与人之间的等级区分,如尊卑、贵贱、上下、长幼、亲疏,同时也强调人与人之间应建立的关系差别,如父子、夫妇、兄弟、朋友等。在这种关系体系中,发生行为互动的两个个体之间的权利义务并不是对等的。这种分类原则是中国人交往过程中有意无意遵循的基本原则。而传统儒家提供的人伦之道,重点就是强调对个体相互间的角色定位,从而建立和维护基本的行为秩序。

随着时代的发展和社会的变迁,中国社会的差序格局也发现了许多变化,如利益关系开始深度地渗入,成为人们缔结关系的重要因素;西方式的团体格局也在不同的侧面不断地加强。但迄今为止,社会关系的差序性并没有根本性的改变,人际交往中的亲疏远近仍是中国人需要拿捏分寸的重要方面(如送礼的轻重、拜访的礼节、问候的方式等都会随着交往的个体的不同而不同)。作为社会工作者,需要对本土行为中的这些差序化因素有着透彻的了解,才能更好地领会中国人行为中诸多微妙的方面。

二、情境中心论

情境中心论是人类学家许烺光提出的解释中国人行为的一个视角,在其初版于 1953 年的著作《美国人与中国人》中就有明确叙述。这一理论在国内外心理学、人类学和社会学界有着重要影响力,经常为本土心理学研究者采纳为解释中国人心理与行为的基本理论视角。

许烺光(1909—1999),美籍华人,人类学家,心理人类学创始人之一,1933年毕业于上海沪江大学社会系,1941年获英国伦敦大学人类学博士学位,后执教于美国,曾任美国人类学会主席。他将文化与人格研究的方法论进行了更新与换代,就人类对于大规模文明社会研究的知识向前推进了一大步。其理论对于本土心理学的发展、心理文化学的产生,具有深刻的影响。提出了心理社会均衡模型(PSH模型)、情境中心论等著名概念。主要著作有《美国人与中国人:两种生活方式的比较》《心理人类学:对文化与人格的探索》等。

许烺光的情境中心论是其对中国人心理研究的一个核心观点,并且是针对美国人的个体中心论而言的。在他看来,个体在不同文化中追寻安全感的不同方式,塑造了其不同的社会行为。在许烺光看来,每个人都有两个世界——内心世界和外部世界,个体必须借助一种给予他适当安全感的方式平衡这两个世界,这种安全感的内容就是自尊感和坚定的意志。中国人重视整体性的社会关系,所以他们在人际关系中寻找安全感。美国人由于把全部人类关系视为在个人需要时可以分割或重新组合的主题,因此倾向于在人群之外寻找安全感,而一条取之不尽的安全源泉是利用其他方式谋取物质财富或征服客观环境。无论该社会的文化前提是什么,其成员只能在包容他们的文化框架中寻找个人的安全感。中国人在亲族和他的主要社会圈子里寻求安全感,他帮助亲属,并同他们一起分担忧愁。而寻求安全感的不同方式同样也可以从根本上解释为什么西方人,特别是美国人轻视权贵和传统的限制而重视彻底的自由与平等,重视经济上的成功和支配事物的能力,以及为什么这些能成为美国人个人安全感的根基。

基于此,许烺光认为,中国人的行为是情境中心的,且中国人对环境的注重主要表现为相互依赖,它贯穿在所有中国人的人际关系之中。从人类学参与观察的视角出发,许烺光将分析的目光聚焦于社会中个体的日常行为,如教养方式、政治行为、宗教信仰以及该社会中艺术、文学的形式和内容,尤其是他把文学艺术看作不同文化的"投影屏幕",借此研究生活于其中的人们的心理与行为。例如,在他看来,西方传统绘画与中国传统绘画也体现出情境中心与个体中心的区别:"人的主题在西洋画中非常鲜明,而在中国画中却很少见。(西洋画)在一切事物中,更注重表现人物的内心世界……当中国画家画人物时,也或者是以之为一幅大风景中微小的一点,或者给他们穿上厚厚的衣服把身体裹起来,看不到一丁点儿面部表情。我们更容易看到的是人物的地位、身份、威望以及其他社会性格,而不是个性。”(许烺光,1989:16)

正是这种情境中心性,使得中国人的行为在不同情境下可能体现出非常不同的特征。许烺光是对孙中山对国民性的著名批评“中国人像一盘散沙”提出了自己的理解:中国人并不总是处处都是“一盘散沙”。在他们所关切的亲属和地方性组织的内部,他们相互粘附在一起就像最坚硬的黏土。而一旦对个人的要求超出他们对团体忠诚基本的限度,中国人就会暴露出“散沙”的特点。这也提醒我们,中国人的行为往往具有双重甚至多重的面向,需要结合不同的情境加以理解和解释。

严格来说,差序格局论和情境中心论更像是一种观点和视角,而不是一种完整的理论体系。但这些视角的流行却说明了一个事实:理论观点的影响力并不完全取决于其内部体系的严密性,而取决于观点能否很好地解释实际的社会行为。这对于后续学者建构能够解释中国人实际行为的理论,是一种有益的启发。

此外,港台及大陆学者还许多关于人情、面子、关系等中国人日常行为的理论分析著作,限于篇幅,这里不再展开。读者可依据本章最后的“推荐阅读书目”,按图索骥,寻找相关的著作深入研读。

推荐阅读书目

阿德勒,2013,自卑与超越,吴杰、郭本禹译,北京:中国人民大学出版社。

阿伦森,2007,社会性动物,邢占军译,上海:华东师范大学出版社。

巴斯,2007,进化心理学,熊哲宏译,上海:华东师范大学出版社。

巴斯,2011,欲望的演化,谭黎、王叶译,北京:中国人民大学出版社。

班杜拉,2015,社会学习理论,陈欣银、李伯黍译,北京:中国人民大学出版社。

达尔文,2013,物种起源,苗德岁译,南京:译林出版社。

道金斯,2012,自私的基因,卢允中、张岱云、陈复加、罗小舟译,北京:中信出版社。

费孝通,2013,乡土中国,上海:上海人民出版社。

弗洛伊德,2014,弗洛伊德文集,车文博编译,北京:九州出版社。

华生,2012,行为主义,李维译,北京:北京大学出版社。

黄光国、胡先缙等,2010,人情与面子:中国人的权力游戏,北京:中国人民大学出版社。

黄秀兰,2014,维果茨基心理学思想精要,广州:广东教育出版社。

霍妮,2001,我们时代的神经症人格,郭本禹、方红译,北京:中国人民大学出版社。
卡尔文,2012,大脑如何思维——智力演化的今昔,杨雄里、梁培基译,上海:上海科学技术出版社。
克莱尔,2002,现代精神分析"圣经"——客体关系与自体心理学,贾晓明、苏晓波译,北京:中国轻工业出版社。
肯里克,2013,性、谋杀及生命的意义,北京:中信出版社。
李强、秦萍,2011,大家精要:斯金纳,昆明:云南教育出版社。
铃木大拙、弗洛姆,2012,禅与精神分析,孟祥森译,海口:海南出版社。
陆有铨,2012,皮亚杰理论与道德教育,北京:北京大学出版社。
皮亚杰,1981,发生认识论原理,王宪钿译,北京:商务印书馆。
荣格,2005,荣格自传,刘国彬、杨德友译,北京:国际文化出版公司。
威尔逊,2008,社会生物学:新的综合,毛盛贤等译,北京:北京理工大学出版社。
维果茨基,2005,维果茨基教育论著选,余震球译,北京:人民教育出版社。
维果茨基,2010,思维与语言,李维译,北京:北京大学出版社。
许烺光,1989,美国人与中国人:两种生活方式的比较,彭凯平等译,北京:华夏出版社。
杨国枢,2004,中国人的心理与行为:本土化研究,北京:中国人民大学出版社。
杨中芳,2009,如何理解中国人:文化与个人论文集,重庆:重庆大学出版社。
翟学伟,2013,人情、面子与权力的再生产,北京:北京大学出版社。
朱建军,2001,我是谁——心理咨询与意象对话技术,北京:中国城市出版社。

对社会工作实务的建议

- 了解个体发展的相关理论,并注重其中的文化差异性。
- 尝试使用不同的理论解释同一个案例和行为,讨论和总结不同视角下对个体行为的不同理解。
- 尽管理论所持的观点不同,甚至有所矛盾,但采用单一的理论视角对人类行为进行讨论显然是不足够的。
- 将自身的成长经历同理论结合起来,有助于了解自己和周围的人,更有利于从事社会工作。
- 研读进化论思想,在服务过程中关注遗传因素对于人类发展的作用。
- 研读行为与学习理论,理解人类行为是遗传和环境交互作用的结果。
- 研读认知发展理论,理解个体智力发展的阶段性以及父母、学校、社会等系统的重要作用。
- 研读精神分析理论,了解基本的精神分析技术的工作原理。
- 研读本土社会行为理论,在实务工作中注重从本土情境出发理解和干预他人行为。
- 尝试从生理发展、认知发展、人格发展和社会性发展的角度出发,理解案主的过去和现在。

第三章
人类发展的生物学基础

天地伊始，万物初生，生命在适应自然环境的过程中不断演化，但无论变化如何每个物种都会将自身特征世代传递，对这种遗传物质由亲代传给子代的现象我们称之为遗传。在遗传的过程中，子代会得到源自父母双方的基因信息，正是基于这些信息，我们成长为与亲代近似却不相同的独特个体。为了更清楚地了解遗传，我们要从受精卵开始讲解遗传的基本原理。

第一节　遗传的原理

一、受精过程

大多数情况下，女性会在两次月经之间从卵巢中排出一颗卵子（卵细胞）。如果卵子在途经输卵管抵达子宫的过程中未能受精，它就会随着经血被排出体外。如果卵子在输卵管中遇到了源自男性的精子，最终会有一个精子突破卵子的细胞膜并与之融合形成受精卵（zygote）。男性和女性的生殖细胞（精子、卵子）我们称之为配子（gametes），每一个配子都包含有大量的遗传信息，在最终形成的受精卵中会包含超过 20 亿化学编码的信息，根据这些信息，受精卵会在数月后从一个不足针尖 1/20 大小的单细胞发展成一个活生生的、具有认知能力的婴儿。

二、基因与染色体

在受精卵和人类的每个细胞核内都包含有 46 条杆状染色体（chromosome），它们每 2 个组成 1 对共 23 对。1 对染色体内的两条染色单体完全相同，一条来自母亲的卵子，另一条来自父亲的精子。人类细胞核内的染色体都是成对的，只有生殖细胞（精子、卵子）除外，生殖细胞内只含有 23 条染色体，是普通染色体数量的一半。

每一条染色体内都蕴含了大量的遗传信息，我们称之为基因（gene），它是最基本的遗传单位，作用在于构成简单蛋白质（Brown，1999）。DNA（脱氧核糖核酸，deoxyribonucleic acid）分子呈现双螺旋结构，好似一个螺旋的梯子。DNA 以特定顺序排列组成基因，或者说基因是 DNA 构成的微小片段。每个基因都具有独特的功能，基因控制着蛋白质的合成，而蛋白质是人体组织、荷尔蒙、神经介质的基本构成元素，例如基因控制着那些细胞分化为骨骼、肌肉、神经细胞。基因同时还控制着身体功能，例如心跳速度、肌肉强度等。DNA 的独特能力是进行自我复制，类似拉开拉锁一样，DNA 从中间断裂开分为两半，每一半结构都会复制自己失去的另一半，从而完成自我复制。

许多科学家都在研究基因的功能定位，人类基因工程（human genome project）极大地推动了我们对基因的认识。最初科学家认为人类有 100000 个基因，而人类基因工程研究发现人类大约有 30000 个基因（U. S. Department of Energy，2001）。最近的研究把这一数量减少到 20000 ~ 25000 个左右（International Human Genome Sequencing Consortium，2004）。另一项颠覆传统认识的研究发现，人类拥有的基因数远远多于所拥有的蛋白质数量，也就是说基因与蛋白质表达之间并非一一对应关系（Commoner，2002；Moore，2001）。在此之前，科学家们一直认为每个基因都对应一种蛋白质表达。这也就说明基因并非自动化的被唯一的蛋白质所表达。

基因的表达除受自身所携带的遗传信息控制，还会受到外部环境变化和细胞内变化的影响。例如，荷尔蒙能够控制细胞中基因的“开”和“关”，荷尔蒙的分泌则受到灯光、营养、行为等方面的影响。总而言之，基因表达受到多方面因素的影响，人类基因组中的基因并非相互独立，而是包含了许多合作性的基因群。

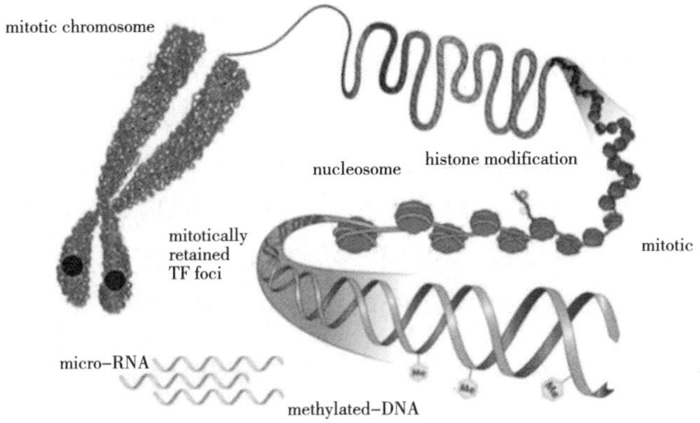

图 3－1　染色体和脱氧核糖核酸

注：mitotic 有丝分裂 mitotic chromosome 有丝分裂染色体
nucleosome 核小体 histone modification 组蛋白修饰
mitotically retained TF foci 有丝分裂保留 TF 灶
micro-RNA 小分子 RNA（非编码单链 RNA 分子）
methylated-DNA DNA 甲基化

三、基因的复制方式

如前所述，人体细胞含有 46 条（23 对）染色体，每一对染色体的两条单体分别来自父亲和母亲，为了将基因遗传给下一代，细胞具有一种独特的分裂方式——减数分裂（meiosis），通过减数分裂所产生的配子内含有的染色体比原始生殖细胞少了一半。

如图 3－2 所示，生殖细胞第一步是复制 46 条染色体，形成同源染色体对。然后发生互换（crossing-over），即成对的染色体发生减数分裂的时候，遗传物质在成对染色体之间彼此交换的过程，最终形成新的遗传组合。在此之后，原始细胞分裂成 2 个新的细胞，各包含 46 条染色体。最后，2 个新细胞再次分裂形成 4 个各包含 23 条非配对染色体的配子。

精子与卵子融合所形成的细胞叫作受精卵。受精卵中会含有来自父亲的 23 条染色体和来自母亲的 23 条染色体，46 条染色体会结合成 23 对染色体。至此，父母双方各为子女提供了一半的遗传信息。

受精卵经过输卵管在子宫着床后，就开始不断的自我复制，这种复制被称为有丝分裂（mitosis）——细胞复制它的染色体，然后分裂成两个遗传上完全相同的子细胞的过程。在受孕的第二天,受精卵分裂为 2 个,随后的 24 小时里这两个完全相同的细胞会再分裂 3 ~ 4 次,2 个分裂为 4 个,4 个变为 8 个,8 个变为 16 个。在这个过程中,每个细胞都会复制它的 46 条染色体,然后 46 条染色体会向细胞两极移动,最后产生两个染色体完全一样的新细胞。

通过基因的控制,这些细胞逐渐形成了骨骼、肌肉、神经以及各种器官。人体会不断地进行有丝分裂(如图 3 - 5),使新细胞代替老细胞。每一个新细胞里都会含有与最初受精卵完全相同的 46 条染色体。

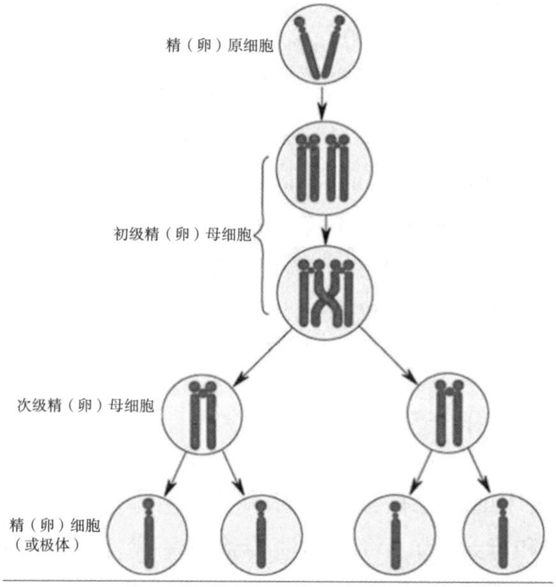

图 3 - 2　减数分裂图解

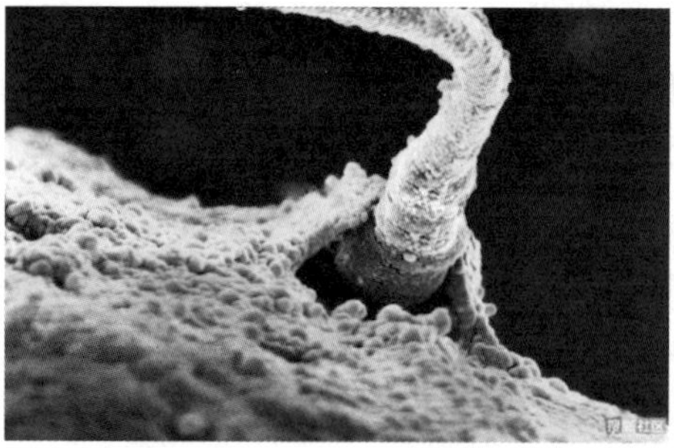

图 3 - 3　受精

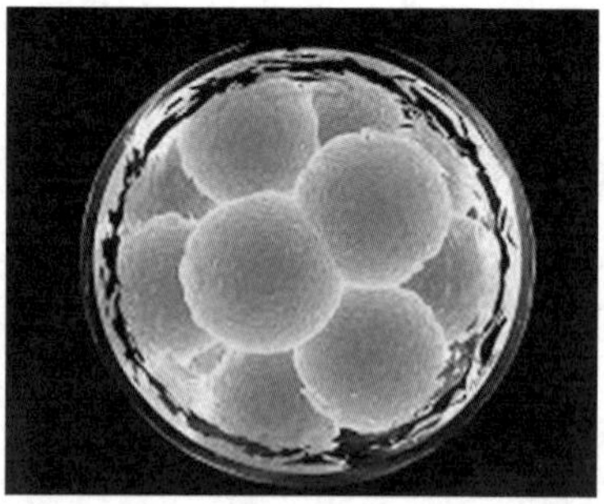

图 3 - 4　受精卵

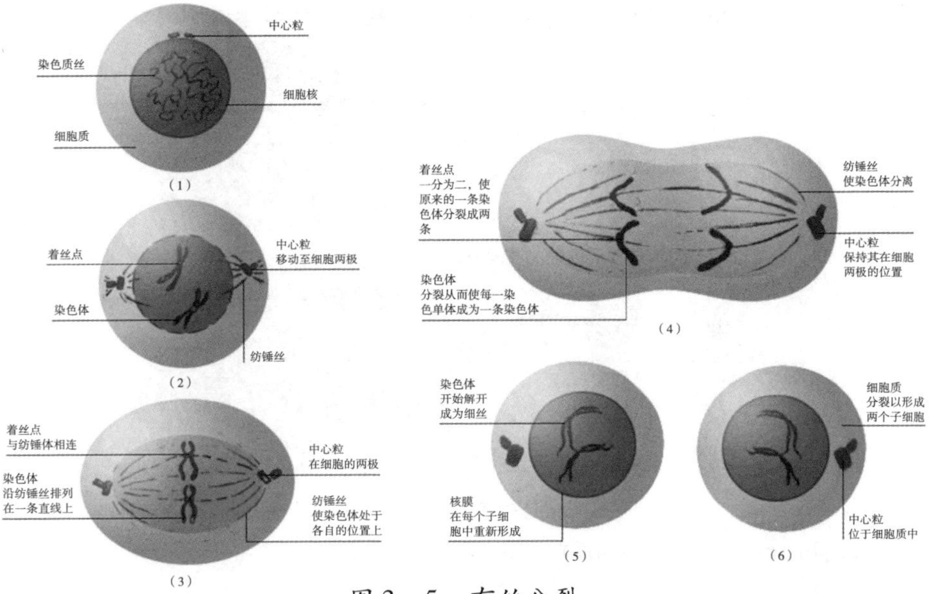

图 3 -5　有丝分裂

四、遗传的独特性和相似性

一对父母能否分别生出两个基因完全相同的孩子吗？答案是不能。这是因为人类有 23 对染色体，在进行减数分裂时每对染色体都独立于其他染色体进行分离，这也就意味着一个生殖细胞可以产生超过 800 万个不同的配子。从概率上讲，每对父母可以有 64 万亿个基因完全不同的孩子。但现实是一对父母拥有不同基因孩子的概率比理论上的更大。这是因为在减数分裂过程中染色体进行了互换（crossing-over），就好似两辆同款的汽车互换了某些零件。因此，个体所产生的独特配子的数量被大大增加。总之，我们是无法拥有一个基因与自己完全相同的同胞的。

但是在一种特殊情况下两个人会拥有完全相同的基因。受精卵在第一次分裂时分裂为相同却又完全分开的两个细胞，这两个细胞各自独立发育成一个个体，这种情况叫单精合子或同卵双生子（monozygotic or identical twins）——由一个单一的受精卵发育而来的双生子，这个受精卵后来分离成两个基因相同的个体。大约 250 个产妇中会有 1 位产出同卵双生子（Plomin，1990）。

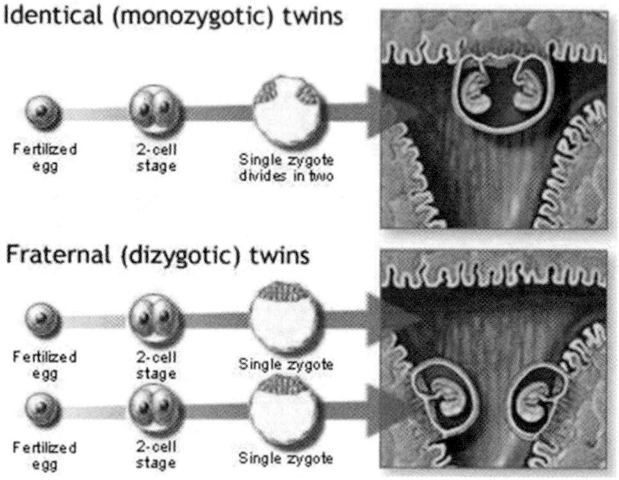

图 3－6　同卵与异卵双生子的形成过程

注：Identical(monozygotic) twins 同卵双生子
Fraternal(dizygotic) twins 异卵双生子
Fertilized egg 受精卵　　2-cell stage 2－细胞期
Single zygote 单个受精卵
Single zygote divides in two 单个受精卵分裂成两个

在多子女家庭中我们会发现，兄弟姊妹之间或多或少是有些类似的。这是由于他们都遗传了同一对父母 50% 的基因，但由于在减数分裂过程中父母染色体分离成配子（精子和卵子）的独特性，每个兄弟姊妹所遗传的都不会是相同的 50%，因此同父母的每个子女在遗传上都是独特的。

多胞胎的另外一种情况是双精合子或异卵双生子（dizygotic or fraternal twins），一位母亲同时排出两颗卵子并被不同的精子受精而产下的双生子。虽然他们同时出生，但他们的基因并不比其他亲兄弟姊妹更加相同。

五、性别的决定

人类有 23 对染色体，其中 22 对染色体的每一对都是相似的，这些染色体被称为常染色体。第 23 对染色体与众不同，它决定了个体的性别，也被称为性染色体。正常女性的两条性染色体呈 X 形，被标记为 XX。正常男性的性染色体则是由一个 X 形染色体和一个短小的 Y 形染色体组成，标记为 XY。

在减数分裂时，一个女性生殖细胞所产生的 4 个配子都携带 X 染色体，而一个男性生殖细胞所产生的 4 个配子中有一半携带 X 染色体，另一半携带 Y 染色体。在受精过程中，只有当携带 Y 染色体的精子与卵子结合，孩子的第 23 对染色体才会是 XY，也就是男性。当携带 X 染色体的精子与卵子结合，孩子的第 23 对染色体是 XX，性别为女性。

由此可见，父亲的精子决定了孩子的性别。因此父母对子女性别的选择不再完全依赖超声波检测，另一种新的技术是使用激光检测精子中的 DNA，筛选出想要的性染色体的精子，从而使得生出自己所希望性别的孩子的概率大大增加（Hayden，1998；Belkin，1999）。这些性别选择技术在某些具有性别歧视的文化中会造成当地性别出生比严重失衡，进一步导致人口比例的失调。

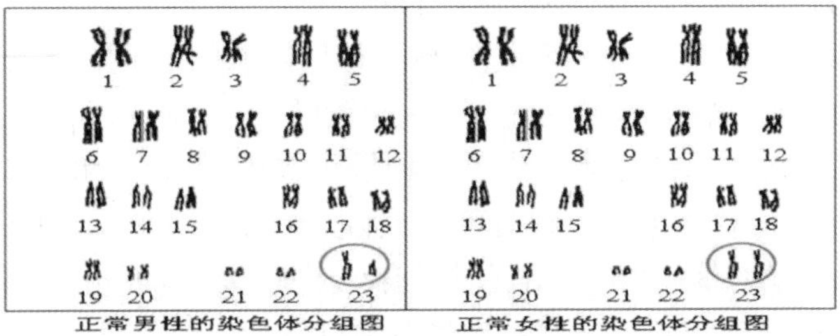

图 3－7　不同性别的正常染色体分组图

六、基因的作用

通过了解以上内容，我们知道人体有大约有 25000 个基因，它们在人体的形成过程中起到什么作用呢？从生物层面来看，基因控制着氨基酸的合成，氨基酸形成蛋白质，而蛋白质是人体建构的基本元素之一。例如，基因控制着虹膜产生黑色素的数量。有些人的基因要求产生较多的黑色素，于是就生成了棕色的眼睛；有些人的基因要求产生较少的黑色素，所以生成了蓝色或绿色的眼睛。

基因可以控制细胞的分化。人类在从单细胞的受精卵发展成一个独立个体的过程中，细胞受到基因的操纵分化为不同的人体组织和器官，例如骨骼、肌肉、大脑、神经、皮肤、不同的脏器等。

基因在发展过程中影响周围的生物化学环境，反过来也被这个环境所影响（Aldridge，1996；Gottileb，2000）。例如，一个特定细胞是成为中枢神经还是头骨，这依赖于在胚胎发展早起与它相邻的是什么细胞。

基因与蛋白质表达之间并非一一对应关系，有一些基因专门负责调节其他基因在不同时间点上是否进行表达（Plomin，1997）。例如调节基因可能在青春期激活快速成长基因，而在成年时关闭这些成长基因。

七、遗传规律

显性—隐性模式（dominant-recessive pattern）是19世纪修道士孟德尔（Gregor Mendel）首先发现的。他虽然不知道基因为何物，但他对豌豆的杂交和观察大大促进了我们对单基因遗传（single gene-pair inheritance）的了解。他发现了一种可预测的模式：有两种特征会在杂交子代中出现，例如光滑的种子或皱褶的种子，绿色豆荚或黄色豆荚。

起初，孟德尔对只长黄色种子的豌豆和只长绿色种子的豌豆进行杂交。结果并非是长出一颗既有黄色种子又有绿色种子的豌豆，而是全部植物都长出黄色种子。孟德尔将新一代黄色种子再次进行杂交，最终长出的豌豆颜色呈稳定比率3∶1，即3/4的黄色种子和1/4的绿色种子。于是孟德尔认为，两个互相竞争的特征同时出现时只有一个能够得到表达，得到表达的特征被称为显性特征（dominant trait），另一种虽然存在却未被表达的特征被称为隐性特征（recessive trait）。

孟德尔的实验表明，种子呈现黄色或绿色的特征是相互竞争的，黄色是显性特征而绿色是隐性特征。需要强调的是，虽然有些遗传信息未被表达，但它们依然存在于子代体内。个体所拥有的遗传信息被称为基因型（genotype），它们有些被表达而有些未被表达，那些我们可以观察到的被表达的特征被称为表型（phenotype）。

上述法则在人类中也适用，人类个体的许多特征也是受一对基因的影响，一条来自父亲，另一条来自母亲，这对基因我们称之为等位基因（allele）。当一个孩子从父母处各遗传来一个显性基因，这对显性基因就会决定他们的表型。反之，如果孩子从父母处各遗传了一个隐性基因，则表型会具有隐性特征。例如，科学家发现视力正常是显性基因，而近视则是隐性基因。我们将视力正常标记为N，近视标记为n，视力有三种基因型：第一种，两个视力正常等位基因（NN）；第二种，两个近视等位基因（nn）；第三种，视力正常基因和近视基因各一个（Nn）。这三种基因型中，拥有两个相同等位基因的情况（NN、nn）被称为纯合（homozygous），拥有不同等位基因（Nn）被称为杂合（heterozygous）。通过表3－1我们可以发现，不同视力的父母能生出视力正常与近视子女的概率，具体如下：

一位基因型是 NN 的父亲和一位基因型是 nn 的母亲所生的子女都拥有一个视力正常等位基因(N)和一个近视等位基因(n)，他们的表型为视力正常。这是因为显性基因支配隐性基因。

一对视力正常的父母能否生出近视的子女呢？答案是肯定的。当一对父母的基因型都是 Nn 的杂合子时，他们子女有可能的基因型是 NN、Nn、nN、nn，这就意味着他们有 25% 的概率生下一个近视的孩子。

一对基因型是纯合子(NN、nn)的父母只能生出基因型和他们一样的纯合子子女，亦或者生出视力正常的杂合子子女。

血型也是按照显性—隐性模式进行组合的。A 型血和 B 型血是显性基因而 O 型血是隐性基因。当个体表型为 A 型或 B 型时，他们的基因型可能是纯合子也可能是杂合子，当他们生下一个 O 型血的孩子时，可以确定这对父母都是 O 型基因的携带者。

表 3－1　不同视力父母所育子女视力基因型

			母亲视力		
父亲视力	表型		近视	正常	正常
		基因型	nn	NN	Nn
	近视	nn	nn　nn nn　nn	Nn　Nn Nn　Nn	Nn　Nn nn　nn
	正常	NN	Nn　Nn Nn　Nn	NN　NN NN　NN	NN　NN Nn　Nn
	正常	Nn	Nn　Nn nn　nn	NN　NN Nn　Nn	NN　Nn Nn　nn

孟德尔(Gregor Mendel，1822—1884)1822 年 7 月 20 日出生于奥地利西里西亚，是遗传学的奠基人，被誉为“现代遗传学之父”。他通过豌豆实验，发现了遗传规律、分离规律及自由组合规律。

基因并不总是按照孟德尔的显性—隐性模式进行表达,基因的某些表达方式我们称之为共显性(codominance),是指能量相当的两个杂合子等位基因产生出的表型里,两个基因都被完全平等地表现出来的情形。例如血型中的A型和B型就具有同等表现力,任何一个都无法支配另外一个,因此就产生了一种折中的表型——AB型。具有AB血型的个体血液内同时具有A型抗原和B型抗原,这就是共显性最典型的例子。

另外一种共显性的情况是在两个杂合的等位基因中,显性基因并不能完全支配隐性基因的表达。例如,大约9%的非裔美国人是隐性的镰状红细胞等位基因的携带者,他们被称为Ss基因型,他们携带了一个表型为圆形血红细胞的显性基因(S)和一个表型为新月形或镰刀形血细胞隐性基因(s)。这些携带者的体内不但存在圆形血红细胞还存在镰状血红细胞,也就是说显性基因表现出了不完全显性,虽然他们不会因此罹患疾病,但依然会在某些情况下出现血液循环系统疾病的症状。

遗传了两个隐性基因(s)的个体则会罹患镰状红细胞性贫血(sickle cell anemia),他们的血液中的血红细胞会大量呈现为镰刀形,它们经常会聚集在一起从而引起供氧不足。许多得了这种疾病的人在童年就死于心脏病、肾脏衰竭或呼吸疾病(美国医药学会,1999)。

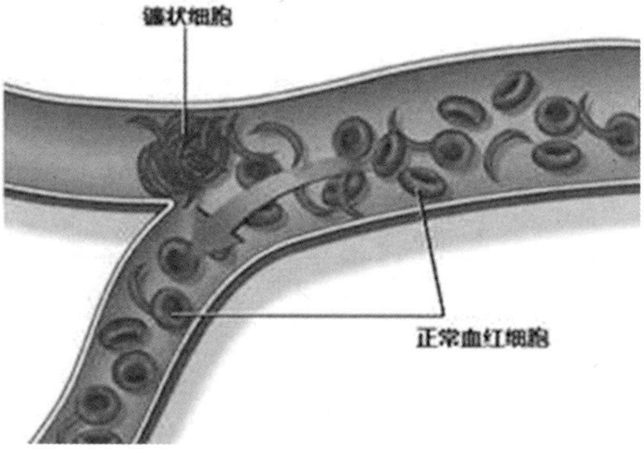

图3-8　正常血红细胞和镰状细胞

伴性遗传(sex-linked characteristic)是个体受到了来自性染色体上隐性基因的影响而表现出的一些性状。这些隐性基因绝大多数都存在于X染色体上,所以一般来说男性更容易遗传上这些隐性特质。这是因为男性的Y染色体比X染色体短小,所含有的基因也更少一些。

举例来说,红绿色盲是一种伴性遗传特征,母亲是色盲基因的携带者,虽然她能够区分红色和绿色，但她的儿子则有 50% 的概率是红绿色盲。如果她的儿子遗传了具有红绿色盲隐性基因的 X 染色体而源自父亲的 Y 染色体上并没有相应的显性等位基因来控制隐性基因的效果，那么这个男孩的表型就是红绿色盲。女性因为拥有两条 X 染色体，一般不会成为红绿色盲，除非她的父亲是红绿色盲同时母亲是此类隐性基因的携带者。

除了色盲外，还有一百多种伴性遗传特征，其中多数会使人缺少某种能力（Plomin，2001）。例如，造成血液凝结障碍的血友病（hemophilia）也是伴性遗传的。

我们以上讨论的都是单对等位基因对人类表型的影响，但很多人类特征是受多基因影响的，这种情况我们称之为多基因性状（polygenic trait），即由多种基因而非单对基因影响的特征。多基因性状会影响我们的身高、体重、气质、智力、癌症和精神疾病的易感性（Plomin et al.，2001）。

从这一视角看，影响人类特质的基因并非只有一对等位基因，随着产生影响的基因数量的增加，可能产生的基因型和表型数量也不断增多。这样的结果是某种特质（如智力）在人群呈正态分布，即大多数人处于中等水平，处于极端值的人较少。这体现了人类基因表型的复杂性，到目前为止我们依然不清楚有多少对基因会对这些特质（如智力）产生影响，而且从更宏观的角度来说，人类特质的表型是多种基因和环境因素交互作用的结果。关于遗传和环境的交互作用我们会在后面进行讨论。

八、基因与染色体异常

表 3－2　常见的染色体病

常染色体异常	性染色体异常
唐氏综合征	红绿色盲
苯丙酮尿症	血友病
高血压	X 染色体易脆症
白化病	XYY 综合征
精神分裂症	科莱丽菲尔综合征
镰状红细胞性贫血症	脱纳氏综合征

染色体异常（chromosome abnormalities）是指个体受孕时获得的染色体数目太多或太少，亦或者获得染色体存在异常。染色体异常有两种情

况——常染色体异常和性染色体异常。

(一)常染色体异常

唐氏综合征(Down syndrome)是一种由于第21号染色体上多一个染色体而引起的异常,也称为21－三体综合征。唐氏综合征的致病原因目前尚不明确,但母亲生产年龄超过35岁(Sherman,Freeman&Allen,2005)、母亲孕前发热及用药、接触有害物质(美甲、装修、环境污染等)都是唐氏综合征发生的危险因素(吴丹、钱云柯等,2015)。

唐氏综合征患者通常是圆脸,扁平的脑袋,眼皮有皱褶,喉结突出,肢体短小,伴随有智力和动作发育障碍(Alfirevie&Neilson,2004;Egan&others,2004;Matias,Montenegro&Blickstein,2005)。唐氏综合征患儿的平均智力为55分,而正常儿童平均成绩为100分。在独立生活、运动、自我管理等方面,唐氏综合征患儿与相同智龄儿童相比都表现得更好,在与同年龄儿童比较时则表现得较差(王艳霞、李荣等,2007)。即便如此,他们在许多方面最终都能达到和正常儿童一样的发展程度,只是步调较慢(Carr,1995;Evans & Gray,2000)。

苯丙酮尿症(phenylketonuria,PKU)是一种隐性基因遗传障碍,白人婴儿比其他人种的婴儿更易患此遗传障碍。这种障碍会造成人体内一种必须的氨基酸——苯丙氨酸的代谢出现异常,这种氨基酸存在于牛奶等日常食物的蛋白质里。如果人体内的苯丙氨酸一直聚集而无法正常代谢,就会达到毒性水平,最终造成患者智力发育受损。在智障儿童中,由苯丙酸尿症造成的大约占1%。

镰状红细胞性贫血(sickle cell anemia)是一种引起红细胞异常的隐性遗传障碍(Scott,1998),非洲西部和非裔美国人易患此病。在非洲西部地区的居民中,大约有50%的人含有镰状红细胞性贫血或是镰状红细胞等位基因携带者(Amato,1998)。这种疾病会造成人体内的红细胞异常,从而造成血液中的携氧量不能满足身体所需。

亨廷顿舞蹈病(Huntington's Disease)是一种直到成年才能被诊断出来的家族式显性遗传障碍。双亲中任何一方具有此种遗传缺陷,子代遗传了显性的亨廷顿舞蹈病基因就会表现出此种障碍。由于DNA的某些变化造成患者机体制造出一种名为"亨廷顿蛋白质"的异常蛋白,它会损坏脑细胞造成患者神经系统退化,最终发展为痴呆甚至死亡。

(二)性染色体异常

克兰菲尔特综合征(Klinefelter syndrome)是最常见的一种性染色体异常

模式,其特征为男性患者体内多了一条 X 染色体,即 XXY。罹患克兰菲尔特综合征的男性幼年期与普通男孩没有区别,青春期时这些男孩的阴茎和乳房都会发育,成年男性精子量稀少,有些还伴有言语能力和学习能力缺陷。

特纳氏综合征(Turnersyndrome)是一种由于女性体内 X 染色体缺失或部分缺失而造成的遗传障碍。这类女性体内性染色体变为了 XO 而不是常态的 XX。患者临床特点为身材矮小、手指和脚趾粗短、生殖器与第二性征不发育,不能生育。她们智力发育程度不一,语言能力较好,但在数学能力有障碍,寿命与正常人相同。

遗传疾病有时候可以通过其他基因代偿或者个体发展变化得到改善(Gottlieb,2004),所以并不是所有受到基因异常影响的个体都会患病。

(三)基因突变

有没有设想过人类在未来的某一天会变的和电影《X-Man》中的主角一样,因为基因的变化而获得特殊能力,我们称这种变化为突变(mutation)——能够产生新表型的一个或多个基因的排列或结构的变化(Sigelman,2009)。

现代人类基因工程研究发现精子比卵子更可能发生突变,父亲是基因紊乱的主要来源,但同时也是具有物种适应性价值的新基因来源(Weiss,2001b)。

在某些条件下突变会带来益处。例如,镰状红细胞基因可能就是突变的产物,在卫生医疗条件较差的地区(如非洲西部)疟疾是一种很难治疗的疾病,但具有镰状红细胞基因的个体却天然的不会感染疟疾,因此他们的寿命就会比其他人更长。与没有这种基因的个体相比,他们生育的后代更多,所以经过许多代的繁衍后这种基因变得普遍起来。但是当疟疾已不能轻易夺走人的生命时,这种基因不利的一面就被凸显了出来。

因此,突变可能是一把双刃剑,其展现出来的是利是害取决于突变基因与携带者生活环境的交互作用。

九、基因咨询

基因咨询(genetic counseling)是近几十年才发展起来的一个新领域,主要是对染色体异常和基因异常进行预测,也是一种给准父母提供关于基因疾病的信息,并帮助他们估算将这些疾病遗传给孩子的可能性的服务。对于有家族遗传疾病史、遗传疾病基因携带者或已经有一个异常孩子的父母来说，基因咨询是非常必要的。咨询师会全面地了解他们的家族病史，评估这对夫妻所生孩子罹患遗传疾病的概率。同时基因咨询还要进行全面的体检，检验血液、尿液、皮肤样本，从而确定这对夫妻是否是遗传疾病基因的携带者。基因咨询师可以根据这些数据为案主夫妻计算出他们未来的孩子可能患遗传疾病的可能性。案主夫妻根据咨询师反馈的信息决定是否要冒险怀上一个可能有遗传疾病的孩子。

除了基因咨询，还有其他方法来检验未出生孩子的健康情况。比如，在怀孕 11 ~ 13 周可进行血液检查和超声成像(ultrasound sonography)。这种技术类似声呐，使用超声波扫描子宫而形成图像，可以帮助医生进行身体缺陷、胎儿性别的检查。

在怀孕的 8 ~ 11 周时可以进行绒毛膜绒毛取样(chorionic villus sampling, CVS)，有两种方法可以进行这项检查：一种是有创检查，将一根细针从腹部刺入包围胎儿的绒毛膜，抽取胎儿细胞进行检测；另一种是将一个导管经过母亲的阴道和子宫颈插入子宫来提取绒毛膜。由于这种检测造成流产的可能性较大(1/100 ~ 1/50)所以只有在极特殊的情况下才会推荐给父母。

另外一种技术是羊膜穿刺术(amniocentesis)，即从怀孕的妇女子宫里抽取羊水，利用羊水中胎儿的细胞检测染色体异常和其他遗传缺陷的方法。这种方法一般在怀孕 15 ~ 20 周孕妇羊水足够的情况下才可以使用。检测需要 2 周才能得到结果，但准确率接近 100%。

当得到所有数据后，基因咨询师会为案主夫妻列出所有的可能性和相应的干预方案，从不做干预到终止妊娠，但最终还是要这对夫妻自己决定采取何种方案。

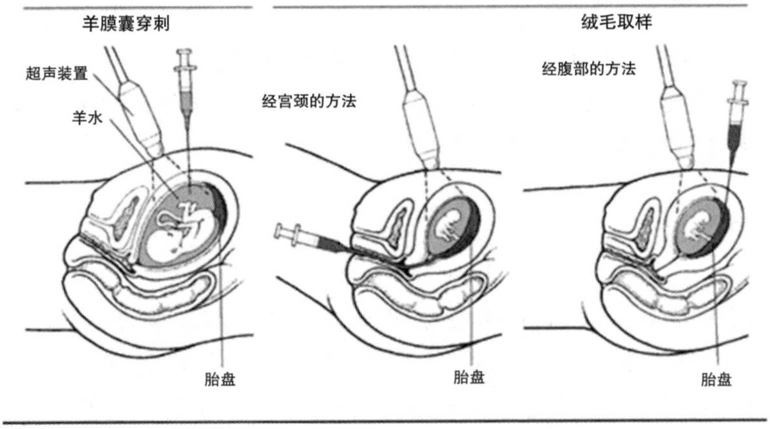

图 3－9 绒毛膜绒毛取样和羊膜穿刺术

第二节　遗传对行为的影响

一、行为遗传学

大多数人很容易认为行为遗传学只把遗传当作行为的决定因素，但行为遗传学家并非是严格意义上的遗传决定论者，他们认为个人的基因型对人类行为特征的作用是受到环境因素影响的。即使是一些有很强遗传成分的属性也常常在重要的方面被环境影响而修正（Brown，1999）。普洛闵（Robert Plomin）是近几十年对这一领域贡献颇多的学者，他认为行为遗传学（behavioral genetics）是在遗传学和行为科学的基础上形成的一门交叉学科，是对行为的遗传学研究，既包括量化的遗传学研究，也包括对人类和动物行为的分子遗传学研究（Plomin & McClearn，1980）。

罗伯特·普洛闵（Robert Plomin，1948— ）英国伦敦行为遗传学研究所教授，世界上最著名的行为遗传学家之一。被美国权威心理学期刊（Review of General Psychology）评为20世纪最杰出的100位心理学家之一。他把对基因、环境的研究和对行为、气质发展的研究结合起来，考察了遗传和环境在一个人的发展过程中所起的不同作用。

二、行为遗传学的研究方法

行为遗传学研究遗传对行为影响的方法一般有两种——选择性繁殖和家庭研究。也有学者认为，行为遗传学中采用的三种基本研究方法是家庭研究、双生子研究和收养研究（Plomin，1986）。

在介绍研究方法之前，我们还要弄清楚一个重要的概念——遗传力（heritability）。遗传力是指在大样本群体中，基因型变异在其表型的总变异中所占的比例。普洛闵（Plomin，1994）指出对于某一种特质来说，遗传力是个体之间在该特质上的差异与他们遗传基因差异的相关程度。遗传力系数用公式表示如下，即一种特质的遗传力等于同卵双生子之间的相关系数与异卵双生子之间的相关系数差的两倍（Plomin，1990）。

$$H = (r_{同卵双生子} - r_{异卵双生子}) \times 2$$

例如，研究遗传对智力的影响，就要考察群体中智力水平的变异在多大程度上是源自遗传因素的。假设在智力方面，同卵双生子的相关系数为0.86，异卵双生子的相关系数为0.60。那么使用上述公式计算：

$$H = (0.86 - 0.60) \times 2 = 0.52$$

基因对智力方面的遗传力为0.52。遗传力系数类似相关系数，完全不遗传为0，完全遗传为1。在不同研究中，由于研究对象及研究方法的差异，遗传力的估算也可能是不同的。

（一）选择性喂养

选择性喂养实验（selective breeding experiment）即通过动物的选择性配对繁殖，来确定某种特质能否被遗传。这种实验类似于孟德尔研究植物遗传时使用的方法，有意地操纵动物的基因组成来研究遗传对行为的影响。经典研究案例是特雷恩（R. C. Tryon）在1940年测试小白鼠走迷宫能力的实验。第一步，特雷恩让大量的小白鼠走迷宫并记录它们从开始到走出迷宫过程中犯错的次数。犯错次数少的白鼠被标记为“聪明”，犯错次数多的白鼠被标记为“愚笨”。第二步，特雷恩让聪明的小白鼠之间进行繁殖，让愚笨的小白鼠之间进行繁殖。在这个过程中，特雷恩还控制了小白鼠所处环境这一因素，排除了环境对小白鼠走迷宫成绩的影响。经过几代之后，聪明小白鼠和愚笨小白鼠在走迷宫的学习能力上代际差异越来越大。这说明小白鼠的迷宫学习能力是受到遗传影响的。

其他选择性喂养的研究发现基因会影响白鼠、老鼠和鸡的活动性水平、情绪性、攻击性和兴趣力这些特质（Plomin et al.，2001）。

（二）家庭研究

很显然，研究人员不能像控制动物的遗传一样对人类进行选择性喂养实验，所以行为遗传学家使用家庭研究的方法来研究遗传和环境对人类行为的影响。家庭研究，是对生活在一起的一群人在某些表型上的相似性的对比。也就是说，要评估同环境下个体表型的相似性与他们之间血缘关系的远近是否有相关性。家庭研究有两种研究方法——双生子研究和收养研究。

1. 双生子研究

大自然为我们提供了绝佳的研究对象——双生子。同卵双生子在基因上的相似性为100%，而异卵双生子的基因相似性只有50%。如果同卵双生子比异卵双生子在某些性状上更为近似，这就说明遗传因素起到了作用。相反，当同卵双生子在行为上出现差异，我们就可以将这种差异归因为环境因素的影响。

例如，关于同性恋是否受遗传影响的研究（Bailey&Pillard，1991）。研究者首先搜集了110对双生子被试并且其中一个是同性恋，然后查明双生子的另外一个是否也是同性恋。通过计算发现，同卵双生子的一致性为52%（56对中有29对是同性恋），异卵双生子的一致性是22%（54对中12对是同性恋）。这个结果说明同性恋是受遗传影响的。

同卵双生子研究也受到很多批评，因为同卵双生子的抚养环境比异卵双生子的抚养环境更为近似。由于同卵双生子的抚养待遇类似，在一起玩耍、学习、休息的时间比异卵双生子长，他们更倾向于将对方与自己视为一体，从而造成行为上更为近似。这些批评者认为，双生子研究更适合研究遗传，而不是环境对个体某一性状的影响。

为了弥补这种缺陷，有研究者设计了更为复杂的方法。在这类研究中需要4组被试：一起抚养的同卵双生子和异卵双生子、分开抚养的同卵双生子和异卵双生子。如果无论一起抚养还是分开抚养，在某一性状上同卵双生子都比异卵双生子更为近似，则说明遗传的确起到了关键作用。

2. 收养研究

收养研究的假设是“出生后不久就被收养的儿童是和有共同基因的生父母更相似，还是和相同生活环境下的养父母更相似”。如果被收养的孩子在智力、人格或态度上与他们的生父母更相似，这就说明基因起到了影响作用。如果被收养的孩子与养父母更相似，则说明环境起到了决定性的作用。

收养研究的另外一种方法就是比较被分开收养的同卵双生子与一起抚养的同卵双生子之间哪一类更近似。如果一起抚养的同卵双生子比分开收养的同卵双生子在某一性状上更近似，则说明这是环境作用的结果，反之则说明遗传的影响力更大一些。

随着研究的深入，收养研究的实验设计也越来越复杂，其自变量水平包括同卵双生子、异卵双生子、亲生兄弟姐妹、同母异父和同父异母的兄弟姐妹、共同生活在养父母家而没有血缘关系的兄弟姐妹等（Reiss et al.，2000；Segal，2000）。还有的研究者进行纵向研究来考察基因和环境对人的连续性影响。

虽然收养研究越来越复杂和严谨，但依然会受到批评。有很多不可控因素会影响研究结果的科学性，例如收养机构倾向于将孩子安排到经济情况较好的家庭,因此研究人员必须谨慎地消除这些可能带来自变量混淆的因素。

三、遗传对智力的影响

关于遗传和环境对智力的影响性研究吸引了大量科研人员的关注,这些研究讨论的主题是:遗传和环境如何影响智力?它们在生命发展的不同时期中影响有何不同?

图3-10是1981年Thomas Bouchard和Matthew McGue对113942对双生子(分为儿童、青少年和成人三组)进行的遗传与智力相关研究综述。从图中我们可以发现,两个个体遗传相似性越高,他们智力水平的相似性就越高。当他们是同卵双生子时,相似性最高。总的来说,智力的遗传力大约是0.50,这意味着遗传差异可以解释个体智力差异中的50%,环境因素可以解释另外50%的差异(Plomin,1990)。

托马斯·布沙尔和马太·麦丘(Thomas Bouchard & Matthew McGue)的研究是基于儿童和成年人的,而智力是连续性的特质,因此这个研究无法解答随着时间的推移遗传和环境对智力个体差异的影响是否会有变化。我们可能会认为随着个体经验的丰富,遗传的影响会越来越小。这个观点看起来符合常识,但却是错误的。实际上,从婴儿到成人,遗传因素对智力的个体差异所起到的影响越来越大(McCartney,Harris & Bernieri,1990;McGue et al.,1993;N. Brody,1993;R. S. wilson,1983;Plomin,1997)。

威尔逊(Ronald Wilson,1978,1983)曾经以同卵和异卵的双生子为被试,研究他们从婴儿到青少年智力发展的情况。Wilson发现1岁婴儿的智力水平,同卵双生子并不比异卵双生子更相似。当这些婴儿大约18个月的时候遗传对个体智力水平的影响开始显现,同卵双生子智力水平的相关要高于异卵双生子,在随后的整个儿童期和青少年期都保持很高的相似性。同卵双生子智力分数之间的相关约为0.85。异卵双生子3岁时智力水平相似度最高,之后随着年龄的增长而逐渐变低。到15岁时,他们智力水平之间的相关只有0.54。这个研究说明,遗传因素对智力的影响在婴儿期并不明显,然而随着个体的不断成熟,遗传的影响力逐渐显现。

在收养研究中,一起抚养的同龄养子女在遗传上没有任何的相似性,但有的研究发现,他们之间的智力分数相关是0.26(Segal,2000)。被收养的儿童智力与生父母和养父母都有相关,但随着养子女的成长,他们的智力分数与生父母之间相关度较高，而与养父母之间则不再相关（Scarr & Weinberg，1978）。

如果遗传对智力起到了决定作用，那么环境是否对人类智力发展就没有影响了呢？有研究发现这个观点是错误的。如果儿童在养父母处能够获得比生父母所提供的更好的环境，接受更多的智力刺激，他们的智力水平会得到显著提高。因此，我们应该明白良好的环境能够更大程度上使我们的遗传潜能得到伸展，遗传的影响是具有可变性的。

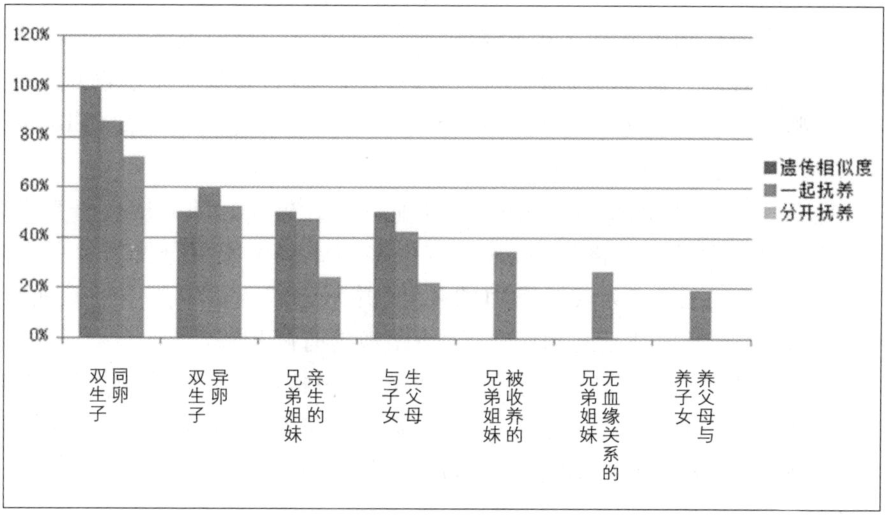

图 3－10　遗传和智力水平的相关研究

四、遗传对人格的影响

大多数人认为只有生理特征如身高、肤色是遗传的，性格则不受遗传的影响。然而行为遗传学研究发现，遗传对幼儿及其以后的个体气质差异有影响（Plomin et al.，2001；Rowe，1994）。

例如，阿诺德·巴斯（Arnold Buss）和普洛闵（Robert Plomin）（1984）关于婴儿情绪的研究。他们将情绪分类三个维度——情绪性、活动性和社会性。一些婴儿比另一些婴儿有更情绪化的反应，或者更易于被激怒并且反应更强烈；一些婴儿活动性高，另一些则相对迟缓、不活泼；一些孩子非常好交际，对他人有兴趣并对他们作出反应，另一些则更冷淡一些。行为遗传学的双生子和收养研究表明，基因、遗传素质、天分和个体的独特经验都对气质的这三个维度有部分的影响。同卵双生子在气质上非常相似，他们气质的相关大约为0.5～0.6，异卵双生子的相关则比0大不了多少（Buss & Plomin，1984；Rowe，1994）。

这是一个非常令人震惊的研究结果，我们认为零相关一般发生在两个生活环境、家庭条件完全不同的陌生人身上，而不会在有50%基因相似性、生活在同一个环境、相同家庭条件、拥有相同父母的异卵双生子身上。因此，我们可以得到这样一个结论，相同的生活环境并不能使异卵双生子或收养的兄弟姐妹（Schmitz et al.，1996）的气质更加近似。

通过基因检测也发现了遗传影响性格的证据。有研究表明，特定基因对冒险行为有非常重要的影响作用。这些基因影响大脑中多巴胺的分泌，从而影响到某些人更倾向于追求新鲜刺激的情景或更具冒险性（Ebsten et al.，1996；Gillespie et al.，2003）。

奥克・特勒根（Auke Tellegen）与其他科研人员在一项大规模研究中调查了数百对双生子的人格特质，其中有很多同卵双生子是分开抚养的。特勒根发现社会技能（成为威严有力的领导，并乐于成为注意焦点的倾向）和传统性（严格遵循规章制度和权威行事）跟遗传有高相关。

还有一些研究报告认为，遗传对非核心人格特质也具有影响。例如，政治态度、宗教信仰、对性行为的态度等都受到遗传的影响（Lykken et al.，1993；Olson et al.，2001；Eley，Bolton & O'Connor，2003）。

五、遗传与精神疾病

正如本章前面提到的那样，人类心理和行为的很多方面都会受到遗传的影响，精神疾病也不例外。例如，药物滥用、酗酒、抑郁、精神分裂症、注意障碍性多动、进食障碍、犯罪行为等。

近年来，有越来越多的研究发现精神分裂症（schizophrenia）是由遗传因素所引起的。这种疾病表现为逻辑思考、情感表达和社交行为上的混乱，这种心理疾病在青少年晚期和成年早期较为典型。这种疾病在家族中遗传，有些家庭里的发病率异常高。与精神分裂症患者遗传上越接近的家庭成员罹患精神分裂症的可能性就越高。例如，同卵双生子中，精神分裂症的平均一致性程度是48%，也就是说同卵双生子一个患有精神分裂症，另外一个就有48%的可能也会罹患此病（Gottesman，1991）。相比较下，异卵双生子的患病一致性就低很多，他们的一致性程度只有17%。精神分裂症患者的侄子或侄女只有不到5%的可能性罹患此病(Gottesman,1991, 1993)。如果父母中有一位患有精神分裂症的,孩子即使出生后即被收养,他们罹患此病的概率依然很高(Heston,1970)。

并非每一个精神分裂症患者的孩子都会罹患同样的疾病。现实情况是,精神分裂症患者只占总人口的1%,他们的子女中有13%的人同样患有精神分裂症(Gottesman,1991)。如果遗传对精神分裂症具有决定性的作用,那么同卵双生子患病的一致性就应该是100%而不是48%。因此,这些研究结果都表明环境因素对精神分裂症具有显著影响。这也就是说,某些个体遗传了精神分裂症易感性也不一定会患病,他们遗传的是对环境压力的异常敏感性。如果环境带给他们的压力较低,就不会诱发精神分裂症;如果环境压力或刺激过大,就会导致精神分裂症。从另一个方面来说,具有很强易感性的人群来说,即使是处于对普通人来说压力较弱的环境里也可能会导致精神分裂症。

第三节　遗传和环境的交互作用

一、共享环境与非共享环境

早期的研究人员认为个体表型产生差异的主要原因是环境和遗传的影响。用公式可以表示为:

$$S^2_{表型} = S^2_{遗传} + S^2_{环境} + S^2_{误差}$$

随着研究的逐渐深入,科研人员发现我们对环境的认识过于笼统,制约了对表型差异的研究分析。例如上一节我们提到的双生子人格研究,同卵双生子人格相关为0.5而异卵双生子为0.3(Loehlin,1985; Leohlin & Nichols,1976)。据此我们可以得出结论:人格特质的遗传力系数为0.4,许多人格特质是中度可遗传的。这也就意味着,人格在受到遗传的影响之外也会受到来自环境的影响。

传统研究发现,在同一个家庭抚养的个体,其人格测验上的相关只有0.07。即使是同胞兄弟姐妹其差异性也远大于相似性。这就证明所有家庭成员共享的家庭环境对人格的发展一定没有多少贡献。到底是环境中哪些因素在影响着个体发展呢? 普洛闵及其同事(Plomin & Row,1994)将环境对遗传的影响进行了全新的分类,即共享环境影响(shared environment influences,SEI)和非共享环境影响(nonshared environment influences,NSEI)。所谓共享环境影响(SEI)是指住在一起的人们共享的一种环境影响,它使这些个体彼此相似。非共享环境影响(NSEI)是指住在一起的人们没有共享的一种环境影响,它使这些个体彼此不同。

根据这一分类,我们可以将环境因素的影响分解为共享环境影响和非共享环境影响。使用公式可以将它表示为:

$$S^2_{环境} = S^2_{共享环境} + S^2_{非共享环境}$$

普洛闵认为对人格起很大作用的环境因素是非共享环境。在普通家庭中有很多非共享经验源,例如父母对儿子的方式与对女儿的方式往往是不同的,对待第一个出生的孩子的方式也会不同于后面出生的孩子。这些不同的对待都会使同一个家庭里抚养的兄弟姐妹经历不同的环境,这也必然会导致他们人格方面产生差异。

另一种非共享源是兄弟姐妹之间的交往。例如,一位对待弟弟妹妹很粗暴的哥哥,会促使弟弟妹妹性格变得更加隐忍和合作。

有研究人员简单的问询青少年兄弟姐妹是否被老师和父母区别对待,或者在他们的生活中是否有其他重要的不同经历(Daniels,1986, 1985)。这些兄弟姐妹的确报告了这样的差别,这些差别使他们在人格上的差异越来越大。基于同卵双生子的研究也发现,他们所受到的对待方式差异越大,他们在人格和社会行为上的相似性就越小(Asbury et al.,2003)。

二、基因与环境的相关

桑德拉·思卡尔和凯瑟琳·麦卡锡(Sandra Scarr & Kathleen McCartey, 1983),使用普洛闵(Plomin, 1977)等人的理论,提出三种基因与环境相关(gene-environment correlations)或者说是一个人的基因和其环境系统内部相关的方式:被动的、唤醒的和主动的。基因与环境交互作用是指具有不同基因的人对他们经历的环境有不同的反应。相反,基因与环境相关的概念告诉我们,具有不同基因的人会经历不同的环境(Loehlin,1992)。

(一)被动的基因与环境相关

父母为其孩子提供的家庭环境部分地受到父母自身的基因型影响。因为父母不仅为孩子提供一个家庭环境,还要为他们提供基因,结果便是孩子所处的抚养环境和他们的基因型是相关的,或者说是相适应的。例如,一个篮球运动员的孩子成为一名篮球运动员,我们不能简单地认为这是因为基因或者环境。通过被动的基因与环境关系，运动员的孩子不仅继承了父母的运动基因，而且也成长在一个运动员的家庭环境中。

再比如，爱好社交的父母不仅把他们的“社交性”基因遗传给了孩子，而且因为他们有“社交性”基因，还创造了一个非常有社交性的家庭环境，他们会带着孩子参加不同的聚会或社交活动。这些孩子继承了社交性的基因，也经历了与其基因相匹配的环境，这样就使他们的社交性比在其他环境下成长更强。比较来看，父母害羞的孩子可能会获得害羞的基因和一个没有很多社交刺激的环境。

（二）唤醒的基因与环境相关

孩子的基因型也引起其他人特定的反应类型。经常微笑、喜好交往的婴儿可能会比一个害羞、退缩的婴儿得到更多的微笑和社交刺激。同样的，好交往的孩子可能经常会被其他孩子找来做同伴，好交往的青少年可能会更多地被邀请参加聚会，好交往的成人可能会做更多的设计公共关系的工作。总的来说，基因组成可能影响其他人对一个孩子的反应，因此也影响这个孩子将要经历的社交环境种类。

（三）主动的基因与环境相关

一个孩子的基因型影响他自己主动寻求的环境种类。基因上外倾的人可能会以参加聚会、邀请朋友到家中做客、加入组织或其他方式构建一个具有较高社交性刺激的小环境。具有害羞基因的孩子，可能会主动避免参加大的团体活动，而不是发展社交兴趣。

思卡尔和麦卡锡认为，被动的、唤醒的和主动的基因与环境相关在发展过程的转换中保持平衡。因为婴儿在家中的时间较多，他们的环境较多地受其父母被动的遗传影响。唤醒的影响在整个生命过程中以同样的方式继续起作用，我们的特性特质促使其他人作出一致性的特性反应。随着儿童的发展，他们日益能够构建他们自己的小环境，所以主动的环境影响就越来越重要。思卡尔和麦卡锡认为，这就是异卵双生子、兄弟姐妹和在同一个家庭收养的孩子随着年龄的增长越来越不同的一个原因。他们有共同的早期家庭环境，但因为遗传不同，随着他们年龄的增长而越来越独立，他们日益构建起不同的小环境即非共享环境。相反，同卵双生子甚至在分开后也可能保持相似，因为他们相同的基因使其能够继续寻求相似的经历。

三、遗传对环境的影响

有不同的证据支持思卡尔和麦卡锡的观点，认为一个人的基因与他的生活经历相关，并且可能会影响他的经历。

行为遗传学家发现，对环境的调节本身是可遗传的。这就意味着在经历的环境及对环境的感知中，同卵双生子比异卵双生子更为相似，亲生的兄弟姐妹比收养的兄弟姐妹更为相似。例如，基因对兄弟姐妹之间的相似性影响表现在以下四个方面：

（1）客观地感知到的养育风格方面，如热情温暖和亲子关系的性质（Plomin & Bergeman，1991；Reiss et al.，2000）；

（2）看电视所用的时间（Plomin et al.，1990）；

（3）经历的有压力的生活事件的数量（Kendler et al.，1993）；

（4）对调查他们的经历存在如何不同的反应，即对非共享环境影响的大致估计（Pike et al.，2000）。

如果我们受遗传影响的个性特质影响了其他人如何对待我们，并影响着我们所寻求和拥有的经历，那么这些结果有非常好的意义。然而这样的结果也挑战了我们关于人类发展的最基本的假设，毕竟他们真正说明的是，对发展纯粹的“环境的”影响，实际上部分地反映了遗传的作用（Reiss et al.，2000；Rowe，1994）。

普洛闵提出了一个很好的假设：我们发现为孩子提供阅读的父母比不能提供阅读的父母更聪明（Plomin，1990）。在前不久，大多数发展学家毫无批判性地把这看作父母对孩子的智力发展有很重要影响的证据。我们不否定父母的重要性，但我们可以提出另外的假设和解释：有高智能基因的父母与孩子比有低智能基因的父母与孩子更有可能寻求阅读的机会。如果是这样，我们还能认为给孩子阅读可以促使他们更聪明的看法吗？我们能否认为，即使当父母和孩子的遗传不相关时，给孩子阅读也是有益的？

另外一个例子：如果我们观察到富有攻击性的孩子，他们的父母往往是消极的并且敌对地对待他们，我们能否明确地把这些孩子的攻击性归咎于他们在消极的父母抚养下长大的经历？他们能从有暴躁和富有攻击性倾向的父母那里遗传到易怒和攻击性的基因吗？如果他们在生命早期就被一个温暖的、支持性的家庭收养，他们还会有成为一个富有攻击性的人的机会吗？在一个被收养孩子的研究中（O’Connor et al.，1998），其生父母是反社会性的与那些生父母不是反社会性的相比，更容易受到他们的养父母消极的对待。这很好地说明了唤醒的基因与环境相互关系及孩子对父母的影响，但这也是环境影响的产物，因为养父母一方的消极行为一旦被孩子唤醒，就会造成孩子的反社会性行为问题，这种消极行为超过了孩子基因的影响。

关于遗传与环境相互关系的最可信的证据来自戴维·赖斯、耶布·奈德瑞斯、梅威斯·赫瑟林顿、罗伯特·普洛闵（David Reiss，Jebae Neideriser，E. Mavis Hetherington & Robert Plomin）所做的一项重大研究，这是他们在《关系编码》（2000）一书中总结出来的。这个研究的样本包括720对同性别的青少年，这些人的生理关系程度从同卵双生子到亲兄弟姐妹以及不相关的继父母的兄弟姐妹。研究者测量了环境因素，例如亲子之间的相互作用和兄弟姐妹的相互作用，以及青少年的调节变量，例如自尊、社会性、抑郁和反社会行为。

这个重大研究的主要启示就是家庭过程是重要的，但这并不是发展学家传统上所假设的原因。赖斯和他的同事认为，家庭过程主要作为遗传编码表达的机制是重要的。这个研究重申了，父母和孩子共有的部分基因从很大程度上解释了儿童的经历和他们的发展结果之间的关系，例如消极的教养策略和青少年的反社会行为之间的关系。在52个例子中有44个观察到在家庭环境和青少年调节之间存在显著的关系，基因影响家庭环境和青少年的适应调节，并且解释了两者之间的绝大部分关系（Reiss & Neiderhiser，2000）。

这个研究说明基因和环境相互作用并影响发展。基因影响父母、同伴和其他人对待孩子的方式。这些环境影响通常是非共享的，兄弟姐妹之间是不同的，它会影响个体的发展，往往会增强遗传的可能性（Lytton，2000；Reiss et al.，2000；Wachs，2000）。行为遗传学家经常强调基因的重要性，社会化研究者也经常强调经验在发展中的作用，他们都是正确的。它的实践指导意义是，使那些对儿童的基因倾向性较敏感的照看者更好地加强儿童的适应性倾向，并抑制不适应倾向。

总的来说，尽管遗传和环境的相关影响随着从婴儿到青少年的年龄变化而变化，但遗传和环境在整个生命阶段都是起作用的。除非我们正确评价遗传与环境的相互作用和遗传与环境的相关，否则我们会漏掉一些情况。遗传不仅帮助我们确定如何对经历作出反应（通过基因与环境的相互作用），而且也帮我们确定我们拥有的经历（通过基因与环境的相关）。现在我们能够理解为什么现在发展学家认为讨论先天因素还是后天因素影响人类发展这样的问题是愚蠢的。从受孕到死亡,通过难以置信的复杂的遗传与环境的相互影响,我们被塑造了出来。

推荐阅读书目

孟德尔等,2012,遗传学经典文选,梁宏、王斌译,北京:北京大学出版社。
赵寿元、乔守怡,2008,现代遗传学,北京:高等教育出版社。
温特,2006,遗传学,谢雍等译,北京:科学出版社。
西蒙斯,2011,遗传学原理,赵寿元、乔守怡、吴超群等译,北京:高等教育出版社。
哈特韦尔,2008,遗传学:从基因到基因组,张博等选译,北京:科学出版社。
西格曼、瑞德尔,2009,生命全程发展心理学,陈英和译,北京:北京师范大学出版社。
勒纳,2011,人类发展的概念和理论,张文新等译,北京:北京大学出版社。
卢格,1996,人生发展心理学,陈德民等译,上海:学林出版社。
何永林,2008,基因工程,北京:科学出版社。

对社会工作实务的建议

- 了解人类发展的生物学知识有助于构建通才的社会工作实务模式。
- 对生物学知识的了解是社会工作者利用医学模式评估和改变案主行为的基础。
- 研读进化论思想,在实务过程中关注遗传因素对于案主发展的作用。
- 从历史情境出发理解案主的问题,探寻影响案主的重大历史事件及其影响方式。
- 与案主一起绘制生命线,明确并分析案主生命轨迹的构成。
- 鼓励并增强案主的能动性,加强案主对个人生活的主动选择意识和能力。
- 了解遗传病的知识,能综合运用个案工作以及心理咨询的基础知识与技术对案主常见的心理问题进行专业介入。

第四章
孕期发展与出生

生物系统、心理系统和社会发展系统对人类行为的交织影响,从孕期开始就已经显露无遗。个体在孕期种种貌似神秘的变化和发展,无不受到母亲、父亲以及社会环境的重要影响;这不仅是一个生理事实,更是一个社会事实,是一个非常复杂的过程。同时,孕期的发展结果会对一个人的一生产生持久的影响,同时也会对父亲、母亲以及相关的家庭成员产生重要的影响。本章将探讨人类生殖过程中的受孕、发育、影响等一系列过程和相关问题。社会工作者必须掌握这些知识,才能向案主提供信息和对案主行为作出适当评估。

第一节　从受精到出生

很久以来,人们就为揭开人类生命奥秘进行着不懈的努力。多年前,一位名叫伦纳特·尼尔森(Lennart Nilsson)的瑞典摄影家,从显微镜里看到一群精子拥挤在一个卵细胞周围。一刹那间,一个精子开始突破卵细胞的胶状外壳。于是,他马上把标本冷冻起来,放到电子显微镜下,拍了张极为奇特的照片。在放大30万倍的情况下看去,精子就像一个巨大的蝌蚪,把头钻进了卵细胞的外壳。有人极为贴切地把这个情形称为"人的生命的接吻"。经过"生命的接吻",精卵便结合在一起,成为受精卵,揭开了生命的序幕,而个体生命的诞生则还需经过一个复杂漫长的过程。从受精卵到成熟胎儿的变化大约是在280天之内完成的,这是一个奇妙的旅程,是大自然最完美的结晶。要了解人类行为的发展与外界环境影响的关系,就不能不从一个小小的受精卵开始,因为那是人类每个个体的起源。

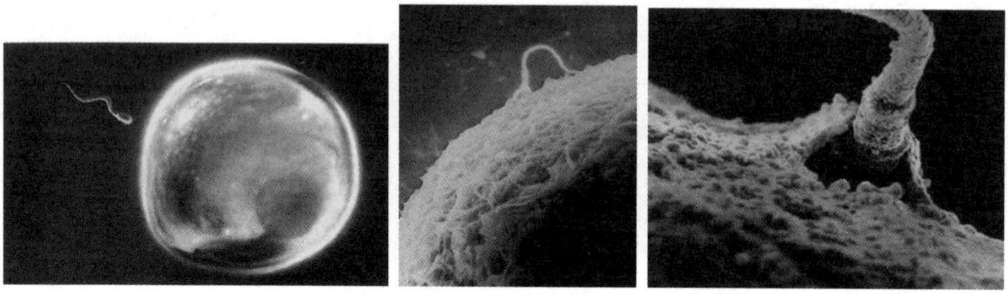

图 4－1　受精过程

一、受精

当谈及创造生命时，大部分人只会想到使男性精子接近女性卵子的性行为，而实际上，性行为只是致使受精的发生，它既是受精前一系列时间的结果，也是其后事件的开端。受精是精子和卵子结合形成一个受精卵的过程，是生命的开端。而精子和卵子结合形成受精卵，受精卵再种植（又叫着床）到子宫内膜上生长发育，称为受孕。现代生殖医学已经阐明，来自男性的精子经女性阴道、子宫到达输卵管壶腹部，在此处与来自女性卵巢经输卵管而至的卵子相遇，精卵结合形成受精卵，受精卵再不断分裂并经输卵管到达子宫，种植于子宫内膜，在此继续发育形成胎儿。受孕是一个非常复杂且非常严密的过程，是人类个体诞生的开始，也是人类个体漫长生活旅程的奇妙开始。这一过程实际上就是来自父亲的精子和来自母亲的卵子结合的过程。

男女发生性行为时，男子每次排出约 2～4 亿个精子，其中含有大部分精子的精液会从阴道中溢出，小部分精子依靠尾部的摆动游进，先后通过子宫颈管、子宫腔，最后到达终点站——输卵管壶腹部，在那里等待和卵子结合。精子从阴道到达输卵管最快时间仅需数分钟，最迟 4～6 小时，一般 1～1.5 小时。精子在前进过程中，沿途要受到子宫颈黏液的阻挡和子宫腔内白细胞的吞噬，最后到达输卵管的仅有数十条至一二百条。精子在和卵子结合前还要在女性生殖腔内经过一段时间的孵育后，才具有受精能力，这个过程称为精子获能。

女子在育龄期，卵巢每月排出一个成熟的卵子，排卵日期在下次月经来潮前 14 天左右。卵子从卵巢排出后立即被输卵管伞部吸到输卵管内，并在输卵管壶腹部等待精子的到来。精子在女性输卵管内能生存 1～3 天，卵子能生存 1 天左右。如在女子排卵日前后数天内性交，精子和卵子可能在输卵管壶腹部相遇，这时一群精子包围卵子，获能后的精子其头部分泌顶体酶，以溶解卵子周围的放射冠和透明带，为精子进入卵子开通道路，最终只有一条精子进入卵子，然后形成一个新的细胞，这个细胞称为受精卵或孕卵，这个过程即为受精。此时，受精卵从输卵管分泌的液体中吸取营养和氧气，不断进行细胞分裂。

二、胚芽期

胚芽期是从受精到第 2 周的时间，这是产前期较短的一个阶段。在怀孕开始的两周中，受精卵开始分裂，结构越来越复杂。同时，受精卵（现在称为胚泡）向子宫移动，然后植入子宫壁，子宫壁能够提供丰富的营养。受精卵逐渐向宫腔方向移动，3 ~ 4 天后到达宫腔时已发育成为一个具有多个细胞的实体，形状类似桑椹，所以称为桑椹胚。桑椹胚在子宫腔内继续分裂，形成胚泡，大约在受精后 6 ~ 8 天附着于子宫内膜。系统化的细胞分裂是该阶段的标志，细胞以极快的速度进行分裂；受精后第 3 天，胚泡含有 32 个细胞，到第 4 天这个数字又翻一倍，在一周内达到 100 ~ 150 个细胞并继续加速增长。受精卵着床后就在子宫腔里逐渐发育。经 5 ~ 8 周，受精卵发育为胚胎，9 周以后发育成为胎儿。除了数量上的增多以外，细胞的功能也越来越专门化。比如，有些细胞在细胞团外形成保护层，而其他细胞开始形成胎盘和脐带雏形。当发育成熟之后，胎盘成为母体和胎儿之间的桥梁，通过脐带提供营养和氧气。此外，发育中的胎儿所产生的废物也通过脐带被带走。

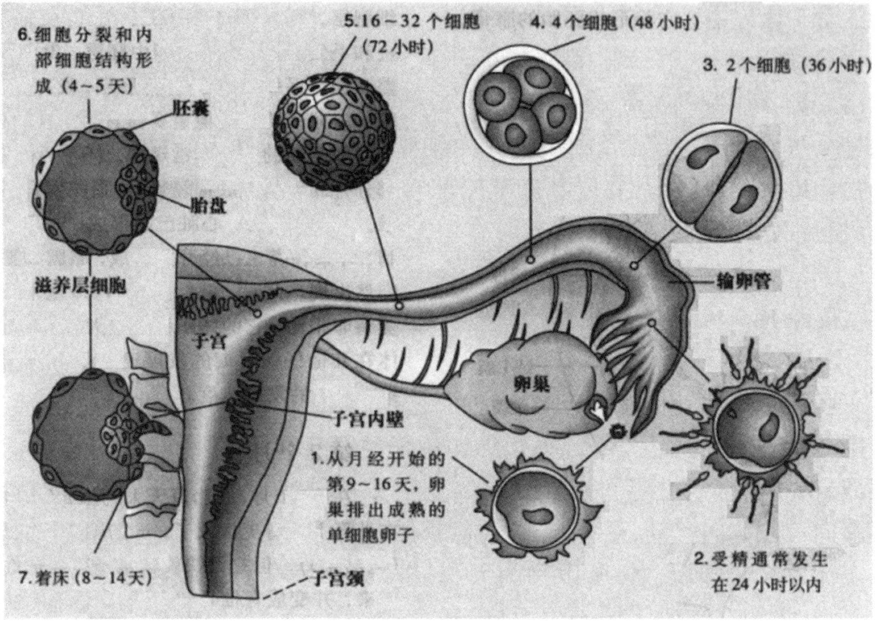

图 4－2　胚芽的形成过程

三、胚胎期

当胚芽期结束之后，也就是怀孕的第 2 周，受精卵已经牢固地着床于母体子宫壁上，此时被称为胚胎。胚胎期是指怀孕的第 2 ~8 周的时间，这一阶段的特点是主要器官和基本解剖结构开始发展。在胚胎期的最初阶段，发育中的胚胎分为三层，每一层最终都会发育成不同的结构。外层被称为外胚层，将形成皮肤、毛发、牙齿、感觉器官、脑和脊髓。内层被称为内胚层，将形成消化系统、肝脏、胰腺和呼吸系统。两者之间的层被称为中胚层，将形成肌肉、骨骼、血液和循环系统。

胚胎期末的胚胎在外形上似乎并不像是一个人类。一个 8 周大的胚胎只有一英寸长，看起来像个鱼鳃加尾巴的结构。但在细看之下可以辨认出眼睛、鼻子、嘴唇甚至牙齿的雏形，粗糙的凸出部分最终会形成四肢。

此时，头和脑在胚胎期进行着快速的发育。头部占了胚胎相当大的比例，大约是总长度的一半。神经元的发育也是惊人的，在生命的第 2 个月里，每分钟有 10 万个神经元产生。神经系统大约在第 5 周开始发挥功能，此时开始产生微弱的脑电波（Nelson & Bosquet，2000）。随着胚胎的进一步发育,至第7周末,胚芽重量约为4克,长约2~3厘米。长尾巴逐渐变短,头和躯体的区别日渐清晰,大体上有了人的轮廓。这个时期的胎儿,嘴巴、眼睛、耳朵也已经出现,眼睛还长在两侧,但人脸的模样已经基本成形。已有2个月胎龄的胎儿骨骼还处于软体状态,富有弹性;神经管膨胀,大脑发育迅速;胃、肠、肝、心等器官发育成形;内外生殖器的原基已经形成,但性别还无法分清;手、脚已长出,5个手指和脚趾也形成了;羊膜腔里有羊水,胎儿好像漂浮在那里;子宫内底蜕膜内绒毛大量增殖,逐渐形成胎盘;脐带也开始形成,母体与胎儿的联系进一步加强。

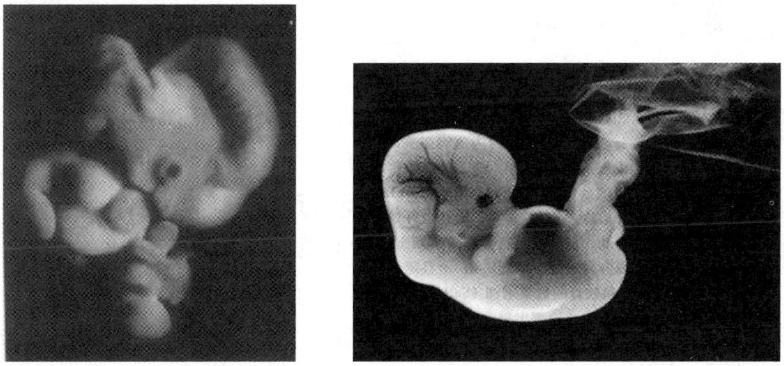

图4-3　40天时的人类胎儿

四、胎儿期

胎儿期是产前发展的最后一个阶段,是从第8周开始一直到出生的阶段,这一阶段的胎儿比较容易辨认,这一时期的标志是主要器官的分化。

在胎儿期,胎儿以十分惊人的速度成长,怀孕12周的胚胎开始被称为"胎儿"(fetus),身长约为7~9厘米,体重约为20克。此期胎儿发育得很快,尾巴完全消失,躯体和下肢变大,头的大小也很明显。胎儿的眼睛开始形成并长出眼皮,皮肤仍是透明的,所以从外观可看到皮下血管和内脏。胎儿的鼻和嘴唇的周围以及声带、齿根开始生成,下颌和两颊开始发育,从面部特征上看与出生后婴儿的脸型已经很相似。胃、肠、肝脏、心脏等进一步发育,肾脏也开始发育、输尿管开始生成,胎儿的排泄系统逐渐形成。骨骼开始逐渐骨化变硬,指甲、眉毛、头发也开始发育。脐带变长,胎儿可在羊水中自由活动。胎儿的性别可以从外观上清楚地辨认,内生殖器的分泌功能也逐渐体现出来。

胎儿发育到第 16 周，体重约 120 克，身长约 16 厘米。这时期胎儿的皮肤增厚，变得红润有光泽，并开始长出头发。由于肌肉组织和骨头的发育，胎儿的手足能稍微活动，但孕妇尚不能感觉到胎动。这时，胎儿心脏的搏动更加活跃，内脏已几乎全部成形。同时，胎盘也形成了，与母体的联系更加紧密，流产的可能性大大降低。随着胎盘功能的逐步完善，胎儿的发育加速。羊水量从这个时期开始快速增加。

第 20 周时，胎儿的生长较快，变化明显。妊娠 16 周末胎儿皮肤红润透明，可见到皮下血管；借助超声波观测其外生殖器开始能分辨男女；呼吸肌开始运动；1 个月后皮肤渐变成暗红色，逐渐不透明，开始长胎毛、胎发、眉毛、指甲。这一时期的胎儿皮下脂肪很少，显得皮肤不厚；头部较大，头围约 17.6 厘米，大小如同一只鸡蛋，约占身长的 1/3；骨骼和肌肉发育较以前更加结实，四肢活动增强，因此母亲可以感到胎动。此段时期正常胎儿的心跳逐渐有力，胎心率每分钟 120 ~ 160 次，18 周后用听诊器在母亲腹壁可听到胎心；同时胎儿也能听到外界较强的声音。此期，正常胎儿身长约 18 ~ 27 厘米，体重约 250 ~ 300 克。这时胎儿已经具有了吞咽及排尿功能。

第 21 ~ 24 周的胎儿发育接近成熟，身长约 28 ~ 34 厘米，体重约 600 ~ 700 克，身体各部位比例逐渐匀称，头围达 22 厘米，五官已发育成熟，面目清晰，可见清楚的眉毛、睫毛，头发变浓，牙基开始萌发。从这时开始，皮肤表面开始附着胎脂。胎脂是皮脂腺分泌的脂肪与表皮细胞的混合物，它的作用是为胎儿提供营养，保护皮肤，并在分娩时起到润滑作用。此期胎儿发育较结实，四肢运动活跃。若胎儿在此期产出，可自行表浅呼吸，有可能存活几个小时。

第 25 ~ 28 周的胎儿身长达 35 ~ 38 厘米，体重 1000 ~ 1200 克，头围 26 厘米，头与躯干比例接近新生儿；头发长出 5 毫米左右，全身覆盖胎毛，皮肤略呈粉红色，皮下有少量脂肪，皮肤皱褶多，貌似小老人，眼睑也已能睁开；骨骼肌肉更发达，内脏功能逐渐完善；从外生殖器来看，女胎的小阴唇、阴蒂已清楚地突起长出。此期大脑发育正在进行，神经系统已参与生理调节，所以有呼吸运动，但肺和支气管发育尚不成熟，若此时早产，会出现呼吸困难、哭声微弱、吸乳力量小、生命力弱的表现，若精心护理和喂养亦能存活。

第 29 ~ 32 周的胎儿身长约为 40 ~ 44 厘米，体重约为 1700 克左右，头围在 30 厘米左右，羊水量增加速度减缓，胎儿生长迅速。32 周末时，胎儿已没有自由活动的余地，胎位相对稳定，身体蜷曲，因头重自然朝下，此为正常胎位。腹壁紧的初产妇此时胎头开始入骨盆。此时胎儿面部胎毛开始脱落，皮肤深红色，胎脂较多，有皱褶；以脑为主的神经系统及肺、胃、肾等脏器的发育近于成熟；听力增强，对外界强烈的声响有反应；若此时早产，经精心护理，新生儿还是可以存活的。

第33～36周时的胎儿身长在45～48厘米左右，头围约为34厘米左右，体重在这四周增长得最快，36周时体重可达2500克左右，皮下脂肪开始增多，皮肤皱褶变少，身体较以前丰润。9个月的胎儿皮肤红润带有色泽，胎毛渐脱落，脸及腹部胎毛已消失，只有肩背部仍可见胎毛，皮肤上有黏性脂肪，指甲长出达指尖。男胎睾丸大多下降至阴囊，女胎大阴唇隆起，生殖器官发育完善。这个时期胎儿的内脏器官发育基本成熟，具备了较强的呼吸和吸吮能力，在宫内可吞咽羊水，消化道分泌物及尿排泄在羊水里。若此期离开母体，基本具备生存能力。

第37～40周的胎儿身长约48～56厘米，体重约2700～3300克，头围在35厘米左右，头盖骨变硬。此期胎儿皮肤皱褶消失，肤色淡红，皮下脂肪增多，身体略显丰润。头发长2～3厘米，指(趾)甲超过指(趾)尖。除肩背部有的尚有胎毛，其余胎毛全部脱落。背部、臀部和关节等处可见胎脂，有的胎儿全身履盖一层厚厚的胎脂。呼吸系统、消化系统、泌尿系统及心、脑、肝、外生殖器等器官均发育完好，已经属于成熟儿。

胎儿期的发展是悄悄的发生的，同时胎儿也不断让外界知道他(她)的存在。16周后母亲可以通过胎动感到胎儿的存在。胎儿期的大脑变得越来越精密和复杂，左右大脑半球迅速生长，神经元之间的联系更加复杂。神经纤维被髓鞘包裹，加快了信息从大脑到身体其他部分的传递速度。在胎儿期末的时候，脑电波显示胎儿有睡眠期和觉醒期的分别。此时，胎儿还能听到并感觉到声音带来的震动。研究者德卡斯帕(Anthony DeCasper)和斯彭斯(Melanie Spence)曾经要求一群孕妇在怀孕后几个月里每天大声朗读《戴帽子的猫》两次，发现孩子在出生3天后似乎能辨别出这个故事，因为与另一个韵律不同的故事相比，他们对这个故事有更多的反应(费尔德曼，2007:81)。

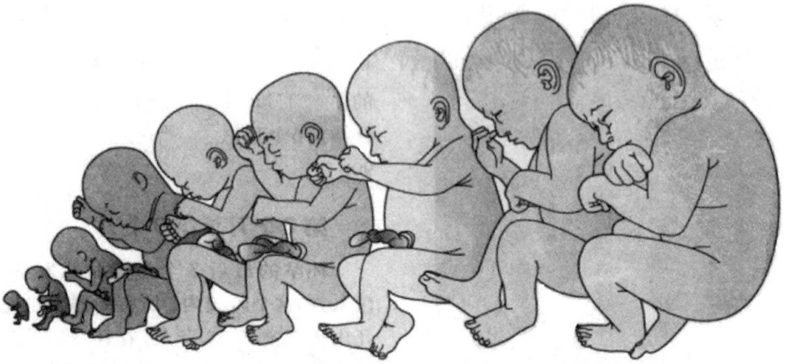

图 4-4　胎儿期身体生长的速度
资料来源：Moore & Persaud, 1993

第二节　影响胎儿发展的相关因素

人的发展是一个既连续又具有阶段性的过程，它不是在短期或在某一阶段内完成的，而是贯穿于人的一生。在此过程中，遗传、环境因素以及内在自我力量都起着重要的作用，人们无法用单纯一个因素来解释人类心理发展的所有现象和规律。但是在人生不同发展阶段，各因素所起的作用是不同的。遗传因素在人生起步阶段，即胎儿期和婴儿期发挥着比较突出的作用，精子和卵子一旦结合成受精卵，个体的所有遗传物质就确定下来，并遵循遗传法则自然成熟、发展。但人更是一个社会的人，人从诞生这一刻起就受到环境的影响，这种后天环境对人的发展的影响是深远的。

致畸因素是指任何可能导致发育中的胚胎或胎儿生理畸形、发育严重受阻、失明、脑损伤甚至死亡的疾病、药物或其他环境因素。这些年来，已确定的和被怀疑的致畸因素数量有了惊人的增长，也使得今天的很多父母格外担心他们还未出生的孩子可能面临诸多危险（Fruednab & Polifka, 1996; Verp, 1993）。

身体的每个组成部分和主要器官都有各自发育的关键期。所谓关键期，就是指身体某个特定部位发育和成形的时期。在胚胎期（怀孕后第 2～8 周），身体的大多数器官迅速形成，这期间，大多数器官最容易受到伤害。怀孕第 3～5 周，是头部和中枢神经系统最易发生整体性缺陷的关键时期。怀孕后第 3 周的中期到第 6 周的中期，是心脏最容易受到伤害的时期。其他器官和身体部位最易受伤害的时期是怀孕第 2 个月。

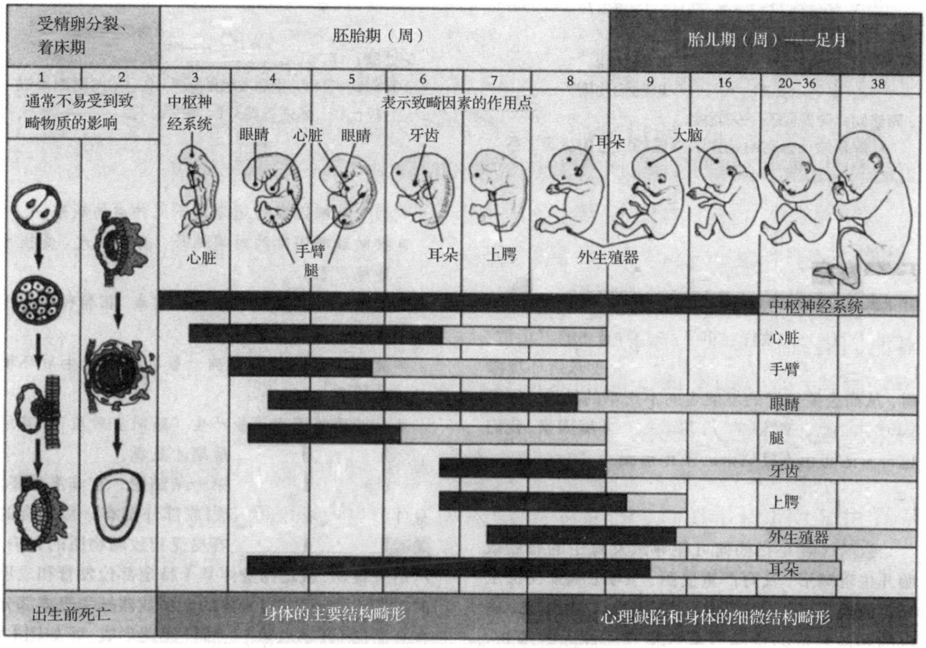

图 4－5　孕期发展的关键期

资料来源：Moore & Persaud，1993

每一个器官和结构都有一段关键期。在关键期内，最容易受到致畸因素的伤害。如图 4－5 所示，深灰色部分表示最关键时期，浅灰色部分表示虽然可能发生损害，但是器官和结构已经不是那么不堪一击了。

在胎儿时期，其影响发育的因素很多。一方面，胎儿的孕育和发展与母亲具有极为密切的关系；另一方面，胎儿的孕育和发展还是一个复杂的社会事实，它会受到诸多社会环境的影响，其中包括遗传的影响、母亲对胎儿的影响、父亲对胎儿的影响、外在环境对胎儿的影响和其他社会因素对胎儿的影响等。因而有人说："胎儿期是人类重要的发展方向的路标，因为它标志着生物和环境对人类一生的影响作用的开始，也标志着一生的父母影响的开始。"（卢格，1996：108）

一、遗传的影响

是什么决定了头发的颜色？为什么人有高矮？为什么新生儿出生后各

个迥异？要想回答这些问题，就需要了解遗传学的有关内容。遗传是生物界的普遍现象，我国汉代学者王充对这种生物现象有过恰当的概括，即“物生自类本种”（《论衡·奇怪》）。意思就是说：一个物体的个体产生同一物种的后代，每一物种的个体都继承前代的各种基本特征。概括地说，所谓遗传，就是父母（亲代）通过生育过程把遗传物质（基因）传递给子女（子代），使后代表现出同亲代相似的性状，比如体态、相貌、气质、音容等。

对于人类而言，由于遗传，“子性类父”，儿女很像父母。但我们未曾见过谁的孩子和父母长得完全一样，兄弟、姐妹之间也没有长得完全一样的，即使是一对孪生兄妹，外人看上去分不出他们的不同，但亲近的人却能分辨出他们的细微差别。所以遗传保证了物种的延续，而这种延续又不是简单的复制，这种生物个体之间的不同样性或人类子代与亲代、子代与子代之间的个体差异称之为变异。遗传不能一下发生很大的变化，变异也并不能都传代。人类的许多变异属于正常的生理范围，如高矮、胖瘦、血型等。有些变异可能引起不同的病理过程而表现为遗传性疾病，而且遗传性疾病并不一定是刚出生就表现出来的，如精神病，要到一定年龄才表现出来，遗传性舞蹈病要到30～40岁才出现症状。有严重遗传性疾病的胚胎或胎儿往往发育不正常，容易夭折，即使活到出生，也会有先天异常的表现。

正常人体的细胞有23对（46个）染色体，其中22对是常染色体；另一对是性染色体，女性为XX，男性为XY。在每一对染色体上有许多基因，基因在染色体上占有的特定位置叫基因位点（genetic locus）。基因由去氧核糖核酸（DNA）组成，当DNA的结构有变异时，在临床上可能出现遗传性疾病。

在不少流产、早产、死胎的胎儿中，有相当一部分是患有严重的遗传疾病，不能在胎内继续存活。在生后存活的遗传性疾病中，一部分有明显的症状，例如某一系统、器官的残缺、畸形、智能迟缓等，成年后个人生活不能自理或丧失劳动力而需别人照顾，给家庭、社会带来很大的负担。但也有一部分遗传性疾病，外表上虽然正常，但却在传种接代、子孙繁衍的过程中起到很大的不良作用，隐患无穷，严重地影响人类的素质。

遗传性疾病可分为三类：①染色体疾病，主要是染色体的数目或结构的异常。它又分常染色体疾病，如21－三体综合征；性染色体病，如先天性卵巢发育不全，即女性的性染色体应该为XX，而本病是XO，缺少一个X染色体。②单基因疾病，其中又分为常染色体隐性遗传性疾病，常染色体显性遗传性疾病，性X连锁遗传性疾病。③多基因疾病，当由两对或两对以上的致病基因起作用而致病时称多基因遗传病。虽然每对致病基因起的作用不大,但各对致病基因的累积作用就不小。多基因遗传病受到遗传因素及环境因素的影响,唇裂、腭裂、先天性心脏病、癫痫等均属多基因遗传病。

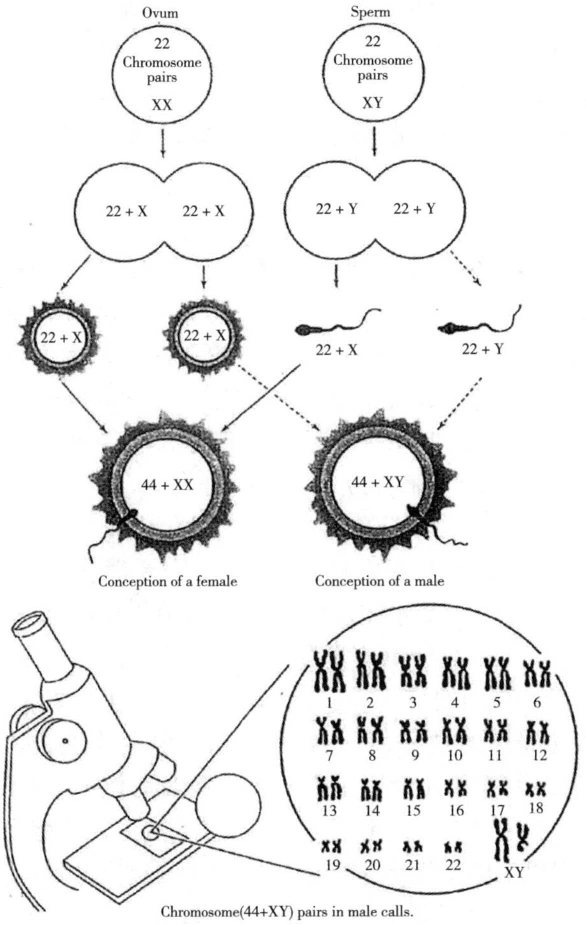

图 4－6　生殖细胞的分裂,受精及染色体的配对

注:ovum 卵子　sperm 精子　chromosome pairs 染色体配对

conception of a female:胎儿性别为女

conception of a male:胎儿性别为男

二、母亲对胎儿的影响

母亲为胎儿的生存提供主要环境,是胎儿生活资料的主要供应者,是胎

儿最亲密、最直接的联系者。因此，母亲对于胎儿发育的影响是至关重要的。几乎母亲的所有情形都会对胎儿产生重要的影响，而且母亲对胎儿的影响也决非仅仅包含在胎儿期，在胎前期，母亲的基本条件和准备工作同样也会对胎儿产生深远的影响。

（一）母亲的自身条件对胎儿的影响

母亲自身的条件，如年龄、体重、身高、孕史等对胎儿的发育都具有较大影响。

1. 年龄

妇女选择在最佳生育年龄期生育，对于胎儿的生长发育、对未来孩子的成长都是十分有利的。现在女性的生育年龄要明显晚于 20 或 30 年前，造成这一变化的主要原因是社会的变革，更多的女性选择在生育第一胎之前继续求学以获得更高的学位，或是为事业打造基础（Wildberger，2003）。因此，从 20 世纪 70 年代开始，越来越多的女性选择在 30～40 岁生育第一胎。我国现行婚姻法规定的结婚年龄为男 22 周岁、女 20 周岁，但法定的结婚年龄并不是最佳婚育年龄。因为 20 岁左右的女性仍处于发育阶段，尤其是性腺和生殖器官尚未完全成熟，而女性怀孕、分娩需要消耗大量的体力和营养。十月怀胎到一朝分娩，从受精卵发育到正常的胎儿，所需要的一切营养都是由母亲提供，如果女性本身尚未发育成熟，就要与胎儿平分某些营养物质，这样不但影响孕妇的自身健康，还会影响下一代的生长发育。因此，过早的生育还容易发生难产的情况，对产妇和新生儿的危险性较大；年龄越轻，危险性越大。所以说，早婚早育既不利于女性的身心健康，也不利于下一代的成长。同样，晚生育对于母亲和孩子来讲也存在一定的潜在影响。相比年轻的女性，30 岁以上的女性患孕产期并发症面临更高的风险，如早产儿或低体重出生儿。其中一个原因是卵子的质量下降，到了 42 岁之后女性有 90% 的卵子已经不那么正常了（Gibbs，2002）。

一般认为，目前妇女的最佳生育年龄为 24～29 岁，这是从女性的生理特点、母婴健康、优生优育等多方面因素来考虑的。这个时期女性的生殖器官、骨骼及高级神经系统已完全发育成熟，生殖功能处于最旺盛的时期，卵子的质量较高，怀孕后胎儿的生长发育良好，流产、早产、畸形儿和痴呆儿的发生率都比较低，生下的孩子大多聪明健康。这个时期女性的软产道伸展性好，子宫收缩力强，难产机会少，故危险性也小。这个年龄组的准父母思想上比较成熟，生活上有一定经验，经济上也有了一定的积蓄，这些都有利于对子一代的培养教育。

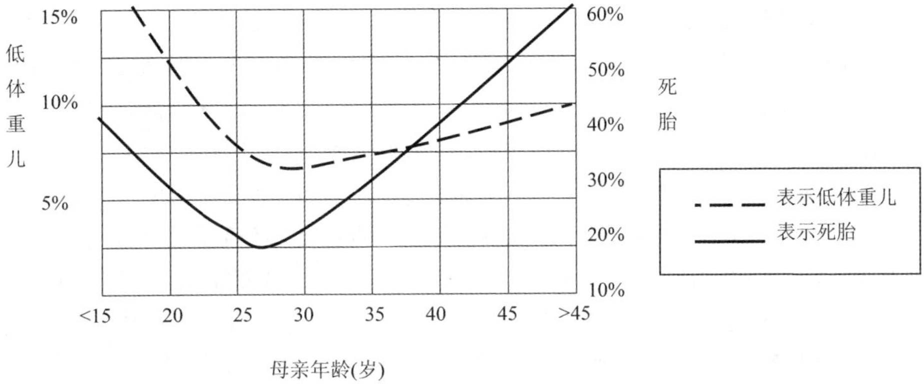

图 4-7　母亲年龄与低体重儿及死胎发生率的关系

资料来源:Bee,1985

2. 体重

母亲的体重会影响胎儿,如果体重超过正常体重的 25%,这样肥胖的母亲患高血压的比例要比一般体重者大得多,而且她们的血压随着怀孕的月份递增而逐渐升高,因妊娠高血压严重威胁母亲和胎儿的生命安全,胎儿不得不被提前取出(Lefrancois, 1999)。如果母亲的体重低于标准体重的 25%,过瘦的母亲往往因自身缺乏营养,也没有补充足够的营养物质,在怀孕后很容易出现贫血、肌肉痉挛和甲状腺三种疾病,这样会影响胎儿的体格与智力的发育。

3. 身高

母亲身材过于矮小,即 140 厘米左右的身材会影响胎儿的发育。一般而言,过矮的母亲骨骼发育不完全,而这种骨骼发育的不完全是全方位的,即她的骨架会很小,自然骨盆也会过小。过小的骨盆会使子宫发育受到限制,从而限制了胎儿的发育,过矮的母亲还会面临难产的困难。

4. 孕史

一般认为,如果一个妇女有过 4 次以上的孕史,她再次怀孕时会有一定的危险性,她的孩子更容易是低体重儿,甚至是死胎。非头胎儿,特别是在其之前母亲有过密集的孕史,在其出生时,血液中荷尔蒙的水平比较低,头胎生的男孩其血液中雄性荷尔蒙的水平比非头胎生的男孩多很多。

(二)母亲的营养对胎儿的影响

母亲的营养与胎儿的发育有着极其密切的关系,孕妇的营养需求无论是对孕妇本身还是对胎儿来讲都十分重要。整个妊娠过程孕妇的体重要增加 10～12 公斤,这是人类一生中体重增加最快的阶段,营养不良将导致胎儿早产和出生低体重(Kail & Cavanaugh, 2000),也将影响胎儿中枢神经系统的发育,并使新生儿容易生病(Shaw et al.,1995:6)。而且产后母亲要以营养丰富的乳汁来哺育婴儿,所以母亲的营养关乎未来宝宝的身体健康。有研究者调查过在两次世界大战战区诞生的婴儿,他们比正常的婴儿小很多,而且出现许多死胎(Bee, 1985)。因为这些战争中的妇女怀孕后除了无法保障营养的供给外,情绪也极其不稳定。因而战时出生的 15% 的婴儿为低体重儿,出生时体重不足 2500 克,其中 2/3 为早产儿,其余为宫内发育迟缓,这主要由于母亲营养不良所致。赫伦·比(Helen Bee)早在 1985 年就做过一个实验,验证了母亲营养状况同婴儿的死亡率存在着密切的关系(见图 4－8)。

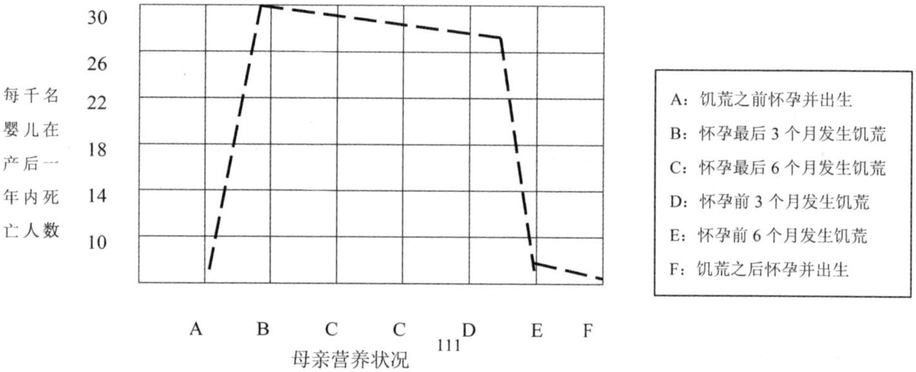

图 4－8 母亲营养与婴儿死亡率的相关性

资料来源:Bee,1985

20 世纪 90 年代,英国巴克尔提出了"成人疾病的胎儿起源"(Fetal Origins of Adult Disease,FOAD)假说。他认为,胎儿宫内营养不良引起的低出生体重情况,会导致一系列成年疾病,包括糖耐量受损、Ⅱ型糖尿病、冠心病、高血压、代谢性疾病等(Barker, 2002: 1235～1239)。而胎儿宫内不良反应使其自身代谢和器官的组织结构发生适应性调节,如果营养不良得不到及时改善,这些症状的影响会在后天环境因素中不断增强,从而增强和加速成人疾病的发展过程(Barker, 2005: 419～421)。

在医学界,胎儿和成人疾病的关联又被称为"胎儿规划"(fetal programming),即早期不利环境规划或诱导了胎儿早期的代谢和内分泌变化,而这一变化可延续至成人期,并且规定了疾病的发生。2003 年,国际上正式提出了"健康和疾病的发育起源"(The Developmental Origins of Health and Disease，DOHaD）假说：如果人类在发育过程的早期（包括胎儿和婴幼儿时期）经历的不利因素（子宫胎盘功能不良、营养不良等），将会造成成年人糖尿病、心血管疾病、哮喘、肿瘤、骨质疏松、神经精神疾病的发病。

与此同时，孕妇的营养与胎儿脑发育也有密切关系，大脑的发育时段是在孕晚期和出生后第一年，关键的时期是妊娠最后3个月至出生后6个月，此时孕妇营养不良严重影响胎儿脑及神经系统的发育，如在脑组织细胞分裂增殖阶段，孕妇营养不良可使细胞分裂减慢。而且孕期某些营养素缺乏或过多，有导致婴儿先天性畸形的危险。孕早期缺乏锌或叶酸，胎儿可能发生神经管畸形，其中尤其以无脑儿和脊柱裂为最严重。孕前和孕早期适当补充叶酸和多种维生素，可以预防神经管畸形的初发和再发。孕期摄入过多的维生素A，可导致婴儿先天性畸形，以脑膨出和脊柱裂多见。再有，孕妇营养不足常常造成自然流产，这与孕妇维生素E供给情况有关。正常孕妇血清维生素E水平随孕期增加而升高，自然流产妇女血清维生素E水平下降，流产次数多者血清维生素E水平更低。另外，怀孕期间母亲的用药情况对胎儿的影响极大。表4－1列出一些已经被确认的致畸物。

表4－1　影响胎儿生长的药物

药物	药物对胎儿生长的影响
酒精	产前/产后生长迟缓，发育延迟，面部异常，小头，心脏缺陷，多动症，行为问题，智力迟缓。
安非他明不良抗生素	早产，死胎，新生儿时期烦躁，新生儿进食障碍。
链霉素	丧失听力。
四环素	早产，牙齿斑点，短胳膊或者短腿，蹼状手，抑制骨头生长。
阿司匹林	母亲或者婴儿出血。
苯妥英纳（癫痫药物）	头部和面部异常，心脏缺陷，腭裂，智力迟缓。
巴比土酸盐	药物成瘾后，若停止服药会有癫痫、呕吐、焦虑不安症状，也会导致精神病学的问题。
幻觉剂	可能造成染色体损害，流产，可能造成行为异常。
锂	心脏缺陷，新生儿昏睡。
可卡因	低出生体重，癫痫，小头，婴儿猝死综合征，早产，宫内发育迟缓，流产。
海洛因	高血压；宫内发育迟缓；流产；早产；低出生体重；死胎；婴儿猝死综合征；新生儿因为停止用药而造成的成瘾性症状，包括烦躁、呕吐和动作震颤等。
荷尔蒙	生殖系统异常，生殖系统癌症。

续表

雌性激素	男性女性化。
雄性激素	女性男性化。
镇静剂	前三个月服用,可能导致腭裂、呼吸急促、不良的肌肉收缩性、新生儿昏睡。
烟草	宫内发育迟缓,早产,死胎,低出生体重,流产,可能造成多动症,可能造成学习问题。
维生素 A	腭裂,心脏缺陷。
阿苦汀	小头症,失明,心脏缺陷,流产,死胎。
咖啡因	低出生体重,宫内发育迟缓,早产。
抗组织胺	畸形,死胎。
皮质脂酮	畸形,腭裂,宫内发育迟缓。

资料来源:阿什福德、雷克劳尔、洛蒂,2005:202

(三)母亲的情绪对胎儿的影响

情绪状态是影响人类心理和行为的主要因素。孕妇豁达乐观的情绪将有助于胎儿身心的发展,反之,孕妇忧虑烦躁的心情和极端的情绪变化则会使胎儿身心健康受到牵连。有调查表明,在唇裂或腭裂的200多名儿童中,有68%的母亲在怀孕期间情绪波动或紧张焦躁(林崇德,2002:132)。迪逊恩(Dishion, 1987)通过大量调查发现,如果夫妇感情不和,常常发生矛盾、争吵甚至动手打架,他们所生的孩子出现身心障碍的概率比关系正常的夫妇所生的孩子高很多。这类孩子最常出现的生理问题是格外矮小、瘦弱、身体素质差;最常出现的心理问题是神经质,长大后常常表现得神经过敏、孤独、难以与人和睦相处,有时产生自卑、多疑甚至偏执。

孕妇在受到意外的恐吓等情况下,情绪状态起着急剧的变化,此时,孕妇会产生一种叫儿茶酚胺(catecholamine)的激素,这种激素会穿过胎盘,侵入胎儿,使胎儿也产生恐惧。儿茶酚胺存在于受到惊吓的动物和人的血液中,能刺激自主神经(autonomic nerve)的传导。克然多尔(Crandall, 1986)从受到极度恐吓的动物体内取出儿茶酚胺,然后注射到本来很平静的动物体内,这些动物会立刻变得惊恐万状。当然并不是所有的恐惧都会对胎儿产生影响,而只有那些重大的或直接的精神刺激可能危及胎儿。尼尔森(Nilson, 1982)发现,在遗腹子中精神异常者甚多,大多数患有精神抑郁症,也有为数不少的人有精神分裂。可见,怀孕期间遭遇丈夫亡故或遗弃时,孕妇会长期产生极度悲伤的情感,这种情绪状态使得她们体内不断地产生大量的儿茶酚胺,胎儿也就长期受到这种激素的作用而导致精神病症。

在动物的实验中,我们也可以发现类似的证据。心理学家在一项实验中,在中间装有隔门的双间箱子里养了5只母鼠,让它们在其中一间里听到蜂鸣声并遭受电击,然后打开隔门,使其逃到另一间去躲避。如此训练几次,只要蜂鸣声一响,尚未通电,母鼠便逃到另外一间去。此时,给予其交配,全部妊娠后,让它们在曾经受到过电击的那一间箱子中,一天听3次蜂鸣声,但不给电击,并把通往安全间的隔门关闭;此步骤一直持续到分娩。这样,在整个怀孕期间,母鼠都是处于一种惶惶不安的环境中。为了考察这种长期的情绪紧张对后代的影响,将上述实验组5只母鼠繁衍的30只后代,用两种方法作比较:一个方法是将实验组的子鼠和未实验的对照组的子鼠放在开阔的空地上,按移动距离计算它们在相同时间内的活动量,发现实验组的子鼠呆板、不活跃,活动量小;另一方法是停止喂食24小时后,记录两组子鼠取食所花时间,结果发现对照组更灵敏(林崇德,2002:134)。这项实验表明,如果母鼠怀孕时持续情绪不安,会使后代胆小脆弱、情绪容易激动、行为畏缩不前。

王学义(2006)通过对胎儿期经历唐山大地震的青少年症状自评量表评分进行的研究,发现胎儿期间经历了大地震对青少年心理状况有着非常显著的远期影响,这说明胎儿的远期心理健康与母亲妊娠前后遭受强大的灾害应激和地震后的社会环境、经济、卫生、医疗、饮食、营养、居住条件等不良因素影响有关。

虽然说适当的焦虑可提高适应环境的能力,但过度焦虑却影响机体的健康。孕妇怀孕后体内激素发生了很大变化,这些生理变化通过下丘脑直接影响着孕妇心理,是妇女身体和心理变化最易受伤害的特殊阶段,孕妇的心理变化程度与其文化程度、家庭环境、经济条件、人际关系、心理承受能力有着内在的重大联系。孕妇心理现象的产生是孕妇在这一时期生物性过程的反映,也是生理、社会、心理因素相互影响和结果。胎儿的正常发育、健康成长受制于母体生理因素外,母体心理因素的作用也很大。急性过激心理反应使生理反应转为病理变化,如交感—肾上腺髓质系统,下丘脑—垂体—肾上腺皮质系统的活动增加等将会影响胎儿的发育。另外,焦虑恐惧情绪通过儿茶酚胺类的介质作用会使胎儿血管收缩,降低血液供应,从而影响胎儿的发育,情况严重的可导致胎儿大脑发育畸形。

三、父亲对胎儿的影响

人们一般会认为父亲一旦完成了使母亲怀孕的任务，他对胎儿的产前环境就没有影响了。发展研究者过去也普遍认同这一观点，因而对于父亲角色对产前的环境影响研究颇少。但目前的研究越来越清晰地发现，父亲的行为是会对产前环境产生重要影响的。对于怀孕，父亲角色比母亲角色缺少亲历性，但通过感觉胎动、聆听胎儿心跳声、参加怀孕培训课程、婴儿出生的到场等行为，逐渐将父亲卷入了怀孕和分娩的过程中。事实上，父亲对胎儿各个阶段的影响也是十分重要的。

父亲对胎儿的影响首先体现在孕育胎儿的准备工作上。优生问题固然与女方关系密切，其实在女方怀孕之前，男方与优生的关系同样密切。例如，男性在接触某些农药后，可使精子细胞内的脱氧核糖核酸（DNA）发生微妙变化，其妻子怀孕后的流产现象比一般人多，并有可能造成后代的精神行为异常。再有，受损害的精子需要 70 天左右才能排除干净；因此，从事喷洒农药除草剂等工作的已婚男子，至少在 70 天时间内，应避免妻子怀孕。重金属铅、镉等可以破坏男子的血睾屏障，进而影响精子的生成过程；氨甲嘌呤，棉酚二臭、氯丙烷、氯乙烯等工业化学品，可以影响精原细胞。不少化学药品，如雌激素、利血平、氯丙嗪等均会影响精子的生存能力，并可进一步导致畸形精子的数目大量增加。

为了优生，丈夫要做到不偏食。精子的生存需要优质蛋白质、钙、锌等矿物质和微量元素，需要精氨酸和多种维生素等，如果偏食，饮食中缺少这些营养素，精子的生成会受到影响，或许会产生一些“低质”精子。情绪的影响也很大，若经常忧郁、烦恼或脾气暴躁，会使大脑皮质功能紊乱、造成神经系统、内分泌功能、睾丸生精功能以及性功能不稳定，也影响精子的数量和质量。

另外，父亲用药也可导致胎儿畸形。国外医学家研究发现，男性如果服用了环磷酰胺等化学抗癌药物，就会使精子形成异常，使血液中垂体促滤泡素水平增加，从而造成无脑儿、脑积水、唇裂等胎儿畸形与流产现象。另外，父亲如果饮用人参酒、鹿茸酒、虎骨酒和五加皮酒等药酒，也会影响到胎儿的发育（王素丹，2004：61）。酒对生殖细胞有强烈的毒害作用，可以使精液中 70% 的精子发育不全或活动力差。这种精子一旦与卵子结合，孕育成胎儿，就会产生头面畸形、肢体短小或智力迟钝低下等病儿。父亲吸烟对胎儿危害极大，在烟雾缭绕的环境中生活的孕妇，不仅在呼吸道吸入大量的一氧化碳，而且香烟中的尼古丁还能通过皮肤、胃肠道进入母体，从而祸及胎儿。同时，烟毒影响受精卵和胚胎的质量，吸烟时间越长、量越多，则精子量越少、畸形率越高。

在胚胎发育期间，准父亲也应避免吸烟，父亲吸烟产生的二手烟对母亲的健康产生很大影响，这将进一步影响未出生的孩子，父亲吸烟越多，孩子出生时的体重就越低（Gazmarian et al., 2000）。另外，母亲怀孕期间父亲使用酒精和药物也会给母亲制造紧张和不健康的产前环境。在身体上或情绪上虐待怀孕妻子的父亲也会伤害未出生的孩子，父亲作为虐待者会增加母亲的紧张水平，或者直接导致身体损伤，从而增加损害未出生孩子的风险。

此外，在胎教过程中，父亲也是一个相当重要的角色。他不仅可以创造良好的胎教环境、调节孕妇的胎教情绪，还可以通过与胎儿对话、给胎儿唱歌等方式实施胎教，并起到母亲所不能替代的作用。国外有学者通过对胎儿听觉功能的研究发现，胎儿最容易接受低频率的声音，他们给一组 8 个月的胎儿听低音大管乐曲后，其胎动大大加强（转引自费尔德曼，2007：81）。这组胎儿出生后只要一听到类似男子声的乐曲，便停止哭闹，露出笑容。因此，男性特有的低沉、宽厚、粗犷的声音可能更适合胎儿的听觉功能。

四、环境对胎儿的影响

胎儿虽然还没有真正来到这个世界上，但是它已然是个有生命的个体了，甚至可以以自己独特的方式感受这个世界，像个小小的“窃听者”，“分享”母亲的愉悦，“分担”母亲的焦虑，子宫外部某些事态的变化都牵动着它的一举一动。一个声音美好和谐、情绪欢快喜悦、没有污染、至少是没有严重污染的生活环境，对胎儿的发育是十分必要的。

（一）孕妇体内环境和物理环境对胎儿的影响

母体内不良环境对胎儿的影响有时会造成可怕的后果，如由于母亲患糖尿病使胎儿受影响而体重过大，有时可达 7 公斤，这种巨大胎儿易发生呼吸窘迫症。母亲有糖尿病，胎儿受其内环境的影响而导致先天性心脏病或无脑儿的发病率高达 2.9%。还有由于母亲甲状腺功能低下，胎儿受其内环境的影响容易产生骨和牙齿的畸形、隐睾、伸舌样痴呆、甲状腺肿大。此外，如母亲患有心肺功能不全、严重贫血（尤其大细胞性贫血）、高血压症、妊娠中毒症时，胎儿易出现畸形或死于宫内。

在受孕18～20天接受X线后,受精卵可能死亡排出。在受孕20～50天接受过量X线后,可引起胎儿的中枢神经、眼、骨等严重畸形,量再大则可引起胚胎死亡。因此,怀孕早期应当严禁X线照射腹部。其他如超声波,在怀孕的头3个月也应当禁止做超声波检查,因为在怀孕早期也易受其影响而引起胎儿畸形。怀孕四五个月以后再接受超声波检查,则对胎儿不会产生什么不良影响。

此外,如病毒、细菌可以带入母亲血液,通过胎盘血管的破坏而进入胎儿体内,造成风疹、巨细胞或单纯泡疹、水痘等,甚至还会杀伤胚胎,造成早产或流产;母亲对苯、甲苯、铅、汞接触过多,可以造成胎儿流产、早产、畸形或低体重儿;化肥、杀虫剂接触多了,会使孕妇血液中含有一定浓度的毒物,不利于胎儿的发育;食用有毒的食物、未冲洗干净农药的食物或腐败的食物可阻碍胎儿发育;未经医生许可胡乱服药可诱发胎儿畸形,如抗癌药会使胎儿死亡,四环素使小儿牙齿变黄,激素类药物会诱发畸形等。

(二)职业环境与不良嗜好对胎儿的影响

关于职业环境与不良嗜好对胎儿的影响,也有一些医学报告。在工作场所接触环境毒素,如铅和汞的母体会损害胎儿的健康发展,容易导致胎儿的先天缺陷(Dare et al., 2002)。一些不良嗜好也对胎儿有不良影响。在20世纪90年代初期,孕妇使用可卡因(cocaine)导致了上千个所谓的“可卡因宝宝”的诞生,可卡因会使胎儿的供血血管产生强烈的收缩,导致胎儿缺血缺氧,增加死胎、多种先天缺陷及障碍的风险(Andrews, Francis & Riese, 2000)。即使怀孕期间服用少量的酒精,母亲也会使孩子面临风险。胎儿酒精效应(fetal alcohol effects, FAE)是由于母亲在怀孕期间喝酒,从而导致孩子表现出胎儿酒精综合征中部分症状的情况(Burd et al., 2003)。由于酒精带来的风险,建议怀孕的女性以及那些将要怀孕的女性避免饮用酒精饮料。

另一种对未出生的孩子不利的嗜好是吸烟。有吸烟嗜好的孕妇由于尼古丁的毒性刺激,会使胎儿的身高与体重发育不良。尼古丁使胎盘血管收缩,而胎儿在子宫内是通过胎盘从母亲的血液中获得氧气和营养素的,这样就必然导致对胎儿的供氧量减少。烟中的一氧化碳被吸入孕妇肺泡内,进入肺泡壁毛细血管而入母血中,使母血的一氧化碳浓度升高而含氧量降低,造成胎儿发育迟缓、体重减轻。再加上其他有害成分的毒害,还可引起胎儿畸形、流产和早产。孕妇吸烟的最终结果是增加流产和婴儿期死亡的可能性(Ness et al., 1999)。也有许多研究将吸烟同“较低出生体重、孕期缩短、高比率的自然流产、更频繁的怀孕和分娩并发症、更高比率的围产期死亡率”相联系(Santrock, 2002)。

(三)家庭与社会环境对胎儿的影响

家庭是孩子出生后的第一个环境,父母在孩子的成长过程中扮演最重要的角色。父母给孩子带来生理需要、情感需要和求知欲望的满足。孩子从小到大、从无知到有知,他的每一个变化都是家庭抚育的结果。每个家长在抚育孩子的过程中,一方面是哺育者,另一方面是教育者。只有全面地履行这两方面的职责,才是合格的父母。

从受孕时起,夫妻双方各自就多了一种角色和一份责任。丈夫要成为父亲,妻子要成为母亲,两人要共同为子女的生活创造条件。在怀孕期间,母亲和胎儿连为一体,母亲的身体和心理状况直接影响到胎儿的正常发展。这时候,母亲注意吸收丰富的营养,保持愉快的心情,回避或抛弃那些不利于母子身心健康的环境和习惯,这都是在履行抚育孩子的职责。而父亲这时也不是无所作为的,他要作为母子的依靠和后盾,提供各种条件,分担和排解妻子的焦虑,从怀孕 6 个月后还可以辅助妻子进行胎教,如放一些优美和缓的音乐、对着母腹轻轻地说话、帮助胎儿在腹中活动等。生活上的关照和感情上的支持是给妻子的,这是丈夫的角色;也是给孩子的,这是父亲的角色。

同时,家庭的社会地位和富裕程度是一个很重要的影响因素,一个家庭社会地位越高、经济越富裕,孕妇越有可能获得充足的、合理的营养以及科学全面的医疗保健服务,在这样的家庭中出生的孩子越有可能发育健康。相反,社会地位越低、经济越拮据的家庭,孕妇所需要获得的营养供给和医疗保健就越难有充裕的保障,这样家庭的胎儿更容易出现各种各样的问题。此外,家庭地位的不同同样会在父母在照顾胎儿的方式方法上显出差异来,工人家庭、农民家庭以及知识分子家庭,他们对待孕妇以及孕妇本人对待胎儿的态度和具体方法上肯定也存在着明显的不同,这种差异会直接影响胎儿的成长和发育。

除了家庭之外,社会本身的发展变化也会影响到孕妇,从而进一步影响到胎儿的发展。每个人都无法脱离社会的影响,孕妇当然也是如此,这又会进一步影响到胎儿的发展。社会的整体性、历史性的进步和发展,首先使社会物质供给丰富多样,从而使孕妇的营养供给得到充分的保障。我国三十多年前与现在的富裕程度不可同日而语,两个不同时代的孕妇所能获得的营养供给当然更是无法相提并论的。此外,社会的进步相应地伴随着医疗技术的进步,孕妇由此所获得的医疗保健无论是技术上还是设备上都比过去有了极大的提高，很多问题的解决，过去是那么困难，现在变得易如反掌。再者，社会观念尤其是社会普遍流行的关于胎儿孕育的观念会影响到胎儿的成长和发育，我国有些地方所谓的“酸儿辣女”的说法影响到很多想生男孩的孕妇，她们大吃特吃酸的食物，反而使孕妇本人和胎儿的健康受到不良影响。现在民间仍然有好多秘方和秘籍在影响着很多人，这就进一步需要用科学知识去加以辨别或淘汰。

五、出生缺陷的预防

以上我们提到了很多方面对胎儿的影响，人们很容易会认为：“出生以前的生命历程”才是真正的危险阶段。遗传上可能有如此多的突发状况，即使是基因正常的胎儿，在子宫里发育时也可能会遭遇各种各样的潜在危险。

但是我们还要注意到事实的另一面，即大多数基因异常的胚胎在分娩之前就死亡了，由此超过95%的新生儿是非常健康的，剩下的5%大多数也是仅有一些轻微的先天问题，很容易得到矫正。因此，孕期环境并不是那么危险的（Gosden，Nicolaides & Whitting，1994）。虽然我们相信，如果能遵循表4－2中所列举的指导规则的话，父母能显著降低生出非正常婴儿的概率，但是正如阿普加和贝克提醒我们的：“每一次怀孕都是不同的。每个未出生的孩子都由独特的基因组成。母亲为其提供的孕期环境也可能与另外一个孩子不同。因此，我们认为，为了尽可能生出正常、健康、没有生理缺陷的孩子，不管怎么小心都不为过。”（Apgar & Beck，1974）阿普加和贝克（1974）向未来的父母提出了以下建议，以降低生出有先天缺陷的孩子的可能性。

表4－2　出生缺陷儿童预防的建议

序号	出生缺陷预防的建议
1	如果你认为你的亲属患有一种可能会遗传的疾病，那么你应该去做一个基因咨询。
2	女人生孩子的最佳年龄在16～35岁之间。
3	任何一个孕妇都需要得到良好的照料，并遵照有临床经验且了解致畸因素的医疗工作者的指导行事，照料者还应确保孕妇分娩的地点是一个现代化的、声誉良好的医院。
4	在确知是否得过风疹或是对风疹具有免疫能力之前，任何女性都不应该怀孕。
5	从怀孕之初，孕妇就应该进行传染性疾病检查，尽可能避免接触传染性疾病。
6	孕妇不应该吃未煮熟的肉制品，或接触可能传染弓形虫病的猫和猫的粪便。

续表

7	除非绝对必要,并获得医生许可(而且医生已知怀孕的事实),否则孕妇不应该服用任何药物。
8	除非为了孕妇本人健康而且绝对必要,否则孕妇应该避免放射性治疗和 X 光检查。
9	怀孕期间应禁止吸烟。
10	营养丰富、富含蛋白质、维生素、矿物质、热量的饮食对孕妇非常重要。

第三节　出生和围产期环境

围产期环境是指新生儿出生时所处的环境,包括分娩时母亲所用药物、分娩过程中的操作以及婴儿刚出生时的社会环境等。正如我们将要看到的,围产期环境是一个非常重要的因素,可能影响婴儿的健康和他将来的发展状况。

一、分娩

大约在受精后的 266 天,一种叫作促肾上腺皮质激素释放出的蛋白质会发出多种激素的释放,从而引发分娩过程。其中催产素是一种非常关键的激素,它由母体的垂体释放,当催产素累积到一定浓度的时候,母亲的子宫就开始有阶段性的收缩。分娩意味着该到宝宝降临的时候了,这一过程是指胎儿生长发育成熟而从母体子宫向外排出的过程。它通常分为三个连续的过程:

在分娩的第一阶段,宫缩约为每 8 ~ 10 分钟一次,每次持续大约 30 秒。随着分娩过程的推进,宫缩逐渐频繁,每次宫缩持续的时间也会延长。分娩的第一个阶段持续的时间最长,它的持续时间有很大的个体差异,与母亲的年龄、种族、先前的怀孕次数,以及胎儿和母亲本身的很多因素有关。在一般情况下,如果是第一胎的话,分娩过程会持续 16 ~ 24 个小时,如果非第一胎的话,时间一般会短一些。

分娩的第二个阶段持续时间为 90 分钟,在该阶段中,每一次收缩,婴儿的头部就离母体更远一些,阴道口也开得更大一些。由于阴道和直肠之间的部分在分娩时会被横向伸拉,所以有时会使用外阴切开术做一个切口以利于婴儿的分娩。当婴儿离开母体的时候,分娩的第二个阶段表示结束。

分娩的第三个阶段就是婴儿的脐带和胎盘从母体中分娩出的过程,这一阶段是最为迅速和最为容易的阶段，只需要几分钟的时间。

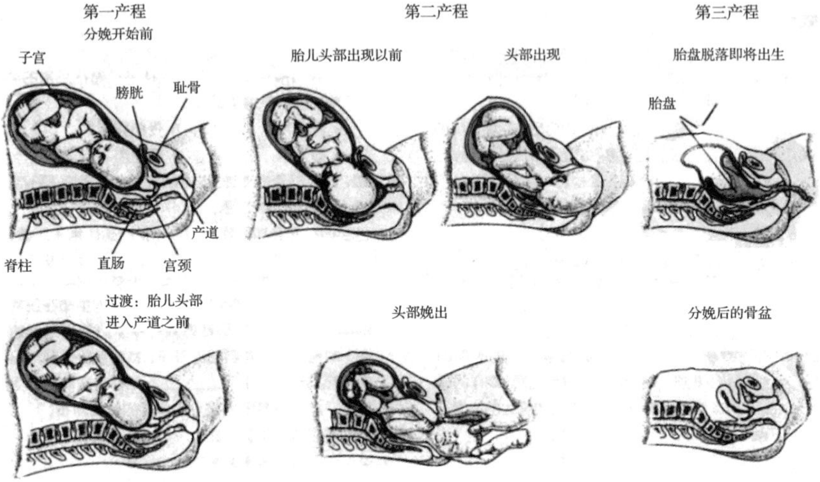

图 4-9 分娩过程

整个分娩过程的结束宣告了一个新生命的到来。这个在母体内待了十个月的婴儿，初到世界时满身皱纹、头很大、四肢屈曲在胸前，还保持着胎内蜷缩的姿势。作为一个新生儿，他(她)历尽千辛万苦挣扎出世，等待他(她)的却是一系列严峻考验。从母亲宁静的水晶宫来到纷繁复杂的人世，他(她)不仅要适应一生中最大的环境变化，还要从这最困难、最危险的时期迅速地走过来，并开始发展。从此，他(她)将持续面临着新世界给予的挑战。

二、出生时的社会环境

仅仅30年以前，大多数医院在产妇分娩过程中是禁止父亲进入产房的，婴儿出生以后很快就被从母亲身边抱走，交给护士。但是时代已经发生变化，如今孩子的出生变成了父母双方的一个重要经历。

(一)母亲的体验

如果母亲能够在婴儿出生的最初几分钟内接触婴儿，那么这段时间可能是母亲尽情享受婴儿带来的快乐的特殊时间。卡洛斯斯和坎尼尔(Marshall Klaus & John Kennell)认为，婴儿出生后的最初6~12小时是母婴情感纽带建立的关键期，此时母亲尤其愿意对婴儿迅速作出反应，并对婴儿产生强烈的感情(Kennell，Voos & Klaus，1979)。

为了验证这一假说，卡洛斯和坎尼尔（1976）让一组刚分娩过的母亲遵循医院当时的传统做法：分娩后略微看一眼孩子，然后在 6～12 小时以后再去看望孩子，此后住在医院的 3 天时间里，每隔 4 个小时有半小时的喂奶时间。作为比较，另一组（延长接触组）母亲每天有额外 5 小时的时间搂抱自己的婴儿，并且分娩后 3 个小时内即与婴儿有 1 小时的肌肤接触。在接下去的 1 个月里，与遵循医院传统做法的母亲相比，早期与婴儿有延长接触的母亲表现得更愿意与婴儿在一起，在喂奶时把婴儿抱得更紧。1 年以后，有过延长接触的母亲与婴儿的关系更紧密，她们 1 岁的孩子在生理和智力发展测试中的得分也超过传统组的婴儿。很显然，早期在医院的延长接触有助于培养母亲对新生儿的感情，这进一步促使母亲继续以丰富多变的方式与婴儿进行互动。在这一研究和其他相似研究的影响下，许多医院已经改变了它们的例行做法，允许母婴早期接触，以促进她们情感纽带的建立。

这是否意味着早期没有与婴儿接触的母亲错过了与婴儿形成稳固情感纽带的时机呢？答案是否定的。随后的研究表明，早期接触的影响并不像卡洛斯和坎尼尔认为的那样显著和持久（Eyer，1992；Goldberg，1983）。其他的一些研究表明，收养家庭的父母很少有可能与养子女有早期接触，但是一般情况下仍能像在非收养家庭一样，与养子女建立起很强的情感纽带（Levy-Shiff，Goldschmidt & Har-Even，1991；Singer et al.，1985）。所以即使早期接触可能是一种非常愉快的经历，有助于母亲开始形成与婴儿的情感纽带，但是也没有必要担心母亲早期不能接触孩子会产生什么问题。

不幸的是，对一些母亲而言，生育体验也有不愉快的一面。这些母亲可能感到抑郁、伤心、容易发脾气，甚至对刚出生的婴儿有一些怨恨。这种情况比较轻微时被称作“产妇忧郁”，40%～60% 的新生儿母亲都可能表现出类似特征（Kessel，1995）。但是有 10% 多一点的产妇会出现更加严重的抑郁反应，被称为“产后抑郁”。许多严重抑郁的妇女不想接近孩子，而且把孩子看作是难缠的、难以对付的。她们与婴儿的互动不积极，在一些情况下可能对婴儿表现出明显的敌意（Cambell et al.，1992）。产妇忧郁一般 1～2 周就会消失，但产后抑郁可能会持续数月。

孕妇分娩后的激素变化和对初为人母感到担心和紧张，可能是产生轻度的、短期的产后抑郁的原因（Hendrick & Altshuler，1999；Wile & Arechiga，1999）。更严重的产后抑郁与母亲的抑郁史、孕期酗酒和吸烟，以及除分娩压力外还面临其他一些生活压力事件有关（Brockington，1996；Homish，2004；Whiffen，1992）。是否能够获得社会支持可能也会影响产后的状况。

缺少社会支持，尤其是与婴儿的父亲关系不良，将会显著增加产后抑郁的可能性（Field et al., 1985; Gotlib et al., 1991）。反之，对获得社会支持有积极感知的新母亲对新生儿也有更积极的感受（Priel & Besser, 2002）。当母亲处于长期抑郁、退缩和冷漠的情况下，母婴之间的依恋关系可能是不安全的，婴儿也可能出现抑郁症状，并有可能出现问题行为（Campbell, Cohn & Myers, 1995; Murray, Fiori-Cowle & Hooper, 1996）。因此，为自身和婴儿着想，抑郁症状较为严重的母亲应该主动寻求帮助。

图 4－10　产后抑郁

（二）父亲的体验

像母亲一样，父亲同样经历着孩子出生这一重大生活事件，他们的心情很复杂，既有积极情绪，也有消极情绪。成为父亲是一种压力事件，但同时在增进情感性特质与能力、增加责任感、增进生命的体验与成长等方面带来正向的成长与改变，父亲通过参与育儿，有助于其父亲角色的发展。父亲不再是母亲的副手，在分担照顾、教养子女的责任上和母亲组成亲职同盟，这带给子女更多正面的影响（许芳菊，2009）。作为准父亲除喜悦、不确定感、需调适、投入等体验外，众多压力源亦随之而来，巨大的生活改变需要一些渠道来表达他们的感情，同时更需要信息或支持以过渡至新的亲职角色（Kao C. H. & Long A., 2004）。

在妇女妊娠阶段，15.8% 的准父亲出现拟娩综合征（Couvade syncerome），即男性在配偶怀孕期间经历到类似怀孕的症状（Ozkan H. & Aksoy A. N., 2011）。Field 等研究指出，准父亲在妻子产前发生的抑郁症状包括焦虑、愤怒及日常的争执，这些问题会对妻子心理状况产生影响，这是长久以来被忽略而又值得关注的问题（Field T. & Diego M., 2006）。初为人父在角色转变过程中可归纳为五大主题——成功怀孕、确认母子平安的喜悦、初为人父的幸福与困扰、对新生儿的探索与认识及恪尽父职为新生儿铺垫美好未来。初为人父产生的担忧主要包含关心妻儿的安全、生产和分娩，以及新的角色要求，当中以一些具有高等教育水平或有经济负担的男性较常见（Rockwell，1989）。丈夫在妻子产前及产后3～6个月有抑郁的情况发生，父亲与母亲的抑郁情况呈正相关（Paulson & Bazemore，2010）。男性在夫妇双方未能适应增添新成员的家庭状况时，会把性生活放在次要的位置，致使出现性功能障碍（Olsson & Robertson，2010），这给家庭带来一些负面影响。然而 Deave 等人的研究发现，在生育事件上男性感受到的支持很少，对被拒于产前相关活动感到失望。生活巨大的改变，却没有渠道让他们表达自己的感觉、思想，同时缺乏信息或支持以过渡到新角色（Deave & Johnson，2008）。

准父亲承担着配偶主要支持者和分享者角色，会担心生产对妻儿造成伤害，关注胎儿是否健康（Schachman，2010）。研究表明，产前做好充分准备的准父亲在医务人员的指导下，陪产过程中明显能缓解产妇焦虑、紧张、恐惧，缩短产程，减少新生儿窒息，降低剖宫产率及产后出血率（Ilkay & Nezihe，2007）；准父亲现场体验孩子出生，与妻子一起分享人生重要时刻，更有助于日后家庭关系的融洽（Sapkota & Kobayashi，2012）。参与分娩过程有不同程度的紧张、焦虑和恐惧心理，间接影响产妇自然分娩过程，故接受分娩陪伴训练，了解分娩的生理过程及分娩时减轻产妇疼痛的方法和技巧，才能适应分娩时的情景，不致于在产妇分娩时手足无措，从而更好地胜任陪伴分娩者角色（Backstrom & Wahn，2009）。参与生产过程除对亲子、夫妇关系起正向作用外，更对亲职角色确立、满足准父亲心理需求起重要作用，这些都是值得关注的。

图4－11　准父亲的体验

第四节　出生时的相关问题

一、婴儿出生并发症

分娩过程并不总像我们在描述“正常”分娩时所说的那样顺利。有三种出生并发症可能对婴儿的发展产生消极影响,它们是缺氧症、早产和低出生体重。

(一)缺氧症

将近1%的婴儿出生时会表现出缺氧症的迹象。在许多情形下,婴儿会因为出生过程中脐带绕颈打结或受到挤压而遭遇氧气供应中断,当胎儿臀位分娩——脚或臀部先出来时,也容易发生氧气供应中断的情况。事实上,脚或臀部先出来的婴儿经常要通过剖腹产的方式来避免缺氧症的发生(Lin,1993)。当胎盘提前与胎儿脱离,中断对胎儿的养料和氧气供给时也造成缺氧症。如果产妇使用的麻醉剂透过胎盘屏障,进而干扰到婴儿的呼吸,或者在分娩过程中咽下的黏液卡在婴儿喉咙里面时,也会发生缺氧症。虽然新生儿对缺氧的承受时间可能超过大孩子和成人,但是如果呼吸中止3~4分钟以上,将可能造成永久性的大脑损伤(Nelson,1995)。

缺氧症的另一个可能原因是基因的不相容性,如果胎儿是Rh阳性,他的血液里有一种被称为Rh因子的蛋白质,而母亲却是Rh阴性,缺少Rh因子,不相容的情况就出现了。在分娩过程中,当胎盘脱落时,Rh阴性的母亲暴露于胎儿的Rh阳性血液之中,就会开始产生Rh抗体。这些抗体如果进入到胎儿的血管中,可能会攻击血红细胞,消耗氧气,并导致大脑损伤和其他出生缺陷。头胎孩子一般不会受到影响,因为Rh阴性的母亲直到生出Rh阳性的孩子以后才能产生Rh抗体。幸运的是,由Rh不兼容而引起的问题现在可以通过出生后注射Rh免疫球蛋白来预防,这种疫苗将会阻止Rh阴性的母亲产生Rh抗体,从而避免伤害到下一个Rh阳性的婴儿。

经历过轻微缺氧症的婴儿在出生后经常表现出烦躁不安,3岁前在动作和智力发展测试中的得分可能低于正常水平(Sameroff & Chandler,1975)。但是轻微缺氧症的孩子与正常孩子的差距随着年龄的增长会越来越小,到7岁时就不相伯仲了(Corah et al.,1965)。较长时间的缺氧可能导致神经损伤和永久性残疾。例如,动作技能的成熟程度与4~6岁的孩子围产期缺氧量呈负相关。也就是说，缺氧越严重，儿童的动作技能越不成熟（Stevens，2000）。其他研究也发现，产前缺氧与成年人患心脏病风险的增加有关（Zhang，2005）。

（二）早产与低出生体重

在美国，“适当的”的分娩时间在母亲怀孕的37~42周之间，有90%以上的婴儿在这段时间内出生。足月出生的婴儿身长一般约48~53厘米，重约3.5千克。

剩下的7%婴儿出生时的体重低于2.5千克（Chomitz，Cheung & Lieberman，2000）。有两种类型的低出生体重儿，较为常见的一种是在早于预产期3周出生的，称为早产儿。虽然他们在体形上较小，但相对于这些婴儿在子宫里发育的时间而言，其体重是正常的。另外一种低体重的婴儿，被称为足月小样儿，他们在胎儿期成长较为缓慢，甚至临近正常产期时，体重仍然严重偏低。虽然这两种低体重婴儿都容易受到伤害，并可能在死亡线上挣扎，但足月小样儿出现严重并发症的危险更大。例如，他们很可能活不过1岁，或者表现出某些脑损伤的迹象。与早产儿相比，他们智商较低很可能在整个儿童期体形都很瘦小，在学校里更有可能出现学习困难和问题行为（Goldenberg，1995；Taylor et al.，2000）。

是什么原因导致了低出生体重？我们已经知道那些大量吸烟、酗酒、吸毒和营养不良的母亲可能生出体形瘦小的婴儿。来自少数族裔的低收入女性也特别危险，这在很大程度上是缘于她们比其他母亲承受的压力更大，她们的饮食和孕期受到的照顾往往也不足够（Chomitz，Cheung & Lieberman，2000；Fowles & Gabrielson，2005；Mehl-Madrona，2004）。低出生体重婴儿的另一个常见原因是多胞胎。与单胞胎相比，多胞胎在母亲怀孕29周以后，体重增加得很缓慢，即使足月分娩，多胞胎的体形也较小，更不用说三胞胎和四胞胎很少等到足月才分娩，他们一般提前5~8周就出生了（Papiernik，1995）。

有趣的是，除生理影响之外，心理因素也与妊娠期持续时间和出生体重有关（Mehl-Madrona，2004；Schmid，2000）。在一项研究中，心理因素的变化成为了出生体重的预测源。例如，相比于没有应对技巧的母亲，生出的婴儿更重。而且母亲在孕早期和孕中期获得的社会支持越多，妊娠期持续时间也越长（Schmid，2000）。即使是未婚少年的支持和现身，也可以增加未婚少女生下正常出生体重婴儿的概率。帕蒂拉和瑞查曼（Padilla & Reichman，2001）报告指出，当未婚少年在经济上支持未婚怀孕的少女或他们生活在一起时,他们的新生儿出生体重也会更重。总的来说,这些发现为预防早产和低出生体重儿的孕期干预提供了相关信息。

1. 低出生体重的短期影响

对低出生体重儿来说,最艰难的任务就是活过生命的最初几天。虽然每年有越来越多的婴儿成活下来,但即使是在条件最好的医院里,体重低于1000 克的低体重儿仍有 40% ~50% 在出生时或出生不久后死亡。

早产儿一般在隔离箱里度过他们生命的最初几周,隔离箱能维持他们的体温,保护他们免受感染。隔离箱名副其实,因为它们确实起到了隔离作用:婴儿的喂食、清洗和换衣服都通过隔离箱上的一个小洞进行,这个洞很小,不允许前来探视的父母用惯常的方式搂抱和亲吻他们的宝贝,而且早产儿也考验着养护者的耐心。与足月儿相比,他们在社会互动方面更加迟钝,对父母的逗弄往往置之不理、厌烦和拒绝(Eckerman et al.,1999;Lester,Hoffman & Brazelton,1985)。早产儿的母亲也经常说她们的婴儿很"难搞",当母亲们坚持不懈地传递社会语言却被一个冷漠的、难以取悦的小家伙拒绝时,她们可能会变得心灰意冷(Lester,Hoffman & Brazelton,1985)。的确,与其他婴儿相比,早产儿更有可能与养护者形成不安全的情感纽带(Mangelsdorf et al.,1996;Wille,1991)。虽然绝大多数早产儿不会受到虐待,但是他们比足月生的孩子更容易成为其他儿童欺负的对象(Brockington,1996)。

2. 对早产儿的干预

20 年前,医院基本上不允许父母接触早产儿,唯恐伤害到这些脆弱的小生灵。如今,医生们鼓励父母经常来医院探视他们的孩子,并鼓励他们在探视过程中触摸和爱抚孩子,多与婴儿交谈。这些做法的目的是让父母亲近他们的孩子,从而促进积极情感联系的建立。而且这些做法还有其他好处:如果婴儿经常被母亲轻摇、爱抚、按摩或得到母亲声音的抚慰,那么这些处于悉心护理下的婴儿将变得更平和,对外界刺激有更多的反应,神经和智力发展也较快(Barnard & Bee,1983;Feldman & Eidelman,2003;Ferbef et al.,2005;Field, 1995;Scafidi et al.,1986, 1990)。

如果父母学习了如何在家中积极敏感地照顾婴儿的方法,早产儿和其他低体重儿同样可以受益(Veddovi et al.,2004)。在一项研究中,一个儿科护士定期走访低体重儿的母亲,教她们如何读懂并正确应对早产儿所表现出来的各种反常行为。虽然干预只持续了 3 个月,但那些母亲参与了这一项目的低体重儿到 4 岁时在智力方面已经赶上了出生时体重正常的婴儿(Achenbach et al.,1990)。父母提供的丰富有趣的日常刺激,不仅有利于低体重儿的认知发展，也有利于降低他们出现各种行为障碍的可能性（Brooks-Gunn et al.，1993；Hill，Brooks-Gunn & Waldfogel，2003；Spiker，Ferguson & Brooks-Gunn，1993）。如果干预能够一直持续到上小学，那么将会取得更佳的效果（Bradley et al.，1994；McCarton et al.，1997）。

3. 低出生体重的长期影响

在过去这些年间，许多研究者发现与出生时体重正常的婴儿相比，早产儿和其他低体重儿童年时有可能会在学习上遇到更多的困难，在智力测试上的得分更低，受到更多的情绪问题的困扰（Caputo & Mandell，1970；Saigal et al.，2000；Weindrich et al.，2003）。早产女婴更可能出现饮食障碍，尤其当她们是足月小样儿时（Cnattingius et al.，1999）。低出生体重的女孩也会更快地度过青春期，达到最终身高，她们的最终身高通常也低于正常体重的女孩（Ibanez et al.，2000）。低出生体重与成年时 II 型糖尿病、高血压、冠状动脉疾病有关（Sallout & Walker，2003）。

现在我们知道，低出生体重儿的长期影响很大程度上依赖于他们的成长环境（Reichman，2005）。如果母亲知道如何帮助孩子健康发展的话，孩子的发展就可能非常好。这些母亲可能会特别关心她们的孩子，并创造一个刺激丰富的家庭环境来促进其认知和情感发展（Benasich & Brooks-Gunn，1996；Caughy，1996）。相反，那些来自境况不稳定或贫穷家庭的低体重儿在体形上可能一直会比足月生的孩子瘦小，并可能遇到更多的情绪问题，在智力和学业成就上表现出一些长期的缺陷（Kopp & Kahlef，1989；Rose & Feldman，1996；Taylor et al.，2000）。

二、生育风险和复原力

到目前为止，我们已经讨论了许多孕期和围产期可能出现的问题，也有一些预防措施。这些问题一旦发生，有些破坏性的后果可能是不可逆转的。例如，一个因风疹致盲的婴儿将不可能重见光明，一个因胎儿酒精综合征或其他严重缺氧症导致智力落后的婴儿有可能永远智力落后。当然，今天我们周围也有为数不少的成年人，即使他们的母亲在怀孕时曾经吸烟、酗酒、感染危害性疾病或分娩时使用了大剂量的药物，他们发育仍完全正常，这是为什么？正如我们已经强调过的，并不是所有暴露于致畸物质和其他早期危险之中的胚胎、胎儿和新生儿都会受到影响，而那些受到影响的该怎么办呢？在以后的日子里，这些婴儿是否能最终克服他们的早期障碍呢？

第四章

的确如此，一些出色的追踪研究证明了这种可能性。1955 年，沃纳和史密斯开始追踪当年所有出生在夏威夷考艾岛上的 670 名婴儿的发展。出生时，这些婴儿中有 16% 表现出中度到重度的并发症，31% 表现出轻微的并发症，剩下的 53% 看来正常和健康。当婴儿 2 周岁时重新进行检查，结果发现出生并发症的严重程度与发展的速度明显相关：出生并发症越严重，婴儿的社会性和智力发展越滞后。然而出生后成长环境的影响也很显著。在情感支持高且教育资源丰富的家庭里，受严重出生并发症困扰的孩子在社会性和智力发展测试上的得分稍低于平均水平。但是在情感支持低和教育资源缺乏的家庭里，同样患有严重出生并发症的婴儿智力测验的得分远远低于平均水平（Werner & Smith，1992）。

在这些个体 10 岁、18 岁和成年早期时，沃纳和史密斯又进行了追踪研究，研究结果是惊人的。10 岁时，早期并发症不再能很好地预测儿童的智力成绩，但是家庭环境的某些特征却能较好地预测。来自缺少刺激和非敏感性家庭的儿童在智力方面的得分仍然很低，而与他们症状相似但家庭环境富于刺激性和支持性的儿童在智力方面没有表现出显著缺陷（Werner & Smith，1992）。显然，那些受出生并发症影响最严重的孩子基本无法克服最初的残障，即使他们是在富于刺激性和支持性的家庭环境中成长的（Bendersky & Lewis，1994；Saigal et al.，2000）。但总的来说，沃纳和史密斯认为不良环境造成的长期危害是出生并发症的 10 倍。

那么对于生育风险的长期影响我们能得出什么结论呢？首先，孕期和出生并发症可能留下持久性的创伤，特别是这些损伤非常严重时。然而我们所综述的追踪研究表明，有足够的理由对在外表或行为上不正常的孩子（脆弱、易怒、反应性低）的未来发展抱以乐观的态度。如果是在支持性的、刺激丰富的家庭环境中成长，而且至少有一位照料者给予无条件的爱的话，大多数孩子将会表现出一种很强的“自我修正”倾向，并最终克服出生缺陷（Werner & Smith，1992；Wyman et al.，1999）。

第五节　孕期的相关问题

对许多人而言，养育一个孩子是美妙之事。父母为有大家庭而感到高兴。决定怀孕或是堕胎是一件重要的事情。作为社工人员，我们可能会碰到焦虑的夫妇为生孩子寻求忠告，我们也可能会遇到青少年请求堕胎。这里，我们将讨论一些相关议题。

一、出生人口性别比问题

（一）人口性别比的内涵与意义

人口性别比是一个极其重要的衡量男女两性人口数量是否均衡的标志，国际上一般以某一个国家或地区某一时刻每100个女性人口相对应存在的男性人口的数值来表示。对人口性别比是否均衡的评价主要从总人口性别比和分年龄段人口性别比两个方面来评价。国际公认的出生婴儿性别比在102～107之间，在男婴死亡率高于女婴、男性青少年死亡率大于女性这两个因素的影响下，到婚龄年龄段，男女两性的人口就基本处于均衡状态。如果超过了107的警戒线，那么就很难保证婚龄年龄段人口的男女两性之间的均衡。

出生性别比是衡量人口性别结构的重要指标，在世界范围内，普遍认可的正常的出生性别比在105左右。资料显示，我国出生人口性别比持续偏高已三十余年，从1982年第三次人口普查时的107.63升至2004年121.2的历史最高纪录之后，出生人口性别比一直徘徊在120左右。《中华人民共和国2013年国民经济和社会发展统计公报》中指出，2009—2013年统计显示我国出生性别比连续五年下降，但下降幅度非常有限，2013年仍达到117.6，出生人口性别比严重偏高的态势并未得到根本改变。中国出生性别比偏高区域之广、程度之甚、持续之久，是世界上其他国家所不及的。出生性别比偏高的后果已开始在一些地方不同程度的显现。

阿尔比斯（Albis）等用2008年联合国经济与社会事务署的数据计算发现，中国的“新娘缺失指数”（Missing Brides Index）达到了1.139（Albis，Hippolyte & David，2012）。由于高出生性别比时期出生人口不断进入婚育年龄和出生性别比偏高问题的持续，这种情况会随着时间的推移更趋严峻，而且还会由此引发其他的社会问题，如针对妇女的绑架或买卖，男性与男性为争夺配偶的竞争而导致犯罪率提高（石人炳，2009）。另有学者运用中国的统计数据计算发现，犯罪率与16～25岁人口性别比之间呈正相关，16～25岁人口性别比升高4%，犯罪率提高82.4个百分点（杨菊华，2014）。

居高不下的出生性别比对人类社会的危害很大。从长远看，它将破坏婚姻家庭关系的正常建立和稳固。出生人口性别比的失调，除了造成最直接、最明显的婚姻危机外，还将造成男性单身家庭增多，由于婚姻市场的挤压、竞争造成婚姻关系的劫贫济富现象（年轻女性从落后地区向相对发达地区的转移),这些将对相对贫困落后地区社会经济及治安等等产生强烈的影响,将会导致这些地区的光棍村越来越多。此外,出生性别比的失调,将使家庭稳定性恶化。男性单身族的壮大,会带来性犯罪、拐卖妇女等案件的增多及一些有悖于社会道德规范行为的产生。同时,出生性别比的失调将会破坏计划生育的成果,可能导致一夫多妻、非婚生育、婚外生育以及重新组合家庭中的超孕、超生现象,造成生育的无计划性和无序性,使我国来之不易的低生育水平受到威胁。

(二)我国出生性别比例失调的主要原因

1. 性别偏好问题

与人口出生性别比相伴的是"性别偏好"(sex preference)问题。我国自20世纪80年代以来出现了出生性别的持续攀高且居高不下的异常现象,引起了国内外的密切关注。从世界范围看,在一个人口如此众多的大国出现这样大范围、长时间的出生性别比失常,是前所未有的。应该说,人口出生性别比本身并不是一种复杂的人口现象,但是直接导致其失常的生育"性别偏好"和生育选择行为背后所蕴含的社会经济文化动因,却异常错综复杂。

性别偏好作为一种文化现象,是通过物质、制度和精神层面,使人们去适应社会环境并表达他们在生育上的社会需要或问题,进而解决由此所涉及的人与人(心理)、人与社会(关系)及物质与精神上的"互动、协调和整合的关系"(刘爽,2006:3)。在我国,性别偏好表现为"男孩偏好"(boy preference),即通常所谓的"重男轻女"。在现代社会,生育文化在物质层面上的含义主要体现在科技进步和新技术应用对人们生育观念和行为的影响上。生育辅助技术的出现及发展,胎儿性别鉴定和生育选择的便捷,给人类带来了新的伦理道德挑战。由此便可理解,在中国社会中,并非只在偏远、落后农村存在生育上的"男孩偏好",而是体现为全社会性的群体生育行为选择。

男孩偏好的形成,既有物质(技术)层面的内涵,也有着制度层面的影响,更有着精神层面的意义。中国被视为世界上生育"男孩偏好"最为强烈的国家之一,不仅是因为中国社会迄今仍是以"父权、父系、父居"为基本的社会生活方式和主要的社会制度安排,而且也是因为在中国人的生育需求和动机中,生男不仅关系到能否"传宗接代""养儿防老",而且还连接着百姓的人生意义和生命的"终极价值"。在特定的社会环境和文化氛围中,中国人、特别是中国农民的生育行为背后有着十分复杂的"生育需求层次结构"(穆光宗、陈俊杰,1996)。这一结构按照从内向外的层次依次为"终极价值的需求""继嗣需求""情感需求""续梦需求""社会需求"和"经济需求"。

对作为生育主体的父母而言，孩子的价值（或称成本—效用）可以分为个体价值和社会价值。就个体价值来说，主要体现在家庭内部，即通过生育孩子，父母可以获得孩子在其心理愉悦、精神寄托、经济支持、养老保障等方面的效用；而社会价值则主要是指父母通过生育孩子可以获得外部社会和他人的正面评价，可以维护家庭的社会地位，能够体现人生价值，甚至具有归属感等。

就整体而言，在目前我国的社会经济发展水平下，生育的"安全需要"（即孩子的经济价值和保险效用，包括"养儿防老"、家庭经济状况改善等）虽然仍很重要，但是与过去相比已经在逐步弱化，而"社交需要"和"尊重需要"（即社会评价、"传宗接代"等）的重要性正在上升。尤其在乡村生育中，生男孩的根本理由不在经济、制度、心理等方面，而在于我国农村受儒家思想的影响，形成了与之一脉相承的生育文化，它潜在地规范和制约着人们的伦理道德和作风行为。这种传统生育文化，以及由它营造的民间风俗，为农民生育选择设置了多个问题情境，构造了农民生育心态上的趋同现象，并在国家计划生育政策强力作用下催生出农民偏好男性的生育行为（吴业苗、黄润龙，2007：10－16）。

因此，中国传统文化中强烈的男孩偏好是导致高出生性别比的根本原因，而急剧的社会经济变革和有效的计划生育政策所导致的低生育率也起到了加剧的作用。国家生育调控导致夫妇在生育孩子数量和性别选择上的冲突，本质上是制度与文化的冲突。但实际上，传统生育文化的力量是顽强和巨大的，并带有一定程度的继承性和历史滞留性，只有以一种新型生育文化去替代重男轻女、传宗接代的传统生育文化，才能逐渐淡化人们的性别偏好。

2. 社会保障体系的滞后

在生产力不发达的时期，男性是家庭主要的劳动力，担负着养家糊口的重任。在农村（特别是落后的农村），这一状况还没有得到根本改变。生儿防老，儿子供养年迈的父母，还是家庭赡养的重要模式。在落后的农村，如果一个家庭生了女孩子而没有男孩子，那么等女孩子长大出嫁了，其父母就可能会面临晚年无人赡养的局面。而现行的保障体系（包括社会养老体系和救济体系），还无法完全满足老人晚年养老的需要，政府和社会还无法承担由家庭承担的养老功能。这也在一定程度上促成了出生性别比偏高状况的形成。

3. 社会经济发展的不平衡

虽然随着我国改革开放的不断深入，社会经济取得持续、稳定、快速的发展，但这种发展却很不平衡。东南部及其他沿海经济比较发达的江浙粤闽地区，个体和民营经济非常发达，大大小小的企业主都比较富有。这在客观上刺激了一些人的生育愿望，特别是生男孩的愿望。他们希望有男性来继承财产，即便超生，也交得起相对他们而言是微不足道的社会抚养费（因此，近年来也有不少呼声要求应按家庭实际收入确定社会抚养费的缴纳比例，而不是按统一的标准进行征收，从而引发了社会上的广泛讨论）。另一方面，在经济欠发达的地区，男性还是家庭的主要劳动力，其劳动收入是家庭收入的主要来源，所以也有强烈的生男孩的愿望。

4. 医疗技术手段发展带来的副作用

发达的医疗检测手段不经意间为“放弃”女婴的选择提供了前期技术支持。当 B 超等胎儿性别鉴定技术诞生并付诸临床应用，最大化地体现个人生育意愿便有了客观条件，这直接导致了中国目前的出生比例失调。虽然自 2003 年 1 月 1 日起施行了《关于禁止非医学需要的胎儿性别鉴定和选择性别的人工终止妊娠的规定》，对非医学需要的胎儿性别鉴定进行了专项治理，但胎儿性别选择的现象仍旧屡禁不止。

出生性别比的变动，是人口性别结构中最初始、也是最基本的性别结构变动。如果出生性别比长期偏离常态，则分年龄性别比和总人口性别结构就会出现失衡，并带来婚姻、就业的性别挤压以及养老冲击等一系列严重的社会后果。因此，必须采取有效措施尽早解决，而社会工作者也应当积极参与相应政策的研究制定与宣传普及过程。

二、生育安全问题

生育是人口增长的总阀门，是人口生死更替、新陈代谢、保持人口活力的基本途径。所以保障生育安全是生育政策的重要出发点，维护人口安全应从生育安全开始。生育安全问题包括生育的能力安全、生育的过程安全、生育的健康安全和生育的保障安全。生育安全不仅关系着生育的质量，而且关系着生育的权利和健康的权利。生育安全命题具有理论和政策价值，生育安全是人口安全的核心和基础，凸显生育制度的安全追求是新时期的新使命。

生育安全是一个多维度的大概念，是指生育的活动处在低风险、有尊严、有保障、有效用的过程;否则,即为不安全的生育。换言之,一个安全的生育至少需要具备如下条件:①有生殖能力,包括性的能力和生育的能力,使人类性权利和生育权利得到保障。②有生育尊严,这里所说的生育是人类生命的生产过程,是一种值得尊重的具有神圣性的特殊社会劳动,作为生命再生产的具体承担者理应得到社会的尊重和保护,孕妇有免于恐惧的自由、有得到爱护的权利。③有生殖健康,无论母亲还是婴儿都享有基本的生殖健康权,安全的人工流产、安全怀孕、安全分娩、孩子优生。④有生育保障,这是从"大生育观"出发所理解的广义生育安全的重要内容,一个安全的生育是有效用回报的生育,生与育的过程实际上是一个连带着投入和产出的过程。如果一个有着大量投入的生育结果居然是"零获得",那么可以肯定地说这样的生育是不安全的。

安全的生育是有保障的生育、零风险的生育。"生育安全"的关键是降低几个"率",即非意愿的妊娠率(包括过早怀孕的比率)、不健康(受到病毒威胁)的性行为频率、非意愿的生育率、不安全的分娩率、孕产妇死亡率、不安全的人工流产率、孕产期并发症发生率和出生缺陷发生率。生育安全要求做到计划生育和生殖健康的双赢。

目前,我国公民的生育安全面临的主要问题包括:①环境污染威胁生育的条件安全和能力安全。近年来,由于环境污染、社会压力大、多次人工流产等各种因素,不孕不育发生率达8%~10%,也就是说全国有1000多万个家庭存在生育难题(穆光宗、武继磊、张蕾,2007:40)。而由于环境污染、吸烟、酗酒等因素,男性的精子数量和质量都呈现下降趋势。②自然、社会经济因素中不安全因素威胁生育的主体安全和过程安全。其中,不安全人工流产手术对妇女造成的身心损伤是不可忽视的。人工流产导致的感染、出血和继发性不孕等一系列并发症都对妇女的身心健康造成了不同程度的损害。同时,未婚青少年的不安全性行为及后果比较严重。不安全堕胎是生育安全的主要威胁因素,是一个日趋重要的公众健康问题。青少年非意愿怀孕已成为越来越突出的问题,青少年人口的婚前性健康问题和意外怀孕之后不安全的人工流产问题需要引起全社会的关注。③生育安全意识淡薄导致生育安全保障措施滞后,威胁生育的主体安全、过程安全和结果安全。有些夫妇对自身身体状况缺少足够的认识和必要的检测,使许多乙肝、艾滋病等传播性疾病在婚后才暴露出来,这有可能造成出生缺陷儿增多。

我国对出生缺陷设置了婚前检查和孕前检查、产前保健和产前诊断、新生儿检查和儿童保健等三道防线,为了尊重公民的选择自由,我国现行的婚姻法已经不再要求进行强制婚前检查(废除强制婚前检查,也曾引起了法学界和社会上的广泛争议)。目前的现状是,由于有些夫妇不愿做检查,有些医生不认真做检查,有些地区无法提供足够的检查和保健条件,还有些家庭因经济原因无法获得足够的保健资源。因此,最大限度地降低出生缺陷,依然是包括社会工作者在内的全社会成员需要共同努力才能达成的长远目标。

三、避孕问题

生殖健康表示人们能够有满意而且安全的性生活,有生育能力,可以自由决定何时生育及生育多少,男女均有获知并能实际获得选择安全、有效、负担得起和可接受的、不违反法律的调整生育的方法,能获得适当的保健服务,使妇女能够安全怀孕和生育,向夫妇提供生育健康婴儿的最佳机会。而避孕恰恰在方方面面使得人类能够完全控制生育,同时控制自己的性、工作、声誉,乃至身体和肌肤。

性爱与生殖和繁衍的分离是人类性文化史上举足轻重的一件事,性用于非生殖的目的由来已久,但对生殖后果的控制却直到20世纪60年代口服避孕药的发明和广为使用,才真正使性的非生殖意义得以呈现。在台湾,曾经用"妇女像美国人吃奶油、英国人喝茶、法国人喝酒似的使用避孕药"来形容其使用之广泛(黄琦,2003)。历史上并不曾出现大规模的避孕现象。过去,避孕只是发生在社会特定人群如妓女、婚外性关系上,对于一般婚姻,社会(包括夫妇本身)都是鼓励生育的,用不着避孕。随着社会发展、人们的生活质量提高、人们对生育的观念发生变化,避孕终于被广泛地提到全社会的层面上来了。

避孕的原因有很多,主要来自以下五个方面:①不愿要太多的孩子(甚至不要孩子),以不影响当前的夫妻生活,最典型的例子是丁克家庭的出现。②性解放观念的渗透。在很多人眼里,性行为是一种不需要承担责任的享受。③很多国家和地区因为人口问题出现生育限制,比如我国的计划生育。④优生优育的需要。在感染了许多传染性疾病(特别是性传播疾病)后,未治愈以前是不能要小孩的,条件未成熟也是避孕的重要原因。⑤家庭负担。男女双方由于经济上的考虑,选择不生育孩子。

一个健康的妇女在长达三十多年的生育期内,如果不避孕,有可能怀孕几十次。有些妇女由于没有掌握正确的避孕方法和有关知识,一年内人工流产二三次或生育期内多次人工流产并不少见,这对妇女的身心健康造成了不同程度的危害。各国政府为了保护妇女的健康、提高避孕效果，都在投入大量资金研究和研制新的避孕方法和技术，以满足育龄夫妇的避孕需求。这不仅是对妇女本身负责任，也是对全民族的健康负责任。采用科学的方法避孕，使人类在生育问题上由无计划向有计划、由多生劣生向少生优生的方向转变，是社会进步和文明的体现，是调节生育、实现人口控制目标、防止和减少意外怀孕、保护妇女健康的重要手段和途径。目前在我国，少生优生已成为广大育龄夫妇的迫切需求，每一个育龄夫妇尤其是需要避孕的对象，都应该学习和掌握常用避孕方法的有关知识，增强自我避孕、自我保健意识，在计划生育服务人员和医生的精心指导下，选择并采取一种适合自己的避孕方法。

四、堕胎问题

任何意外怀孕都牵涉许多特殊的情况，个人必须评估每一抉择的潜在后果，评估每一抉择的正面和负面的结果。意外怀孕中的一个基本抉择是是否要这个孩子。人工流产不可避免地引起当事者情感和情绪的反应，也不可避免地牵涉许多社会问题。

在我国，每年都有相当数量的人非意愿或计划外怀孕而导致人工流产，在一些特殊人群和计划生育服务比较薄弱的地方，情况更为突出，如新婚夫妇、哺乳期的母亲、非正常生产或婚外怀孕的妇女等。尽管人工流产在我国属于合法流产，其安全系数比较大、死亡率极低，但是任何一种中止妊娠的方法对于生殖健康，特别是对未产妇(即未曾分娩过正常子女的妇女)来说，多多少少都潜伏着一定的危害性。当前造成人工流产过多的原因，一方面是有些人没有掌握避孕药具的使用方法或没有坚持使用而造成避孕失败，也有的是避孕方法本身的缺点所引起。另外，还有些妇女怀孕后发现了某种不宜生育的疾病，因而需要做人工流产。

与此同时的另一个现象更值得人们关注，目前进妇产医院做流产手术的女性正在呈现低龄化趋势，而且很多女孩子将堕胎视为儿戏，殊不知这将会付出沉重的代价。诚然，人工流产是利用科学的方式终止妊娠的极为有效的方式，但是这并不意味着青春期少女就可以毫无顾忌地做人工流产手术，因为手术总是有感染、出血、子宫穿孔等并发症的可能性存在。此外，少数人工流产手术后可能发生月经失调、子宫腔粘连及子宫内膜异位症等不良后果，对今后的生育可能会造成难以逆转的负面影响。

社会工作者在帮助一个妇女作出堕胎决定时扮演了一个重要角色，要求社会工作者能够将个人的价值观和职业的价值观分离开来，最为重要的是由服务对象自己来作出决定，没有人能为她作出决定。在一项有关瑞典妇女的研究中，有超过30%的被调查者却认为自己没有足够的社会支持系统(Hamark, Uddenberg & Forssman, 1995: 74)。很多妇女在选择流产的时候都会出现内疚和抑郁，但是当不是别人强迫选择流产的时候，则较少产生后悔和情感问题。在辅导过程中，我们必须和孕妇及其有关的重要人物探讨以下问题：

- 对一位妇女来说人工流产和保住这个婴儿意味着什么？
- 它在医学上安全吗？
- 它是否违背妇女的宗教信仰？
- 生育和抚育一个不想要的孩子会对妇女身体和心理健康产生什么影响？
- 对孩子而言，成为一个不被接纳的孩子会产生什么样的影响？
- 如果孕妇是未成年少女，她的父母和婴儿的父亲会对堕胎有什么反应？
- 如果孕妇是一位已婚妇女，她的丈夫对堕胎有什么反应？

社会工作者可以帮助服务对象探索种种可能的选择。比如，当事人可能是合法夫妻、单身未婚男女或是婚外的怀孕等，对每一种抉择都要进行严格的评估并提供相应的保障。在帮助意外怀孕的女性上，社会工作者可以承担许多角色，比如使能者(enabler)、教育者、中介者和倡导者角色。作为使能者，社会工作者应帮助女性进行理性抉择，帮助服务对象分析不同情境的选择，衡量其利弊。教育者角色是尽力帮助女性提供关于流产过程、胎儿发育、身体保健等方面的正确信息，尤其是对未成年怀孕少女的工作更为重要。中介人角色是帮助服务对象了解她所能使用的资源，包括法律手段、流产诊所、健康咨询等。倡导者角色要求社会工作者面对所处社会情境和社会问题进行奔走呼吁以寻求各方面的支持。总之，堕胎是并将总是一个有争议的问题，牵涉到妇女选择或拒绝做母亲的权利。作为社会工作者，我们会尽力帮助妇女作出最有利于她和婴儿的决定。

五、不孕不育问题

过去，由于科学技术落后、知识贫乏以及某些错误观念的引导，人们常把不能怀孕生育的责任全推到女性身上，让许多无辜女子受到不应有的歧视和虐待。随着科学的进步，人们认识到不能孕育的原因可能是女方的，也可能是男方的。在我国，通常把由女方引起的为称不孕症，由男方引起的称为不育症；两者统称为男女不育症，简称不育症。其严格的定义为凡育龄夫妇同居2年以上，未采取任何避孕措施，或曾有孕育但2年以上未再受孕者，称为不育症。而国外则通常统称为不孕（infertility），其定义是“没有孕育后代的能力、或者孕育后代的能力很弱”（Byer et al., 2002）。

受孕是一个复杂的生理过程。它必须具备以下四个基本条件才能成功：①女方的卵巢每月有正常成熟卵子排出；②男方在同房时能射精，精液中含有正常数量、形态和活力的精子；③女方的输卵管通畅无阻，使精子和卵子能在管内相遇受精；④受精卵必须能通过输卵管进入子宫腔，并能在子宫内膜里种植下来。以上任何一个环节有障碍，均可发生不孕不育。男性不育的主要原因是由性功能障碍（如阳痿、不射精等）等原因造成的精子产生量过少，而滥用毒品、吸烟以及性传播疾病的既往感染史也会增加不育的可能性。女性不孕的最常见问题是不能正常排卵，其原因包括激素紊乱、输卵管或子宫损伤、心理压力过大、滥用毒品或酗酒等（Gibbbs, 2002）。另外，外在环境因素也可能造成不孕不育，如①环境污染或接触有毒、有害物质，如重金属钴、铅等，以及棉酚、杀虫剂、除草剂、防腐剂都可能对睾丸生精机能造成损害；②物理作用，如温热对睾丸生精过程有抑制作用，如长期穿紧身衣裤造成阴囊调节温度功能障碍，从而影响生精功能；③营养不良，微量元素缺乏、维生素缺乏也可导致不孕不育症。

不孕不育的原因及其严重程度决定着其治疗方式。这些治疗方式并不一定是简易有效的，还可能是非常昂贵的（扎斯特罗，2006）。有些可以通过手术或者药物进行治疗，另外可选择人工受精的方法，即由医生将男性的精子直接放置于女性的阴道。精子可以由孕妇的丈夫提供，也可以来自于精子库的匿名捐赠者。另一些情况是受精发生在母亲体外，体外受精（in vitro fertilization, IVF）是从女性卵巢中取得卵子，并在实验室使其与男子精子受精的过程，然后再把受精卵植入女性的子宫。在此过程中，配子或受精卵植入的对象通常是卵子的提供者，而在极少的情况下是代孕母亲（surrogate mother）。代孕母亲、体外受精等技术带来了一系列伦理和法律的问题，同时也带来许多情感问题。虽然许多伦理问题悬而未决，但还是有研究报告了可喜的结果：由生殖技术而助孕的孩子发育情况良好，与正常受孕的孩子并无任何显著差异（Hahn & DiPietro, 2001）。

不能孕育可能会对一些夫妇造成极大的心理伤害，他们可能会表现出失望、自责、受挫、愤怒等情绪，认为自己无法生活下去。特别是对于十分想要孩子的夫妇而言更是如此，不能孕育意味着人生的失败，如中国传统的“不孝有三，无后为大”观念。这时，社会工作者应当鼓励案主勇于面对这一情境，协调夫妇双方的情感状态，同时提供相关的信息和资源，并可协助有需要者商议领养事宜。

六、遗传病问题

人类遗传性疾病（简称遗传病）是指以遗传因素作为唯一或主要病因的一大类疾病，其中遗传因素又以细胞水平的染色体畸变和分子水平的基因突变为主。遗传病的群体患病率大多在 1/10000 ~ 1/1000 之间。然而，因病种众多（一般估计为 6000 ~ 8000 种），故这类疾病在群体中的患病人数并不低。根据遗传病病因的不同，通常将其分为以下 5 种类型。①染色体病（chromosomal disease）：指由染色体数目畸变或结构异常所引起的一类疾病。其中染色体数目畸变往往是因染色体不分离所致，临床上可见整倍体畸变、非整倍体畸变和嵌合体等表现形式；结构畸变则通常因染色体断裂及错误重接所致，临床上可见的表现形式有缺失、倒位、重复、易位、环形染色体、等臂染色体等。目前已报道的染色体病超过 300 种，分布在 22 条常染色体和 2 条性染色体上，其中群体发病率约在千分之一的有 21 - 三体综合征、先天性睾丸发育不全综合征和先天性卵巢发育不全综合征；②单基因遗传病（single gene disorder）：指由单个基因突变所引起的一类疾病。常见的基因突变包括碱基置换、密码子缺失或插入、移码突变、融合基因、拼接区突变、动态突变（主要指三联核苷酸重复）以及大片段缺失或插入等。基因突变产生的分子生物学效应包括功能缺失、功能增强、形成新特征以及显性负效应等。常见的单基因病有分子病，如镰形红细胞贫血症和地中海贫血等；还有生化代谢异常，如因氨基酸代谢异常所致的苯因酮尿症，因糖代谢异常所致的半乳糖血症，因脂肪代谢异常所致的黑矇性白痴等。已知的这类疾病有六千余种，群体患病率约为万分之一，属于少见或罕见性疾病。但目前仅有三百余种疾病属于可治性遗传病，其余疾病的防治难度较大。③多基因遗传病（polygenic disorder）：指由多个易感基因突变加上多种环境因素影响所致的一类疾病，也称为多因子疾病或复合性疾病（multifactorial disease，complex disease）。多基因遗传病的性状变异呈现连续的数量级差的改变，不符合孟德尔遗传所具有的质量性状的变异。多基因遗传病所涉及的主要为一些常见病和先天畸形,前者包括精神分裂症、哮喘、原发性高血压、糖尿病、冠心病、风湿性关节炎和癫痫病等,群体总体患病率为600‰;后者包括唇裂、脊柱裂、无脑儿、先天性心脏病等,群体患病率为46.4%。④线粒体基因病(mitochondrial gene disorders):指由线粒体基因突变所致的疾病,该病往往与线粒体一起传递,故呈母系遗传或细胞质遗传,如Leber遗传性视神经病。⑤体细胞遗传病(somatic celi genetic disorders):包括癌症及部分先天畸形。已知癌症发生需要多个原癌基因被激活、多个肿瘤抵制基因被失活,而激活或失活的过程主要发生在体细胞水平的遗传物质上。

我国是出生缺陷高发国家,据估计每年有90万~100万缺陷患儿出生,约占出生总人口的5.6%,已严重影响我国出生人口素质和儿童健康水平。虽然我国出生缺陷监测系统已有20年的历史,然而其覆盖的病种尚不足1%,相当比例的重大出生缺陷与遗传病在中国人群中流行现状和变化趋势等基础数据仍未掌握,缺乏流行病学基础数据。我国出生缺陷虽然有常规监测,但由于经费限制、系统及标准不健全等原因,往往局限于体表畸形监测,对内脏畸形、遗传病等缺乏深入跟踪和统计。因此,出生缺陷与遗传病的检测及有效防治措施的实施任重而道远。

遗传咨询的社会工作者正是要解决以上这些问题,这是一个仅有数十年的新的领域。遗传咨询(genetic counseling)致力于帮助人们解决和遗传障碍有关的问题。遗传咨询其目的是通过咨询来限制遗传病患儿的出生,以达到降低遗传病的频率,提高人口素质。遗传咨询的项目,一般包括咨询某遗传病的发病原因,遗传方式,诊断和预后。遗传咨询的任务是预测后代,确定患者同胞、子女再患同样疾病的危险率,并提出建议和指导,供患者或家属参考。

建议进行遗传咨询的对象一般包括以下10类:①患有遗传病及有遗传病家族史的夫妇及孕妇;②患过先天性畸形和不明原因死胎的妇女和孕妇;③有X连锁遗传病的患者及其血缘亲属;④有原因不明的习惯性流产史的夫妇;⑤怀疑有两性畸形的患者;⑥近亲婚配者;⑦35岁以上高龄孕妇或有致畸因素接触史者;⑧曾患过母子血型不合引起新生儿核黄疸致死的妇女;⑨先天性智能低下患者,有染色体异常的患者及其血缘亲属曾患过21-三体综合征等的夫妇;⑩原发闭经和原因不明的继发闭经者。

遗传咨询的步骤首先是通过病史、体格检查及实验室检查,以明确疾病是否属于遗传性疾病;如果是,则要进一步确定该疾病是属于基因病、染色体病，还是先天性畸形病症。其次要进行系谱调查，即调查男女双方直系亲属至少两代以上，所有的兄、弟、姐、妹，以及伯、叔、舅、姑、姨，表（堂）兄、弟、姐、妹，特别要注意曾发生该病和生育患有该病的后代成员，记录他们的健康情况；已结婚的要了解每一胎（包括流产、死胎及已死亡者）的情况，然后进行系谱分析。最后，根据每种遗传性疾病的特点推算出发病的危险率，并根据疾病的预防及诊断要点，采取预防性措施（如 ABO 溶血或溶血病）或做出早期诊断，及早治疗。

推荐阅读书目

庞丽娟、李辉，1993，婴儿心理学，杭州：浙江教育出版社。

皮亚杰，1990，儿童早期智力的起源，高如峰等译，北京：教育科学出版社。

朱智贤，1983，儿童心理学，北京：人民教育出版社。

Bee H., 1985. *The Developing Child*. N. Y.: Harper & Row.

Black J., Puckitt M. & Bell M., 1992. *The Young Child: Development from Prebirth Through Age Eight*. N. Y.: Macmillan.

Harris J. R. & Liebert R. M., 1991. *The Child: A Contemporary View of Development. Englewood Cliffs*. N. J.: Prentice-Hall.

Horowitz F. D. & Coloombo J. (Eds.), 1990. *Infancy Research: A Summative Evaluation & a Look to the Future*. Detroit: Wayne State University Press.

Koch C. S., 1983. *Children Development Through Adolescent*. N. Y.: Murray.

Mussen P. H., 1980. *Handbook of Child Psychology*. N. Y.: John Wiley & Sons.

Weiner I. B., 1982. *Child and Adolescent Psychology*. N. Y.: John Wiley & Sons.

对社会工作实务的建议

- 熟练掌握胎儿期个体成长的相关理论和实证研究结果。
- 为社会经济水平低下的家庭培育提供必要的资源和政策帮助。
- 协助专门机构对母亲和胎儿的身体和心理状况进行正确评估。
- 为无力照顾怀孕妇女的家庭或人士提供救助和保护。
- 帮助家长认识到可能对胎儿成长不利的环境因素。
- 为家长提供和宣传必要的怀孕的理念、知识和技能。
- 掌握避孕的基本知识，能为相关群体提供合适的避孕建议。
- 帮助适龄群体形成正确的孕育观，宣传和普及我国计划生育政策。
- 减少未成年少女怀孕现象，帮助其学习科学的性知识和法律知识。
- 对于已经发生的、违反现行计划生育法规的孕育行为，社工应积极介入并给予恰当帮助。

第五章
新生儿期

新生儿期(neonate period)指个体出生后约一个月(28 天)的时期。处于这个阶段的儿童称为新生儿(neonate)。新生儿期是个体从生理上的寄居时期向独立生活转化的过渡阶段,在这一时期新生儿直接与外界进行接触、发生联系,并逐渐进入独立生活阶段。新生儿在生理上经历一系列的变化,出现心理现象,蕴含着发展的无限可能性,但是同时由于自身的脆弱,需要精心的照料与呵护。

第一节　新生儿期的生理与认知发展

一、新生儿的总体特征

儿童的生命从受精卵开始逐渐变成一个完整的生命,经过十月怀胎,从寄居生活向独立生活不断积累条件,进行转变。新生儿期是具有质的变化的时期,其总体特点主要体现为以下三点:

(一)独立生活的开始阶段

胎儿在十月怀胎期间完全依赖母体,通过脐带与母亲相联系,呼吸、营养和排泄等新陈代谢机能都是通过母体来实现的。胎儿出生之后,新生儿依靠自己直接与外界发生联系,开始独立的生理活动,适应不断变化的外界环境,作为主体调节自身的行为,为心理及其他生理机能的发生与成熟奠定基础。

(二)心理活动开始产生

从胎儿开始,胎儿的神经系统就不断发展,逐渐完善。在出生之后,就脑的重量、体积,以及机能水平来看虽然远远不及成年人的水平,但是新生儿的大脑结构已经具备正常人脑的规模。新生儿的大脑皮层主要沟回已经形成，对新生儿的脑电图研究表明，新生儿的脑在一定程度上是成熟的。

心理是人脑对客观世界的反映，新生儿在一定神经系统、脑结构的发展基础上接受刺激，积极对外界进行反映，调动各种感官活动的发生。但由于其注意范围有限，新生儿的感觉能力与直觉能力发展较快，其他反应机能与行为受到限制。在这一阶段，新生儿的社会性也开始发展起来，出现社会性微笑，以及对特定社会性刺激的偏爱。新生儿时期的心理研究，对于了解人类心理与意识的起源，探究环境对人类心理的作用具有重要的意义。

（三）发展的巨大空间与潜力

新生儿期是生命的新起点，本身蕴含着发展的无限可能性，他们将成为社会的新动力，不断适应环境成长为独立的社会新成员。但是新生儿也非常的脆弱，需要父母或他人的精心照料，在外界的帮助下逐渐适应社会环境。相比于其他动物，人类新生儿的本质在于他具有更高的发展潜能。新生儿将不断获取社会技能，成长为社会的新鲜血液。

在胎儿期，胎儿的生存环境主要是羊膜水，由于在母体中温度保持相对恒定，所以胎儿接受最低限度的刺激，同时依靠母体的血液获取生存必需的营养，氧气的获得也是通过母体血液经由胎盘输入，代谢废物通过胎盘排出。但是进入新生儿期之后，新生儿直接接触外部环境，环境温度受外界大气的影响，各种刺激作用于感官，依靠外来养料以及消化系统的功能获得生存的营养，依靠自己的身体器官进行呼吸，新陈代谢。外部的环境对新生儿的发展提出了巨大的挑战，同时，也为新生儿的成长创造了锻炼其不断强大的环境与机会。

二、新生儿的生理特征

凡怀孕满 37 周至 42 周内出生的婴儿，体重在 2500 克至 4000 克之间，身长达到或超过 45 厘米，且各器官功能已相当成熟的，则为正常新生儿。通常胎儿在出生后 20 秒内，会发生第一声啼哭，从此新生儿就要靠自己的呼吸来进行气体交换。这“呱呱坠地”时的啼哭是新生命开始的最重要象征，也是新生命走向“独立生活”的第一步。从此，作为个体的人开始了其漫长的生长发育过程。孩子出生后的生理发展主要表现在两个方面：其一是体格，其二是神经系统。

（一）体格发育

反映体格发育的情况主要有两个指标：体重与身长。

1. 体重

体重指婴幼儿的净重，可反映机体在量的方面的发育的基本情况，是代表体格发育尤其是营养状况的重要指标。新生儿出生体重与胎次、性别、母亲健康状况等因素有关，一般而言，第一胎较轻，男孩比女孩稍重。新生儿平均体重约为三千克（2500～4000克），出生后1周内可能有暂时性的体重下降，大约减少原来体重的3%～9%，一般于出生的7～10天内恢复到出生时的体重。此后婴儿的体重增长很快，而且年龄越小增长越快。前半年平均每月增长600克，后半年平均每月增长500克，2岁以后平均每年增长2千克。

将为人母者往往担心胎儿营养不足造成出生时体重过轻，因而在孕期补充大量营养。但是新生儿体重过重也不是好事。英国曼彻斯特大学的一项新研究称，新生儿体重过轻或过重，都会对其未来健康成长造成影响，他们患自闭症谱系障碍（ASD）的风险明显要高于体重正常的新生儿。

曼彻斯特大学研究人员对四万多名瑞典儿童的健康记录进行分析后得出上述结论，并将其发表在《美国精神病学杂志》上。他们发现，无论是足月生产还是早产或晚产，新生婴儿出生时体重过重（超过4.5公斤）或过轻（不足2.5公斤）都不是正常的现象，他们未来患上自闭症的风险明显高于体重正常者。前者未来患自闭症的风险比正常体重者高60%，后者未来患自闭症的风险则比正常体重者高63%。

2. 身长

身长指从头顶至足底的垂直长度。身长的增长规律和体重一样，年龄越小增长越快。出生时平均身长约为五十厘米，生后前半年，每月平均增长2.5厘米，后半年每月增长1.5厘米。1周岁内可达75厘米，2周岁时达85厘米，2岁后平均每年增长5厘米。身长是反映骨骼发育的重要指标，其影响因素有很多，如遗传、种族、内分泌、营养、体力活动和疾病等。

3. 外貌

新生儿出生后的外貌都有一些相似的特点，头部偏大，约占身体长度的四分之一，下巴向后伸缩。在新生儿的头部，有些骨头没有连在一起的区域，覆盖着一层薄膜。新生儿的表皮比较薄，覆盖住毛细血管，使得皮肤略带粉红色。新生儿的皮肤上还有胎毛没有褪尽。此外还有一定的胎脂以保护新生儿不受疾病的感染，这些胎脂在出生几天后逐渐变干。

（二）神经系统发育

人的神经系统由周围神经系统和中枢神经系统两大部分组成。周围神经系统分布在人的全身,由脑神经、脊神经和自主神经系统组成,主要起传递信息和神经冲动的作用。中枢神经系统由脊髓和脑组成。脑则由脑干、小脑和大脑两半球组成。大脑两半球是脑的高级部位,是人类思维、意识及智慧活动的器官,它由表面的灰质和深部的白质组成。表面的灰质部分又称大脑皮质,是中枢神经系统的最高级部位。它是细胞体较集中的、高度褶叠的神经组织板,表面布满深浅不等的沟或裂,是听觉、动觉、语言运动、肤觉和视觉中枢所在。大脑及神经系统的发育对于个体一生的发展有着重要的影响。

新生儿期的神经系统发展为心理现象的产生提供一系列准备,奠定了个体心理活动形成的基础。新生儿期是个体心理活动的起点,其神经系统的发展特点表现在以下四个方面:

1. 脑重量的增加

婴儿的大脑是从胚胎时期开始发育,到出生时其重量已达到350~400克,约为成人脑重的四分之一,而此时婴儿的体重才是成人体重的5%。

2. 网状结构的作用

网状结构是在脑干中央部分的一个很小的神经网络,由神经细胞和神经纤维交织而成。它是构成婴儿学习、思维和活动能力的基础,是一个非常重要的结构。没有它,大脑就成了一块无能力、无感觉的原生质。新生儿脑皮层尚未起作用时,网状激活系统也能使他在一天中有短时的觉醒。它还参与调节婴儿身体的全面运动与活动,有产生肌肉收缩的特殊运动中枢,能变更随意性(由脑控制)和反射性(由脊髓控制)的肌肉运动。

3. 大脑单侧化的发展

婴儿大脑两半球的差异不仅体现在解剖上,更重要的是体现在功能上。大脑两个半球能力具有不同的模式,左半球多用于语词思维,其逻辑思维能力优于右半球;而右半球则用于形象思维,在再认和处理复杂知觉模型方面具有极大优势。婴儿大脑的单侧化在个体发展过程中是基本不变的,即自出生起,婴儿左右半球就分别控制着不同的功能。

4. 大脑皮质的发展

婴儿大脑在胎儿早期就已经开始发展。胎儿六七周时,脑的基本结构就已经具备。婴儿出生时脑细胞已分化,细胞构筑区和层次分化已基本上完成;脑细胞的数量已接近成年人;大多数沟回都已出现,大脑一、二级沟全部出现,三级沟也部分出现。此后,婴儿皮质细胞迅速发展,层次扩展,神经元密度下降,各类神经元相互分化。

（三）健康新生儿的评估

《公共科学图书馆医学》（2011）上的最新研究发现，世界新生儿死亡趋于减少，但进展过于缓慢，非洲则进一步落在后面。该项研究表明新生儿死亡数从1990年的460万减少到2009年的330万，但死亡数量的降幅自2000年起略微加大。联合国千年发展目标确立之后，近十年来对妇幼卫生保健的投入有所加大，这促使母亲存活率（每年2.3%）和5岁以下儿童存活率（每年2.1%）方面取得的进展大于新生儿存活率（每年1.7%）。

根据研究的统计数字，新生儿死亡，即发生在生命最初四周（新生儿期）的死亡，目前占5岁以下儿童死亡总数的41%。这一比例比1990年时的37%有所上升，并可能会进一步上升。生命最初的一周对于新生儿而言是最危险的一周，但在许多国家，覆盖处于这一关键时期的母婴产后保健项目才刚刚开始。在全世界，3/4的新生儿死亡由三方面原因造成——早产（29%）、窒息（23%）和包括脓毒症及肺炎在内的重症感染（25%）。现有干预措施如果能够覆盖到有需要的人群，就能够预防2/3或更多的此类死亡发生。

新生儿出生之后及时的健康评估与护理对新生儿的发展至关重要，如果没有及时的监控与评估，可能对新生儿造成损伤。以下是常见的新生儿健康评估量表：

（1）维珍尼亚・阿普加（Virginia Apgar, 1953）编制了阿普加量表（Apgar Scale）。在出生后，大部分新生儿都会接受阿普加量表的测评，接受测试的时间为出生后一分钟，并在间隔五分钟后再进行第二次测试。阿普加量表分为五个测试项：外观（appearance），是对新生儿的肤色进行测量；脉搏（pulse），对新生儿的脉搏进行测量；面部表情（grimace），主要测量反射能力；活动（activity），测验肌肉的张力；呼吸（respiration），测量新生儿的呼吸状况。对每项测试进行评分，总分最高为10分，7~10分为状态较好的新生儿，7分以下表明新生儿需要帮助进行呼吸，小于4分则意味着新生儿需要一定的救护措施。阿普加量表较为有效地测量了新生儿的身体技能状况，应用比较普遍。

（2）布氏新生儿行为评价量表（the Brazelton Neonatal Behavioral Assessment Scale, BNBAS），此量表是贝利・布拉泽顿设计的，用于评估新生儿对自然环境和社会环境的反应，适用于从出生到两个月大的婴儿。布氏测验可以通过对新生儿视听刺激的反应考察注意与互动能力，还可以监测神经中枢系统的不稳定性等，测验根据婴儿的具体反映进行评分，施测时长为三十分钟左右，主要发挥临床护理的作用。

（3）婴儿医学疾病筛查，是在婴儿出生之后立即进行医学筛查，鉴别那些可以治愈的疾病，及时地进行治疗，恢复新生儿正常健康水平，除去疾病隐患。各项疾病的检测手段不断提高，能够对新生儿进行遗传性疾病筛查，临床识别婴儿的身体状况，避免之后带来不必要的治疗。

对于新生儿身体状况以及对疾病的抵抗能力不断有新的研究与认识。根据《自然》（2013）中的研究，使有益细菌安全地在新生儿肠道形成菌群的细胞同时也抑制了新生儿的免疫系统，而使其更易感染。新的研究观点可能会激起医学界调整如何审视新生儿感染的威胁，促使研究者们寻求新的策略制止新生儿感染，而此前流行的观点是新生儿易受感染是因为他们的免疫系统细胞不成熟或发育不全。因此，对待新生儿的健康护理以及疾病预防的具体措施需要不断地更新与科学化，在已有经验的基础上积累改进，提高新生儿的健康水平。

（四）新生儿动作能力的发展

1. 生命全程的动作发展观

动作是个体发展的重要领域，也是个体其他方面发展的基础。随着个体年龄的增长，个体的单个动作成分按照活动规则连接、组织在一起，形成一定的动作序列和模式，对个体的适应和发展起着积极作用。传统观点认为，动作是个体的一种基本能力，它在个体发展的早期就已经达到完善。一旦生长停止，动作行为也同时不会再继续提高，因此动作发展的高峰期是在青少年期或者成年早期。

随着动作研究的进展，人们日益从生命全程的动作发展观来看待人类个体的动作发展，将动作发展视为多系统的自组织过程，认为动作行为的质变来源于个体身体系统状况、环境性质以及任务要求三者之间复杂的交互作用过程。这主要包含着两层含义：一是动作发展贯穿于个体生命的全过程，即从胎儿期开始、连续而有阶段性发展的过程。胎儿期（妊娠 2 ~ 3 个月）是婴儿动作发展的最初起点，出生只是这一过程中的“一个重要事件”，它标志着外部环境影响的开始；个体到青春期的发展高峰后，其动作能力并没有停滞，仍持续发展，在不同方面表现出不同的发展趋势。二是动作的发展是由许多不同因素互相结合产生影响的结果，个体在一生中遇到的个体的、历史的和文化的因素都对其动作发展过程产生影响（董奇、陶沙，2004：25）。

尽管如此，动作的发展变化，在生命的最初几年才是最为显著的。从新生儿期个体极少自主的、随意的控制，到几个月后能坐、会爬、可以站立、能够准确地够取物体，1 周岁后学会行走，2 周岁后可以跑、跳、攀爬、自己拿勺吃饭等。如此显著的外在变化，便使得早期动作的发展，相对于较为内隐、难以直接观察的思维、记忆等内部心理过程而言，成为最明显最容易被人们注意到的儿童发展特征。

2. 动作发展的顺序和规律

我国学者朱智贤(1993)把人类个体动作发展序列的规律概括为整分原则、首尾原则和大小原则。整分原则是指个体最初对刺激作出的动作反应是整体性的、然后逐渐分化，即婴儿最初的动作是全身性的、笼统的、弥漫性的，然后才逐渐分化为局部的、精确的、专门化的动作。首尾原则是指个体最初发展的动作是上部的动作，然后才向下逐渐发展，即与头部有关的动作最早发展，其次是躯干和上肢部分的动作，最后才是下肢的动作。个体的动作总是由上至下，沿着抬头—翻身—坐—爬—站—行走的顺序发展和成熟。大小原则是指个体的大肌肉动作首先发展起来并发挥重要作用，以后投入手部的小肌肉动作才日益得到完善。最先发展起来的是躯体大肌肉动作，如头部、双臂和腿部的协调活动等，灵活的手部小动作则较晚才发展起来，手部动作和感知觉之间的协调配合活动发展得更晚，比如视动协调、使用筷子等。

陈帼眉(1989)进一步提出了个体动作发展的另外两条规律。一是从中央部位的动作到边缘部位的动作，即婴儿最早获得的是头和躯干等位于躯体中线上的动作，然后是离中线稍远的双臂和腿部有规律的动作，最后才是离中线最远的、位于肢体末梢的手部精细动作。二是从无意动作到有意动作，即个体动作发展是从无意识的反射动作向有意识的、高度控制的技能动作发展，从刻板模式化的动作向越来越灵活的方向发展。

3. 新生儿的先天反射性动作

先天反射性动作是个体赖以对外界进行适应并实现后继发展的最早能力。从胎儿期起，个体就已经具备一系列反射性动作以适应胎内的生活；出生后，新生儿主要通过一些先天性反射活动来适应周围环境。这些先天的反射是早期婴儿特有的，它们可以反映婴儿机体是否健全、神经系统是否正常。随着婴儿年龄的增长，神经系统的逐步发展，这些先天的神经反射会在一定的时间内逐渐消失，被更成熟的神经活动来代替。这些先天反射的存在与消失不仅能反映出神经系统是否正常，还与今后的运动发育有着密切的关系。

第五章

先天性反射动作是胎儿期和新生儿期最主要的动作形式，这方面的研究很多，不同的学者对同一种反射也可能使用不同的术语。主要的先天反射有下列十一种（董奇、陶沙，2004：28－33）：

（1）吸吮反射。奶头、手指或其他物体碰到嘴唇，新生儿立即作出吃奶的动作。这是一种食物性无条件反射，即吃奶的本能。吸吮反射是最强的反射之一，当新生儿开始吸吮时，其他活动会被抑制。

（2）抓握反射。物体触及掌心，新生儿立即把它紧紧握住。如果试图拿走，他会抓得更紧，新生儿强大的握力可以使他的整个身体在被抓物上悬挂片刻，早产儿也能抓紧物体直至身体被提起。一般这种反射在小儿出生后3~4个月左右消失，如果继续存在则会妨碍手指的精细动作发育。

（3）觅食反射。奶头、手指或其他物体并未直接碰到新生儿的嘴唇，只是碰到了脸颊，他也会立即把头转向物体，做吃奶动作。这种反射使新生儿能够找到食物。

（4）拥抱反射。在婴儿熟睡时，突然将盖在身上的被子掀开，婴儿就会受惊而将双手猛地往上一举；或在婴儿熟睡时往其脸上吹口气，也会有同样反应，这种反应就叫作拥抱反射。一般做这种反射时，婴儿的双手会同时上举，假如只举一手而不举另一手，则表明不举手的对侧大脑半球发育不太正常。如根本无反应，则为大脑发育异常或有颅内出血。拥抱反射应于新生儿2~4个月时消失。

（5）眨眼反射。物体或气流刺激睫毛、眼皮或眼角时，新生儿会作出眨眼动作。这是一种防御本能，可以保护眼睛。

（6）巴布金反射。当挤压宝宝手掌时，宝宝出现头部前屈，旋转，张嘴等现象。

（7）击剑反射。当新生儿仰卧时，把他的头转向一侧，他立即伸出该侧的手臂和腿，屈起对侧的手臂和腿，作出击剑的姿势。

（8）迈步反射。大人扶着新生儿的两肋，把他的脚放在平面上，他会作出迈步动作，两腿协调地交替走路。

（9）游泳反射。让新生儿俯卧在床上，托住他的肚子，他会抬头、伸腿，作出游泳姿势。如果让他俯伏在水里，他会本能地抬起头，同时作出协调的游泳动作。

（10）蜷缩反射。当新生儿的脚背碰到平面边缘时，他本能地作出像小猫那样的蜷缩动作。

（11）巴宾斯基反射（Babinski Reflex）。物体轻轻地触及新生儿的脚掌时，他本能地竖起大脚趾，伸开小趾，使五个脚趾变成扇形。

以上列举的新生儿本能活动，前五种对维持生命和保护自己有现实意义，后一些并没有实际意义，只是他们在人类进化的历史上可能曾经是有意义的。在婴儿长到几个月后，这些无条件反射就会相继消失，并逐渐形成许多条件反射。应当注意的是，婴儿在哭、闹或者注意不集中的状态下，也可能对刺激不作出反应或者作出不适合的反应。此外，给予的刺激是否恰当也会影响婴儿的反射。因此，对反射的检查必须由专业人士在适当的场合和时间进行。

巴宾斯基反射

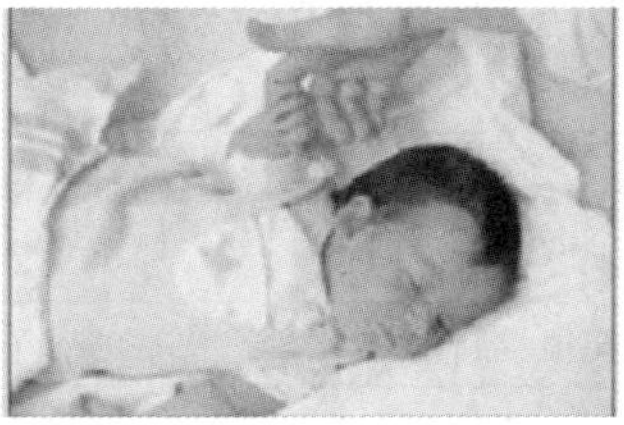
抓握反射

拥抱反射

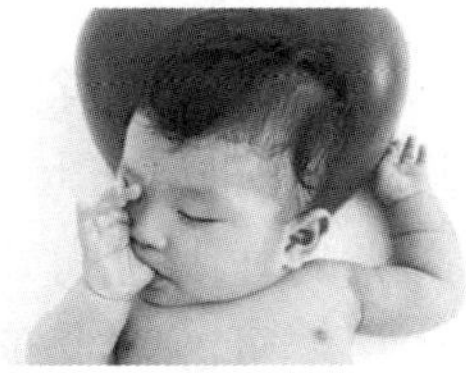
觅食反射

蜷缩反射

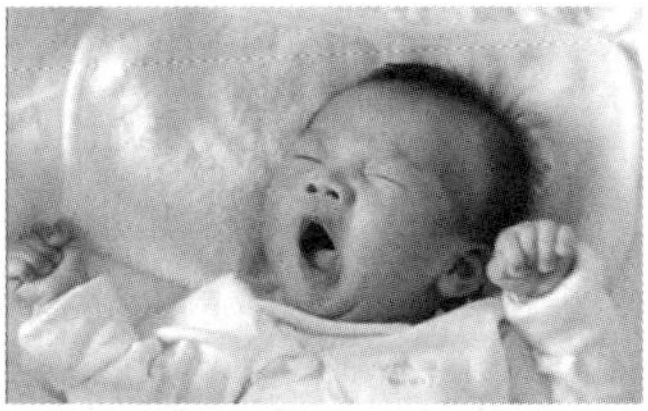
巴布金基反射

图 5－1

（五）新生儿的状态

新生儿在一天内经历可预见的、有规律的状态转换，内部具有有组织的调节机制。新生儿的状态存在一定的个体差异。在出生后的一个月，新生儿能很快地从一个状态转换成另一种状态，新生儿 70% 的时间处于睡眠状态，一天中除去 16～18 个小时的睡眠状态只有 2～3 个小时处于觉醒或者安静状态。也就是在这段时间他们对外界刺激的反应性最强（Berg&Berg，1987；Thoman，1990）。新生儿的睡眠周期一般在 45 分钟至 2 个小时之间，每种状态都有可能被打断，每种状态之间可以随时切换。

1. 新生儿的觉醒状态

表5-1 新生儿的觉醒状态

状态	描述	每天持续时间(小时)
有规律的睡眠	婴儿是安静的,合眼一动不动。呼吸慢而且均匀	8~9
不规律的睡眠	婴儿的眼睛是闭着的,但是可以观察到眼球在眼皮底下移动(这种现象被称作快速眼动,REMs),婴儿对外界的刺激会惊厥或做痛苦状。呼吸可能不均匀。	8~9
瞌睡	婴儿时睡时醒,眼睛时睁时闭	0.5~3
警觉性安静	婴儿眼睛睁得很大,很机灵,主动搜索周围环境。呼吸平稳,身体相对不活跃。	2~3
警觉性活跃	婴儿眼睛睁开着,呼吸不均匀,可能变得烦躁,表现出各种突然的、弥散性的活动	1~3
啼哭	哭得很急,可能很难制止,伴随着高水平的动作活动	1~3

资料来源:Wolff,1966

第五章

2. 新生儿的睡眠状态

随着新生儿的不断发育,睡眠时间逐渐减少,觉醒时间越来越长。觉醒时间的变长使得新生儿对外界变得更加警觉,能够更多地注意到外部环境。婴儿在出生前的两周到出生后的一至两个月中,至少有一半的睡眠时间处于快速眼动状态,这一状态在出生后逐渐减少。新生儿在身体机能发育正常的情况下会逐渐养成规律性的睡眠。

3. 新生儿的啼哭状态

睡眠与啼哭两种状态在新生命的第一年中表现出有规律的变化。新生儿的啼哭在出生后的前3个月频率最高(James-Robets & Plewis, 1996)。之后随着婴儿的大脑以及中枢神经系统的成熟,啼哭时间逐渐缩短。婴儿最初的啼哭是身体不适的非习得性无意识反应,父母通过新生儿的啼哭状态注意到他们的需求,积极地进行护理。大多数新生儿的啼哭是由于生理上的不适感造成的,例如,寒冷、尿湿、疼痛、光照强度等。抚养者对新生儿的啼哭状态及时反应易于形成敏感的、反应性高的教养方式,降低孩子啼哭的频率,有助于防止婴儿变得焦虑。

三、新生儿的认知特征

（一）认知发展的内涵

认知发展是指个体认知结构和认知能力的形成，以及随着个体年龄和经验的增长而发生变化的过程。个体认知发展受到遗传基因、生活经验、环境刺激、教育背景和社会文化氛围等因素的综合影响，并依赖于其原有的认知结构和认知品质。

根据认知心理学家皮亚杰的观点，个体的婴幼儿期大体处在其所划分的认知发展的第一个阶段即感知运动阶段（出生至2周岁）。这一阶段是以后认知发展的基础，决定着心理演进的整个过程。在这一阶段的早期，个体只能依靠自己的肌肉动作感觉来应付外界事物，动作尚未内化，此后才逐渐能区别自己和物体，知道动作和效果间的关系；开始认识到主体与客体间的相互关系以及客体与客体间的相互关系；动作与动作之间开始逐步协调，并由动作间的协调逐步发展为动作、感觉、知觉之间的协调。这一阶段还没有语言和思维，主要依靠感觉动作来探索周围世界，逐渐形成客体永久性的观念，即使物体不在眼前，婴儿也仍然知道物体的存在。这是认知发展的第一个阶段，是智慧的萌芽期，但其感知运动的智力还没有运演性质。

（二）新生儿期的感知觉发展的研究方法

随着技术的进步与研究者的不懈努力，研究新生儿感知觉经验的方法不断进步，为深入研究新生儿的生理特点，确定相关概念发挥了重要作用。在研究新生儿感知觉方式方面主要介绍以下四种——视觉偏好法、诱发电位法、高振幅吮吸法、习惯化法。

1. 视觉偏好法

视觉偏好法（preference method）是一种获取婴儿知觉发展信息的方法：给婴儿呈现两个（或更多）刺激物，观察他更喜欢哪一个。20世纪60年代早期，罗伯特·范兹（Robert Fantz）首先发明该方法，用以对新生儿是否能分辨不同视觉图案进行研究，之后有人在总结范兹的经验基础上对视觉偏好法进行广泛的改进与应用。在视觉偏好研究中，观察者通过婴儿对图案注视时间的长短，判断婴儿对图案的偏好。

在范兹的实验中，婴儿躺在一个观察箱里〔如图5－2（1）所示〕，实验者给婴儿同时呈现一个面部图案、一个含有混杂的面部特征的似面部刺激图案，以及一个半亮半暗的类似面部的简单视觉刺激图案〔如图5－2（2）所示〕。实验者在观察箱上方进行观察，并记录婴儿注视每个视觉图案的时间。如果婴儿看某一个图案的时间比其他图案长，就认为他更喜欢该图案。实验结果表明，新生儿能够轻松地分辨视觉图形，而且对有混杂面部特征的的视觉刺激和正常人的面孔一样感兴趣〔实验结果如图 5－3(3)所示〕。

虽然儿童觉察并分辨图案的能力是天生的，但他们不大可能将人的面孔视为有意义的轮廓。在婴儿没有表现出对某一图案有明显偏好的情况下，研究者便无法确认婴儿是不能分辨不同图案，还是他们对所有图案的兴趣是相同的。

后续研究发现新生儿更喜欢看高对比明暗部分有明显分界线及有弧线的中等复杂图案，所以会对面孔和特征复杂的似面孔图案表现出同样的兴趣，因为这两个图案的对比度、弧度和复杂程度相同。

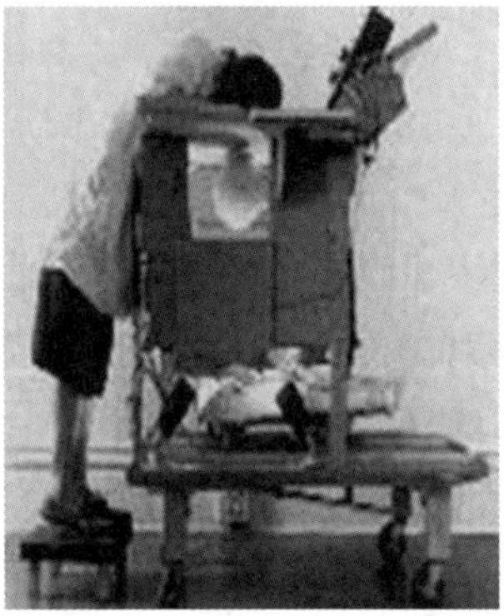

图 5－2(2)

图 5－2(1)　婴儿观察箱　范兹关于新生儿的简单视觉刺激图案

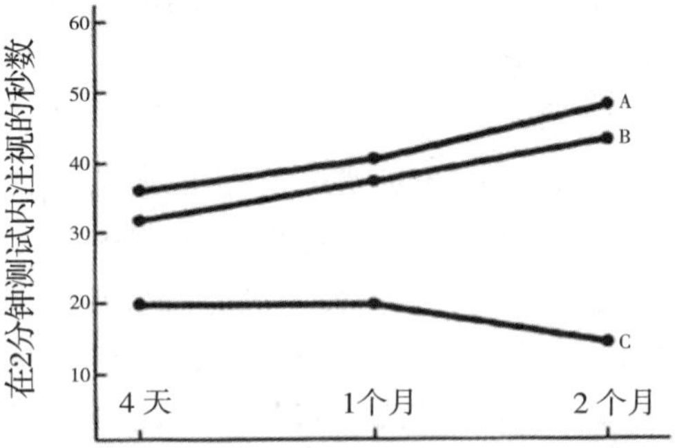

图 5－2(3)　跟简单的黑白椭圆形相比，新生儿更喜欢复杂的图案。然而对于面孔图案和有混杂特征的似面部图案，他们并没有更喜欢前者。

图 5－2　新生儿的相关实验研究

2. 诱发电位法

诱发电位(evoked potential)是指由于个体觉察(感觉)到某种刺激而引发的脑电活动变化。该研究方法的主要做法是根据不同脑区的位置,在婴儿头上接上一些电极。给婴儿呈现一定的刺激,观察婴儿对应脑部位的诱发电位变化。如果婴儿对刺激没有反应,则相应的诱发电位也没有变化。通过诱发电位,可以判断婴儿是否能辨别不同刺激以及能否对刺激进行感知、感知的反应程度。

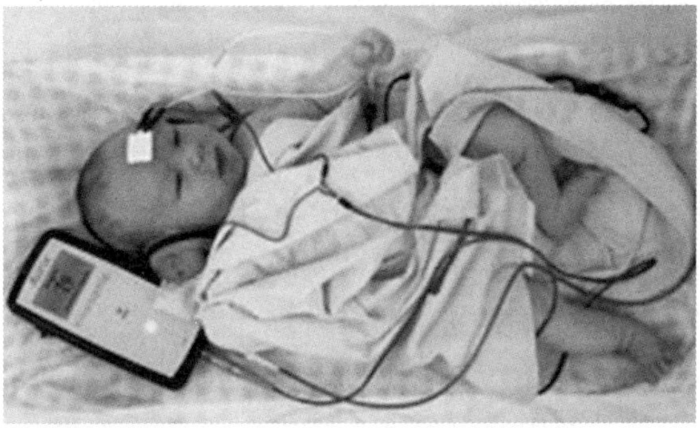

图 5－3　诱发电位的施测

3. 高振幅吮吸法

高振幅吮吸法(high-amplitude sucking method)是一种评估婴儿知觉能力的方法,它利用的是婴儿通过改变一种特殊的奶嘴的吸吮频率和强度以保持所感兴趣事物的持续存在的能力。在使用这种方法的过程中,研究者会首先对婴儿的正常吮吸频率进行统计,建立基线水平。在真正开始实验时,对婴儿呈现刺激,如果婴儿感受到刺激并产生兴趣反应,吮吸的频率保持高振幅,说明该刺激一直在发生作用。相反,如果婴儿的吮吸水平变化不大或者处于基线水平附近,则表明其对刺激的感知或者反应较弱。两个呈现刺激之间的变化明显,则表明婴儿已经对两种刺激进行了区分。

4. 习惯化法

习惯化(habituation)指反复地呈现刺激物,使得个体对刺激物越来越熟悉,直到不再作出反应。习惯化也是一种简单的学习方式之一。使用习惯化法时,研究者重复呈现某一刺激,直到婴儿对刺激的反应变化保持稳定(反应变化包括头部、眼部运动;呼吸或心跳频率变化等);再向婴儿呈现第二个刺激,如果婴儿能将两个刺激进行区分,相应的反应会有变化,即发生去习惯化。如果婴儿的反应在刺激呈现之后没有明显变化,则表明婴儿对于刺激没有觉察到。习惯化应用广泛，是探究新生儿感知觉能力的有效途径。但是由于新生儿对刺激的熟悉过程较慢，所以在使用习惯化方式探究新生儿感知觉时，研究者需要密切关注新生儿反应变化的时间点，才能准确把握婴儿的特点。

（三）新生儿期的感知觉发展

新生儿从母体脱离后，为应付外界的光、声、触摸等多方面的刺激，各种感官功能迅速产生，感觉能力发展迅速，知觉能力初步发展。新生儿最早出现的感觉是肤觉、味觉和嗅觉。肤觉中最发达的是触觉，尤以嘴唇、手掌、前额和眼睑等部位最为敏感。同时，新生儿的痛觉、冷觉、温觉也都产生，并非常敏感，对局部疼痛和冷热刺激均能作出明显反应。在味觉方面，新生儿对酸、甜、苦、辣、咸等味道都有不同的反应，如尝到甜味时发出微笑，尝到苦味时则伸舌、吐唾沫等；随着味道浓度的增加，反应的强度也逐渐增大。在嗅觉方面，对香甜气味有愉快的表现，对恶臭气味，则表示厌烦或躁动不安。新生儿出生不久即有一定的视觉能力，表现为眨眼反射或瞳孔反射。同时，新生儿对亮度差别的辨别能力发展迅速，但在出生后 2 ~ 3 周内双眼运动仍不协调。在听觉方面，新生儿出生不久就能对某些声音做出反应，如将头转向铃声的方向等。在运动知觉方面，新生儿的手脚开始只有简单的反射，此后才逐渐复杂。简言之，新生儿在与外界环境的交往过程中，逐步形成了初步的认知结构，因这种结构以感觉和运动为主要组织成分，因此称为感觉运动性认知结构。

1. 视觉能力的发展

视觉是人类重要的感觉之一，也是人获取外界信息的重要途径。在生命的早期，视觉的发展水平是婴儿的各种感觉能力中最低的。相对于其他刺激物，新生儿更喜欢人的面孔或者类似面孔的物体（Johnson et al.，1991）。约翰逊（Johnson）在实验研究中，利用三个人头形状的图片，画上不同的图案——人的面孔、错乱排列的面部器官、什么都没有画，将这三种图片在新生儿的视野里移动。而实验中的婴儿年龄控制在刚出生儿分钟到五周之间。他们发现在新生儿的视线转移和头部转动过程中，新生儿更喜欢追随面孔图案。新生儿在一出生就已具有眨眼反射和瞳孔反射，表明新生儿视觉活动已能进行。由于发育水平的限制，新生儿的视觉能力是有限的，成人的视觉范围为 180 度，新生儿的边缘视觉有限，只有 60 度。

由于大脑视神经中枢和感觉通道的快速发展使得婴儿的颜色知觉能力迅速提高。在 2 ~ 3 个月时，他们能够分辨所有的基本色（Brown，1990；Matlin & Foley, 1997)。在视敏度的研究中表明,新生儿的距离视觉只有20/600左右,新生儿在20英尺的距离能够看清成人距离600英尺能看清的物体。

新生儿的视觉系统在出生不久后就发挥着重要的作用了,他们能够觉察到物体的运动、颜色、亮度变化。但是他们的视觉适应能力并没有达到很好的水平,不能明确地分辨细节。

2. 听觉能力的发展

新生儿出生时已经具备听觉能力,但是由于耳内液体未清除干净,以及其他听觉结构发育程度不够,新生儿的听力在刚出生的几个小时里能够达到成人感冒时的水平。虽然新生儿对较弱的声音不敏感,但确实已经具备了辨别声音量、持续时间、方向以及频率的能力(Bower,1982)。

在对声音的反应研究中德卡斯普和史宾塞(1994)发现,在妊娠期的最后三个月,听到母亲熟悉的声音时,胎儿的心跳频率会发生变化。在生命的起始阶段,新生儿也能够分辨基本的语言单位——语素。研究发现不到一周的新生儿已经能够分辨元音字母i和a(Clarkson & Berg, 1993),事实证明新生儿的听觉在刚出生时就已经发展得非常好了,达到根据声音确认和辨别自己的抚养者,将语音划分成小的发音单位的能力。

听觉对于婴儿的成长具有重要的影响,当新生儿听到的声音与在母体中听到的声音相似时,新生儿会产生被安抚感,像打节拍的声音以及与心脏跳动相似的声音会让新生儿更加安静。而声音的定位能力则是新生儿的反射行为,在一个月后消失。这种听觉上的反射行为利于觅食以及寻求与母亲的链接,对于新生儿的健康成长产生积极影响。

3. 味觉与嗅觉能力的发展

新生儿在出生的时候就已经具备一定的味觉。同时他们也表现出明显的味觉偏爱,无论早产儿还是正常足月出生的婴儿都对味道表现出明显的对甜的偏爱。不同的味道也能够引起新生儿不同的面部表情。比如,甜味能够减少婴儿哭泣,让他们发笑或者咂嘴,苦涩的味道则会让新生儿表现出厌恶的嘴角向下撇,伸舌头,吐口水等表情(Blass & Ciaremitaro, 1994; Ganchrow, Steiner & Daher, 1983)。同时新生儿能够对溶液的浓度作出反应,味道越浓时,新生儿的面部表情越大。新生儿的味觉表现能力对其适应环境,辨别有害刺激有重要的的保护作用。

在嗅觉方面,出生不到12个小时的新生儿就有一定的嗅觉。新生儿能够觉察各种气味,对于不喜欢的气味,如醋味、氨气等味时他们会反应特别强烈,紧闭双眼,扭动身体,试图逃避该种气味的影响。研究发现在出生后的 4 天里,婴儿表现出对奶味的偏爱,并对羊水的味道作出排斥的反应(Marlier, Scholl & Soussignan, 1998)。新生儿能够通过气味辨别自己的母亲,形成独特的"气味标识"确认自己的抚养者。

4. 触觉与温觉的发展

新生儿身体的某些部位非常敏感,抚摸到时会表现出明显的反射。对于抚摸的敏感提高了新生儿对外部环境的反应性。早期的温柔的拍打与按摩,能够刺激或抚慰婴儿,建立亲子之间的良好互动。

对于温度的感知也是新生儿获得外部环境信息的主要方式之一。新生儿对于温度高低的变化也非常敏感。例如,当房间内的温差变化大时,他们会增加或减少自身身体的活动保持自身的热量(Pratt, 1954)。

5. 痛觉与动觉的发展

刚出生的婴儿具有痛觉的感知能力。出生 1 天的新生儿,在进行血液检查时,针刺到手指时会拼命地大声啼哭。同时,新生儿在其他身体器官不适感受到疼痛时也会大声的啼哭,向外界发出信号寻求帮助。

动觉刺激是对新生儿必要的摇晃,强调抱着走道或举高给新生儿带来的动觉刺激。目的在于唤醒婴儿或者平息其兴奋状态。但是给予动觉刺激不能过度进行摇晃,否则会形成摇晃婴儿综合征(SBS)对新生儿造成不可估量的生理伤害。

(四)新生儿期的学习能力

学习(learning)是一个复杂的过程,众多发展学家认为,学习的习得是以下三个要求的行为(潜行为)的变化(Domjan,1993)。首先,个体开始以新的方式思考、知觉周围环境,对其作出反应。其次,这种变化很明显是源于个体的经验——也就是说,可以归因于个体所做的重复、学习、操作或者观察,而不是由于遗传和成熟过程或意外伤害造成的生理损伤。最后这种变化是相对持久的。那些获得后会很快消失的事实、思想和行为,个体并没有真正地学习到;由于疲劳、疾病或者药物造成的短时间的变化也不是学习到的反应。

新生儿具备简单的学习能力,这些学习能力使得他们逐步获得新知识,增加个体经验,适应环境的要求。下面主要介绍新生儿进行学习的三种基本方式——经典条件作用、操作条件作用、习惯化。

1. 经典条件作用

经典条件作用(classical conditioning)是巴甫洛夫最先定义的一种基本学习形式。在经典条件作用中有机体需要学习特定的方式对一个中性刺激作出反应,而中性刺激本身并不会跟反应方式有因果关系。巴甫洛夫通过实验让狗在听到铃声时自动分泌唾液,铃声代替食物,引发了狗的反应。不能自发引起目标反应的刺激能够替代另一能够引发目标反应的刺激,建立匹配替代关系。在经典条件作用的研究中,给新生儿吮吸带有甜味的水之前敲一下他的头,很快新生儿就学会在轻轻敲一下头之后转过头进行吮吸,经典条件作用也被证明在婴儿一出生就开始发挥作用(Blass, Ganchrow & Steiner, 1984; Dominguez, Lopez & Molina, 1999)。

2. 操作条件作用

除了经典条件作用(operant conditioning)之外,操作性条件反射也是学习的一种方式。在这一过程中,新生儿可以通过自发的反应及与其相联系的正性或是负性结果而增强或者减弱的一种学习方式。例如婴儿会通过哭泣这一生理反射寻求父母的注意力;婴儿发现向父母展现笑容会吸引他们积极关注,则会表现出更多的笑的行为。

我国学者林崇德在著作中将新生儿的反射特点归结为以下三个方面:首先,反射形成的速度慢,往往要求条件刺激和无条件刺激的多次结合。其次,新生儿形成条件反射之后,稳定性较差,如不继续学习,很容易消失。最后,新生儿的条件反射不易分化,对一些相近似的刺激都会产生条件反射。

3. 习惯化

对某个刺激的反应由于该刺激的重复出现而逐渐降低叫作习惯化。相反,刺激发生变化引起反应增加的现象为去习惯化(dishabituation)。最原始的学习方式通过习惯反映出来。将婴儿置于一个重复性出现的刺激场景中,婴儿的反应会因为刺激的重复之间变得平缓。而加入新的刺激时,婴儿会重新出现定向反应。在这种情况下,认为婴儿已经学习到最初的刺激,能够辨别区分新刺激的出现。习惯化在婴儿出生 12 周内发展成熟,与婴儿其他认知相关,各种感官系统都会出现这一现象。

弗里德曼(Friedman,1975)在研究中让新生儿观察图片,视觉呈现 60 秒,直到新生儿的注视时间比原先少了 8 秒,表明新生儿对所呈现的图形已经有了记忆。变换一种新图形时,新生儿的注视时间增长,结果表明新生儿产生了对原先刺激的记忆,同时新生儿看新刺激的时间长短与图片的差异程度相关。除了对特定刺激的注视时间之外,其他对于习惯化的测量还包括心率、呼吸频率。

第二节 新生儿期的社会性与人格发展

一、新生儿的情绪与情感发展

(一)情绪与情感的内涵

情绪和情感是指人对客观事物的态度体验及相应的行为反应(彭聃龄,1987)。两者的区别在于情绪一般是指短暂而强烈的、具有情境性的感情反应,而情感则是相对稳定持久、具有深沉体验的感情反应。情绪是由多种成分组合成的心理现象,由外显行为、内在体验和神经生理基础三个部分所组成。面部表情和内在体验是情绪的主体成分,生理激活是情绪发生的基础和必然伴随物,模式化行为倾向是附加成分。而情感作为与情绪同一物质过程的心理形式,主要着重于表明情绪过程的主观体验和感受方面,它具有更大的社会性。

人类情绪可分为核心情绪、衍生情绪、心境、气质、病理性心境障碍(情绪障碍)五个层次。核心情绪是人的基本情绪,包括恐惧、愤怒、悲哀和快乐等四种。婴儿的基本情绪与成人稍有不同,包括愉快、兴趣、愤怒和恐惧等四种。衍生情绪是从核心情绪演化而来,共有愤怒、悲哀、恐惧、快乐、爱、惊奇、厌恶、羞耻八个大类以及若干情绪变体。心境是和缓而持久的情绪,人一般都处在一定的心境之下生活或工作,因而它也是人类的基本情绪状态。它的特征往往与核心情绪的相关衍生情绪的变体有关,如烦躁易怒、闷闷不乐等。气质是易于产生某种情绪或心境的倾向性,反映了个性心理的动力及情绪特征,主要反映着情绪的先天的遗传的特征。病理性心境障碍又叫情绪障碍,是心境严重偏离正常情绪波动范围的一种情绪障碍,有严格的诊断标准。

情绪和情感的产生和发展同其他心理现象一样,是先天本能与后天环境交互作用的结果。它遵循从简单到复杂、从低级到高级、从外显为主到逐步内隐、从由直接具体物体引发到由间接抽象物体引发、从弱控制到强控制的一般性发展规律。

(二)情绪与情感对婴幼儿成长的意义

首先,情绪情感是婴儿适应生存的重要心理工具。通过情感的外部表现,婴儿可以向母亲传达自己的体验(如痛苦、难受、喜悦、欢欣的感受),母亲可根据婴儿的反应调整婴儿所处的环境，使婴儿更易于适应环境。这对言语发育不完善的婴儿是十分重要的。

其次，情绪情感是婴儿心理活动的激发者和驱动器，支配、制约着婴儿的心理活动，婴儿的活动情绪色彩很浓。情绪直接指导着婴儿的行为，驱动、促使其去做某个行为或不做某个行为。父母可通过对某些活动的奖励给婴儿以喜悦、欢欣的体验，这可以激活和促进婴儿心理活动，强化这些活动或行为；一个好的动机系统（人生观、世界观等）可激励一个人持久的良好的心理发展过程，并使其事业取得成功。

再次，情绪情感可促进、推动或抑制、延缓婴儿的认知加工过程。不论感知、记忆，还是注意、想象、思维，都受婴儿情绪的很大影响，受其制约、调节。通过与客观世界的交往，在儿童社会化的过程中，婴儿可获得不同的情感体验。能使产生兴奋、高兴的情景，可提高婴儿对该事物的兴趣，从而进一步提高对该事物的认知水平。反之亦然。

最后，情绪情感是婴儿人际交往的有力手段。通过婴儿的情绪反应，父母可以了解婴儿的需求、好恶、感觉体验，从而调整自己对婴儿的交往方式和方法。在婴儿与成人的交往中，表情占有很特殊的重要的地位。情绪情感促进婴儿意识产生、个性形成。上述的机制十分明显地影响着婴儿意识和个性的形成过程，对婴儿意识的产生和个性的形成起着不可忽视的作用。

（三）新生儿的情绪发展

人类婴儿的基本情绪是先天的，即新生儿出生之后即有上述的四种基本情绪，而标志其情绪特征的具体面部表情（一种程序化模式）是先天预成的。在出生后的几周之内，其脑内所接受的感觉都是来自体内器官和本体感受器的活动，它们是婴儿最初情绪体验的刺激来源，也是最初意识感受的刺激来源。新生儿天生即有情绪反应，或哭、或静、或四肢舞动，均为原始的情绪反应。一般认为，新生儿的原始情绪反应大多数是由生理需要引起的，是天生的遗传本能。随着婴儿的成长，婴儿的认知能力和情感过程的社会性需要日益复杂，其情绪与情感的表达也不断地分化、发展。

二、新生儿的社会性能力

孟昭兰（2000：350－353）把婴幼儿社会化的基本过程分为三个阶段，最早开始的是早期单纯社会化反应阶段（出生至6个月）。新生儿的社会化是通过本能性的哭进行的。人生第一次哭为落地哭，此后婴儿的哭逐渐分化为因饥饿、寒冷、疼痛及代表社会性因素的恐惧成人离开、焦虑等不同原因的哭。哭声能激起照顾者的抚慰，帮助他们减除痛苦，满足自己的生理需求，保持与他的亲近。这样，哭构成了与成人交流、沟通信息和寻求保护的重要方式。

婴儿出生不久就可有笑，笑也是婴儿与成人交流的重要途径。婴儿的笑根据发展阶段可分为两个阶段——自发性微笑和社会性微笑。最初的自发性微笑完全是一种生理表现，大都出现在出生后至5周，社会性微笑大约发生于出生后的第5周以后，引发微笑的主要是人脸和柔和的声音等。这种微笑令婴儿本人和照顾者都能感到愉悦。

新生儿的面部肌肉已经长成，对于人类基本的表情都能作出一定的表达，同时新生儿表情的出现在很大程度上被认为是随机的。发展心理学家蒂法尼·费尔德（Tiffany Field）及其同事的一系列研究表明婴儿可以区分基本的面部表情如高兴、悲伤、吃惊等。研究结果表明，新生儿能够一定程度上精确地模仿成人的表情（Field，1982；Field & Walden，1982；Field et al.，1984）。

模仿技能对新生儿有重要的作用，因为个体与他人有效的社会互动需要用恰当的方式表达出来，婴儿通过模仿习得回应方式之后反馈给他人，能够表达出自己意愿的同时还能了解他人情绪状态含义。新生儿的模仿能力互动为将来与他人的社会互动奠定了基础。

在前面提到新生儿之间有多种唤醒状态，唤醒状态指不同程度的睡眠和清醒状态，新生儿在深度睡眠与高度兴奋之间自由地切换。在这一过程中，抚养者积极对新生儿进行反应，例如父亲有节奏地轻轻拍打婴儿，母亲温和的声音等都是新生儿与他人之间建立不同类型社会互动的开始。新生儿模仿习得或者习惯化习得的社会互动能力与反应方式与身体知觉水平相适应，之后发展更加复杂、精细的社会性能力。

第三节　新生儿期的相关问题

一、新生儿安全

（一）影响新生儿安全的因素

新生儿刚刚实现独立接触外界环境，自身生理条件以及外部因素存在多方面因素影响新生儿的健康与安全，影响新生儿安全的因素主要有：

一是呼吸道黏膜损伤，即由于新生儿出生后吸痰压力太大，吸痰管管径粗，质地不够柔软，操作过于粗暴造成的。

二是窒息，主要是由于婴儿出生时窒息；皮肤在接触时婴儿位置不正确，过程中不注意观察，堵塞口鼻；沐浴时口鼻进水造成窒息。

三是保暖不足或过度，新生儿出生后未做好保暖措施致新生儿手脚冰凉，而夏天捂得过多会引起发热、皮疹或脓胞疮。

四是溢奶误吸，产妇及家属缺乏新生儿护理知识；新生儿出现呕吐不能及时发现。

五是病情观察欠及时，护理工作量大，人员配置不足，新生儿病情变化快，因而导致工作预见性难。

六是院内感染，主要是因为未做好手卫生、脐部护理、沐浴设备消毒、健康儿与感染性疾病患儿分开、探视制度执行不彻底而造成的。

七是新生儿错抱，新生儿转床后未及时更换床头卡、胸牌，以及沐浴治疗后查对不及时会导致新生儿抱错。

八是外伤，主要包括新生儿产伤性骨折；断脐时利器损伤皮肤；5%碘酒消毒断脐处时灼伤皮肤；复温台过热引起烫伤；产妇搂着新生儿睡觉，手臂放松时，易引起坠床产生外伤；家属自行用热水袋给新生儿保暖，引起烫伤；沐浴时水温未调节以及硬物碰撞婴儿产生外伤等。

九是新生儿接种疫苗错误，例如乙肝疫苗与卡介苗混放于一个治疗盘、未做好查对以及不按操作规范操作导致的。

十是新生儿被盗，主要是由母婴同室混合式管理，而母婴同室病区中有孕产妇、新生儿、陪护人员等，人员混杂，人员流动性大，陪护人员防骗防盗意识差等，造成婴儿被盗（李志萍，2015）。

新生儿的安全受外界影响较大，需要父母以及医护人员提高警惕、细心呵护、做好准备以及防护措施。

（二）新生儿安全问题产生的原因分析

新生儿出生后依赖于医院和父母的照料，健全的护理制度、专业的护理技能以及医院护工人员的细心照顾对新生儿的健康成长有重要意义。引发新生儿安全问题的原因主要有以下六个方面：

（1）新生儿烫伤，见于护士工作量大，急于完成手中的操作，而违反操作规程，即忙乱之中忽略水温，导致烫伤。亦见于护士身体不适或过度疲劳时会反应迟钝，观察不准确，沐浴后没意识到新生儿烫伤而是家属发现。热水袋保温未加强巡视，交接班时才发现热水袋漏水，已导致婴儿烫伤。

(2)新生儿窒息多发生在母子同床同被时，厚被子压住新生儿致其无力反抗；夜间母亲躺着喂奶睡着时，乳房堵住新生儿口鼻；新生儿仰卧位呕吐返吸进入气管；人工喂养，奶嘴过大，新生儿吃得过急；给新生儿喂奶、喂药、喂水方法不当，容易造成呛水或呛药，引起窒息死亡。

(3)新生儿摔伤见于护士责任心不强，用不牢固物体包住新生儿称重，导致新生儿摔伤。亦见于未抱牢新生儿，包被松开未抓牢新生儿。抱住新生儿时地板过滑或撞上地面其他物品也是新生儿摔伤的高危因素。

(4)新生儿感染见于产科消毒隔离制度不严，有的由携带致病菌的产妇直接接触婴儿或工作人员操作后不洗手引起的交叉感染，也有新生儿共用物品未消毒引起感染。近几年随着孕妇感染性疾病及经血液传播性疾病的增加，由母婴垂直传播引起的新生儿感染随之增加。

(5)新生儿调包或被盗见于没有严格的探视制度，未设门卫管理或值班。安全意识差，责任心不强，让无陪护证的人员在医院产科病房超时停留，导致婴儿被调包。产房助产士与病房护士未做好新生儿的交接班核对，新生儿沐浴后未做好手圈及胸牌的核对，也是新生儿被调包的安全隐患。同时接送多个新生儿，将婴儿车及新生儿一起放置病房走廊，易导致婴儿被盗。

(6)护理新技术新项目开展后，未配套建立相应护理常规及管理制度。操作人员未经专项技术考核后执证上岗(潘敏、雪丽霜，2007)。

(三)防范措施

新生儿依赖外界的保护与关照，在生命的开始阶段，作为家庭以及社会成员要积极发挥作用帮助新生儿的健康成长，为避免新生儿安全问题的发生，我们应该采取一些措施，主要有：

①实施健康宣教制度，建立健全新生儿安全管理制度。②加强护理风险监控，实施预见性的风险管理，要针对常见及潜在的护理安全隐患，护理人员对其父母强调新生儿安全的重要性，详细介绍新生儿的特点、护理方法，以及意外情况的观察和处理方法，让他们掌握新生儿丢失、呕吐、窒息、坠床等意外情况的预防措施和应急处理。③制作一些健康教育的宣传资料，每个病室均有安全温馨提示。④每月召开工休座谈会，对新生儿的安全防护措施进行讲解。⑤每月对风险事件及风险因素进行讨论，对安全隐患提出整改措施(林娟、王秀娟，2010)。

在上述这些措施中，社会工作者可以联系资源，成为新生儿的家人和护理人员等相关人士之间沟通的桥梁,积极组织相关的知识讲座,设立咨询处,为这些父母提供帮助等,防患于未然。

二、新生儿健康

(一)影响新生儿发育、健康的因素

母亲受孕年龄、孕期体重增加情况均与新生儿的出生体重有关。孕妇年龄过小,会在心理上对孕期保健和营养不够重视,而且年龄过小的孕妇容易发生血管痉挛致使胎盘血供给受影响,也会导致新生儿的体重偏低,因此母亲年龄过小影响胎儿生长发育。年龄大于36岁的母亲其新生儿的体重再次下降,与高龄产妇子宫条件相对较差有关,因而多数选择剖宫产出或者早产儿娩出率增加。

母亲孕期体重增加与婴儿出生体重成正相关,父母亲的不良生活嗜好与新生儿出生状况也关系密切。资料显示,母亲吸烟、被动吸烟或者饮酒均可导致新生儿低体重以及早产的概率大大增高。

母亲受孕期间的营养状况对胎儿以及新生儿的健康状况有重要影响,胎儿通过母体获取营养赖以生存,孕妇体内的微量元素含量直接影响胎儿的生长发育。如果孕期内母体营养状况达不到胎儿获取营养物质的正常水平,不仅会对胎儿的体质状况产生不良影响,严重营养不良还会使得胎儿发育受阻,更严重者可能导致流产、早产、新生儿免疫功能降低、死亡率增加。

怀孕和分娩的期间,孕妇的心理状态对新生儿的健康发育成长能够产生重要影响,关注孕妇的身心健康。产前抑郁是一种高发性的疾病,抑郁的情绪状态会对母体和婴儿产生许多不良影响,母体的神经内分泌免疫功能、妇科疾病、早期新生儿的健康状况和后期的行为发育等都受其影响。

新生儿出生缺陷增加已成为一种危险趋势,严重的出生缺陷是导致新生儿死亡的重要原因之一,而幸存者也常会伴有终生的智力、躯体、听力或视力残疾。胎龄和出生体重越低,器官发育越不成熟,死亡率越高。高危儿是指在胎儿期和新生儿期,有些胎儿或新生儿的生长发育尤其是脑发育受到危险因素的影响,已经发生或可能发生危重疾病而需要特殊监护的新生儿、高危儿容易引起脑损伤(李荔荔,2012)。

此外,新生儿出生后的护理措施与环境、医院的条件、父母的自身新生儿护理知识对新生儿的健康发展也产生重要影响,需在每个环节上紧密衔接,保证新生儿的前期完备的成长条件。

第五章

（二）保证新生儿健康的方法

（1）应重视低出生体重儿的生长发育监测，加强新生儿期的护理，减少疾病，特别是感染性疾病发生，合理喂养，提倡母乳喂养有利于新生儿体重的增长。如果出生体重低于2500克的新生儿在满月时体重和身长的增加不明显，低于正常的生长标准，应该立刻就医或者咨询儿童保健工作者。同时也要加强超出生体重儿的生长发育监测，在新生儿期出现追赶增长趋势明显，尤其是注意体重增长过快，容易导致儿童期肥胖，以至于增加成人期患高血压、糖尿病及心血管疾病等慢性病的风险。因此，对于低出生体重儿，在发育过程中营养的目标是通过均衡膳食的合理喂养使其达到适度的追赶生长而不是过快的追赶生长。

（2）为了下一代的健康，孕妇应尽量避免吸烟或被动吸烟，同时在准备受孕前男方应戒酒、戒烟，以努力避免母亲孕期被动吸烟及父亲饮酒给胎儿带来的不良影响。

（3）降低出生窒息引起死亡的关键是预防新生儿窒息的发生，窒息发生后应采取正确、有效、规范的复苏方法，是降低新生儿窒息死亡率和伤残率的主要手段。因此，必须加强围产期保健工作，加强对高危妊娠的筛查和管理，做好胎儿监护，减少胎儿宫内窘迫的发生；提高产科救治能力，严格执行助产技术管理规定，严密观察产程，加强产、儿科的协作，严格规范实施新法复苏技术，提高复苏质量。同时要加强高危儿管理，积极治疗颅内出血、缺氧缺血性脑病及呼吸系统等疾病，对降低新生儿尤其是早期新生儿死亡，减少远期并发症的发生起到积极的作用。

（4）为进一步预防和减少出生缺陷，降低新生儿死亡率，要着重加强出生缺陷三级预防机制。首先，要强化一级预防，做好婚前检查咨询、宣传工作，使群众认识到婚检的重要性；积极宣传免费婚检，加强围产期保健工作，积极开展婚前、孕前及孕期咨询。其次，要加强出生缺陷二级预防工作，做好孕期及产前检查与保健，加强孕产妇系统管理，做好对孕早期病毒感染、环境污染等致畸因素的防护；加强对高危人群的重点筛查和管理，推广普及超声产前诊断技术、开展产前筛查、产前诊断；提高产前诊断和遗传病的筛查诊断技术水平，发现问题及早终止妊娠，尽量减少缺陷儿的出生是降低新生儿死亡率的必要措施。

（5）各助产服务机构要有针对性地加强分娩知识健康宣教，在为产妇提供全程、优质医疗服务的前提下，切实开展形式多样的健康教育活动，广泛深入地宣传自然分娩的好处和剖宫产手术的风险，营造有效降低社会因素剖宫产率的良好氛围,减少高危因素对新生儿的影响。要加强孕产妇系统管理,做好孕期保健、高危妊娠的筛查、产前诊断工作,提高产、儿科医疗质量,减少高危儿的发生;加强高危新生儿现场抢救及转运工作,使每一位高危儿在出生的早期得到积极有效的救治,最大限度地减轻急性期神经系统损害,待病情稳定后转到高危门诊,进行高危儿脑损伤的筛查和早期康复治疗。积极开展高危儿监测工作,加强高危儿脑损伤的网络筛查及早期干预,最大限度地减少残障儿童的发生,提高高危儿生存质量。

(三)产妇抑郁症

产妇抑郁症是指许多产妇在分娩之后,会出现情绪持续低沉的特点,诸多产妇思维和行动与之前大不一样,还有的在躯体上也会有所表现,这种表现在临床上称为产后抑郁症。产后抑郁症主要表现有:产妇情绪不易控制、易哭、易怒、过于自责、过于急躁、过于担忧等。近年来,随着生活节奏加快,生活压力增加,产妇抑郁症的发病率逐年上升,不仅对产妇的健康造成影响,更甚者会对新生儿的健康产生影响。因此,对它的预防控制和治疗显得尤为重要(李志萍,2015)。

诱发产妇抑郁症的原因是多方面的,既与产妇的生理心理状况有关,同时,也有可能与产妇的家庭、社会文化因素的影响等方面有关。从产妇的生理因素来说,妇女从开始怀孕到分娩,体内的激素水平会有较大变化,有学者认为产后抑郁症的发生可能会与雌激素、孕激素的变化有关,同时产妇自身的健康状况对孕期产生抑郁情绪也有着很大的影响。从产妇的心理因素来说,妊娠、分娩伴随着一系列的躯体和心理变化,虽然大多数产妇适应良好,但也有一少部分产妇会出现适应不良。

如果是第一胎,对那些平常很注重自己的身材、容貌的孕妇来说,其妊娠所带来的身材的变化、容貌的变化(有的脸部会出现一些妊娠斑),极有可能不适应,一贯爱美的自己变成现在的"丑态",怕同事好友笑话,怕自己深爱的或帅气的丈夫对自己妊娠变化而嫌弃。对于夫妻感情不太好的夫妇,孕妇怕丈夫更加冷落自己,甚至联想丈夫会在外边"拈花惹草",考虑的问题越多情绪越复杂,导致了抑郁症的发生(潘敏、雪丽霜,2007)。在家庭方面,怀孕、分娩本来就是一件比较辛苦的事情,如果孕妇在怀孕生产期间,不能很好地得到丈夫及家人的关心、照顾和支持或者是婆媳关系不好,很容易使产妇患上产后抑郁症。同时在中国,在传统社会文化观念中,一直存在着重男轻女的思想,对于生育了女孩的产妇来说,她们往往会面对较大的压力,会害怕夫家不悦,而自己可能也会认为自己"不争气"。

对产妇抑郁症的预防、控制和治疗可以从不同的方面入手。在怀孕期间，要加强孕期健康教育和保健，由专业医护人员讲解妊娠、分娩的知识，自我照顾的方法，指导孕妇练习产前运动，与孕妇讨论心理因素对分娩的影响，指导孕妇的饮食和营养搭配。帮助孕妇了解分娩过程，减轻紧张、恐惧心理。在分娩期，工作人员态度热情，向病人介绍环境、主管医生和助产士。孕妇在分娩时因疼痛而影响进食，加上消耗的增加使产妇处于疲乏劳累状态，此外，生理上的不适会导致产妇出现烦躁不安、焦虑、恐惧等情绪。因此，护理人员要在全程持续给予产妇心理和情感上的支持，鼓励并帮助产妇进食、进水，保持足够的营养和体力（林娟、王秀娟，2010）。社会工作人员或者孕妇及其家人都应该努力创造良好的家庭及婆媳关系，鼓励产妇的家属在喜得贵子之后，着重于关心婴儿的同时多关心产妇，增强产妇与家属的感情交流，使其能感受到大家都在关心她、爱护她，尤其是产妇的丈夫，既要协调好婆媳关系，又要尽好丈夫的责任，尽可能多陪伴在产妇的身边，不要有封建观念重男轻女，认为生的是女孩就冷落自己的媳妇，而要从生活上、生理上、心理上多体贴、安慰产妇，了解产妇的内心想法，并帮助解决实际的问题，尽量满足其实际的需要，使产妇从心理上树立信心，消除苦闷心境，增加产妇的安全感和安慰感，感觉到自己在社会和家人心目中的地位（潘敏、雪丽霜，2007）。对于已经患有产后抑郁症的产妇来说，社会工作者应该想办法对产妇进行心理疏导，为其联系专业心理咨询师，鼓励其健康积极地面对生活。

推荐阅读书目

林崇德，2002，发展心理学，杭州：浙江教育出版社。

谢弗，2005，发展心理学——儿童与青少年，邹泓等译，北京：中国轻工业出版社。

劳拉·E. 贝克，2009，婴儿、儿童和青少年，桑标等译，上海：上海人民出版社。

居伊·勒弗朗索瓦，2004，孩子们——儿童心理发展，王全志等译，北京：北京大学出版社。

罗伯特·菲尔德曼，2007，发展心理学——人的毕生发展，苏彦捷等译，北京：世界图书出版公司。

彼得·史密斯等，2006，理解孩子的成长，英寇或等译，北京：人民邮电出版社。

对社会工作实务的建议

- ◆ 提供母婴保健指导，对孕育健康后代提供知识和信息。
- ◆ 对孕妇孕期的夫妻生活、胎教、产前准备、产褥期、新生儿喂养与护理提供指导。

- 辅助新生儿疾病筛查，预防儿童先天残疾。
- 为产妇提供卫生、营养、安全等方面的咨询和指导。
- 为产妇及其家庭提供心理咨询和指导，预防和治疗产后抑郁症。
- 为新生儿成长和发育、哺乳和护理提供医疗保健服务。
- 孕前协助产妇身心调节，排解压力，使其保持心情愉快。
- 重视孕期母胎保健工作，协助检查，让孕妇家属了解妊娠过程，宣传健康教育。
- 产褥期帮助缓解产妇压力，帮助其体力、心理正常恢复。

第六章
婴幼儿期

婴幼儿期一般是指出生到3周岁这段时期,其中从出生至第4周(或1个月)又称为新生儿期。无论从生理还是心理上,这段时期都是发展最为迅速的时期,需要的热量和营养素最多,对环境的依赖性也最大。同时,婴幼儿期也是贯穿整个人生的社会化过程的起点,婴幼儿期个体与社会的互动关系的类型取向,对个体一生的个性特征、行为模式和主观幸福感等都有着深远的影响。因此,作为人生社会化的起跑线和社会环境对个体直接作用的开端期,婴幼儿时期是一个至为关键的起始阶段。此时,对婴幼儿成长产生最关键作用的社会单位就是家庭。社会工作者应当与家庭成员一起,协助家长或其抚育者,努力为婴幼儿的成长提供最恰当的环境条件,并能运用专业手段处理可能出现的婴幼儿行为与心理问题。

第一节　婴幼儿期的生理与认知发展

一、婴幼儿期的生理发展

作为新生儿期之后的关键发展阶段,其生理发展特征与新生儿期相比都有了对应的延伸和发展。婴幼儿时期的生理发展也主要表现在两个方面:其一是身体,其二是神经系统,其中以脑的发展为主。

(一)身体的发展

婴儿身体的发育趋势大致遵循着头尾和近远两个原则。头尾原则(cephalocaudal principle)是指身体发展的趋势是从头部开始发展,头部比身体其他部位的发展要快,刚出生的时候,头部的长度大约能占总体身长的1/4,但随着身体的发展,身体其他部位的发展速度逐渐赶上头部,到两岁时,头部只占身长的1/5。近远原则(proximodistal principle)是指身体发展的趋势是从头、胸部和躯干身体的中央部分开始发展，随后开始发展四肢身体的外围部位，最后是手和脚。在动作的发展规律中，也遵循着这种普遍规律，先发展粗动作，后发展精细动作。

（二）脑形态与功能的发展

除去新生儿期个体在网状结构、大脑单侧化的形成之外，婴幼儿期的大脑形态与功能的发展主要有以下三个方面：

1. 脑重量的增加

婴儿的大脑从胚胎时期开始发育，到出生时其重量已达到350～400克，约为成人脑重的25%，而此时婴儿的体重才是成人体重的5%。1周岁内婴儿的脑重量的增加是最快的，6个月时就已经达到700～800克，为成人脑重的50%，而儿童的体重要到10周岁时才能达到成人体重的50%。到第一年末时，婴儿的脑重达到800～900克，接近成人脑重的60%，而到第二年末时婴儿的脑重达到1050～1150克，约为成人脑重的75%。3周岁时婴儿脑重已接近成年人的脑重，此后脑重量的增长速度放慢，到15周岁时基本与成年人相同。婴儿脑重的发展变化在一定程度上反映了其大脑内部结构的发育和成熟状况，并与大脑皮质面积的发展密切相关。但我们并不能以脑重量来衡量婴儿的智力发育水平的高低，因为每个婴儿的脑重之间存在着明显的个体差异。一般而言，婴儿脑重只要在正常范围内，就属发育正常。同时，在脑重量的发展上也存在着性别差异，从3周岁前女孩的脑发展要比男孩快，而3周岁以后男孩的发展则开始明显加快。

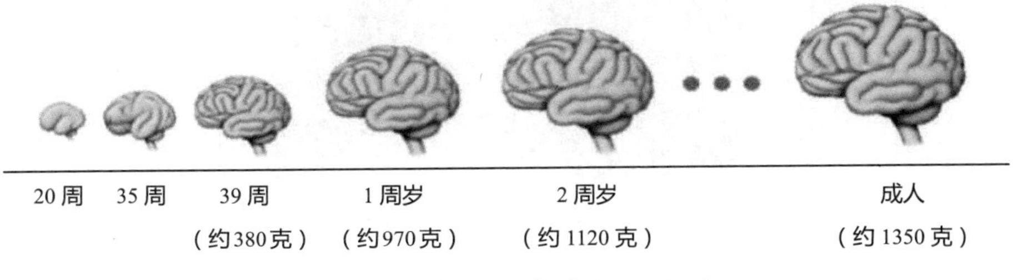

图6－1　婴儿脑部成长示意图

2. 大脑的髓鞘化

髓鞘化是指髓鞘发展的过程，髓鞘可以使神经兴奋传导时速度加快，并对轴突起到保护作用。髓鞘化是神经元发展过程中一个较晚、较缓慢的阶段，也是婴儿神经系统发展必不可少的过程。

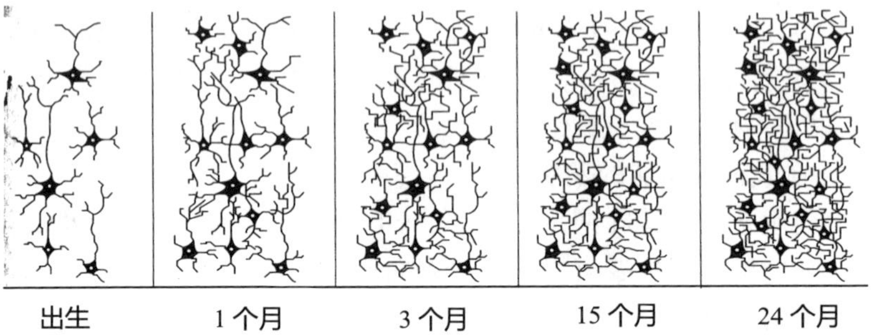

图 6－2　婴儿大脑神经元的发展

婴儿大脑的髓鞘化程度是其细胞成熟状态的一个重要标志。婴儿在出生后，神经元的体积会逐渐增加，在轴突结构的生长过程中，会逐渐形成一种脂肪般的物质，叫作髓鞘（myelin）。神经纤维的髓鞘化过程是由神经胶质细胞所控制的，这些细胞也是婴儿时期大脑重量增加的主要原因。

3. 脑电活动的发展

对新生儿的脑电图研究表明，新生儿的脑在一定程度上是成熟的。出生 5 个月后，是婴儿脑电活动的重要阶段。此时婴儿脑电逐渐皮质化，伴随产生皮质下的抑制。在安静状态下，在婴儿皮质枕叶区可看到频率为每秒 5 次的节律性持续电生理活动，其构成已类似于成人的 α 节律。

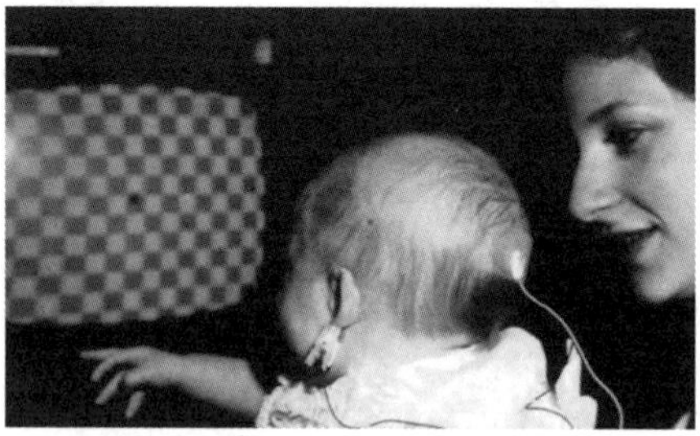

图 6－3　婴儿脑电实验

二、婴幼儿期的认知发展

（一）婴儿早期的感知能力

新生儿从母体脱离后，为应付外界的光、声、触摸等多方面的刺激，各种感官功能迅速产生，感觉能力发展迅速，知觉能力初步发展。感觉（sensation）是感觉器官对物理刺激的反应，知觉（perception）则是分类、解释、分析和整合来自感觉器官和大脑的刺激的心理过程。

新生儿出生不久即有一定的视觉能力,表现为眨眼反射或瞳孔反射。同时,新生儿对亮度差别的辨别能力发展迅速,但在出生后2～3周内双眼运动仍不协调。与新生儿相比,婴儿的视觉进一步成熟。2个月左右的婴儿视觉集中明显形成,视线首先集中在活动或色彩鲜艳发亮的物体上,并能追视水平方向运动的物体。4个月左右的婴儿开始对颜色有分化反应,出现辨色视觉。2～3周岁的婴儿已经能正确辨别红、黄、绿、蓝4种基本颜色并出现双眼视觉。其后,注视时间的距离也不断延长,5个月后的婴儿已可用双眼视觉区分距离。6个月后,婴儿能够坐起与爬行,并开始用口吮、手抓等方式进行有目的的动作,大约在1周岁左右,他们能够认知物体的常存性和永存性。

图6－4　婴儿早期与成人期的视觉图像对比图

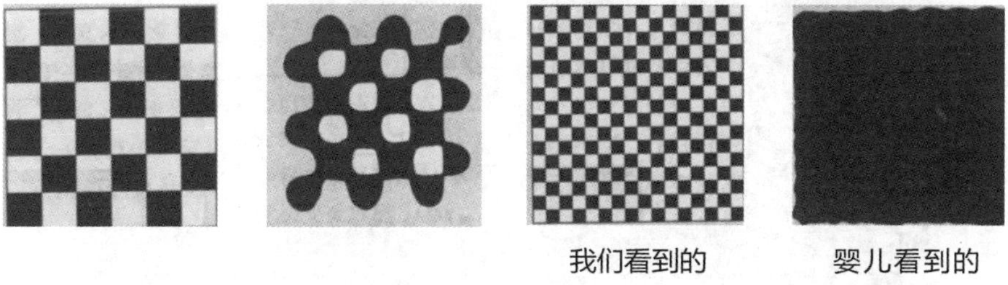

图6－5　婴儿眼睛里的图案是什么样子的。将左侧两副棋盘图案同时呈现给早期婴儿,结果发现他们只能看清上方棋盘的图案。婴儿早期视觉水平较差的视觉水平,正是他们喜欢中等复杂而非高度复杂图案的原因(Banks & Salapatek, 1983)。

与此同时,婴儿的空间知觉能力也开始萌芽和发展。7个月时,婴儿就能在只呈现图形轮廓时知觉整个图形。在视觉发展逐步完善的过程中,深度知觉的发展具有重要的意义。深度知觉是指判断物体间以及物体与人之间距离的能力，深度知觉的发展对于婴儿探索周围环境时的安全性起到了保护作用。吉布森和沃尔克（Gibson & Walk，1960）于1960年对于婴儿的深度知觉进行了视崖实验。视崖装置由一张桌子和一块透明的玻璃板组成，玻璃板的下方由从中间进行分隔的深浅两个区域构成。实验时将婴儿放在玻璃板上，发现婴儿尽管安全地趴在玻璃板上但是明显偏好爬到下方较浅的区域，当爬到较深一侧时都会表现出明显的恐惧。即使在母亲的呼唤下，大部分6~14个月的婴儿都不会爬过较深一侧的区域。这说明婴儿已经具备了深度知觉能力。

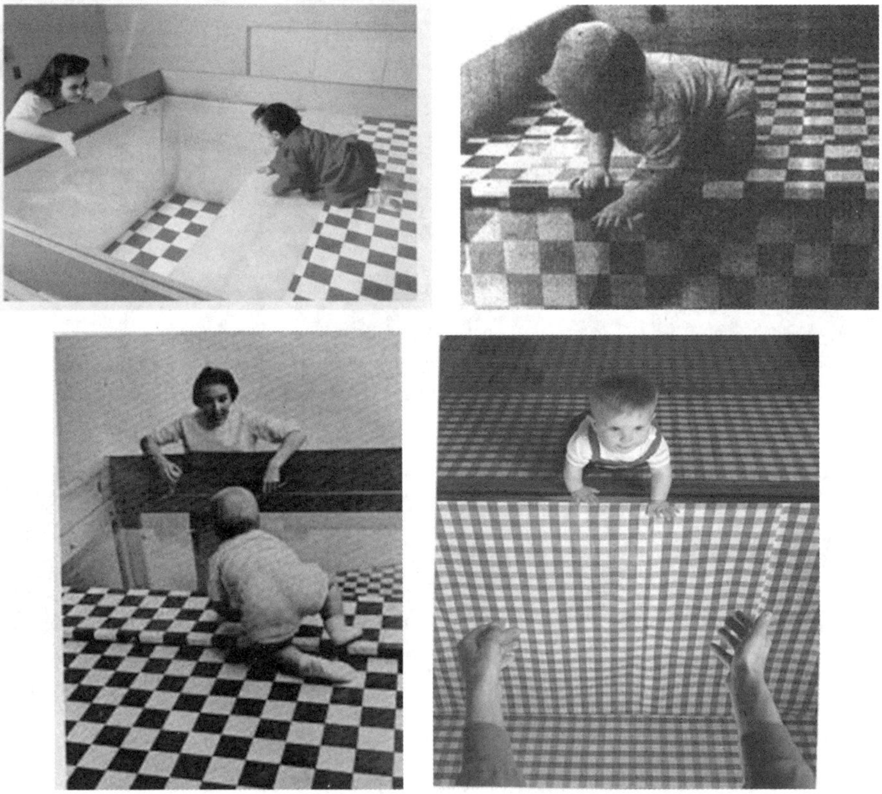

图6-6 视崖实验证明了婴儿深度知觉能力的发展

在听觉方面，新生儿出生不久就能对某些声音作出反应，如将头转向铃声的方向等。2周岁的婴儿可以对特定的声音以微笑，专心致志地倾听等形式作出反应。这些行为的出现表明婴儿还在开始与特定的声音建立联系并能确定声源的位置。在运动知觉方面，新生儿的手脚开始只有简单的反射，此后才逐渐复杂。简言之,新生儿在与外界环境的交往过程中,逐步形成了初步的认知结构,因这种结构以感觉和运动为主要组织成分,因此称为感觉运动性认知结构。

而在方位知觉上,3 周岁的儿童已可对上下作出区分。这些空间知觉的产生,是婴儿视觉、听觉、动觉、平衡觉等各种感官功能相互协调的结果,空间知觉能力的产生和提高,即反映了这些感官功能水平的提高。

（二）婴儿自主动作的发展

婴儿出生大约 4 周后,会出现更高级的脑皮层控制的初步自主动作。根据所涉及的身体部位的不同,可分为有关全身大肌肉活动的粗动作（gross motor）和主要涉及手部肌肉活动的精细动作（fine motor）。

在粗动作发展上,个体首先具备的是头部和躯干的基本自主控制能力。大约在 1 个月时,由皮层控制的、有意的头颈部动作逐渐显现。在获得头部控制能力后,开始由上至下地发展躯干部分的自主控制能力。这一发展过程大约在婴儿出生后 2 个月开始,此时的婴儿已经能在手臂的帮助下俯卧抬胸。在俯卧抬胸动作之后,大约在婴儿出生 3 个月后出现翻身（由仰卧转为俯卧）动作。到 8 个月时婴儿既能仰卧翻身,又能俯卧翻身。

在翻身动作之后,婴儿发展起来的一个重要动作是独立坐。3 个月大的婴儿在外力的帮助下已经能够扶坐;5 个月大的婴儿坐立时已经不需要腰部支撑物的帮助,但必须用手抓外物以维持坐姿的平衡;7 个月时不论在仰卧还是俯卧状态下,婴儿都可以自己独立站起来;在近 8 个月时,婴儿可以在不借助任何帮助的情况下,独立坐直。随着个体翻身动作的日益熟练和手部、腿部力量的提高,爬行动作开始出现,成为个体在俯卧状态下的重要自主动作形式和最早的自主位移动作。而到约 9 个月时,婴儿会经常想让自己扶着其他物体站起来。到 1 周岁时,婴儿通常能独立站直,这是行走动作发展的前提。一般而言,婴儿在周岁过后就能发展起独立行走的动作,当然也存在着不同的个体差异。行走动作是婴儿生理和心理发展上具有里程碑意义的动作,进一步解放了婴儿的双手,有利于婴儿手部精细动作的发展,同时,大大增强了婴儿的活动范围和探索外部环境的能力,有利于儿童心理能力的发展。

精细动作是指手以及手指等部位的小肌肉或小肌肉群的运动,它对个体适应生存和实现自身发展具有重要意义。主要的精细动作包括抓握、绘画和书写以及基本生活自理技巧等。

抓握动作是最基本的手部动作之一,是各种复杂动作的发展基础。约从3个月起，婴儿开始出现不随意的抚摸动作，到5个月左右，就开始发展出随意自主的抓握动作。6个月以后，婴儿逐渐学会拇指和其余四指对立的抓握动作，眼手关系也逐渐协调，并开始分析隐藏在物体中的复杂属性和关系。

大多数儿童在15～20个月就开始出现无规则、无目的的乱涂乱画行为，如果受到家长的积极反馈和强化，绘画动作发生的频率能不断上升，从无目的地涂抹发展为有目的地画画。2～6周岁则是儿童握笔动作技能迅速发展的时期，让书画工具更早地出现在婴儿的生活游戏中，并为他们提供大量的模仿机会，对于促进婴儿的握笔和书画能力发展有着重要的强化作用。

此外，精细动作能力的发展还包括基本生活自理能力的培养和获得，这是个体早期发展的重要任务之一。这些在成人看来相当简单的行为，如穿衣、进食、洗漱等，对于婴儿而言，却需要付出相当的努力并达到一定的发展水平后才能获得。国外有学者（Keogh & Sugden, 1985: 77）总结了部分自理动作的发展时间表（见表6－1，董奇、陶沙，2004:49）。

表6－1　自理动作发展时间表

动作技能名称	获得时间（月）
稳稳地拿住茶杯	21
穿上衣和外套	24
拿稳勺子不打翻	24
在帮助下穿衣	32
穿鞋	36
解开够得到的纽扣	36
扣上纽扣	36
独立进餐，几乎不洒食物	36
从水罐中倒水	36
洗手、洗脸并擦干	42
独立穿衣服	43
系鞋带	48
刷牙	48

总之，在先天性反射动作之后，随着婴儿神经、肌肉等生理结构的发育和成熟，包括坐、爬、走、抓握等自主控制动作逐渐发展起来，成为个体早期身心发展的重要外在行为特征，婴幼儿在借助自主动作探索外部环境的过程中，其认知能力和社会性也随之得到进一步的发展。

婴儿在动作发展上所取得的成果,对其心理发展有重要的意义。从种系发展来看,直立行走和手分化出来成为劳动器官,是使人产生意识从而区别于动物的关键。婴儿手的抓握动作和躯体移动动作的发展,表明个体发展在第一年内,就基本上完成了种系发展中关键的一步,由于动作的发展,婴儿开始从原来无能为力的状况,变为能从事各种动作,并为他今后进行各种活动准备了条件。他开始通过自己的行走和手的动作,主动地与周围的人和事物发生初步关系,从而认识外部世界。通过行走,婴幼儿扩大了认知的范围,通过用手摆弄物体,婴幼儿认识了事物各个方面的属性及属性之间的关系。如在抓弄和敲打玩具时,婴幼儿不但得到关于玩具的视觉刺激,还得到触觉、动觉、听觉刺激。这些感觉逐渐联合起来就发展为知觉。在长期摆弄物体的过程中,婴幼儿认识了一类事物的共同特性,从而使知觉具备了概括性,并为认知过程中的表象和概念的产生准备了条件。行走不仅扩大了婴幼儿的认知范围,而且还可以使婴幼儿认识物体间的距离、自己和物体间的距离。这对发展空间观念有很大的作用。此外,行走还有助于婴幼儿独立性的发展。总之,这一时期婴幼儿感觉和知觉的发展,是与动作的发展分不开的。

(三)婴儿期的认知规律

1. 图式与客体永久性的形成

瑞士心理学家让·皮亚杰(Jean Piaget)的认知发展理论对于儿童从出生到青春期的认知发展阶段进行了详细的划分。根据皮亚杰的理论,个体的婴幼儿期大体处在其所划分的认知发展的第一个阶段,即感知运动阶段(出生至2周岁)。在这个阶段,婴儿没有表象和运算的智慧,他们主要通过感觉和动作探索周围世界,形成动作图式(scheme)的认知结构。

图式在最初发展时指的是一种物体与行为组织模式。在形成图式前,当婴儿看到一本书时,会对这本书作出各种动作,例如把书放到嘴里、摔打书本、翻开书本等,以形成与书本相对应的行为组织模式。在经过不断的尝试和探索之后,婴儿将翻开阅读的动作与书本形成了组织模式,这样就形成了一种图式。图式除了可以是对物体作出行为上的处理之外,还可以是对物体进行思维上的处理,即如何思考某物。这种思维形式的图式主要体现在认识新事物时对事物的归类与理解上。例如,儿童在动物园首先看到若干种鸟类之后,会将“有翅膀”“会飞翔”等属性赋予鸟类的概念,并将一些动物认知为鸟类。当看到羊的时候,会看到这种动物既没有翅膀也不能飞翔,进而意识到不是所有的动物都是鸟类,随后便会形成类似于鸟类的哺乳动物概念的图式。

图式的发展与形成主要遵循着同化和顺应两个原则。同化(assimilation)指婴儿以当前的思维方式和原有的知识对事物进行思考和处理,而顺应(accommodation)是指改变已有的思维方式或原有的知识,以对新事物或新刺激作出反应。例如,前文中婴儿在最初见到羊的时候,会先按照鸟类的认知图式对羊进行加工,这一过程属于同化。随后意识到这种图式与眼前的经验相矛盾时,便会将原有"所有的动物都是鸟类"的图式进行修改,并建立新的图式,这一过程就属于顺应。

客体永久性的建立是个体心理表征萌芽的标志,也是婴儿认知发展领域中的重要课题之一。客体永久性是指个体关于外界物体独立于自身知觉状态和运动而客观存在的意识,是个体发展历程中第一次去自我中心化的表现(曾琦等,1997)。曾琦等人对于我国婴儿客体永久性研究发现,我国婴儿的客体永久性随年龄增长而持续发展,8 个月的婴儿已经具备了初步的客体永久性。

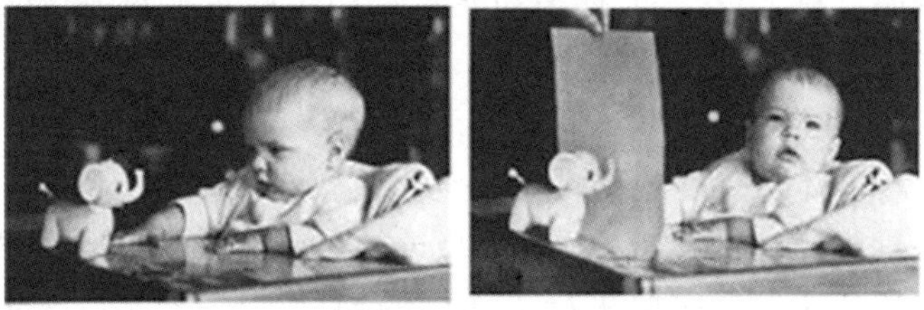

图 6-7　婴儿客体永久性概念的建立是感知运动阶段发展的一个重要标志

2. 记忆和思维能力的发展

婴儿的记忆主要以无意识记忆为主,他们的机械记忆能力比较发达,并具有极大的潜能,在婴儿期的后期则开始出现有意识记忆的萌芽。1 周岁内的婴儿已有短时记忆,其主要表现形式是重现。1 周岁以后的婴儿随着语言的产生,获得了符号表征能力,再现、回忆和模仿能力也迅速发展。虽然这些发展还不能使记忆十分完善,但却是未来记忆发展的必备基础。

婴儿期也是个体思维能力的萌芽期。1 周岁前的婴儿只有感知没有思维,在 1 周岁以后逐渐出现一些概括性和间断性的思维萌芽。婴儿的思维基本上属于直观行动性思维范畴,思维活动的特点主要是直观行动性,即这种思维与婴儿的知觉和行动密切相关,婴儿只能在感知行动中思考。但在 2.5~3 周岁阶段的儿童,其思维虽仍依赖于直观动作,但已可明显看到词语对思维的调节作用,此时是儿童从直观行动思维转向具体形象思维的关键阶段。

3. 婴儿的智力发展

由于婴儿的语言能力和认知能力处于起步阶段，对于婴儿智力的定义和测量会变得更加复杂和困难。目前对于婴儿的智力进行操作化定义和测量的方法，主要是采用向婴儿呈现刺激，观察其是否能够做出恰当正确反应的方法。贝雷婴儿发展量表（Baylay Scales of Infant Development）是测量 2~42 月的婴儿常用的一个婴儿智力测查工具，这一量表分别测查了婴儿的认知、语言和动作能力，并且包括父母对于婴儿社会情绪和社会适应性行为发展的报告。从测查所得出的常模结果来看，婴儿的智力在这一时期就已经显现出了个体差异，但是婴儿智力的个体差异是何时产生的、由何种原因产生的、乃至个体差异是否真的存在，这些问题仍然还处于争论之中，学界尚没有对这些问题得出统一的定论。

（四）婴儿期的语言发展

语言发展是婴儿心理发展过程的最重要内容之一，语言和思维并列为婴儿认知发展的两个核心内容。语言学家索绪尔（Ferdinard de Saussare）认为应当区别语言（language）和言语（speech）的概念，以区分社会性语言（social language）和个别性语言（individual language）。按这种提法，心理学中所谓的个体语言发展严格来说应属言语发展的范畴。但鉴于目前国外和国内心理学界一般统称为语言发展而不做详细区分，因此本书中也不详究两者差别，兼而用之。

第六章

1. 语言能力的发展阶段

婴儿呱呱坠地的第一声啼哭，是他人生的第一个响亮音符，但此时的个体还不具备真正的语言交流能力，婴儿的第一个词语大约产生于出生后的 10~14 月之间。婴幼儿的语言能力发展具有阶段性，大致可分为三个阶段：从出生至 1 周岁为语言发展的准备阶段，1~1.5 周岁为理解阶段，1.5~3 周岁为表达阶段。

（1）语言发展的准备阶段

在生命的第一年里，婴儿的语言发展经过了三个阶段：

第一阶段（满 3 个月之前）：简单发音阶段。婴儿 1 个月内偶尔会吐露 ei、ou 等声音，第 2 个月发出 m-ma 声，第 3 个月出现更多的元音和少量辅音，比如 a、ai、e、ou、m、h 等。

第二阶段（4~8 个月）：连续发音阶段。这时发出的辅音更多了，而且出现了连续的音节，比如 ba-ba、da-da、na-na 等，而大人常误以为这时的 ma-

ma、pa-pa 是婴儿在叫妈妈爸爸。

第三阶段(9~12 个月):学话阶段。这时婴儿开始模仿大人发音,开始把词和对应的事物联系起来,开始对词义产生理解。大约从 2~3 个月开始,当婴儿吃饱了而且身上舒服的时候,就发出一种咿咿呀呀的声音,例如 ai-ai、ei-ei、a-a-a、e-e-e、ou-ou-ou、hei-hei 等,约到半岁左右,婴儿能发出更多的语音,比如 ma-ma、ba-ba、da-da、na-na 等。

婴儿的这种咿呀语,很多的时候并不是在模仿大人,他们这样做是为了听到他们自己的声音,他们还用不同的声音表示不同的情绪。咿呀语和真正的语言不同,它不需要去教,但父母可以通过微笑和鼓励增加婴儿咿咿呀呀的次数。

大约在 7~8 个月的时候,婴儿才开始对特定的词产生反应。比如,大人常常一面拍手,一面说"拍手、拍手",经过不断重复后,只要大人一说"拍手",婴儿就会做拍手的动作。如果当着婴儿的面指着猫说"猫、猫",经过多次重复后,只要大人说"猫呢?"婴儿就会转头去看猫。实际上,这时的婴儿并不能了解这些词的意义,只是经过大人反复刺激后建立了词和物的一种联系。

当婴儿不仅能听懂词,而且还能在听懂词的基础上会说出词,这时语言才开始成为他与外部交往的工具,一般要到 1 周岁左右出现。而这时婴儿说话的积极性不高,也只能理解二十个左右的词。

(2)语言发展的理解阶段

这个时期婴幼儿对成人语言的理解发展比较快,但本身主动说话的能力发展得较慢。一岁半以前,婴幼儿主要说的是一两个词,比如婴幼儿可能会用"帽帽"来表示"我要戴帽子"。这些词不能很好地表达婴幼儿的意思,而且发音也常不清楚,理解起来比较困难;一岁半以后,婴幼儿的词汇量明显增加,词类范围明显扩大,可以说多个词组成的句子。虽然这些句子开始时很简单,也谈不上什么句法规则,但毕竟婴幼儿开始用句子来表达自己的意思了。之后,句子的结构越来越复杂,字数也越来越多,表达的内容也越来越丰富。

(3)语言发展的表达阶段

在这一阶段中,婴幼儿的主动语言发展迅速,句子的结构也更加复杂,并开始掌握最基本的语法。到两岁时,婴幼儿逐渐能表达一些特殊的意义。其中包括:①时间。两岁以后的婴儿已经了解基本的时间概念,并且能通过语言表述出事件发生的先后顺序。比如,他会说"我刚刚洗过手","今天是星期天,不去幼儿园了”。当然他所表述的时间可能与实际不相符(比如“我只睡了一分钟”,事实上他睡了三个小时)。②人际关系。两岁以后的婴儿能够通过语言称谓区别出自己与家庭成员的关系。比如,婴幼儿对他的姑姑说:“你悄悄带我去上街,别告诉你哥和你嫂子”。③年龄。两岁以前的婴幼儿能说出自己几岁只是因为父母曾反复教他,而两岁以后,他已经初步理解年龄的含义。比如,婴幼儿把饭撒在地上,妈妈批评他时,他会说“我还小呢”。虽然他还搞不清楚究竟两岁大还是三岁大,但已经有了笼统的年龄大小的概念。④开始表达美与丑的内容。两岁以后的婴幼儿开始注意美的东西和丑的东西。比如,每当妈妈穿上好看的衣服,他可能会说“妈妈真漂亮”。当婴幼儿到两岁半左右的时候,他们几乎能够表达日常生活中经历的所有事情。

语言的作用是非常巨大的,语言为婴幼儿学习社会经验、形成道德品质提供了基础。从此,语言替代了哭、笑等原始的交流方式,成为个体进行社会交往和积极适应环境的最主要工具。

2. 语言获得理论

(1)后天学习理论

这种理论强调后天的学习对儿童习得语言起决定作用。美国心理学家阿尔波特(Floyd Allport)于1924年提出了语言是从模仿得来的观点,认为儿童学习语言是对成人语言的临摹,儿童的语言只是成人语言的简单翻版。更具代表性的行为主义语言获得理论则认为,言语行为是对外界刺激的习惯化反应体系,是通过强化、塑造、模仿形成的;强调学习的重要性,认为语言发展的进程在很大程度上取决于训练而非成熟;注重激起言语行为的刺激和语言运用的后果,认为环境因素即刺激和强化的历程决定言语的形成和发展。斯金纳把语言看成是一种行为,认为儿童习得语言行为就像老鼠按门闩形成操作条件反射一样,即儿童的语言行为是通过食物或别人的语言声音、手势的强化而习得的。当儿童与成人相互作用时,儿童作出的语言行为(如说出一个词)如果受到听话人的奖赏(赞许、微笑),他就会再作出这种语言反应;如果受到听话人的惩罚(气愤或不高兴的评论),他就会回避这种语言反应。班杜拉的社会学习说则认为儿童是靠模仿成人的语言来获得语言的。

毫无疑问,后天学习在儿童语言获得中是起作用的。词汇意义的一些方面可以通过经典条件反射而获得。例如,如果一些词与某种愉快或不愉快的事件反复结合,那么这些词就有可能变成愉快或不愉快的。操作条件反射技术已被用于向智力落后儿童教授简单的词义。如果一个儿童发出一个适当的声音而受到正强化(例如,在玩皮球时说出“皮球”一词),那么这个儿童就可以逐渐学会把这个词与它所指的对象联系起来。模仿在儿童语音习得中的作用是众所周知的。

然而后天学习论却难以解释儿童语言获得的全过程。儿童约在3~3.5岁就基本上掌握了母语的基本语法结构,会自由地说出各种句子。如果儿童说出的每一个句子都是通过强化(奖励或惩罚)而获得,那么能把词组合起来成为有意义的句子的数量就太大了,一个人仅仅去听所有这些句子就要花费几乎数不尽的时间。显然,强化论是无法完全解释儿童是如何获得语言的。又如,平时父母和幼儿交谈时,父母的注意力主要集中在思想交流方面,而很少对语言进行有意识的训练。再如,通过对多民族儿童学习母语过程的比较研究发现,尽管英、德、俄、芬兰等语种的语法规则很不相同,但各民族儿童开始学话时都表现出某些共同的特点。他们不仅经历大致相同的发展阶段,而且常犯类似的语法错误。这似乎说明语言的发展是不受外部学习条件影响的。显然,仅用条件反射的后天学习论是难以完整地解释儿童的语言获得的。

(2)先天成熟理论

这种理论则强调先天的遗传因素起决定作用。与后天学习论针锋相对,乔姆斯基(Noam Chomsky)提出人类在遗传上就具有非常独特的“语言官能”,儿童生下来就具有支配人类语言结构普遍原则的天赋知识,这种知识体现在“语言获得装置”(language acquisition device)里面。通过“语言获得装置”,儿童才能从周围听到为数不多的素材基础上,在较短的时间里建立起该种语言的语法规则。而勒纳伯格(Eric Lenneberg)则以生物学和神经生理学作为理论基础并提出自然成熟说,认为生物的遗传素质是人类获得语言的决定因素;语言是人类大脑机能成熟的产物,因此语言获得必然有一个关键期,约从1周岁左右开始到青春期前(十一二周岁)为止。

要想证实存在“语言获得装置”的假设并非易事,因为要想确认儿童是否生来就有“语言获得装置”,就必须观察那些既没有生理缺陷,又没有接触过语言的儿童。实际上这两个条件是很难同时具备的。即使像狼孩似乎能满足这两个条件,但是有限个案观察的结果对后天学习论和先天遗传论都不见得有利。因为这些儿童刚被发现时都不会说话,这似乎说明说话能力并非天生的;但是在发现后经过教育仍不能像正常人那样说话,这又似乎说明仅靠学习是不能习得语言的。

(3)环境和主体相互作用理论

主要代表有认知交互作用论和社会交互作用论。认知相互作用的语言获得理论主要来源于皮亚杰的认知发展理论。皮亚杰认为,语言的习得不是本能的、自然的过程,语言能力的发展是以认知发展为基础和前提的,并随着认知结构的发展而发展。语言之所以以一种特定的规则、方式出场,是因为个体通过语言来表达他们对世界的认识和理解。个体的认知结构既不是环境强加的,也不是人脑先天具有的,而是来源于主体和客体之间的相互作用。语言作为人类的一种符号运用能力,来源于感觉运动的活动。感觉运动活动一方面以内在的遗传图式为依据,同时又通过内在地同化与顺应同平衡与自我调节的作用建构真正后天的感觉运动图式,如此循环往复,直至产生构成抽象思维的形式运算图式。语言能力始于活动图式,而不是什么先验的产物。语言中概念的形成是依靠一种"构成的结构",这种结构并不来自知觉,而是来自于动作或运算。认知相互作用论深受现代认知心理学的影响,认为语言产生于个体遗传结构与环境输入的相互作用中,强调认知发展与语言发展的互动影响,认为儿童的认知潜能在质和量上都和成人有很大不同,儿童思维方式会影响儿童语言获得的处理方式。

社会交互作用的语言获得理论产生于20世纪70年代,它同意语言来源于个体遗传结构与环境输入的相互作用,但更强调交往背景和语言环境的影响,把儿童和其语言环境看作一个动态系统,认为儿童不是语言训练的被动受益者,而是一个有明确意图和目的、积极交往的语言加工者,语言获得的进程在某种意义上取决于儿童本身。这一观点假定语言发展受到社会、语言学、生物因素、认知因素等多种因素的影响,这些因素相互依赖、相互作用,语言的获得反过来也会影响认知和社会技能等的发展,体现出这一观点显著的"折中主义色彩"。这种理论认为儿童与成人的语言交流是个体语言获得的决定性因素。在语言获得的过程中,儿童和他的语言环境是一个动态系统和统一的整体。儿童在这个整体中并不只是被动的接受者,而是一个主动的参与者。

总之,儿童语言的获得既依赖于人脑独特的生理机制,也依赖于后天的学习条件,是两者相互作用的产物。儿童的语言获得有普遍性,但也存在某些差异。一般而言,影响和决定儿童语言获得的普遍性和差异有四个主要因素:第一个因素是语言本身有普遍性,但不同语言也存在一些差异;第二个因素是人脑和言语器官有普遍性,但发育水平有差异;第三个因素是儿童的认知发展有普遍性,但存在的某些差异能促进或限制语言获得;第四个因素是儿童与成人的语言交际、成人的语言和儿童相应的模仿学习，以及儿童本身的选择性和主动创造性。总之，儿童的语言获得是在人脑和语言器官发育及认知发展的基础上，在与成人和其他儿童的交际过程中，经过成人的言语教授（示范、强化、扩展和激励）和儿童有选择的模仿学习，并经概括而成的。因此，我们不能否认人脑和语言器官、认知发展的作用；同样，我们也不能否认成人言语教授和儿童模仿学习的作用，以及儿童本身在语言获得过程中表现在选择和概括两个方面的主动性和创造性的作用。目前，仍未有一种理论能详细而完善地阐述语言的获得过程和机制，形成结论性的意见还为时尚早。

第二节　婴幼儿期的社会性与人格发展

一、婴幼儿期的情绪发展

（一）情绪与情感的发展

情绪的概念内涵是较为复杂的，学者们对于情绪的概念仍未达成共识，但学者们普遍认为，情绪是一种心理状态，以下面五个成分上的协调变化为特征：①感受（feeling）：主观经验的变化；②认知（cognition）：在注意和知觉偏差、低水平评价和高水平信仰上的变化；③行动（action）：在特定反应倾向和一般行为定向上的变化；④表达（expression）：在面孔、言语和姿势上的变化；⑤生理（physiology）：中枢和周围神经系统的变化（柳恒超、许燕，2008）。而情感是情绪内心体验的外在表现，是人们进行社会互动的一种适应性反应。

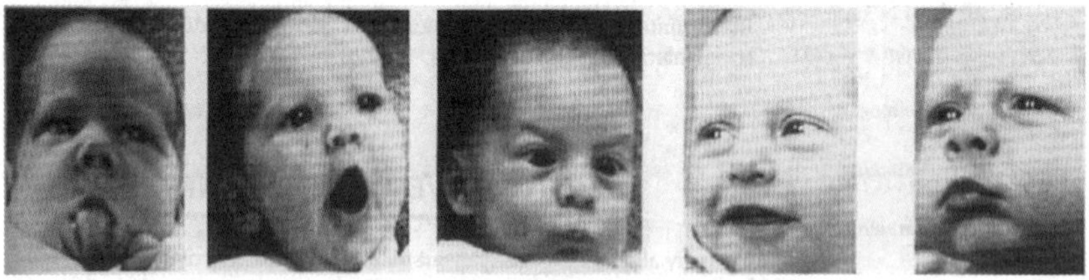

图 6－8　婴儿已基本具备了人类的原始情绪

从新生儿期到婴幼儿期，可从种族进化中获得的情绪大约有 8～10 种，称为衍生情绪，如愉快、兴趣、惊奇、厌恶、痛苦、愤怒、惧怕、悲伤等。其具体的情绪发展的次序和时间是:新生儿可由于疼痛刺激引起痛苦情绪,异味刺激引起厌恶情绪,特异性光、声或运动刺激引起注视的兴趣,内部过程节律反应引起微笑;3 ~6 周时,可在听到人的说话声或看到人的面孔时,会发出微笑;2 个月大的婴儿,在接受药物注射时,会出现愤怒情绪;3~4 个月时,在接受治疗、受到疼痛刺激时,会产生悲伤的情绪;7 个月时,可进一步会因为与熟人分离,产生分离悲伤,并惧怕从高处降落;1 周岁时,新异物体的突然出现,会使婴儿感觉惊奇;1~1.5 岁时,当在熟悉环境中碰到陌生人时,可出现害羞表情;同时,在此时开始出现骄傲、自豪的情绪,婴儿喜欢显示自己的成功并开始出现负罪感,当他抢了别人的玩具、做了不对的事时,会感到内疚、不安。

与此同时,婴儿的情绪也逐渐社会化。母婴依恋的形成是婴儿情绪社会化的一个重要标志,一般应在 6~7 个月时开始形成。母婴依恋的内容我们将在下一部分进行详细论述。

(二)自我意识的发展

自我意识是一个人对自己作为独特存在的个体的认识,通俗地说就是意识到"我是什么样的人",它包括一个人对自己的身心特征状况、能力个性、与他人关系、在集体中的地位作用等各方面的认识和评价,以及在认识过程中的情感体验和对自我的控制。简言之,自我意识包括自我知觉、自我认知、自我调节、自我评价和自尊等方面的内容。

个体的自我意识从无到有直至发展成熟,经历了漫长的过程。初生婴儿是没有自我意识的,他们不知道自己身体的各部分是属于自己的,他们玩自己的手脚就像玩身体之外的玩具。皮亚杰的认知发展论认为,婴儿在 1~4 个月时,会不断重复能引起快感的肢体动作,如吮拇指和挥动手臂。在 4~8 个月时,婴儿的重复动作开始指向外部事物(如抓、握玩具等),这说明他们已经开始意识到自己可以对自己身体之外的事物加以影响。

研究者很早就关注个体自我意识中自我认识的发生,他们一般通过让婴儿照镜子,从婴儿对镜中所见映像的反应来了解婴儿是否具有了自我意识。20 世纪 70 年代,阿姆斯特丹(Amsterdam, 1972)在不让婴儿察觉的情况下,在他们的鼻子上用胭脂点上一个红点,然后让婴儿照镜子,观察他们对镜中映像的反应。阿姆斯特丹假定,如果婴儿在照了镜子之后能利用镜中的映像立即去摸自己的鼻子,就表明婴儿已经能把映像和自己的脸联系起来,他们已经认知自己的形象,这也就说明他们已经具备了初步的自我意识。根据这一假设,阿姆斯特丹对 88 名 3~24 个月大的婴儿作了研究。结果发现,婴儿的自我认知的发生要经历三个不同的阶段。

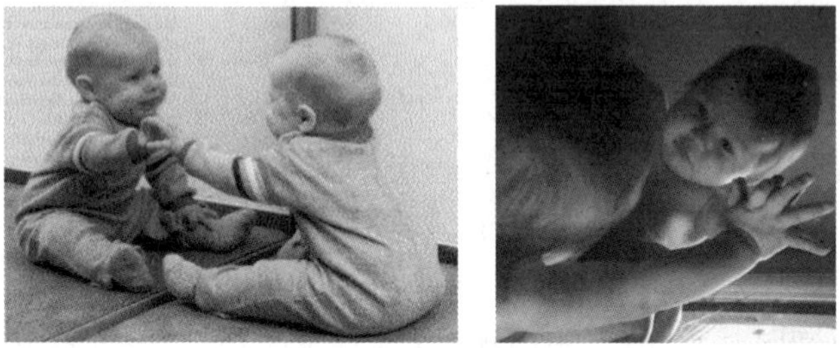

图 6-9 点红实验(Lewis & Brooks, 1978)

第一阶段是游戏伙伴阶段。婴儿看到镜中自己的映像后,对着映像微笑、发声、拍打镜中的映像,还会到镜子后面去找那个并不存在的人。第二个阶段是退缩阶段。婴儿见到镜中的映像似乎感到害怕,从镜前退缩。此时,有些观察家认为婴儿的自我认知迹象已经初露端倪:有的婴儿见到自我映像似乎显得害羞、窘迫,有的则似乎在自我欣赏。但阿姆斯特丹则认为,婴儿的这些表现,很可能是在模仿成人照镜子时的模样,不能说就已经具有了自我意识。第三阶段是自我意识或自我认知的出现阶段。婴儿一见到镜中自己的映象,立即去揩摸自己鼻子上的红点,而不是去碰镜中映像的鼻子。阿姆斯特丹发现,24 个月的婴儿几乎都有这样的表现。刘易斯(Lewis, 1990)的研究认为,大约在 3 个月时,婴儿已经可以区分出"我"和"他(她)",这不仅体现在婴儿触摸自己身体和触摸别人身体时有不同的感受,而且还体现在他们很早就能辨别自己的声音。Lewis 的研究发现,出生后一天的婴儿听到自己的哭声同听到其他婴儿的哭声相比,啼哭显得更少一些;3 周左右的婴儿就会为了吸引他人的注意而发出不同于惊吓的"假哭";在 8 周以前,婴儿就能发现自己可以使一辆玩具小汽车动起来。这些证据表明婴儿可能在出生一两个月就有了初步的自我意识。大约在出生后 15 个月开始,婴儿产生了自我认知,即认知自我和反省自我的能力。刘易斯研究了 9~12 个月、15~18 个月和 21~24 个月大的婴儿的镜前自我再认行为,结果发现,15~18 个月的婴儿开始出现自我指导行为,他们会用手抹去由镜子中看到的自己鼻尖上的红点。这种行为在 21~24 个月组的婴儿身上就更为明显,他们已能从一堆照片中找出自己的照片。这说明 18~24 个月婴儿的客体观念正在逐渐成熟,正在将他们的感知运动图式内化为正常的心理图像。

婴儿到了一周岁半左右,就能意识到别人在叫自己的名字。两周岁以后,能确认自己在镜子里的形象,并逐渐发展到能用"我"来表达自己的愿望和态度，这是自我意识发展过程中的一个重要转折，孩子开始把自己当作主体来认识，感到自己是独立存在的。到 3 周岁左右，更是已经学会用“我”“你”“他”区分自己和他人。

在婴儿自我概念的发展过程中，依恋被认为是一个重要的因素。婴儿对待自己和他人的方式，与他和照顾者之间相互交往方式和质量有着密切关联，充满关爱和尽责的养护有助于婴儿形成良好的自主感，并能积极地对待自己和他人，形成安全的依恋类型。拥有安全型依恋的婴儿往往有更多的探索行为，而这则能促进他更早地形成自我认识。

二、婴幼儿期的社会性发展

（一）人格发展阶段论中婴儿期的心理危机

艾里克森根据大量的临床观察和跨文化研究，将个体一生的人格发展划分为 8 个有顺序的、相互联系的阶段，并据此提出了人格发展阶段论（Erikson’s theory of psychosocial development）。在每个发展阶段中，人们都要面对一个关键的心理危机，个体在面对每个阶段的危机时都有可能出现积极或消极的结果，积极的结果表示对危机作出了良好的处理，这将有助于个体进入下一发展阶段，以及形成良好的人格特质；反之，如果不能处理好某一阶段的危机，将不利于其今后的人格发展。这一理论也是继弗洛伊德的经典精神分析学派后，提出新精神分析学派的代表性理论。在人格发展阶段中，处于婴儿期的个体需要经历前两个人格发展阶段，并经历两个阶段的心理危机，处理好这两个心理危机，对于婴儿的人格发展和社会性发展都有着重要的意义。

艾瑞克·艾里克森（1902—1994）美国著名精神病医师，新精神分析派的代表人物。他认为，人的自我意识发展持续一生，他把人格与自我意识的形成和发展过程划分为八个阶段，这八个阶段的顺序是固定的，但是每一阶段能否顺利度过却是由环境决定的，所以这个理论可称为心理社会阶段理论。

第一阶段是婴儿在 0~1 岁的时期，这一阶段需要面对的是“基本信任与不信任”的心理危机。婴儿度过这一阶段的心理危机，需要父母给予婴儿细心的关怀与呵护，如果婴儿在这一时期的需要基本都能够得到满足，就很容易发展出信任的概念，反之如果并没有从父母处得到信任感，则可能导致今后在亲密关系的建立上出现困难。

第二阶段是婴儿在1~3岁的时期，这一阶段需要面对的是“自主性与羞怯和怀疑”的心理危机。在这一时期婴儿的运动能力已经有所发展，自我意识也开始形成，具有一定自主探索空间的能力。如果在这一时期，父母能够在婴儿进行自我探索时给予适度的自由空间任其发展，将有助于婴儿自主性和独立性的建立。相反，如果父母对于婴儿的一举一动都给予过分的关注和控制，对于每次尝试性的探索都给予批评和纠正，则可能导致婴儿在今后发展时产生更多的羞怯感，我国对于独生子女的养育观念就较为倾向这一种方式，这实际上对于婴儿今后的发展是不利的；而父母如果完全放任其自由发展而不给予任何反馈或关注，则不利于婴儿社会性的发展，容易导致自我怀疑、自负甚至自闭。这两种不恰当的抚养方式都是不利于婴儿在今后发展中自信心的建立。由此可见，处理好人格发展阶段的关键心理危机，特别是婴儿期的心理危机，对于个体一生的人格发展都具有重要的意义。

（二）婴儿社会化的基本过程

1. 早期单纯社会化反应阶段(0至6个月)

在新生儿期主要以本能反应完成社会化的阶段之后，3个月左右婴儿的社会化是通过不断重复的经验进行的。当婴儿发出声音、微笑或出声笑时，照顾者会报之以同样的动作，双方由此产生了愉快的社会交往。4~5个月婴儿的社会化则通过对互易性、有效性和信赖感的学习获得。互易性是指婴儿学会对他人行为做出反应和回报。有效性是指婴儿学会预期照顾者的行为以及自身行为对照顾者的影响，即婴儿知道他所发出的信号对照顾者是有效的。依赖感是指婴儿发出的信号如果经常得到照顾者的反应，就会产生一种依赖感和安全感。6个月婴儿的社会化是通过对照顾者的个别特征的整合进行的。此时，婴儿不仅学会从最接近的人的个别特征去区别人，而且学会从整体上区别不同的人。

2. 社会性感情联结建立阶段(7个月至2周岁)

在这一阶段，婴幼儿的社会化过程呈现出一系列的特点。首先，产生了对最亲近的人的依恋行为。当最亲近的人(通常是母亲)离开时，婴儿会用啼哭表示反抗。这种对最亲近的人的分离焦虑和反抗，意味着婴儿对所依恋对象存在与消失的敏感，其目的在于使依恋对象重新回到自己身边。

其次,主动追随依恋对象的能力增长。一般在 8 个月时,婴儿已经获得爬行能力,这种能力为婴儿提供了主动亲近依恋对象的可能。从此,婴儿靠爬行和行走追随依恋对象,主动保持与他们的社会联系。同时,由于爬行和行走可以保证婴儿随时接近照顾者,婴儿的安全感也大为增加,从而使他们放心地扩大活动范围,与陌生人接近的愿望也随之增长,这使得婴儿对陌生人的焦虑反应和羞怯行为在 1 周岁半和 2 周岁间日益减少。而随着婴儿动作能力的发展,其探索活动和兴趣不断扩大,社会交往的范围也不断扩大。

婴儿在 8~12 个月时,能够逐渐掌握社会性参照(social referencing)的能力,以帮助他们能够从社会环境中获取有价值的信息。社会性参照指的是婴儿能够通过所信任者的表情做出判断,以更好地面对不确定的环境和事件。例如,婴儿可以根据母亲的表情和语气,改变对待陌生人的谨慎程度。这种能力的获得实际上是情绪发展中较为复杂的一种认知图式。

3. 伙伴关系的发展阶段(2 至 3 周岁)

从 2 周岁开始,由于婴幼儿感情社会联结的建立,认知能力和语言能力的发展以及社会交往范围的扩大,他们能够容忍与依恋对象一段时间的分离,并逐渐习惯与同龄伙伴和其他成人的交往。但在这一阶段,如果婴幼儿没有固定的照顾者,他们就难以形成对特定个人的依恋。到 3 周岁时,婴幼儿开始与其他成人建立起较好的社会性的交往或亲密关系,并开始进入社会人的行列。

(三)依恋的发展

1. 依恋的内涵

依恋(attachment)研究起源于对第二次世界大战孤儿所经受的母婴分离所造成的后果分析。当时的研究者发现,许多在战争中失去或离开双亲的儿童,虽然在生理需求上得到了基本的满足,但在心理发展上却出现了许多不同于常规家庭中成长的儿童的障碍。英国精神病学家鲍比(John Bowlby)首先对依恋进行了系统的研究,从生态学、心理学、精神分析学及信息论和控制学的角度,综合阐述了早期依恋的理论,为日后的依恋研究奠定了坚实的基础(Bowlby,1969,1973,1980)。

如今,依恋研究已经有了极大的发展,并从最初的母婴依恋拓展到贯穿个体一生的全程性依恋研究。研究者普遍认为,依恋是人类适应生存的一个重要基础,它不仅提高了婴儿生存的可能性,同时建构了婴儿终生适应的特性。依恋就其本质而言,是一种内涵丰富的社会关系系统,在这一关系系统中,依恋的主体对另一特定个体产生持久的情感联系。这种联系可能发生在某物种的年幼个体与成年个体之间，或是幼年个体之间，也可能出现在成年个体之间，或者也可能是一个个体与某一特定群体建立强烈的情感联结。具体而言，依恋既可是儿童与看护者（主要是父母以及儿童未来生活中遇到的教师）之间的关系，也可以体现在儿童与同伴交往过程中，也可以反映成年人之间的情感联系。因此，广义上讲，依恋是指个体对某一特定个体或群体的长久持续的情感联结。

但一般所指的依恋，依然是狭义上的依恋，即特指婴儿与其看护人之间的情感联系，表现为婴儿和看护人之间的相互影响和渴望彼此接近，主要体现在母亲和婴儿之间。其表现为：婴儿将其多种行为，如微笑、咿呀作语、哭叫、注视、依偎、追踪、拥抱等都指向母亲；最喜欢同母亲在一起，与母亲的接近会使他感到最大的舒适、愉快，在母亲身边能使他得到最大的安慰；同母亲的分离则会使他感到最大的痛苦；在遇到陌生人和陌生环境而产生恐惧、焦虑时，母亲的出现能使他感到最大的安全、得到最大的抚慰；而平时当他们饥饿、寒冷、疲倦、厌烦或疼痛时，首先要做的往往是寻找依恋对象，接近依恋对象的可能性要大于接近任何别人。

2. 依恋形成的标志

目前，研究者们所公认的依恋形成标志是几乎同时出现在婴儿身上的两种焦虑：陌生人焦虑与分离焦虑。随着婴儿逐渐能分清生、熟人，随着母婴依恋的建立，婴儿能很好地把主要抚养者母亲和陌生人区分开来，陌生人的出现便会引起婴儿的恐惧、焦虑。陌生人焦虑的发生发展也是有个过程的，一般在婴儿6~8个月时发生。

随着婴儿与母亲依恋的建立，婴儿也出现了第二种形式的焦虑——分离焦虑，即婴儿与某个人产生了依恋之后，当与所依恋的人分离时，就会表现出伤心、痛苦，拒绝分离。分离焦虑的发展也需要有个过程，此过程与母婴依恋的建立有关，也与婴儿应付情境的能力有关。分离焦虑产生的机制与三种认知能力有关：即提取记忆的能力、比较过去和现在的能力、预期可能在最近发生的事件的能力。

婴儿或儿童与其依恋对象分离时可能产生过度焦虑情绪。按照CCMD－3（《中国精神疾病诊断标准》第3版）的诊断标准，其症状具备下列8项症状中的3项，即可确定。但同时必须是起病于6岁前，症状持续至少1个月，且有日常生活和社会功能受损。这8项症状是：①过分担心依恋对象可能遇到伤害，或害怕依恋对象一去不复返；②过分担心自己会走失、被绑架、被杀害，或住院，以致与依恋对象离别；③因不愿离开依恋对象而不想上学或拒绝上学;④非常害怕一人独处,或没有依恋对象陪同绝不外出,宁愿待在家里;⑤没有依恋对象在身边时不愿意或拒绝上床就寝;⑥反复做噩梦,内容与离别有关,以致夜间多次惊醒;⑦与依恋对象分离前过分担心,分离时或分离后出现过度的情绪反应,如烦躁不安、哭喊、发脾气、痛苦、淡漠,或退缩;⑧与依恋对象分离时反复出现头痛、恶心、呕吐等躯体症状,但无相应躯体疾病。在诊断本病时应排除广泛发育障碍、精神分裂症、儿童恐惧症及具有焦虑症状的其他疾病(姚凯南,2003)。

3. 依恋的类型

关于依恋的类型划分,最著名的研究是由安思沃斯(Mary Ainsworth)等人通过"陌生情境测验"(Strange Situation Procedure)法得出来的。他们对12个月左右婴儿的依恋行为进行了实验研究,将婴儿的依恋划分为三种不同类型。①A 型:焦虑—回避型依恋。此类婴儿对母亲在不在场都无所谓,母亲离开时,他们并不表示反抗,很少表现出紧张、不安;当母亲回来时,也往往不予理会,自己玩自己的。此类婴儿约占20%。②B 型:安全型依恋。母亲在场使婴儿感到足够的安全,能在陌生的环境中进行积极的探索和操作,对陌生人的反应也比较积极。当母亲离开时,其操作、探索行为会受到影响,婴儿明显地表现出苦恼、不安,想寻找母亲回来。这类婴儿约占65%~70%。③C 型:焦虑—反抗型依恋。这类婴儿每当母亲将要离开时就显得很警惕,当母亲离开时表现得非常苦恼、极度反抗,任何一次短暂的分离都会引起大喊大叫。但是当母亲回来时,他对母亲的态度又是矛盾的,既寻求与母亲的接触,但同时又反抗与母亲的接触,当母亲亲近他如抱他时,会生气地拒绝、推开。此类婴儿约占10%~15%。上述三类依恋中安全性依恋为良好、积极的依恋,回避性和反抗性依恋又称不安全性依恋,是消极、不良的依恋。

此后,安思沃斯的学生梅恩和所罗门(Main & Solomon, 1986, 1990)在此基础上又提出一种新的依恋类型:D 型,即紊乱型依恋。修正后的四种依恋类型婴儿的行为特征如下(括号中数据为各类型婴儿占所研究婴儿总数的百分比):

第六章

表6-2 依恋类型及行为特征

A型　焦虑—回避型(10%~15%) a 独立探索 1. 在未分离之前就准备分开去探索 2. 很少有情感分享 3. 在母亲不在时,与陌生人关系密切 b 对于重聚有回避行为 1. 目光移开,不看母亲,转身走开,忽视母亲的回来 2. 可能混合了回避与接触 3. 在第二次重聚时,回避更加明显 4. 对于陌生人没有回避	B型　安全型(65%) a 母亲是探索的安全基地 1. 可以独自去玩玩具 2. 游戏中有情感分享 3. 母亲在场时,与陌生人关系更密切 4. 容易从痛苦中恢复平静,继续玩耍 b 重聚时积极寻求抚慰 1. 表现出痛苦 (1)立即开始寻找,保持接触 (2)接触对于消除痛苦是有效的 2. 如果没有痛苦 (1)对母亲作出积极反应 (2)主动引发交往
C型:焦虑—反抗型(15%~20%) a 难于探索 1. 不愿单独去探索,甚至在分离之前也需要接触 2. 对陌生情境和人都十分警惕 b 重聚之后难于平静下来 1. 寻求接触和拒绝接触相混合(打、踢、扭动、丢弃玩具) 2. 可能只是简单地继续哭泣或发脾气 3. 可能表现出强烈的消极性	D型:紊乱型(少于10%) a 表现出无稳定性,前后不一致,无法预测其行为 1. 分离后,跑到门前哭泣,门开了之后又走开 2. 迎向母亲,头却转向另外一个方向 b 表现出缺乏目的性和定向性 1. 表现出奇怪、僵硬的姿势 2. 保持迷惑、恍惚的表情 3. 茫然地盯着母亲

注:a部分主要涉及分离前后的行为表现,b涉及重聚后的行为表现(李幼穗,2004:88-89)

4. 依恋的影响因素

(1)抚养方式

看护者,尤其是母亲对婴儿喂养方式及她与婴儿的互动方式是婴儿依恋关系形成的一个关键因素。母亲对婴儿所表现出的行为的敏感性、反应性、耐心程度都直接影响着婴儿的认知模式尤其是内部工作模式的建立,从而制约着个体的社会性发展。一个高敏感性的看护者对于婴儿的安全型依恋的形成具有至关重要的作用。安思沃斯等人(Ainsworth et al.,1971)研究了母亲在婴儿出生后最初3个月的抚养行为对婴儿依恋类型形成的影响。研究者从敏感性、接受性、合作性和易接近性四个方面来衡量母亲的抚养行为,结果发现,婴儿的依恋类型与特定抚养方式密切相关。B型婴儿的母亲多数能保持一致、稳定的接纳、合作、敏感和易于接近等特性;A型婴儿的母亲则倾向于拒绝、不敏感;C型婴儿的母亲通常拒绝、忽略婴儿的需要,并干涉婴儿的自主行为。

在此基础上，安思沃斯提出“抚养方式假说”，认为母亲的依恋质量在很大程度上依赖于婴儿所接受到的注意的种类。斯图尔特（Clarck-stewart）的研究支持安思沃斯的观点。他从反应性（对儿童的哭、叫唤、语言要求等的反应的比例）、积极情感的表达（充满感情的接触，加上微笑、表扬、说话等等）、社会性刺激（母亲接近儿童、对儿童微笑、谈话或模仿儿童的频率）三个维度评价母亲，发现安全依恋的儿童的母亲在三个维度上得分都是最高的。然而也有一些研究得出的结论不太相同。如罗森（Karen Schnieder Rosen）和罗特鲍姆（Fred Rhotbaum，1993）考虑到母婴交互作用给评分者造成的影响，在评定时只考虑母亲的作用，而不考虑儿童的反应，结果发现母亲的行为与安全依恋的关系并不一致或只有微弱的相关（陈会昌、梁兰芝，2000）。

梅恩和所罗门（Main & Solomon, 1986）进一步提出，D 型婴儿之所以表现出既想接近看护者又要逃避看护者的矛盾行为，可能是由于他们曾经被忽视或虐待，这使得婴儿不知道在与看护者重聚后时应该接近以寻求安慰，还是应该躲避以获得安全。

总体而言，儿童形成不安全依恋与母亲的照顾质量具有很高的相关性（B 型除外）。A 型婴儿的母亲倾向于拒绝和不敏感、有时对孩子缺乏耐心、反应迟钝，常常表现消极；C 型婴儿的母亲常常错误理解儿童的需求，不能形成与儿童和谐相处的节奏；D 型婴儿的母亲常虐待儿童，对儿童的看护不连贯和不规律，母亲对儿童的情感矛盾，常常表现出强烈的亲近和强烈的回避行为，因而致使儿童的情感混乱和矛盾。同时，D 型儿童常常来自低收入阶层、母亲有抑郁倾向的家庭。儿童与母亲依恋关系是否具有组织性和连贯性是导致儿童行为问题发展中最重要的因素，这比依恋关系是否安全在临床上更有意义（胡平、孟昭兰，2000）。安全的母婴依恋关系为儿童的认知和行为发展提供了一种更好的可能性；不安全的母婴依恋关系可能导致幼儿期的儿童的认知损害和更多的行为问题（丁艳华等，2013）。

（2）婴儿气质

依恋的发展是一个双向的互动过程，婴儿最终形成哪种依恋，不仅取决于父母的抚养方式和家庭环境，也与婴儿本身的特点和气质有关。气质（temperament）指的是婴儿期出现的反应性和自我调节等方面的稳定个体差异。其中反应性包括情绪唤醒、注意及活动的速度和强度，自我调节指的是用于改变反应性的策略。托马斯和切斯（Thomas & Chess, 1984）提供对婴儿气质的常用分类方式，他们根据婴儿行为的节律性、活动水平、适应性、心境、情绪表达等方面的特点，将婴儿的气质划分为三种基本类型——“容易(easy)型”“困难(difficult)型”和“迟缓(slow-warming)型”，具体特点如下：

表6-3 气质类型与特点(Thomas & Chess, 1977)

气质成分	容易型	困难型	迟缓型
节律性	吃、睡、排泄时间有规律	无规律	——
活动水平	——	高	低
接近与退缩	容易接近陌生人与陌生情境	怀疑陌生人和陌生情境	对新刺激有中等程度的初始消极反应
适应性	容易适应新情境并能接受挫折	适应慢且受挫后脾气暴躁	在无压力的反复接触后逐渐喜欢新情境
心境	积极	消极	——
情绪表达	中等强度的表达	高强度的表达(如大笑、大哭等)	低强度的表达

卡根(Kagan, 1984)认为婴儿的依恋类型在很大程度上限于婴儿的气质类型。他认为传统的陌生情境实际测量的是婴儿的气质类型，而不是依恋质量。他还比较了婴儿气质研究与陌生情境测验的结果，从中发现，归为A(焦虑—回避型)、B(安全型)、C(焦虑—反抗型)、D(紊乱型)依恋类型婴儿的百分比与容易型、困难型和迟缓型婴儿的百分比十分接近。卡根解释道，这是因为在气质上属于困难型的婴儿通常拒绝生活或活动环境的变化，不愿接受新事物，可能在陌生情境中显得更悲伤，并且不能被母亲抚慰，因此就被分化为A型婴儿；而一个容易型的婴儿则非常友好，容易接受陌生环境，也容易接受母亲的抚慰，所以被归为B型婴儿；迟缓型气质的婴儿害羞、对环境变化接受较为缓慢，在陌生情境中就会显得疏远、不依恋，因此被归为C型婴儿。据此，卡根提出了“气质假说”，认为婴儿的气质在依恋类型的形成中起到主导作用，即婴儿的依恋类型实际上反映了他们的内在气质类型。

尽管婴儿气质类型确实在某种程度上与依恋类型相关，但多数研究者并不认同卡根的假设，他们提出一些与该假设相反的例证。例如，婴儿可能与母亲形成安全型的依恋却与父亲形成不安全的依恋，而且婴儿的依恋类型会因看护者抚养方式的突然改变、或是看护者人员本身的改变而改变，而气质类型却是相对稳定、不容易随外界环境的改变而改变的，即气质具有稳定性和可遗传性。因此，卡根的假设并不能说明全部的事实。

(3)亲子早期互动

美国学者克劳斯和科纳尔(Klaus & Kennell, 1983)认为,在婴儿出生后的几个小时内,让母亲与婴儿发生皮肤接触,能够提高母亲对婴儿的反应性,并能加强母婴之间的情感联系。因此,加强婴儿的早期与母亲的皮肤接触,能促进和增强母婴依恋。为验证这一假设,他们对28个刚刚正常分娩的母亲进行了研究。在分娩后的三天内,一半的母亲(控制组)按照医院常规在产后的6~12个小时再照看婴儿,之后,每4个小时后安排半个小时的喂奶时间。实验组的母亲则有"延长接触"的时间,她们在分娩后的3个小时就被允许与婴儿进行一个小时的皮肤接触,而且每天能和婴儿多待5个小时。1个月后,研究者发现,与控制组相比,实验组的母亲与婴儿更亲近,能更有效地抚慰婴儿。1年后,这种差别仍然存在。而且实验组的1岁婴儿比控制组的婴儿表现出更好的身心发展状况。赵茂矩等人(2007)的研究指出,定期对婴儿母亲进行早期教养指导能有效地促进母婴安全依恋关系的建立。而母婴安全型依恋关系的建立是婴儿身心健康的重要保证,也是婴儿形成良好情绪情感的基础。

在众多类似研究的基础上,克劳斯和科纳尔提出,婴儿出生后的最初6~12个小时是形成强依恋的"敏感期",即在这个特定时间内,如果母亲能与婴儿发生皮肤接触,则可能发展出最强烈的情感联系。他们解释道,这是因为生产过程中分泌的激素对母婴依恋的形成有着重要的作用,如果激素消失后才让母亲与婴儿接触,则会降低母亲对婴儿的反应性,从而不利于强依恋关系的形成。

克劳斯和科纳尔的"敏感期假设"得到了许多经验研究的支持,但也遇到其他学者的批评和反诘。例如,他们认为,那些没有与婴儿进行早期接触的父母将永远不可能与婴儿建立依恋关系。但格登博格(Goldberg, 1983)却针锋相对地提出,早期接触的作用没有那么巨大,其持续时间也没有那么长,这种接触可以提高父母对婴儿情感的卷入程度,但它们本身并不足以形成强烈依恋关系的必要或充分条件。稳定的依恋关系是在长时间的社会性互动中形成和发展的,缺乏早期互动并非必然就无法形成依恋。

(4)母爱剥夺

母爱剥夺(maternal-deprivation)的实验由于受到伦理和道德等因素的制约,从来没能得以大规模的进行。但还是有少数的动物实验和经验研究表明了母爱剥夺对于个体依恋形成和后期发展的巨大负面影响。20世纪50年代,美国动物心理学家哈洛(Harry Harlow)曾做过一个关于恒河猴的某种实验。他让小猴在没有母亲的情况下成长，然后为其制造了两个替代性的“母猴”：一个是用铁丝制成，可以提供牛奶的“金属母猴”，另一个是覆盖着柔软布料但不能提供食物的“布母猴”。观察结果表明，小猴除了吃奶的时间外，大部分时间都与“布母猴”呆在一起。这说明舒适的身体接触甚至比提供食物更有利于亲密关系的形成。而这种隔离抚养长大的小猴，与正常环境下成长的猴子相比，会表现出胆小、羞怯、行为退缩和呆板，成年后甚至缺乏交配能力，而且即使生下幼猴也不会对它进行照顾。

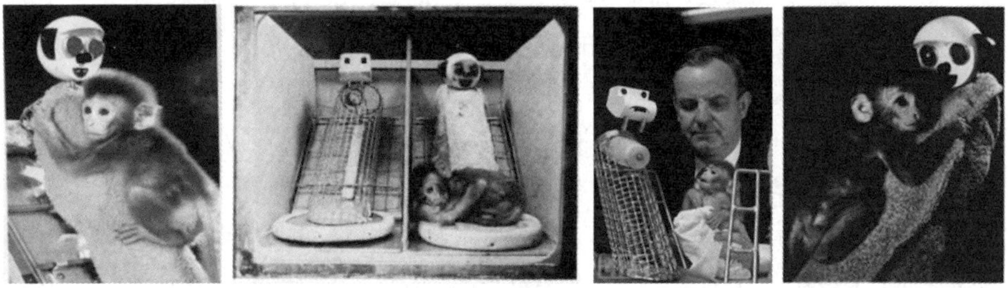

图 6－10 哈洛研究灵长类动物的依恋

猴子的这种状态与在一些社会机构中（如战争时期的孤儿院）儿童的成长经历十分类似。这些儿童在生理需求上得到了基本的满足，但由于高强度的工作量和频繁的人员调整等原因，他们从来没有持续而稳定的同一照料者。在这种情境下，婴儿发出的许多信号都不能得到积极和及时的回应，造成许多儿童的社会性发展异常，在情绪表达、反应能力、交往能力上与正常家庭中成长的儿童有较大差距。因此，鲍比（Bowlby，1951）认为，如果婴儿在关键期内没能与母亲建立紧密的情感联系，那么儿童的人际关系和情绪发展就会受到严重的、不可逆转的损害，形成一种“无情感的性格”。这可能隐含了心理学界长期以来的一种观念，即儿童年龄越小，受他所经历的事情的影响就越大。母婴分离、进而与家庭分离对婴儿来说显然是一个重大事件，对儿童心理的负面作用往往是不可恢复的。

但也有研究者反对这种观点，认为年龄与所受影响间的关系并不一定具有必然性，依恋的形成也不一定具有严格的关键期，早期经验对婴儿的毕生发展的影响也并不具有完全的决定作用。20 世纪 30 年代曾有一项实验考察了故意剥夺女婴早期经验的后果（Dennis，1941；Dennis & Dennis，1951）。两位异卵孪生女婴从出生 1 个月起到 14 个月大时，由丹尼斯夫妇在家中抚养长大。除了必需的生理护理，丹尼斯夫妇故意不给两名婴儿任何其他刺激。她们衣食无忧，除了定期更换食物口味，在其他方面没有得到任何更多的照顾。婴儿房中没有任何玩具，没有图片，也几乎没有任何家具摆设。丹尼斯夫妇试图对双胞胎取消任何奖赏和惩罚，而且避免在她们面前作出任何可能引起模仿的动作。

最初，这种经验剥夺对婴儿发展的影响似乎微乎其微。在婴儿出生后7个月内的多数测验中，尽管这对双胞胎在某些项目上表现迟钝，但她们的平均得分仍然处在同龄的婴儿的正常水平。但是随后她们的成长出现了严重的滞缓。在14个月实验结束时，几乎所有的测试都表明，这对双胞胎女婴的发展远远滞后于平均水平。考虑到她们并没有被剥夺所有的早期经验（她们的生理需求得到了细致的照顾，这种精心的照料可能是一般婴儿都难以享受到的），实验的结果相当发人深省，这表明早期经验的剥夺可能严重地延缓婴儿的幼年成长。但在主要研究结束后，她们又接受了特殊训练，在技能表现上又回到了正常水平。

在很长一段时间里，许多的研究者都在试图重复验证早期母亲抚养对于婴儿依恋类型发展的必要性，最终沃尔夫（Wolff）和伊恩杜恩（Van Ijzendoorn）的元分析证实母亲敏感性与婴儿依恋安全感之间平均的相关程度仅为0.24。尽管此后彼得森（Pederson）团队研发的母亲行为Q分类获得的母亲敏感性分数与婴儿依恋安全感之间的相关达到了较高的程度（Pederson, Gleason, Moran & Bento, 1998），但研究人员已经清晰地认识到了婴儿对母亲敏感性并非形成和维持亲子依恋关系的唯一要素（梁熙、王争艳，2014）。

第三节　婴幼儿期的相关问题

一、安全照顾

一般而言，照顾婴儿都是在家庭中由自己的父母（尤其是母亲）来承担的。母亲和孩子之间有着天然的纽带，孩子在婴儿期由母亲来照看符合婴儿身心发展的需要。婴儿期的成长，除了生理需要之外，还有“爱和安全的需要”“新体验的需要”“赞扬和承认的需要”“责任的需要”等方面。母亲在照顾婴儿的过程中，给予孩子无条件的接纳、欣赏，并适当地增加与孩子的身体接触，会让亲子之间的感情更深更浓。温暖的怀抱、轻轻的抚慰、细心的照料，这些爱的举动使婴儿对周围世界、人类社会产生安全感、信任感，让他们从小学会了爱，感到了安全，这是婴儿逐渐构筑健康人格的开始。

婴儿依恋的主要对象是母亲，但也有可能是其他照顾者。近来的研究显示，父亲和其他固定的照顾者也可能成为婴儿依恋的对象。这个研究给那些没有时间和精力照顾婴儿的母亲所在的家庭提供了一个新的选择。

现代职业女性在社会竞争和自身发展的双层压力之下，其作为母亲的角色和功能已然在悄悄发生变化。为了保住自己的职位，她们很有可能提前结束哺乳期，有的母亲会考虑请奶妈来代替自己为孩子哺乳。女性忙于工作自然就减少了和婴儿交流的机会，这就给婴儿的成长造成不少的缺憾。那些由家里的爷爷、奶奶或外公、外婆带大的孩子，由于老年人的精力有限、知识老化、容易宠爱孩子等原因，很可能对孩子的健康成长造成一定的困扰。

双职工父母由于工作繁忙而无法完全承担起照顾婴儿的现状，已经成为当前一个非常实际的困难。这就对我们整个社会服务体系提出了更高的要求和更大的挑战，要求我们在“托儿所”“幼稚园”等常规的儿童服务机构之外，整合各种社会资源，从家庭和社区两个层面为婴儿照顾提供更多、更专业化的社会服务。

家庭层面的婴儿照顾服务主要包括四个方面。一是住家保姆，即家政服务公司以“派出制”的管理模式提供的一种家庭服务方式。住家保姆与雇主在一个房子里同吃同住，照顾婴儿（有时包括产妇等），一般时间为一年，价格相对昂贵。住家保姆方式提供的家庭服务需要雇主家有相对宽裕的住宿条件，因此一般家庭难以承受。二是非住家保姆，这是家政服务公司提供的另一种家庭服务方式。非住家保姆不住在客户家中，类似于一种长时间固定的钟点工。服务时间根据雇主的需要，从早上7:00到晚上9:00间的任意时间段（一般为8个小时，其中可以间断）。非住家保姆住宿，如果家政公司离雇主近，则可住在家政公司；如果距离远，家政公司会为他们在雇主家附近专门租房子或保姆自行租房子。三是当地妇幼保健医院的医护人员定期回访，上门为婴儿检查身体，并针对婴儿的发育情况提供养育指导。四是儿童服务机构的服务人员上门提供婴儿理发、洗澡等比较专业的护理服务。

社区层面的婴儿照顾服务则主要包括两个方面。一是托婴中心，即社区内的一种婴儿照顾服务机构，由育婴师提供专业的护理服务。婴儿托管过来前，必须由其父母陪同工作人员一起为宝宝做个全身检查，确定其健康状况。托管时，婴儿必须由监护人送过来，也必须由监护人接走。双方需要签订一份协议，明确各自的责任。由于托管中心具有一定的风险，所以目前国内提供托婴中心服务的城市不多。二是社区互助，即由社区内母亲们自行成立的互助小组，开展相互支持的婴儿照顾，若妈妈临时有事外出，可由其他妈妈代为照顾婴儿。

二、早期教育

近年来，随着生活水平和父母教育水平的提高，年轻的父母们越来越关心孩子的早期教育，期望能按自己的意愿塑造一个理想的孩子，加之许多传媒的记者也十分热衷于早教和早慧儿童的报道，于是许多家长便在孩子出生不久就教孩子认字、数数、背诗、算题，两三岁就教孩子写字，四五岁就把小学的课本拿来教孩子攻读，有人甚至主张把小学要解决的问题提前到三岁，提出了“周岁识字，三岁扫盲”的口号。其结果是造就了一批看上去特别聪明的“早熟”孩子。但这样做真的合理吗？早期教育真的能够培养出“天才”吗？

我们可以发现，在目前的早期教育领域，往往是热情多于理性，对个案特殊性的认同远甚于对某一通用模式普遍有效性和可行性的认同。尤其是市场上的早期教育产业，更是商业目的多于教育目的。强调婴幼儿早期经验对个体毕生成长的关键性，进而强调早期教育的必需性，是提倡早期教育的学者和兜售早期教育商品的商家的一个基本逻辑。在这种思维的主导下，往往形成教育的“头三年神话”，认为教育过程越早越好、教育内容越多越好。但过分强调早期教育是十分有害的，其危险之一是使我们过分关注什么时候开始学习，而几乎忽视了应该以何种最适宜的方式学习。一些急功近利的做法，完全违背了儿童身心发展的规律，对婴幼儿的成长毫无益处。正如杨宁（2004）所批判的：“儿童早期教育领域是一个盛产神话的领域，早期经验决定论和婴儿决定论、刺激丰富的神话；右脑开发；识字增智……借用语言学家索绪尔一百年前的话，就是‘没有任何领域曾经孕育出这么多的荒谬观念、迷梦和虚构’。这些神话反映了早期教育理论的极度贫乏和混乱，有着广泛的社会心理背景，并对早期教育实践、儿童成长的心理和社会环境带来了极大的负面影响。”

必须指出的是，早期教育中神话如此盛行的一个重要原因是利益驱动。不少商家更是看准了家长们望子成龙、望女成凤的心态，通过不切实际的炒作，夸大了早期教育的神奇作用，从而达到赚取高额利润的目的。儿童心理学家艾尔金德（Elkind，1988：214）指出：“许多家长之所以热衷于各种早期教育的神话，是因为‘超级儿童’（superkid）的神话满足了他们望子成龙的强

第六章

烈愿望。而商人们也看到了早期教育这个巨大的市场,他们不惜工本,大肆炒作,为的是赚取高利。”

在当前的早期教育中存在着许多误区,致使本来旨在促进孩子发展的早期教育反而“伤害”了孩子,其中的四个主要误区是:①把婴儿当病人。很多家庭认为婴儿是脆弱的小生命,要像对待病人一样照顾得无微不至。其实婴儿不是病人,他们一出生便具备了各种潜能,有惊人的适应能力。婴儿对环境的要求,除了照顾以外,还需要运动、交流,甚至是“冒险”,以挖掘自己身体里的潜能。如果把他们当成病人一样地照顾,他们的潜能就会逐渐地消失。②把教育当成备考。许多家庭把教育与学习相提并论,认为学习的成绩就是教育的效果。于是,孩子们在一岁以内开始认字,三岁以内开始学外语,三周岁到六周岁的孩子开始参加各种培训班。但是教育是能力的培养,不是成绩的取得。教育包括的内容很多,健康的心理、愉快的情绪、合作的精神、思维的方式、动手的能力、语言的表达等,都不是能用成绩来衡量的。它是要让儿童养成良好习惯,而不是逼迫孩子掌握一项专门技能。③目标定得太高。许多家长们认为,不能让孩子输在起跑线上。孩子要是晚认了几天字,少学了几个单词是天大的失误。更有一些家长,认为自己的孩子现在并不出色,以后也不会有“大出息”。其实人生的起跑线不止一条,人生随时都有不同的起跑点。④盼孩子是超常“神童”。其实,超常和低智力的儿童所占的比例都非常少,多数的儿童都是正常孩子。如果家长非要给正常的孩子定一个超常的标准,那结果只能等于揠苗助长。

由此可见,早期教育是一个令人神往但又十分复杂的问题,就目前掌握的情况看,还没有任何一种早期教育范式具有令人信服的解释力和普遍的可行性。对于早期教育,我们既不能一概排斥,耽误了婴幼儿早期的发展与成长,也不能走向另一个极端,过分迷信早期教育和早期经验的神奇作用,不适当地、超量地对孩子进行各种各样的早期教育,以至对孩子的正常心理发展产生不应有的负作用。合适的早期教育是提高人口素质的必要条件,但究竟应该怎样进行,至今没有可以让所有人能够遵循的标准模式。少数成功的实例虽让人羡慕,却不能作为盲目效仿的榜样,否则邯郸学步的结果只能是带来不必要的失望和真正难以恢复的损伤。社会工作者有义务帮助家长和社会认清早期教育的利弊,并帮助家庭制定最佳的个性化发展方案,以满足不同家庭和个体的不同需求。

三、弃婴

近些年,弃婴现象频繁发生,已经成为一个不可回避的社会问题。2004年,国务院办公厅《中国的社会保障状况和政策》白皮书中的数据显示,目前中国共有192个专门儿童福利机构和近600个综合福利机构中的儿童部,共收养5.4万名孤残儿童。一项对天津市儿童福利院的调查表明:1995—2005年间,该院共收养孤残儿童1057人,其中孤儿占0.6%,弃婴占99.4%。

导致弃婴现象发生的原因,大致有如下六个方面:一是强制婚检取消,导致新生儿先天畸形人数出现增加趋势;二是父母无能力负担残疾儿童的高额医疗费用;三是非婚生育后难以承受社会压力,由于性教育的薄弱和缺席,城市流动人群和青少年正式成为非婚生育乃至弃婴问题的两大高发群体;四是重男轻女传统思想和计划生育的矛盾难以调和,以致一些人作出"是男孩生下来,是女孩不要"的选择;五是法制宣传不到位,人们法律和道德观念淡薄,很多人不知道弃婴行为就是犯罪;六是社会存在对残疾人及其家庭成员的世俗偏见和歧视。

弃婴现象的发生,原因很复杂,因此要改变这种现象,也要系统地来考虑。从杜绝人们的弃婴行为的视角看,有如下四个方面需要我们积极采取对策:第一,完善医疗卫生制度,加强对妊娠妇女的产前检查和保健,真正从源头防止和杜绝弃婴产生。第二,完善针对残疾儿童及其家庭的社会保障和社会政策体系,包括残疾儿童医疗康复的社会救援扶助机制,以及完善和落实残疾人相关的生活、受教育和就业政策。第三,整合社会资源,培育民间组织机构,为残疾儿童家庭建立长效保障机制。国家有必要通过制定相关政策,开辟多种渠道,吸纳社会上一切可以利用的资源加以整合、开发,扶持一些有意愿和实力的民间组织机构,提供形式多样的符合残疾人及其家庭需要的社会服务,更好地实现社会福利社会化的目标。第四,加强对流动人口的管理,定期开展形式多样的社区教育活动,增进人们对性与生殖健康知识的了解,以及相关法律法规的了解。

除了上述杜绝弃婴行为的政策建议之外,对已经成为弃婴的孩子,我们需要考虑他们的收养问题。《中华人民共和国收养法(草案)》(1991年6月21日)的说明提出:"捡拾弃婴后原则上应归民政机关主管的社会福利机构养育,但单靠社会福利机构包揽下来是困难的,应该发挥社会的力量。为此《草案》规定,经当地公安或民政部门出具证明,可以由符合收养条件的人收养弃婴。"可见,弃婴的收养,有两个途径——国家收养或者个人收养,前者主要指各地的社会福利院,后者指符合收养条件的公民。

社会工作介入弃婴及其收养问题的服务,可以考虑如下三个方面:第一,政策倡导,进一步完善相关立法工作。随着社会的发展,已有的相关婴儿保护法规政策在操作方面显得太过宏观,我们有必要借鉴国外先进经验,出台某些具体的单一性法规,如《反弃婴法》《弃婴抚养条例》等,以加强法律执行的一致性、严谨性。第二,整合资源,建立婴儿保护社会工作专业体系和服务网络。从医务社会工作、儿童社会工作、社区社会工作、司法社会工作等相关实务领域打通界限,建立信息共享的平台,为婴儿的保护提供无缝隙服务。第三,社区教育,对有关婴儿遗弃和弃婴收养的相关法律法规进行普及性宣传,让更多的父母了解作为父母的责任和义务,同时也让更多民众关心弃婴问题,给这些孩子以最大可能的帮助。

推荐阅读书目

贝克,2002,儿童发展,吴颖等译,南京:江苏教育出版社。

赫伯尔特,2006,心理育儿,武跃国、王立金译,北京:北京大学出版社。

凯斯,2001,智能的阶梯:儿童发展的新皮亚杰理论,屠美如等译,南京:南京师范大学出版社。

李幼穗,2004,儿童社会性发展及其培养,上海:华东师范大学出版社。

罗杰・霍克,2010,改变心理学的40项研究,北京:人民邮电出版社。

杨雄、王禄宁,2004,儿童发展与社会责任——转型社会研究,上海:上海社会科学院出版社。

对社会工作实务的建议

- 熟练掌握婴幼儿个体成长的相关理论和实证研究结果。
- 为家长提供必要的养育婴幼儿的知识和技能。
- 协助家长制定产前保育计划并推动家长遵守该计划,以确保孕期健康和生育健康。
- 为婴幼儿和家长创造更便利的资源获得渠道。
- 鼓励父母双方都积极参与到与孩子的互动和教育中,学习为人父母的共同职责。
- 致力于削减与婴幼儿家庭相关的贫困和社会不公正现象。
- 直接为婴幼儿提供与其年龄相适应的相关干预。
- 帮助家长认识到可能对婴幼儿成长不利的环境因素。
- 与其他领域的专家合作,建立旨在削除和预防家庭中虐待(包括忽视)的有效法律体系和社会干预计划。

第七章
童年早期

童年早期是指3岁至六七周岁左右这一时期。在现代社会中,这时候的个体一般开始进入幼儿园或类似机构,为以后进入小学进行正规的学校学习做好准备。这一时期的个体随着年龄的增长、身体的发育和变化,神经系统进一步发展,突出表现为大脑结构的不断完善和大脑功能的逐渐成熟。这为学前儿童的心理发展奠定了必备的生理基础。在游戏、学习和日常生活不断丰富复杂化的基础上,个体的言语能力发展迅速。随着活动范围的扩大、感性经验的增加和语言的丰富,个体的认知水平也不断发展,并出现性意识的觉醒。游戏成为个体认识世界的基本途径,是个体通过实际行动探索周围世界的一种积极活动,并对其思维发展起着极其重要的媒介作用。同时,这一时期也容易出现一些常见的行为问题,值得家长和社会工作者充分关注并加以避免或矫正。

第一节　童年早期的生理与认知发展

一、童年早期的生理发展

(一)童年早期身体的发育和变化

这一时期儿童的身体仍然在迅速发展着,但增长速度比婴儿期慢,身高每年增长4~5厘米,体重增加1.5~2.5千克,保持着相对稳定的速度。同时,婴儿肥继续削减。尽管女孩的身体仍然有点胖,男孩也有了一些肌肉,但是总的来说,儿童的身体逐渐变得比较瘦。由于身体增高了和变宽了,内部器官可以非常整齐地缩在体内,脊椎骨变得也更直了,身体的比例与成人更加接近,从而走路姿势和平衡能力也提高了,这种变化为以后运动技能的发展提供了基础。随着年龄的增长,神经系统进一步发展,突出表现在大脑结构的不断完善和功能的进一步成熟等方面。

1. 大脑结构的发展

大脑结构的发展，最明显的表现就是脑重的增加，3 周岁的儿童脑重就已接近成人脑重的范围，到了六七周岁时脑重平均达到 1280 克，基本接近成人水平。以后脑重的增长就相当缓慢，到 12 周岁左右达到成人脑重的平均数（1400 克），到 20 周岁左右时停止增长。脑重的增加并不是由神经细胞大量增殖引起的，而主要是由神经细胞结构的复杂化和神经纤维的不断增长造成的。

其次，大脑结构的发展表现为神经纤维增长髓鞘化的基本完成。2 周岁以后，脑神经纤维继续增长，在水平方向的基础上出现了向竖直或斜线方向延伸的分支。此后，神经纤维分支进一步增多、加长，形成更复杂的神经联系。同时，神经纤维的髓鞘化渐渐完成，使得神经兴奋得以沿一定道路迅速传导并更加精确。到 6 周岁末，几乎所有的皮层传导通路都已髓鞘化。神经纤维的增长和髓鞘化的基本完成，使脑皮质结构日益复杂化，大脑皮质的成熟具有了一定的程序性，大脑皮质各区都已接近成人水平。7 周岁时，发育最晚的额叶也基本成熟，脑电波中 α 波增多，而 θ 波明显减少，这也表明脑结构日渐走向成熟。

2. 大脑功能的成熟

大脑功能的成熟主要表现在兴奋和抑制的神经过程不断增强和条件反射的形成特点上。兴奋过程的增强表现在儿童的睡眠减少，从新生儿每天 22 小时左右减少到平均 14 小时左右，而到 7 周岁时一般只需 11 小时就够了。抑制过程在婴儿期就开始发展，一般在 3 周岁前，儿童的内抑制过程发展很慢，大约从 4 周岁起，由于神经系统结构的完善、语言的掌握和周围环境的作用，使得儿童的内部抑制有了较快的发展，突出表现在个体可以逐渐学会控制和调节自己的行为。

在整个婴儿期，条件反射的形成都比较慢，如果缺乏持续强化还容易发生消退或削弱。但是到学前期后期，随着个体神经系统结构的完善，条件反射的形成和巩固比以前明显加快，一旦形成，也不容易忘记。

3. 大脑功能的单侧化

虽然大脑左右半球在结构上几乎完全相同，但在功能上却有极大的不同。一般而言，左半球是处理言语、进行抽象逻辑思维的中枢；右半球是处理表象、进行形象思维的中枢，这样就形成了两半球在功能上的高度专门化或左右脑半球的优势现象。大脑的单侧化在婴儿期就开始出现，在童年早期则明显形成。郭可教通过对一个右脑半球严重病变、颞叶后部受损的5周岁儿童的研究，发现该儿童的言语能力完全正常，日常会话和对答均没有任何问题，但有明显的左侧空间不识症（林崇德，2002∶230）。这一事实表明此时个体的大脑两半球已经单侧化，左右脑半球的优势已经明显形成。

大脑单侧化的外在表现特征之一是优势手的形成。优势手是使用较多的手，这种现象的出现，是个体大脑优势半脑的外部标志之一。李鸣果用儿童的抓物方式来研究不同年龄儿童优势手的形成，结果表明，1周岁儿童使用左右手的次数比接近1∶1；随着年龄增长，儿童使用右手的次数逐渐增多，至5周岁后基本趋于固定值。钟其翔对广西幼儿园儿童的调查发现，小班幼儿的左利手占27%~30%，中班就只占9%，而大班则只占4%~9%（林崇德，2002;231）。可见，在5周岁左右，个体优势半脑已经形成，左右脑已有明显分工。

（二）动作技能

与婴幼儿时期相比，此时的个体由于骨骼、肌肉的发育成长，动作技能相应有了较大的发展。表面上这只是肢体活动上的进展，实际上这代表了个体身体与心智两方面综合发展的成果。对成年人而言，日常生活中的各种动作与技能，不过是为完成特定目的的手段而已，但对此时的个体而言，动作与技能本身就是他的目的，他从活动本身能获得满足。在粗动作发展方面，2.5~3.5周岁的儿童能自行行走，并能循直线跑步和双脚跳跃；3.5~4.5周岁的儿童步伐距离能达到成人的80%，快跑速度能达到成人的1/3，能投掷并拦住较大的球体；4.5~5.5周岁的儿童能单脚着地保持平衡，跑步时能控制身体。

在精细动作能力的发展上，2.5~3.5周岁的儿童能循曲线划圆圈，能使用餐具，能搭简单的积木；3.5~4.5周岁的儿童能扣上衣服纽扣，能照图描绘并按自己的意愿描绘；4.5~5.5周岁的儿童能用剪刀剪纸，能搭复杂的积木，能学习写数字和单字。

儿童粗动作、精细动作以及动作平衡和协调能力的发展是儿童自身成长的重要组成部分。儿童动作技能的正常发展为其将来参加集体运动项目、增强自信奠定了基础。动作技能发展落后的儿童，在入学后，由于经常遭受运动项目上的挫折，自信心和同伴关系会受挫。发展协调障碍的儿童通常会表现出书写上的困难，如书写速度慢、字迹难以辨认、握笔姿势错误等。琳达·帕加尼（Lindas Pagani et al.，2012）研究了幼儿动作能力与入学准备度的关系，发现粗大运动能力和精细运动能力发育良好的儿童，入学第一年表现出良好的社会交往技能和课堂任务导向的行为。

表7-1 童年早期儿童动作技能发展

年龄/岁	粗大动作技能	精细动作技能
3	能步行自如 上台阶仍小心翼翼	系纽扣 尝试折纸
4	能双脚交替上下楼梯 能沿线或足迹走 熟练的单脚跳跃	能用剪刀剪纸条 尝试填色 用积木搭桥
5	能双手接球 能走平衡木 能双脚轮换着跳,单脚跳	能用剪刀剪出简单的图形 会系鞋带 能串珠
6	能绕着弯走动中接球 拍皮球 爬绳梯	能用筷子进食 能灵活操作物体 能写简单的字

资料来源:王练,2011

动作技能发展包括许多方面,如动作抑制就是动作的一个重要成分。动作抑制能力表现为儿童越来越专门化地执行某个动作,而不出现多余运动。从观察可见,学前和小学早期,儿童常常边写边动嘴。动脚时,会同时引发手指和嘴唇的移动。一只手的运动可能会引发另一只手相同的动作。随着儿童年龄的增长,动作专门化程度越来越高,即无关动作活动被抑制。动作抑制的测量是许多发展评估的重要组成部分,显示着动作抑制能力在动作活动和反应神经系统发育状态中的重要性。

从动作技能发展的内部结构看,在环境不变的条件下,儿童的动作普遍显著高于环境变动的时候。因此,这一时期除了培养儿童在静止环境中的动作能力,还要创造丰富的运动性的户外游戏,提供儿童在变动环境中发展运动技能的机会。这对于全面发展儿童的动作技能有重要意义。孟祥芝、谢利苹(2004)对4~6周岁儿童的动作发展和动作抑制能力进行了考察,结果发现:4~6周岁儿童的动作水平随着年龄增长而迅速发展,环境变动情况下的发展水平落后于环境静止情况下的动作发展水平;4~6周岁儿童已有一定的动作反应抑制能力,这种能力随年龄增长而逐步提高。该研究还发现,在儿童静止情况下,女孩的动作发展水平明显高于男孩的动作水平,这些动作包括手部精细动作、身体姿势、平衡与对外部物体的控制(如系鞋带、扣皮带、拉拉练、扣纽扣、抛皮球或豆袋给另一移动中儿童),而在环境变动情况下,男孩和女孩没有显著差异。这可能是与男孩和女孩主要从事的活动类型不同有关,男孩更多地参与奔跑、追逐、跳、踢、投等全身大动作的活动,女孩则更多地从事手工、书写、绘画等精细动作和韵律性运动的活动,从而出现动作技能发展上的性别差异。

个体的动作技能发展对其认知发展具有不可或缺的作用。首先,动作发展是认知发展的外在表现。感知运动阶段的智力是个体智力的最初表现形式。个体与环境最初的适应是以先天性无条件反射为中介的。为了适应外在环境,先天性无条件反射不断重复出现,形成动作图式。其次,动作使儿童的认知结构不断复杂化、高级化。动作可以为个体提供认知经验、丰富认知对象,使个体有更多的机会从事物的外在表现中鉴别出本质的特征,进而获得对事物本质的认识。同时动作也是儿童认识世界的工具。随着动作的不断复杂化,儿童对于世界的认识也越来越清晰。另外,随着动作的发展,儿童的认知方式也发生了变化。这使儿童的认知结构不仅在量上得到了丰富,而且在质上也得到了发展。可以说,儿童早期动作技能的发展是其认知发展的外在表现,同时早期动作技能的发展也将促进儿童的认知发展。

二、童年早期的认知能力发展

(一)感知觉的发展

童年早期的儿童处于皮亚杰认知发展的“前运算阶段”,是儿童认知发展的第二个阶段。在此阶段中,儿童的各种感觉运动图式开始内化为表象或形象图式。通过与父母、兄弟姐妹、同辈等对象各种各样的交往和游戏等活动,各种感觉功能更加完善和不断发展起来,尤其是视觉和听觉。此时的儿童已经具有比较精确的辨别细微物体、远距离物体和不同颜色物体的能力。4 周岁的儿童已经能够感知各种色调和饱和度的细微区别,在整个童年早期,儿童对颜色的正确命名和再认能力都随着年龄增长而不断增强。3 周岁儿童观察图形的错误率约为 50%,而 6 周岁儿童的眼动轨迹则已几乎完全符合图形的轮廓,可见童年早期是图形认知能力发展的转折点。视觉的随意性随着年龄增长而增长,而个体的听觉能力也通过言语对话、音乐、游戏等活动迅速发展。

感觉功能的完善促使了个体知觉能力的进一步发展。在空间知觉上,对物体知觉能进一步感知,辨别长、方、圆、三角等不同形状的能力不断增强;对物体的方位、场所、距离能有所区分。一般 4 周岁可以辨别前后,5 周岁能以自身为中心辨别左右。在时间知觉上,虽然此时儿童已具有初步的时间观念,特别是将时间和与其生活密切相关且不断重复发生的事件相联系时,个体对时间的基本概念已有所了解,但其发展水平仍然较低,也不够准确和稳定。对小时、分钟等时间单位不能理解,容易将时间和空间混淆,且不考虑速度。在观察力的发展上,此时期儿童的无意注意已有高度发展,而且相当稳定,有意注意处于逐步形成的阶段,其注意的稳定性差、容易分散、范围较小,一般只注意事物外部较鲜明的特征和动作。其观察力缺乏,随意性、独立性、细致性、持续性和稳定性较差,易受无关刺激的干扰而转移观察的目标,其观察的概括性也较差。

(二)前运算思维的发展

童年早期是以游戏为主导活动的时期,个体的思维主要凭借事物的表象或具体形象的联想而进行具体形象思维,而抽象的逻辑思维能力也开始出现萌芽。整个童年早期的思维是以直观行动思维向具体形象思维再向抽象逻辑思维方向发展的过程,其中占主导地位的是具体形象思维。特别是由于语言的出现和发展,促使儿童日益频繁地用表象符号来代替外界事物,重视外部活动,主要以表象性思维或具体思维为主,即个体利用头脑中的具体形象来解决问题的思维。随着年龄增长,个体的直观—语言概括,逐步替代了直观—行动和直观—表象性的概括,进而促进了直观行动思维的发展,并逐渐向操作性或实践性思维靠近。此时期的儿童看到物体时,不仅能分辨出大小和多少,而且有“一个”“两个”或“几个”等数的萌芽概念,进而对数的大小、顺序也有了初步的认识。童年早期也是逻辑思维发展的初步萌芽阶段,在童年早期到晚期,在个体经验所及范围内,可以初步进行抽象逻辑思维。4 周岁左右的儿童推理能力开始发生,5 周岁的儿童大部分能进行推理活动,6~7 周岁的儿童则全部可以进行推理活动。儿童的推理能力也随着年龄增长由展开式向简约式迅速发展。与此同时,个体在解决问题的水平上,也表现出随年龄增长而提高的显著趋势。

总地来说,前运算阶段儿童的认知特点可以归为:①相对具体性,儿童运用符号的能力,开始依赖表象进行认知,是一种表象性认知,还不能进行运算认知;②不可逆性,是儿童不能理解一个操作或活动可以通过两种以上方法完成;③自我中心性,儿童站在他的经验中心,只有参照他自己才能理解他人,他认识不到他人的认知过程,缺乏一般性,并认为他所知道的东西别人也会知道,他的谈话多半以自我为中心;④刻板性,当注意集中在问题的某一方面时,就不能同时把注意力转移到另一方面,像液体守恒任务一样,儿童不能同时考虑杯子的高度和宽度。

图 7-1　前运算阶段的儿童看到水从一个矮且宽的杯子倒入一个高且窄的杯子中,甚至让儿童亲自倒水后,询问哪个杯子里的水多?他们都会说更高或更宽的杯子里的水多。根据皮亚杰的观点,儿童不能同时考虑高度和宽度,表明中心化限制了儿童对物理关系的思考。

(三)童年早期的记忆

随着大脑神经系统不断成熟和言语能力的发展,个体的记忆也开始全面发展。其表现特点有二。首先是形象记忆全面发展。凡是直观的、形象的、具体的,并为儿童所熟悉、理解和感兴趣的事物,容易引起儿童的无意识记忆,易为儿童记住;而抽象的、难以理解的词语、符号材料,则难以记住。约在 6~7 周岁时,有意识的记忆能力也得到初步发展。其次是以机械性记忆为主,意义记忆逐渐发展。此时儿童习惯于采用简单重复的机械记忆方法,记忆事物的表面特征和外部联系。记忆理解材料时,机械记忆的成分减少,意义记忆成分增加,但效果较差。此外,由于童年早期儿童的神经系统易于兴奋,形成的神经联系极不稳定,他们能很快记住新材料,尤其是他们所喜欢的有强烈情绪色彩的东西,但易记也易忘,而且记忆的准确性较差,经常出现脱节、漏洞和颠倒顺序的情况。

(四)童年早期的智力

尽管从出生到成年甚至成年以后,智力的成长是持续不断的,但是在少数几个重要时期内,智力的性质还是会发生显著变化的,其中即包括童年早期。在这一阶段里,童年早期儿童的智力发展不仅逐步稳定,而且进步明显,特别是 6 岁以后,儿童的思维已表现出了符号性的特点。他们已能通过表象、言语以及其他的符号形式来表征内心世界和外在世界。但是其思维是直觉性的,而非逻辑性的,且具有明显的自我中心特征。

此时的智力主要表现在活动之中,孩子们增强了解决简单问题的能力,如设法取回一件手不能及、视不能见的玩具，并且有迹象表明存在一种推测或想象各种活动效果的原始能力，因为有一定数量的“尝试—错误”试验得以在儿童头脑中进行。在他们内部进行着对现实世界的表象或操作，这种发展就像言语的出现一样清楚地标志着感觉运动阶段的结束。从这时起，儿童智力的发展进入概念化符号领域，而不再停留于纯粹的感觉运动领域。

这个阶段的儿童已经有了初步的信号表征能力。图式（心理表象）此时已经是符号了的。他们会把一根棍子当成蜡烛，还会作出熄灭它的样子；他们会把一块木头当成小汽车，开着它转圈，嘴里还带着活灵活现的声响效果。这种能够把某种物体当成另一些东西象征的能力是皮亚杰所说的前运算阶段的基本特征。

皮亚杰（1984）认为，处于前运算阶段的儿童还不能真正进行分类、归纳和区别局部与整体。尽管一个两三岁的孩子偶尔也会拣出一些相似的东西，如在一大堆积木中挑出所有红色的木块，但是这样的孩子一般还没有关于“类别”的心理表象，也不能明确解释能够维系一类物体的所有单项的共同特征是什么。

（五）童年早期的语言发展

童年早期的个体在与成人不断交往的过程中，在第二信号系统发展的基础上，语言能力迅速地发展起来，儿童的语言发展进入了一个新的时期。语言是交际的工具，在儿童心理发展中具有概括作用和调节作用，语言能力是儿童智力发展的一项重要指标，是这一阶段的思维发展的基本前提。童年早期是儿童言语不断丰富的时期，一般认为这也是熟练掌握口语的关键时期，同时还是从外部言语逐渐向内部言语过渡并初步掌握书面语言的时期。这一时期的语言发展主要还是以口头言语或外部言语占显著地位，这也正是决定童年早期个体思维的具体形象性特征的因素之一。童年早期的语言能力发展主要表现在以下两个方面：

1. 词汇的发展

言语是由词以一定的方式组成的，因此词汇的发展可以作为言语发展的重要标志之一。其发展可从词汇数量、语法结构方面的变化来分析。

（1）词汇量的发展

3~7 周岁可以说是一生中词汇增加得最快的时期。到 7 周岁时大约增长到 3 周岁时的 4 倍。词是言语的基本构成单位，词代表一定的意义，掌握的多也就意味着对事物的认识的逐步扩大和加深，词汇量多就容易表达思想。但受家庭所属阶层和父母教育水平等因素的影响，此时个体的词汇量差异较大。

(2)词汇内容的丰富和词义的深化

儿童在掌握各种不同词类的同时,所掌握的每一个词本身的含义,也逐渐确切和加深。不同年龄的儿童对同一词的理解是各不相同的。此时的儿童虽还明显地存在着3周岁前那种对一个词的理解常常不是失之过宽、就是失之过窄的现象,但已逐步有所克服。例如“猫猫”一词,对1周岁左右的儿童来说可以表示一切毛绒绒的物体,可以表示小猫、小狗和小兔,甚至也可以表示棉袄的皮毛领子和鸡毛帚等,这是词义失之过宽、尚未分化的表现。相反,有时儿童理解词义却非常有限,如“猫猫”就仅仅是指自己家里那只小花猫;“妈妈”就仅仅是自己的母亲,这是词义失之过窄、缺乏概括性的表现。到童年早期,“猫”一词已不仅有了较为确定的含义,而且有了一定的概括性,已包括了一切不同颜色和不同大小的猫。对“汽车”一词不仅能正确地泛指各种汽车,而且能精确地区分出“卡车”“小汽车”“吉普车”等不同种类的汽车。不仅了解汽车的一般外形特征,而且对汽车能开动、能乘坐、能运输等性能也有了一些了解。

(3)词类的发展

词从语法上可分为实词和虚词两大类:实词是指意义比较具体的词,包括名词、动词、形容词、数量词、代词、副词等;虚词意义比较抽象,一般不能单独作为句子成分,包括介词、连词、助词、叹词等。儿童一般先掌握实词,再掌握虚词。实词中最先掌握的是名词,其次是动词,再次是形容词,最后是数量词。儿童也能逐步掌握一些虚词,但它们在儿童词汇中所占的比例是很小的。在儿童的词汇中,最初名词占主要地位,但随着年龄的增长,它们在词汇总量中的比例有递减的趋势,4周岁以后动词甚至超过名词的比例。

儿童词类的扩大还表现在各类词汇内容的变化上:这时的儿童不仅掌握了许多与日常生活起居饮食直接有关的词,而且也掌握了不少与日常生活距离较远的词,如与社会现象、工农业生产、技术、工具等有关的词。各种词类的掌握及其内容的扩大,使语言交际的职能得以充分发挥。因为只有在掌握了各种词类的基础上,才能学会按一定的语法关系将它组织起来。各种词类的掌握,也意味着儿童对事物的性质和关系的理解有所加深,如儿童掌握了“因为”“为了”“如果……那么”等因果联接词,就表明儿童对事物的原因、目的、结果等因果关系有所理解,这些词的掌握当然和儿童推理能力的发展是分不开的。除了较好地掌握了一些具体的词汇,儿童还逐步掌握了一些抽象性、概括性比较高的词,如以前只会说出“积木”“娃娃”“木马”等具体名词,现在则掌握了“玩具”一词,以前只会说“桌子”“椅子”“柜子”,现在掌握了“家具”一词。

(4)消极词汇和积极词汇的消长

凡是儿童既能正确理解又能正确使用的词,一般称为积极词汇。有时儿童虽能说出一些词,但并不理解,或者虽有些理解却不能正确使用,凡这样的词都称消极词汇。消极词汇无疑不能正确表达思想。童年早期儿童已掌握了许多积极词汇,但有时仍会有许多消极词汇,因此常会发生乱用词的现象:如把“解放军”一词与“军队”混同,以致看到电影里的敌军说是“敌人解放军”(5 周岁);把“中国”与“好人”混同,以致外国电影中出现战斗场面时也会问“谁是中国”? 所以在教育上不能满足于儿童会说出某些词,而要看能否正确理解和正确使用,重要的是发展儿童的积极词汇。

童年早期儿童的词汇虽然有了以上多方面的发展,但总的来说,和以后的发展比较起来,这个时期的词汇还是贫乏的,概括性还是较低的,在理解和使用上也常常会发生错误。这时还能看到一种“造词”现象,就是词汇发展还不够完善的表现。

2. 语法结构的发展

语法是组词成句的规律,词汇必须按一定语法构成句子,才能表达思想。儿童在掌握词汇的同时,也开始学习语法,口语表达能力随之得到发展。童年早期个体句子的发展一般有如下趋势:

(1)从简单到复合句

儿童在3 周岁前虽已出现了复合句,但复合句的数量是很少的。据朱曼殊(1986)的研究,儿童掌握复合句在总句数中的比例分别是:2 周岁组 3.54%,2.5 岁组 10%,3 周岁组 17.34%,3.5 岁组 21.55%,4 周岁组 23.4%,5 周岁组 40.05%,6 周岁组 37.13%。其他学者的研究虽与此数据略有出入,但其基本趋势仍然一致(林崇德,2002:255)。随着年龄的增长,复合句所占的比例逐渐增长,但在整个童年早期,简单句所占的比例还高于复合句。

(2)从陈述句发展到多种形式的句子,从无修饰句到修饰句

儿童最初掌握的是陈述句,到童年早期陈述句仍占全部语句的 1/3 左右,但其他句型如疑问句、否定句等也都发展起来了。然而对某些较复杂的句子型式尚不能完全理解,如对双重否定句“那个盒里没有一个娃娃不是站着的”就不易理解;对被动句也常理解错误,如“小狗被大兔推着走”中的“被

推"被误认为是"你推我,我推你"或"来回推"等。

儿童最初的简单句是无修饰语的,以后句中便出现了简单修饰语和复杂修饰语。2 周岁的儿童在运用句子时,有修饰语的极少,仅占 20% 左右,3 周岁后使用修饰语的能力就显著增强,达到 50% 左右,6 周岁时达到 90% 以上。

(3)句子长度的变化

儿童最初的句子不仅简单,而且不完整,句子成分常有缺漏。如说"老师出去",实际是应说"老师我要出去",以后随年龄的增长,说出的句子逐步完整。儿童最初的复合句大半为不完整句,如说:"没有了,洗掉了""哭了,眼睛要坏的",都漏了主语及关联词,以致使句子意义不明确。梁卫兰等人(2004)的研究发现,16~18 月龄的幼儿有 78% 未开始组句,开始组句的也都在 5 个字以内。19~21 月龄的幼儿约有 60% 开始组句,有 16% 的幼儿可以组成 6 个字以上的句子。大于 25 个月的幼儿 90% 以上开始组句,而且多数是 6 个字以上较长的句子。此后这一能力发展迅速。金志娟(2008)等人的《学龄前儿童普通话平均句子长度和词汇长度研究》显示,3~6 岁儿童普通话的平均句子长度(MLU)随着年龄的增长是不断发展的。其中 4~5 岁儿童普通话平均句子长度增加了 0.31 个单位,是发展相对最为迅速的阶段。

第二节　童年早期的社会性与人格发展

一、童年早期的社会发展

(一)童年早期的游戏

游戏是儿童的基本活动。所谓基本活动,有两方面的含义:第一,是在日常生活中除满足基本生存需要的活动(如进食、睡眠等)之外发生次数和所占时间最多的活动;第二,对活动主体的生活或生长发展具有重要影响的活动。在儿童的生活中,游戏正是满足这两个方面条件的活动。游戏伴随婴幼儿和童年早期儿童成长的全过程,并被他们当成一项主要"工作"对待,游戏给他们带来了无穷的乐趣,起到了促进思维发展的巨大作用。游戏是儿童期的个体了解自己、理解周围世界的主要途径,是个体成长与思维发展的重要媒介。

1. 游戏的认知水平

儿童中最早出现的第一级水平是练习性游戏，由重复的肌肉运动组成，如滚球、拍球。这类游戏往往以独自游戏或平行游戏的形式发生。第二级水平是结构游戏，是指用物体或材料制作某些东西，如堆积木房子、捏橡皮泥。4～5 岁的儿童将他们一半以上的时间用于此类游戏，到 5～6 岁时，这些游戏变得更加精细化（J. E. Johnson，1998）。第三级水平是假装游戏，最常见的有“办家家”游戏。莱斯利（Leslie，1987）认为通常在幼儿 18～24 个月时就会开始出现，直至童年中期逐渐减少并消退，3～5 岁是进行假装游戏的“高发季节”。假装游戏结合了认知、情绪、语言、感知和运动行为，它能够促进大脑中各脑区连接的密度和以后抽象能力的发展。米切尔（Mitchell，2007）认为，假装游戏具有适应性价值，因为它促进儿童进行富于创造力的计划或通过让自己的行为与他人匹配进行学习，抑或二者兼有；科普尔（Copple et al.，2009）指出，高水平的假装游戏对认知、社会和情绪能力均具有积极影响。有一些学者也对假装游戏的作用给予高度肯定，认为假装游戏对学习和发展的作用是独一无二的（Singer, 2009）。基于这种认识，一些国家的学前课程围绕假装游戏展开，甚至会使用假装游戏教授数学和阅读。

2. 游戏的社会性维度

帕顿（Parten, 1932）按照社会性从低到高定义了六种类型的早期游戏，发现随着年龄的增长，儿童游戏的交互性和合作性越来越强，最初是单独游戏，之后是一旁观看他人游戏，最后是与他人一起游戏。帕顿认为，独自游戏是一种社会性发展不成熟的游戏形式。随着年龄的增长，这种游戏形式必然会逐渐减少。然而某些特定的非社会性游戏，特别是独自游戏和平行游戏，可能包含既能培养认知、心理和社会发展，又能具有独立性和成熟性的活动（Harrist，Zain，Bates，Dodge & Pettit，1997；K. H. Rubin et al., 1998）。这些喜欢独自游戏的儿童可能拥有更强的主观性或任务导向性，而不是人物导向性（Coplan，Prakash，O’Neil & Armer，2004）。国内学者也认为独自游戏并不是完全消极的，独自游戏能使每一个儿童以其特有的“节奏”和“方式”充分地与物体进行互动，从而探索对自身而言解决某一问题的最佳途径或方法。独自游戏有利于儿童追寻自身的兴趣而不被外界所中断，从而能提高其注意力的集中性和坚持完成某一任务的品质（吴航，2006）。

3. 假想的同伴

有时在日常生活中我们会看到一些有趣的现象：儿童自言自语地在说些什么，好像在与某人对话，但又看不见；又或者儿童赋予了他们的玩具（如洋娃娃)一些鲜活的人格特征,然后对着玩具说话,跟他们玩游戏。其实,这就是假想同伴。在 8 岁以前,有 65% 的儿童一直拥有假想同伴,49% 的孩子在关键时刻会有假想同伴(Taylor, Carlson, Maring, Greow & Charley, 2004)。儿童选择假想同伴,绝大多数是玩具形式,女孩更多有假想同伴;男孩倾向于选择动物类型的假想同伴,而女孩倾向于人物类型(李秀珊、李红、雷怡、孙忻怡、李秀丽,2009)。假想同伴的存在需要儿童发挥其丰富的想象力和创造力,因此也对其今后的成长造成了一定的影响。有研究发现假想同伴跟成年期的高创造力有关系,在童年期有过假想同伴的人在成年期具有更丰富的创造力(Kidd,Rogers & Rogers,2010)。假想同伴不仅培养儿童的创造力,还有助于儿童的交际能力。有假想同伴的孩子会比其他孩子更加开心,他们会拥有更好的语言技能和社会适应能力(Michelle,2010)。

(二)童年早期的性别意识

进入童年早期的个体,性意识开始觉醒,产生了最初的性别意识和对性别角色的认同。这一时期的性心理和性观念的发展可以从三个方面加以考察:一是性别概念的发展,包括性别认同、性别稳定性、性别恒常性的发展;二是性别角色观的发展,即理解怎样才算是一名男性或女性,认识到社会对男性或女性的不同期望;三是性别化行为模式的发展,即儿童采取与性别相符活动的倾向和行为表现。

1. 性别概念的发展

儿童的性别概念发展主要包括三个方面:性别认同、性别稳定性、性别恒常性。它们的出现时间是有所区别的,性别认同出现年龄最早,大概是在 2~3 周岁,其次是性别稳定性,大概是 3~4 周岁,最后是性别恒常性,大概是 6~7 周岁。

性别认同是指儿童对自己性别的正确认定。2 周岁的孩子,性别认同发展水平还很低,他们开始了解男人和女人这些词的含义,开始知道一些活动与男性相联系,一些活动与女性相联系,但并不知道自己与何种人属于同一性类别。到 2 周岁半时,幼儿不仅能正确回答自己的性别,还能区分其他人的性别,也知道自己与同性别的人更相似(Thompson,1975)。

性别稳定性是指儿童对人一生的性别保持不变的认识。3~4 周岁的幼儿可以认识到,人的性别不随其年龄、情境的改变而改变。性别恒常性则是对人的性别不因为其外表(如发型、衣着)和活动的变化而变化的认识。大部分儿童在 6~7 周岁时即能达到性别恒常性的水平,他们认识到一个人的性别与其外貌或活动无关,即使理了短发、穿裤装,女孩依旧是女孩;即使留着长发、戴耳环,男孩也还是男孩。这标志着儿童性别概念的真正形成。

图 7-2 如果告诉你这个婴儿的名字是基斯或凯伦,你会做出怎样的判断?

2. 性别角色观的发展

性别角色观是指儿童对不同性别行为模式的认知和理解。儿童在 3 周岁时,就具有了相当多的关于社会对男性、女性的期望的知识,形成对性别行为模式的认知和理解。例如,他们知道女孩应当玩洋娃娃,而男孩应当玩汽车、手枪等玩具。到四五周岁时,儿童就能大概知道大部分成人职业的性别区别。例如,期待女人成为幼儿园老师或护士,而男人则当警察和科学家等。童年早期儿童对性别角色的认知往往比较刻板,比如"所有的女性都是被动的、依赖的,所有的男性都是主动的、独立的"。这种性别刻板印象在许多文化中广泛存在,儿童在二三岁时开始出现性别刻板印象,在童年早期得到进一步的发展,5 岁时达到高峰(Campbell,Shirley & Candy,2004;Ruble & Mratin,1998)。

年幼儿童由于其认知能力发展的局限性,通常把规则看成是必须绝对服从的要求,因而不能容忍与性别角色不适宜的行为出现。到 8 周岁后,儿童已经能从心理学的维度上对性别做出区分,同时,由于儿童对抽象概念的进一步认识和思维灵活性的发展,儿童对性别角色的理解也逐渐脱离表面而趋向深刻,不像年幼儿童那样刻板。随着年龄的增长,儿童逐渐认识到规则只是一种社会习俗,在某些情景中,出现不适合性别角色的行为是可以理解的,因而在性别认知上其态度相对灵活,性别成见反而少于年龄小的儿童(王恩国,2008)。

性别角色规范受社会因素的影响很大。但是现在传统文化不断受到冲击,那些受社会因素影响的性别角色规范也发生变化了。虽然这种变化不为所有的人所接受,但是它的发展正越来越冲击着传统文化对性别角色的要求。比如,女子举重、女子健美、女子拳击等一些体育活动的发展就是这种冲击的例证。

3. 性别行为模式的发展

儿童性别概念和性别角色观的发展使得儿童的性别化行为也得到发展。他们喜爱社会期待他们的性别所从事的活动和所扮演的角色,并且表现出与此相符的行为。比如,男孩对电视电影中打仗、枪炮等特别感兴趣,女孩对花卉、布娃娃等特别感兴趣。儿童对玩具的偏爱所表现出来的性别差异在很小时就会显现出来。2 周岁左右时,儿童就会选择适合自己性别的玩具和游戏。比如,男孩更喜欢卡车、坦克等玩具,而女孩则更喜欢洋娃娃之类的柔软玩具。而且他们经常拒绝玩异性的玩具,甚至在没有其他玩具可玩时也是如此。在幼儿园中,虽然大部分的游戏是中性的,很少有明显异性色彩的活动,但幼儿园中儿童也常常按照自己的性别参与不同的游戏群体。

同时,儿童对同性玩伴的偏好也出现得很早。2 周岁左右的女孩就可表现出更喜欢与其他女孩玩而不是与吵吵闹闹的男孩玩;到了 3 周岁,男孩就明显地选择男孩而不是女孩为伙伴;到了 4 周岁半,儿童与同性别同伴在一起玩的时间是异性别同伴的 3 倍;到 6 周岁半,这一比例则已经增加到 11∶1(李幼穗,2004:321)。这种性别隔离的方式在许多国家和地区都有出现,具有跨文化的普遍性。

4. 影响儿童性别角色形成的因素

从仅具有生物差异的男女婴儿,到承担社会认可的男性角色和女性角色,这是一个十分复杂的社会化过程,是在先天遗传素质的基础上,经过幼儿与社会环境相互作用而逐步实现的。具体地说,影响幼儿性别角色形成的因素主要有以下四个方面:

(1)先天遗传素质

先天遗传素质是性别角色形成的自然基础。性染色体决定着男女差异的遗传基因,这是性别角色差异的生物学开端。性染色体决定着男女性腺的形成和性激素的分泌,进而导致男女两性生理差异的形成,为以后性别角色的分化奠定了生理基础。

(2)家庭

家庭对儿童性别角色的形成和发展产生直接的、最初的,也是最有力的影响。性别角色的规范是从幼儿开始就点点滴滴地经由灌输而逐渐形成的。父母在孩子很小时,就对他们的行为是否符合其性别角色而加以赞许或批评。孩子从赞许或批评中逐渐懂得了怎样做才符合自己的性别角色规范。例如,男孩子比较顽皮,摸爬滚打、喜欢舞枪弄刀,大人们就说:“男孩嘛,淘气一点没什么大不了的。”若女孩子顽皮、到处爬上爬下,大人们就要说:“怎么一点也不像女孩子,疯疯癫癫的。”同时,姓名、服装、玩具都有性别角色的区别。男孩的名字多用“勇、虎、强”等,女孩的名字多用“丽、红、云”等,这也明显地反映出对不同性别角色的期待。另外,父母对待孩子的方式也有性别角色的区别。在一般情况下,父亲对儿子比较粗鲁,而对女儿则比较和善;父母对男孩子的教育是期望型的,着重于获取成功和控制自身的情绪这两个方面,而对女孩子的教育是保护型的,总是对其给予更多的保护、爱抚和更多的身体接触;在穿着上,父母几乎从婴儿性别被确认的那一时刻起,就开始为其购买带有不同性别色彩的服装。同时,父母的言传身教都会对子女性别角色的形成产生重大的影响。除此,兄弟姐妹之间会彼此影响性别角色的发展。一项为期三年的纵向研究发现,第二胎儿童比较像他们的哥哥姐姐,头胎儿童更多受到父母的影响(McHale,Updegraff,Helms-Erikson & Crouter,2001)。

第七章

(3)社会文化

人类学家和做跨文化研究的心理学家们的研究表明,性别角色的特殊性与普遍性的形成,具有相同的原因,即社会文化的影响。世代相传的性别角色的社会模板,规定着该社会两性角色的社会化过程,创造出两性不同的社会角色。人类学家米德(Margaret Mead)曾考察了新几内亚岛上分别居住于山地、河岸和湖边的三个原始部族,认为不同文化背景可导致性别角色规范的不同,从而使男女两性和同性之间的性别角色各不相同。

(4)大众传媒

在现代社会里,电视、电影、广播、书籍、报刊等大众传播媒介对人们的社会生活产生着巨大而深刻的影响,而有关性别角色的规范和标准就通过这些大众传媒作用于儿童,对儿童性别角色的形成产生着重要影响。儿童在观看影视作品的过程中,会以片中的人物为模仿对象,并将社会对性别角色定型的看法内化到自己的认知系统中,进而形成自己的性别角色观念和行为。

(三)童年早期的同辈关系

同辈关系主要是指同龄人间或心理发展水平相当的个体间在交往过程

中建立和发展起来的一种人际关系。同辈在儿童人际交往能力的发展中扮演了重要角色,而且童年期的同辈关系交往技能会影响个体的长期适应水平。同辈关系在整个儿童和青少年发展过程中具有成人无法取代的独特作用和重要适应价值。

1. 同辈关系是个体社会性发展的重要资源

(1)同辈关系是发展社会能力的重要背景

皮亚杰(1984)认为,非常年幼的儿童是自我中心的,既不愿也不能意识到同伴的观点、意图、感情。然而随着对一次次游戏的介入,个体的儿童便逐步建立起了平等互惠的同伴关系,同时也产生了冲突、谈判或协商的体验。这种冲突和协商不论指向何处,都在引发折中主义和平等互惠的观念中起着重要作用。和同辈的交往能使儿童意识到积极的、富有成效的社会交往是可以通过与伙伴的合作而获得的。

(2)同辈关系是满足社交需要、获得社会支持和安全感的重要源泉

归属和爱以及尊重的需要是人类的基本需要。儿童在亲密的友谊关系中和一般同辈群体中所寻求的社会需要是不同的。爱、亲密和可靠的同盟更多是在亲密的朋友关系中获得的;工具性或指导性的帮助、抚慰、陪伴和增进自我价值既可以从朋友关系中,也可以从同辈群体中获得;而归属感或包容感主要从一般的同辈群体中获得(Furman & Bugrmester, 1985)。

既然同辈关系在儿童青少年发展中意义重大,那么那些被同辈普遍拒绝或从同辈交往中退缩的儿童青少年由于与同辈积极交往的机会有限,因此早期不良的同辈关系将导致儿童青少年短期或长期的社会适应困难。最近的研究发现,越被同伴拒绝、排斥的儿童,其攻击行为越多(孟爽,2013)。

2. 同辈关系为儿童提供行为样板和社会比较对象

同辈可以作为行为样板或社会模式影响儿童的行为发展。如果让儿童与那些更为成熟的儿童在一起,他们会变得更为合作,更多地采取建议或商量的方式而不是攻击性的方式进行行动;如果儿童经常跟慷慨大方的伙伴在一起,他们也会变得慷慨大方起来,表现出相互谦让、共同分享的行为(李幼穗,2004:128)。

由于儿童本身认知水平的限制,他们往往不能对自己的行为作出很好的评价,所以经常把同辈的行为作为自己的学习榜样。这种社会比较过程是儿童建立自我形象和自尊的基础。同辈交往为儿童自我评价提供了有效的对照标准,使儿童通过对照更好地认识自己。儿童可以通过比较同伴的行为,判断自己的能力和其他个性品质。这是儿童最初的社会性比较,它为

儿童形成积极的自我概念打下了最初的基础。例如,一个7周岁的儿童在和同辈的赛跑中总是失败,他就可能认为自己不擅长跑步,因为同辈的年龄是同样的,儿童就认为他们在这一方面的能力也应当是相同的。同组比较总是最符合社会比较逻辑的。

此外,同辈交往还为儿童对行为的自我调控提供了丰富的信息和参照标准。儿童在交往中作出的不同行为,往往会招致同伴的不同反应,正是从这些反应中,儿童不但可以了解自己行为的性质和结果,而且还可以了解自己是不是被人接受,从而进一步调整自己的行为。因此,同辈交往尤其是同辈的反馈,有利于儿童做出合适的自我评价,从而对儿童的自我调控系统的发展产生积极意义。

3. 童年早期同辈关系的特点

大多数童年早期儿童渴望寻找同辈并喜爱他们的同伴。当他们发现只有自己一个人时,常常想加入同辈正在进行的活动。在童年早期,儿童的社会交往变得比以前密切、频繁和持久。2~3周岁的儿童比年长的儿童更愿意接近成人,而4~5周岁儿童的社会交往行为,则通常寻求同伴而不是成人的接受。从3周岁起,儿童偏爱同性同辈,经常与同性同辈发生联系,互相间面对面的接触增加了。他们表现出更多的共同努力,更有效地协调他们的活动,常常成功地合作解决问题。在3~4周岁之间,依恋同辈的强度不断加强,与同辈建立起友谊的数量也有显著增长。独自游戏减少,群体游戏增加。游戏的象征性趋于复杂,趋向包括更多的角色,尤其是家庭成员的各种角色,情节就围绕着这些角色编排。

随着年龄的增长,童年早期儿童变得越来越容易受同辈的影响,他们与同辈的相互影响方式也在发生着变化。此时,儿童与同辈的交往形式主要是游戏,游戏是童年早期儿童的主导性活动,它是儿童反映和接触社会生活的一种特殊方式。童年早期儿童已经不满足于仅仅站在同伴的周围观看他们的活动,或是仅参加一些简单的初始游戏;相反,他们明显乐于参加复杂的游戏,为使游戏获得成功,他们不仅要设置出相互依存、互为补充的角色,而且还要提出与这些角色相关联的规则。在童年早期,这些活动不仅具有社会性,而且也是复杂的认知活动。在这些游戏中,儿童的同辈关系和认知能力同时得到了发展。

随着儿童年龄的增长,他们在游戏活动中越来越多地与同辈进行着交往。在游戏中,他们可以提出各种要求,互相协商、讨论,共同发起一项活动或解决活动中的问题;他们承担不同的角色;他们还可以互相模仿,交流和分享生活中的经验。最初，他们交往的目的主要是为了获取玩具或寻求帮助，年龄越大，儿童的交往就会越来越倾向于同辈本身，即为了引起同辈的注意，或者为了使同辈与自己合作、交流而发出交往的信号。

二、童年早期的人格发展

（一）童年早期的自我概念

自我概念是个人对自己多方面知觉的总和，包括个人对自己特质和能力的认识与评价（张春兴，1989）。它决定了我们怎样感受自己，并指导自己的行为（Harter，1996）。米勒（Miller）将自我概念操作性地分为认知成分和评价成分，认为认知成分是个体对自我的看法，称之为自我知觉；而评价成分就是个体对自我的感觉，称之为自尊。童年早期是儿童自我概念发展的重要时期。积极自我概念的养成在儿童社会化目标中具有特殊地位。自我概念的发展，是儿童社会化的转折点，也是个性形成的必要条件。

1. 自我概念及其发展

自我概念在5～7岁快速发展，这时期儿童的自我概念是具体的，主要集中在名字、外貌、拥有物和典型行为等一些看得见的特征上面。如让一个3～6岁的儿童描述自己时，他可能这样说："我叫艾米，我今年5岁，我有玩具，我会画画……"自我概念的发展可以分为三个阶段（Case，1985，1992；Fischer，1980）：第一阶段的儿童受到认知中心化的限制，不能同时考虑自己多个方面的情况，对自己的描述是独立的、单一的。到5～6岁的时候，儿童进入第二阶段，开始将自己的其他方面联系起来，然而儿童对自己的描述仍旧是正面的。第三阶段出现在童年中期，儿童开始将自我的具体特征整合到一个综合的、多维的概念中，使得自我描述变得更加平衡，如我会画画、但不会唱歌。有研究发现（Harter，1985），随着年龄的增长，儿童的自我概念变得更为抽象，从早期对行为的具体描述，发展到儿童中期对心理结构的特征性描述（如，受欢迎的、聪明的、美丽的）。

2. 自尊

自尊是自我概念中自我评价的部分，是儿童对自己总的价值判断。2～3岁的儿童开始了对自己心理特征的初步评价，此时自我概念比较具体，建立在身体特征、表现、活动能力及拥有的物品上，这一阶段的重要特征是"自尊感"的出现。3周岁以后，儿童开始把自己的行为同别人的行为加以比较，在成人的影响下，学会了简单的自我评价。到了童年早期，儿童的大脑结构和功能的发育逐渐增强，自我意识的水平也在不断提高，在生活中逐步学会了按成人的要求调节自己的行为。凡是成年人赞许并说“好”“乖”的行为，他们也认为是正确的行为。但这种评价往往只是对别人，很少对自己能够做出对与错的评价。

童年早期儿童自我评价的特点主要是：①表面性和局部性。评价的是自我外部表现的某个具体的行为，而不是内心品质，因此此时儿童只会对某个具体的行为作出评价，而不会对自己的整体表现作出评价。②依从性和被动性。评价主要依赖成人的评价，自我评价往往只是简单地重复成人的评价，把成年人对自己的评价当成自己对自己的评价。这种评价还不是出于自发的需要，而是翻版成人的需求。③模糊性和笼统性。儿童的自我评价比较含糊和概括，如“我不骂人，所以我是个好孩子”等。④情绪性和不稳定性。儿童的自我评价常常带有明显的主观情绪性，往往随着自己的情绪不同而对自己产生不同的评价。

（二）埃里克森的主动与内疚

埃里克森认为这个阶段主要发展主动性。主动意味着向前的运动，揭露新东西的倾向。主动性使自主地完成任务和计划行动的水平得以提高。童年早期的儿童在获得了一定程度有意识的自我控制能力后，开始怀着极大的好奇心探索更加广阔的外在空间领域。儿童变得活泼，有更多的能量，自己能作出判断，并且提出很多问题。这时期又是好学的时期，渴望把事情做得更好，和小朋友合起来构造计划，愿意从老师那里学到东西，愿意赶上学习的榜样。如果儿童表现出的主动探究行为受到鼓励，儿童就会形成主动性，这为他将来成为一个有责任、有创造力的人奠定了基础。如果成人不耐心回答儿童的问题，甚至讥笑儿童的独创行为和想象力，那么儿童就会逐渐失去信心，主动变成内疚。这使他们更倾向于生活在别人为他们安排好的狭窄圈子里，缺乏自己开创幸福生活的主动性。因此，儿童是否能够战胜内疚感顺利地向下一阶段发展，在很大程度上取决于成人对其主动行为和好奇心的反应。在此阶段，如果儿童的主动性得到良好的发展，就会形成“目标感”——一种正式和追求有价值的目标的勇气。

第三节　童年早期的相关问题

一、贫困儿童

（一）贫困儿童的概念

由于贫困标准有绝对与相对之分，尤其是我国城乡、地区之间贫困状况和实际标准存在较大差异的情况下，要科学统一地认定贫困家庭儿童概念比较困难。基于研究主题和贫困儿童的实际状况，通常意义上的贫困儿童包括下列三类群体：

（1）最低生活保障家庭中的儿童。主要是指城乡居民最低生活保障家庭中未满18周岁的未成年人。主要由两部分人组成——城镇低保家庭中的儿童（简称“城镇低保儿童”）和农村低保家庭中的儿童（简称“农村低保儿童”）。

（2）低收入家庭儿童。我国目前对于低收入家庭尚没有全国性的标准，由于地区的经济发展水平和消费水平的差异，各地执行的标准也有所不同。按照目前的情况看，低收入户一般是家庭月人均收入在当地最低生活保障线两倍之下的家庭。由于我国现行制度规定，享受低保的家庭，还可享受医疗救助、教育救助、住房救助等一系列救助，目前的社会救助项目基本和“低保”捆绑实施，而低收入家庭由于达不到“低保”标准，在享受其他专项救助时也存在困难，实际生活有时比低保家庭更加困难。

（3）孤儿。2010年《国务院办公厅关于加强孤儿保障工作意见》明确规定：“孤儿是指失去父母、查找不到生父母的未满18周岁的未成年人，由地方县级以上民政部门依据有关规定和条件认定。”

（二）贫困对儿童的影响

1. 贫困对儿童健康的影响

从国家统计局、卫生部在对我国6~17岁的未成年人健康与营养的调查中发现，随着家庭年收入的降低，学龄儿童营养不良率提高，家庭收入最低组儿童不良营养率比最高组儿童高70%，农村家庭收入低于800元组男生营养不良率超过20%，家庭贫困与哮喘、发育迟缓、微量元素缺乏等疾病的发病率密切相关。在实地调研中发现，贫困儿童的饮食只能满足最基本的“吃饱”需要，营养和健康则维持在最低水平。贫困家庭收入低导致其消费能力有限,生活水平低,不能给正在成长和发育中的未成年人提供充分的营养支持,从而加大了儿童遭疾病侵害的风险。

2. 贫困使儿童受教育的机会以及通过教育摆脱贫困的能力受到制约

教育作为降低贫困率,创造财富最有效的途径备受国家和社会的重视。在当今的人力资源管理策略上,学历是衡量人才的重要指标之一。贫困不仅影响家庭生活,而且会使家庭中的学龄人口学业的成就低下,导致贫困"代际传递"。在家庭经济和文化资本对子女教育机会的研究中发现,家庭经济资本和文化资本占有量位居前列的优势社会阶层,其子女接受的教育层次主要为高等教育,而处于劣势的社会阶层子女接受的主要是中等教育和初等教育。当前我国贫困家庭子女的教育水平较低,贫困家庭恶劣的经济环境使其家庭未成年人通常缺乏良好的学习环境和充足的学习用品,对孩子额外的教育投入很少,这些因素都直接影响到了贫困儿童的教育发展机会。

3. 家庭贫困对儿童心理的影响

家庭经济的贫困不仅影响儿童生理健康,而且对其心理的成长发育会产生较大的负面影响。家庭贫困在一定程度上有助于培养儿童自立、自强的精神,但对那些正处于成长发育阶段的未成年人来说,更多情况下容易使孩子的心理成长不健全。生活在贫困家庭的孩子自出生开始,就生活在经济状况窘迫的家庭和社区里,对这些无辜的孩子来说,一切都是不公平的。他们所看到的父辈的生活方式:要么是从事繁重的体力劳动,要么是依靠政府的救助生活。而贫困家庭缺乏广泛优质的社会资源网络和良好的社会背景,使生活在其中的未成年人过早地品尝人生甘苦、求学就业的艰辛,同时又无法及时获得足够的社会关注,在他们幼小的心灵里已明显感到自己与其他同龄孩子的不同,强烈的"社会排斥感"已经产生。从对贫困儿童同伴关系的研究中发现,贫困儿童比同伴体验到更多的消极感受,如内向、自卑、自我封闭,甚至性格产生扭曲,这些负面影响促使了儿童行为问题的产生。

(三)中国贫困儿童救助政策的对策建议

1. 举全国之力,对贫困儿童群体进行全面保护

一是逐步扩展社会救助的覆盖范围,适度提高救助标准,有助于把排斥在现行救助制度框架外的部分低收入儿童纳入其中,以舒缓他们面临的贫困处境。针对超计划生育困难家庭的儿童,可行的办法是:对那些采取了补救措施,符合现行计划生育政策规定的贫困儿童,要及时纳入城乡低保制度;对那些仍未采取补救措施的贫困家庭中的儿童,要通过临时救助等方式

以确保他们正常的生活和学习。二是建立贫困儿童基本生活保障制度。建立全国性的贫困儿童生活保障制度,对所有贫困儿童进行生活救助。三是启动为所有儿童设立“个人发展账户”的研究工作。个人发展账户的实质是“资产账户”,理论基础是美国学者 20 世纪 90 年代初倡导的“资产建设”。其基本设计是:政府为所有儿童提供一份相同数额的开户存款,贫困儿童还可获得一定数额的存款补贴。儿童的家人、亲属和朋友每年还可以在这一账户上另外注资,未达上限额,免交税款。这些钱将一直保留在账户上,直到儿童 18 岁时才能自由动用。

2. 支持和重建家庭,改善贫困儿童群体的成长环境

一是在经济上支持家庭。根据现行制度设计,城乡低保、农村五保均是以户为单位确认资格条件的。我们建议:对寄养、领养家庭的孤儿群体,可采用国际上通行的分类救助方法,在确认获得救助的资格条件时,不考虑这些家庭的经济条件;对城乡低保儿童,分类救助实行普惠制。二是在公共服务上帮助家庭。目前,贫困家庭未成年人子女上学难的焦点已经转移到高中阶段。为此,我们建议,尽快对全国处于高中阶段的贫困儿童实施免费教育,使这些孩子能够获得一个适当的人生起点。事实上,这一建议也符合党的十七大关于“加快普及高中阶段教育”的精神。

二、流浪儿童

(一)流浪儿童的概念界定

国际上对流浪儿童概念的理解主要存在两种观点:一种为完全流浪型流浪儿童(Children of the street),他们脱离监护人监护,在城市街头流浪,缺乏生活照顾和社会支持,依靠乞讨卖艺等方式生活;一种为非完全流浪型流浪儿童(Children on the street),他们没有脱离家庭监护,他们白天在外工作以辅助家庭减轻经济困难,晚上返回家庭与家人生活。

国内关于流浪儿童的概念界定也一直存在争议,但主导性的概念是由有关流浪儿童救助保护的政策提出的。2006 年,民政部下发的《流浪未成年人救助保护机构基本规范》对流浪儿童概念进行了界定,认为我国的流浪儿童是指“18 周岁以下,脱离监护人有效监护,在街头依靠乞讨、捡拾等方式维持生活的未成年人”。

(二)流浪儿童救助机制的建议

目前,我国流浪儿童数量增多、群体庞大,带来了一系列社会治安问题,

给城市形象造成了一定的负面影响。流浪儿童问题作为一个严重的社会问题,它是我国在社会转型时期经济条件、家庭、学校教育、儿童本身的特点等诸多因素共同造成的。流浪儿童正处于心理人格发展的黄金时期,缺失了基本安全和生活的保障,他们的未来发展无从谈起。因此,形成完善的流浪儿童社会救助机制具有十分重要的意义。

在流浪儿童的预防机制上,一方面要健全未成年人法律保障体系,通过加强未成年人权益保护方面的立法和完善未成年人监护制度,来强化监护人的责任,完善监护委托制度。通过对监护权进行干预和监督,起到保护儿童利益的作用,有效地预防儿童流浪情形的发生。另一方面,要从社区建设和学校教育两个角度来减少儿童流浪的家庭问题,降低儿童流浪的机会。

在完善流浪儿童的救助机制上,首先要成立专门的流浪儿童管理部门,避免多头管理、分割管理产生的低效率和救助盲区:其次是逐步建设流浪儿童救助网络体系,不留救助死角;再次,建立专业化的救助管理体系,通过开设相关课程或展开系统培训提高救助人员的专业化水平,满足流浪儿童的学习教育、心理辅导、技能培训等各方面的需求;最后是要通过政策优惠等方法鼓励非政府组织的救助,大力宣传提高公民的参与意识,充分地调动和利用多种社会资源,提高流浪儿童的救助效率和质量。

最后在流浪儿童的回归问题上,我们主张采用家庭救助模式。只有一个完整的家庭才能给这些儿童提供一个稳定、健康的生活环境,回归家庭有利于他们的身心健康,使他们能够无忧无虑快乐地成长。目前,我国的经济水平还不是很高,各方面的资源相对于庞大的流浪儿童来说是非常有限的,流浪儿童问题作为一个复杂的社会问题,对其救助模式的完善也不可能一蹴而就,对如何建立切实有效的流浪儿童社会救助机制还需要不断地在实践中探索,在探索中不断前进。

三、儿童虐待

(一)虐待的含义

婴幼儿虐待和更广泛意义上的儿童虐待(child abuse),是指父母、监护人或其他年长者对儿童施以躯体暴力和性暴力,造成儿童躯体与情感的伤害,甚至导致死亡,或对儿童的日常照顾、情感需求、生活监护、医疗和教育的忽视现象。虐待在不同文化中可能会具有不同的形式,如旧中国女孩裹足与宫廷太监的阉割、印度某些地方将儿童头颅变形、非洲某些地区施行女孩阴蒂切除等,以现代的眼光看都可以视为虐待的具体形式。

目前国际上对儿童虐待与忽视缺乏统一的界定标准,但有一个普遍认可的、框架式的基本内容,它包括四个方面:①儿童身心当前或永久性地受到伤害;②基于社会标准结合专业知识,认定这些伤害是由某些有意或疏忽行为导致的;③这些行为者可能是父母(监护人),以及任何受委托照顾及管教儿童的人士,例如儿童托管人、亲戚、教师等;④这些行为是由个人利用本身的特殊条件(如年龄、身份、知识、组织形式)而有能力单独或集体地对儿童造成伤害。1981 年国际儿童福利联合会将以下四个方面的问题界定为儿童虐待类型:①家庭成员忽视或虐待儿童;②有关机构忽视或虐待儿童;③家庭以外的剥削(童工、卖淫等);④其他方式的虐待。其中家庭成员忽视或虐待儿童又分为躯体虐待、性虐待、精神虐待和各种形式的忽视。目前较系统的研究主要集中在家庭成员对儿童的虐待上。

1999 年世界卫生组织(WHO)对儿童虐待作如下描述:儿童虐待是指对儿童有义务抚养、监管及有操纵权的人作出的足以对儿童的健康、生存、生长发育及尊严造成实际的或潜在的伤害行为,包括各种形式的躯体和(或)情感虐待、性虐待、忽视及对其进经济性剥削。该定义从三个方面作出限定:①施虐者与受虐儿童之间有密切的人际关系;②指出虐待的严重程度标准;③描述儿童虐待的类型即言语虐待、躯体虐待、情感虐待、忽视、性虐待(包括强迫卖淫)等。

（二）家庭成员虐待的类型

1. 身体虐待

不同的国家对这一虐待形式有不同的专业定义。例如,土耳其将其定义为“任何看护人对儿童直接施加的痛苦的创伤性打击,并留下伤痕持续 48 小时以上”;美国目前定义为“有一个明确的、极有可能的或可能的有意行为,这个行为对儿童造成了伤害或有可能造成伤害”;英国和我国香港地区关于身体虐待的定义是“指对儿童造成身体伤害或痛苦,或不作任何预防使儿童受伤或遭受痛苦”(杨子尼,2003)。但有另一些研究则表明,许多不同文化的国家认为对儿童有意地施加痛苦的体罚对于使儿童变得坚强、培养其忍耐、使其忠实地继承该文化是极其重要的,因此体罚常常被教师和父母用作管教孩子的重要手段,以此来培养孩子的性格,教他们自尊,使他们懂事,减少他们的行为问题,而不被视为身体虐待。

2. 性虐待

对这一虐待形式,国际上有较统一的认识,即无论儿童是否同意,任何人在任何地方对儿童直接或间接作出的性利用或性侵犯都视为性虐待。它包括所有形式的性活动,例如让儿童接触淫秽书刊或利用儿童制作色情制品等。

3. 精神虐待

综合各方面的文献,精神虐待主要包括以下三方面的内容:①对一个儿童情感及心理行为发育造成了不良结果,即时或永久性地导致了儿童行为、认知、情感、机能活动的损害;②这些不良结果是由羞辱、恐吓、拒绝、孤立、藐视、剥夺、漠视儿童的情感需要等行为方式所造成;③这些行为方式没有直接涉及身体接触和性的内涵。有学者认为精神虐待是儿童虐待与忽视的核心问题,构成了儿童虐待与忽视各不同类型的基础。与身体虐待相比较,它更容易对儿童造成不良的负面结果,对儿童有长期的严重影响。正因为如此,现在越来越多的个人和组织开始把注意力投向儿童在精神/心理方面所受到的伤害。最近,精神/心理虐待与忽视概念的并行提出也是这一趋势的反映。但由于界定标准的困难和模糊,这一问题尚处于争议之中。

4. 忽视

在大多数国家,忽视是各类型虐待中被举报最多的形式,但它对婴儿及年幼儿童的身心发育具有毁灭性的打击。对于儿童忽视,目前国际上也缺乏明确的定义和科学的判别标准。美国认为儿童忽视就是“由于父母缺乏监督和关照而导致的伤害:包括食物、住所、衣服的缺乏;因为不能及时接受医疗需求而引起的严重健康问题;将孩子置于一个不安全的环境中等”。土耳其的定义是“一个儿童的营养、医疗、教育、情感、安全需要被有意地忽略”(杨子尼,2003)。总体而言,忽视的内涵包括:严重地或长期地、有意或忽略了儿童的基本需要(例如足够饮食、衣服、住宿、教育及医疗照顾),以致危害或损害了儿童的健康或发展;或在本来可以避免的情况下使儿童面对极大的威胁(包括饥寒、长期缺乏照料、强迫儿童从事与其体力或年龄不相符的工作等)。

目前国际上普遍认为忽视应包括身体的、情感的、医疗的、教育的、安全的和社会的六个方面:①身体忽视,即看护人忽略了对孩子身体上的照料(如衣着、食物、住所、环境卫生等),它可以发生在孩子出生前(例如怀孕的母亲饮酒、吸烟、服用违禁药品);②情感忽视,没有给予儿童足够的爱,父母间长期的或极端的虐待,对儿童拒绝心理上的关心和爱护,拖延或没有给予心理上的安慰,忽略儿童的情感需要,任其滥用毒品,任其行为不当;③医疗忽视,指的是拒绝或拖延医疗需求和医疗保健(如忽略口腔保健,拖延牙科疾患就诊，不能按时完成预防接种）；④教育忽视，不能最大限度地适时提供接受各种教育的机会，从而延误了智力的开发（也包括道德教育和心理健康的忽视）；⑤安全忽视，是由于看护人的疏忽使得孩子的生长和生活环境存在安全隐患，而有可能使儿童发生危险（例如将孩子独自留在家中）；⑥社会忽视，当前文献很少提及社会忽视，其实社会环境的方方面面和儿童福利政策无不影响着孩子身心潜能的充分发挥。如环境污染损害儿童的健康；被打斗、凶杀、色情内容污染的音像作品及不健康的儿童读物充斥文化市场，毒害儿童的心灵；伪劣儿童食品泛滥于市场，损害了孩子的身体；应试教育导致的激烈的竞争环境给予儿童莫大的压力；贫困剥夺了儿童接受教育的机会，不少儿童得不到应有的医疗保健等。这些都应该得到社会的应有重视，社会工作者也应当从制度层面进行干预，如以参与制定相应的反贫困社会政策等方式。

推荐阅读书目

刘学新，2011，学前心理学，北京：北京师范大学出版社。

谢弗，2009，发展心理学：儿童与青少年，邹泓等译，北京：中国轻工业出版社。

黄智雄，2013，香港社会工作，北京：中国社会出版社。

陆士桢、王芳、陈颖，2010，中国儿童社会工作实务案例精选，上海：华东理工大学出版社。

对社会工作实务的建议

- 熟练掌握学前期个体成长的相关理论和实证研究结果。
- 帮助家长认识到可能对儿童成长不利的环境因素。
- 为家长提供必要的知识和技能，促成良性亲子关系的形成。
- 鼓励父母双方积极参与亲子互动和教育。
- 为儿童和家长创造更便利的资源获得渠道。
- 继续致力于削减贫困和社会不公正现象。
- 在情境中评价个体的成长状况。
- 直接为儿童提供与其年龄相适应的相关干预。
- 为儿童提供和创造增加自我效能和自尊水平的机会。
- 与其他领域的专家合作，建立旨在消除和预防家庭暴力的有效法律体系和社会干预计划。

第八章
学龄期

“学龄期”相当于小学学龄期，大约从六七周岁到十一二周岁左右。该阶段儿童的身体发育趋于平稳，介于婴幼儿期和青春期两个生长高峰之间。从学龄初期开始，儿童就面临着一系列的重大变化，其中最大的变化是从原来以游戏为主要活动的生活过渡到以学习为主导的校园学生生活。儿童的入学，标志着一个人的学生时代的开始。如此重大的转折伴随着明显的心理发展，学龄期儿童的智力、语言表达能力、社会交往能力和运动技能等，都在不断地由低级到高级、从简单到复杂地发展，并且每个年龄阶段都有鲜明的特点。同时，当今的儿童正生活在一个崭新的时代，他们所面临的许多问题是家长们未曾经历过的，因此容易产生各种令家长们迷惑不解的“难题”。社会工作者应当从生理—心理—环境的多重角度，帮助学校和家长认识学龄期儿童的发展状况，并为其提供相应的实务建议或直接进行专业干预。

第一节　学龄期的生理与认知发展

一、生理发展

（一）身高和体重

与学前儿童相比，学龄期儿童的身体发展具有两个主要特征：其一，在学龄期的前半段，男女学童的身体发展速度均趋于缓慢；其二，在学龄期的后半段，女生身体发展的速度快于男生，这与女生性生理较早成熟有关。

身高和体重是衡量儿童生理发展的两个重要指标，一般来讲，人的一生中会出现两个身高和体重的增长高峰期，即婴幼儿期和青春期，而学龄期正好是处于这两个高峰之间的过渡期。6~9 周岁的儿童，身高平均年增长 4~5 厘米，体重平均年增长 2~3.5 公斤。10 周岁以后，随着青春期的到来，体格发育进入快速增长阶段。届时，男孩的身高一般每年可增长 7～9 厘米，个别可增长 10～12 厘米；女孩一般每年可增长 5～7 厘米，个别可增长 9～10 厘米；体重每年可增长 4～5 公斤，有的可增加 8～10 公斤。

就一般情形而言，学龄期儿童身体的发展，自低年级起都会达到以下的程度：①能自由支配自己的身体，在跑、跳、投掷等各方面，都能维持身体平衡。②在运动方面，学校中设置的体操、球类、舞蹈、游泳等项目，都能够学习。③在动作技巧方面，都能达到眼手调和从事比较细致的活动，诸如弹琴、写字、雕刻、绘画等都可以学习。

（二）骨骼肌肉

小学年龄段儿童的各种骨骼正在骨化（形成或转化成骨），但骨化尚未完成。这时期儿童的骨骼胶质较多，即有机物和水分较多，钙、磷等无机成分较少，所以儿童骨骼的弹性大而硬度小。儿童骨骼不易发生骨折，但容易发生变形，不正确的坐、立、行走姿势可引起脊柱侧弯（表现为一肩高一肩低）、后凸（驼背）等变形。

学龄期儿童的肌肉含水成分多，含蛋白质和无机物成分少，柔软松弛，大肌肉群的发育先于小肌肉群，所以学龄期儿童多喜欢跑、跳、投掷等活动。指挥小肌肉群神经系统的机能尚未成熟，因而他们手部小动作的精确性比较差。老师和家长在注意发展儿童大肌肉群的同时，要促使他们小肌肉群的发展，如组织他们写字、绘画、演奏乐器和作手工劳动等，但活动量不能过大。另外肌肉生长主要是纵向生长，肌肉纤维比较细，肌肉的力量和耐力都比成人差，容易出现疲劳。活动时间不宜过长，以防止过度疲劳。

（三）循环和呼吸系统

学龄期儿童血管发育的速度大于心脏发育的速度，血液的循环量较大。儿童心脏容积和脉管容积的比例小于成人，但是新陈代谢很快，需要血液循环量较大，所以心率必然加速，脉搏比成人快，频率约为 80～85 次/分。老师和家长应避免让儿童作过于激烈的体力活动，防止心脏过度疲劳。但是安排适当的体力活动，又能促进学生心脏机能的发展。随着学生年龄的增长，体力活动的强度应逐渐增加。

（四）神经系统

学龄期儿童的脑重继续增加。7 周岁儿童平均脑重量为 1280 克，约为成人平均脑重量的 90%；9 周岁的脑重量平均为 1350 克，接近成人；12 周岁平均为 1400 克，达到了成人的平均脑重量；到 20 周岁左右趋于稳定。同时需要指出，学龄期儿童脑重量的增加，并不是由于脑神经细胞在数量上的增殖,而是脑神经细胞结构的复杂化和神经纤维的伸长所致。

正是这个原因,该时期儿童神经活动的机能提高了。高级神经活动的基本过程,包括兴奋过程和抑制过程的机能都进一步增强。兴奋过程的增强,表现在一天24小时中觉醒状态的时间变长。新生儿一天中平均大约只有2小时处在觉醒状态,3周岁儿童是10小时,到7周岁时,儿童一天中大约可以维持13个小时的觉醒状态,这意味着学龄期儿童与外界交往活动的增多。皮质抑制过程的增强,表现在内抑制机能的进一步发展。小学生借助于内抑制的调节作用,已经能够更细致地对外在事物作综合分析,也更善于调控自己的行为了。

除了上面提到的这四方面,学龄期儿童还会出现乳牙脱落、恒牙萌出,以及相貌上的一些变化。上述所有生理上的变化和发展,不仅使儿童可以参加到更多的运动活动中去,而且也影响了儿童的情绪、认知、思维等更为重要的方面,这些都保证了儿童能够顺利适应学校生活,从事正规的学习活动。

二、认知发展

表8-1 皮亚杰的认知发展阶段

阶段	年龄	特征
感知运动阶段	0~2岁	仅靠感觉和动作适应外部环境,应付外界事物。 认知特点:1. 通过探索感知与运动之间的关系来获得动作经验;2. 低级的行为图式;3. 获得了客体的永恒性(9~12个月)。
前运算阶段	2~7岁	1. "万物有灵论"; 2. 一切以自我为中心; 3. 思维具有不可逆性、刻板性; 4. 没有守恒概念; 5. 作出判断时只能适用一个标准或维度。
具体运算阶段	7~11岁	1. 这个阶段的标志是守恒观念的形成(守恒性); 2. 思维运算必须有具体的事物支持,可以进行简单抽象思维; 3. 理解原则和规则,但只能刻板遵守规则,不能改变; 4. 思维具有可逆性(儿童思维发展的重要特征)。
形式运算阶段	11~16岁	1. 能够根据逻辑推理、归纳或演绎方式来解决问题; 2. 能够理解符号意义、隐喻和直喻,能作一定的概括; 3. 思维具有可逆性、补偿性和灵活性。

在认知方面,学龄期儿童进入了皮亚杰所说的"具体运算阶段"(concrete operational)。虽然该阶段的运算都直接与具体事物相联系,但学龄期儿童既不能用形式运算的逻辑推理来比较观念和实体,也不能用假设来思考。在这一阶段的儿童开始更少地依赖于感觉,转而更多地进行逻辑思考。“例如,在这个阶段,儿童知道一个客体可以同时是一个球、一个玩具、一个圆的东西,并且他们能根据事物的因果关系来加以联想。他们也开始发展了从他人的位置来想象自我的能力。”(波普诺,1999:153)因此,皮亚杰认为,此时儿童已经开始从前运算阶段中的知觉定向占优势过渡到一个高级的抽象水平,即以所谓的较大程度的思维灵活性为特征的认知水平。该阶段儿童认知发展的一般特征包括以下四个方面:

(一)已经有了可逆性和传递性

可逆性是合乎逻辑的思维过程。最常用到的是数学运算和所有属于因果关系的问题。所谓可逆性,是指思考问题时可以从正面去想,也可以从反面去想;可以从原因去看结果,也可以从结果去分析原因。如此,顺向与逆向兼顾的思维历程,即称为可逆性。如以下的例子:

由已知	9 + 6 = 15
即可推知	15 - 6 =9
由已知	男生人数 + 女生人数 = 全校学生人数
即可推知	女生人数 = 全校学生人数 - 男生人数
由已知	A + B = C
即可推知	C - B = A

该时期的儿童对于“A 比 B 高,B 又比 C 高,因此 A 比 C 高”这样的推理已经能够理解,而且儿童自己也逐渐能运用可逆性和转化性原理来进行推理。可逆性包括逆向性和互反性,在具体运算阶段,出于这种运算是零散的,还不能组成一个完整的系统。因此,这两种可逆性是互相孤立的,而不能把他们之间的复杂关系在一个系统内综合起来,而这种综合能力只有在形式运算或命题运算阶段才能达到。

(二)已经能解决守恒问题

学龄期儿童逐渐了解到一切物体的某一特性并不因另外的特性改变而改变。把玻璃杯 A 中的液体倒入玻璃杯 B 中或者较宽的玻璃杯 C 中,学龄前的儿童会认为液体的量有所增减,但是达到了具体运算水平的学龄期儿童,“他会说:‘这是等量的水’‘仅是从一个容器倒入另一容器’‘没有什么减少或增加’(即简单的恒等性);‘你可把 B 杯中的水倒回 A 杯中,其结果和原来一样’……更为重要的是有的儿童会说:‘这水的平面是增高了,但容器则较窄，故水的容量相等’”（皮亚杰，1980：74）。进入具体运算阶段的儿童已经从没有守恒概念的前运算阶段开始逐步获得各种守恒概念的一般模式，譬如液体守恒、物质守恒、数量守恒、重量守恒、容积守恒、长度守恒等。

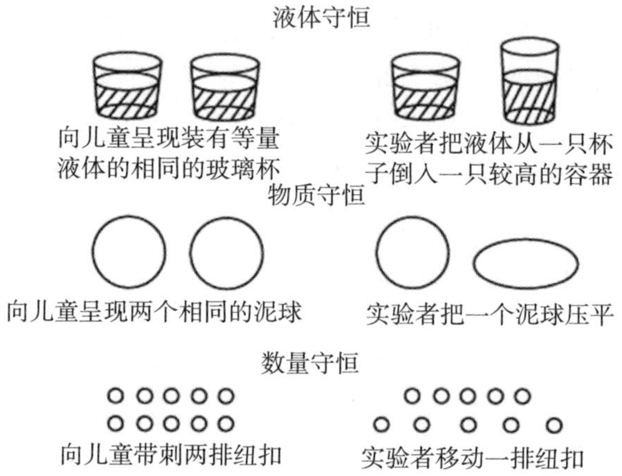

图 8－1　守恒概念

（三）开始脱离自我中心性

皮亚杰用自我中心性一词来说明儿童在面对问题情境予以解释时，只会从自己的观点着眼，不会考虑别人的不同看法。皮亚杰做过一个著名的实验——“三山实验”：如图 8－2 所示，在一个立体沙丘模型上错落摆放了三座山丘，首先让儿童从前后、左右不同方位观察这座模型，然后让儿童看四张从前后、左右四个方位所拍摄的沙丘的照片，让儿童指出和自己站在不同方位的另外一人（实验者或娃娃）所看到的沙丘情景与哪张照片一样。前运算阶段的儿童无一例外地认为别人在另一个角度看到的沙丘和自己所站的角度看到的沙丘是一样的。这个实验证明了前运算思维缺乏逻辑性的表现之一就是不具备从他人的角度来看待事物的能力。学龄期儿童能够理解别人对问题的观点，对别人不同于自己的看法也能接受和采纳。这正是从以自我为中心向脱离自我中心的过渡。这种脱离中心化同时表现在认知的、社会的和道德的各个方面。以儿童间语言交流为例，在儿童自由不受约束的活动、游戏和讲话的情境中，前运算阶段儿童的语言多表现为单个人“独白式”的谈话或是几个人“集体性的独白”，每个儿童只对自己讲话，并不听取别人的讲话，这就是自我中心性的语言。而进入具体运算阶段的儿童，在讨论某些问题时，不再为自己说话，而能根据别的儿童的看法来说话。

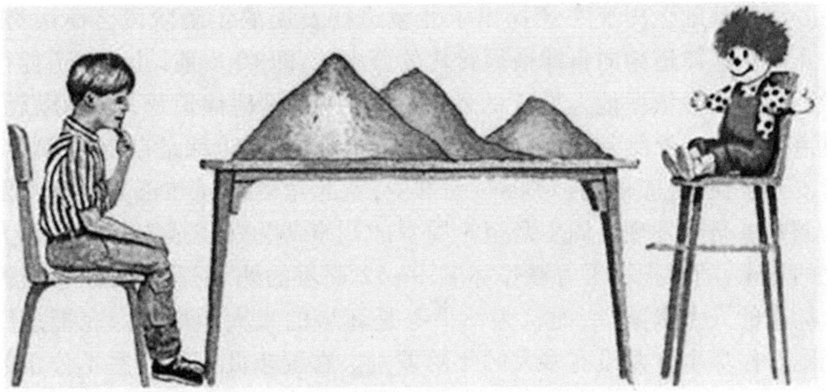

图 8－2　皮亚杰的“三山实验”

（四）开始逻辑思维

能凭借具体的事物或形象进行逻辑分类和认识逻辑关系，即可以对此时此地正在发生的经验或对他眼前所能观察到的事物作逻辑思考。学龄期儿童的认知发展，已经开始从具体形象思维为主要形式逐渐过渡到以抽象逻辑思维为主要形式，但是我们也应注意到，这时的抽象逻辑思维在很大程度上仍然是直接与感性经验相联系的，仍然要依靠具体形象的支持。

三、道德发展

（一）皮亚杰的道德认知发展理论

皮亚杰早在 20 世纪 30 年代就对儿童道德判断和道德观念的发展进行了研究。他采用对偶故事法研究儿童道德判断发展的水平。他认为，儿童道德判断的发展与儿童认知发展的阶段相平行，儿童道德发展的进程可以在他们的认知进程中找到证据。他设计了一些包含道德价值内容的对偶故事让儿童回答，要求儿童判断是非对错，从他们对特定行为情境的评价中投射并推测出儿童现有的道德认知和道德判断水平。通过大量的研究，他发现并总结出了儿童道德认知发展的总规律，即儿童道德的发展经历了一个从他律到自律的认识、转化、发展过程。儿童的道德判断是从早期注重行为结果的评价向注重行为的动机发展。所谓他律，是指早期儿童的道德判断只注意行为的客观效果，不关心主观动机，是受自身以外的价值标准所支配的道德判断，具有客体性。所谓自律，则是指儿童自己的主观价值标准所支配的道德判断，具有主体性。他律水平和自律水平是儿童道德判断的两级水平。在此基础上皮亚杰还提出了儿童道德发展的年龄阶段。他认为，10岁是儿童从他律道德向自律道德转化的分水岭，即10岁前，儿童对道德行为的思维判断主要依据他人设定的外在标准，也就是他律道德；10岁以后，儿童对道德行为的思维判断大多依据自己的内在标准，也就是自律道德。

皮亚杰在《儿童的道德判断》一书中，就儿童的协同和正义观念的发展作了调查。研究发现6周岁乃至8周岁的儿童认为违犯成人禁止的行为是最大的坏事，随后把不平等看作坏事；9~12周岁的儿童，认为成人禁止的行为是坏事的人大量减少，而认为不平等是坏事的人大量增加。在把违反游戏规则看作坏事上则没有多大的年龄差别。在要求儿童讲一些不公正的例子时，大致得到四种答案："①违反从成人那儿接受来的命令的行为——说谎、偷窃、打坏东西等，即所有被禁止的行为。②违反游戏规则的行为。③违反平等（不平等的惩罚、不平等的对待）的行为。④与成人社会有关的不公正的行为（经济的或政治的不公正）。"（皮亚杰，1982：386）

表8－2　不同年龄段儿童所认为的不公正

	禁止	游戏	不平等	社会的不公正
6~9周岁	64%	9%	27%	0%
9~2周岁	7%	9%	73%	11%

资料来源：皮亚杰，1982：387

（二）科尔伯格的道德认知发展理论

科尔伯格（Lawrence Kohlberg，1927—1978），美国当代著名的心理学家和教育家，现代道德认知发展理论的创立者。1958年获芝加哥大学博士学位，1968年起任哈佛大学教授，从事认知道德发展研究。提出了儿童道德发展阶段模式，并把儿童的道德判断概括为三个水平，细分为六个阶段。它提示了道德观念从认知的低级形式到高级形式的发展过程，在道德教育中产生了一定的影响。主要著作有《儿童面向道德秩序的发展：道德思维发展的第一个序列》《道德性格和道德意识形态的发展》《认知阶段和学前教育》《早期教育：认知发展的探讨》等。

科尔伯格的道德发展阶段模型反映的是个体道德认知由低级阶段向高

级阶段发展的一般趋势。个体的道德发展的阶段是交叉和混合的，同时，由于个体道德发展受到其逻辑认知发展和社会认知发展的条件制约，每个人的道德发展速度不是同步的，因此个体的年龄阶段与其道德阶段也不是绝对对应的。科尔伯格多年的追踪研究结果表明，对于美国中产阶层和工人阶层的子女来说，“大多数9周岁以下的儿童、部分青少年、大多数少年犯和成年罪犯都处于前习俗道德水平上。我们的社会和其他社会中的大多数青少年和成人都处于习俗水平。少数成人，而且只有他们在20周岁之后，才能达到后习俗水平。”（科尔伯格，2004：163）

表8－3　科尔伯格的道德发展阶段

层次水平	发展阶段	心理特征
道德前习俗水平 Pre-conventional	第一阶段：惩罚与服从阶段 Obedience and punishment	只从表面判断行为后果的好坏。盲目服从权威，旨在逃避惩罚。
	第二阶段：工具主义阶段 Individualism and exchange	只按行为后果是否满足个人需求以判断行为的好坏。
道德习俗水平 Conventional	第三阶段：乖孩子阶段 Interpersonal relationships	寻求别人认可，凡是成人赞赏的，自己就认为是对的。
	第四阶段：遵守法律与秩序阶段 Authority and social order	遵守社会规范。认定行为规范是维持社会秩序之必须，不容更改。
道德后习俗水平 Post-conventional	第五阶段：社会契约阶段 Social contract	开始理解他人具有不同的价值观。了解到只要大众共识社会规范是可以改变的。
	第六阶段：普世道德原则阶段 Universal principles	道德判断以个人的伦理观念为基础。个人的伦理观念用于判断是非时具有一致性与普遍性。

因此，对于学龄期儿童的道德发展水平，也很难将其归为某一水平的某一阶段中。一般说来，小学中低年级的儿童一般会采用工具性的相对主义的道德推理。他们判断是非时是以自己的利益为依据的，因此也有人把这个阶段叫作利己主义阶段或交易性阶段。正确的行为就是那些可以满足个人需要，有时也可以满足他人需要的行为。对自己有利的就是好的，否则就是不好的。

高年级的儿童逐渐从前习俗水平转向习俗水平。他们开始有了满足社会需要的愿望，也比较关心他人的需要。这时，儿童的道德发展进入了人与人之间关系协调的定向阶段。这个阶段即我们所说的好孩子定向阶段。因为儿童认为一个人的行为是否正确，主要看他是否被别人喜欢、是否对别人有帮助或是受到别人称赞。他们开始懂得按照别人的要求和期望来行事，他们努力去做父母心中的乖孩子、老师眼中的好学生。另外，他们也懂得了“为善”是至关重要的，如具有良好动机、表明关心别人、维持相互关系（如信任、忠诚、尊重、感恩）等。

第二节　学龄期的社会性与人格发展

一、艾里克森的人格发展理论

艾里克森的心理社会发展理论将人格发展划分为八个阶段，并认为每一阶段都有一个特殊矛盾或危机，矛盾的顺利解决是人格健康发展的前提。他把学龄期划定为7~12周岁左右，要解决的核心问题是“克服自卑感而获得勤奋感”。在这个时期，儿童一方面在集聚精力，勤奋学习，动作能力和认知水平也进一步提高。“对周围事物的性质、用途和构造的好奇心增强，他们要知道东西是由什么做成的，它们是怎样运作的，它们在做什么。儿童开始乐于使用工具去进行操作活动。如果成年人鼓励儿童积极动脑努力去制作、构筑某些实际的东西，允许他们完成他们的计划，对他们所做的结果提出表扬，从而培养起儿童完成任务的奋发精神，这就会加强儿童的勤奋感。”（波普诺，1999:152）另一方面，在追求成功的努力中又渗有害怕失败的情绪。“一些孩子会因为将玩具拆坏而受到父母的斥责，或是没有严格遵守学校中的行为规范而受到老师的批评。这些父母把孩子努力制作或做的事情看作‘捣乱’或‘搞得乌七八糟’。”（波普诺，1999:152）因此，勤奋感和自卑感构成了这一阶段的主要冲突。

艾里克森（Erik Erikson，1902—1994），美国神经病学家，著名的发展心理学家和精神分析学家。他提出的心理社会发展理论，强调社会文化在人格发展中的决定性作用。他还以创造同一性危机（identity crisis）术语而闻名。1950年，在他将近五十岁时，他的第一部著作《儿童期与社会》（Childhood and Society）才出版。

艾里克森认为，这一阶段的儿童都应在学校接受教育。此时，儿童的社会范围已经扩大，他们预见到最后必须脱离家庭，因此同伴群体和学校成了影响儿童最有力的社会因素，成为了儿童的依赖重心。艾里克森指出，许多人将来的学习工作态度和习惯都可溯源于这一阶段的勤奋感。学校是训练儿童适应社会、掌握今后生活所必需的知识和技能的地方。学校活动和体育活动为该阶段的儿童学习知识技能和运动技能提供了场所，与同伴的交往则为儿童提供了发展社会技能的场所。如果他们能顺利地完成学习课程，他们就会获得勤奋感，这使他们在今后的独立生活和承担工作任务中充满信心。当儿童的勤奋感大于自卑感时，他们就会获得有能力的品质。反之，就会产生自卑。但是如果儿童养成了过分看重自己工作的态度，而对其他方面都漠然处之，当然也存在负面隐患。

表 8－4　艾里克森的心理社会发展

大约年龄阶段	心理社会危机
婴儿出生到 18 个月	信任对不信任
18 个月到 3 岁	自主性对羞怯和怀疑
3 岁到 5 岁	主动性对内疚
5 岁到 13 岁	勤奋对自卑
13 岁到 21 岁	同一性对角色混乱
21 岁到 39 岁	亲密对孤独
40 岁到 65 岁	繁衍对停滞
65 岁以上	自我完整对失望

注：不同版本对年龄阶段划分有不同标准，此表仅供参考。

二、性别角色的分化

性别角色是社会按照个体的不同性别而分配给两性的社会行为模式。人从一出生开始，就被大量的表明性别的提示所包围，因性别不同而受到不同的教育。他们被贴上性别的标签，并配以适合其性别的衣服颜色和款式，所以儿童在很小的时候就明白了男女之间的差异。在日常生活中，人们对男孩的评价常以是否“勇敢”“坚强”“有成就”等为标准，对女孩的评价常以是否“漂亮”“整洁”“温和”等为标准，这些评价强化了儿童对性别角色的认识，经过自我归类，形成了儿童最初的性别角色意识。在生活中，儿童愿意观察或模仿与自己同性别的成人的行为。当孩子模仿了同一性别的角色类型时，就会得到家长的夸奖；反之则会受到家长的指责或惩罚。

学龄期的儿童，对角色模式的认同渐渐成为社会化的一个重要形式。学龄期的儿童开始走出家庭，不可避免地受到了来自学校、同伴、媒体等社会因素的影响，更进一步地学会了区分男性与女性，同时也意识到并认同自己的性别特征。这种性别角色的社会化过程，往往会影响到他今后的发展方向及其日后成就的高低。此时的个体已经具备了一定的认知能力和社会经验，能自觉地去理解既定文化所规定的角色期待、性别角色标准以及性别模式，并能依照此模式而行动，希望自己能成为这种模式中的人，即典型的男性或女性，以满足社会和自己的角色期待。

图 8 - 3　学龄期儿童性别角色意识的形成

（一）性别发展理论

性别角色是某一文化所定义的与某一性别相符合的属性集合，包括态度、人格特质和行为，是在生物学基础上文化继承的结果。儿童的性别在其刚出生时仅具有生物学意义，随着儿童的成长，其性别角色中的社会文化烙印越来越深。几乎所有关于性别角色发展的理论模式都强调了儿童早期的社会环境对该过程的重要影响。

1. 科尔伯格的认知发展理论

科尔伯格基本观点源于皮亚杰的认知发展理论，认为儿童的性别认同经历了与其他概念相似的发展变化。他发现儿童大约在 3 周岁时能分清自己的性别，但把性别当作一个不变特征的完全的性别概念要在 2 ~ 7 周岁的

5 年间才能逐渐发展起来。发展经历以下三个阶段：

（1）基本性别认同阶段（basic gender identity）：约为 1 岁半到 3 岁之间，男女性别的区分，主要依据外表条件。

（2）性别稳定阶段（gender stability）：约为 3 岁到 6 岁之间，随着语言与认知能力的进步，儿童大量接收与自身性别有关的信息。4 岁左右，大部分的孩子就开始产生对于性别稳定的理解。

（3）性别恒定阶段（gender constancy）约为六七岁左右以后，儿童的性别认同开始恒定完全。这时的孩童已经具有“性别保留概念”的能力，即事物的本身不会因为外表改变而改变。

根据科尔伯格的观点，具备性别恒常性和性别自认这一基本概念，是获得性别角色的关键和基础。性别恒常性是指基于生物属性基础上的一种永久特性，不依赖于一些表面特征，如头发的长短、服饰等。性别恒常性是儿童模仿的先决条件，只有在获得性别恒常性后，儿童才喜欢模仿同性榜样。性别恒常性由两种对性别理解的不同成熟度组成，即性别同一性与性别稳定性。性别同一性是儿童获得性别概念的第一步，是对性别的初步理解，2~3 周岁的儿童即可获得性别同一性，能够分清自己和他人性别。随着对性别理解成熟度的提高，儿童在 2~7 周岁期间获得性别稳定性概念，知道性别不会随时间变化而改变。

2. 班杜拉的社会学习理论

社会学习理论家把性别角色当作一套行为反应，男性和女性的行为由强化和惩罚形成，性别角色的基础是儿童所处的社会环境，如果环境条件变化了，行为也可能很快变化。但是班杜拉的社会学习理论强调内部心理过程的重要性，认为强化和惩罚不会自动生效，其效果是通过期待的建立而发生的。直接强化、模仿和观察学习是性别角色定型的基础。在模仿中，儿童按照权威性和同性性两个标准来选择模仿对象。儿童还通过观察学习积累起合乎性别行为的知识，获得行为的因果联系，以预测自己行为的后果，并通过对性别角色行为的理解来加强性别意识。另外，成人对儿童的性别行为的惩罚和奖励也是对他们有力的直接强化。

3. 布洛克的性别角色发展阶段

布洛克（Jeanne Humphrey Block，1923—1981）把男性化和女性化看作人格两种成分的体现：一种是指个性化、自我肯定和自我扩张，另一种是与集体和谐、为集体利益牺牲个人利益、寻求集体的一致性。布洛克认为性别角色的发展与道德发展相平行，儿童性别角色的发展有三个不同的阶段：第一阶段（前习俗道德期），以自我为中心，此时儿童的性别角色概念是杂乱无章的；第二阶段（习俗道德期），服从规则和角色变得越来越重要，性别角色开始分化；第三阶段（后习俗道德期），达到内省和自我意识，并保持性别意识，直至人们在内在自呈原则基础上，而不是在外力作用基础上，建立性别角色的价值标准。

（二）性别认同和性别分离

性别认同，是指个体对自我所归属性别的自我知觉。一般来讲，儿童在两三周岁时就已经发展出了性别认同，能准确地说出自己是男孩还是女孩。在性别概念发展的历程中，儿童会知道自己属于某种性别而开始认同这样的类别。进入小学阶段，儿童渐渐意识到自己属于一个特定的性别群体。作为这一群体的一员，他们倾向于更欣赏自己所属的性别：女孩会认为她们比男孩更漂亮、更勤奋、更听话，而男孩则认为他们比女孩更勇敢、更不自私。

在学前期时，孩子们就已经表现出喜欢和同性别的孩子在一起玩耍，女孩在某种程度上比男孩更早地表现出这种偏好。此后，这种性别分离的程度继续增加，在小学阶段尤其明显。在小学阶段，儿童常常使自己处在同性别的群体中，无论是课间的玩耍，还是放学后同路回家，都是男孩与女孩分开的。尽管在某种条件下与异性打交道是被允许的，然而跨越“性别界限”的孩子却是不受同伴欢迎的，他（她）会受到来自同性伙伴的排斥。有研究发现，孩子 4 周岁时与同性伙伴玩耍的时间比与异性伙伴玩耍的时间多 3 倍，到 6 周岁时则增长为 11 倍（Etaugh & Bridges，2003：75）。

孩子们为什么要和同性伙伴在一起玩耍呢？这可能是因为同性伙伴更能够分享对性别典型玩具的钟爱之情。女孩在一起可以为洋娃娃“梳妆打扮”而让它变得更漂亮，男孩在一起可以手持玩具冲锋枪互相追逐，只有同性伙伴才能分享其中的乐趣。也有观点认为，女孩回避男孩可能有两种原因：一是她们不喜欢粗鲁的、攻击性的、男孩居支配地位的游戏方式，二是男孩不理会女孩有礼貌的建议。类似的，男孩回避女孩的原因是女孩不接受他们粗鲁的游戏。

（三）性别的社会建构

性别不只是生理决定，更是由社会建构出来的。学龄期儿童性别的社会建构，主要是通过家庭（父母）、学校教育、媒体而塑造。对父母而言，从新生儿起父母就负担了幼儿性别社会化的教育责任；媒体则是当今性别角色建构的主力军，学校则是被法制化赋予责任的社会化机制所在。性别社会化具有文化独特性，不同文化之下的社会成员对女性及男性的角色期待有所不同。

1. 家庭

班杜拉的社会学习理论指出性别角色是通过观察和模仿父母或主要照顾者而形成；科尔伯格的认知发展理论则认为幼儿性别概念的形成是性别社会化过程中最重要的部分，而性别概念会随着幼儿认知程度而发展。这些性别角色形成的说法，都指向一个事实，就是家庭是幼儿第一个性别教养环境，家庭是性别角色态度形成、发展的第一场域，在家庭中两性观念的形成关键在于父母或儿童照顾者本身的性别角色态度。父母是对孩子极具影响力的第一个社会化代理人，是影响幼儿性别角色初期发展的关键所在。

性别的社会建构首先从父母的标签行为开始。初生婴儿的父母们按照社会流行的性别角色价值观，对孩子的性别角色抱有期望。父母从孩子的名字、衣着、玩具上进一步区分了男女角色。小女孩的房间里有布娃娃，有一些花花绿绿的装饰品。男孩的房间则更多的以动物为主题，以各种各样的运动器材、汽车和军事玩具为特点。在给孩子选择玩具时，父母亲更容易给孩子买具有性别典型特征的玩具，而很少给孩子买跨性别的玩具，当孩子们要求得到跨性别玩具的时候，往往遭到拒绝。其中，男孩往往比女孩更没有可能得到跨性别的玩具。孩子在参加性别典型特征活动时比参加跨性别活动时会得到更多的支持。父母陪男孩玩的时间要比女孩多，而且玩得程度更剧烈（Etaugh & Bridges, 2003：80）。父母希望女孩能自己在一旁安静地看书、画画或是摆弄布娃娃，但对于男孩，父母则允许他们有更多的室外活动和更多的带有剧烈身体运动的活动。在父母的眼中，一个不爱蹦跳的、不调皮捣蛋的男孩就不是一个聪明的孩子；相反，如果女孩也这样，那就会被大人们说成是“假小子”“疯丫头”。

这些看似琐碎平常的小事会在不知不觉中影响着孩子性别角色的发展，并且伴随着儿童的成长不断延续。进入学龄期后，父母对孩子提出了更多的要求，而这些要求也都表现出明显的性别差异。他们要求女孩更加乖巧、听话，要求男孩更加勇敢、独立。他们鼓励女孩在学校遵守纪律，听老师的话，而对于男孩的一些违纪行为或者小错误，则并不给予过分的关注和严厉的责罚。也就是说，父母亲对女儿的控制通常会比对儿子的控制多，相反他们会给儿子更大的自由度。例如，父母亲更可能为女儿作决定并且给予帮助，即使是在女儿不需要的情况下也是如此；而男孩常被鼓励自己作决定，并且自己解决问题。总之，在学龄期儿童的社会性发展过程中，父母更重视对男孩独立性和责任感的培养,对女孩则更重视亲社会行为和礼貌的培养。父母的这种态度强化了儿童对性别角色的初步认定,使得儿童更有意识地将这种印象加以巩固和深化,具有了刻板的性质。

2. 学校

家庭虽然是每个人最初生活与接受教养的所在,但就性别发展而言,学校是另一个重要的场域,是儿童性别角色知识扩展和加深的场所。

教师的性别角色期待无疑对儿童的性别角色发展影响很大。进入学校后,男教师和女教师在一定程度上代替了父亲和母亲的角色,儿童想象中的男性和女性就是学校中男、女教师的形象。教师的言行成了儿童学习的榜样。教师本人的性别刻板印象直接影响其对待男女学生的态度、期望和教育方式。受社会传统性别角色认识的影响,教师更多地鼓励男孩要有探索、坚强、勇敢的精神,而更多地培养女孩乖巧、温和、文静的性格。比如,对同样智力水平的不同性别儿童,教师会以科学家、企业家或别的具有高素质的、创造能力强的人物为目标,严格要求男童,男童在角色期望下也容易将自己的人生定位得更高;与此相对应,教师可能觉得女童由于先天资质的不同,认为她们更适合做一些相对简单、挑战性低的工作,而女童在这样的角色期望下也常常采取与此一致的标准来要求自己。儿童正是在与教师的有区别的互动中,逐渐地学习到了许多性别方面的区别,并将这些区别渐渐地内化为自己的思想,以此指导自己今后的学习和工作。儿童的人生定位,就这样受到教师性别角色期望的影响而呈现出了人为的差异性。

除此之外,学校教材中的人物角色和学校的精神环境等同样在潜移默化地塑造着学龄儿童性别概念和性别认同。

3. 同伴

进入学校后,儿童与同龄伙伴的关系越来越密切,性别角色在形成过程中受同伴的影响也越来越大。在低年级阶段,儿童形成的群体并不稳定,其中的成员可以自由进出。到中高年级,这种伙伴群体有按性别划分的明显趋势,部分地反映出男女儿童兴趣的不同,如男孩喜欢足球、篮球、下棋,而女孩喜欢体操、唱歌、跳舞,由此而形成以不同活动为连接纽带的同性伙伴群体。

过分强调群体的性别区别同样会影响儿童的性别定位。从儿童心态上看,能被自己的伙伴接受是儿童在童年期最强烈的需求之一。一旦儿童行为不符合其性别特征,不符合社会文化对性别定型的看法,就会遭到同学的嘲笑、讽刺、排斥或忽视。儿童越是按社会对性别的定型看法行事,就越会被同伴所接受，反之则会被孤立。由于害怕在伙伴团体中被轻视、被孤立，儿童寻求与同伴一致的行为倾向十分明显，为了能被同伴所接纳，孩子们彼此施加很大压力来使彼此作出适宜自身性别的行为，他们甚至有时会附和同伴错误的判断。如果某一群体过分强调性别差异，拒绝同异性群体保持正常的交往，该群体成员很容易形成错误的性别角色观。

4. 媒体

其实，人们日常生活中的行为与价值观，有很多是来源于大众传媒的。媒体的影响与家庭、学校和同龄群体的影响一样，已经成为影响未成年人社会化的重要因素。在世界范围内，未成年人接触大众传媒的频度和时间正迅速增长，有对学校教育形成挑战之势。据调查，我国中小学生最经常的课外活动是看电视，多数孩子每天看电视时间达100分钟（卢德平、郑丹娘，2004）。

大众传媒在一定程度上也在强调男女性别差异，媒体中的性别刻板印象限制并塑造个体的性别角色概念。自20世纪60年代女权意识高涨以来，女性不仅仅致于于追求社会地位与权力的平等，也开始注意媒体究竟是如何再现女性形象的，如新闻中的女性、戏剧中的女性、广告中的女性，其中又以广告与性别的研究最多。虽然女性在现实社会中的角色与以往已大不相同，但媒体中的性别刻板印象却没有随着时间与社会的变迁而有所改变。在这个过程中，“儿童会受到这些高度传统化的性别角色的影响，因为那些看了大量电视节目的儿童与很少看电视的同班同学相比，对性别典型特征的活动具有更加明显的偏好，他们对于男性和女性的观念也更具刻板性”（Shaffer，2005：496）。

媒体和广告中常见性别刻板印象。表8－5强调了社会赋予两性的典型刻板特征。

表8－5 传统的性别刻板印象

女性		男性	
不好斗的	温柔	好斗的	坚强的
依赖的	对他人感受敏感	独立的	对他人感受不敏感
容易受影响的	非常渴望安全感	不易受影响的	不怎么渴望安全感
服从的	经常哭	控制的	很少哭
被动的	多愁善感	主动的	逻辑性强
顾家的	善言辞的	追求名利的	善于分析的
容易受感情伤害的	善良的	不易受情感伤害的	冷酷的

续表

迟疑不决的	圆滑的	决断的	直率的
健谈	善于培育子女的	不都健谈	不善于培育子女的

(四)与性别相关的活动和兴趣

1. 体育运动

在学前期和小学初期,男孩和女孩的运动技能非常相似。但随着年龄的增长,到了中高年级,在运动技能方面的性别差异逐渐显现出来并变得越来越明显。此时,男孩稍显强壮,力量开始增大,他们的活动量也随之增大,喜欢在户外玩耍。女孩则更擅长于需要灵活性、精细性以及手脚协调能力的活动,更加喜欢跳皮筋、跳舞蹈、做体操等运动。

在学龄期阶段,在运动技能方面的性别差异变得更加明显地有利于男孩。随着年级的升高,男生的体育课成绩开始明显高于女生。生理因素是形成这种差异的原因之一,除此之外,环境因素也十分重要。在实际生活中,男孩得到了更多的机会去参加运动,被允许更长时间的室外活动,大人常鼓励男孩去参加体育竞赛,以期培养其竞争意识。而无论是父母还是老师都告诉女孩,她们应该表现得文静与温柔,不要太顽皮与活跃。这种社会调教无形中减少了女孩对于竞技活动的兴趣和参与,在体育运动上的性别差异也由此而形成并得到强化(Etaugh & Bridges, 2003:73)。

2. 玩具和游戏

学龄期儿童进入学校后接触到更多的同龄伙伴,游戏则把他们联系在一起。由于男孩和女孩的喜好不同,他们的游戏环境也就有着非常明显的区别。

首先,男孩和女孩对特定的玩具有喜好差异。女孩喜欢玩布娃娃、过家家和柔软的毛绒玩具,而男孩更多地选择汽车和刀枪玩具。此时,通过玩具也表现出了刻板的性别定型。然而女孩比男孩更可能选择跨性别的玩具。例如,女孩想要交通工具玩具的可能性要大于男孩想要布娃娃的可能性。在多数文化中,男性活动比女性活动有更大的声望。一个女孩玩男孩的玩具可能被看作渴望增加自身能力,而一个男孩玩女孩的玩具则可能被认为加入了一个较差的群体(Etaugh & Bridges, 2003:74)。因此,父母不会在男孩的房间里摆上一个布娃娃,男孩也不会主动要求得到一个布娃娃。如此看来,女孩更可能脱离刻板定型。

其次,在学龄阶段,男孩和女孩逐渐发展出性别角色分离,他们开始更多地与同性伙伴在一起，在他们的游戏中也表现出性别差异。男孩比女孩花更多时间去参加户外的体育锻炼，如玩大的交通工具、爬山、探险游戏和混战游戏，所有这些活动都由有趣的追逐、喊叫、角力组成。男孩更喜欢参加竞争性的活动，并且更可能数人一组或与更多的孩子一起玩耍。在与其他孩子发生冲突时，他们更可能采取强有力的、控制性的策略。相反，女孩们更喜欢过家家和进行艺术、手工活动。她们更喜欢安静一些的游戏，更多的是坐着玩，有更多的合作性，并不特别地突出自己，并且更多地受到成人的管理和指导。与男孩相比，女孩更可能和一小群孩子一起玩或自己一个人玩（Etaugh & Bridges，2003：74）。

学龄期儿童虽然已进入学校学习，但是其生活中相当一部分时间还是沉浸在游戏之中的。学龄期儿童更多地喜欢角色游戏，这是一种采取模仿和想象的方式，通过扮演角色而创造性地反映现实社会生活的游戏。男孩喜欢扮演军人、警察，女孩则喜欢假扮成教师、护士。当男孩哭、玩玩具或表现出对烹调和缝纫的兴趣时，会遭到其他男孩的嘲笑；女孩也会嘲笑像男孩那样疯玩的女孩。儿童所做的许多游戏，正是在模仿年长者所做的事情，他们通过游戏学习成人世界的生活经验。在游戏中，他们的计划愈加精密，能力不断增强，他们的生活内容也因之愈益丰富。因为他们所做的游戏，无非是他们父母日常生活中场景的再现，只是由儿童的言语行动重新组织而已。

（五）与性别相关的社会行为

1. 攻击行为

在攻击行为方面，婴幼儿期的儿童几乎没有表现出性别差异。到了学前期，儿童互相交往时，这些差异开始显现出来，并在学龄期变得更加显著。人们一般会认为，男孩会比女孩表现出更多的攻击行为，其实差异并不仅在于此。这时，男孩的确比女孩表现出更强的身体攻击性，但女孩比男孩更可能使用关系攻击行为；男孩的攻击行为是外在的，而女孩的攻击行为则相对来说较为隐蔽（Etaugh & Bridges，2003：76）。女孩之间的关系也许比男孩间的关系更复杂一些，女孩会排挤她们中的一个同伴，或者恶意地散布谣言。她们利用同伴关系，以非身体性的伤害来伤害他人。同时，女孩也比男孩更可能成为关系攻击行为的受害者。

在造成攻击行为的性别差异中，环境因素起了很重要的作用。教师和同伴更有可能忽视女孩的攻击行为，这其实有助于中止这种行为。而父母对男孩参加体力游戏和使用具有性别典型特征的玩具如刀枪等，则鼓励和促进了男孩的攻击行为。男孩群体中的粗鲁和以支配为导向的游戏可能使男孩维持较高的攻击水平。另外，女孩对内疚的预期、同伴与父母的反对以及比男孩的攻击行为获得更少的物质回报，也是导致女孩攻击性逐渐弱化的重要原因。（Etaugh & Bridges，2003：77）

2. 亲社会行为

亲社会行为（prosocial behavior）是心理学家用来表达社会所确定的道德行为的术语，如分享、助人、合作、同情等等。一些儿童研究者发现，亲社会行为也存在一定性别差异。一般人们会认为，女孩由于天性温柔、善良，会表现出更多的亲社会行为。在学龄期阶段确实如此。女孩表现得更加乖巧、有礼貌、有教养，她们更乐于与人交流，比男孩更多地帮助别人。但是在他们长大成人后这种差异却会发生一些变化。一方面，成年男性比女性更乐于去帮助陌生人，在危急的情况下，男性“挺身而出”的概率比女性要大。另一方面，女性更可能给朋友和亲属提供心理上和情感上的支持和帮助。她们更乐于花费大量的时间和精力来倾听亲朋好友的倾诉，给予他们心理上的安慰和情感上的支持。

三、社会性交往的发展

学龄期儿童通过在校学习，对社会环境的适应性逐渐增强，自我意识、社会交往得到了进一步的发展。在这一阶段儿童发展了更符合实际的自我观念、自我评价和自我体验。学龄期儿童逐步形成了自己的道德意识，能够以他人的立场来考虑问题，实事求是地评价他人。学龄期儿童的社会交往对象仍然是父母、老师和同伴，但儿童与他们之间的关系却有了新的发展。

（一）亲子关系

进入学龄期后，父母除了在衣食住行方面继续照顾孩子之外，更加关心儿童的学习情况，而且开始为孩子规划和设计未来发展的蓝图。父母为孩子提供良好的学习环境，督促孩子完成作业，与孩子讨论学校中发生的事情，为孩子安排课余活动，等等。父母的细心照料使儿童得到了生活上的保障，同时也使孩子在家庭中得到了爱与温暖。但伴随着我国社会改革进程的深入和社会发展的加快，我国家庭中的亲子互动关系也出现了一些新的特点与问题。

第一，新家庭结构下的亲子互动。当前，由父母和一个孩子组成的三口之家是城市独生子女家庭的典型模式。与以往的非独生子女家庭相比，家庭的内部结构关系要简单得多。对孩子来说，避免了与兄弟姐妹相互争宠的麻烦,在父母面前表现自我的机会更多;对父母来说,不必同时关注几个孩子,经济上和精力上的负担大为减少,对独生子在生活抚养照顾以及在教育、感情交流上所花费的时间相应增多。这是家庭关系简单化对亲子互动的有利影响。其不利的方面是,亲子互动成为孩子在家庭中与他人交往的唯一方式,孩子的交往范围受到局限,缺少了与兄弟姐妹间的相处和与其他亲属的接触,这就有可能影响孩子以后的人际交往方式和态度的发展。此外,家庭中这种单一的互动模式,加重了父母与子女之间的心理依恋。对于学龄期的儿童,主要表现在很难适应新环境,不愿意上学,产生入学适应困难等。

第二,亲子互动内容逐渐狭窄化。面对着激烈的社会竞争,现在许多父母意识到,要让孩子成才、立足于社会,就必须从小对孩子严格要求。从孩子步入小学校门的那一刻起,孩子的学习成绩就成了父母最为关心的问题。此时,他们花费了更多的时间陪同孩子写作业、辅导孩子复习功课、与孩子讨论学习进展的情况。更有一些“望子成龙”心切的父母,不断地将自身的愿望强加于子女,要求孩子在完成学校课业之外,还要参加各种培训班、特长班。父母严格控制孩子课余活动的时间,以期让孩子全身心地投入到学习中去。在这样的情况下,各种学习占据了学龄期儿童应有的玩乐游戏时间,致使儿童承担了与年龄不相符的学习压力。结果,亲子互动的内容受到学习任务的极大限制。

第三,溺爱和过度保护剥夺了儿童的独立性。许多家长都尽最大能力满足孩子的要求,不仅要照顾他们的饮食起居,还要接送他们上下学,帮他们收拾书包,可以说,孩子的事情无论大小都由父母代为完成。此外,父母还对孩子其他方面,例如交友、爱好等,都保持着高度的关注,认为孩子年龄太小、没有是非判断能力,容易受不良因素的影响甚至受到伤害,因此希望给孩子撑开一把最完备的保护伞。孩子无论遇到了什么问题,家长都会亲自过问,帮孩子作决定,替孩子解决问题。但是过度保护却容易使孩子缺乏自信心和自主性。其实,儿童进入学龄期,就开始作为一个独立的个体走出家庭,接触社会。独立性的培养无疑对于学龄期儿童是至关重要的,不仅影响着孩子对新环境的适应,而且也会对孩子的人格发展起一定的作用。父母应鼓励孩子们在处事中自己作决定,引导他们独立地处理问题,允许他们犯错误,并通过对错误的纠正尽快使他们成长起来。

第四,生活方式的变化,降低了亲子互动的频率。随着生活节奏的不断加快,许多父母忙于生计和事业,很少有时间与孩子接触,甚至把照顾儿童生活的任务交由儿童的祖父母代劳,导致亲子互动频率降低,加大了亲子之间产生隔阂和陌生感的可能性。学龄期儿童接受正规学校教育之后，逐渐感受到学习上的压力，如果在家中不与父母进行情感上的沟通，感受不到父母的支持与关爱，很容易产生孤独、烦闷的低落情绪。此外，近年来电子信息媒介以空前的速度涌入家庭，当今的孩子比其父辈更多地接触到了各种电子媒体，并从中获得各类信息，接受各种教化，闲暇时间被各种电子媒体侵占，与父母交流的机会越来越少，也在一定程度上疏远了亲子关系。

（二）师生关系

师生关系是学龄期儿童面临的一种重要的新型社会关系。随着儿童进入小学，教师成了孩子成长过程中的“重要他人”。低年级的小学生由于刚刚走出家庭进入学校，对新环境比较陌生，心理上还没有完全“断奶”，因此他们与教师的关系在很大程度上还继续维系着亲子依恋的特点。这种充满温暖的亲子型师生关系，可以使儿童较快地适应学校的生活，使儿童在接受学校社会化的过程中减少了阻碍与隔阂，但这可能会使儿童难以区分教师和父母的角色，不利于形成独立的人格。

低年级的小学生对教师的依赖性很强，他们对教师往往形成盲目的崇拜和信奉。他们常常虔诚地信奉老师说的每一句话，无条件地服从老师提出来的每项要求。低年级的小学生对教师的崇拜和信奉往往超过了他们对父母的崇拜和信奉。但随着儿童年龄的增长、思考能力的提高和自我意识的增加，中高年级的小学生对教师已经从心理上的依附发展为主动的反应。他们对教师会产生自己的看法和评价，而且对老师表现出不同的态度，并据此来调整自己的行为。所以随年级的上升，学生与教师保持亲密关系的人数逐渐下降，而与教师保持冷淡关系的人数逐步上升。

在教师与学龄儿童的关系中，还存在着一种无形的却非常重要的要素，即教师对学生的期待。它会影响到每一个学生的自我评价、自我定位和自我实现。美国心理学家罗森塔尔等人于 1968 年做过一个著名的实验。他们到美国的一所小学，在一至六年级各选三个班的儿童进行煞有介事的“预测未来发展”的测验，然后实验者将认为有“优异发展可能”的学生名单通知教师。其实，这个名单并不是根据测验结果确定的，而是随机抽取的。它是以“权威性的谎言”暗示教师，从而调动了教师对名单上的学生的某种期待心理。8 个月后，再次进行智能测验的结果发现，名单上的学生成绩有了显著进步，而且性格更为开朗、求知欲望强、敢于发表意见，与教师关系也特别融洽。这种通过教师对学生心理的潜移默化的影响，从而使学生取得教师所期望的进步的现象，就是“罗森塔尔效应”。正如罗森塔尔和雅各布森

(1998)所强调的:一个人对另一个人行为的预期会完全无意识地成为这种期望实现的一种比较准确的预示,预示或预言本身可能就是决定他人行为的一种因素。

在通常情况下,如果教师对学生产生了高期待,对学生就会有意无意地流露出积极、鼓励和期待的态度,而在学生本身也产生了“自验预言”的心理作用,从教师流露的关注、鼓励和呵护中增强自尊、自信,激励学习动机并提升自我期待。“自我实现的预言效应”(self-fulfilling prophecy),又名“罗森塔尔效应”(Rosenthal effect),而美国社会心理学家罗森塔尔又根据古希腊神话把这种因教师暗含期待而发生的效应称为“皮格马利翁效应”(Pygmalion effect)。

如果教师对儿童的期望较低,他们不仅不会以积极的态度与儿童交往,而且还可能忽视、冷淡儿童,使这些儿童对自己的能力产生怀疑,从而表现出缺乏自信心的行为。这实际上也反映了一种标签效应,如果一个学生被贴上类似“未来花朵”这样的良好标签,就会享受到“备受青睐”的关怀与体贴,并以良好的心态参与师生互动,从而带动学业成绩的提高和积极的心理品质的形成;如果一个学生被贴上了类似“能力低下”之类的坏标签,就会在歧视、冷遇和自卑中悲观失望,滋生厌学情绪、使人际关系恶化(沈贵鹏,2004)。

因此,教师应更多地给学生以积极的期待,让其看到发展的希望,使其心智和人格发展与教师的积极期待相互促进,形成良性循环。教师对学生的期待应当客观、公正,避免因主观偏见而造成师生之间、学生之间的抵触与对立,对于不同的学生均给予适合其个人特点的积极期待。

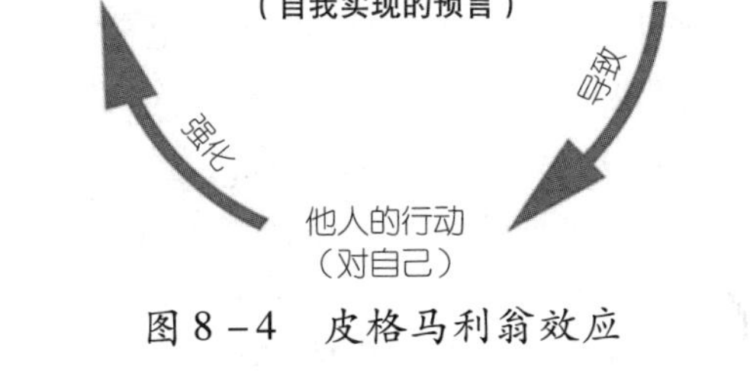

图8-4　皮格马利翁效应

罗伯特·罗森塔尔(Robert Rosenthal,1933—)美国心理学家,著有《行为研究纲要:方法与数据分析》。他的主要领域是自我应验预言,尤其对“皮格马利翁效应”作了许多研究。1933年3月2日,罗森塔尔生于德国吉森,6岁时随家人离开了德国。1956年,他获得美国加州大学洛杉矶分校博士学位。起初,他研究临床心理学,后来转为研究社会心理学。1962—1999年在哈佛大学任教,1992年成为心理学部主席,1995年成为埃德加·皮尔斯心理学教授。1999年,自哈佛退休后回到加州。他很关注非言语交际,尤其是它对期望的影响。所获奖项包括2003年的美国心理学会颁发的心理科学终身成就奖。

(三)同伴关系

儿童进入学校后,对父母的依赖大为减少,孩子将更多的精力转移到学校的同龄伙伴身上。在小学阶段,儿童的大部分时间是在学校里和小朋友们一起度过的,和同伴共有的经历使儿童和同伴间创建了一种特殊的关系,使同伴交往具有父母所不能替代的作用。对小学儿童来说,同伴成为了除父母以外的重要人物。从最初的被同伴接纳,进而建立友谊,一直到形成相对稳固的同伴群体,儿童自始至终都受到贯穿着的同伴关系的影响和作用。良好的同伴关系不仅能有助于儿童更快地适应学校的学习生活,同时还影响着儿童的社会化进程和人格的发展。

1. 同伴接纳

在同伴群体中,个体可能被接受,也可能被拒绝。同伴接纳是一种群体指向的单向结构,反映的是群体对个体的态度:喜欢或讨厌,接纳或排斥。同伴接纳的水平反映了个体在同伴群体中的社交地位。国外相关学者用“社会测量法”考察了儿童被同伴接纳的程度,在研究中,要求儿童提名他们喜欢和讨厌的几个同伴的名字,或者让他们评估每个值得他们尊敬的社会伙伴。研究表明,依据儿童受接纳的程度可将儿童分为五类(Asher & Coie,1990):第一类是受欢迎儿童,他们被多数儿童喜欢,获得同伴积极提名和评定较多;第二类是被拒绝儿童,他们不被多数儿童喜欢;第三类是有争议儿童,他们被某些儿童喜欢,同时又被另一些同伴拒绝;第四类是被忽视儿童,无论正提名还是负提名都很少,既不受人欢迎也不被人讨厌,可能不受欢迎,但也很少被拒绝,是被同伴忽视的个体;第五类是一般儿童,他们的同伴接纳程度一般。

我国学者庞丽娟(1991)用“现场提名法”对4～6周岁的同伴交往类型进行了研究,得到大致类似的结果。她将儿童的同伴交往划分为四种基本类型:①受欢迎型。这类幼儿喜欢与同伴交往,其交往行为积极友好,因而普遍受到同伴的喜爱和接纳,在同伴中地位较高,有较强的影响力。②被拒绝型。这类儿童同受欢迎型儿童一样在交往中表现活跃、主动,但常常表现出不友好的交往方式,如强行加入其他小朋友的活动、抢玩具、大声喊叫等,攻击行为和消极行为较多,友好行为较少,因而被多数同伴拒绝。③被忽视型。这类幼儿不同于上述两种类型的儿童,他们不喜欢交往,常常独处或一个人活动,在交往中退缩或畏缩,不积极不主动。对同伴既很少有友好、合作行为,也很少有不友好、攻击行为。因而没有多少同伴喜欢他们,也没有多少同伴讨厌他们,在同伴中地位较低。④一般型。这类儿童在同伴交往中表现一般,既不特别主动、友好,也不特别不主动、不友好;同伴有的喜欢他们,有的不喜欢他们,因此在同伴中地位一般。

影响学前期儿童受接纳程度的因素很多,儿童的个性特征、身体吸引力、自我评价、幼儿园和学校教师的态度以及儿童自身的认知能力等都可能影响到儿童是否受欢迎。李幼穗(2004:144)总结了受欢迎儿童与不受欢迎儿童的特征,如表8－6所示:

表8－6　受欢迎儿童与不受欢迎儿童的特征

受欢迎的儿童	不受欢迎的儿童
学习成绩优良	学习成绩差,成就感低
外表漂亮	外表没有吸引力
体形有吸引力	不友好
行为举止平静、出色,合作、助人	喜怒无常、吹牛、小气、攻击性强
热情、外向	对人持批评态度

总之,具有较高的同伴接纳水平的儿童,身心可以得到更健康的发展,从而为日后的学习和生活奠定良好的基础。而不被同伴接纳的儿童可能会承受巨大的心理压力,同时还可能表现出对学校生活的适应不良。童年期不受同伴欢迎的儿童往往预示了学习困难和较高的逃学率与辍学率。当一个孩子的很多同伴都对他表现出消极情感时,学校和课堂在他眼里就毫无魅力可言,甚至会产生令其不堪忍受的压力,于是逃学或退学可能就成了那些常被同伴拒绝的儿童逃避学校和课堂的手段。

2. 友谊的缔结

友谊是两个个体之间形成的一种相互作用的、较为持久稳定的双向关系，而非简单的喜爱或依恋的关系。友谊以信任为基础，以亲密性支持为情感特征。友谊作为一种特殊的同伴关系，不仅可以帮助儿童提高社会技能，而且可以向儿童提供社会支持，对儿童的社会化具有重要意义。在一般意义上，友谊具有八种功能：友爱、亲密、可以信赖的同盟、有益的帮助、安抚、陪伴、肯定价值和归属感（Furman & Buhrmester, 1985）。

友谊是被研究者首肯的功能。友谊是一种相互充满深情的友好关系。在友谊中被一个人所爱与在同伴接纳中被许多人所喜欢的体验有着质的不同。友爱给予儿童最初的真诚的爱的体验。没有亲密的友谊似乎比没有喜欢他们的群体更容易让儿童感到孤独（Sullivan, 1953; Weiss, 1974）。亲密感是初期友谊的特点之一。儿童和青少年愿意与亲密的朋友分享个人的秘密。有一个亲密的朋友可以信赖，能够使儿童增强信任感、被接纳感和相互理解感，而成为他人的知己则可以有机会为他人提供帮助和支持。可以信赖的同盟主要存在于友谊关系中。

帮助、安抚、陪伴、肯定价值这四种功能也是友谊的重要功能。儿童可能期望朋友比一般相识者更能提供帮助，而朋友和同伴都是给予和接受安抚的对象。给予其他儿童安抚也可以增进儿童个人的能力感、自尊感和被他人需要的感觉。陪伴是指与他人共同参与活动，缺少陪伴可能会产生孤立感和厌倦无聊的情绪。朋友的陪伴通常比一般的玩伴更富积极的感情色彩。肯定价值指一个人的能力或价值被另一人所证实或肯定。肯定价值能够促进自豪感、自尊感和自我接纳的发展。朋友和同伴都能影响儿童的自我价值感，但是两者有质的差异。朋友之间相互了解，比一般同伴更能肯定对方人格的核心特质。归属感指一个人属于某个群体和被其接纳的感受。这种感受只能在群体中获得，而无法在一对一的友谊关系中得到，而成为同伴群体的一员则可以培育归属感。当儿童知道团体中的其他人赞同或肯定自己的某些方面时，他将愿意与他们共享群体的规范，取得群体的认同。这对增强儿童的自尊感具有积极的影响。

在个体发展的不同阶段，友谊的成因是不同的。最初，友谊多半建立在地域优势（如邻居）、共同的兴趣和喜爱的活动以及拥有有趣的玩具的基础上。到小学二三年级，朋友还基本上是住得近的、有好玩的玩具、喜欢与自己在一起玩以及玩自己喜欢游戏的同伴。到了小学四五年级，友谊的成因开始转变为共同的价值观和准则，该阶段的儿童强调朋友之间应该有共同的活动和所有物，互相帮助、合作、支持，彼此不打架。五年级之后，儿童把一个同伴当作朋友的原因通常是他们有共同的兴趣，互相了解，能相互透露小秘密。到青少年期，儿童强调朋友之间的情感联系，希望从友谊中得到理解和亲密的情感支持。该阶段同伴间的个体相似性是建立和维持友谊的重要因素。

图 8-5　友谊以信任为基础，以亲密性支持为情感特征

3. 同伴群体的形成

同伴关系的另一种重要类型是同伴群体关系。它不像友谊那样是一对一的关系，而是儿童之间自发产生的，具有共同目标、共同行为准则和相同的兴趣，经常共同参加某些活动的群体关系。同伴群体通常存在一定的地位等级性质的关系和结构，各个成员在群体中具有不同的角色和地位。同伴群体对儿童的成长起着重要的作用。正是在同伴群体中，个体开始尝试各种角色，发展各种社会技能。同伴群体中儿童的相互作用也使有同样难题、冲突、好恶的同龄人相互接触。通过这种方式，同伴有效地促进了对代际冲突的适应和对不同价值观的适应，有助于个体学会容忍个体差异。

同伴群体的形成是学龄儿童在心理、认知和社会适应等多方面综合发展的集中表现，也是儿童进一步走向社会化的象征。同伴群体是儿童最乐于接受的、最直接体验的、具有强烈影响的微型社会。在这个小社会中，拥有固定的成员，成员彼此间有一套组织纪律，有一套仅仅属于本团体的活动形式和种类。这样，儿童不仅与家长、教师及其他成人明显地区分开来，同时也和其他团体外的儿童区分开来。团体中的成员构成了一个相对独立、自成体系的小社会。同时，同伴群体为了突出本团体的独立性和独特性，往往会发展出一整套独特的文化“体系”，即儿童亚文化。本团体中的成员有着共同的喜好，他们会穿着他们自己所欣赏的衣服，创造出他们自己才听得懂的语言,作出一些在外人看来很怪异的行为。这些都使同伴群体中的儿童产生很强的认同感和归属感,能够在群体中得到成员间的彼此理解。

虽然同伴群体推进了学龄儿童的社会化进程,帮助儿童获得情绪上的安全感,提高社会交往能力,但是同伴群体也可能会对学龄儿童产生消极影响。由于认知能力和社会经验严重不足,在面对同伴群体中一些不正确的价值观和做法时,学龄期儿童会缺乏正确判断力和自我约束力,或是屈服于群体压力而被迫接受,从而导致逃学、吸烟等不良行为的发生,甚至走向违法犯罪。因此,社会工作者应当协同家长和教师,增加对儿童同伴群体的认识和理解,并给予必要的指导、监督和管理,帮助儿童及同伴群体朝着健康的方向发展。

图8－6　良好的同伴关系在儿童发展中具有独特的价值意义

第三节　学龄期的相关问题

一、学龄儿童的成就压力

有压力是普遍的现象,压力影响着人的成长和发展,儿童虽然年龄小,但也面临着各种压力。学龄儿童的成就压力表现如下:

中国社会非常注重学习成绩,在校儿童的成就压力主要来源于学习成绩。在小学阶段,为什么有些儿童虽然不太聪明,但很勤奋;相反,有些儿童有能力但学习成绩差,一个主要原因就是他们的上进动机和成就需要不同。成就感强的儿童在压力面前表现出色,能够发挥既有的才能并保持较高的考试分数;成就感差的儿童可能在压力面前表现不佳,他们经常成就需求不高,在设定目标和驱动认知方式方面存在障碍。

成就感差是一个复杂的问题,它导致了不断的失败和懈怠。研究表明,儿童的成就动机存在着明显的差异。有些儿童在寻求挑战和困难面前坚韧不拔,在前进道路上能够承受失败,表现出更加自信的成就行为。相反,另外一些孩子则表现出不太自信的行为,其中学习无助是指过早放弃为达到目标而努力的一种倾向。例如,有的儿童认为有些问题解决不了,努力也是徒劳,这种现象通常与过去解决问题的多次失败、逃避不愉快或痛苦的环境有关。

在成就压力面前,父母和老师应该帮助儿童寻找应付成就压力的方法。许多父母鼓励儿童努力学习,帮助儿童树立理想,为儿童提供良好的学习环境。他们从开始就参与孩子的学习过程并给予支持,他们的孩子通常有更多的机会充分发挥自己的智慧和社会潜力。正如上一节所讨论的,老师同样影响着学生的表现并且能够成为孩子形成压力或应对压力的来源,来自父母、老师和同辈的负面反馈会导致儿童放弃努力。

虽然帮助儿童获得成就的方法很多,但是成就感差的儿童的父母应该与学校和儿童本人配合,制定一个切实可行的计划帮助儿童体验成功、完成家庭作业,进而促使儿童主动学习。帮助儿童自我控制、体验成功、看到学习成绩提高和接受赞扬是克服无成就感的关键,以下是对社会工作者的建议,供分享和参考:①赞赏孩子所作的努力,哪怕是很小的努力;②提供良好的学习条件,比如丰富多彩的书籍;③支持和介入孩子的学习过程。例如,如果你的孩子需要做一个计划,带他去图书馆查阅必需的资料;④与老师一起制定一个帮助孩子的计划;⑤帮助孩子制定一个学习课程表并照此去做;⑥耐心地帮助孩子去体验成功;⑦鼓励孩子与同辈在一起参加学习活动。

二、儿童对父母离婚的适应

父母婚姻关系的好坏影响着儿童的成长和发展并长期影响着他们的行为。和谐的婚姻家庭氛围有利于形成敏感的抚养方式和亲密的亲子关系。当夫妻对他们的婚姻感到满意时,孩子们会感到更安全更踏实。相反,有问题的婚姻(通过冲突大小来测量)常与孩子的行为问题相联系,例如这些孩子倾向于变得更容易焦虑和/或更富有攻击性、内化或外化行为问题以及表现出更多的不安全感。如果父母争吵不休,孩子可能会通过学校表现不佳或情感问题表现出压力和不安全感。

我们应该注意到，并非所有的婚姻冲突都对孩子产生伤害，如果夫妻间的讨论是相对平和的，如果父母能够解决相互之间的不和谐，以及如果情感氛围是愉快的，那么这种情况对孩子可能是有益的，因为他们通过家庭的耳濡目染学会如何解决冲突。因此，并非冲突本身会产生问题，而是冲突的强度、频度、内容和结果决定了其对孩子的影响。有研究发现夫妇相互之间的体罚和辱骂导致孩子更多的气愤、惧怕和悲伤，如果冲突内容与孩子有关（例如，对抚养孩子的方式存在差异），孩子更加会感到不安，如果冲突升级，孩子更有可能会自责和感到害怕，他们会参与父母的争论，另外，冲突结局如何似乎对孩子也有所影响。

有些孩子的父母离婚，不管婚姻因何不幸，但是离婚通常对孩子具有负面影响。父母离婚的孩子经常对未来感到畏惧，同时会因为他们的原因引起父母离婚而感到难过。孩子会感到被离开家庭的家长抛弃，并仇恨双亲。他们可能变得忧郁、不友好、破坏性强、易怒、孤独、悲哀、好闯祸、甚至自杀，有些孩子可能会遭遇饥饿、失眠、皮肤异常、食欲减退或注意力不集中，有些孩子会对学习和生活不感兴趣。

研究发现，许多变量影响儿童对父母离婚的适应，这些变量包括儿童的性别、离婚时儿童的年龄、孩子的脾气、人际关系、应付问题的能力、离婚前中后期父母之间冲突的次数、亲子关系的好坏、父母的身心健康状况、监护问题、父母的再婚、离婚后的主要生活经历（包括离婚后家庭经济收入下降、对父母和孩子的社会支持）等。经验说明，父母离婚的孩子更有可能早婚，同时自己也会离婚。总之，父母离婚对儿童的社会、情感和认知发展的长期影响目前尚不清楚，需要继续研究和探讨。

许多儿童能够适应由父母离婚带来的生活上的变化并克服父母离婚的痛苦经历。他们能够这样做似乎部分与儿童的自己的抗逆力有关，同时，社会工作者可以参考下列的提纲去帮助儿童适应父母离婚：

- 父母应该告诉孩子离婚这一事实，其用语应与孩子的年龄相适应。
- 孩子需要知道他们并没有导致父母离婚。
- 父母必须重视孩子的最终决定。
- 父母应该仔细解释有关照顾儿童的安排。
- 父母应保证对孩子继续的爱护。
- 父母应该鼓励孩子表现惧怕、悲伤和愤怒。

- 父母应该对儿童的行为进行限制。
- 父母应该与其他成人一起帮助孩子度过危机。
- 父母应该在子女抚养问题上合作。
- 父母不应把孩子作为武器。
- 父母必须认识到他们和孩子的需要之间的冲突。
- 孩子的生活应尽可能不改变。
- 为了自己和孩子父母应该使用各种资源。

父母离婚,家庭破裂,对孩子的影响很大。离异家庭中的孩子无法享受到两个成年人共同来分担抚养他义务的成长环境,以及没有双亲带他去参加活动,没有性别角色模式和难以形成人格的交互作用。最重要的是经济问题对孩子的健康、幸福和学习成绩产生负面效果。此外,父母离婚还影响着抚育方式,离异家庭中的单亲可能只关心自己而忽视孩子,正常的居家事务如就寝时间和就餐时间可能被忽视。在校的孩子可能会继续在对立的父母之间感到伤心并排斥继父(母)。

可是,离婚式单亲家庭并不必然是病态的,而双亲家庭也并不总是健康的,当孩子与单亲关系良好时,孩子的成长适应要比生长在充满不和谐和不满意的双亲家庭的孩子更好,因为儿童从良好的家庭关系中获益。离婚式单亲家庭在指引孩子方面需要更多的帮助,社区应该为单亲家庭提供咨询和支持服务。这些服务主要针对两个层面,即性别角色模型塑造和经济援助。依据角色模型,单亲家庭的儿童只有一个性别角色模型并且被剥夺了塑造男性和女性之间人格交互作用的机会。依据经济方面,离婚式单亲家庭孩子的生活通常比双亲家庭差,孩子可能没有充足的营养和素材去丰富他们的学习,所以经济拮据可能负面地影响着儿童的健康、幸福和学习成绩。

三、儿童的情绪问题

虽然多数儿童能够健康成长,但是仍有大约5%~15%的儿童存在心理健康问题。典型的儿童情绪问题的行为表现有儿童多动症、表出(acting-out)行为、分离焦虑失调(separation anxiety disorder)、畏校症(school phobia)和忧郁症。

(1)儿童多动症

多动症儿童的行为明显表现为注意力不集中、冲动、不能受挫折、爱发脾气及在不当时间和不当地点的过分活跃。例如,有的孩子总是静不下来,甚至都不能完成一项简单的任务,他们跑来跑去,交不到朋友,并且总是惹麻烦。所有儿童都不同程度地具有这些特征,但其中有3%的学龄儿童因此妨碍了在校学习和日常生活,这些儿童被认为是过分活跃的、多动的。多动症出现在四岁以前,但大约有一半患有多动症的儿童一直到开始上学时才被发现和识别。

多动症是遗传、神经、生物化学和环境因素共同作用所致(Weiss,1990:1413-1415)。家长和老师通过了解和接受儿童的基本脾气秉性去帮助多动的儿童在家和在校做得更好,如教导儿童把工作解析并使工作可操纵,体力活动同每日课程被安排结合在一起。老师为儿童提供多种方法去展现他们所学的内容,比如组织讨论或交录音报告,而不是阅读文字材料。

(2)表出行为(acting-out behavior)

表出行为指儿童通过其行为表现出自身存在的情感问题。打架、说谎、偷窃和损坏财物是表出行为的普遍形式。为了逃避惩罚,几乎所有的儿童都说谎。可是,如果儿童需要不断地编织谎言来逃避他人的注意力,那么这可能是不安全的信号。类似地,当儿童多次偷窃家里的东西或公开偷窃他人的东西,就会被抓住,他们可能就会对父母或父母形象表现出敌意。社会工作者应该注意到,任何长期的反社会行为可能是存在于内部情感问题的表征。

(3)分离焦虑失调(separation anxiety disorder)

分离焦虑失调是指,儿童持续至少两周过分焦虑且不想与依恋的人分开的一种状态。一个儿童可能会拒绝拜访一位朋友或在朋友家睡觉、待在家里不愿上学,或可能会在家缠着父(母)亲。分离之前他们可能会说胃疼、头疼、恶心、呕吐等。男孩和女孩一样受影响,其行为可能出现在童年早期并一直持续到大学。生活中一出现压力他们就有可能产生焦虑,如宠物的死亡、搬到新地方居住或转到新的学校。

(4)畏校症

对学校存有非常不现实的畏惧并试图逃学的儿童患有畏校症。从目前有限的研究中我们知道,患畏校症的儿童并非逃学者。他们一般都有中等或以上的智商,是中等或不错的学生。5~15岁的男女孩都可能患有畏校症。他们的父母大多为专业技术人员,他们可能患有忧郁症、焦虑失调和出现家庭功能失调。对他们的治疗就是想办法鼓励畏校症儿童回到学校去。

(5)儿童忧郁症

儿童忧郁的原因尚不清楚。忧郁症可能是各种原因导致，包括生物学的和环境的。忧郁症包括没有快乐、注意力不集中和情感反应异常。忧郁的儿童表现出经常疲倦、极度悲伤和退缩。他们可能睡眠太多或太少、没有食欲、学校表现差、看上去不愉快、说身体有病、内疚或想到死亡甚至自杀。近些年来，许多学龄儿童出现了自杀行为，成年人应注意儿童的忧郁症现象，如果持续出现忧郁症，就应该寻求专业人士的帮助。忧郁症儿童的父母可能本身有忧郁症，这说明遗传因素的作用，同时也说明了这些家庭存在压力或有问题父母导致了不好的抚养方式。此外，忧郁症儿童有可能缺乏社会和学习能力。

有情绪问题的儿童通常需要学校指导老师、学校社会工作者、临床心理医生、家庭服务中心的社会工作者或精神病专家提供帮助和治疗。对这种特殊失调的治疗依赖许多因素，比如问题的性质、儿童的个性、家庭是否愿意参与、社区治疗的可行性和有关人士的价值取向。通常，对儿童情绪问题的治疗采用个人心理治疗、家庭治疗和行为治疗的组合形式。

在个人心理治疗中，治疗者在一对一的基础上对儿童进行诊断，使儿童能够了解他/她的个性和关系并解释其感觉和行为，治疗者接受儿童的感觉并使儿童自我表现。通常，当家长一起参与治疗时，治疗会更有效。当整个家庭参与咨询时，可采用家庭疗法进行治疗。一位家庭治疗者观察家庭成员相互之间的互动、强化成长模式并使家庭改变某些破坏性的模式。例如，家庭治疗者可以对夫妇对孩子的爱和关心加以赞扬，但也要指出他们要和儿童相互沟通而不是相互公开谈话。有时，孩子的问题就是家庭环境问题的一个表现，当家庭成员开始解决他们的困难时，儿童的问题也会得到解决。行为疗法强调消灭不合理的行为（例如，发脾气）和发展合理的行为（例如，做家庭作业），而无需寻找行为背后的理由。学习理论的相关原则被运用来改变行为，例如当孩子完成了家庭作业时，他可以获得一个奖励，比如口头表扬或给予他喜欢的东西。

研究发现，心理治疗是有效的，接受过心理治疗的儿童比有类似问题但未接受治疗的儿童在自我概念、适应、个性、社会技巧、学习成绩、认知功能和解决恐惧与焦虑方面的分值较高。对诸如冲突性或过分活跃这些特殊问题的治疗要比旨在解决社会适应的治疗更加有效，行为疗法对治疗恐惧症、尿频和自控等问题相对有效。当药物治疗与其他疗法结合使用时，药物能有效地治疗某些儿童的情感错乱问题，但是要注意的是，因为许多药物有副作用，所以不得已时才使用。

推荐阅读书目

艾里克森,1998,同一性:青少年与危机,孙名之译,杭州:浙江教育出版社。

班杜拉,2001,思想和行动的社会基础:社会认知论,林颖等译,上海:华东师范大学出版社。

科尔伯格,2004,道德发展心理学:道德阶段的本质与确证,郭本禹等译,上海:华东师范大学出版社。

林崇德,1998,发展心理学,台北:东华书局。

皮亚杰,1980,儿童的语言与思维,傅统先译,北京:文化教育出版社。

皮亚杰,1984,儿童的道德判断,傅统先、陆有铨译,济南:山东教育出版社。

对社会工作实务的建议

- 支持家庭和社区努力为学龄儿童提供一个良好和稳定的成长环境。
- 鼓励父母成为儿童最重要的情感支持来源。
- 帮助儿童正确认识并接受生理发育过程中的变化以及自身的能力水平。
- 认识到儿童及其家庭都具有自我发展和自我纠正的能力,鼓励儿童及其家人通过努力度过困境。
- 充分理解同伴群体在儿童心理成长和社会性发展中所扮演的重要角色,帮助儿童发展并保持积极的同伴关系。
- 促进学校在儿童的成长过程中的决定性作用,并且鼓励学校中的老师和其他员工对每一位儿童、每一个家庭负责。
- 在学校中为儿童提供更多机会来表达自身情绪。
- 欣赏孩子的独特性,接纳孩子的差异性,避免给孩子贴标签。
- 制造机会让儿童感受成功的喜悦,培养孩子的自信心。
- 关注儿童的道德发展,鼓励儿童从多种角度看待问题和进行道德推理。
- 帮助儿童应付发展自我概念的挑战、成就的挑战、家庭关系的挑战、学校的挑战和同辈的挑战。

第九章
青春期

青春期(adolescence)是从童年到成年的过渡期,在生理上是指性器官发育成熟、出现第二性征的阶段。青春期的具体年龄分段,在世界各地稍有差别,在不同的学科领域中划分也不尽相同。例如,世界卫生组织规定为10~20周岁,在我国一般指11~18周岁;而男孩进入青春期一般较女孩晚1~2年。此外,也有较为宽泛的划分方式,即把青春期分为青春前期、青春中期和青春后期三个阶段,年龄跨度在10~24周岁。青春前期是以女孩初次月经来潮、男孩初次遗精为标志,男孩一般为12~14岁,女孩为10~12岁;青春中期是性成熟期,以第二性征的发育为主要表现,女孩一般为13~16岁,男孩一般为14~17岁;在青春后期,个体的身体发育完全成熟并相对稳定,女子一般为17~23岁,男子一般为18~24岁。同时,近些年来由于生活水平的提高和卫生条件的改善,在世界范围都存在着青春期发育提前的趋势。

图9-1　从童年期向成年期过度的青春期

青春期是人生中最具活力、身心变化最突出的时期,个体的生理和心理都发生了巨大变化,同时也会出现青春期特有的各种各样的适应性问题,甚至可能出现越轨或犯罪行为。本章将从生理与认知发展、社会与人格发展的角度对青春期进行阐述，同时对这一时期可能遇到的相关问题进行探讨。社会工作者应当关注这些问题，并协同家庭和社会一起给予有需要者以恰当的帮助。

第一节　青春期的生理与认知发展

一、青春期的生理发展

青春期是个体生长发育的第二个高峰期。在这一时期，个体的身体和生理机能都发生了急剧的变化，主要表现在性的成熟、身体外形的改变及体内机能的增强三个方面，这也是青春期生理发育的三大巨变。

（一）性的发育与成熟

性的发育与成熟（puberty）是青春期的重要特征之一。在这一时期，第一性征（primary sex characteristics）即生殖器官和外生殖器发育非常迅速。生殖系统是人体各系统中发育成熟最晚的，它的成熟标志着人体生理发育的完成。女性的生殖器官包括卵巢、子宫、阴道，男性的生殖器官包括睾丸、附睾、精囊、前列腺及阴茎。在青春期以前，无论是男孩女孩，性腺都仅分泌少量的性激素，生殖器官也发育缓慢。进入青春期后，性器官的发育速度呈直线上升，卵巢的发育成熟使女性出现月经，月经初潮的年龄一般在 13 ~ 15 周岁，可以提前至 10 周岁，延迟至 18 周岁；睾丸的发育成熟使男孩发生遗精，首次遗精的时间也有个别差异，一般发生于 12 ~ 18 周岁之间。

青春前期女孩出现月经初潮，男孩睾丸的发育导致出现首次遗精，这是男女两性进入青春期的标志。在此以前的两年左右，女孩会出现乳房发育，骨盆开始变宽，臀部变圆，身高及体重增长速度超过平均数；男孩睾丸、阴茎开始发育，身高、体重也迅速增加。

随着性器官的发育，男女生均出现第二性征（secondary sex characteristics）。男性第二性征包括长出体毛（胡须、腋毛、阴毛）、变声、阴茎和睾丸发育、精液分泌（射精、泄精）、骨骼变硬、肌肉发达、出现男性特有的气味等。女性的第二性征包括长出体毛（腋毛、阴毛）、子宫及卵巢发育、月经初潮、乳房发育、骨盆扩大、皮下脂肪增加、出现女性特有的气味等。另外，女性的脂肪集中分布在肩、乳房、臀部，因而出现胸部隆起、腰细、臀宽，典型的女性体型，给人以丰满的柔美之感。男性四肢、肩部骨骼和肌肉特别发达，脂肪有较少分布，身材较高，因而出现肩宽、体高、胸肌发达（注重锻炼者尤明显）的体型，给人以强健的阳刚之感。人体的骨骼系统，经过青春期的突长之后，到25周岁左右，骺软骨停止生长，全部骨化。至此，人体的高度一般不再增加，身体的发育基本完成。

表9－1　青春期第二性征变化对照表

女孩	男孩
乳房隆起	肩膀变宽
嗓音细润	喉结突出
骨盆变宽变深	嗓音变粗
臀部变大	肌肉变得强壮有力
体态丰满	唇部出现胡须
皮下脂肪逐渐增多	周身出现多而密的汗毛
腋毛和阴毛出现	腋毛和阴毛出现

（二）外形的变化

伴随着荷尔蒙的大量分泌，性成熟促使身体迅速发育。身高的快速增长是青春期外形变化的最明显特征。人身高的增长有两个高峰，第一个高峰是1周岁左右，那时身高一般增长50%以上；第二个高峰就是青春期，身高增长异常迅速，每年至少要长高6～8厘米，甚至可达到10～11厘米。女孩的这一增长过程一般要先于男孩近两年，她们大多数从9周岁左右开始进入身高生长加速期，12周岁左右长得最快，男孩在14岁之后会超过女孩。男孩和女孩在18岁左右都会接近最终身高。处于青春期的个体在体重上也有较大的发展变化。我国城市男生一般在13～15周岁这段时间，体重增长最快，平均每年增长5.5公斤；城市女生在11～14周岁这段时间，体重增长最快，平均每年增长4.4公斤。一般而言，在初中三年级以后，男女生的体重已接近成人。

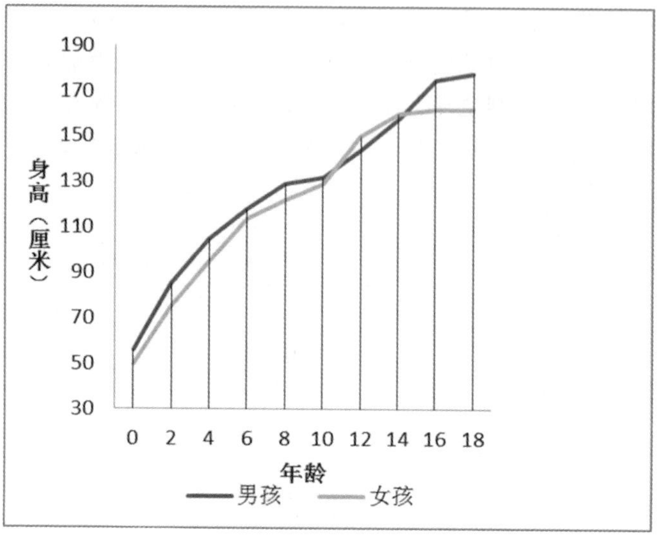

图9－2 青春期男女身高差异

资料来源：Tanner，1978

进入青春期后，初中生的面部特征也发生了微妙的变化。童年时期的面部特征逐渐消失，以前较低的额部发际逐渐向头顶部和两鬓后移，嘴巴变宽，原来较为单薄的嘴唇开始丰满。而且随着青春期个体身体其他部分骨骼的迅速增长，头部骨骼的增长速度显著减慢，童年期那种头大身小的特征逐渐被头身比例协调的体态所取代。

（三）体内机能的增强

处于青春期的个体体内各种机能都在迅速增长并逐渐达到成熟。首先，在心血管系统上，进入青春期的青少年心脏重量增长为出生时的12～14倍；同时，心脏密度也成倍增长，心室壁肌肉增厚，心肌纤维更富有弹力；其次，在机能上，主要表现为心率、脉搏开始减慢，这些都为心脏每次收缩时能压挤出更多血液创造了条件，以保障青春期活动量增加的需要；最后，在血压方面，青春后期男性的收缩压升高，脉压增宽，女性则心率较快，在兴奋时男性容易出现收缩压偏高，而女性多心动过速。

到12周岁左右，肺重量为出生时的10倍，肺小叶结构逐渐完善，肺泡容量增大，肺活量比青春期前增加一倍多，使呼吸功能明显加强。呼吸系统也呈现出显著的性别差异，女性胸廓较小，呼吸道口径稍窄，肺活量偏小，因而呼吸频率快且多为胸式呼吸。红细胞数和血红蛋白含量的差别也在青春后期出现，男性高于女性。

在青春期,肌肉的发育比较突出。当身高迅速增长时,肌肉长度明显增加;身高增长缓慢下来时,肌肉增长变为以增粗肌纤维为主,于是体重随之增加。受雄性激素的影响,男孩肌肉的生长远较女孩的迅速。而皮下脂肪的发育,从1周岁至6周岁一直是下降的,女孩从8周岁起、男孩从10周岁起脂肪又开始增加,此后女孩的脂肪继续发育,有时甚至达到过胖的程度,而男孩则在身高、体重突增以后,脂肪逐渐减少。因此,女青年显得较丰满,而男青年因肌肉发达而显得更健壮。

青春期智力的发展逐渐达到了高峰,记忆力明显增强,集中注意的能力也达到了空前的水平。主要表现为:脑容量和髓鞘(神经连接的成熟过程,用白质容量来计量)的形成呈线性增加趋势;前额皮层是唯一在少年期过后髓鞘形成的皮层区,它的成熟过程贯穿整个青年期。此时智力发展相当成熟,个体的观察力、记忆力、想象力、思维能力与操作能力已经高度发展与成熟,学习能力达到最高峰。

二、青春期的认知发展

这一时期的青少年不仅在外貌上和儿童有显著差异,他们的推理能力和道德判断能力也达到一个更高的水平。随着他们认知能力的发展,他们开始思考自己的未来,对事件的可能性进行预想和判断,发展更多抽象思维,并且能够在一定程度上进行自我控制。

(一)皮亚杰的形式运算阶段

根据皮亚杰的理论,当青少年发展出抽象推理的能力时,他们即进入认知功能发展的顶峰——形式运算阶段。这一阶段的思维不再局限于真实的或可观察的事物,开始能够对观念和命题进行心理操作,形成了解决各类问题的推理逻辑。“如果我今天不去上学,那么……或者……将会发生”。这一阶段通常出现在12岁左右,青少年的思维不必依赖于具体事物,而是能对假设进行推理,相信演绎得到的结论。

形式运算思维不同于之前时期的具体运算思维。皮亚杰认为,在具体运算阶段的儿童仅限于解决当前的难题,而难以应对未来的或假设的事情,而处于形式运算阶段的青少年可以利用语言文字,在头脑中进行想象和重构来解决问题。

此外,形式运算阶段的儿童甚至可以依据概念、假设等为前提,进行假设—演绎推理,还能够进行一切科学技术所需要的一些最基本运算,比如考虑一切可能性;分离和控制变量,排除一切无关因素;观察变量之间的函数关系,将有关原理组织成有机整体等。

为了更好地理解形式推理,英海尔德和皮亚杰(Inhelder & Piaget, 1958)进行了一系列的实验研究,以考察具体运算阶段与形式运算阶段的儿童归纳推理能力。不同长度的绳子被固定在一个横梁上,绳子的末端可拴上不同重量的重物,实验者向被试演示如何使钟摆摆动(将栓有重物的摆绳拉紧并提至一定的高度,再放下即可)。被试的任务是,通过检验与钟摆摆动有关的四种因素(摆绳的长度、物体的重量、摆绳被提起的高度以及推动物体的力量),来确定哪一种因素决定钟摆摆动速度(在每一种因素中又有不同级别的划分,如摆绳的长度有三个级别、重物的重量有四个级别等)。几年内,实验者追踪了一位名叫亚当的儿童解决钟摆问题的过程。亚当 7 岁时,处于前运算阶段。由于不能进行抽象运算思维,所以他只是随机实行各种操作方法,而且他也不能理解或报告所发生的情况。

亚当第二次接触钟摆实验是在 10 岁,此时他处于具体运算阶段。这次他发现改变绳子的长度和物体的重量会影响钟摆摆动的速度,但却无法分辨究竟哪个因素起决定性作用。

亚当 15 岁时第三次解决钟摆问题,此时他处于形式运算阶段。他设计实验来检验所有假设,每次只改变一个因素:首先是绳子长度;其次是物体重量;再次是物体被提起的高度;最后是推动物体的力量。通过多次实验,亚当能够确定只有绳子的长度这一因素可以决定钟摆摆动的速度。通过提出假设并设计实验来验证答案的这一过程充分反映出他的假设——演绎推理能力是形成计算阶段所特有的能力。

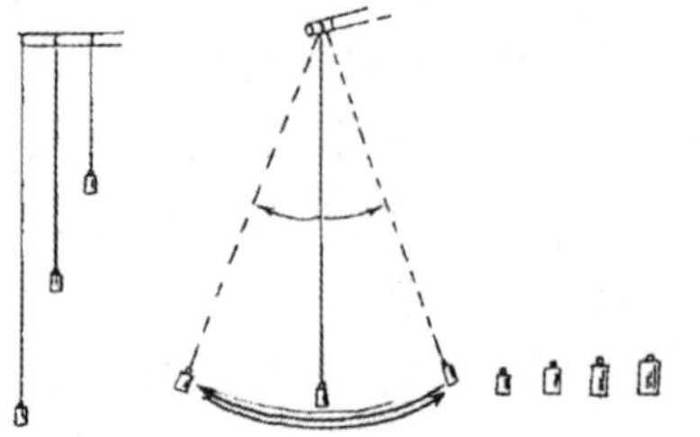

图 9－3　皮亚杰的钟摆实验装置

资料来源：Ginsburg & Opper，1979

（二）科尔伯格的道德发展理论

科尔伯格的道德发展理论与皮亚杰的理论有相似之处,但较之更为复杂。为了了解儿童道德判断的内在认知心理过程，科尔伯格采用道德两难情境让儿童对故事作出判断并陈述理由。据此，科尔伯格将道德发展分为三个水平：

水平 I：前习俗道德水平：4～10 岁儿童一般处于这一水平。儿童为了避免惩罚或获得奖励而服从规则，或者为自身利益考虑，更多地采纳自我中心的观点。

水平 II：习俗道德（或遵从习俗角色的道德）水平：儿童 10 岁以后可以达到该水平，很多人进入成年后仍旧维持此水平。这一水平中，个体已内化权威和社会规范，希望取悦他人，能顺从现行社会秩序，并且具有维护这种秩序的内在愿望。

水平 III：后习俗道德（或自主道德准则式道德）水平：该水平中，道德决策取决于平等社会中全部成员一致认可的至上权利、社会契约和价值原则，宣扬人们公认的权利或依据个体的伦理道德原则进行判断。即使当道德标准之间存在冲突时，个体也会根据正确、公平和正义的准则作出自己的判断。这一道德水平至少到青春期才可达到，有的甚至要到成年早期，但也有很多人无法达到这一水平。

科尔伯格把这些阶段称为道德阶梯，儿童从最底层不成熟的前习俗道德发展至习俗道德，这个发展顺序都是不变的。随着思维的成熟，我们的自私成分越来越少，展现出更多利他行为和对他人的关爱（Krebs & Van Hesteren, 1994）。

第二节　青春期的社会性与人格发展

一、艾里克森：青春期同一性的探索

在艾里克森的心理发展阶段中，青春期是继童年阶段的四个时期后至关重要的第五个时期。他将青春期定义为 12～20 岁，认为青少年在新的社会要求形势下会面临自我同一性的角色混乱和困扰，他们的任务是分析过去、现在和未来的可能性，使其对自己有更加清楚的认识。青少年经常会思索“我是谁？我的人生要如何发展？怎么样才是有价值的生活？我的信仰在哪里？”他们不仅关注对自我的感知认同，还希望重新建立在他人眼中的形象，以及明确在社会群体中的位置。艾里克森将青少年这种探索称为“寻

求同一性”。

然而一些青少年自我认同的形成受到了父母的期望和价值观的影响，自己很难决定他们到底是谁。因此，有些青少年可能会形成与父母或学校老师相反、但与某一特定群体相一致的认同感，严重的话可能会导致青少年对社会不满或犯罪等社会问题。对于青少年而言，如果剥夺了他们在自由空间中获得同一性的可能性，他们可能会以令人吃惊的力量抵抗整个社会环境。

在青春期末期，很多人开始上大学或参加工作，丰富的社会生活为他们明确的自我认同性提供充分条件，他们的认同感越来越多地与积极的自我概念相结合，其自尊水平明显比青春期早期有了很大提升。这一时期顺利度过后，紧接着是成年早期亲密关系的形成与发展。正如艾里克森所说，当一个人有了清晰的自我意识时，就为亲密关系的建立做好了准备。

二、青春期亲子关系

（一）亲子关系的变化

亲子关系最初形成的心理基础是儿童的安全性依赖。由于娇弱的儿童处于弱势群体的位置，无力应对复杂的社会现象和压力，所以非常依恋父母，将父母看作安全的港湾。因此，在最初的亲子关系中，父母往往处于控制地位，而子女则处于服从的位置。随着青春期的到来，青少年身心发生了急剧变化，他们开始有了独立意识，思维的批判性和逻辑性也越来越强，开始经常以审视和质疑的目光看待甚至公开反抗父母权威，从而导致原有的亲子关系格局被打破，进入需要从父母居支配地位的单向权威模式向亲子双方居于相对平等地位的双向权威模式转变的时期。亲子关系处于不稳定的状态，主要表现为亲子冲突的增多与亲和度的降低（王美萍、刘新生，2002）。虽然这些变化并不能彻底改变父母在家庭中的控制地位，但却能使家庭生活中父母对亲子关系的看法及控制的实施方式发生本质上的改变，如父母在作决策时会主动听取和采纳青少年的某些建议，根据青少年的要求调整自己的想法和计划等。

虽然处于青春期的青少年追求独立，希望摆脱父母的权力和限制，但这种独立的倾向并不是青少年全部的心理需要，大多数青少年仍然视父母为最重要的人。因为在青少年尚未完全获得经济独立和社会适应能力之前，父母仍是他们寻求帮助和忠告、获得情感支持和物质满足的重要来源，所以他们对父母还保持着一定的依赖。因此,在青春期的亲子关系中,呈现出了明显的不对称色彩。一方面,作为青少年健康成长的大后方,父母习惯性地付出自己所拥有的一切,以满足青少年全方位的物质和精神的需要。另一方面,青少年对父母的付出不再是被动、无条件地接受,而是有条件地进行选择,而且更多地关注自己个体的发展,忽视对父母的理解和回报。此外,由于生活时代、经历、所处地位、看问题的角度及各种价值观的影响,青少年和父母无法达成完全的沟通和合作,他们不再认为亲子关系能满足自己所有的情感需要,因此对友情的渴望日渐强烈。朋友之间能共同分享心中的秘密,其亲密程度甚至会超越亲子关系的这种依恋。这也是青少年"心理断乳期"所必须经历的艰难历程。

(二)亲子冲突的原因与影响

对亲子冲突产生的原因,有观点认为生理成熟是造成亲子关系变化的最重要因素。斯腾伯格(Steinberg, 1989)从社会生物学的角度指出,亲子冲突的产生是人类的一种进化策略。青春期期间个体与父母冲突的增加,是为了确保青少年能更多地与同伴一起,并与家庭成员之外的个体进行交配。由于这种交配能提高自身后代的存活几率,所以被融合进了人类进化的历史而成为人类的一种本性。事实上,其他大多数灵长类动物在青春期期间也表现出较为紧张的父代与子代的关系。但由于亲子之间的争吵是以亲密的情感联系为前提的,因而它虽促使青少年向家庭之外寻求亲密的伙伴关系,但并未因此割断亲子间的情感联结;一旦子女离开父母的家庭独立生活,冲突就会下降。

劳伦斯·斯腾伯格(Laurence Steinberg, 1952—)博士,美国坦普大学教授心理学院的杰出教授,著名的卡耐尔特聘教授,著名的发展心理学家,曾任教于美国康奈尔大学、加州大学欧文分校和威斯康星大学麦迪逊分校。他主要研究当代青少年心理发展,包括青少年大脑发育、风险决策、亲子关系、高中改革和少年司法等问题。他发表的关于青少年发展的论文约350篇,另编写或参编17部书。由于他为发展心理学和公共政策研究做出的终身贡献,美国心理学会曾授予他"布朗芬布伦纳奖"和"杰出贡献奖"。主要著作有《青春期(第10版)》《机会年龄:青春期新科学中的教训》《你和你的青春期:10到20岁的重要指南》等。

另有一种认知发展学的观点认为,心理能力的阶段性变化是引起青少年行为迅速发生改变的原因,个体在从青少年中期到晚期时的认知重组导致了亲子冲突的增加。希尔曼(Selman, 1980)指出,认知发展表明了青少年对其与父母角色的认知的重构,他们逐渐以看待朋友的标准来衡量父母,如果父母不接受这种平等式的关系,冲突就会产生。他分析了个体认知能力的发展过程,并把儿童对亲子关系的理解划分为下列五个水平(Selman, 1980)。斯蒙塔纳(Smetana, 1988: 59)认为,认知成熟意味着在某些事情上,青少年将以往看作父母权威范围内的事情认定应该由自己做主,如果父母仍试图维持他们的权力,冲突就会加剧。

罗伯特·希尔曼(Robert L. Selman,1957—),美国哈佛大学医学院心理学教授,2000—2004 年曾任该校人类发展与心理学系主任。作为精神病学领域心理学专家,希尔曼的工作主要通过社会建构和道德推理研究青少年冲突解决和社会交往,具体包括青少年心理发展、青少年社会意识和参与能力的培养,以帮助他们降低健康风险,并促进其社会关系的改善和学习成绩的提高;以及不同背景下儿童成长过程中人际关系与群体发展等。基于他对青少年服务和发展心理学的突出贡献,美国心理学会曾多次授予他各种奖项。

表 9-2 亲子关系概念五水平模型

水平	亲子关系
0	儿童把父母看作老板
1	儿童把父母当作看护人和帮助者
2	儿童把父母视为监督咨询员和需要满足者
3	父母和儿童之间能够做到相互容忍和尊重
4	亲子关系能随环境、双方能力及个人需要的改变而变化

从这个五水平模型来看,儿童对亲子关系的理解越来越偏向双向和互动的方向。当发展到第三水平时,儿童开始意识到亲子关系的维护依赖于亲子双方。青少年表示他们需要父母的建议和指导,反过来父母也需要从孩子的成长和幸福中体验到快乐。同时,青少年也逐渐把父母对某一问题的看法仅仅看作一种可能,而不是唯一正解的可能。从这个方面来看,亲子

冲突的出现并不完全是一件坏事，而是青少年正常发展的自然趋势而已。总之，与年幼的孩子相比，青春期的孩子逐渐认识到父母除家长这一角色外还有其个人的一面，父母不再被看作任何事情的权威。这是一个对父母"去理想化"的历程，青少年从而更加强调自己做决定的能力和对同伴关系的依赖。

应当提醒的是，这一阶段亲子关系面临的压力不仅来源于青少年自身生理、社会和认知等方面的变化，也受这一时期父母各种变化的影响。因为在子女的青春期阶段，处在中年期的父母也面临着很多外在压力，如工作压力、夫妻关系、经济来源、对孩子的教育等。这就有可能会导致父母对青少年的各种变化产生消极反应，从而引发更多的亲子冲突，进而对青少年的发展产生消极影响。

图 9－4　青春期孩子对父母训斥表现出的逆反情绪

虽然有关的实证研究确实发现青春期比童年期发生更多的亲子冲突（Montemayor，1983），但后期的研究也表明大多数家庭都平稳度过了孩子的青春期（Steinberg，1990）。因此，虽然亲子冲突可能引发青少年的某些问题行为（方晓义、董奇，1998），但对于多数家庭而言，青春期的亲子冲突，是子女生理心理发展过程与家庭生命周期中一个正常的短暂阶段，它会随着子女的进一步成熟和家长对孩子这一成熟过程的承认与接纳而自然消退。

（三）文化反哺

当今社会是一个日新月异的时代，面对社会的急剧变迁，亲子两代的适应能力不同、对新事物的理解和吸收快慢不同：父母跟不上快速的技术变迁和文化转型，子女们却如鱼得水似的尽情享受新技术、新观念带来的便利与乐趣。尤其是在互联网、通讯工具、娱乐方式等方面，许多新概念和新东西，多是先在青春期或成年早期的孩子中流行开来，然后再通过他们传给父母一辈。下一代的吸收能力与创新能力，使上一代有意无意地受到了影响，并在潜移默化中向下一代学习。于是,子代们获得了前所未有的“反哺能力”。这种“文化反哺”现象,在一定程度上形成了下一代对父母在生物学、社会学、伦理学意义上的回报,也构成了现代社会中亲子关系的独特一面。凭借科技手段和时代进步,凭借少有传统的束缚和对新生事物的广泛接受,年轻一代们获得了对父母进行“文化反哺”的话语权。他们不仅把握着时尚发布、多媒体操作和互联网技术的话语权,还在消费意向、审美情趣和生活方式、社会态度等层面不同程度地影响和改变着他们的长辈。“文化反哺”现象的出现,在一定程度上改变家庭社会成员间的关系和结构,年轻一代在家庭中的地位和决策权将得到提高,同时年届中年的父母对快速变化社会的适应能力也将得到提高,将代际间的“代沟”缩小甚至弥合。因此,“文化反哺”是社会进步的表现之一,也是促使家庭整体应对外部环境变化的一种有效方式。

第三节 青春期的同伴关系

一、同伴群体的影响力

1995 年,美国学者哈里斯(Harris, 1995)通过对 20 世纪 80 年代以来大量文献资料的分析和总结,提出了群体社会化理论,认为父母对儿童社会化没有长期影响,两两成对的关系(如朋友关系)对人格发展也没有长期影响,基因与生物学因素对社会化的影响也不大,同伴群体才是儿童人格发展最主要的动因。其核心假设是社会化具有情境特异性(context-specific),即儿童在家庭内习得的行为与其在家庭外习得的行为是两个独立的系统,儿童长大成人后,家庭外的行为系统逐渐取代和超越家庭内行为系统,最终成为其人格的后天习得部分。所以父母对儿童没有长期影响,家庭外环境才是儿童社会化至关重要的影响因素。

朱迪斯·哈里斯(Judith Rich Harris, 1938—),心理学研究者,《教育设想》的作者。这本书批驳了父母是孩子发展过程中最重要因素的观点,并提出证据佐证。1981年,她专注于发展心理学教科书的编写,与罗伯特·利伯特合著了《儿童》《婴儿与儿童》等书。1994年,哈里斯提出一种新的儿童发展理论,关注于同伴群体而不是家庭。一篇关于该理论的文章发表在1995年《心理评论》上,同年获得了美国心理学会颁发的"乔治·米勒奖",奖励她为普通心理学做出的突出贡献。

那么,儿童是如何在家庭外的环境中进行社会化的呢?哈里斯的回答是:认同同伴群体的一般准则和行为规则,认同由父母群体传递给同伴群体的文化并加以创新。在这里,儿童认同的是同伴群体,而不是自己的父母;他们认同的文化不是由父母直接向他们传递的文化,而是由父母群体向同伴群体传递的文化。也就是说,父母传给儿童的文化要经过同伴群体的过滤,只有在同伴群体中多数人接受的情况下,同伴才会把家中习得的行为传递给群体成员。所以在家庭外的各种环境因素中,同伴群体才是最重要的。

这一贬低家庭的社会化功能、极力推崇同伴群体影响力的反传统理论引发了许多的争议与批评,但它确实观察到同伴群体对个体的强有力影响。这种影响在青春期可能是最显著的。廖红、陈会昌(2000)对我国中学生的同伴群体和家庭影响力进行了研究,采用情境故事判断、社会关系网络问卷和访谈法对495名中学生进行了调查。他们编制了6个故事,分别涉及与青少年社会化关系密切的6个情境,包括买衣服、听流行音乐、同伴群体中的"暗语""告发"同伴的错误行为、玩电脑游戏和阅读流行书籍。在这6个情境中,青少年面临着接受父母影响还是接受同伴影响的两难处境。结果发现,初中学生对其家庭状况和在家庭中的地位的评价明显低于高中学生,其中初二学生对其家庭状况和家庭关系的评价都是最差的。而在"告发同伴错误行为"、同伴中流行的"暗语"、穿同伴中流行服装和听同伴中流行的音乐四个情境中,青少年接受同伴群体的影响随年级升高而增大,存在着从接受父母影响向接受同伴群体影响的转变趋势。各情境的结果都显示,从初二到高一年级是从接受父母影响向接受同伴影响的一个敏感的转变时期。

同伴群体可以满足青少年情感交流的需求和促进情感的发展成熟,促进青少年的学习和兴趣爱好的发展,也是他们获得生活经验和社会信息的主要来源，并对其生活目标的确定和价值观的形成产生重要影响。而同伴群体的性质也会极大地影响该时期个体的学习行为。无论是在课堂内还是课堂外，学生们不同的能力水平是影响其与同伴交往的另一个重要因素，其群体内成员的能力构成又会作用于学生的学习活动；同时，个体学业成就也影响学生的群体选择及其在群体中的地位。有研究发现，对中国学生而言，学业成功是群体构成的一个重要标准，他们倾向于与自己能力相当、并期望获得学业成功的人组成群体。另外，高成就的学生容易在群体中拥有较高的地位。换言之，学业成功的学生似乎在社交场合中也是最成功的。这也缘于中国的文化支持学业成功，顺从的群体成员最容易被接受（Chen, Chang & He, 2003）。另外，高能力者也容易组成群体。国外的一项研究（Feldhusen et al, 2000）发现，优秀学生之间存在高度竞争意识，这既使他们互相吸引，又使他们更倾向于选择个别学习而不是合作型学习，因为他们都想被看作在智力上高人一筹，而合作情境似乎难以满足这种需要。

二、青春期亚文化

同龄群体在一起，很容易产生属于自己“圈子”内独有的价值观、沟通方式和行为方式，产生一种属于“自己”的亚文化模式。亚文化是相对于主流文化而言的，它在观念认识、价值定位、行为方式等方面与主流文化有较大差异，它没有主流文化那样系统、规范，也不具有高度的理论化形态。亚文化的存在，一方面是由于年龄等生命特质所带来的影响，另一方面是由群体当时的社会政治、经济地位所决定的。青春期亚文化是指处于青春期的社会群体在价值观、道德观和行为标准方面表现出来的特征的概括和总和。近年来，我国青少年（尤其是城市青少年）中不断出现一些流行文化层面的时尚现象，如大众传媒中的“超级女生”“快乐男生”选秀现象，网络世界中的“QQ 热”“贴吧热”现象，外来文化中的“韩流”与“美剧热”现象以及社会生活中的“流行语”现象等，都是青春期亚文化的表现形式，并在一定程度上影响着社会主流文化和大众文化。

青春期文化中的许多特征，是由青少年所特有的年龄阶段和社会政治经济地位所决定的，从中不难看出他们对主体文化的疑惑、挣脱与叛逆。当社会的主流文化没有向青少年提供充分的机会和条件发挥潜能时，亚文化作为另外的一种文化形式能够向青少年提供必要的补充。如果杜绝亚文化所提供的渠道，主流文化又无法满足青少年广泛的文化需要时，则必然会使整个社会文化系统产生严重的失调，形成单一文化系统下的封闭和倾斜现象，出现文化萎缩和文化的畸形发展，从而会影响到青少年的全面成长。而亚文化对主流文化也可以有促进作用，上述的"文化反哺"现象就是一个例证。

亚文化有自己的行为规范和价值观念，而且可能与社会的主流文化相冲突，如果这种冲突得到了畸形的发展，就有可能会形成犯罪亚文化，也就是说为青少年犯罪提供了导致犯罪的价值观念和行为规范。在各个国家中，青少年犯罪都是一个重要的社会问题，我们将在第四节进行专门论述。

三、青春期异性交往的发展

（一）青春期异性交往的现状

青春期的异性交往一直是中学生、学校、家庭和社会广泛关注且误解较多的话题。无论人们的态度支持与否，这一时期的异性交往仍存在着极大的普遍性。在我国，青春期的个体绝大多数是处在初高中阶段的学生，因此人们关注的也主要是中学生的异性交往问题。李鹰（2006）于 2004 年 12 月对山东省济南、泰安和青岛三市共 881 名初高中学生进行了调查，在一定程度上揭示了中学生异性交往的现状（见表 9－3）。

表 9－3　中学生异性交往的现状

内　容	初中（%）		高中（%）		全体（%）
	男	女	男	女	
1. 许多同学近年来主动接近异性同学	62.0	65.9	70.4	59.7	65.5
2. 有喜欢的异性朋友	31.8	19.9	64.2	46.6	42.7
3. 给异性同学送过贺卡等礼物	34.9	42.0	66.3	65.9	53.0
4. 有异性同学给自己送过贺卡等礼物	42.2	50.2	64.6	66.5	56.3
5. 曾经与异性同学单独约会过	9.9	7.5	25.4	14.8	15.3
6. 经常和异性同学谈论爱情	6.3	5.7	13.1	4.5	8.0
7. 给异性同学写过求爱信	7.8	3.1	14.4	1.1	7.3
8. 有异性同学向自己表示过爱意	11.5	22.9	27.8	24.7	22.6
9. 谈过或正在谈恋爱	6.8	4.8	22.1	5.1	10.9

资料来源：李鹰，2006

另外，沃建中等（2001）对 11743 名中学生的调查发现，中学生的异性交往水平总体上随年级升高而呈上升趋势，并且与异性同伴的关系要好于与同性同伴的关系；各年级女生与异性同伴的关系要好于男生，年级与性别之间的交互作用显著。女生与男生同异性同伴的交往水平分别于初三和高二以后保持稳定。吴晶等（2002）对679名高中生的调查发现，当前的高中生并不害怕和回避异性交往，缺乏的是正确的异性交往知识和与异性学生适度交往的技巧。这些资料都反映了青春期异性交往的普遍性。

值得一提的是，国内研究大多将青少年异性交往定位于由青春期的性生理发育而引起的性心理、性道德问题范畴。而国外研究所关注的焦点，多在恋爱心理和行为、性行为、避孕、预防性疾病等方面。这实际上反映出我国社会、尤其是教育界对该时期的异性交往存在的片面化认识，容易将该时期的异性交往、尤其是带有恋爱特征的异性交往视为道德上的洪水猛兽加以围追堵截。当然，国外的研究有其具体情境和文化传统，与我国国情相去甚远，没有必要照搬照抄。但是对这一问题的回避或过分敏感，都是没有必要的。青春期的异性交往，是青少年发展人际关系的必经之路。从心理学角度看，它能够有效地促进个体的自我发展、增进心理健康、增进友谊并为日后获得成熟爱情积累经验等。当然，青少年异性交往也存在着不少问题，对青少年的异性交往仍存在着教育误区，主要表现为不当的教育观念和教育方式（王磊，2004）。

（二）中学生恋爱

在异性交往中，除了普通的交往或一般朋友性质的交往之外，还有一种“特殊”类型的交往关系，即恋爱。中学生恋爱，以往的教育部门多称之为“早恋”，其潜台词则是“中学生不应当谈恋爱”；而现在已有一些不同的看法，某些教育部门已经开始使用“关系过密”这样的词汇来描述这一现象，表现出对这一现象更为宽容和现实的态度。但中学生恋爱仍然是一个非常具有争议性的话题。本书采用“中学生恋爱”这一中性的表达方式来概括这一时期学生之间的亲昵情感关系。师凤莲（2003）通过2001年对济南市900名中学生的调查结果的分析，认为“只要有真正的感情，中学生可以谈恋爱”的高中生占39%，20.7%的高中生认为“中学生谈恋爱互有帮助”，30.3%的学生认为“中学生已到了谈恋爱的年龄，谈恋爱很自然、能理解”，另外，有23.5%的中学生承认曾经由于失恋（包括单相思）而“很痛苦”，初中生“恋爱率”为30%~40%，高中生为50%以上，而高职生高达80%。结合上面的异性交往数据，不难看出，当今中学生对恋爱的态度与许多父母辈或师长辈的传统观念，已经有了很大的差别。

中学生恋爱的原因有很多。从内在原因上看，中学生恋爱的主要原因是现在的中学生生理和心理普遍早熟，以及性心理的发育提前，使得恋爱行为呈现低龄化、普遍化的趋势；同时，这一时期的青少年对爱情的涵义似懂非懂，但好奇心、模仿性极强，对于影视、书刊中的爱情描写、表现，很想模仿和亲身体验。从外界因素看，社会思想观念的多元化为青少年表露自己的心声提供了较为宽容的空间，影视、小说、歌曲等文艺作品中对爱情这一“人类永恒主题”的讴歌则无时不在引诱着青少年对爱情的向往。另外，家庭的教育管理方式，也是促成中学生恋爱出现的重要客观原因，例如某些家庭家长本身就比较开放，对子女的情感关系可能起到推动的作用；而有些家庭则严禁子女在中学期间恋爱，但有时却会出现适得其反的结果。

应当说，中学生恋爱对于学生的成长确实会形成一些负面影响，主要是由于处理不当而对学业和身心健康产生的不利影响。首先，初涉爱河的少男少女的爱情，常常带有朦胧性、单纯性、不稳定性，他们难以摆正爱情在生活中的位置，不能用理智去支配感情，故而常常在恋爱中陷入神魂颠倒、胡思乱想的境地，难以在学习上做到聚精会神，从而导致学习成绩下滑。其次，周围环境（学校、家庭）对中学生恋爱的否定、反对，势必加重他们的思想负担、精神压力。不少中学生恋爱者整日精神忧郁、难见笑颜，阻碍了和同学的正常交往，严重影响了学习和成长。还有极少数人由于堕入爱河过深，造成未婚早孕，有可能造成终生的痛苦，贻误自己的前程。

但是对中学生的恋爱问题处理得当，也会对其身心发展带来好处。例如，有了固定的异性朋友，生活中的烦恼有人倾听，有人理解，有人帮你化解，心灵得到慰藉，空虚的情感得到了填充；学会处理感情，慢慢懂得对感情负责；同时能够在学业上互相帮助，共同进步和提高。所以对中学生恋爱问题要结合实际情况进行引导和帮助，让其转化为青少年进步的动力，而不能不加区分地全盘否定。

社会工作者应当根据中学生的个体差异，协助学校和家长设计影响干预者的个体性施教方案。例如，中学生初涉爱河的动机不尽相同，针对他们所实施的相关指导也应有所侧重。对于因“好奇、想试试看”而恋爱的学生，可以向其传授交往的知识、提供更多的交往机会；因“精神空虚”而恋爱的学生，可以鼓励他们多参加一些饶有趣味的集体活动，协助他们走出空虚的精神家园；因“学习压力大”而恋爱的学生，可以为其提供学习辅导，帮助他们缓解学业压力；因“感情需要”而恋爱的学生，可以为其提供充足的情感和社会支持，使他们对异性的感情得以转移和升华，最终融入到集体温暖的大家庭中(李鹰,2006)。另外,对中学生恋爱观的教育或干预,还应当与青春期的性教育紧密结合起来,帮助学生树立正确的性意识,掌握必要的性知识并提高学生的自我保护意识。

第四节 青春期的相关问题

一、青少年性心理与性行为

(一)早熟与晚熟

由于青少年所处文化、教育以及环境背景不同,他们身心发育的“步伐”也不尽相同,即存在早熟和晚熟的现象。换句话说,是指他们在发育高峰出现的时间和发展速度上的差异,而这种差异会影响到青少年的个性发展和社会行为。和晚熟的青少年相比,早熟的青少年往往身体更高大、体重更重、肌肉更发达,而且在性方面也更成熟。在体育活动或需要依靠身体机能的活动中,早熟者占有绝对的优势。一般来说,成年人和青少年同伴都认为,早熟的男生比晚熟的男生更具有积极的社会态度(吴增强,2002)。比如,成年人认为,晚熟的男生与早熟的男生相比,身体缺乏魅力、肌肉不够发达、仪表也不够光彩、有些孩子气等。同伴的评价则认为晚熟的青少年比早熟得更容易唠叨、多嘴、缺乏自信、不受欢迎。

早熟对于男生有一些明显的好处。首先,由于女性的发育比男生早1~2年,而早熟的男生也比一般的男生早1~2年开始发育,这样早熟的男生就可以和同龄的女生在心理体验上更加相似,从而有利于他们更好地同女生相处。其次,早熟的男生大多数能够在体育活动中表现出色,由此而赢得同伴的尊重,成为同龄群体中受欢迎的人,而这样的情况会对男生的发展产生积极的影响。但是太过早熟的男生往往会不被其他同伴所接受,甚至遭到排斥。而晚熟的男生常常在集体里得不到重视,他们的自尊心往往会因此而受到严重的影响。

早熟的女生却往往会遇到一些适应问题。早熟的女生往往比同龄的女生早发育1~2年,她们经历着同龄女生尚未经历的变化,而她们又需要与那些和她们经历非常相似的人进行交流,需要别人来分担她们的焦虑和不安。事实上,无论是父母还是同龄的晚熟女生都不能分担她们的困难,这种不利的情境将对早熟的女生产生消极的影响,如增加她们对月经初潮的消极感受，让她们感到更加不安和紧张。不过早熟的女生因身体发育较早，在运动方面就能表现出优势，心理上也相对成熟些，因此在人际交往、承担社会责任和义务过程中，表现出一定的自信和责任感，并能担当一定的社会角色，从而得到更多锻炼和学习，进而获得学习和工作上的成功。因此，社会工作者应当协助教师和父母认识到早熟的男生、女生和晚熟的男生、女生在生长、发育阶段的适应困难，对青少年提出恰当的期望，帮助制定与他们的需要和能力协调一致的发展计划。

（二）婚前性行为与未成年少女怀孕

婚前性行为是一个较为广泛的概念。按照性欲满足程度的分类标准，人类性行为可划分为三种类型：一是核心性性行为，即两性之间的性行为；二是边缘性性行为，如接吻、拥抱、爱抚等；三是类性行为，相当于直接的或间接的性行为方式，如性行为之前的爱抚行为、口交等。本书所指的婚前性行为属第一种范畴，是指男女双方在履行合法的结婚登记手续之前、在恋爱期间发生的性交行为。其特点是：双方自愿进行，不存在暴力逼迫；没有法律保证，不存在夫妻之间应有的义务和责任；容易产生一些纠纷和严重后果。

导致婚前性行为增多的原因有很多方面，其中性观念的改变是导致婚前性行为增加的重要原因，有些青少年已经不把结婚视为两性行为的必要条件，而是认为既然相爱就可以互相拥有。而恋爱年龄的提前则使得婚前性行为的发生时间大大提前。黄色淫秽读物的泛滥和误导，可以使一部分青少年在性的诱惑面前很难做到理智的控制，甚至可能模仿书中、影视作品中的情节实施性犯罪行为。另外，父母疏于管教、家庭关系紧张的青少年，较之其他同龄人更容易发生婚前性行为，以此来缓解压力、回避现实。

婚前性行为的增多，使得未成年少女怀孕甚至生子（女）现象成了一个现实问题。少女妈妈问题目前已经成为了全球性问题。由联合国儿童基金会（UNICEF）于 2007 年发布的《世界儿童状况（2007）》[①]显示，2000 年到 2005 年间，在不发达和最不发达国家和地区，每 4 个母亲中就有一个年龄在 15 岁到 19 岁之间；在中国，未成年母亲的数量占全球未成年母亲的 1%。该报告还指出，15 岁以下女孩的分娩死亡率比 20 岁以上女子的分娩死亡率高出 5 倍；60% 的 18 岁以下的母亲，其孩子出生后在第一年内的死亡率，比 19 岁以上母亲生的孩子高出 60%。即使是孩子存活了，也会面临体重过轻、营

① 下载地址：http://www.unicef.org/sowc07/

养不良等健康问题。而据我国全国人口和计划生育委员会的统计数据显示,2002 年我国人工流产总数为 133.7 万例,其中青少年约为 40 万例,占四分之一左右。而这些数据恐怕只是冰山一角,因为流动人口中少女怀孕的并未计入其中,并且很大一部分的少女在怀孕后会选择进行“地下”人工流产(曹国慧、朱眉华,2006)。

为遏制少女怀孕这一严重问题,许多国家的政府都在积极地采取措施。英国政府从 2000 年起提出了解决少女怀孕的计划,目的在于预防少女未婚怀孕,计划在 2010 年前使少女怀孕率下降一半。其内容包括:举行大型的宣传活动,提醒青少年过早性行为的风险,传授容易掌握的避孕方法,由过来人亲述早孕早产、为人父母的苦衷,等等。英国卫生大臣在公布此计划时特意提出:“我们必须让男孩子知道,当父亲可不同于一夜情,那是长久的责任。”(王银泉,2000)

解决这一问题不仅要从加强对青少年性教育入手,也需要全社会的热情参与。对已发生的婚前性行为或未成年少女怀孕、少女妈妈等事实,社会工作者应当以人性化和宽容的态度,使受到伤害的个体尽快地恢复正常生活,并协同当地红十字会、妇幼保健医院等组织做好对未成年怀孕少女或少女妈妈的帮助工作。

(三)青春期性教育

青春期个体的生理发育会给个体带来不同程度的性困惑,这就使得青春期的性教育成为一个刻不容缓的议题。如何使学校、家庭、社会三者相结合,为青少年创造有益于心身健康的良好成长环境的系统工程,使他们从更多的渠道获得健康、科学的性知识并树立明确的性意识,避免可能的性伤害,这都是进行青春期性教育的主要目的。

学校是对青少年进行性教育的主要场所。学校不仅要从社会需要的实际出发,更要从青少年发展的实际需要出发,密切关注学生的内心动态,切实解答他们的性困惑和性问题。在教育中,应当掌握“适时、适度、适当”的“三适”原则,根据青春期学生生理、心理的发展特点来有针对性地进行教育。“适时”就是根据青少年在不同年龄段的生理、心理特征,略超前进行青春期性知识、性道德教育。“适度”就是根据青少年年龄特征和接受能力从学生实际出发,讲授一些必要的基础的科学知识,既要有针对性,又要有严格的科学性;既要通俗易懂,又要防止渲染过度。例如,一个儿童想知道婴儿是怎么来的,这并不表示他已经有了性的意识,而是表示他生活知识的进展和一种求知的愿望;年龄稍大一点的青少年,更想知道同龄异性的人在身体各方面与自己有什么差异,这也是一种自然的、天生的好奇心理,应当给予恰当的满足,但要防止性知识教育不当所引起的副作用。而所谓的“适当”就是采用多种教学方法和恰当的教学态度教给合适的知识内容。

同时,在性教育中,应当采取课堂教学与个别指导(或课外咨询)密切结合的形式。从事青春期教育的教师,要面向全体青少年学生,讲授青春期的性科学、性道德知识,给予一般原则性的指导,要正面启发疏导,淡化说教,要注重青少年良好行为习惯的培养,并应以自己的行为、举止、信念为学生提供优良品德的范例。而面对学生的个别情况或单独提问,教师应当本着尊重、保密的原则,真诚、科学地予以解答。这一职责可以由接受过医学或社会工作专业训练的人士担任,并联合我国中学常设的心理咨询老师,共同承担青春期性教育的重任。

家庭是对青少年进行性教育的基本场所。但在我国的家庭中,性教育却处在非常尴尬的地位,这可能与我国传统文化中羞于谈性的观念有关。一项对杭州市家庭性教育情况的调查发现,家庭性教育存在以下问题(杨宗仁,2002):①家长缺乏正确的性教育观念。34.65%的家长认为在家庭中对孩子进行性教育可有可无或没必要;半数以上的家长持有错误的性教育观。33.20%的家长持“无师自通论”,12.01%的家长持“诱发论”,5%的家长持“封闭才能保险论”,还有7.33%的家长认为“和孩子谈性,羞于启齿”。②在家庭性教育实施中,多数家长不能持科学态度。84.45%的家长在孩子发育前没有对孩子进行性教育。半数以上的家长对孩子提出的“性问题”采取了不科学的态度,或哄骗、或回避,个别的甚至还不耐烦地给予喝斥。③家长对孩子结交异性朋友的态度不合理。随着孩子步入青春期,不同意孩子结交异性朋友的家长越来越多。家长对待孩子结交异性朋友的态度存在性别差异,男孩家长同意或者不干涉孩子结交异性朋友的人数显著多于女孩家长。④家长对早熟女生和晚熟男生的态度。只有23.58%的早熟女生家长注意到孩子曾出现过紧张、恐惧、不安等不适应的情绪反应,并进行了性知识传授;只有41.18%的晚熟男生家长注意到孩子曾出现焦虑、自卑等不良情绪反应,并给予较多的关心。

以上调查数据表明,当前青少年的家庭性教育显然不尽如人意,家长头脑中的性教育观念障碍还没有完全破除。现代青少年正生活于大量性信息和性刺激环境中,其生理和心理上也有接近异性的要求,所以回避和封锁是不可取的。对孩子封锁正确的性知识,不但不保险,反而会使他们产生强烈的好奇心,转而从其他渠道接受不良“性知识”。性教育有几个不同的渠道,其重要性也各不相同,但首要的渠道应当是初级社会群体(即家庭),这在性教育界已达成共识。这并不是说父母要给孩子讲多少有关性的大道理,而是要以正确的态度对待孩子的性问题,使孩子对性养成一种自然、坦率、科学的态度。如果说人们对性的态度是衡量一个社会文明进步的标尺之一,那么如何搞好家庭性教育,也是衡量一个社会文明进步的标尺之一。

总之,家庭是性教育的基本场所,具有及时性、连续性的特点,有着学校教育无法替代的作用。但在我国,要求家长一时改变性教育观念还存在着很大的难度,因此学校更应当承担起性教育的责任。而无论家庭性教育还是学校性教育,都不可能离开社会,都需要全社会的关心和配合。社会要通过各种新闻宣传、社区讲座、文学作品、文体活动等形式展开性教育,并坚决打击影响青少年身心健康成长的种种黄色和淫秽信息违法犯罪活动,以形成良好的社会风气,努力使学校、家庭、社会教育有机地结合起来,充分发挥学校教育的主导作用和家庭教育的基础作用,形成立体化的青春期性教育格局,使青少年始终在良好的性文化氛围中得以健康成长。而社会工作者,也可以通过组织或参加深入家庭、社区和学校的宣传和普及工作,促进性教育的开展。

二、电视与青少年

现在越来越多的人将当代青少年称为“电视的一代”,因为目前35周岁以下的青少年可以说都是在电视文化的浸润中成长起来的。从20世纪80年代的港台武侠剧、日本动画片,到21世纪以来逐渐升温的韩国言情剧,电视节目都创造了属于各个时代的青少年心目中的经典形象。因此,在当代青少年的社会化过程中,电视文化无疑起了重要作用。诚如国外心理学家所言,正如在以前的几百年内,儿童应该在教堂和家庭中完成的社会化过程由学校完成一样,在21世纪,儿童应该在教堂、家庭和学校完成的社会化过程则由媒介尤其是电视完成了(Huston & Wright, 1996)。

(一)电视对青少年生理与心理的负面影响

美国学者通过对17周岁以下青少年和成年观众的比较研究发现,在一般情况下,观看电视的距离随观众年龄增加而增加,青少年观看电视时与电视保持的距离要比成人更近一些,更容易受电子辐射的影响(张令振,1992)。因此,完全有理由推论,今天的中小学生近视和假性近视逐渐增多除了与不良的行为习惯有关外,电视的普及也是一个重要因素。此外,电视对青少年形体发育方面也有着一定的影响(Gortmeke & Dietz, 1987)。因为看电视是一种消极休息的方式,人体所消耗的热量比户外活动需要的热量少;同时,许多青少年还有边看电视边吃零食的习惯,并且由于受到电视中经常出现的食物广告的诱惑,观看者会不由自主地吃进大量的零食;另外,很多家庭吃饭时都坐在电视机前不动,而通常不承担家务的青少年在饭后还可能长时间坐着不离开。所以,看电视是导致发胖的一个重要原因。

电视的声形结合使得儿童能够更生动地接受认知和言语的启蒙教育,低龄儿童还可以在游戏和日常生活中再加工电视的内容,有助于儿童认知表象的丰富和想象力的发展。但是青少年长时间呆在电视机前,接受理想化、艺术化或虚构的人物世界的熏染,会减少对现实生活的体验,减少与同伴相处的机会,不利于培养青少年的言语能力、交际能力和处理事端的应激能力,其心理成熟的时间也会相对延长(柳友荣,1997)。

另外,有许多长时间的追踪研究显示,青少年的性行为、攻击行为与反社会性行为的增加与电视上的性裸露和电视暴力存在显著性相关。安然等人(Eron et al., 1972)于20世纪60年代开始对美国纽约州856名男童进行长达10年的追踪研究,结果显示,即使在控制初始的攻击性、社会阶层、教育水平和其他相关变量的基础上,男孩在童年早期观看电视暴力节目与10年之后(高中毕业)的攻击行为与反社会行为之间依然存在相关关系。另一项对芝加哥地区557名6~10岁儿童观看电视暴力节目的影响的长期追踪调查也显示,不论对男性还是女性,即使在控制社会经济地位、智力水平及父母养育方式等因素的前提下,早期观看电视暴力节目与成年早期的攻击行为之间依然存在相关关系(Huesmann et al., 2003)。

(二)电视对青少年学习能力的负面影响

电视对青少年学习能力的负面影响是多方面的。首先,学校学习主要属于文字逻辑思维,或通常所谓的“理性分析”,主要是靠大脑左半球运作;而电视中的图像、视觉和音响,主要是靠大脑右半球来运作,属“图像思维”,影响人的感受和情绪。电视画面中的语调、姿势、表情、动作和颜色等与文字语言的逻辑规则均有所不同,看电视不仅无助于逻辑思维,而且很可能会阻碍理性的分析。此外,电视惯性收听不但影响文字思维,对于图像思维也未必有启发作用。因此,长期收看电视很有可能不断影响“文字”和“图像”两种思维的健康发展。对于处在求学时期和心智发展期的青少年来说,沉湎于电视将在很大程度上削弱其思考的能力。

其次,使用手和其他感官的体验,对于学习者来说非常重要。如果看电视的时间大大超过其他活动的时间，则会导致个体缺乏掌握身体活动的经验。因为电视只是单纯地向观众放映，而并不关心观众的反应，即使是要求收看者参与和作出回应的教育电视，也没有办法做到关注观众的反映，所以电视的信息传输是一种单向的输出，显然是一种不全面的学习方式，有必要再加插收看后的讨论、回应、练习和实践，才能达到应有的学习效果。同时，心理学研究发现（穆迪，1988），在观看电视 20 分钟后，大部分人的脑电波便会出现“Alpha”（α）波，这是大脑呈现睡眠状态的一种反应，随着视听时间的延长，波长会进一步变缓慢；这种生理反应是与电视节目内容无关的，而是直接与电视收看时间长短有关的。研究者认为，电视节目中的伴音和不断闪烁的画面造成了过度的刺激，使收看者不知不觉中感到难以承受，为了适应这些过度刺激，生理上只好采取一种麻木的回应，不再对声光的刺激作出应有的反应。即使青少年能适应这些过度刺激，亦会减弱他们的主动性，影响积极学习新事物的能力，因为很多现实的新鲜事物已不能对他们产生同样的应有的刺激效果。

因此，在肯定电视对青少年娱乐和学习的积极功能的同时，社会工作者应当特别关注电视对青少年的负面影响，以及时提醒青少年及其家长，对青少年的观看行为进行适当的引导和控制，并呼吁社会提供一个健康的电视文化氛围，努力降低电视文化的负功能。

三、网络与青少年

（一）网络与青少年社会化

随着互联网技术的发展，网民、尤其是青少年网民的数量不断迅猛增长。根据中国互联网络信息中心（CNNIC）于 2008 年 1 月发布的第 21 次《中国互联网络发展状况统计报告》①显示，中国的网民（在该调查中的操作定义为半年内使用过互联网的 6 周岁及以上中国公民）总数已经达到 2.1 亿人，其中 18 岁以下的有 4001 万人，占总体的 19.1%（见图 9-5）。就像电视的出现极大地影响了青少年的社会化一样，当下青少年的社会化又面临着网络这一全新媒体的影响，其社会化过程在一定程度上由传统意义上的“与客观现实世界的互动”变为“与虚拟社会情景的对话”，从而使得青少年的社会化范式也出现了新的局面，即在传统真实社会化的基础上出现了“虚拟社会

① 下载地址：http://www.cnnic.net.cn/index/0E/00/11/。

化”,而这种虚拟的社会化也给青少年的社会化进程带来了新的机遇和问题。

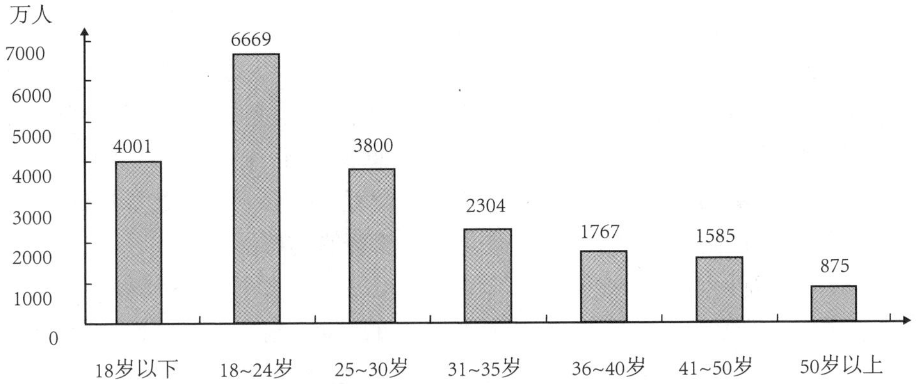

图9－5　不同年龄段网民规模

资料来源:中国互联网络信息中心,2008

网络对青少年社会化无疑具有极大的促进作用。网络发展速度快、更新周期短、开放程度高的特征有助于培养和树立青少年的现代观念,如效率观念、平等观念、学习观念、全球观念等。网络能够同时处理数量巨大的数据、信息,已成为联结信息社会的纽带,将使世界各国和地区形成一种崭新的信息与通讯网络系统,并成为一个整体,这将有利于青少年效率观念的形成。在网络世界中,没有权威和特权的影响与干预,人们不存在社会地位、性别、职业等方面的差别,从而使得每一个人以平等的身份参与交往活动,这将有助于青少年平等观念的建立。互联网丰富的知识内容,为青少年提供了广阔的学习空间,给他们打开了知识世界的一扇自由的窗口,大大拓宽了青少年求知的途径。网络技术的迅速更新换代,同时也激发了青少年的求知欲,促进其学习观念的形成。

网络在扩大青少年交往空间、缩短社会化时间、创造个性化或社会化的学习条件,以及提供认识社会和扮演社会角色便利的同时,也不可避免地带来一系列的负面影响。表现为如下两个方面:

首先,网络传播的直观性、形象性对青少年思维方式有重要影响,在一定程度上妨碍其整体素质的提高。网络集文字、声音、图像于一体,构成一种立体的传播形态,其直观性、形象性在很大程度上影响着青少年的思维方式,使青少年的想象力和逻辑思维能力蜕化。同时,它的形象化特点诱使青少年在认识世界时满足于诉诸视觉，而排斥思考，弱化了抽象思维能力，从而削弱了青少年的创造能力，这在一定程度上妨碍了其整体素质的提高。

其次，网络中庸俗化信息泛滥的现状对青少年的成长构成了潜在的危害因素。网络信息发布的匿名性和即时性特征，使得传统意义上社会化过程中的惩罚性和强制性受到了很大的局限，社会组织的“过滤器”和“把关人”的作用对网络而言变得不是那么有效，约束力锐减。网络中各种学术信息、经济信息以及形形色色的黄色、暴力信息良莠不齐，而青少年求知欲望强烈，对未知事物充满兴趣，但由于其身心发育还未成熟，缺乏基本的分析、判断、辨别和自制能力，所以极易遭受不良信息的诱惑。

此外，不可忽视的一点是，虚拟世界的交往和虚拟情感容易使青少年产生人际交往的障碍。网络交往具有匿名性的特征，这无疑增强了神秘色彩和安全感，也使得人们在网上可以随意宣泄自己的情感，而这在充满社会准则、行为规范的现实世界里是不可能实现的。因此，许多青少年更乐于到网络世界中去寻找成就感和满足感，久而久之就产生了一种网络依赖感，而变得对现实生活中的他人幸福和社会发展漠不关心。而青少年时期是人际交往能力形成的重要时期，如果长时间沉迷于网络世界，则会侵占正常的人际交往时间。网络交往与传统的具有亲和感的人际交往相比，往往难以形成人际关系的真实感，一旦网络美梦破灭，极容易产生挫败感和受骗感，从而对现实社会产生怀疑、否定甚至消极态度，这将严重影响其正常的人际交往，最终造成人际交往障碍，甚至会损害其心理健康和人格的完善（赵立新、刘海霞，2004）。

（二）网络同伴群体对青少年社会化的影响

网络同伴群体是指，青少年在网络中通过各种方式所认识的并与之进行交往的年龄相近、频繁互动、价值与态度认同相似、彼此之间有情感上支持、进行各种信息和经验交流的人所组成的一种非正式群体。

与传统社会化模式下的同伴群体相比，网络同伴群体具有以下四个特征：①形成方式和途径特殊。在虚拟社会化模式下，青少年主要是通过网络游戏、聊天室或聊天工具、BBS 和电子邮件等网络社会交往的新工具和新环境结交朋友形成网络同伴群体。②构成更加丰富和广泛。网络最大的特征在于它的无地域性，这使得青少年能够克服地域空间的限制，从而在网上无限地扩大自己的交往圈子，通过认识来自不同地区、国家、不同的社会阶层、不同的文化背景和生活经历的朋友来组成网络同伴群体。③形成过程更加具有自主性和选择性，更加符合青少年群体强烈的独立愿望与自主要求。

④共同兴趣和价值观成为唯一标准。由于网络互动具有弹性同步的特点，这大大提高了人们在网上交往过程中的自主性，可以自由选择喜爱的信息或主题，一旦主题或意见不同，随时可以切换窗口或切断联机。这使得共同的兴趣、爱好和话题成为青少年之间彼此进行交往的唯一标准，也构成了网络同伴群体形成的唯一标准。

鉴于网络同伴群体的上述特征，使得网络同伴群体对青少年的社会化过程构成了重要的影响，表现为如下四点：①既有拓宽信息沟通渠道、交流同龄人所需的生活知识和经验、丰富青少年人生阅历的积极影响，又有接触到各种“垃圾”信息进而危害青少年社会化过程的消极影响；②既有扩大青少年交往对象和更能满足青少年自由交往需要的积极影响，又有可能导致青少年人际交往异化并造成人格缺陷的消极影响；③既有能够使青少年得到心理交流与慰藉的“情感港湾”效应和心理依托的积极影响，又有可能导致内在的疏离感与孤独感的消极影响；④既有助于青少年实现不同的自我认同的积极影响，又有可能导致青少年人格自我分裂和认同危机的消极影响（姚俊、张丽，2004）。

（三）网络成瘾

互联网的飞速发展使得一部分人迷恋于上网，无限制地使用网络，从而影响其正常的工作、学习和生活，对其身心健康造成一定程度的损害。美国心理学家最早涉入互联网心理学这一研究领域，并将这种无限制的网络使用现象命名为“网络成瘾”（internet addiction, IA）或网络成瘾障碍（internet addiction disorder, IAD）。对网络成瘾的一般定义是：由重复地使用网络所导致的一种慢性或周期性的着迷状态，并产生难以抗拒的再度使用的愿望（陈侠、黄希庭、白纲，2003）。

1. 网络成瘾的表现与现状

青少年网络成瘾问题已经是青少年研究中的一个重要研究领域。目前，网络成瘾症主要有色情成瘾、网络交际成瘾、游戏成瘾、强迫收集信息成瘾、网络赌博成瘾等几种类型。青少年在其中所占的比例不在少数，已经对青少年的健康成长造成了诸多负面影响，尤其是在心理健康方面。

中小学生玩网络游戏的问题一直是我国社会关注的热点。据前文提及的第 21 次《中国互联网络发展状况统计报告》统计，“低年龄、低收入和低学历”是网络游戏用户的 3 个突出特点。青少年网民玩网络游戏的比例惊人，网民的年龄越小，玩网络游戏的比例越高。在 18 岁以下的网民中，有 73.7% 的青少年网民都玩过网络游戏（图 9－6）。目前，玩网络游戏的中小学生已经达到3682万人，占到总体中小学生的17%，占中小学生网民人数的73.1%。游戏时间是平均每周3.3个小时，每周游戏时间超过10个小时的占中小学生网络游戏用户的5.5%。政府已经意识到过度沉溺网络游戏给未成年人带来的恶劣影响，并推出了网络防沉迷系统。每天玩网络游戏超过一定时间，系统则会提出警告或使用户获得的游戏收益降低。该报告还显示，2007年12月有36.2%的中小学生网民表示曾经受到过防沉迷系统的限制，但是限制效果如何还不得而知（中国互联网络信息中心，2008）。

而中国青少年网络协会于2007年以自填式问卷进行的非随机调查显示，我国网瘾青少年（25周岁以下）约占青少年网民总数的9.72%（95%置信度下的置信区间分别为8.74%~10.68%），男性青少年网民上网成瘾比例（13.29%）约比女性青少年网民上网成瘾比例（6.11%）高出7.18个百分点。在网瘾青少年中，男性比例（68.64%）也远高于女性比例（31.36%）。调查还发现，网瘾青少年在各种人际关系中均存在着较大的不融洽的情况。网瘾青少年在“师生关系”（22.32%）、“家庭关系”（21.59%）、“同学关系”（21.35%）中不融洽的比例更是均超过20%。

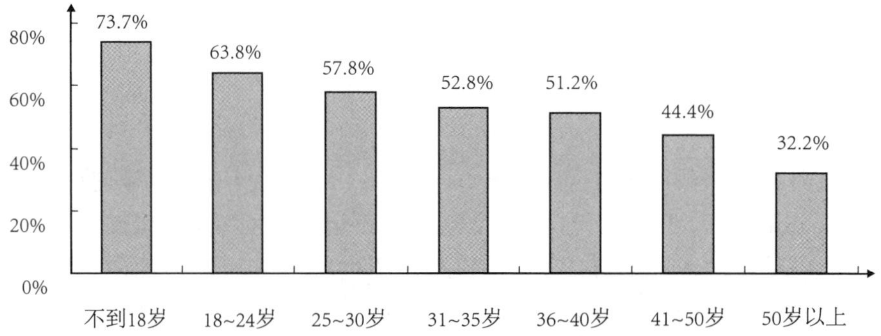

图9-6 不同年龄段网民玩网络游戏的比例

资料来源：中国互联网络信息中心，2008

2. 青少年网络成瘾的原因

互联网络凭借其大容量信息、快速度传输、交互性渗透性强、多媒体无形化等特点优势，已经逐渐成为青少年日常生活、学习、人际交往乃至择业的重要手段和载体。网络已成为青少年生活中不可缺少的一部分，甚至可能成为青少年的一种生活方式。传统的宣教式的文化传播阻碍了青少年丰富深邃的心灵渴求，并且也难以适应青少年日新月异的生活需求，而网络这种崭新的文化传播方式则非常契合青少年的需要特点，同时网络上的商业文化、色情文化又无孔不入地侵蚀着青少年的审美情趣,使得在整体文化层面上出现了滋生网络成瘾的温床。

青少年对电脑和网络趋之若鹜的一个重要原因在于,它们能满足青少年心理上的种种需要,尤其是那些在现实生活中无法获得满足的需要,如认知需要、情感交流与情感宣泄、自我肯定与自我实现等。由"挽救上网成瘾者行动"发起者、华中师范大学素质教育研究中心主任陶宏开教授提供的多个治疗个案显示,有不少网络成瘾的中学生,迷恋网络的动机往往在于逃避学校的学习压力、反叛家长的教育方式、寻找虚拟世界中的成就感等,而这些都是他们觉得在自己的学校和家庭中无法获得的(陶宏开,2005a,2005b)。

此外,青少年的心理特点也决定了这个群体是网络成瘾障碍(IAD)的易患人群。据英国大不列颠心理学会的调查结果:年龄在20到30周岁之间、受过良好教育、性格内向的年轻人是IAD的易患人群,其中忧郁特质和焦虑特质人群对IAD易患性尤高。另据20世纪90年代末美国卡内基梅隆大学和匹兹堡大学的研究显示,IAD患者往往具有下列人格特点:喜欢独处、孤独、敏感、忧郁、倾向于抽象思维、警觉、不服从社会规范。在国内虽还没有权威的机构对网络成瘾的青少年人格特征进行调研与分析,但一些文献和相关的研究显示,青少年一旦在现实学习工作、生活及人际交往中遭受种种压抑使其需要得不到很好的满足时,就常常会出现上述的一些人格特征,而这个时候,网络为其提供了最好的释放心灵场所(陈明龙、陈先建,2003)。

总之,青少年为了寻求心理需要的满足,在虚拟的电脑和网络世界中遨游,与现实生活的距离越来越远,甚至分不清现实与虚拟世界的界限,社会适应能力越来越差,无法进行正常的学习和生活,于是反过来更向网络逃避,最后形成恶性循环。这也是青少年网络成瘾的重要原因。

3. 青少年网络成瘾的矫治

对青少年的网络成瘾,首先应当采取预防为主的整体性矫治措施,具体包括:①引导青少年正确看待网络,使用时要扬长避短,尽量避开其负面效应,特别是不可沉湎于网上娱乐,不可接触网上的色情内容。②加强学校、城镇社区、农村集镇等场所的青少年组织工作,在上述青少年集中的地方,大力开展青少年文化体育活动,组织青少年社团,吸引青少年对健康科学、积极向上的社会生活和文化活动的兴趣,培育青少年的健全人格和健康心理,使易患网瘾的青少年避免陷入非上网不可的泥潭。③加强对社会环境尤其是校园周边环境的治理,使网吧、游戏室规范化,加强对网络的信息监控和信息过滤。④加强教师教育心理学知识的学习与培训,树立主动参与心理健康教育的意识和理念。

其次，要重视对网络成瘾青少年的心理治疗和家庭治疗。一是，帮助青少年认清网络成瘾的原因和危害，帮助他们认清自身的需要、发现满足自己心理需要的其他途径，并给予其有针对性的指导，从而引导他们摆正网络在生活中的位置，改善上网的心态。二是，对相应的现实生活方面给予心理指导，如学习人际交往、心理学等方面的知识，帮助他们以健康的、科学的态度融入和适应现实生活和社会。另外，不良的亲子关系和师生关系也是造成青少年沉迷网络、逃避现实的重要原因，因此社会工作者在对成瘾者进行干预时，应请家长和老师同时到场，消除亲子或师生之间的误会、澄清双方的需要与目标，标本皆治，帮助成瘾青少年戒除网瘾，重归家庭或校园生活。

（四）网络犯罪

1. 网络犯罪的定义与特点

“网络犯罪”（cyber crime）的产生是伴随着互联网技术的发展而产生的新犯罪形式，目前对其还没有统一的定义。2000 年举行的联合国第十届预防犯罪和罪犯待遇大会认为，狭义的网络犯罪即“计算机犯罪”（computer crime），是指行为人针对计算机信息系统和通过该信息系统，针对数据和程序安全所进行的直接的非法操纵的任何行为。广义的网络犯罪则是指“与计算机有关的犯罪”，是指通过计算机信息系统、网络或与之有关的设备实施的犯罪行为，包括通过计算机信息系统或网络实施的诸如非法占有和提供或散布信息的犯罪行为。

2003 年，我国出版的《国家信息安全报告》将网络犯罪归纳为四大类型：①信息窃取和盗用；②信息欺诈和勒索；③信息攻击和破坏；④信息污染和滥用。而从网络社会学的角度看，网络犯罪行为大致可分为以下四种类型（巴雷特，1998：65）：①黑客，指那些在非授权访问的情况下进入他人计算机信息系统的人员；②蛀虫，指利用计算机知识与技术牟取非法利益的违法行为；③黄潮，指通过网络大肆传播黄色淫秽信息的犯罪行为；④逆流，指境内外反动势力利用网络进行政治、文化渗透，从而危及国家安全和人民利益的行为。

图9-7 “黑网吧”里,孩子们最容易沉迷于色情和暴力信息

网络犯罪和其他社会犯罪一样,都具有社会危害性、行为违法性和应受刑法处罚的基本特征,但网络犯罪作为一门基于互联网和计算机信息系统进行的高科技、高智能犯罪形式也有其显著特点,主要表现在:①犯罪主体的年轻化、智能化;②犯罪对象、客体的多样性;③犯罪行为客观上的隐蔽性;④犯罪结果的国际性、全局性;⑤侦查难度大,网络犯罪的高“黑数”化。犯罪“黑数”是一个犯罪学上的概念,指未经发觉、未被追诉或未被惩处的犯罪数。网络犯罪的实施发生在互联网的虚拟空间,无传统刑法上的“犯罪现场”之说,造成各个国家、各个地区对网络犯罪管辖权的认定极不统一;而网络犯罪涉及的领域广、技术要求各异,侦查人员很难掌握其全部技能,这在客观上增加了网络犯罪的侦查难度与取证难度,同时也导致了行为人容易心存侥幸、事后罪恶感不强、有连续作案的巨大可能(魏红、刘学文,2007)。

2. 青少年网络犯罪的原因

青少年成为网络犯罪的高发群体,是由多方面的原因造成的。

首先,青少年处在精力旺盛时期,学习能力和接受新事物的能力极强,好奇心和表现欲是青少年这一群体共有的特性。他们一方面对网络着迷,急于表现自己的能力;另一方面处于这一阶段的青少年还有强烈的反叛心理,对事物的辨别也缺乏完整性和正确性,在网络中,一旦他们受到不良因素的诱惑,由于自我控制能力较弱,很容易导致犯罪。

其次,青少年法律意识淡薄,对法律常识了解得非常有限,对自己行为的正当性、合法性缺乏最基本的认识和控制。有的青少年利用网络攻击公众计算机信息系统却并不认为自己的行为是犯罪,而认为是一种智力挑战、甚至是一种游戏,以成为“黑客高手”而骄傲,却不知自己的行为已经触犯了法律,往往在被法律追究、受到法律制裁时才恍然大悟,但后悔晚矣,这是极其可悲的。

最后,互联网这条信息高速公路以“无主管、无国界、无警察”而著称,一些道德败坏的人利用了因特网的隐蔽性,大肆散布色情、暴力、反动言论等不健康信息,严重影响了广大青少年的身心健康。2005 年初,安徽省公安机关成功破获当年我国淫秽色情网站第一大案“九九情色论坛”案件,一举抓获涉案犯罪嫌疑人 11 人,按 2004 年案发计算,其平均年龄为 24.6 岁,一名主犯的年龄为 19 岁,最小的甚至只有 11 岁(雷强,2005/06/20)。可以说,这些人既是色情信息的传播者,也是受害者。而网络法律体系不健全,则为网络犯罪的发生提供了法律上漏洞,使得某些人心存侥幸,为了利益或个人好恶而从事网络犯罪活动。

3. 青少年网络犯罪的预防

对青少年网络犯罪的预防,是一个系统的社会工程,需要全社会的共同努力。青少年基本的生活环境包括家庭、社区和学校,因此除了加强网络内容建设、传播健康的网络文化,规范网络秩序、建立文明健康的网络氛围,完善计算机安全防范体系、提高网络安全意识,加强网上犯罪侦查力量、提高执法者专业水平等制度性努力之外,社会工作者还应当特别重视发挥家庭、社区和学校作用。只有做好家庭、社区和学校三方面的工作,才能有效地预防青少年网络犯罪(胡亮,2007)。家庭不和、父母离异、家庭暴力等家庭不良因素都是造成青少年走向犯罪道路的原因,因为在现实的家庭中得不到温暖,一些青少年就倾向于在网络这个虚拟的空间中发泄自我,并最终走上网络犯罪之路。上述“九九情色论坛”案件中年龄最小的案犯,初中毕业后随经商的父亲从家乡河南去往合肥,由于家里人忙生意,无暇看管孩子,导致他平时在家上网、聊天、打游戏,最后在网上聊天时认识了该案件的主犯,帮助后者发展会员并收取提成,最终被判三年有期徒刑(雷强,2005/06/20)。因此,社会工作者应当提醒家长,要注重与孩子的沟通与交流,学会积极引导孩子的上网行为,培养他们良好的上网习惯。

此外,社会工作者还可以在学校中加强对学生的人际交往的教育,积极培养学生人际交往的能力,加强师生之间的沟通,使他们有一个良好的人际交往氛围,使青少年对学生产生归属感和依恋感,而不是在学校之外的环境中寻找满足感和自我实现感。另外,社会工作者还可以协助社区组织青少年聚会、夏令营等活动,使他们对网络、网络犯罪以及什么样的行为构成网络犯罪有更加深入的理解和认识，激发青少年的学习动机，远离不良爱好，在提高青少年自身素质的同时，营造一个良好的社会环境，使青少年充分地利用网络、享受网络，在网络时代健康地成长，顺利地完成社会化过程。

四、青少年越轨与犯罪

（一）越轨与犯罪的相关理论

1. 标签论

“标签论”（labeling theory）认为，个体演变为罪犯的主要原因是社会给其贴上了“越轨者”的标签，是社会按照一定标准将某些行为规定为“越轨”或“犯罪”，因而产生了“越轨者”或“罪犯”，因此越轨和犯罪并非“越轨者”和“罪犯”的个体原因所致。这里所说的“标签”，是一种标记，是社会按照某种规定给一些人烙上的印记。在“标签论”者看来，犯罪行为并非自成一类的行为，世界上没有一种行为其本身就是犯罪；犯罪是社会按照当时的法律规定给某些人留下的特殊印记。换句话说，犯罪是社会通过立法、司法把某些行为规定为“犯罪”，给其贴上标签，从而人为地制造出来的。

“标签论”的主要代表人物贝克尔（Becker, 1963），他把违法犯罪等越轨行为看作他人执行法规实施制裁的结果，与越轨者的行为属性无关。“罪犯”或“越轨者”所具有的“身份”，并不由其本身固有的特性所决定，而是由社会上大多数人的看法决定。所以正常人和“越轨者”之间的区别，就在于该人是否被社会或他人贴过标签。但是由于人们在社会中所处的地位不同，具有同样越轨行为的人（如均有“杀人”行为的贵族与平民）被社会标记为“罪犯”的可能性也是不同的。平民在杀人后被标记为“罪犯”的可能性更大一些；而贵族因其所处地位和享有的权利高人一等，杀人后被标记的可能性就较小，甚至不被标记。因此，社会标签具有不公正性。

霍华德·贝克尔(Howard S. Becker,1928—),美国社会学家,曾担任西北大学和华盛顿大学社会学教授,并兼任华盛顿大学音乐学院副教授,为越轨行为社会学、音乐和艺术社会学做出了突出贡献。贝克尔曾撰写了大量关于社会学研究方法和写作风格的书籍。1963 年,他的《局外人:越轨社会学之研究》一书为后来的标签理论奠定了基础。1998 年,他曾获得美国社会学会授予的"突出成就奖"。其代表著作还有《讲述社会》《写给社会科学家》《另一个角度:有关越轨行为的观点》。

"标签论"的另一个主要观点是:社会给确有轻微违法行为的人贴上标签,使其逐渐形成"越轨者"的自我印象,并自甘堕落,一再违法,从而造成犯罪行为不断增多的现象。因此,贴标签会强化违法行为和越轨行为,是违法犯罪的催化剂,一个人一旦被打上了罪犯的烙印,便很难改变。有些"标签论"者还用"初级越轨"向"次级越轨"的转化过程来说明标签化对罪犯形成的影响(Lemert, 1951, 1967)。"初级越轨"指行为人已实施了一定不良行为,但由于未被发现或其他原因还未被作为"越轨者"来看待,行为人也没有按越轨者及其行为模式去理解自我形象。"次级越轨"也叫"二级越轨",指行为人已经实施了一系列越轨行为,行为人已被社会标定为"越轨者",即已具有了公开的"越轨者"的身份,行为人亦形成了"越轨者"的自我形象,相信自己的本来面目就是个"越轨者"。对一个"次级越轨者"来说,只有继续越轨才是真实的自我,才算是表里如一;如果不再越轨,就是对自己的一种自我背叛,或必须进行自我压抑。当然,由"初级越轨"向"次级越轨"的转化,不是突然实现的,而是在不同程度上交替进行的,或者说是被他人理解与自我理解、贴标签与被贴标签之间不断互动的过程。

标签论学者对此前绝对主义的犯罪学思想提出疑问,认为"犯罪"并不是绝对的,而是相对的;这为犯罪学的研究开辟了新的领域,为人们认识犯罪行为提供了一种新的视角。在他们看来,对同一行为,不同的人有不同的认识;被一部分人称之为"犯罪"的行为,在另一部分人看来,可能不认为是"犯罪",甚至认为是应予赞许的行为。这是因为不同的人、不同的集团,出于不同的视角可能对同一客观事物赋予不同的意义,形成不同的主观认识。也就是说,对同一事物、同一行为在不同的人或集团、群体中可能有不同的看法。

同时,“标签论”阐明了“贴标签”与法定犯罪定义的产生之间的因果联系,从而为犯罪学的研究,特别是犯罪原因的研究提供了新的思路、新的见解。标签论者首先提出问题:社会为什么要把一些行为规定为犯罪,即某些行为为什么要被犯罪化? 贝克尔(Becker, 1963)通过研究回答了这个问题,即认为“越轨行为”或犯罪行为,是通过贴标签的方式人为地制造出来的,是社会上的某些人出于一定的目的给一些本来不被视为非法的行为贴上了“越轨”的标签,从而“制造”了越轨行为。

此外,“标签论”解释了“贴标签”与犯罪行为之间的因果联系,解释了“犯罪”事实产生的原因。标签论者认为,社会对确有一定越轨行为的人“贴标签”,反而刺激、加强或促进了被标记者的恶性转化。

但是“标签论”也有其局限性。首先,“标签论”对标签化后果的解释是过于简单化的。在标签论者看来,似乎只要被贴上“越轨者”的标签,就一定会转入“次级越轨”,成为不可救药的罪犯。事实上,很多人被判刑(即被标记)后并未重蹈覆辙。其次,“标签论”片面强调影响犯罪的外在因素的作用,即强调社会标签的作用,否定了违法犯罪行为与行为人之间的内在联系。这实际上割裂了犯罪行为产生原因中外部条件与内在因素的联系,将犯罪原因主要归结为社会标签(外部条件)的作用。

2. 挫折攻击论

挫折攻击假说(frustration-aggression hypothesis)①最早由美国心理学家多拉德等人提出(John Dollard et al., 1939)。早期挫折攻击理论的核心思想是,人的攻击行为是因为个体遭受挫折引起的。攻击是挫折的一种后果,攻击行为的发生总是以挫折的存在为先决条件;反之,挫折的存在也必然会导致某种形式的攻击。

---

① 攻击(aggression)又译“侵犯”,国内教材中常见的“侵犯行为”与本书的“攻击行为”是同一术语。

约翰·多拉德(John Dollard, 1900—1980),美国心理学家和社会学家,曾任耶鲁大学心理学系教授。最有影响力的成就是他对美国种族关系的研究及与尼尔·米勒(Neal E. Miller)一起提出了挫折攻击假说。主要著作为《Caste and Class in a Southern Town》《挫折与攻击》《人格与心理治疗:关于学习、思考和文化的分析》等。

所谓挫折也称欲求不满,是指个体在实现其目标的过程中遇到障碍或干扰,导致他的目标不能实现时所形成的一种情绪状态,也就是某种动机或需要得不到满足时所产生的心理状态。因此,当人们的占有物很少时,不一定会产生挫折感,只有当他们觉得应该拥有某些东西而没有得到时,才会感到挫折感。而攻击是任何形式的、以伤害他人为目标的行为。它的基本特征是攻击行为一定要有攻击意图和攻击动机存在,必须是一种故意使他人遭受伤害的行为;攻击不仅包括伤害他人肉体的行为,也包括伤害他人心理的行为;一种行为能否被判定为攻击行为,还必须考虑攻击者与被攻击者的角色和社会判定标准。挫折攻击理论正是以挫折和攻击这两个概念为核心,研究挫折与攻击之间的因果关系。它的基本观点是,当人们的欲望得不到满足时,就会体验到挫折感,挫折感诱发人们的愤怒和焦虑,因此会导致攻击行为产生。

随着人们对犯罪行为研究的深入,研究者逐渐达成了一个共识:那就是除了挫折以外,还有许多其他的因素影响着人们的犯罪行为。所以说需要一个多因素综合模式来解释犯罪行为。多拉德的同事米勒很快修正并扩充了挫折—攻击理论的内容。挫折作为一种刺激,可以引起一系列的不同反应,攻击反应只是一种形式而已。挫折的存在不一定会导致攻击行为,但是攻击行为肯定是挫折的一种结果(Miller, 1941)。此后,伯克威茨(Leonard Berkowitz)进一步认为,人的挫折并不直接导致攻击,正如考试失败,并不一定会导致攻击他人。挫折主要导致产生攻击行为的情绪准备状态——愤怒。攻击行为的发生,还要依赖情境攻击线索的影响,与攻击有关的刺激倾向于使攻击行为得到增强(Berkowitz, 1969)。

因此,一种挫折是否会引发攻击行为,主要是受到一些因素的影响,如挫折的强度、个体对挫折的认识和理解、社会习得的意志和诱发攻击行为的刺激信息等。但是并不能说有挫折就一定会有犯罪的发生，犯罪的产生还需要许多的外在情境。

3. 经验性多因素分析

经验性多因素分析将犯罪问题置身于庞大的社会体系中去考察，将犯罪的原因放在动态的系统中去研究，关注与产生犯罪行为有关的各种因素，主要包括外部因素和内部因素两种。

外部因素是指犯罪者之外的各种有关的因素，包括自然因素和社会因素两大类。自然因素是指地理环境、季节、时间、自然灾害等，这些因素常常与某些犯罪行为明显相关。例如拦路抢劫常常发生在偏僻的地方，强奸案往往夏季比冬季多见等。社会因素分为宏观因素和微观因素两大类：宏观因素是指社会政治、经济、意识形态、风俗习惯、大众传播等，如社会政治动乱必然带来反社会型犯罪行为的发生率上升；微观社会因素是指个体所处的家庭、学校、居所、工作场所等社会环境中与犯罪可能有关的因素。其中，家庭是社会成员由自然人变成社会人最初的社会环境，对人的意识有着重要的影响。家庭本身的不良状态和家庭教育的缺陷，与家庭成员尤其是青少年子女的犯罪行为密切相关。学校是专门教育人的机构，如果学校风气不正，忽视思想教育和法制教育，则有可能使学生个性发展不健全，容易在其他因素的共同作用下表现出犯罪行为。居住场所和工作环境与犯罪有关的因素，表现在这些环境中的不法分子的消极榜样作用以及这些人有意的教唆和挑拨等。

内部因素是指犯罪者自身的诸种生理、心理因素，包括年龄、性别、遗传特质、知识经验和个性特征等。从统计数字看，不同年龄阶段犯罪者的比例有所不同，犯罪行为的类型存在差异，不同性别者的犯罪行为发生率和犯罪行为的类型也有区别。知识经验因素包括两个方面：一是犯罪者的受教育程度，即文化水平的高低；二是犯罪者通过社会生活而获得的经验。文化水平较低的人群中犯罪率较高，犯罪行为多表现为暴力伤害他人或暴力劫取他人财物等；在文化水平较高的人群中，犯罪行为多表现为智能型，如贪污、诈骗等。犯罪者的个性特征因素是指个体特征中那些与某些特定犯罪行为可能相关的成分，而不是指从整体上认定某类个性特征是犯罪个性特征，是指犯罪者的个性特征的某些具体方面与其犯罪行为之间的关系，如情绪激动的人和自制力较差的人容易表现出暴力型犯罪行为。

根据经验而指出的多种与犯罪行为可能有关的因素，虽然可以用来解释犯罪，但对经验因素的分别罗列不等于理论的概括。这种诸多因素分析法的欠缺就在于没有挖掘各种因素之间的内在联系，没有解释各因素之间相互影响、相互制约的关系。因此，对于与犯罪有关的各种因素要作立体的、交叉的分析，而且要看到它们之间的相互作用和这种相互作用所出现的动态的聚合效应。

4. 聚合作用论

聚合作用论的基本观点是：如同人的其他社会行为一样，犯罪行为也是个体所处的社会环境（可能还有自然环境）与他所具备的心理、生理条件相互作用的结果；犯罪行为一旦表现出来，反过来对于社会个体又会发生作用，从而影响到下一步又可能会出现犯罪行为。社会条件、个体条件、犯罪行为这三者之间处于动态的相互作用中，仅仅对任何单一方面因素的分析，都无法揭示犯罪的真正原因，只对这三个方面孤立的分析，也不能对问题做出恰当的回答。只有注重分析社会条件、个体条件、犯罪行为三个方面的聚合作用，才能全面地揭示犯罪行为的原因（乐国安，2003）。

总之，犯罪行为的聚合作用论是指个体所处的种种社会的和自然的条件、个体已有的心理条件、个体的生理条件以及个体对当前特定的社会事物产生的犯罪心理聚合在一起，共同发生作用，成为产生特定犯罪行为的原因。这些不同方面并不单独与犯罪行为有关，它们之间也是密切联系的。如犯罪心理和产生犯罪行为的内在条件，又是个体过去在社会生活中形成的心理条件、现实的社会事物以及他的某些生理条件共同作用的结果。

（二）青少年犯罪

1. 我国青少年犯罪的现状与特点

青少年犯罪已经成为影响我国社会治安最严重的社会问题之一。多年来，我国的青少年犯罪率居高不下，且不论是青少年刑事罪犯的绝对数量、青少年罪犯占全部罪犯的比重、还是未满 18 周岁的未成年罪犯占全部青少年罪犯的比重，都呈现明显递增的趋势（见表 9－4），从表中还可计算出，1997 年至 2006 年间青少年罪犯数量的年平均增长率为 4.8%。

表 9－4 青少年罪犯的增长趋势

年份	刑事罪犯总数（单位：人）	青少年罪犯（单位：人）	18 周岁以下罪犯（单位：人）	18～25 周岁罪犯（单位：人）	青少年罪犯占刑事罪犯的比重（%）	18 周岁以下罪犯占青少年罪犯的比重（%）
1997	526312	199212	30446	168766	37.8	15.3
1998	528301	208076	33612	174464	39.4	16.2

续表

1999	602380	221153	40014	181139	36.7	18.1
2000	639814	220981	41790	179272	34.5	18.9
2001	746328	253465	49883	203582	34.0	19.7
2002	701858	217909	50030	167879	31.0	23.0
2003	742261	231715	58870	172845	31.2	25.4
2004	764441	248834	70086	178748	32.6	28.2
2005	842545	285801	82692	203109	33.9	28.9
2006	889042	303631	83697	219934	34.2	27.6

注:该表中的青少年罪犯指不满25周岁的罪犯。
资料来源:中国统计年鉴,2007:894

与其他年龄段的犯罪相比,青少年犯罪具有一些明显的特点。首先,贪财性犯罪在青少年犯罪中所占比例最高,且犯罪数量呈上升趋势。与成年人贪财性犯罪相比较,未成年人的贪财性犯罪往往并非出于谋生的考虑,而是贪图享乐,属于享乐型、高消费型的犯罪。其次,青少年犯罪中使用暴力手段作案的倾向高于中、老年人犯罪,暴力犯罪率呈逐年上升趋势。在对1996年、1999年两年入狱罪犯的抽样调查中发现,在被调查的青少年罪犯中,使用暴力手段作案的分别占30.6%(1996)和51.6%(1999)。相对应的中老年罪犯,使用暴力的比例分别为27.2%(1996)和38.6%(1999)(丛梅,2000)。与中老年人实施的暴力犯罪相比,青少年暴力犯罪有两个特征:一是具有结伙性,尤其是其中的预谋性犯罪,大多是三人以上共同实施的;二是激情性犯罪占的比例较大,犯罪人在犯罪时往往不考虑行为的后果,当因琐事与他人发生争执时,通常采用极端的暴力手段达到“制服”对方的目的,满足争强好胜的心理。近年来,还有一种趋势就是青少年性犯罪和因吸毒引发的犯罪数量迅速增长,而少女犯罪率也在不断攀升。随着科技高速发展,青少年的犯罪手段逐步更新,往往利用计算机、窃听技术、生物学、化学、医药学进行犯罪,呈现出成人化、智能化、恶性化的犯罪趋势。而从总的犯罪分类情况看,排在前5位的青少年犯罪行为通常是盗窃、抢劫、故意伤害、强奸、寻衅滋事,而且这种排列的顺序相对比较稳定。例如,2004年天津市对当年判刑入狱的罪犯进行了普查,其中青少年犯罪类型的分布如表9-5所示:

表 9－5 2004 年天津市青少年犯罪类型分布

犯罪类型	人数(人)	百分比(%)	累计百分比(%)
盗窃罪	500	41.9	41.9
抢劫罪	388	32.5	74.4
伤害罪	94	7.9	82.3
强奸罪	69	5.8	88.1
奸淫幼女罪	31	2.6	90.7
聚众斗殴罪	29	2.4	93.1
诈骗罪	27	2.3	95.4
毒品罪	22	1.8	97.2
杀人罪	13	1.1	98.3
交通肇事罪	12	1.0	99.3
抢夺罪	8	0.7	100.0
总数	1193		

资料来源：张宝义，2007

2. 青少年犯罪的原因

青少年犯罪的普遍性与青少年生理、心理的发展变化密切相关。在这一时期，青少年生理发育逐渐成熟，独立自主意识萌发，主动性和自尊心增强，但又缺乏经验，判断力和情感控制力差，遇到冲突时容易采取过激行为。而经济飞速发展导致的消费层次多元化、高消费场所和诱惑增多、媒体不健康宣传的影响等，则是促成青少年犯罪的重要社会根源。

不良家庭环境是导致青少年犯罪的重要原因，包括家庭暴力、过分溺爱子女、对子女放任不管、采用简单粗暴的教育方式、对孩子期望过高、家庭经济贫困等因素，与产生青少年犯罪密切相关。而来自同伴群体的不良影响，也可能促使他们走上犯罪道路。在青少年罪犯中，游离于学校之外、缺少正当职业的情况相当普遍，对家庭和学校的认同感、对社会的信任感低。

一项对南京、无锡、扬州、徐州 4 个地区的 2000 名青少年（一般青少年 1500 人、在押青少年 500 人）的调查（陈如，2006/12/23）表明，62.9% 在押青少年犯罪前为无业或失学，24% 为学生，有工作的只占 13.1%。其中，无业和学生身份的在押青少年，有 60% 由于学习不好受到歧视，20% 以上对学校生活感到枯燥无味，超过 10% 认为所在学校或曾经所在的学校校风不正。而 86.9% 的在押青少年是无业和实际上已经游离于学校管理之外的在校生。在押青少年中有19.2%从未受到过父母的表扬肯定,有72.4%的人在受到骚扰、欺侮或敲诈后不告诉老师,并有61.8%的人认为报告了老师没有用。而在押青少年有80.4%承认看过“黄色”书刊或音像制品,40%以上对上课上班迟到早退、未婚同居、无票乘车、考试作弊、不见义勇为、深夜闯红灯、网上色情信息等现象持“可以容忍”或“很理解”的态度。另外,有46.8%在押青少年认为自己的违法犯罪手段是从朋友那里学来的,因交友不当而违法犯罪。

网络对青少年造成的不良影响是诱发青少年犯罪的一个重要因素。这次调查发现,在押青少年有上网经历的占74.5%,其中84.1%的人是在网吧上网,而一般青少年在网吧上网的比例只有45.2%。这与公安部2006年4月份提供的数据基本吻合。据公安部初步统计,被抓获的青少年罪犯当中,有近80%的人曾受到网络不良信息的诱惑,因此作案甚至作大案,进行诈骗、强奸、抢劫、抢夺的犯罪比例非常高(何春中,2007/04/20)。

3. 对青少年罪犯的矫治社会工作

所谓矫治社会工作,是指实施于罪犯教育、改造过程中的社会工作,是由矫治社会工作者或志愿者为犯罪嫌疑人或罪犯在审判、服刑、缓刑或假释期间提供的专业服务,其目的是消除工作对象的犯罪心理结构,改变其行为方式、重建他们的社会适应能力和机制,使他们改过自新,重新适应正常的社会生活(李迎生,2003:380)。

在实施矫治工作的过程中,要坚持尊重、平等和接纳的价值观。犯罪者并不是天生就十恶不赦,只不过是以不被社会认可的方式来满足自己的需求或满足了不被社会认可的需求。所以社会工作者应该坚信人的行为和人性具有巨大的可塑性,并将其作为开展工作的价值基础。矫治社会工作就在承认刑法惩罚性的前提下,在犯罪人认罪服法的基础上,帮助犯罪人认识和解决他所存在的问题,既不是为他辩护,也不是为他开脱,而是帮助他正视问题,找到解决问题的方法。其目标是通过调动工作对象的积极性,充分发挥潜能,改变其对社会不适应的心理结构和行为方式,重建工作对象的社会适应能力和适应机制,从而使其重新适应正常的社会生活。

对青少年的矫治社会工作往往从社区矫治入手,其目标就是维持个人的社会适应性,预防和减少犯罪。其主要内容包括:为有问题行为的人特别是青少年提供行为指导,为家庭纠纷、邻里纠纷提供民事、民间调解服务。如对交往、交友和人际关系处理的指导,危机处理的咨询和指导,家庭矛盾、邻里矛盾的处理和家庭关系、邻里关系的修复和维持。例如,“上海市预防和减少犯罪工作体系”建设的总体思路是“政府主导推动，社团自主运作，社会多方参与”。其中，针对社区青少年[①]群体的不同特点，将服务对象分为红、蓝、绿三类：红色服务对象是指有“轻微罪错”“严重不良行为”或比较明显的心理障碍和疾病的社区青少年，红色服务对象必须开立个案；蓝色服务对象是指有“不良行为”、12个月以上持续失学、失业或有比较严重心理问题的社区青少年；绿色服务对象是指除上述两类外的社区青少年。社会工作者遵循社会工作理念，积极创新工作方法，针对不同的对象分别提供有效的服务，在实践中创造了“互惠工作法”“青年领袖工作法”“多元沟通法”等个性化、专业化的工作方法，取得了良好的效果（上海市社区青少年事务办公室，2006）。

五、青春期适应不良

所谓适应，是指一个人与他人或与其所关联的社会团体之间的规律性与和谐化的状态如何。也就是说个体到一个新的环境后，能否尽快地调整自己的情绪与行为，以适应变化的环境提出的新要求，在学习、人际关系等方面都表现出良好的顺应。而适应不良，就是指个体在受到挫折、身处逆境时，社交、学习和职业功能的削弱。青少年时期，人体第二性征出现，性发育趋于成熟，在心理上会发生许多相应的变化；同时，随着生活空间的扩大，青少年的认知经验不断扩展，对自身的内省力和对外界的批判力逐渐提高，并初步形成一定的人生观。此时期也正是青少年最易发生烦恼、心理障碍和适应不良的时期。

青春期适应不良主要发生在14~20周岁之间，多发于初、高中学生，并以男性较为多见。主要表现有：①学习障碍：进入一个新环境后（转学或升学），长时间不能完成正常的学习任务，不能遵守课堂纪律，不能养成良好的学习习惯，出现学习困难等学习上适应障碍；②人际关系障碍：因缺乏安全感、交往技巧、自信心等原因，面对陌生的环境不知如何应对，或对人际关系过分敏感等；③情绪障碍：产生焦虑、恐惧或抑郁等情绪；④行为障碍：包括多动症和其他行为问题，如说谎、欺骗、偷窃、横行霸道、破坏、对抗和犯罪行为。

---

① 上海市对“社区青少年”的定义是：具有上海市户籍，16至25岁周岁，没有固定工作、没有就学、缺少监管的青少年，也就是传统意义上的“闲散青少年”“边缘青少年”。

适应不良的产生与个体本身的性格有关。内向、胆小、自卑的青少年容易产生适应不良;自理能力低、独立性差、缺乏对挫折承受能力的青少年,在新环境中也容易产生较为严重的失落和焦虑心理。而家长的教育态度(如过于苛责、对孩子有过高的要求、经常动粗等),与学校教学方式的刻板、单调和专制,也容易引起学生的逆反、恐惧情绪和敌对行为。在学校教学和家庭生活中,家长和教师应对两类青少年予以同样的重视:一类是那些用攻击、反社会的方式表现出适应不良的孩子;一类是用表面顺从的方式把问题压抑下去的青少年。一般来说,经常惹麻烦的,比较具有侵犯性的、反社会的、不诚实的孩子,容易引起教师的关注,而安静、退缩的青少年则往往被忽视,甚至给予较高的评价。但过分服从、乃至退缩的孩子,常潜伏着更为严重的适应不良,其出现心理异常的可能性往往高于常惹麻烦的孩子。常惹麻烦的青少年所采取的适应方式是强烈的、明显的,而那些顺从、退缩、羞涩的孩子所遇到的心理困扰和情绪压抑虽然程度可能更深,但往往在暗中发展而不易察觉,当引起人们注意时,问题已经变得很严重了。

对青少年适应不良的改变是一项长期的工程。首先,家长应注意从小培养孩子大方、合群、开朗的性格,培养他们的自理能力和独立精神,在青春期来临时及时给他们提供应有的成长知识和社交经验。其次,在学校中,教师要给予适应困难的学生以必要的关怀和爱护,不能因其学习成绩欠佳或有一些不良的习惯、情绪或行为表现,便忽略他们或冷眼待之,甚至妄加指责。教师应当尊重学生的人格和基本需求,遇有不适应的学生,应耐心寻找其不适应的根由;掌握一些心理疏导的技术,允许他们把不良情绪表现出来,帮助学生减轻焦虑、紧张的情绪,形成健康的心理防卫机制,学会主动调节自己的情绪;对存在轻微行为问题的学生,要帮助其改变错误认知观念,为其制订行为矫正计划,有步骤地帮助他们改正原有的不良行为。

同时,针对有适应问题的青少年开展有针对性的社会工作也是非常必要的,其内容主要包括:①开展助学工作,为辍学、失学和有经济困难的学生联系资源、提供物质帮助,创造重新入学或完成学业的机会;②帮助后进学生,针对个别学生在情绪、心理、行为和学业上遇到的问题,以及学校中普遍存在的不良倾向,通过有目的的辅导、帮助以及批评教育,使学生克服心理障碍和不良行为,培养起良好的学习和生活习惯;③引导学生参加社会实践,参加服务社区活动,培养良好的行为规范;④帮助和保护处于困难中的学生,帮助他们处理由于不和谐家庭关系、不良同伴群体所造成的影响和不健康的闲暇活动所引发的问题;⑤在社区内建设一些适合青少年的文化娱乐设施和项目,全面促进青少年的健康成长。

六、青春期自杀

(一)自杀的定义与现状

“自杀”一般是指“自杀而死”,它具有如下特征:①由自杀者自发完成;②是一种故意的行为;③自杀者有致死的愿望。但为预防自杀,自杀研究通常也涉及与自杀相关的行为和想法,美国疾病控制和预防中心(CDC)将未致命自杀行为分为自杀意念、自杀计划、自杀未遂、需医学治疗的自杀未遂四种。自杀意念是指有结束自己生命的想法;自杀计划是形成了自我伤害生命的计划,但没有具体行动;自杀未遂是指有致死愿望的伤害自己生命的行动,但未造成死亡。自杀行为因而被视为一个程度不同的连续体,从自杀意念、自杀未遂到自杀死亡。多数自杀意念并不导致自杀未遂或死亡,自杀死亡者也并不一定有自杀未遂史,但严重的自杀意念和有自杀未遂历史者更易导致自杀死亡(高鸿云,2007)。

自杀在儿童期较为少见,但在青少年中期开始急剧上升。近年来,青少年自杀问题日益成为一个全球性的问题,我国有关青少年自杀的报道也是屡见不鲜。目前,自杀已成为我国 15~34 岁人群的首位死亡原因(杨功焕等,2004),同时是美国 10~24 岁人群的第 3 位死因(Pelkonen & Marttunen, 2003)。与世界上其他绝大多数国家男性自杀率高于女性不同,我国的女性自杀死亡率要明显高于男性。杨功焕等(2004)分析了 1990—2000 年 10 年间全国疾病监测系统提供的数据,发现我国人口的平均死亡率为 15.69/10 万,女性为 17.94/10 万,是男性的 1.14 倍;同时,农村人群自杀死亡率高于城市,农村自杀死亡率是城市人群的 4 倍。自杀率的分布也存在明显的地区差异:在城市,男性自杀死亡率略高于女性,是女性自杀死亡率的 1.14 倍;而在农村,女性自杀死亡率高于男性,是男性自杀死亡的 1.24 倍。城市人群自杀死亡随年龄增加而增加,而在农村的 20~34 岁人群中有一明显的死亡高峰;其中,最高的自杀人群是 15~24 岁的农村女性。

同时,多项对中学生的调查显示,我国女中学生的自杀意念也要高于男生。张熳(2007)对江苏省 5120 名中学生的调查显示,男生自杀意念报告率为 12.64%,女生为 18.44%,其差异有统计学意义。罗春等(2003)对上海市 9246 名中学生的调查显示,13.2% 的学生在过去一年中曾想过自杀,其中男生比例为 10.6%,女生为 15.8%;另有 5.1% 的学生在过去一年中曾经为如何自杀制订过计划，即有自杀企图，其中男生比例为4.4%，女生为5.8%，其差异也有统计学意义。这说明，我国青少年的自杀行为，具有与其他国家的自杀行为具有不同的模式，这可能与女性在我国传统文化中处于较低地位有关。

（二）青春期自杀的相关因素

导致青少年产生自杀意念的因素包括，家庭成员关系不融洽、使用过成瘾药物、自觉学习压力过大、在学校受欺负、饮酒、打架等。其中，家庭不和是青少年产生自杀意念的重要外因，家庭的破裂极容易诱发子女冷淡、孤僻、悲观和失望的情绪，从而产生自杀意念（张克让等，1998；罗春等，2003；张熳，2007）。

张志群、郭兰婷（2001）分析国内外诸多自杀研究，总结了与青春期自杀关系密切的因素，包括以下三种：①重症抑郁（major depression disease，MDD），抑郁症是青春期和成人自杀的主要原因。国外的MDD患者中有12%~19%死于自杀；在芬兰和美国的青春期自杀者中，50%可归因于抑郁症；同时，各种形式的心理危机干预对MDD患者收效甚微，很难改变他们的自杀倾向。此外，各种程度的抑郁情绪、无望感、无助感等也与自杀相关（Jules，Felix & Stassen，1999）。②酒精滥用。一项对106名芬兰青春期自杀者的研究指出（Pirkola，Hrttunen & Henriksson，1999），44%自杀者存在酒精滥用现象，这些自杀者与非酒精滥用自杀者相比，更容易有各种精神障碍、反社会行为、家庭环境不良等情况；另外，在自杀者中处于酒精中毒状态的比较也较高。另有研究者调查了1970—1990年20年间6091名8~18周岁（58.4%为男性）在精神科就诊的患者，结果显示仅有青春期男性组病人（1313人）的自杀行为存在显著增长的趋势，并可用物质滥用来解释；而在滥用的所有物质中，酒精是唯一与自杀行为呈明显正相关的物质（Fombonne，1998）。③一些心理社会因素也可能导致青春期自杀。由于青春期所处的特殊年龄阶段和心理特点，一些在成人看来微不足道的小事即可导致其自杀，如向家长要钱遭到拒绝、不做家务被家长训斥、考试失利、被同学欺负等。

此外，一些精神疾病，如焦虑症和行为障碍的患者有高度的自杀危险性（Nasser，1999）；而媒体对名人自杀的真实报道、影视剧中有关自杀细节的描写可能会诱发部分青少年的模仿行为（刘雁书、肖水源，2007）。

（三）对青春期自杀的干预

对自杀的干预主要应当着眼于预防自杀。应当在整个社会的范围内，进行持续不断的宣传，增强人们对精神卫生重要性的意识，增加人们对不良生活方式、教育方式、思想观念所引起的负作用的了解。学校和家长应及时发现和掌握青少年的自杀意念，对有心理问题的青少年，应当鼓励其及早寻找亲友、师长或心理咨询师、社会工作者等专业人士的帮助，减少心理困惑和精神疾病所带来的恐惧和耻辱感。社会对青少年自杀应担当起必要的责任。另外，社会工作者可以倡导社会建立自杀预防中心并担任预防专员，处理潜在的自杀事件。如为预防中心提供热线电话服务，使寻求援助的人随时能找到有经验的工作人员，与对方保持交谈以建立信任感，直至使对方打消自杀的念头。这类措施是能在一定程度预防自杀的。总之，社会工作者一方面可以在家庭、学校为家长、青少年开展直接的专业服务，另一方面也应当大力倡导政府和社会承担起责任，唤起社会的爱心与关注，积极预防和消减青少年自杀现象的发生。对自杀的预防工作具体可包括如表9－6所示的基本内容：

表9－6　预防青春期自杀的工作内容

项目	内　容
1	对自杀和自杀未遂者提供保护性监控
2	开展有关青少年自杀诱因和自杀预防领域的高质量研究
3	开展与青少年自杀有关的心理问题的宣传教育
4	控制自杀工具（如加强农药、杀虫剂、安眠药的管理等）
5	筛查自杀高危人群，及时掌握学生的自杀意念动态
6	为自杀高危人群提供心理支持
7	增加对农村青少年女性（自杀高危人群）的社会支持
8	开展以学校为中心的精神保健工作
9	宣传精神健康知识，改变人们对自杀和自杀者的态度
10	开展全国性的反吸毒和反嗜酒宣传教育

七、青少年偶像崇拜

偶像崇拜是青少年心理发展过程中普遍存在的现象，是青少年自我确认的重要手段，青少年可以从对不同杰出人物的认同和依恋中肯定自我的价值。偶像崇拜至少包含了对崇拜对象的心理认同、行为模仿和情感依恋三个要素，通过人们对崇拜人物夸大了的社会认知而产生光环效应（halo effect)，容易将其言行举止加以神圣化甚至神秘化。

（一）青少年偶像崇拜的类型和特征

从崇拜的对象看，当今青少年的偶像崇拜，主要集中在娱乐界、学术界和政治经济界的名人上。有学者把对歌星、影星和体坛明星的崇拜统称为“明星崇拜”，将青少年对学术界和政经界名人的崇拜统称为“杰出人物崇拜”，并将青少年偶像崇拜归结这两种基本类型（岳晓东、严飞，2007a）。明星偶像崇拜是一种较为感性、直观和全盘接受式的心理认同方式，其突出特点是特别欣赏偶像的形象性特征（如容貌、身材、性感等）、流行性特征（如服装、动作、发型等）和名利性特征（如财富、知名度、生活方式等），并从中获得最大的精神享受。明星崇拜会促使青少年获得某种超现实的自我情感体验，排斥现实生活内容，迷恋或向往远离现实的人格形象和生活方式，使他们被崇拜的偶像所深深倾倒，产生强烈的情感共鸣。另一方面，杰出人物崇拜是一种较为理性的、有条件的、相对性的心理认同方式。其突出特点是特别欣赏偶像的人格性特征（如性格、为人等）、气质性特征（如举止、风度等）和成就性特征（如事业、谋略等），并从中获取最大的精神享受。杰出人物崇拜易促使青少年多以偶像的内在特征来决定其取舍，把他们当作成功者的典范和模仿学习的榜样，从而产生巨大的替代学习效果和朋辈学习效果。

另外，从崇拜的方式上看，偶像崇拜可分为两种模式——表层性偶像崇拜（superficial appreciation）和实质性偶像崇拜（substantial appreciation）。前者将偶像理想化、浪漫化和绝对化，突出欣赏其形象魅力特征，如容貌、身材、动作、财富、知名度和生活方式等；后者则将偶像相对化、理性化和平凡化，突出欣赏其人格魅力性特征，如性格、为人、举止、风度、成就及谋略等。这两种偶像崇拜取向，一个重表，一个重里；一个重欣赏，一个重认同；采取何种模式将直接影响到青少年的偶像认同与依恋程度。偶像往往是一种理想化、浪漫化和绝对化的形象代表，会使青少年对其采取一种近似狂热的追逐和迷恋，并投以绝对的信任，以至于把他们看成是世上最完美的人物。由此，青少年容易对其人采取一种颇为直觉的、情绪化和极端化的社会学习和依恋，以一种直观的、非理性的、神秘化和神圣化的社会认知来看待偶像人物（岳晓东、严飞，2007b）。

诸多调查发现（潘一禾，2003；李强、韩丁，2004；岳晓东、严飞，2007a），在内地青少年中，小学生群体（6～12 周岁）的明星崇拜现象并不显著，较多崇拜长辈和身边亲近的人。偶像崇拜一般起始于 12 周岁，随青春期心理发展而出现，表现出明显的偶像崇拜行为，对所崇拜的偶像表现出理想化、浪漫化等倾向，明星偶像的崇拜一般会在14～16周岁达到峰值，并随着年龄增加而呈下降趋势；对杰出人物的崇拜会随着年龄的增加、批判性思维的日臻成熟而呈上升趋势，并在20～22周岁达到峰值。另外，偶像崇拜在不同的社会历史阶段有着不同的表现形式，代际之间存在着显著的区别（见表9-7）。

表9-7　偶像崇拜在中国大陆发展时间表

圣人崇拜、文人崇拜、帝王崇拜	英雄崇拜	个体户崇拜、大款崇拜、明星崇拜	民星崇拜①
封建时期	五四运动—20世纪80年代	20世纪80—90年代	2000年后

资料来源：岳晓东、严飞，2007c

（二）青少年偶像崇拜的原因与引导

青少年偶像崇拜现象已经引起了大众的广泛注意。到底是什么力量让青少年在烈日中翘首苦等数小时，只为见偶像一面、握个手、签个名？是什么动力让他们愿意将数月的积蓄，全部用于购买偶像的录音带、海报、演唱会门票等等？这些举动对他们有何意义？偶像崇拜对他们的生活有怎样的影响？造成这种现象的内外因素是什么？

应当承认，偶像崇拜的产生与个体心理发展的需求有关，其中包括自我确认的需要、情感归宿的需要、被团体接纳的需要等。个体到了青春期，随着身体的成熟、活动范围的扩大、思维独立性的发展，个体开始摆脱父母的限制，思考自己是什么样的人、将来又要成为什么样的人，对自己的未来充满迷茫与憧憬。为此，他们需要一个稳定的自我形象来确认自己，需要一个看得见、摸得着的真实人物作为自我的代表，并努力想成为那样的人。而父母权威形象的衰落又使青少年急需摆脱父母的影响，这时具有很强社会效应的偶像（优秀的外形、才华、贡献等）便为青少年提供了参照的榜样，满足了青少年希望成为偶像那样的人物的自我理想。从这个角度而言，偶像是崇拜者理想的自我，也是崇拜者心中的未来，表达了青少年对未来人生道路

第九章

① 图中的“民星”是相对于传统的“明星”而言的，是指因大众传媒和网络在社会生活中的普及和深入而迅速蹿红的一批“平民偶像”或“另类偶像”，如超级女生、芙蓉姐姐、后舍男孩等。他们或通过一些“平民”选秀节目产生，得到大众的喜爱；或者通过“自助”“自我制造”“自我欣赏”的方式来完成其“明星梦”。

和成就的朦胧企盼，是青少年走向社会前的一种人生准备。

同时，进入青春期后，青少年开始要求摆脱成人的束缚走向自主自立，由此出现了对父母自然而然的疏离。偶像崇拜正是他们寻找的一种新的情感依托与情感表现的“完美”形式，这是他们既能够接受、又能表现自我与独立情感的依托形式。另外，成长中的青少年，渴望得到群体的接纳、害怕被群体孤立，于是选择大家都喜爱的公众人物如明星为偶像，从而在群体中找到共同谈论的话题，受到群体的认同与重视，以满足其归宿感，达到精神上的安慰与稳定。

造成青少年偶像崇拜的主要外在因素有：①现代生活方式的普及。随着生活节奏的加快、全球化趋势的加强、多元价值观的盛行以及消费社会的兴起和娱乐时代的到来，青少年的自我意识和个人表达的需求不断增强。这样的大环境促进了偶像崇拜的盛行，成为许多青少年生活的重心，即使父母和老师对此有所限制，但对青少年的约束性早已不如以往那样有效。②大众传媒的推波助澜。青少年对于大众传媒的接受度很高，受影响的程度很深，大众传媒常通过制作精美的图像和影音，使人不假思索地接受其所描述或强调的一切，也使偶像崇拜高度渗透于青少年的日常生活。电脑和网络的普及更是提供了青少年自由拟就的社会情境，以满足其在现有生活制度中发展独立自主空间的需求。③同伴群体的压力。同伴群体在青少年的成长阶段中是相当重要的，其群体文化会影响青少年的行为选择。当青少年同伴沉迷于偶像崇拜时，个体很难置身事外，否则将因缺少共同话题而被群体拒绝；而偶像可以提供共同的话题与兴趣。为了寻求认同，青少年常会随同伴深陷其中（何雪莲，2002）。

（三）青少年偶像崇拜的负面效应与引导

青少年偶像崇拜行为是特定年龄阶段心理发展的自然现象，它的产生具有必然性和过渡性的特点。偶像崇拜是青少年情感满足的正常需要，也是其心理成长的里程碑，没有简单的“好”“坏”之分。在以往的青少年偶像崇拜中，政府教育部门和文化传统可以发挥主导的作用，但随着大众媒介、电子媒体以及世界一体化的深入发展，青少年偶像崇拜的对象越来越受到全球范围内市场经济的调节，思想教育和传统文化的作用日益降低（岳晓东、严飞，2007c）。因此，要一个当代的青少年完全脱离偶像崇拜的影响，就像要求他们完全脱离电视和网络的影响一样，是不合实际、一厢情愿的想法。

从本质上来说，偶像崇拜是对美好事物的一种信仰，这是值得肯定的。

只是过分沉溺其中的话,确实会引起一些负面效果。如由于过分崇拜而成为狂热的“追星族”,从而直接参与明星相关的活动(如观看演出)或间接购买明星物品(如唱片、画册、光盘等),无形中会增加青少年的消费,助长他们的消费主义心理;而由于过高评估明星的形象和价值,可能会降低青少年对自我形象的信念和信心,对其崇拜的偶像想入非非,沉湎于对某些或某个偶像热烈的梦幻和疯狂的追逐之中,并产生不切实际的幻想。

作为社会工作者,在介入这一问题时,核心不在于怎样阻止青少年追逐明星、崇拜偶像,而是在承认这一现象的普遍性和必然性基础上,思考如何利用社会工作的专业知识和实务技巧,引导他们理智、客观、全面地看待偶像人物,从这些人物身上吸取自我成才的养分,而甄别、摒弃其不良的方面。社会工作者应当帮助家长、教师和社会了解和理解当今青少年偶像崇拜的动机和外在环境,积极帮助青少年概括出自己所崇拜的偶像的优秀品质并进行社会学习和依恋,而不是以人物本身为核心进行社会学习和依恋,从而促进自身的个性成长。

推荐阅读书目

斯滕伯格,2007,青春期:青少年的心理发展和健康成长,戴俊毅译,上海:上海社会科学院出版社。

缪斯,2014,青春期理论,周华珍译,上海:上海社会科学院出版社。

司继伟,2010,青少年心理学,北京:中国轻工业出版社。

帕帕拉、奥尔茨、费尔德曼,2013,发展心理学:从生命早期到青春期,李西营等译,北京:人民邮电出版社。

对社会工作实务的建议

- 帮助青少年应付青春期的各种问题,提供有关生理变化的知识和信息。
- 掌握青春期男性和女性的生理特点、心理特点并有针对性开展青春期性教育。
- 关注早熟和晚熟的经历对青少年的潜在影响,以积极正面的方式帮助青少年度过青春期。
- 了解青少年在满足社会需要和个人需要方面所遇到的困难,帮助青少年获得自我认同。
- 与其他领域的专家合作,建立旨在消除和预防家庭暴力的有效法律体系和社会干预计划。
- 为家长提供必要的知识和技能,促成良性亲子关系的形成。
- 与家长和孩子沟通,寻找解决代沟问题的方式。
- 与学校合作,探索解决青春期校园叛逆行为的方法。

- 与学校和家长合作,解决青春期孩子可能遇到的学业压力问题。
- 和一定的社会机构(如少年宫)合作,组织夏令营,锻炼青少年的生活自理能力。
- 倡导发挥电视媒体的正面导向作用,减少电视可能带来的负面影响。
- 组织合适的野外活动或拓展训练,锻炼青少年的生存能力和意志品质。
- 发挥社区的功能,营造青春期成长的良好社会环境和人文环境。
- 在性教育和支持家长给孩子提供有关的性知识方面发挥重要作用。
- 与监狱管教人员座谈,考察和了解青少年犯罪的原因、类型及其特点,开展帮教工作。
- 帮助青少年应付负面情绪,如忧郁、嫉妒、气愤和仇恨,避免由此引发的问题行为。
- 指导青少年正确认识偶像崇拜问题,避免消极影响的产生。
- 与心理咨询师合作,探讨如何解决网络成瘾的问题。

第十章
成年早期

成年早期(emerging adulthood),也称始成年期、成年初显期,一般界定为18~30岁,是个体经历多变的青春期的转折阶段,开始扮演多种人生的重要角色。正因如此,重大社会角色的转换(为人夫、为人妻、为人父母)、经济角色上的独立(步入职业生涯)等关键性事件,比年龄更适宜成为个体进入成年早期的标志。单身与结婚、家庭与工作、个人追求与社会责任等一系列矛盾,不断成为成年早期的压力来源,使得处于身体巅峰阶段的个体,面临正常衰老的同时,不得不应对这些问题与抉择而可能导致生理和心理处于亚健康状态。伴随社会快速发展与多元文化的交融,左右个体伴侣选择、导致职业地位差异、影响婚姻生活质量等各类现象的影响因素亦是繁多复杂,本章将从心理、社会、经济等角度对这些问题进行系统性分析和讨论。

第一节　成年早期的生理与认知发展

一、成年早期的生理发展

成年早期的个体在生理方面正处于最佳状态,并在20~25周岁期间达到生物和心理能力的顶点。处于这一"黄金时期"的个体具有以下基本特点(林崇德,2002:430):①面部皮肤滋润,头发乌黑浓密,牙齿洁净整齐,体魄健壮,骨骼坚实且柔韧性较高,肌肉丰满且有弹性,体脂比例适中。②内部脏器机能良好,心脏血液输出量和肺活量均达到最大值,血压正常,有时略高;消化机能较好,食欲也较强。③自身免疫力较强,能自觉地运用各种方法增强体质、预防疾病,因此这一时期疾病的发生率相对较低,即使患上某些疾病,也能在短期内康复。④身心都处于"巅峰",能承担繁重的体力和脑力劳动,为社会做出较大贡献。⑤男性和女性都具有良好的生殖能力,处于生育高峰期。

巅峰状态出现的同时也预示着随之而来的衰退过程，尽管个体老化迹象通常出现在生命晚期，但自然衰老过程已经逐渐在成年早期开始。大多数年轻人在成年早期保持着多种感觉，如视觉、味觉、嗅觉、痛觉、温度觉的黄金期，肌肉发展在25～30周岁之间达到高峰(Ashford, LeCroy & Lortie, 2005：511)，健康状况良好，精力充沛，反应灵活等，仅有高频音方面的听力衰退开始于青春期，并在25岁后愈加明显(Papalia, Olds & Feldman, 2013：8)。即使这一时期的衰老并非生理发展的主题，但新陈代谢减慢所带来的身体变化，令很多人意识到健康的重要性。

2008年我国第四次国家卫生服务调查结果显示15～24周岁年龄组的自评健康得分高于25～34周岁年龄组，前者两周患病率(以调查前两周内被调查者患病情况，用每百人两周内患病人数或者人次数表示)居于所有年龄组最低水平，比15～24周岁年龄组低2.5个百分点，而慢性病患病率低3.1个百分点，健康状况已呈现一定的下滑趋势。而个体加强体育锻炼的情况也有所改观，根据2014年国家体育总局在部分省市对6～69岁城乡居民体育健身活动和体质状况抽样调查情况显示，20～69岁城乡居民有50.5%的人参加过体育健身活动，比2013年增长1.3个百分点，其中达到每周一次及以上的比例为39.8%，体质水平略有提高。所以成年早期若要保持身体健康，并不能单独依靠生理发展的优势，还要注重锻炼与避免不良行为的影响。2002年世界卫生组织曾将缺乏体育锻炼定为全球性的公众健康问题。

(一)肥胖与健康

世界卫生组织视肥胖为一种世界范围内的流行病(WHO, 1998)。成年早期的新陈代谢减缓，肌肉构成比重开始下降，脂肪增加，是体重增长的原因之一。衡量肥胖的主要指标为体重指数(BMI)，即体重的千克数(kg)与身高的米数平方(m^2)比值，大于或等于30为肥胖，介于25～29之间为超重。在全球，目前超重、肥胖的成年男性比例从1980年的28.8%上升至2013年的36.9%，女性由29.8%提升至38.0%，中国20岁以上的男性超重、肥胖比例在2013年达到28.3%，女性为27.4%，使得中国紧随美国，成为世界肥胖第二大人口国(Marie et al., 2013)。

人类在长期进化过程中对甜的和脂肪含量高的食物产生进食偏好，因为甜食含毒素少，是热量较好的来源。大多数甜食是碳水化合物类的，是体内葡萄糖的重要来源，能为人体提供能量，是健康不可缺少的(彭聃龄, 2012;382)。但是当不合理饮食习惯可以为青春期的生长发育提供营养与能量时,却为成年期埋下了体重增加的隐患(Felaman, 2013: 493)。所以及早注意自身的生理变化,如新陈代谢变慢,从而合理调整膳食,按时休息,积极调节自我情绪,并通过各种运动形式保持和促进健康是成年早期的发展任务之一。

(二)不良行为与健康

由于快节奏的生活、不稳定的伴侣关系、薄弱的健康意识等因素,个体在成年早期更易产生以下生理问题:①吸烟、饮酒和毒品成瘾。职业压力、性饥渴及社会接纳可能会使人们增加饮酒量,而锻炼、冥想和群体活动则能降低饮酒量,有研究者据此发展出了相应的认知—行为干预项目。②与上述物质滥用密切相关的有性病、HIV 感染、癌症、Ⅰ型糖尿病等。

中国酒文化历史悠久,据世界卫生组织统计,2010 年我国 15 岁以上人群饮用的每公升酒精饮品中,啤酒占 28%,葡萄酒占 3%,烈性酒占 69%。饮酒对身体健康存在不同程度的危害,癫痫、肝硬化、胰腺炎、癌变(口腔、鼻、咽、喉、食道、结肠、直肠、肝脏、女性乳腺)、心血管疾病等都与饮酒习惯有关,2012 年大约有 3.3 亿死亡事件因饮酒而起(WHO,2014)。

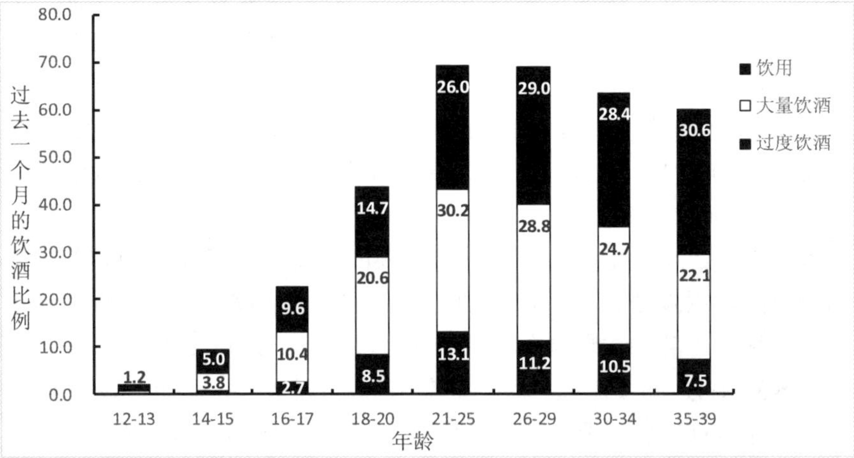

注:12~13 岁的大量饮酒比例为 0.8%,过度饮酒比率为 0.1%,14~15 岁的过度饮酒比例为 0.7%。

图 10-1 2013 年美国 12-39 岁人群的饮酒情况

资料来源:美国卫生和公众服务部,2014

当前各类酒品广告融入青春、成功等元素,普遍吸引大学生、青年等处于成年早期阶段人群的关注。美国大学生同样因饮酒遭遇诸多人身危害,

18~24 周岁的大学生死于饮酒事故的人数从 1998 年的 1440 人上升至 2005 年的 1825 人。2001 年,599000 人次全日制在校大学生因饮酒受伤,696000 人次被其他饮酒学生袭击,97000 人次遭遇饮酒导致的约会强暴或强奸,一项 2005 年的追踪数据表明这种状况并未得到改善(Hingson, Zha & Weitzman, 2009)。美国国家酗酒和酒精中毒研究所(National Institute on Alcohol Abuse and Alcoholism,NIAAA)分析大学新生对新环境的期待及其社交压力是饮酒的重要原因,与家人同住的大学生饮酒程度最低,而经常参与联谊会活动的学生饮酒程度最高。

中国是世界上最大的烟草生产国和消费国,卷烟的产量和消费量约占全球 40%,我国吸烟人数超过 3 亿,15 岁以上人群吸烟率为 28.1%,其中成年男性吸烟率高达 52.9%,吸烟者开始吸烟的年龄提前。与此同时,全世界有 40% 的青少年、33% 的成年男性和 35% 的成年女性不吸烟者遭受二手烟暴露的危害,而我国总共约有 7.4 亿人遭受类似的危害。烟草烟雾中含有 69 种已知的致癌物,有充分证据说明吸烟可以导致肺癌、口腔和鼻咽部恶性肿瘤、喉癌、食管癌、胃癌、肝癌、胰腺癌、胃癌、膀胱癌和宫颈癌,而戒烟可以明显降低这些癌症的发病风险。此外,有证据提示吸烟还可以导致结肠直肠癌、乳腺癌和急性白血病(中华人民共和国卫生部,2012:25~39)。

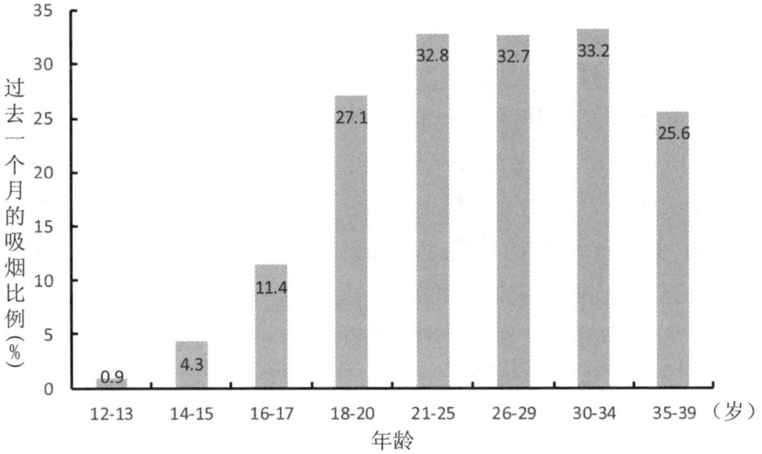

图 10-2　2013 年美国 12~39 岁人群的吸烟情况

资料来源:美国卫生和公众服务部,2014

2013 年,美国药物滥用及精神卫生服务管理局统计 18~25 周岁美国青年中高达 37% 的吸烟人数位居各年龄段之首,尽管已经比 2002 年 45.3% 的吸烟率有所下降,但美国成年早期群体的吸烟情况仍不容乐观。

非法药物使用同样是影响成年早期人群健康的因素之一。大麻、可卡因等药物的大量使用会导致记忆力、注意力等认知功能不同程度受损。

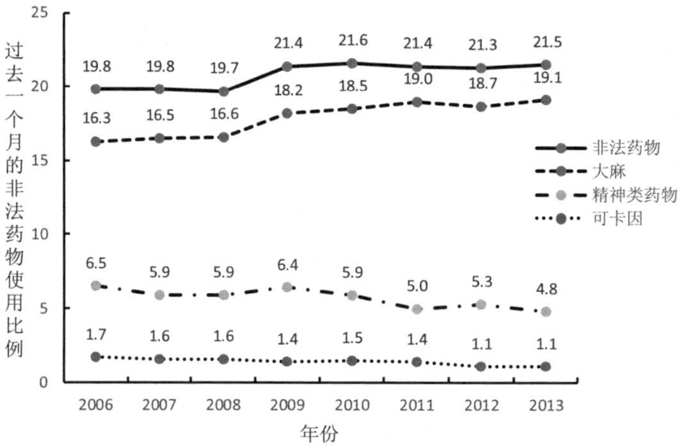

图 10－3　2013 年美国 12～39 岁人群的吸烟情况

资料来源:美国卫生和公众服务部,2014

(三)生殖问题与健康

在成年早期,结婚和生育的重要角色出现,使得个体面对自身生殖系统状况的机会增多。对于女性,成年早期是怀孕的最佳时期,在 20 岁前期已形成成熟的生育系统而且开始产生丰富的卵子,性激素分泌规律,达到生理能力顶峰(Ashford, LeCroy & Lortie, 2005: 511)。这种生育力在接近 30 岁时开始下降,在 30～40 岁之间会显著降低,而男性的生育力受年龄影响不大,但在接近 40 岁时会大幅度下降(Papalia, Olds & Feldman, 2013: 22)。无论男女,应养成自我检查和定期全面医疗检查的习惯,一些简单易行的自我检查能够有效发现早期的肿瘤。此外,男性因精子数量太少,女性则因输卵管堵塞等常见问题导致怀孕困难。

二、成年早期的认知发展

根据皮亚杰所提出的认知发展阶段理论,处于成年早期的个体已经进入形式运算思维阶段,而这一阶段基本是在 11～12 岁以后的青春期形成的,认知特点是将抽象原则应用于解决现实问题之中,形成后便基本保持质的恒定,即分析各种信息的方式将不再改变。但是反思性思维(reflective thinking)、后形式思维(postformal thought)提出了新的见解,沙伊的"认知发展毕生模型"从社会情境分析智力发展,认为人生各阶段都因特定目标而产生信息获取和处理的变化。

(一)反思性思维

美国哲学家、教育家杜威(John Dewey)最初将反思性思维定义为:对各种信息、有证可循的观点及其推论进行"主动、持久且谨慎的思考",具备这种思维的人会不断质疑假设、进行推断和联想(Papalia, Olds & Feldman, 2013: 23)。反思性思维会引导人思考相悖的观点,并寻求调和或者解决问题的途径,从而发展解释多种现象的综合观点。每个人都具备形成反思性思维的潜力,当前的大学教育培养学生的批判意识,实则是挖掘并培养反思性思维发展的手段之一。从认知发展角度来看,青春期向成年早期的转变正是一个从单纯获取信息到运用信息解决现实问题的发展过程,个体的认知操作水平更多地体现于复杂情景和问题的解决当中。只是这种反思性思维难以成为大多数人普遍具有的能力,当个体面对众多概念或需要解决的问题时,往往会在比较过程中忽略某个或某些概念的重要性。

(二)后形式思维

发展心理学家拉波维奇-菲夫(Labouvie-Vief, 1986)认为成人能更有效地利用过去的经验,在思维上会出现一种整合和多维的倾向,同时还具有实用主义的适应策略,减少了对逻辑方法的依赖。具体表现出对不确定的、矛盾的、不全面的信息进行处理,因为人们在成年早期将频繁地面对包含这些信息的模糊事件,单纯依靠形式运算思维的逻辑推理水平则可能使人陷入窘境,适度地结合经验,运用类比、比喻等方式进行比较,才有助于发展对抗社会谬论和解决矛盾事件的应对方法。

在成年早期的各种生活事件中,如大学中的求学经历往往有利于个体积累更多经验,从而扩展、修正或质疑原有的价值系统,坚持或放弃一些来自家庭的观念和传统并引入新的价值要素。除了重新审视自身价值系统以外,个体同样会开始关注社会对于自身的意义和自己所处的社会位置,加入相应的社会团体、选择适合自身的服务机构和娱乐方式。在这个过程中,精神信仰的发展也是个体探索并完善自身信念系统的重要过程,在探讨人生意义、目标和方向的同时,通过个体承担伦理义务并以符合自身价值、信念的方式行动而得以实现。正是通过精神信仰,自我、他人与社会,乃至"终极存在"的不同层面的价值才有可能获得整合。在实践意义上,可以说我们关于自身和世界的信仰便是精神，它唤起我们的感知并指引我们行动，最终成为我们的个人现实。这就可能引发下面的问题：如果个体在摒弃原有信念体系后未能及时建立新的信念和目标，他很可能陷入消极和迷惘状态，对未来失去信心和前进动力，尤其需要根据个人的价值观和信念对所处境遇和问题进行比较抉择时，后形式思维的存在性更加重要。

在道德发展方面，作为认知活动的调节，成年早期的个体进入科尔伯格理论中的后世俗阶段，表现为道德决策更具自主性、更能深入地思考伦理原则、出现内化的“道德良知”、从社会赞许所驱动的顺从行为转向主动的价值完善和行为选择、发展出对于更高层面系统和社会的意识、认识到社会规范的情境及主体特殊性等。此时，个体一方面开始将公平原则引入“实用和产出原则”的应用当中，避免因满足一己私利而损害他人利益；另一方面，离家独立、承担责任的意愿和能力只是进入后世俗阶段的必要而非充分条件，道德发展并非直线过程，也可能出现停滞和倒退现象（科尔伯格，2004）。但也有研究者指出，上述的道德发展理论具有性别偏向：不同性别的社会化过程导致了侧重公正观的男性视角和侧重关爱观的女性视角。换言之，男性的道德思维更多地基于以权利和义务为核心的规范，女性则更为关注人类的幸福（Gilligan，1982）。

（三）沙伊的认知阶段模型

沙伊着眼于社会情境中的智力发展，注重个体伴随人生各阶段的目标变化而改变信息的运用方式。儿童期和青少年期处于获得阶段（acquisitive stage），为满足好奇、求知等目的而收集信息，为未来的运用作储备；达成阶段（achieving stage）是成年早期的主要表现，信息的收集已经是为了实现此时期个体的职业、家庭、社会等一些目标；在整个成年中期包含责任阶段（responsible stage）和执行阶段（executive stage），相比而言，责任阶段略早开始于执行阶段，成年中期的个体开始关注自己的责任，以保护家人、事业等，随着执行阶段的到来，这种责任扩展至社会系统或社会组织等；重组阶段（reintegrative stage）是个体进入成年晚期后重新考虑个人意义而调整生活安排的时期；还有因认知功能衰退或生理变化而产生的重新整合阶段以及临近生命终点时的遗产创造阶段；都涉及社会情境对个人信息运用的影响（Schaie，1977，1978；Schaie & Willis，2000；Schaie & Zanjani，2006）。

（四）自我认同

认同的持续发展体现了年轻人探索生活、追寻目标的不懈努力。随着年龄的增长，个体会重新审视现有的努力方向并作出相应调整，自我认同因而具有动态、开放和灵活的特性。在成年早期，内部认同开始增加，信念和价值观开始确立。独立决策是这一阶段个体发展自我认同的重要目标之一，突出体现在职业选择和人际关系的发展上。

根据个体对于自我探索水平和实现自身价值、信念及目标方面的投入程度，可将自我认同分成四种状态：①模糊，既无自我探索也没有投身于自身价值、目标的实现；②封闭，没有对自我进行探索，致力于实现所持的目标；③延迟，探索自我的同时尚未投身于价值、信念等的实现当中；④成就，探索自我的同时致力于实现自身所持的价值、目标和信念（Hutchison, 2003：322）。当然，这种分类只是人为的理论界定，而不是绝对的分别，个体的认同发展在实际中更多地体现为连续而混合的状态。

自我认同的发展受到各种因素的影响和制约，其首要影响因素就是性别和年龄。一项对27～36周岁间男女两性的研究表明，较年轻的被试在自我认同的投入方面具有性别差异：女性多为封闭状态，而男性多为模糊状态；随着年龄的增长，这种性别差异逐渐消失。36周岁左右的被试，无论男女都以封闭和成就型自我认同为主。除了政治理念以外，自我认同的其他方面（宗教信仰、职业、亲密关系以及生活方式）投入程度都随年龄持续上升。同时，男性的自我认同比亲密关系发展得早，而女性的自我认同则几乎与亲密关系同时出现。此外，女性在各个年龄段的亲密关系投入度都较男性要高，更倾向于通过与他人的关系逐渐认识自我（Gilligan, 1982：24－39）。其次，个体的婚姻、家庭状况和职业地位对其自我认同的发展具有关键作用。总体而言，工作有利于加强个体的自我建构和自我认同，并对成功地适应养育角色提供重要的经济和社会支持；但缺乏发展空间、回报率低的工作往往会对婚姻和家庭产生负面影响，并降低个体的自尊感。

第二节　成年早期的社会性与人格发展

随着多种重要角色的出现与扮演，在成年早期的人格在继续形成与发展的同时，社会心理则面临着多样化的境遇，完成学业、参加工作、结婚生子成为这一时期的主要内容，在此期间的心理独立、社会适应、亲密关系、职业规划等问题则是发展的焦点。

一、成年早期的人格发展

(一)成年早期传统理论

从艾里克森的理论看,成年早期的个体需要经历在争取自身独立性与寻求亲密关系的矛盾中发展自我认同的过程(Erikson, 1968: 67)。这一时期的亲密与孤独危机与“爱”的实现息息相关。健康亲密的关系的建立与维系会使双方乃至社会受益,发展“爱”的品质;无法成功发展亲密关系的成年个体则很可能与社会脱离而陷入孤独之中。成年早期亲密与孤独矛盾的核心是一种恐惧感,即害怕奉献自我、投身于与重要他人所建立的亲密关系当中会让个体丧失自我和建构自我认同的能力。为了成功度过危机,个体必须发展新的人际联系并积极探索保持自身个体性的全新交往方式(Fowler, 1981:119 - 213)。

莱文森(Levinson, 1983)的生命结构理论则认为,生命由一系列不同的阶段组成:从童年的自由阶段到入学阶段,从学校到职场,从没有约会到开始约会,从约会到分手或步入婚姻,从结婚到离婚等。人们在以下四个重叠的时期里形成自己的生命结构(每个时期大约有 20 ~ 30 年):①成年前期(出生~ 22 岁),指受精卵形成到个体青年期结束这一发展阶段;②成年早期(17 ~ 45 岁),个体作出影响其人生重大抉择的时期,也是展示最强体能并体验最大压力的时期;③中年时期或成年时期(40 ~ 65 岁),个体的体能逐渐下降但社会责任日渐增多的时期;④老年期或成年晚期(60 岁以上),这是人生的最后一段。以上时期之间有交叉过渡,过渡时段差不多是 5 年。

其中,17 ~ 33 周岁是成年期的“入门”阶段,其中包括 17 ~ 22 周岁时期以脱离青春期为核心、初步涉及关系、职业及信仰等问题的“转入”成年早期阶段和 30 周岁左右向成年中期发展的“转出”阶段。在成年“入门”阶段即成年早期的个体发展具有以下特征:①个体层面的动态发展与分化趋向。个体的人格在成年早期仍具有较大的发展潜力,同时开始在个人情感、生存空间及经济来源等方面与生身家庭产生分化而逐渐实现独立。②个体的发展受社会、文化因素的促进或阻碍。个体的社会经济地位、父母的期望、与成年榜样的互动、附近地区的普遍情况、同辈压力等都会影响个体的婚姻早晚、求学或就业、生育与否等方面的决策。这些社会因素一方面直接或间接地限制个体的选择空间,使生命结构具有相对稳定性;另一方面,层出不穷的新因素和其他诸多因素之间的复杂作用则决定了生命结构的动态性和发展性特征。

因此，作为一个过渡时期，成年早期中的个体并非时时都能依据自身所期望的生活结构行动，而社会工作的任务之一正是识别个体的重要目标与其已经具备的资源，以及实现这些目标所存在的促进或阻碍因素，以帮助其解决生活角色的矛盾、紧张和冲突问题。

（二）成年“崭露期”理论

成年早期是个体由青春期向成年期过渡的阶段，但过渡的时间长短依个体的具体情况而定，而且受社会变迁的影响极大。阿尔耐特（Arnett，2000）将现代社会18~25周岁个体所普遍经历的发展阶段称为“成年崭露期”，他们与传统的成年早期所界定的同龄人具有许多不同的特征。阿尔耐特的研究表明，18~25周岁的个体大多认为自己尚未进入成年阶段，而多数30周岁左右的个体则认为自己已经处于成年早期，两者的区别主要在于对社会角色的投入程度不同，具体表现在事业、两性关系和居住场所的稳定性上：①成年崭露期的个体大多仍处于教育、培训等职业准备阶段，而30周岁以上的个体则多已具有稳定的职业地位，事业进一步得到发展。②随着社会的变迁，婚姻已无法成为成年的显著标志。成年崭露期对于重要角色关系还仅仅处于尝试阶段而尚未完全投入，而固定、持久的角色投入则是成年期的总体特征。③居住不稳定、独立性日渐提高是成年崭露期的另一显著标志。有研究发现，25周岁左右个体的居住不稳定性往往最高，并具有不同的独立程度，真正“脱离”生身家庭通常要到成年早期的后半段甚至成年中期（Rindfuss，Cooksey & Sutterlin，1999）。

阿尔耐特的理论，考察了被传统理论模型所忽略的因素，并且体现了过去几十年来的人口特征和社会结构上的变化。高等教育的普及带来的受教育年限的增长、晚婚晚育现象的流行、社会流动性的增强等因素，使得成年早期的不确定因素大大增加，而“成年崭露期理论”正是对于这种不确定性所进行的探讨，指出了在稳定的成年期之前，个体在职业、教育、重要关系、家庭等方面存在不同程度的易变性和试验性倾向。对此，“事件时序模型”（Neugarten，Moore & Lowe，1965；Neugarten & Neugerten，1987）也从生活事件的发生与人格发展的关系，阐述年龄并非界定人格发展的绝对标准，认为常规生活事件，比如结婚、生子、退休等在预期的时间点准时发生，有利于人格的顺利发展，否则可能导致压力的产生。

另外，阿尔耐特的理论也考虑到了不同文化之间的差异。传统的成年标准，如独立居住、开始工作、缔结婚姻等都是根据美国白人中产阶级的生活为原型建构起来,但在不同家庭、同辈群体、学校、社区和文化中的社会化过程中,个体的发展轨迹(转变的时间和顺序)可能与他人迥异。例如,较之北美文化中的个体,东亚的青年人脱离生身家庭的时间一般较晚。另外,家庭内部的价值、期望等可能与外部文化、社会期望一致,也可能不同甚至相互冲突,从而影响个体的发展过程。

二、成年早期的亲密关系

(一)友谊

友谊是成年生活的重要组成部分,因为人类有“归属”的基本需求,它引导成年早期个体建立和维持最低数量的人际关系(Felaman, 2013: 530),尤其是尚未建立亲密伴侣、婚姻、父母身份时,成年早期的个体更需要朋友,以实现社会需要的满足(Carbery & Buhrmester, 1998)。随着个体成年早期的发展,友谊可能来自单纯玩伴身份的转变,也可能是不断频繁交往的个体间所建立的亲密关系,成为更加亲密且具有支持作用的友谊,包含一些频繁冲突的友谊,以共同兴趣为纽带的友谊、一些长期存在的友谊,一些仅是暂时维持性的友谊等。即使友谊的形式与特征具有多种差异,但个体从中获得社会赞许、偶然间的帮助、幸福感等往往是其重要作用的一种表现。

女性通常比男性拥有更亲密的友谊,并且对与女伴的友谊比与男性的友谊更加满意。男性朋友之间共享的主要内容倾向于信息和活动,而不是秘密,女性之间则更注重婚姻方面的讨论,并易接受朋友的建议与支持(Papalia, Olds & Feldman, 2013: 60)。

(二)爱情

心理学家穆尔斯滕(Bernard Murstein, 1976, 1986, 1987)根据“刺激—价值—角色理论”(stimulus-value-role theory)将亲密关系发展划分为相应的三个阶段:①刺激阶段,基于个体外在的、身体(如外貌)等方面的接触与互动,往往发生在个体间初次相遇时期;②价值阶段,是针对双方价值观、信念等的了解,并试图增加彼此在这些方面上的相似性;③角色阶段,是双方确定亲密关系中各自所扮演的特定角色,比如男女朋友、夫妻等。只是这一理论的逻辑严谨性不足,难以解释彼此间因初次相遇便因信念一致而产生吸引等的类似情形。

斯滕伯格从成分或元素的视角将爱情界定为亲密(intimacy)、激情(passion)和承诺(commitment)的不同组合,亲密是情感层面的体现,如彼此间的关心、自我表露等;激情是动机成分,主要是与性有关的生理本能和动机驱力,以身体的亲近性为主;承诺也包括决心(decision),是对爱的一种认知,并决定坚守爱的承诺。当这三种成分存在或不存在于彼此间的关系之中时,八种不同类型的爱便得以区分。

表10-1　八种不同类型的爱(Sternberg,1986)

爱的类型	亲密	激情	承诺	举　例
无爱	无	无	无	人际交往中不经意的互动
喜欢	有	无	无	每周会至少分享一两次生活中喜怒哀乐的好朋友
迷恋	无	有	无	仅仅因为性吸引而出现的短暂关系
空洞的爱	无	无	有	类似于指腹为婚等为了某种承诺而在一起的关系
浪漫的爱	有	有	无	情投意合的愉快约会,但未对将来作出任何计划的情侣
伴侣的爱	有	无	有	决定长相厮守的情侣,即使彼此间缺乏性吸引
愚昧的爱	无	有	有	闪婚式的决定成为终身伴侣
完美的爱	有	有	有	由深情、性、承诺共同维持的长期伴侣关系

(三)婚姻与家庭

婚姻、家庭与性有着密切联系。在婚姻的社会学定义中,婚姻往往被视为一种由持续的性关系和共同的经济生活两大要素所支持的制度性安排。埃什尔曼在《家庭导论》里,基于各种婚姻定义总结到:婚姻是一个异性爱的结合,总要包括一个男人与一个女人;在任何一个团体或社会中都有必须的、正统的和被认可的两性关系和对孩子的培养;与其说是私人的事,不如说是一件公众事务;是一种高度制度化的和典型的择偶安排;是一种配偶之间共同和相互、权利和义务之间的假定;是一种永久性关系的结合(埃什尔曼,1991:81)。

婚姻就是一个男人和一个女人之间的某种相对稳定的特别关系。同性之间的"婚姻",从未占据过社会的主流,尽管目前有些国家已经承认同性恋者之间婚姻和家庭的合法性,但我国现行的《婚姻法》还没有涉及同性婚姻问题。因此,在本书中,我们也将婚姻的定义局限于异性之间的亲密关系。由于婚姻对于当代每个社会成员自身和社会整体的繁衍都有着重大意义,世界各国都对婚姻问题非常重视,通常颁布专门的婚姻法来规范和约束婚姻行为。

1. 择偶的标准

择偶,是一种异性间的人际选择。作为一个社会的人,每个人都多少会依照一种期望模式去寻求和选择爱人。这种期望模式就是平常所讲的择偶标准。它不仅直接影响着个体的婚姻关系状况,而且也是社会价值观的一个缩影。无规则和无差异选择配偶的社会实际上是不存在的,所有社会都存在关于谁同谁结婚的规范体系和具体规则。中国封建社会婚姻最基本的形式和规则就是“门当户对”。但不同时期的择偶标准,带有强烈的时代印痕。自1949年以来,我国社会的择偶标准显示出从政治、家庭背景优先向以物质、心理需求为重转移的趋势,这与社会政治环境的宽松、物质文明的进步是密切相关的。

当今的择偶标准可以大致划分为个人品质、经济与文化等方面。现代社会,选择伴侣已成为自己的事,人们更注重婚姻质量,讲究情爱的重要,强调掌握选择对方的主动权和决定权。择偶标准因而变得更为现实和多元,其特点表现以下五个方面:①个人品质是重要的选择标准;②物质利益和经济因素起关键作用;③教育程度和综合素质成为重要因素;④外表形象是择偶的重要影响因素;⑤地域、年龄和种族差异的影响力呈减弱趋势。“年龄不是问题,身高不是距离”已成为很多择偶者的共识,这既是对传统观念的反叛,也是交通便利、信息发达、观念更新的结果(唐绍洪,2003)。但是择偶标准具有综合性的特征,例如经济方面的重要性往往超越其他方面,但以经济因素作为唯一择偶标准的人几乎是不存在的(徐安琪,2000)。

中国人的择偶与婚配至今仍受“门当户对”规则的广泛影响,但现代社会对“门当户对”的内涵已超越了字面上的意义,主要是指男女双方对自身条件和家庭条件的充分考虑和权衡。从积极方面看,最突出的就是它对维持婚姻的稳定和家庭的和睦有一定的作用。同一层次的人结合,其家庭背景、文化水平、价值观念、审美情趣等都基本相近,因此在婚后生活中容易彼此适应、互相调适,有利于家庭的和谐、稳定。正如美国社会学家古德所说:“人们确实可以相信两个家庭所接受的联姻的条件,往往是双方在经济上或社会上门当户对。”“一切择偶制度都倾向于‘同类联姻’,即阶级地位大致相当的人,才可结婚,这是讨价还价的产物。”(古德,1986:75)

具体来看,择偶主体的性别、文化教育程度、城乡身份、民族、国家等差异对择偶标准有重大影响。其中,性别因素对于经济取向的影响最为明显,众多的研究都表明女性更关注未婚夫的经济实力(徐安琪,2000)。这一现象具有跨文化的一致性。一项遍及六大洲、涉及37种文化、样本数为10047人的研究(Buss, 1989)显示,在不同洲际、不同政治体系、不同种族、不同宗教以及不同婚姻制度(一夫一妻或一夫多妻)下,女性都比男性更看重对方的经济前景，女性对结婚对象的经济资源的要求要高于男性的要求，她们对经济资源的评价约为男性评价的两倍。同时，男性普遍显示出对结婚对象的年轻偏好，根据上述37种文化下的调查，男性理想中的妻子要比自己小近两岁半。我国一项同时期的研究也显示，高学历的女性中认为男方可以比自己大5岁以上的比例高达69%；而男性则恰恰相反，年龄越大，越喜欢选择年轻、阅历浅的女性为偶，尤其是高学历的男性（张萍，1989）。另一项针对报纸征婚广告的研究显示，男子的年龄越大，所期望的配偶年龄就越小。三十多岁的男性喜欢比自己小5岁的女性，而五十多岁的男性则更喜欢比自己小10到20岁的女性（Kenrick & Keefe，1992）。

2. 择偶行为的相关理论

进化心理学从物种繁衍的角度推测男女两性择偶标准的差异。切弗斯（Trivers，1972）的亲代投资（parental investment）理论假设：在动物世界中，为后代投资更多的一方（通常是雌性，但并不全是）在择偶时会更挑剔，因为它们付出的代价更高；投资更少的一方在争夺异性时会更具竞争性。对人类而言，女性显然必须要付出更多必要的亲代投资，即人类亲代投资的关键阶段，如受孕、怀孕过程（通常是9个月左右）和分娩过程都发生在女性体内或由女性完成，并且在此期间还会丧失其他的择偶机会，此外她通常还要花费可能长达数年的时间进行喂养；而男性要得到一个孩子，则只需要一次性行为，而这可能只需要花费数分钟的时间而已。漫长的孕育过程和其间可能出现的风险，使得女性不能随便配置其繁殖资源，于是必须对潜在配偶更为挑剔，确保他有能力提供足够的资源来保护自己和后代，从而达到生存和繁衍的目的。于是，那些拥有更多资源的男性，即拥有较高的经济收入、占据更高社会地位、具有更强身体素质、更愿意投入养育行为的男性，便自然成为女性眼中的优先选择。虽然现代节育技术的发展已经大大降低了女性对怀孕的恐惧，但是人们长期以来在进化过程中形成的性心理还是潜在地起作用，因此现代女性依然偏爱具有更多资源的男性。

类似的，从进化心理学的角度看，男性对年轻女性的偏爱，主要源于对女性繁殖价值或生育力的评价。繁殖价值是指一定年龄和性阶段的个体在未来可能拥有的女子数量；而生育力则是实际的系列成果，即实际存活的子女数量。在繁殖后代的过程中，男性的投资主要是间接性的，像食物、金钱、提供保护与安全，这些并不必然随着年龄而减少。而女性则是直接的投入，其生育能力有着严格的生理时限，以女子月经初潮开始至绝经期停止排卵而结束，且随着年龄的增大，卵子的质量也会下降，这意味着她的繁殖价值也将下降。平均而言,15 岁的少女总要比 35 岁的女性的繁殖价值大;到了 26 岁左右,女性的生育力达到巅峰,因为此时生育的子女最容易存活;而到了四十岁左右,女性的繁殖价值就变得很低;到五十来岁时则已经几乎为零了。男性对配偶的年轻偏好,正是基于这一点在进化过程中形成的:只有选择相对年轻的女性,才能最大限度地保证自身的繁衍。但是,更具有人性化的因素对人类思维和情感的影响是进化心理学观点难以解释的,例如爱情往往是婚姻的重要前提,同样是在上述跨文化的调查中,相互吸引或爱,是择偶时两性最为看重的品质,在所有 18 种品质中,几乎所有的被调查者,不论男女都给爱评出了最高的等级(Buss, 1989)。这说明,爱这一"人类永恒的主题"是择偶决策中必不可少的要素之一。

"同类匹配"理论也就是人们择偶时倾向于选择与自己在年龄、居住地、受教育程度、价值观等方面相近或类似的异性为配偶,而且男女两性在个人魅力、智力、容貌、财富及其他资源大致相当的婚姻,当事人的满意度也似乎是最高的(古德,1986)。这与我国的"门当户对"有类似的含义。

"择偶梯度"(marriage gradient)是指男性倾向于选择与自己社会地位相当或者比自己地位稍差的女性为伴侣;与此相反,女性往往更多地要求配偶在受教育、薪金收入和职业阶层等方面高于自己,也就是常说的"A 男配 B 女,B 男配 C 女"的现象(Leslie, 1982)。这一模式的形成与社会对男女社会性别的建构而导致的男尊女卑现象有着密切的关系。从这一模式还可引出推论,即处于较高地位的男性,拥有较多的婚配资源(即潜在配偶),如 A 类男可以配 B、C、D 类女;而一些在社会等级处于最高地位的女性,却会面临着缺少适合的优秀婚配对象的尴尬,因为她们不得不与 B、C、D 类女同时争夺 A 类男,而同时会让 B、C、D 类男望而却步。例如,某些媒体给部分"三高女"(高学历、高收入、高职位)贴上"大龄剩女"的不雅标签。这种做法当然是违背社会工作的基本精神的,但其婚姻状况除去个人不愿结婚等因素外,部分原因可能就是受到现实社会中婚姻梯度的阻碍作用。

资源交换理论认为,人们被某一特定的异性所吸引是由他(她)所能提供的资源决定的,这些资源是多方面的,如个人的气质、财富、才能、社会地位等。如果某人的某一种资源不足,就可以更多地提供另一种资源作为补偿。在婚姻市场上,尽管从社会经济地位看,男性一般在婚姻中处于优势地位,然而女性的资源还包括长相、体型、相对年龄和持家能力,这些都使一些女性可以用她们的美貌换取男性的家世、成就和向上流动的潜力;因此,男性总是用自己的经济地位换取与女性的年轻漂亮(Elder, 1969),或者用自己的劳动力市场价值换取女性的持家能力(Becker, 1991)。

3. 家庭生命周期

家庭生命周期是指,从夫妇双方结合组成家庭开始到夫妇双方死亡,以家庭解体而告终的整个家庭发展过程,一般包括以下六个基本阶段:①开始阶段,从男女双方结合,组成家庭开始到第一个孩子出生;②生育阶段,从第一个孩子出生到最后一个孩子出生;③中间阶段,从最后一个孩子出生到第一个孩子结婚离家;④离巢阶段,从第一个孩子结婚离家到最后一个孩子结婚离家;⑤空巢阶段,从最后一个孩子结婚离家到老年配偶中一方死亡;⑥解体阶段,从老年配偶中一方死亡到另一方死亡止。

20 世纪 70 年代以来,随着我国社会经济的发展以及计划生育政策等特殊国情的影响,我国的家庭规模和家庭结构发生了显著变化,当前家庭生命周期的模式与西方理论模型和此前国内情况相比有了明显区别(见图 10－4):①由于城市人口的晚婚倾向日益普遍,城市家庭生命周期的开始阶段推迟;晚育则使得家庭生命周期的开始阶段延长。②计划生育政策的全面实行,使得此前可长达二十来年的生育阶段大幅度缩短,减至平均 1～5 年。③由于家庭生命周期生育阶段的提前结束,中间阶段相应地扩张至 22 年以上。④家庭生命周期的离巢阶段和空巢阶段往往合二为一,由于多数家庭只生育一个孩子,孩子长大结婚离家后即意味着空巢。一方面,空巢家庭比例显著提高,同时这一阶段提前并延续相对较长时间;与此同时,由于我国人口平均预期寿命的提高,家庭生命周期中家庭解体阶段相应推迟和延长。因此,空巢阶段和家庭解体阶段合起来一般要持续 25～30 年甚至更长的时间。这一期间老年人的生活照料和精神慰藉(其中一部分家庭还包括经济赡养)与独生子女有限赡养能力的矛盾将逐渐突出。

图 10－4　生命周期模型

4. 早期婚姻冲突

一旦个体找到合适的伴侣,并步入婚姻殿堂,双方就必须共同面对一系列的新情景并积极调节适应。结婚之后的生活,需要双方的磨合与调适,如何妥善处理夫妻关系、协调生活节奏,是婚后的重要课题。以结婚年数看,不同阶段的夫妻争吵频率呈现倒 U 字形曲线，即新婚时期较少但缓慢上升，婚后 3~7 年争吵最频繁，婚后 30 年以上发生争执的最少。将夫妻双方回答进行整合处理后，冲突的倒 U 字形规律更显著，争吵发生率在各阶段都明显递增，尤其是新婚期过后双方的冲突情势急剧攀升（徐安琪、叶文振，2002）。

导致婚姻冲突的原因有许多，扮演丈夫或妻子角色是个体独立自主的重要标志之一，这种角色转变的效果、与其他角色之间的冲突解决，会影响早期的婚姻质量。另外，物质生活的满意度、对对方人格与行为的满意度、性生活满意度与夫妻调适的满意度，是衡量婚姻满意度的重要标准。其中，婚姻中夫妻双方的相互调适，即双方在性格、习惯、思维等方面的磨合和解决问题的方式，对于促成一段圆满的婚姻关系会起到非常重要的调节作用。夫妻双方应阐明有关婚姻的期望和幻想。西方有研究显示，年轻成人在有关婚姻期望的测验中正确率仅为 50%（Hutchison，2003），而不切实际的期望或误解会造成诸多婚姻问题。新婚夫妇所要面对的任务包括应对日常生活、发展夫妻情谊、调节与公婆或岳父岳母的关系、建立家庭财政预算等。从沟通的性别差异角度分析冲突，发现男性更倾向于选择沉默或回避等消极应对方式，而女性更倾向于选择倾诉和寻求关心的主动应对方式。因此，男性和女性都需要发展一些沟通技巧以实现成功的沟通，减少因不同沟通方式而不是沟通内容所造成的矛盾和冲突。

5. 孩子对婚姻与家庭的影响

国内外学者从不同角度对生育和抚养孩子对婚姻和家庭的影响进行了大量研究。从经济学的角度看，婚生孩子可以看作父母婚姻的特有资本，孩子生得越多，积累的婚姻资本越大，婚姻所拥有的价值也越高，中止婚姻的成本或损失就越大。如诺贝尔经济学奖得主贝克尔（Garrs Becker，1998：348）指出："婚后，当一对夫妇有了自己的孩子，特别是当孩子年龄尚小时，离婚的可能性就会大大减小。"但孩子作为一个经济因素对于婚姻的稳定作用主要表现在婴幼儿时期，因为婴幼儿的照顾和抚育不仅需要大量的时间投入，而且在家庭财政支出方面也相当昂贵，不是夫妻任何一方所能独自承担的。

另外，孩子还可构成父母离婚的情感代价。有关离婚的回报和代价比较研究表明，父母对未成年孩子的亲情是重要的心理成本，这一情感代价是父母离婚的重要制约因素之一（Levinger，1976）。与没有孩子的夫妇相比，身边有未成年孩子的夫妇在离婚问题上往往更犹豫，因为一方面他（她）们会考虑到家庭解体对于孩子造成的伤害，另一方面孩子带来的家庭乐趣也在一定程度上弥补了婚姻方面的不幸。对于被调查者不离婚原因回答的统计发现,担心婚生孩子受伤害和不想失去孩子的占50%以上,成为离婚的最重要制约因素;在统计上,每一个新生孩子,会使父母离婚的可能性下降30%(Knoester & Booth, 2000)。

其他研究分析了孩子与婚姻质量的关系,但这方面的研究结果却并不一致。有的研究表明,借助父母对于孩子的依恋和责任感,孩子在客观上为婚姻凝聚力提供了一个情感和伦理基础;但也有研究证实,孩子不利于婚姻生活质量的提高,甚至还会降低双方对于婚姻关系的幸福感和满意度,进而影响婚姻关系的稳定性,其主要原因包括:①孩子占用有限的家庭资源,致使父母角色与婚姻角色争夺家庭的时间和情感“财产”;②孩子会使已婚妇女产生不公平感,认为自己过多地承担了家务和养育的重担,而丈夫则不能按照她们的期望多料理家事,对于婚姻的满意度降低,进而影响到对于婚姻持续性的信心;③抚养孩子会增加父母的经济负担,引发更多经济拮据的夫妻的争吵和冲突;④在孩子教养方面的夫妻差异也常常成为双方矛盾所在,影响婚姻关系的和谐与稳定(Aldous, 1978)。当然,这些研究都是在西方社会中进行的,而在东方文化中是否如此,还得具体问题具体分析。

有国内研究(徐安琪、叶文振,2002)表明,中西方在亲子关系与夫妻关系的互动模式上存在一定区别与共性:①生养孩子在婚姻造成的“成本”中明显小于婚姻带来的“效用”(即收益)。尽管我国的被调查者认为孩子会引起双方的分歧和冲突,消耗本可用于发展和更新夫妻关系的时间、情感和精力,但这种负面影响不会进一步扩大延伸到影响夫妻婚姻关系的质量。②与西方一样,生育男孩与多胎生育在一定程度上对于稳定婚姻关系具有更大作用。但是随着计划生育政策和新婚姻文化的影响,生男与多育所具有的婚姻效用正在逐步减弱。③夫妻文化程度、职业层次和家庭收入水平的提高,既加大了孩子的婚姻成本,又提升了孩子的婚姻效用。一方面,婚姻双方文化水平和职业层次与其对婚姻质量的意识呈正相关,孩子占用家庭资源所引起的婚姻成本因而随之扩大;另一方面,由于教育程度较高的夫妻对孩子的期望值相对较高,抚育孩子的经济成本、机会成本、心理成本和婚姻成本也较高。而孩子对于高收入父母婚姻幸福的积极效应,则与父母较少为孩子的经济成本所困有重要关系。

(四)其他亲密关系

1. 同性恋

同性恋指对与自己性别相同的人所产生的吸引力、性欲或性行为。同性恋并不罕见,古今中外都有。在美国和欧洲的一些国家中,同性恋相当普遍。据美国印第安纳大学金赛教授1948年的调查显示,在5300名成年男性白人中,有过同性恋的占37%,其中绝对同性恋者占4%;在1953年调查的5940名白人妇女中,有过同性恋的占13%,其中绝对同性恋者占3%(刘达临,1988:85)。据中国人民大学性社会学研究所潘绥铭教授的调查,我国大学男生中有过同性性行为的占16.6%,仅有心理倾向的占8.4%,两者兼有的占4.2%(潘绥铭,1995)。中国社会科学院李银河教授的调查则称,保守估计我国同性恋者也有3600万至4800万人(李银河,1998)。就我国人口总量而言,这个群体虽然相对数量少但绝对数量相当庞大。近几年来,中国的同性恋现象如同冰山一角,渐渐显露出来,并且越来越引起研究者和社会的关注。

同性恋是一种不同于异性恋的性取向,其程度在每一个同性恋者身上也不尽相同。有人认为,同性恋和异性恋之间没有任何质的区别,都是一种性行为的连续体,也就是说完全的同性恋者和完全的异性恋者处在连续体的两端,而绝大多数人都是二者兼而有之,只是偏向性不同而已。同性恋的持续时期有长有短,有的人一生都是同性恋者,有的人只有一个时期是同性恋者。同性恋者的行为方式也各有不同,多数同性恋者有行为表现,如异性夫妻般生活,被视为纯粹的同性恋;也有的只限于对同性心理上的欣赏,肉体上不发生关系,即精神性同性恋。就同性恋的双方而言,一方是真正的同性恋者(即男性被动型和女性主动型),他们在身心素质方面有极大的改变,具有较多的异性特征,绝对讨厌异性,因此也被称为素质性同性恋者,这类同性恋者较难转变。从属的另一方被认为是非素质性同性恋者,他们参与同性恋活动往往是出于暂时的感情联系,或者是由于年龄较小但同时又具有较强的性欲要求和兴趣。这类人在年长以后或有了合适的机会,还可能会与异性结婚。

人们对于同性恋的成因已进行了许多研究,但是迄今没有得出一个比较一致的结论。精神分析学派认为这是由于儿童时期性心理发育受到障碍,出现了"异性恋恐惧";行为学派则认为,这是后天环境影响而成;在注重生物因素的研究当中,有的认为与遗传有关,同卵双生同性恋的同时发生率很高,有的认为与性激素的水平有关,也有的认为与调节性活动的下丘脑有关。但同性恋的形成原因是极其复杂的,当今研究者普遍认为必须从心理动力学、社会文化、生物学、情境等多方面综合考察才有可能有效地解释这一现象。

许多异性恋者、甚至许多面向同性恋者的专业人士(医生、社会工作者等),都对同性恋表现出厌恶和恐惧的心理。这种反感态度与主流社会规范和文化价值观有着密切联系,并在一些同性恋者那里内化,进一步体现为自我厌恶的消极情绪。在充满同性恋恐惧的主流价值环境当中,内化的同性恋恐惧可能会弱化个体的适应能力。在很长时间内,人们都把同性恋当作是一种“变态”行为,需要对之进行“矫正”。随着社会对性取向宽容度的增加,人们对同性恋的态度已经发生了重大的改变,越来越多的人把它看成是亲密关系的一种无可厚非的形式。2001 年,荷兰成为第一个法律认可同性婚姻的国家,同性婚姻家庭享有传统家庭所享有的一切待遇;2002 年,挪威、瑞典、冰岛、德国、法国和瑞士认可同性结合(same-sex union)登记注册,赋予其大部分传统家庭所享受的权利,其中瑞典允许同性家庭收养孩子;2003 年,比利时继荷兰之后,成为世界上第二个承认同性婚姻合法的国家,但与荷兰不同,它依然禁止同性家庭收养孩子。在我国,同性婚姻依然未受法律许可。

图 10－5　一些国家或地区承认同性恋婚姻的合法性

2. 丁克家庭

“丁克”,即 DINK(double income, no kids),意思是夫妻都有收入却不要孩子的家庭,其实质应理解为夫妻有生育能力而不愿意生育的家庭。近些年来,丁克家庭在城市青年尤其是白领夫妇中的比例有逐渐上升之势。2002 年,上海市妇联对上海市家庭状况所作的调查显示,结了婚却没有孩子的“丁克家庭”已经占到上海家庭总数的 12.4%。研究者表示,该调查选取了 1200 多个不同年龄阶层的上海家庭作为样本,如果只选取 20～40 岁年龄段的样本，丁克家庭的比例会更高（季明，2002/11/15）。另一项调查则显示，在北京、上海、广州、成都等大城市里，15～59 周岁的女性中，有近两成的人认同结婚不生小孩的主张，而在中青年女性中，主张结婚不生小孩的则高达 24.7% 之多（张文霞、朱冬亮，2005）。这一现象在中国的产生和发展有其深刻的经济、文化和社会背景，必须从经济学、社会学及医学等角度进行考察。

从经济学的角度来看，"丁克"是一种有利于夫妇本身的生活方式。选择"丁克"生活方式的往往是城市、尤其是大城市中的"三高家庭"，即高收入、高学历、高消费的家庭。对于他们来说，如果生育一个孩子，那么他们的孩子会比一般普通家庭的孩子吃得好些、穿得好些，养育子女的直接成本相对较高。另一方面，高学历、高收入夫妇的时间价值也相对更高。如果他们生育一个孩子，即使花普通家庭一样多的时间去培育，所付出的机会成本也会增多。从孩子的效用来看，因"丁克"夫妇更倾向于提高孩子的质量，使之接受更多的正规教育和业余训练，而不是让他们去为家庭挣钱付出，这样必然导致从孩子身上获得的经济收益减少；而现代社会保险制度的完善成熟也使孩子的保险效用大大削弱。总而言之，在"丁克"们看来，如果他们生育孩子，其成本大多远远高于产出，在经济上是不利的。

从社会学和心理学的层面来看，"丁克"有其文化价值观基础，这体现在以下三个方面：①中国家庭关系重心出现了由纵向向横向转移的变化趋势，具体表现为在亲子关系仍然被重视的同时，夫妻关系的地位逐渐上升。"丁克"一族多数为年轻一代的夫妇，对他们而言，自身和本代更具价值，更看重能否实现爱情和自我价值，获得自身生活和事业的成功，而把家庭、子女放在较后的位置。②随着文化转型与观念更新，现代城市中人们的生活方式、行为方式、心理状态，以及价值评判标准发生了深刻的变革。在现代年轻人特别是城市年轻人看来，生育和道义、责任之间并没有必然的联系，生育并不是婚姻必须和唯一的选择。与之相应，人们的价值评判标准也日趋多元，更有可能以开放和宽容的心态接受"丁克"群体。③妇女地位的改变，一部分妇女基本与男人一样完全摆脱繁琐家务的束缚而变成了一个"职业人"。这样一来，她们的价值观念也发生了变化，认为自己的工作、事业比生儿育女更有价值。在"丁克"家庭中，选择不生育孩子的要求往往是由妻子提出来的。妇女地位的改变，成为"丁克"这一社会现象产生的直接推动力。

此外，医学技术的进步也为"丁克"家庭的普遍存在提供了可能与保障。一方面，现代医学的发展，各种安全可靠的避孕措施的普及分离了性与生育之间的必然联系，使生育成为了可控活动，这为“丁克家庭”的生活方式提供了安全可靠的技术保障。另一方面，医疗技术的进步和医疗条件的提高，以及“丁克”群体丰富的医疗资源也能最大化降低拒绝生育可能带来的健康风险。总之，“丁克”现象在中国产生是有其“历史必然性”的，它也是现代社会中一种家庭组合方式。

3. 单身家庭

单身家庭是家庭的一种特殊形态，它只由一个人组成。有研究者认为，家庭包括五种类型：①复合家庭，指两代以上的夫妇及其子女、亲属所组成的家庭，包括已婚的同胞兄弟在内，这类家庭人数最多。②直系家庭，包括夫妻、父母、子女，甚至第四代。③核心家庭，由一对夫妇与未婚子女组成的家庭。④不完全家庭，指夫妇没有子女或夫妇离异、丧偶后只有一方与子女共同生活的家庭。⑤单身家庭，包括终身不婚或丧偶、离婚后过独居生活的家庭（刘铮，1985）。单身家庭随着社会和城市的发展呈现持续上升的趋势，这在世界各国尤其是发展较快的国家人口普查数据中都有明显体现。

到2000年，德国的单身家庭已达到1300万户，而有5个或5个以上家庭成员的家庭只有170万个。在美国，1980年单身家庭的数量比双人家庭多1090万，到1992年，单身家庭的数量比双人家庭多2400万个。单身家庭现在占全部家庭的1/4。数量增长最多的是单身妇女，她们占单身家庭的58%。这一趋势同样出现在亚洲。1990—1995年间，日本单身家庭的年平均增长率为3.66%，一般家庭的年平均增长率为1.54%，前者比后者高出了2.12个百分点。从相对比例看，1960年单身家庭占一般家庭总数的16.1%，以后基本呈逐年增长趋势，到1995年达25.6%，比1960年高出9.5个百分点（王化波，孟秋丽，2000）。我国的单身家庭数目随城市化的发展也呈不断上升的趋势。根据2005年全国1%人口抽样调查的数据，我国的单人户比例已经达到10.7%，而在城市中这一比例为11.9%（国家统计局人口和就业统计司，2006）。

保持单身在现代化、城市化程度较高地区已经成为一种越来越普遍的状态，它是相对于婚姻而言的个人自愿选择。这一社会现象有其复杂的经济社会文化和个体因素，归结起来大致有如下四点：①经济独立的职业女性增多，她们坚持独身的主张或无暇顾及家庭导致结婚率下降，同时离婚率上升和老年鳏寡家庭增多是单身家庭增多的主要原因。但夫妻关系破裂不是单身家庭增多的唯一原因，因为有不少人是主动选择单身的生活，这是与已往最大的不同之处。②社会经济的发展使得个人有可能无需伴侣收入支持而享受较高生活水平，同时社会养老制度的不断完善和养老社会化程度的不断提高，以及住房制度的改革也使得个体有可能选择单身生活。③社会文化和价值观的变化让个体的婚姻观、性爱观在很大程度上摆脱了过去的道德和传统束缚。这也是社会上离异人数特别是单身女性人数越来越多的重要原因，进而导致了单身家庭的增多。另一方面，当代社会对婚外性行为的宽容也是使单身男女增多的一个原因。目前，人们普遍接受了同居现象，而同居关系由于没有法律约束，比夫妻关系松散得多，因此与单身状态很难明确区分。④单身家庭的成因，还包括离异增多、不愿结婚以及一些个人因素，如赡养父母、逃避婚姻暴力、同性恋、残疾等。

三、成年早期的职业发展

职业是现代社会衡量人们社会经济地位的主要指标，其社会地位的获得很大程度上在于职业地位的获得。一个人的自我成就感往往与他“干什么”有关，因此现代社会中的个体必须发展自己的职业理念并在工作领域中实现自我。选择并投身于某一职业领域，是迈入成年早期重要的标志性事件。在这个时期，家庭生活通常也会与职业生涯平行发展。因此，如何保持职业、休闲和家庭生活之间的平衡是一个重要的问题。另外，有一些人工作仅仅是为了谋生，他们无法通过工作实现自我价值；另一些人则将追求事业作为一种生活方式并从中获得了意义和自我价值感。因此，个体对职业的着眼点不同，会对其成年早期的总体适应情况产生重要影响。

（一）职业选择

面对所要从事的职业，有些人是为实现儿时的梦想，有些人是为发挥专业技能，有些人受家庭环境所迫，有些人则是偶然性的获得工作机会……金斯伯格（Ginzberg, 1972）按照生命发展顺序将职业选择划分为幻想（fantasy）、尝试（tentative）、现实（realistic）三个阶段，幻想只是个体考虑职业听起来是否有意思，而忽略技术、能力、职业发展等，甚至是职业获得的可能性，一般 11 岁左右前的孩子处在这一阶段；进入青春期的个体则开始考虑与职业相关的实际情况，包括与自己的能力、兴趣、目标、价值观的契合度等，是尝试阶段的主要表现；现实阶段则是成年早期的个体根据自己的实践经验或专业技能，明确职业选择并作出决定。美国职业管理学家萨柏（Donald E. Super）以美国白人为研究对象，把人的职业生涯划分为成长、探索、确立、维持和衰退五个阶段。成年早期个体基本处在探索和确立过程中，15 ~ 24 岁主要通过学校学习进行自我考察、角色鉴定和职业探索、完成择业及初步就业属于探索阶段;确立阶段从25岁开始,个体获取一个合适的工作领域,并谋求发展,这是大多人专业生涯周期中的核心部分(廖泉文,2011:251)。

美国心理学家霍兰德(Holland, 1997)认为,价值观、动机和需要等影响一个人职业选择,表现为特定的人格类型与职业匹配的程度:现实型的人注重实效,善于解决实际问题,而且身体强健,但社交技能平庸;智力型的人善于抽象推理,喜欢观察、学习、研究、分析等;社交型的人具有较强的语言能力和人际关系处理能力,喜欢和人在一起的工作;传统型的人喜欢从事高度结构化的工作,在别人的指示下,完成细节性的事项;进取型的人喜欢冒险,敢于负责,去影响说服人们或从事任务的执行、领导或管理;艺术型的人拥有艺术、创新或直觉上的能力,喜欢发挥想象力和创造力(Felaman, 2013: 552)。

(二)职业地位获得

美国社会学家布劳(Peter Blau)和邓肯(Otis Duncan)首先提出了地位获得概念并建立起地位获得基本模型(Blau & Duncan, 1967)。该模型以职业结构作为美国人社会分层的划分标准,人们在社会中的经济地位和声望地位源自于他们在社会职业结构中的地位。职业既是经济分层的最佳指标,又是政治分层和声望分层的集中体现;职业结构既显示出人力资源在社会各方面的分配情况,也反映出个体的成就大小。

该地位获得模型将代际流动与代内流动合二为一,以父亲的教育程度和职业地位代表个人的社会出身、教育程度和职业生涯的起点,并将这些因素对个人职业成就的影响进行量化分析,得出对个人当下职业成就影响最大的四个因素,分别是父亲的教育程度、父亲的职业地位、本人的教育程度、本人的第一份工作。布劳和邓肯在地位获得模型中指出,一个人的出身,即其父亲的教育程度和职业地位对其儿女的职业成就的解释力约为20%。"布劳—邓肯模型"可简单概括为下图(图10-6)。受后续研究者增加社会心理、家庭背景变量的影响,"布劳—邓肯模型"又产生了许多衍生模型,其中之一便增加了智力和成就取向两个社会心理变量,后者意指一个人的抱负、动机、野心等概念(Duncan, Featherman & Duncan, 1972)。这一衍生模型的主要结论是,在美国一个人的经济成就与个人的出身没有显著相关,个人的地位上升主要在于他的机遇和智力。

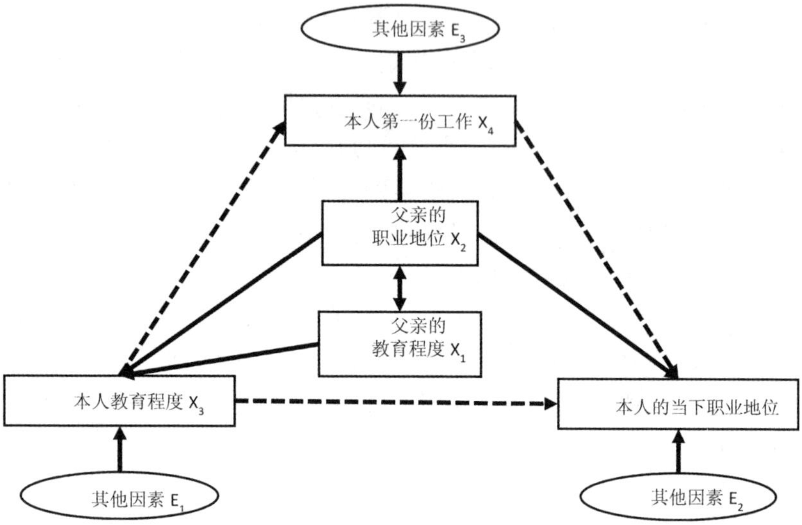

图 10－6　布劳—邓肯的地位获得模型

基于上述古典模型，社会学家进一步引入了结构性因素，充分考察了作为重要因变量的职业与个体社会经济地位获得的紧密联系，主要结论包括：①在地位获得过程中除了要考虑个人特质以外，还应考虑结构性因素，如劳动市场特质、阶级等因素对个人成就的影响。社会结构与个人成就间的关系，主要是通过工作结构本身的运作（如技术需求和行政控制）而具体表现出来的。一个社会的工业化水平越高，父亲职业（家庭背景指标）对儿子职业直接影响越小，父亲职业对儿子教育的影响也越小；同时，儿子教育对其本人职业的影响越大（Treiman，1997）。②除了影响个人地位获得的教育因素外，社会网络中所蕴含的社会关系资源对个人地位获得也是十分重要的。一个人社会资源越多，越能从他的亲朋好友中得到帮助，职业成功的机会越大（Lin Nan & Bian Yanjie，1991）。③家庭的文化资本也是影响个人职业成就的重要因素。按照教育背景所进行的权力、地位分配，实际上掩饰了不公平的代际传承过程。因为在教育系统里，上层文化往往居于主导地位。出身于上层家庭的学生由于更熟悉上层文化，在学校的文化环境里具备了极大的优势，有助于成绩提升和顺利升学。文化资本的这种代间传承，使得上层家庭的学生更容易与老师建立关系而有助于他们的教育成就，造成代际之间的教育不平等，并造成不平等的地位和权力传承（Bourdieu et al.，1994）。

因此，综合考虑各种因素对个人职业地位获得的影响，可将古典模型扩展成如图 10－7 所示的综合模式。该模式着重考察了家庭经济收入、职业地位、智力等有关个人社会出身的自变量，同时将教育、经济增长、文化资本、社会资本等结构性因素作为中介性变量纳入模型。

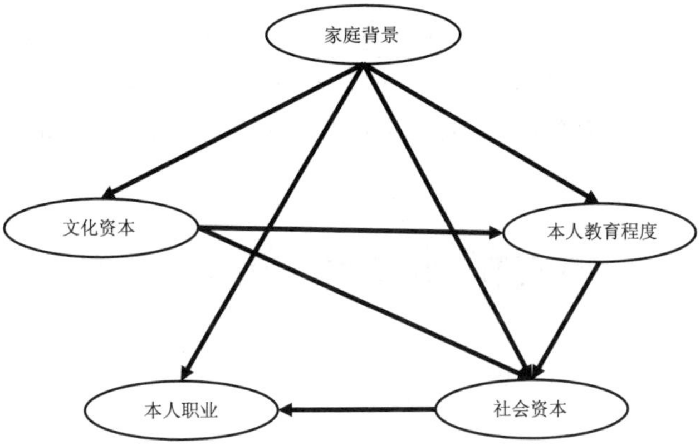

图 10－7　地位获得的扩展模型

我国职业地位获得具有不同于西方社会的特点。在中国改革开放之前严格的计划经济中，教育并不是决定社会地位的主要因素，家庭出身、政治权力、行政权力是更重要的因素。朝向市场经济的改革已经使这种状况发生了改变，虽然上述因素在地位取得中仍然占有重要地位，但教育的重要性有了重大提升。如李路路（1997）对私营企业家取得成功的解释性研究表明，教育水平对私营企业家办企业是否成功有着显著性影响，而前干部身份对企业成功的作用已经逐渐降低或者消失。

林南和边燕杰等人发现，虽然中国父子之间不存在直接的职业继承，但是父母单位所有制形式对儿子单位所有制形式的选择有显著的影响，而子女单位所有制形式对其职业声望有影响，这种单位才是研究中国地位取得的有效标准，并在此基础上提出了中国地位取得模式（1991）。该模型指出，在中国找单位与找工作并非同义词，找单位在先、职业发展在后；并且找单位比找工作更为重要，因为不同的单位提供不同的工作环境、晋升机会、工资、福利、住房等。

另外，非正式社会关系网络对于我国个人职业地位获得具有重大影响作用。在东亚社会，特别是在儒家文化圈中，社会关系网络在解释地位获得方面更具有意义。这种社会关系网络本身就是这些社会结构的有机组成部分。有关社会资本与私营企业成功、体制资本与私营企业的发展、企业主的个人背景与企业成功之间关系的研究发现（李路路，1995），在中国渐进式改革的背景下、在新旧两种体制并存的混合经济中,私营企业的发展是两种机制作用的结果,既有教育等人力资本因素的影响,也有企业主社会关系即社会资本的重要作用,由此引发的社会结构变迁机制也是双重的。刘林平对深圳“平江村”的调查以及项飚对北京“浙江村”的调查都表明,流动民工到城市的发展,并不是具有较充分的人力资本,也不具有充分的金融资本,而是充分利用了社会资本,而社会资本就是通过社会网络获得的(项飚,2000;刘林平,2002)。

第三节　成年早期的相关问题

一、角色转变

具体来看,成年早期的角色转变主要包括:离开生身家庭独自居住、开始工作或继续深造、结婚或建立重要的亲密关系、养育子女并照顾长辈、开创事业并为生身家庭和自己的新家庭投入大部分闲暇时间。上述各种角色的转换集中体现在亲密关系与工作领域两个方面。青春期时对学校和家庭的适应不良可能会导致成年期的社会适应问题,而受教育情况又与其成年期的就业情况具有重要联系。相关研究表明,不能成功适应新角色的个体往往具有下列特征:学校成绩不良、青春期及之前存在较强攻击倾向;因严重情绪障碍或心理问题,无法建立重要人际关系,缺少自理能力,无法投入工作等;亲子关系紧张,如与父母缺乏情感交流、长期疏远或持续冲突等,但满意度较高的工作能够在一定程度上抵消不良亲子关系造成的负面影响(Hutchison, 2003: 325)。社会工作者有必要为这些特殊个体提供专门的辅导和支持,弥补个体所缺乏的社会资源,并培养他们的社会适应能力。

与重要伴侣建立持久稳定的亲密关系是成年早期的核心任务之一。爱情、婚姻及家庭都是亲密关系的重要体现形式。为成功建立并维持这些亲密关系,个体通常面临下列角色要求:①有效协调对于亲密关系的期望;②探讨各自职责并做出合理让步;③阐明所持的核心价值,并决定在多大程度上坚持自身的原有价值系统;④找到自己和伴侣的需要并设法满足;⑤培养信任感和安全感,进行积极的互动沟通;⑥投入时间精力,尊重、支持并照顾对方;⑦培养有效解决问题和化解冲突的能力(Hutchison, 2003:326)。个体与父母的关系、对新家庭生活的适应程度(如冲突应对方式)、所具备的经济及其他资源状况等都是能否完成角色转变、实现角色要求的重要影响因素。亲子关系则是伴随婚姻和生育行为而产生的另一类重要亲密关系，受到个体因素（如自我认同）、与伴侣关系、与子女关系、与生身家庭关系以及外界社会联系等诸多因素的影响。

在工作领域的调适上，有国外研究发现，这与个体受教育程度、收入水平与婚姻状态等因素有着不同程度的关联：①教育程度与职业角色适应、职业地位均有着强相关；②婚姻本身对于职业状态没有显著影响，但 24～26 周岁结婚的女性收入高于更早结婚者，而 24 周岁前结婚的男性收入高于之后结婚者；③生育行为对男性与女性的职业声望都没有显著影响，但对于女性的收入有负面影响；④在进入工作领域前承担家庭角色（如结婚、生育等）与个体的社会经济地位没有直接联系，但正式就业前的工作经验与职业和收入呈正相关（Ashford，LeCroy & Lortie，2005）。另外，从事工作的心理状态不同，即工作是为了职业发展还是仅仅为了谋生，对于个体的职业发展乃至成年早期的整体适应情况也有着重要影响。

在养育子女方面，男性和女性对做父母都有矛盾心理，一方面，他们很激动，而另一方面，他们对于抚养孩子所要承担的责任感到焦虑，这种压力对每对夫妻的影响不同。做父母之前压力越重的夫妇，越有可能在第一个孩子出生后的生活调整中遇到困难。另外，如果父母的期望与现实不符，父母会因为失望而产生压力（Kalmuss，Davidson & Cushman，1992）。有时，如果怀孕是在无准备的情况下发生的，也会产生压力感，每个孩子的性情和照顾他的难易程度也影响父母的压力感。一项研究试图探索从最初怀孕到孩子三周岁这一时期婚姻的变化。研究表明，一些婚姻得到了巩固改善，但很多婚姻从头到尾都在受难。在那些失败的婚姻中，父母较为年轻，教育程度较低，收入较低，结婚的年限也较短。父母中的一方或双方自尊程度较低，丈夫不太敏感（Belsky & Rovine，1990）。另外，最为难的是那些脾气易怒、不好照顾的母亲们。作为一名社会工作者，我们需要不断学习了解培养孩子的知识，帮助父母达到为人父母所要求的一切。

二、工作歧视

在经济学中，歧视通常指在一个经济体系中不同人群之间的经济状况不平等的现象（格林沃尔德，1992）。其操作化的定义是，在生产率相同的情况下，不同人群在工资和职业方面存在无法从个体角度得到解释的差异。

考察我国当前劳动力市场上存在的不同形式的歧视问题，对于我们更好地理解个体进入成年期的标志性事件——就业具有重要价值。

虽然目前对于劳动力市场上的歧视问题还缺少系统的研究，但这种歧视存在的普遍性和严重性却是人人可以直接感受或间接观察到的不争事实，具体表现在以下三个方面：①限制某些劳动力进入某一局部（通常是区域性）劳动力市场。这种歧视是当前我国最典型的表现，莫过于各发达或开放地区中先富裕起来的城市对外来劳动力数量上的限制。如北京、上海、广州等外来劳动人口流向最集中的城市，都对外来劳动力采取或曾经采取办理暂住证、就业许可证、房屋租赁许可证、婚育证等控制措施（柯兰君、李汉林，2001）。②限制某些劳动力进入某些行业。一些劳动力流向较集中的城市，对外地劳动力开放部分经济部门与行业，而对另一些经济部门与行业，如国家事业单位、能源垄断部门等，则限制或禁止外地劳动力进入。这种限制的“精髓就是：把劳动力市场分成好的与差的两类”（刘易斯，1989：77），允许外地劳动力进入的往往是差的市场，而好的市场则限制或禁止外地劳动力进入，大城市里允许外地人员进入的行业和工种基本上都是急、难、脏、险、重类型，并对部分准许外来人口进入的行业规定了固定的招用比例。③同一经济部门中劳动力报酬差别，即“同工不同酬”在国有企业中，即使在同一岗位上，也存在着正式工、合同工与临时工在报酬上的差别，即一般来说正式工报酬高于合同工，临时工报酬最低，而且往往不享受医疗保险、带薪年假等工作福利。

另外，劳动力市场上还存在由性别、年龄、种族、籍贯等因素引起的隐性歧视，这些不平等待遇往往是潜在的，但具有深远的影响作用。以就业中存在的性别歧视为例，有关统计数字表明，中国男女两性社会地位的总体差距和分层差距仍然存在，主要表现是女性就业率低，再就业困难。例如，2000年末，18~24周岁的城乡女性在业比例为87.0%，比男性低6.6个百分点。与1990年相比，城镇男女两性的就业率均有下降，男性从90%降至81.5%，女性则从76.3%降至63.7%，与男性相比，女性就业率下降的幅度更大（张克俭、贾玲，2003）。总的来说，女性的就业问题比男性的就业问题更加严重，主要表现在三个方面：一是大量的女工下岗，二是女性找工作难，三是男女职业和收入上存在差距。男性的收入高于同等学历的女性，这在当今世界是一个长期且极为普遍的现象（国际劳工局，2000）。

有经济学家指出：“1/2~3/4的男性和女性工资差别可以用教育和工作经验的差异来解释，剩下的1/4~1/2可以用歧视和其他不可测因素来解释。”（萨缪尔森、诺德豪斯，1999）导致歧视的原因包括：①传统性别观念的作用。由于生产力的发展、历史文化传统、社会习俗、教育教化等因素的作用，传统社会普遍形成了两性间“男主外、女主内”的社会分工，并体现在两性社会地位、经济地位、政治地位甚至法律地位的完全不平等。尽管这些不平等（如女性不享受继承权、选举权和被选举权）已经随着社会文明的进步而消失，很多国家的法律也对保障女性权益作了明文规定，但约定俗成的角色观念仍是性别歧视行为的最根本的社会原因依据。②人力资本投资的不平衡，这种投资往往更向男性倾斜。一方面，传统文化往往使父母、学校、社会甚至是女性本身形成了顽固的偏见，多数家庭在财力稀缺的情况下，首先会选择让儿子而不是女儿上学，导致女性的平均受教育程度要低于男性。另一方面，女性生养孩子时必须暂时退出劳动力市场，这也影响了企业或其他用人单位对于女性员工的人力资本投入，导致其人力资源存量相对少且质量较低，这也是两性在工资和职业形成差别性格局的直接原因。

上述各种歧视并非孤立而是交叉存在的，引发歧视现象的原因必须从多层面多角度进行综合考察。除了传统的文化价值观念形成的各种刻板印象外，影响中国劳动力市场歧视的因素还包括制度、政策以及法律在内的更为复杂的社会原因。社会工作的重要任务之一，就在于帮助个体理性地分析自己的工作能力；准确地判断自己遭遇的差别性对待是否来自于歧视行为的结果；激励案主通过培训不断地提高自身的人力资本，增强劳动生产能力；同时，也应当呼吁有关部门通过法律和政策来切实保障不同劳动者的合法权益和平等待遇。

三、健康生活

在成年早期，大多数人的体力、精力和耐力达到顶峰，另一方面，这一时期由于事业与家庭起步所带来的新压力则使得个体往往无暇如同青春期那样注重运动，在长时期的身心疲劳作用下处于亚健康状态，出现生理和心理上的功能性改变。需要指出，饮食不良和缺乏锻炼与慢性病有关，但症状要到成年中期或晚期才会明显表现出来。从个体层面来说，无论男女，养成自我检查和定期全面医疗检查的习惯是非常必要的。以癌症为例，女性的乳房自我检查和男性的睾丸自我检查简单易行，能够有效发现早期的肿瘤。对于罹患疾病的个体，社会工作者有必要评估疾病及其治疗对于个体社会心理发展所造成的影响。此外，不孕不育也是成年早期个体可能遇到的难题之一，对于这一问题所引发的经济、社会和心理等压力，社会工作者也应给予关注。

这里着重介绍艾滋病的有关问题和介入方法。艾滋病的医学全称为“获得性免疫缺陷综合征”（英文缩写 AIDS），它由艾滋病病毒引起，该病毒的医学全称为“人类免疫缺陷病毒”（英文缩写 HIV）。艾滋病病毒侵入人体后，会在体内不断复制，逐渐破坏人体免疫系统，使人体抵御疾病的能力下降，易发生多种感染和肿瘤，最终导致死亡。目前还没有可治愈艾滋病的药物，但规范化抗病毒治疗可有效抑制病毒复制、延缓发病、延长寿命，并降低传播危险。但是艾滋病病毒感染者一旦发展成为艾滋病人，不仅自己健康状况会迅速恶化，身体上承受巨大的痛苦，以至于最后被夺去生命，而且还可能会受到社会的歧视，心理上承受巨大的压力。社会上对艾滋病人及感染者的种种歧视态度还会殃及其家庭，使家庭成员和他们一样，也背负沉重的心理负担，由此带来的家庭不和甚至家庭破裂十分普遍。此外，因为多数艾滋病病人及感染者处于养家糊口的年龄、是家庭经济的主要来源，当他们自己因社会歧视而失业、部分或全部丧失劳动能力，又需要支付高额的医药费时，其家庭经济状况就会很快恶化。

在这种紧迫形势下，社会工作者应积极探索社区、媒体、学校及父母等影响疾病传播的多种社会因素，促进有关政策的实施，并通过不同形式的宣传互动提高大众的防治意识。在认清艾滋病的严重危害和严峻形势的同时，社会工作者也应当意识到，艾滋病病毒感染者和病人是疾病的受害者，应该得到社会的理解和关心。社会工作者应当向公众努力宣扬以下观念：感染艾滋病病毒的人拥有上学、工作、就医的权利，他们的合法权利受法律保护；未经本人同意，公开艾滋病病毒感染者和病人的身份，对其个人状况乱加猜测、肆意散布，采取漠视甚至侮辱的态度和行为，都是歧视艾滋病病毒感染者和病人的表现；歧视或冷漠感染艾滋病病毒的人，不但不能减少艾滋病的传播，反而会引起社会的恐慌和不安定；歧视艾滋病感染者和病人会导致他们隐藏和不愿暴露自己的感染状况，不去寻求或不接受医疗服务和救助，这样既不利于病人就医，也不利于预防病毒传播；预防艾滋病是全社会的共同责任，公民有义务主动学习预防艾滋病的知识，掌握自我保护技能，培养健康的生活方式，并将掌握的知识、方法和技能与家人和朋友分享，做艾滋病防治知识的传播者，为预防控制艾滋病做出自己的贡献。

对于感染艾滋病的案主，社会工作者还应充分调动其自身的资源，激发他（她）与疾病作斗争的意志和决心。有关女性艾滋病感染者的研究表明，

82%的受访者认为自己在疾病的重压之下发现了意料之外的积极结果，包括关系的重建、新价值观的形成、对于人生意义和目标的反省、对于自我意识和自我接受的自豪感、自身与自然和未知力量的联系感等。作为艾滋病感染者的残酷现实所带来的痛苦和绝望为她们带来了自我探索和成长的机会；在与疾病抗争的漫长过程中，她们发现了具有不同意义的生存空间（Dunbar et al., 1998）。

推荐阅读书目

边燕杰等，2012，社会网络与地位获得，北京：社会科学文献出版社。

李银河，2014，李银河：我的社会观察，北京：中华工商联合出版社。

罗伯特·J. 斯滕伯格，2000，丘比特之箭，潘传发、潘素译，沈阳：辽宁教育出版社。

罗洛·梅，2013，人的自我追求，郭本禹、方红译，北京：中国人民大学出版社。

Sinnott J. D., 2014, *Adult Development: Cognitive Aspects of Thriving Close Relationships*, N. Y.: Oxford University Press.

对社会工作实务的建议

- 注意个体在成年薪露期、成年早期与中年期所承担社会角色的区别。
- 探索可能影响成年早期案主生命结构、人生决定和机会把握的相关因素，如文化价值观、家庭期望、性别角色态度、环境限制和资源等。
- 帮助个体掌握发展亲密关系的方法，提供场所与机会促进青年男女的交往和联谊。
- 敦促政府制定合理的社会政策促进青年人就业，并给予残疾人、下岗工人、农民工等特殊群体以一定的政策优惠。
- 联合高校就业指导中心和用人单位，开展大学生就业知识和职场技能讲座与培训。
- 发起旨在增进成年早期个体与长辈和晚辈之间交流的讲座与培训。
- 联合当地妇联、妇幼保健中心等为决定生育的夫妇进行相关培训。
- 联合医学专家在学校、社区等单位等开展防治艾滋病的宣传讲座。

第十一章
成年中期

成年中期(middle age period)又称中年期,没有明显的年龄限定,不同的学者对成年中期的起始年龄有不同的划分,一般在30~40岁之间,并以60~70岁作为终止年龄(扎斯特罗,2006:494)。本书把成年中期的范围限定在35~60岁左右的时间内,这期间跨越了人生中一段相当长的岁月,是大部分个体不断意识到身体内部逐渐变化的时期,而这些变化实际上标志着生理衰老的开始。另外,中年阶段也被认为是人一生中最主要的时期,个体将会面临家庭、职场等情境中的各种任务,担任多重角色,个体的发展受到诸多因素相互影响。在这一阶段的人们比其他任何年龄段都容易获得更多的物质财富,同时从各种经历中获取大量的智慧。但与此同时,人们的身体健康也随着年龄的增长而感到不如从前。另外,社会环境、工作、家庭、生理的改变,使得心理疾病也越发增加 。尽管如此,中年阶段依然有其独特的发展和生存任务。本章将考察人到中年的生理与认知发展、社会与人格发展,并讨论这一时期的相关问题。

第一节　成年中期的生理与认知发展

一、成年中期的躯体功能变化

进入成年中期以后,无论是从体力还是脑力上看,一方面是稳定而健全的时期,另一方面又进入了某种生理的衰退过程。祖国的传统医学对此也有精妙的概括,《灵枢·天年篇》说:“三十岁,五脏大定,肌肉坚固,血脉盛满,故好步”,“四十岁,五脏六腑,十二经脉,皆大盛以平定,腠理始疏,荣华颓落,发颇斑白,平盛不摇,故好坐”。《素问·阴阳名家大论》中也说:“年四十,而阴气自半也,起居衰矣。”这里的“大盛以平定”“阴气自半”集中地概括了成年中期的生理特点。大多数中年人拥有健康的身体和充沛的精力，但躯体功能的逐步下降是缓慢且难以察觉地在进行。

成年中期生理机能将逐渐衰退，主要的表现为心血管系统、消化系统、各种内分泌腺的功能减弱，其他如肌肉、骨骼、肾脏功能下降，特别是免疫系统能力的降低，给成年中期的健康带来了更多的潜在威胁。

在心血管系统和胆固醇方面，心血管的机能在青春发育期的末尾，便达到了一生中的顶点，之后就渐渐减退。系统输出量从 30 岁到 80 岁，约减少 30%；血压（收缩压）在中年以后每增加 10 岁约升高 10 毫米汞柱。随着内分泌和血脂代谢能力的降低，加上长期饮食的精致化，造成成年中期人群胆固醇普遍偏高，进而产生冠心病等心血管疾病。

在消化与代谢方面，人体的生长发育旺盛期过后，其基础代谢率即在休息时，机体消耗的热量会每 10 年减少 2%，这意味着自 25 岁后，人体新陈代谢水平变化平缓，开始逐年降低，身体热量的需求也随之下降。进入 50 岁以后，因消化液的分泌减少，其消化能力比青年时下降 2/3，基础代谢率则从 30 岁以后平均每年以 0.5% 的速度递减。因此，无论是从热量需要还是从消化功能来看，成年中期都要注意逐渐减少进食量。中年以后若不注意食量，不仅会更加发胖，而且容易消化不良。另外，由于代谢能力下降，胰岛素的分泌减少，糖尿病的发病率明显升高。

在呼吸系统方面，肺的最大换气量从 30 岁起随年龄增长每年以 0.55% 的速度减少，呼吸道黏膜也会逐渐萎缩，呼吸道对吸入空气的除尘、灭菌、加温及湿化的作用被削弱。中年以后，呼吸系统的输氧换气功能和防御功能都在逐年下降。人的肺泡和小支气管的口径随年龄的增长而扩大，同时肺血管数目又有所减少，这都是不利于气体交换的。肺泡间质纤维量增加，肺的可扩张能力下降，肺活量减小，最大通气量减小，这些因素都使成年中期的呼吸功能低于青年期。这也是成年中期所能胜任的体力劳动不如青年人的重要因素。

机体免疫系统的主要调解者——胸腺（thymus）为人类重要的淋巴器官，在生长发育旺盛期后，就开始随年龄逐渐退化萎缩，淋巴细胞减少，脂肪组织增多，它们产生的各种激素，其含量和活性也同样会随年龄而减少和降低，免疫功能随之下降，疾病和衰老乘虚而入。

内分泌系统对维持人的生命和健康极为重要，但它也会随着中年的到来出现退化迹象。如脑垂体分泌的生长激素减少，人体不再增长；胰岛素分泌减少而影响糖代谢；松果体素分泌减少，成年中期睡眠不如年轻人那样沉稳。甲状腺素分泌减少、性激素分泌每10年下降15%。内分泌功能减退是成年中期退行性生理变化的重要因素。在肾功能方面,30岁以后,肾功能大约每年下降1%。而消化吸收功能上,中年以后,人体消化道内的有助于消化吸收功能的相关酶减少、活性降低,使中老年人消化吸收和排泄功能受到影响。

另外,成年中期个体的身体还面临着其他的挑战,如体力劳动能力的下降。当完成某项兴奋而长期的活动后,体力恢复所需要的时间比以往要长,不间断地工作变得越来越艰难,从常见病症中恢复健康的时间也在延长,大量体育运动之后肌肉与关节的酸痛需要更多的时间才能消退。在整个成年中期,体力逐渐下降,尤其体现在背部和腿部的肌肉上。当然,人类的衰老速度并非均衡,而是因人而异的,并且身体系统的衰退是逐步进行的。

二、成年中期的外貌变化

人到中年,外貌也逐渐开始变化。有些人会对于自己的外貌变化感到不知所措,现代摩登男女更试图通过一些人为的方式维持住自己已逐渐改变的外貌。进入成年中期,血液循环变慢,皮肤因为胶原蛋白、纤维蛋白的减少,皮下脂肪层的流失、松弛,以及其他外在因素,如地心引力、阳光照射及吸烟等,使得眼睑和面颊的皮肤失去弹性,皮肤开始下坠、发皱。眼皮和眼睛下方开始出现肿胀迹象,如眼袋。皮肤变皱、肌肉松弛、脱发、发色发白、大腹便便等被认为是个体老化的直观指标。内分泌失调、肾上腺皮脂功能下降、色素沉着、体内酸碱失调、新陈代谢缓慢、不当使用化妆品、紫外线照射、外界的刺激擦伤等照成雀斑等色素斑、老年斑、白斑随着年龄的增长而逐年增加 。

青年期时的骨骼中无机物仅占50%,成年中期可占到66%,而老年期则增加到80%左右。由于成年中期骨骼中无机物含量增高,因而骨骼的弹性和韧性都较年轻人降低,骨折发生率相应上升,同时骨质容易出现增生,发生骨关节病,如颈椎病、腰椎骨质增生等。背部和下肢肌肉强度从30岁到60岁约减10%。人的身高、体重均以成年中期为顶峰,然后缓缓下降。40岁以后,肌肉开始萎缩,同时脂肪积累增多,从20岁到70岁,肌肉体积减少40%,肌肉的力量降低30%。对于身高而言,大多数人在20多岁时达到他们身高的峰值,并一直保持较为接近的身高一直到他们55岁的时候。在此之后,随着年龄增加,由于骨质疏松、腰椎间隙变窄、肌肉萎缩等多种原因导致一个人的身高总共会降低1~3英寸(约2.5~7.6厘米)。

三、成年中期的健康和感觉器官问题

成年中期身体机能的衰退是不知不觉的,新陈代谢的弱化通常发生在40岁左右,人们在这一年龄阶段上要么体重增加,要么不得不以少吃多锻炼来弥补身形上的缺陷。此时也是容易产生健康问题的时候,成年中期需要特别注意的健康问题有:①富贵病,高血脂、高血糖与高血压并称为中年最易发生的三高。高血脂造成血管栓塞、动脉硬化、缺血性中风等问题;高血糖则易并发糖尿病。高血压轻则头晕、心悸、肢体麻木,重则器官损害病变,脑血管破裂、出血性中风。三个问题互相影响,相辅相成。三者造成的心脑血管疾病已成为人类死亡病因的头号杀手。②视力衰退,眼睛发生的变化是从40岁开始,由于视敏度(visual acuity)开始出现下降的缘故。此时眼睛晶状体的形状发生改变,其弹性下降,使得眼睛很难将图像精确地聚到视网膜上,晶状体也开始变得更加浑浊,导致穿过眼睛的光线减少(Di Giovanna, 1994)。另外,深度知觉、距离知觉和三维知觉能力都在下降。晶状体弹性的降低也意味着成年中期适应黑暗的能力受到损害,使得他们在光线昏暗的环境里更加难于看清楚,这种视力的下降会使中年人爬楼梯或在黑暗的房间里行走更加困难(Artal et al., 1993),导致所谓的"老花眼",以至于需要被迫带远近两用的眼镜,或使用放大镜等。随着年龄的衰老,个体患青光眼、白内障、黄斑变性等的比例也随之增高。③听力衰退,听觉神经细胞在中年阶段也日渐硬化和衰退,但对于大多数人来说,听力的下降并没有视力下降那么明显。成年中期最常见的退化就是老年性耳聋,这是一种对高频声音的听觉敏锐性的降低,而中年男子在这一方面比女性要缺失的更显著。长期的噪音,如电视、耳机、工作环境等声音分贝过高,烟酒过度,因心血管疾病而成的耳蜗微血管病变等造成成年中期听力的敏锐度逐渐降低,有的时候,听力的丧失使人们需要佩戴助听器。④骨骼肌肉感到不适,人到中年,尤其是绝经后妇女,骨质密度快速降低,吸烟、饮酒、咖啡、酸性食物摄入过多,长期呆在室内,缺乏太阳照射,造成骨痛、抽筋、骨折等。另外,癌症、关节炎和风湿病等在这一阶段也更加的普遍。

这些疾病都可以及时发现,并及时治疗,因此中年人定期的全身健康检查、癌症筛检、血液检查等是十分重要的,早期发现、早期治疗 。

另外,中年以后,对血压的反射性调整能力减退,因此也容易出现体位性低血压，久蹲之后突然站立时，可出现头晕、眼前发黑，以至晕倒的现象。个体所能负担的运动量和劳动强度都已不及青年，过重的体力负荷或高度的精神紧张，有可能出现心律失常或骤停，这也是成年中期发生猝死的原因之一。

而随着年纪的增长，味觉、触觉和嗅觉上也会产生一些变化。感觉器官的这些变化非常缓慢，当事人甚至在没有意识到变化发生的时候，个体就已经作着相应的调整了。

总体而言，35～55 岁之间的中年人面临的死亡宿敌依次是癌症、心脏病和意外事故，而 55～65 岁之间的中年人面临的死亡威胁是癌症、心脏病和中风（Papalia et al., 2001）。

四、更年期的来临

医学上以往用“更年期”或者“绝经期”一词表示女性从中年进入老年的过渡时期。为更加关注妇女的身心健康并统一认识，1994 年世界卫生组织在名为“关于 20 世纪 90 年代绝经研究进展”的会议上提出，用“围绝经期”（perimenopause）的新定义来取代“更年期”（climacteric）一词，男性的更年期则被“雄性激素部分缺乏症”代替。

女性的更年期意味着女性经历着由可以生育到不能生育，而其中最显著的标志就是绝经，因而也被认为是“绝经期”。女性绝经期包含了绝经前期、绝经期和绝经后期三个阶段。绝经前期是指虽然有月经，但卵巢（ovary）已经不规律排卵或不排卵。此时月经开始紊乱，有的出现一个月两次月经或者几个月一次月经，甚至两次月经间隔半年以上的现象。绝经期指的就是最后一次月经前后的那段时间，绝经后期是指绝经后直到进入老年期的时间。我国城市妇女平均绝经年龄 49.5 岁，农村妇女为 47.5 岁。绝经前期卵巢功能已经开始逐步衰退，一般历时 2～4 年。绝经后，虽然卵巢功能更加低下，但不一定立即全部消失，一般也要经历 2～3 年，有人长达 6～8 年甚至更长。整个过程大约经过十年左右，它受遗传、生活环境、身体状况等因素的影响，因人而异。在这个阶段中，身体最突出的变化就是性腺功能逐渐衰退直至完全丧失。内分泌功能紊乱的状况无论轻、重，都会引起机体内环境平衡失调、神经系统功能与精神活动状况的稳定性减弱以及机体对外环境的适应力下降。处在这一时期的女性，对外界和内在因素的各种刺激比较敏感，更容易情绪波动，感情多变，因而加重了多种疾病。大量的观察表明，进入更年期的年龄与遗传有一定关系，祖母、母亲、姐姐出现更年期的年龄可以作为孙女、女儿、妹妹的参考，但并不是绝对的，易受后天生活条件、环境、气候、社会因素、药物、疾病等因素的影响而提前或推迟。

女性绝经期一般有以下七个方面的症状：①心血管症状：如潮热、出汗，这也是绝经期综合征的典型症状，是神经功能失调引起的；②神经精神症状：绝经期妇女或多或少都会有些心理上的变化，表现为情绪极不稳定，紧张、焦虑，失眠健忘、多疑，爱唠叨，也有表征为抑郁状态，甚至出现自杀念头，情绪消沉，悲观、烦恼；③月经和泌尿生殖系统变化：随着卵巢功能的减退，绝经期的临近，月经周期紊乱，经期延长，经量增加，甚至血崩，逐渐转变为停经，也有人骤然停止月经；④骨骼肌肉系统变化：骨质疏松、肌肉酸胀痛、乏力、关节足跟疼痛、抽筋、驼背、身高变矮、关节变形、易骨折、指甲变脆、脱发；⑤消化系统变化：恶心、咽部异物感、胃胀不适、腹胀、腹泻、便秘；⑥皮肤黏膜系统变化：干燥瘙痒、弹性减退、光泽消失、水肿、皱纹、老年斑、口干、口腔溃疡、眼睛干涩、皮肤感觉异常；⑦体形变化：由于新陈代谢和脂肪代谢紊乱且活动量少，导致肥胖和体形变化。

男性也存在更年期，目前大多数学者认为男女更年期发生机理是相似的，其原因主要在于男性体内睾酮水平的下降。对男性而言，这是由于随着年龄增长，睾丸（testicle）萎缩、睾丸酮分泌减少所致。与女性绝经期众所周知的标志“绝经”不同的是，男性更年期的到来没有什么明显的标志，它是一个缓慢渐进的过程，因此男性更年期很容易被忽视。

男性更年期常见的症状有以下四方面：①精神与心理症状，神经过敏、健忘、效率低、注意力不集中，焦虑、急躁、爱发脾气，抑郁或压抑，容易缺乏自信，常有孤独感，易纠缠于琐事等；②血管调节失常症状：潮红、发热、躁动不安、出汗等与妇女更年期相同的血管舒缩功能失调的症状，此外还有头痛、心悸、眼前有黑点，也有人自觉四肢冰凉；③生理体能症状：失眠、食欲不振、骨骼与关节疼痛、骨质疏松、体毛减少、肌肉软弱无力、脂肪增多、易疲倦等；④生殖系统变化：性功能减退、性趣减少、性欲低下或阳痿。

五、认知的发展与变化

人到中年，其认知发展更加错综复杂，因而增加了对其研究的难度。早期研究者倾向于认为成年中期的认知发展随着年龄的增长而出现下降的趋势。但是近些年来，研究者通过更加精细的研究发现，成年中期的认知能力

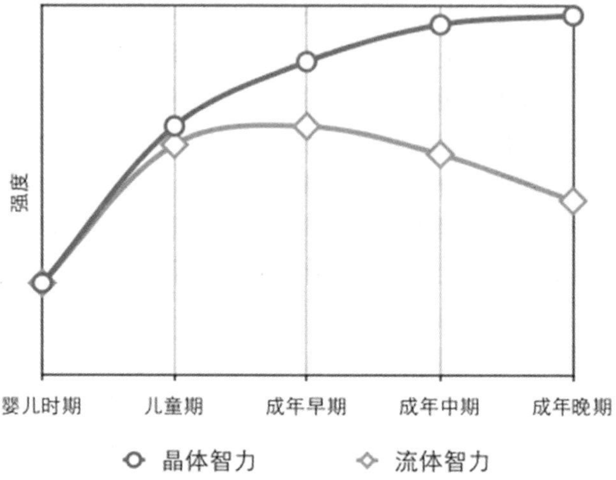

图 11－1　成年中期晶体智力和流体智力图
资料来源:Schaie, 1994

一般来说,参加社会活动多的个体在成年中期的智力水平倾向于继续提高,较少接触社会的中年人的智力则有明显下降。另外,学习的机会和取得成就的动机也都能使中年人的智力有所提高。成年中期的智力发展非常复杂,智力发展模式是晶体智力继续上升,流体智力缓慢下降,技能智力保持相对稳定,实用智力不断增长(见图 11－1)。智力操作方式也不再以抽象的逻辑思维为主,而是由抽象上升到具体,这是受社会、历史、职业等多种因素影响而形成的。在这一阶段的认知活动中,个体运用的活动多于学习的活动。需要注意的是,某些疾病对智力会有所损害,如多发性硬化症、神经病变,甚至酗酒患者。

在生理上中年人必将老化,随着年龄增高,老化也将日趋明显。唯有心理上的机能,在成年期仍随年龄的增加而增长, 智力会逐渐发展到最佳状态,于是成年中期能进行缜密的逻辑思维和理智的判断,具有独立解决问题的能力。直至 60 岁左右这一切才开始退化,至 80 岁左右才呈现一落千丈的状态。成年中期的单项心理能力,虽然是处在逐渐下降的过程中,但其全部心理活动能力的综合即智力仍然在继续发展和成熟。主要表现在能独立进行观察和思维,具备独立解决问题的能力,情绪趋于稳定,自我意识明确,精神充沛、情感丰富,运动协调、感觉思维敏捷、判断力准确、智能高涨、注意力集中、记忆力旺盛,能适应和把握环境等。中年是人一生中的全盛时期,在职业和创造工作方面是最有收获的年华。生理机能与心理功能都较稳定,成年中期的观察力得到了较好的发展，记忆、思维与想象能力也发展到成熟阶段。成年中期心理能力的突出特点是处于人生创造的高峰期。

马森等（Mussen et al., 1991）指出，科学家在 40～60 岁时成就显著（图 11－2），艺术家在 30～50 岁时成果迭出（图 11－3）。斯金姆伯格（Schiamberg, 1988）也引证过类似的研究。他发现，学者撰写科学论文，30～59 岁最多，是人生的巅峰状态（图 11－4）。同时，王极盛（1986）、程学超（1991）都曾经指出过中年的创造力优势问题。可见，成年中期是创造的黄金时期，是成就最多的阶段，是事业发展的辉煌时期。

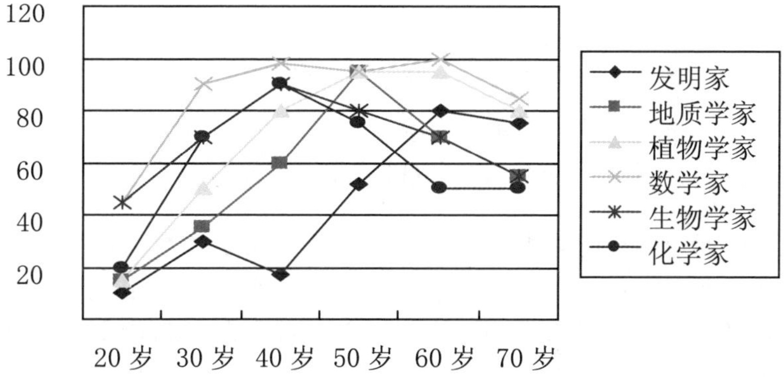

图 11－2　科学家的创造力和年龄的关系

资料来源：Mussen et al., 1991

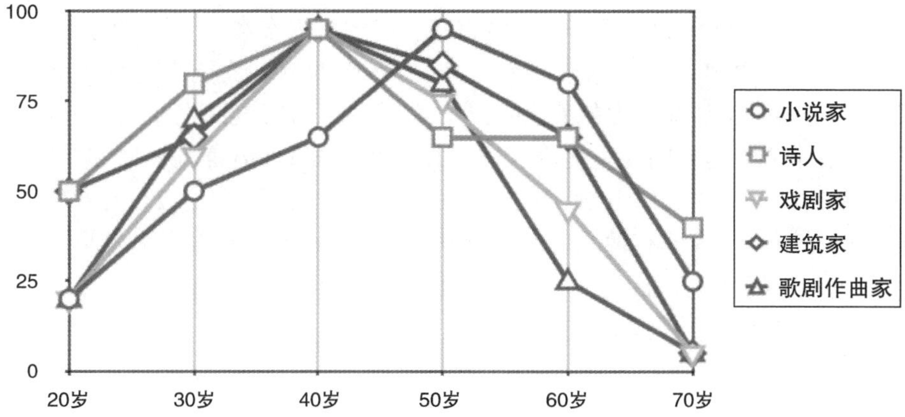

图 11－3　艺术家的创造力和年龄的关系

资料来源：Dennis, 1966

第十一章

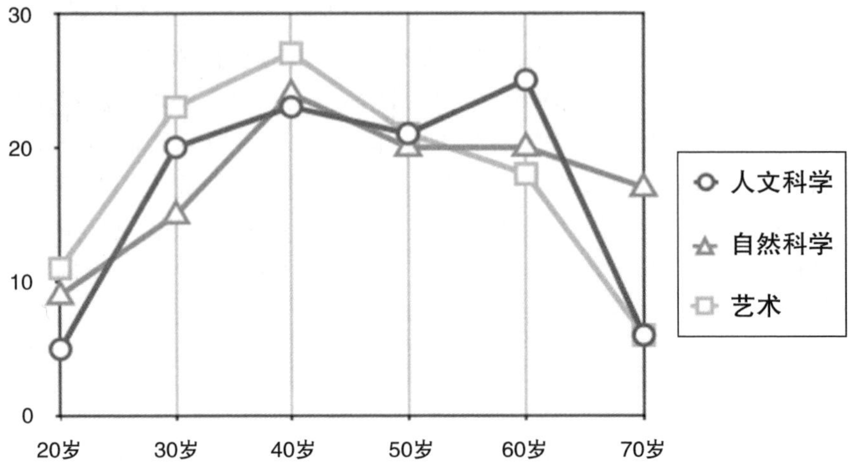

图 11 -4　不同专业学者的创造力和年龄关系
资料来源:Schiamberg, 1985

成年中期个体知识的积累和思维能力都达到了较高的水平,智力发展达到最佳状态,并能在整个成年中期维持这种高水平。他们能够自主地观察事物并积极地进行逻辑思维,善于联想,善于综合分析与作出理智的判断,有自己独特的见解和独立解决问题的能力。同时还善于刻苦钻研,善于在瞬息万变的事物中寻找客观规律,不断积累成败的经验。因此,成年中期也是容易出成果和获得事业上成功的主要阶段。在智力理论中称之为"晶体智力"(与后天教育、环境和知识积累有关)的智力因素水平还会继续提高。

同时,沙伊(1993)的纵向研究发现,成年中期的口头能力达到了高峰。图 11 -5 显示了认知能力的五个不同方面随着生命跨度而发生的相应的变化,这五个方面是空间视觉能力、推理、口头表达能力、语言流畅性和数字能力。从这项研究中可以看出,中年时期的智能是稳定的,智能仅仅在 60 岁以后才开始下降。其他有趣的发现是,与年龄相关的某些能力衰退较早,如数字演算和空间推理。而且对于性别而言,男性的空间能力水平稍高于女性,但是推理方面,女性则高于男性。

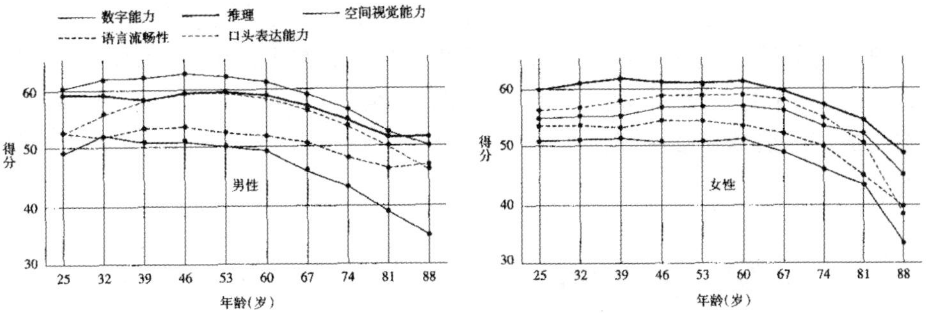

图 11 -5　中老年智力得分

资料来源:Schaie, 1993

概括而言,成年人智力的发展,主要表现在以下四个方面:

其一,高度发展的概括化的观察力。概括化是观察力向成熟发展的重要标志。儿童的观察力是敏锐的,但是缺乏概括性,因而往往观察不全面、不深刻。成年人则不同,他们可以利用日益发达的抽象逻辑思维能力组织、调节和指导观察活动,以提高观察的概括性,

其二,成熟的记忆力。成熟的记忆力有几个重要指标:①意义识记成为主要的识记手段。进入成年期,意义识记开始占有明显的优势。成年人的机械识记所占比率随年龄增长逐步下降,意义识记所占比率随年龄增长逐步上升。当识记材料可以用意义识记的方法识记时,成年人总是尽量采用意义识记的方法;当识记材料表面看来缺少意义联系时,他们总是采用意义识记的手段识记。②进入成年中期,有意识记忆也超过无意识记忆并居于支配地位。

其三,形成理论型的抽象逻辑思维能力。少年学生的抽象概括性思维已经有了很大的发展,但主要属于经验型,理论思维还不很发达。到成年期,它发展成为一种成熟的思维形式。理论型的抽象概括思维能力使成年人有可能对学习材料进行理论性的抽象概括,即通过对具体事物的分析,抽出本质上一致的东西,将表面上看来极其多样化并孤立存在的诸多对象组合成统一的整体,形成科学的概念和理论体系。同时,又可从科学的理论体系出发,引导出多样化的、在本质上具有统一性的各种现象。成年人理论型的抽象逻辑思维发展导致其辩证逻辑思维的发展。

其四,成人前期是智力发展的高峰期。从成人前期起,个体的智力达到顶峰,此后出现高原期,直到 50 岁以后才开始出现局部范围的缓慢下降,成年中期在事业上的成就正是以成年前期包括智力在内的一般能力的全面发

展为基础的。人才有早慧现象,但也有“大器晚成”的情况。自然科学与社会科学的创造与成就有很大的年龄区别,人与人之间也有很大的区别。不过,开始成才的年龄一般是在25~40岁(龚维义,2004:147)。也就是说,创造与成就的最佳年龄一般出现在25~40岁,这是国内外心理学界比较一致的看法。

七、角色与情感的发展变化

成年中期的角色转变和认同转变会带来强烈的情感影响,尤其是很多成年中期的人抑郁和焦虑感增加。戈德斯坦(Goldstein, 1999)认为,在成年中期不停地寻求认同的过程中,会发生一种“崩溃”现象。在回顾自己与职场以及家庭的关系或者重新考察不再有效的期待和角色时,崩溃过程被加速了。对许多成年人来说,抑郁发作率的上升、认识到衰老的现实和这种过程是相关的。

中年人是社会的中坚,他们同时扮演多种社会角色。由于中年人的知识和经验已相对丰富,有一定人生阅历,他们的生理功能也处于成熟、稳定的阶段,因此往往承担着重要的家庭重担和较大的社会责任。他们在家庭中既是子女,担负着赡养父母的义务;又是父母,担负着养育未成年子女的责任。在工作中他们既是前辈,需要将自己的经验传授给年轻的同事;又是晚辈,要虚心学习前辈的知识经验。面对时代的变化,成年中期的人须不断更新自己的知识结构以适应工作岗位不断提出的新要求,因此中年人还需要做不断学习新知的学生。这诸多社会角色集于一身,反映在成年中期的心理活动中,很容易引起各种冲突,形成有碍成年中期身心健康的多种心理问题。

其中,成年中期的心理疲劳是指社会、家庭、工作、生活、人际关系的多重压力和多重角色所造成的长期精神负担,使得中年人总处于一种焦虑、烦躁、恐惧、抑郁的压力之中,使心理隐入“心力衰竭”的状态,心理疲劳程度严重的人情绪总处于不佳状态,精神过度紧张,压抑感很强,总感到自己活得很累、很苦,经常不自觉地去想生活中的一些阴暗面,如死亡、事故和疾病等,遇到困难总朝消极方面去想。赫洛克(Hurlock, 1982)指出,焦虑情绪在中年阶段表现得尤为明显,成年中期焦虑开始呈现增加的趋势,直到50岁才开始慢慢下降,女性的焦虑比男性更强一些(图11-6)。

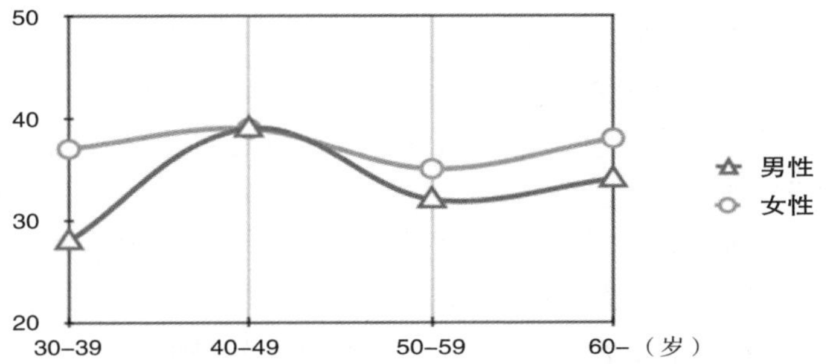

图 11 -6　成年中期的焦虑状况

资料来源:Hurlock, 1982

心理疲劳的症状一般如下:浑身乏力,对做任何事情都提不起兴趣,学习和工作效率低、效果差;记忆力衰退,常常记不清东西放在什么地方,对刚刚发生过的事情容易遗忘,甚至经常忘记计划好了的即将要做的事情;经常感到全身不舒服,如头痛、眩晕、恶心、腰酸背痛等;情绪控制力差,容易感情冲动,不论是在生活中还是在工作中,稍有不顺心的事便大发脾气;经常感到困乏,但躺在床上又睡不着,并且睡眠不好,经常做恶梦;食欲下降,肚腹胀,对任何美食都无明显的兴趣;性欲低下,严重者产生"性冷淡"或"性厌倦"心理;对工作感到厌烦;对生活的热情减退,甚至对家人的温情日益减少。

成年中期的心理疲劳感大都是因自身所承受的心理压力所致,人到中年,诸务劳形,万事累心,工作、事业、家庭,现实生活中的种种矛盾让中年人感到身心交瘁,不堪重负。中年人是家庭的主心骨,他们在家庭生活中既要扮演丈夫或妻子的角色,又要扮演父亲或母亲的角色,还要扮演儿子或女儿的角色,多重角色的转换常使他们感到心理上的不适应。繁杂的家务、子女的教育、婆媳关系、家计的安排使他们疲惫不堪。人到中年,往往容易对婚姻生活产生"厌倦心理"。夫妻双方从往日的罗曼蒂克到婚后的锅碗瓢盆,需要极强的适应能力,稍不留神,夫妻关系便会出现危机,矛盾丛生,家庭内部无休止的争吵与冲突会对成年中期的身心健康造成严重伤害。

与此同时,在许多人眼里,好像一生中最值得骄傲的正果都应该在中年时期修得,他们迫不及待地想在事业上有所建树,于是不断地给自己加负加压,不停地攀登追求,以至弄得身心交瘁、疲惫不堪。自身的健康状况也常给成年中期带来不尽的心理压力。

医学界称中年期为"危险期年龄阶段",疾病发病率较高。人到中年,生理情况开始发生变化,内分泌失调,免疫力下降,身体各部件渐次磨损,于是诸疾百患极易悄然而生。此时,若注意身心的各种锻炼,便能安然度过危险期,但许多中年人不能正视身体的各种变化,往往将身心衰退的某些征象看成是大难临头的象征,成天为此忧心忡忡,给自己造成一种无形的心理压力,继而严重影响工作、生活。在工作中,中年人是工作中的骨干,而来自工作中的各种矛盾却常使他们感到强烈的心理压力。工作中复杂的人际关系,如上下级的隔阂、同事间的磨擦等,都会使人感到情绪紧张、烦躁不安。

现代社会科技的发展日新月异,知识更新节奏加快,要求中年人不断学习新的科学知识,以更新自己原有的知识结构,才不会落后于时代前进的步伐。人到中年,已不可能像自己年轻时那样精力充沛地学习,心力不济与工作中的紧迫感无形中使得中年人承受着极大的心理压力。

第二节 成年中期的社会性与人格发展

这一时期的人们面对的问题常常是共同的,如建立事业、抚育孩子、赡养老人、休闲爱好、亲子关系、夫妻情感、人际交往等。由于必须担任起繁琐复杂的社会角色,个体有时会因此产生混乱与紧张的心理状态。我们将在本节中介绍成年中期的个体与身边的人的交往关系以及成年中期的人格发展。

一、成年中期的家庭关系

家庭生命周期理论的代表人物杜瓦尔认为,就像人的生命那样,家庭也有其生命周期和不同发展阶段上的各种任务。而家庭作为一个单位要继续存在下去,需要满足不同阶段的需求,包括生理需求、文化规范、人的愿望和价值观。家庭的发展任务是要成功地满足人们成长的需要,否则将导致家庭生活中的不愉快,并给家庭自身发展带来困难。具体而言,家庭生命周期包括相互联结的八个阶段:新婚期、育儿期、学龄前期、学龄期、青少年时期、空巢期、中年父母期、老年家庭成员,每个阶段有不同任务。

其中,家庭的基本任务则包括:①为成员提供衣食住行和医疗开支;②维持家庭的成本,包括合理分配时间和空间;③在经济负担、照看家人、管理家庭方面而进行分工;④通过家庭内部角色的成熟发展以确保每个家庭成员的社会化;⑤在不与社会规范冲突的前提下,建立起相互影响、相互沟通、相互表达友爱和性爱的途径;⑥生育和养育子女,善待家人;⑦参加外界社会生活，善处各种社会关系；⑧保持动力、积极向上，克服个人或家庭的困难和危机，制定力所能及的目标，提高对家庭的忠诚和价值（Duvall，1977）。

成年中期是一个非常特殊的时期，对于中年人自身而言，他们有一个完整的家庭需要维护，又需要有一个属于自己的事业去奋斗。同时，中年人还是处于夹缝之中的一代人，他们上有老人需要照料，下有子女需要抚养，同时夫妇双方之间也面临着十分复杂的关系。

（一）成年中期的配偶关系

怎样才是成功的婚姻？可能不同的人会有不同的认识。培根曾说："在人生中，配偶是青年时代的情人，中年时代的伴侣，暮年时代的守护。"中国还有句古话："夫妻和，家道成。"夫妻关系的好坏，关系到整个家庭是否和睦。中年婚姻家庭状况如何，也同样有赖于夫妻关系的协调。

在中年夫妇关系中呈现的首要特点是相对稳定性。中年夫妇通过关系调适，夫妻情谊已经形成，相互的理解和支持加强了。夫妻双方经过了青年婚姻阶段的磨合，形成了特定的夫妻关系模式，双方认同和承担了这种模式所规定的丈夫和妻子的角色。因而在一般意义上，可以认为中年婚姻家庭中的夫妇关系较之青年婚姻家庭中的夫妇关系更为稳定。

即使对于幸福的夫妇来讲，婚姻仍然有起起伏伏，满意度在婚姻过程中时升时降，最常见的满意度模式如图11－7所示。婚姻满意度在婚姻的最初几年开始下降，并持续下降到孩子出生时为最低点，不过从这一阶段开始，满意度开始回升，最终逐渐恢复到结婚前的水平（Harvey & Weber，2002）。

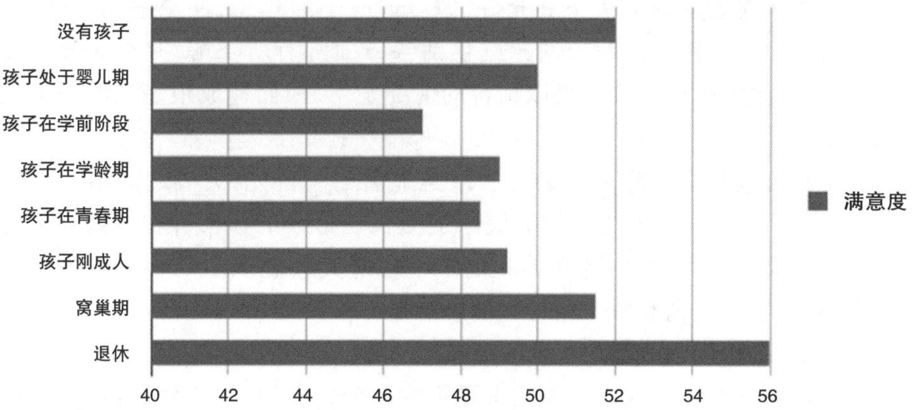

图11－7　婚姻满意的阶段

资料来源：Harvey & Weber，2002

中年夫妇有一些特定的满意度来源，例如在一项调查反馈中，男性和女性都认为配偶是自己最好的朋友，他们都喜欢自己配偶那样的人。他们还将婚姻视为长期的忠诚和追求一致目标的过程。最后，大多数人仍旧觉得在婚姻的过程中配偶变得更加有趣（Levenson，Carstensen & Gottman，1993）。

空巢期表示孩子离开家庭，或上大学、入伍，或结婚、异地工作等。突如其来的家庭结构转变，也使得夫妻之间有种新的体验。过去的生活中心或许在孩子身上，如今孩子不在身边，夫妻整天彼此大眼瞪小眼，大多数人都会感到失落、不适应，尤其是长期在家的传统家庭主妇。然而夫妻也因此能够给彼此花上更多的时间，或是有时间去做一些因从前时间无法分配而放弃的兴趣活动。

同时，中年的婚姻关系也会出现适应不良的情况。这可能是由于对理家技术、子女养育、婆媳相处及家计安排等方面的知识较为缺乏，也可能是从恋爱时的罗曼蒂克一下子转换为婚后的锅碗瓢盆，夫妻双方没有及时地适应力或缺少面对现实的勇气。而不协调的夫妻关系的共同特点就是，缺乏真正的爱情和相同的志趣，思想上格格不入，情感上互不交流，认识上也存在差距，很少有灵肉交融的性生活，有的甚至分居，许多夫妻的离婚就是从分居开始的。成年中期婚姻适应不良，有的要追溯到年轻时双方或一方的恋爱动机。源于功利主义的婚姻往往会导致夫妻关系的冷漠，以性魅力或情欲为目标的婚姻在早年就植入了中年夫妻失谐的隐患。此外，中年人在家庭生活中既要扮演丈夫或妻子的角色，又要扮演父亲或母亲的角色。有的人由于对婚姻的准备不够充分，婚后适应不够理想，甚至感到失望，以致矛盾迭出。即使婚前双方对家庭生活各方面都有所了解，并有充分的计划，但现实生活中往往会有难以预料的情况发生，因而造成很多人的婚姻关系紧张。

中年夫妻婚姻适应不良的危害性是显著的。首先，夫妻之间由于长期对立、纷争，会使夫妻双方的身心健康遭受长期持续的损害；同时，如果夫妻还育有子女的话，家庭内部无休止的争吵与冲突会使孩子幼小的心灵受到伤害，对孩子的性情和整个精神生活可能是一种灾难。

（二）成年中期的亲子关系

生养子女是成年人生活中的重要组成部分，正是在这方面的成功，使成年人完成了应尽的社会义务和自身生命的延续。为人父母的伟大心性也许正是在这里才得到最深刻的体现。

作为中年人，其子女大都开始渐渐长大，并且有了完全行为的能力，因而他们对待子女的态度也出现了相应的变化。赛尔曼(Selman, 1980)曾把人际理解力的五个水平运用到亲子关系中,并把孩子对亲子关系的理解划分为下列五个水平。

表 11－1　赛尔曼的亲子关系概念模型

水平	亲子关系
0	子女把父母看作老板
1	子女把父母当作自己的看护人和帮助者
2	子女把父母作为监督咨询员和需要满足者
3	父母和子女之间能够做到相互容忍和尊重
4	亲子关系能随环境、双方能力及个人改变的需要而发生变化

资料来源:Selman, 1980

从这五阶段社会认知水平的发展来看,子女对亲子关系的理解越来越能从双向和互动的角度来认识,当发展到第三水平时,子女开始意识到亲子关系的维护依赖于亲子双方,子女表示他们需要父母的建议和指导,反过来父母也需要能从孩子的成长和幸福中体验到快乐。同时,子女逐渐把父母对某一问题的看法仅仅看作是一种可能。总之,与年幼孩子相比,正在步入成人化阶段的孩子逐渐认识到父母除家长这一角色外,还同时具有其他社会角色的身份,他们将不再把父母的观点看作是唯一正确的观点。父母对待子女也不像对待婴幼儿那样地呵护备至了。但这时并不意味着父母角色的改变和责任的减少,反而意味着责任的增加。

这是因为,处于中年时期的父母其子女大都处于第二次“心理断乳期”。孩子在少年到青年转化期间,由于成人感的产生和独立意识的增强,要求从心理上脱离对父母的依赖,出现了“心理断乳”,表现出对父母的“反抗”。在这个时期,孩子开始以挑剔的眼光、批判的态度来重新审视父母、评价父母,父母在他们眼里的伟大时代已经过去。他们对事物开始持有自己的观点,有时为了显示自己的“个性”而固执己见,对父母的观点表示轻视,跟父母顶嘴,责难父母常有发生;有的在家里沉闷不言,不愿跟父母待在一块,甚至以离家出走来威胁父母。然而对子女来说,要打破长期保持的家庭关系无论在情感上还是在行为上都是痛苦的。孩子未取得完全的经济独立,思维能力不健全,个性正在形成之中,他们仍然需要依赖父母,需要父母为他们提供物质生活条件、情感支持和行为指导,家庭仍然是青春期孩子避风的港湾和提供物质和情感的基地。因此,他们一方面强烈地要求打破这种依附关系，走向独立；另一方面又依然依赖父母，离不开父母，这使孩子陷入紧张和烦恼之中，在家庭中极易产生反抗行为和冷漠情绪。面对这一特殊时期，亲子关系也出现了前所未有的紧张感和复杂情况。此时，家长对孩子要加强教育和引导。两代人之间本无根本的利害冲突，差异的存在是客观事实，特别是孩子到了青春期，独立意识增强，父母必须适应这种新的“形势”，正确对待与处理同子女的差异。父母要认识到孩子长大了，这是好事，应该对家庭中父母与子女的关系做出相应的调整，建立起一种合作的指导型的父母与子女的关系，帮助子女顺利度过这一关键时期。

同时，在这一时期的亲子关系中，不论是在情感上还是在物质上，都存在着给受方向上的单向性特征，都显现亲情下沉和消费下沉的现象。所谓“亲情下沉”是指此时具有父母的爱心和关怀施与给孩子的多，而孩子回报父母的少；所谓“消费下沉”指的是目前许多家庭主要消费支出中用于子女的比例日益增大。这种偏向于子女的亲子关系在目前中国非常普遍。另外，亲子关系还有一个“代沟问题”。亲子之情虽浓，但父母与子女毕竟是两代人。两代人所处的社会环境不同，阅历不同，年龄和心理不同，自然会产生代际之间的不同。随着子女长大成人，“代沟”问题便随之产生并加深，特别是子女在体格上、智力上都可能赶上并超过父母，从而产生了可与之相互抗衡的地位和能力，开始提出与父母不同的见解，要求独立，要求摆脱父母，这往往会带来亲子之间的不快和冲突。

当子女经过青春期、年满 18 周岁后，就变得更加渴求独立，也由于忙于学业或试图进行生涯规划的探索或开展亲密关系的寻求，因此亲子关系在这时都会松弛而稳定下来，父母也有喘一口气的感觉。至于以后的亲子角色，也随着子女年龄的渐增，经济的独立，越来越平等。一直到父母因身心老化，需要子女协助与照顾，父母子女的角色功能才会呈现互换。子女在青年期时，父母因子女的独立，有更多的时间去面对婚姻关系，重新调适夫妻相处之道。以往为照顾子女，没有太多时间注意配偶的需要。而子女长大后，父母互动的时间增加，而两人间新旧的冲突更等待化解。此时，子女也正是在学习经营两性关系和择偶阶段，因此父母经营婚姻的方式，对子女未来的婚姻，甚至当下跟异性的交往都能产生极大的影响。父母是在用自己的行为与榜样，来教导子女了解婚姻生活的真谛。

从孩子成长过程中，我们可以了解到父母角色中不同内涵的变迁。那么家庭内的角色关系是如何影响孩子的身心成长的呢？我们先看看夫妻角色与父母角色的冲突与协调。孩子的出生使婚姻双方同时具有夫妻角色与父母角色。在一些人看来,这两种角色的要求是冲突的。有的丈夫常会感到因孩子的出生而带来了妻子对自己的冷落。无疑,为人父母这一角色的出现,可能会淡化夫妻之间的感情,但父母角色其实是夫妻角色通过孩子而获得的转化。在共同抚育孩子的过程中,夫妻感情可以得到进一步的巩固和加深。而良好和谐的家庭气氛、父母间深沉的爱,这些对孩子的成长都起着不可替代的作用。从孩子身上看到丈夫或妻子的苦心,在孩子那里留出爱情的空间,创造爱情的氛围,这是克服孩子出生后夫妻感情淡化的重要途径。

在抚育孩子的问题上,家庭内应确定互补、均衡、目标一致的角色关系。皮特森(Peterson, 1993)曾指出家庭有两种基本角色——道具角色和表演角色:前者担负家庭的经济负担和家计、家策的制定任务,后者负责创设和睦温馨的家庭气氛。在一般家庭中,父亲是道具角色,母亲是表演角色,并将孩子也转入这种角色关系中。两种角色平衡的破坏会给亲子关系带来不利的影响。孩子们通过对父母的性别角色模仿作用获得自己的性别角色,若夫妇间性别角色混乱,便会直接影响孩子的社会化过程。此外,一些家庭中父母之间、祖父母之间在抚育子女的看法和做法上常有分歧,这种双重教育和多重教育一方面会破坏家庭的和睦,另一方面也会使孩子无所适从。所以,确立互补、均衡、目标一致的家庭角色关系是很必要的。

(三)成年中期与父母的关系

中年人往往同时负担三代人的生活,他们被称为“三明治一代”(Sandwich generation),即夹在孩子和年迈的父母之间倍感压力的中年人。三明治一代是一种相对较新的现象,由许多趋势汇集而成。由于男女双方都结婚较晚,生育的年龄也相对较晚。与此同时,人类的寿命更长了,因此,成年中期个体同时需要抚养孩子和照料父母的可能性日益增长。

成年中期的个体除了年龄的增长以外,在心理和社会适应等方面也在发生着显著的变化。中年人开始渐渐成熟起来,这种成熟不仅表现在对中年人自身的认识上,同时也表现在对老年父母的了解和接纳上。随着年龄的增长,中年人对生命有了更深层次的认识,而自己的父母也在逐渐衰老。看着自己父母一天天地老迈,中年人对父母的感情会悄悄地变得深厚起来,父母对自身含辛茹苦的抚养、父母渐渐变老的身影都会使中年人重新认识二老双亲,这时中年人对老年父母的抚养行为作为一个重要的社会问题凸现出来了。

目前,我国是以超常速度跨入老龄化社会的,这使得老年人问题成为一个非常严峻的问题。同时中国传统文化中又非常讲究孝道,这使中年人不得不直面这个问题。与以往不同的是,我国现在的城市老年人大多是有收入的,而且很多还有住房,这使得中年人与老年父母之间的关系并不是一种单向的供养问题,而常常是双向的互助问题。我们常常看到,老年父母接济自己的中年子女,老年父母常常给自己的中年子女以物质上的帮助并帮助照看年幼的孙辈。同时,中年人也在以各种方式照料自己的老年父母。很多有收入、有住房的,老年父母不愿意和自己的中年子女生活在一起的,这一方面可以减轻中年子女的抚养压力,另一方面也使老年父母有了一个相对稳定而自由的生活空间,而且这也为中年人和老年人之间创造和谐与自由的关系奠定了基础。

当然,也有一些中年人将自己的老年父母看作是自己的负担和包袱,动辄打骂甚至对老年人施以暴力,这时老年人应该学会用法律的武器来保护自己,用法律来惩罚罪恶。然而法律干预的效果往往并不理想,常常是法律的保障得到了实施,可是老年人和中年子女的关系也彻底决裂了。因而协调老年人与中年子女的关系,也是社会工作者的一项重要课题。

成年中期个体为父母提供一系列的照料,在某些情况下,照料仅仅是经济上的支持,如在物质上援助他们等,在其他情况下,照料还包含帮助其做家务、聊天或抚慰其心灵。对于更加年老的父母可能会与子女同居住,在这种情况下,角色将重新协商,此时将产生比较困难的局面,子女不再是子女,他们全权负责老人的各种情况,他们与父母的关系变成反哺的关系,他们和父母都需要适应这种关系的改变,并找出决策的方案。年迈的父母可能发现失去独立感是自己最难以接受的,而对于成年子女来讲也非常难于适应。

事实上,作为夹在中间的三明治一代的中年人,尽管他们身上的担子很重,但仍然也有显著的回报。中年子女和他们年老的父母之间的心理依恋会持续增长,亲子关系中的双方都能够更现实地看待对方。他们可能会走得更加亲近,更加接受彼此之间的缺点,以及更加欣赏彼此的长处。

二、成年中期的人际交往

成年中期是人生中扮演社会角色最多的时期,这种角色扮演的多重性不仅决定了成年中期人际关系的特点,也促使个体认识到处理好人际关系的重要意义。所谓人际关系(interpersonal relation)是指人与人之间互感互动时存在于人与人之间的关系,成年中期只有不断地协调人际关系,才能使自己有效地生活工作和保持身心健康。社会交往是中年人参加社会生活的重要途径之一。成年中期的个体通过一定的社会交往,建立了相应的人际关系和活动小群体,这一方面加强了同社会的联系,另一方面也不断地丰富和发展了自己。中年人的社会活动一般是从两个主要领域展开的:一是职业活动,二是社会交往活动。此阶段中年人职业上的成就感与创造力可以促进其平稳过渡,相反则会产生停滞感,带来身心危机。通过社会交往,社会作用于中年人,使之不断地继续社会化。在这一过程中,中年人也不断地认识和了解社会,并在通过社会交往而形成的人际关系和结成的小群体活动中,协调或调整个人与社会的相互关系。社会交往在多数中年人的社会活动中占有不可或缺的地位,它是中年人社会关系的基本表现,是每一个中年人借以生存和发展的重要社会生活内容。

影响中年人际关系的因素主要包括以下三个方面:

首先,交往范围的扩大是中年期人际关系的特点之一。多方面交往、多重社会角色决定了成年中期人际关系的复杂性。在生活中可以看到,成年中期交往范围很广,在社会中,有群己与人己的关系,有竞争与合作的关系;在工作中有同事和上下级的关系;在家庭中又有父母和子女的关系。这些都决定了成年中期人际关系的复杂性。

其次,中年期人际关系常常出现紧张的状况。成年中期的事业是否能进一步取得成功和突破,家庭生活是否能继续保持幸福美满,很大程度上取决于中年人是否善于和领导、同事及家庭成员、亲朋好友保持健全的沟通和交往。一个人对社会的适应能力,很大程度上表现为人际关系的适应能力。换句话说,要做一个现代中年人,就得有善于同别人打交道的能力。人到中年,为了获得成就,就得不断地努力,并且不可避免地会面对竞争。竞争有正当和不正当之分,如果在竞争中遇到很多的非法手段,如造谣、嫉妒、偏见和中伤等,便会给中年人造成很大的伤害。现实要求中年人必须严格要求自己,克服孤僻、多疑、嫉妒和敌意的不良心态,以便不断将自己的人际关系调整到良好状态。

最后,中年期人际关系呈现稳定性和深厚性的特点。由于中年人在十几和几十年的工作和生活中,建立了稳定和相对牢固的人际关系。中年人在长期与人相处中,由于各种成功与失败的经验教训非常多,这考验了自己和他人的人际关系,使人际关系更加趋向深厚化。

综上所述,成年中期的人际关系呈现如下特点:①扮演多重角色,在人际关系的范围上比较广泛;②在生活中结交三教九流,因而在人际关系的层次上具有复杂化倾向;③时间长、经历各种类型的人际关系,在人际关系的结构中比较稳定;④经历了各种成败的考验,在人际关系的情感体验上比较深刻;⑤存在着纷扰的内耗,在人际交往中比较谨慎。

三、成年中期的职业发展

对于很多人来说,成年中期具有最强的生产力、成功和赢取权力的时间,这同样也是一个职业成功不再像之前那样如此重视的时期。对于那些没有实现步入工作时希望的职业目标的人来说尤其如此,在这类情况下,工作不再受重视,而家庭和其他工作以外的兴趣变得越来越重要(Howard, 1992; Simomton, 1997)。同时,使得中年人对工作满意的因素发生了改变,年轻人感兴趣于抽象的关系和未来的发展,比如发展的机会或者是受到赏识的可能性,而中年雇员更加关心的是自己当前的工作质量,如薪酬、工作条件、福利制度和医疗政策等。

从心理发展上讲,成年中期的职业发展过程是艾里克森所讲的获得感和创生感以及避免停滞感的过程。在工作中,创生不仅表现为成年中期比以往生产出更多的物质产品和精神产品,而且还表现在中年人乐于充当"导师"的角色,将自己所拥有的知识经验传授给他人,尤其是年轻人。如果中年人没有关怀他人的体验,则会产生停滞感。

职场是成年中期最主要的活动领域,职业问题也是中年阶段研究中应特别重视的课题。在社会职业方面,青年和老年与中年有相当大的不同。青年期的人生一般要经过两个时期,即学习期和职业期,随着社会职业知识和技能要求的日趋提高,目前有学习期增长而职业期缩短的倾向,因而职业期在青年期中并不占据最重要的位置;老年期的人生,一般地讲,是以脱离社会职业为特征的。如果说还存在一个老年与社会职业的关系问题,那也通常是指以往的职业角色和由职业活动形成的职业心理与个人生活方式对老年生活形成的滞后作用,以及老年人如何通过新的社会职业参与社会生活,即"发挥余热"的问题。中年的社会职业是人生的主线,社会职业始终是成年中期活动的主要领域。

从职业活动上看,中年是个人事业处于成熟并达到巅峰的时期,中年人可能是生产能手、著作等身的学者、事业有成的管理者等等。事业上的成功往往意味着角色的改变,从专业活动的具体实验者转变为管理者和指导者。同时,成年中期也是一个人依赖事业发展的时期,进行自我评价的时期。他们往往用目前事业上取得的成就对照和检查先前所设立的目标,如果已经实现了基本目标的话就会得到相应的满足，否则就会产生消极的自我评价。当然，此时的中年人也面临着接受再教育的问题。当今社会高速发展，科学技术日新月异，工作条件也相应改善，如新设备的使用、网络化的实行等，对中年人而言，这些新的社会变革既是福音，也是鞭策。中年人要适应社会变化，跟上时代前进的脚步，事业上才能不断进步，不断取得新的成就。

人到中年，择业已经基本完成，绝大部分的个体已经有了自己稳定的职业，但是对职业是否适应却有着不同的表现，而且有不同的影响因素。所谓职业适应，从社会角度看，它所表达的是这样两方面的内容：其一，要求从业的劳动者具备完成与其职责相适应的劳动能力；其二，职业岗位能够为劳动者发挥其能力以完成其职责提供必要的劳动场所、物质技术和人事协作关系等条件。中年阶段职业的适应主要取决于青年期对职业的选择、自己的事业心、自己在职业升迁与工作类别变化中的适应程度和人际关系状况等。

处理好职业自我调适，首先应该能够正确评价和把握自己职业的社会意义。现实生活中许多中年人职业不适应常常是由于对自己职业社会声望不满意或职业待遇不满足而引发的。这就是说，问题的关键在于个人对职业意义如何认识。由于对自己职业意义认识模糊或错误，从而长期形成不了职业认同感，缺少职业活动积极性，造成了所谓职业不适应问题。

其次，由于多种原因，一些中年人的职业与其所具有的专业技能不对口，他们感到自己的知识和才能难以发挥，这种职业不适应通常需要靠变换职业来解决问题。但是从我国目前情况来看，特别是从成年中期职业现状来看，通过职场流动而达到化解问题的所占比例极少，大多数人的情况是一方面个人经过了一段从业时间的锻炼而掌握了相当水平的专业技能；而另一方面对这种职业又缺少感情和兴趣，职业劳动变成了一种麻木的、机械的、例行公事的活动，丝毫感受不到它的意义和情趣。对这种职业不适应的调适，专业适应具有了重要意义。事实上，专业兴趣是靠培养而来的，劳动者应从思想上明确自己工作的社会意义，积极培养自己的专业兴趣，不要见异思迁，而要脚踏实地地在自己专业上“聚焦”，发光发热。只有善于把自己的兴趣同职业统一起来，才能处理好职业调适。

最后，要积极处理职业的社会适应。任何职业活动，都离不开职业群体。劳动集体也是一个“小社会”，职业活动是在这个“小社会”中进行的。劳动者职业能否适应，还取决于职业“社会适应”。许多成年中期职业适应问题通常正是发生在这后一方面。这是因为这种社会心理适应过程比专业适应过程更长一些。长期不能进入劳动集体所担当的社会角色，人际关系紧张等等,都是这方面职业不适应的表现。

四、成年中期的人格发展

(一)艾里克森的心理发展理论

成年中期是艾里克森心理发展理论的第七个发展阶段,艾里克森将成年中期定义在大约25岁到64岁之间(或40~64岁),此阶段的人们的价值在于关怀,其社会心理危机和发展关键是精力充沛、颓废迟滞(generativity and stagnation),主要的人际关系在家庭和同事之间。这时,成年男女必须建立和引导新的一代获得关怀和满意的发展。所谓精力充沛包括热爱家庭、回馈社会、栽培后进,并指导下一代的关注与兴趣,其成就包括乐于关注他人和已经从事的各种活动,以及保护并改善周边环境的决心。精力充沛的成就使成年人致力于以自己的技能、资源与创造力提高年轻一代的生活质量。因此,精力充沛不仅是在个人生殖力上的发展,更是指对下一代的关爱。有些人从未作父母,但也深切关怀着下一代的成长,从而丰富了在感情上成熟的人格。缺乏这种体验的人会产生一种假亲密的需要,实际上是一心专注自己而产生的停滞感。这一时刻,中年人顺利地度过了自我同一性时期,以后的岁月中将过上幸福充实的生活,他将生儿育女,关心后代的繁衍和养育。艾里克森还认为,一个人即使没生孩子,只要能关心孩子、教育指导孩子也是现阶段的发展目标。反之,精力萎靡的人,其人格颓废而迟滞,仅是一个自我恣纵、不顾未来的人,他们只考虑自己的需要和利益,不关心他人(包括儿童)的需要和利益。在这一时期,人们不仅要生育孩子,同时要承担社会工作,这是一个人对下一代的关心、生产力和创造力最旺盛的时期,人们将获得关心、生产力和创造力的品质。

(二)佩克的心理发展理论

佩克(Peck, 1968)指出,成年中期的调适若要成功,必须具备以下四种心理发展:①人际关系中的社会化与性的对立。佩克认为,步入中年的男人和女人为了心理的健康,应该重新审视自己的人生,不宜只把彼此当作性的对象,而应看作个体、朋友或者同伴。②重视智慧与重视体能的对立。佩克把智慧看做采取人生明智抉择的能力,他指出,适应良好的中年人都意识到自身现阶段拥有的指挥完全可以补偿精力、体力与青春吸引力方面的衰减。③心智灵活与心智僵化的对立。对于绝大多数中年人而言,之前已经完成的应该接受的教育以及充足的职业培训,同时对于后半生的生活、策略和工作都有了一定的信条。有些中年人不再寻求新的资讯与观点,变得固执己见、封闭保守,这使他们的智力发展受到阻碍,使得生活在他们眼中变得平凡和不尽如人意。而对于那些乐于接受新事物和新经验的中年人而言,生活则变得充满意义、有价值和富有吸引力。

(三)莱文森的生命结构理论

莱文森(Levinson, 1983)认为,成人发展是由一系列交替出现的稳定期和转折期构成的。前者是指成人前期、中期、晚期的稳定阶段,后者指每两个时期衔接的阶段。稳定期与转折期的区别就在于生活结构是否发生了变化。所谓生活结构(structure of life)就是个人的社会角色的综合体,他强调转折期的重要性,当从成人前期向中期转折时,原来青少年时期所关心的"我是谁""我将向何处去"的问题又变得十分重要,个体开始按照原来确定的目标来评价自己取得的成就,并根据当前取得的成就和期望调整自己的目标。

表 11－2 所显示的是自过渡时段起始的成年期的大致年龄(时期之间有交叉过渡,过渡时段差不多是 5 年)。在过渡时段中,人们会回顾自己早先成型的生命结构,并探索重新建构人生的选择余地。

表 11－2　莱文森的成年期阶段理论

阶段	年龄	转变
成年前时期	0~7 周岁	儿童期和青春期
	17~22 周岁	成年早期的过渡
成年早期	22~28 周岁	初步形成成年早期的生活结构
	28~33 周岁	30 周岁的过渡
	33~40 周岁	成年早期的生活颠峰
	40~45 周岁	向中年过渡
中年时期或成年时期	45~50 周岁	初步形成中年时期的生活结构
	50~55 周岁	50 周岁的过渡
	55~60 周岁	达到中年时期的生活颠峰
	60~65 周岁	向成年晚期过渡
老年期或成年晚期	70 周岁以上	N/A

资料来源:扎斯特罗,2006:534

17~22 周岁的过渡阶段是逐步进入成年的阶段,并开始学习独立于父母的家庭,在经济和情感上学习独立的知识;22~28 周岁开始成长为成人,并建立自己的生活结构,包括面对就业和择业,与他人建立亲密关系、结婚或生育等;28～33 周岁的过渡阶段需要换角度地审视生活,思考过去十年中的一些承诺是否成熟,或者可能考虑首次做出某个重大的承诺;33～40 周岁这一过渡阶段被冠以“尘埃落定”,这一时期的人们对家庭、工作和生活的其他重要方面都承担了更深的责任;40～45 周岁这一过渡阶段的重要任务是完成成年早期的任务,学习中年的各种规则,同时可以为调整各种危机做准备工作;45～50 周岁是人生最令人满足、最有创意的时期,对于中年任务失败的人却使得生活更加狭窄;50～55 周岁中,大多数人会经历中年危机,再次思考自己的未来和过去;55～60 周岁中一般比较平稳,已基本完成成年中期间的总体框架;60～65 周岁是一个重要的转折时期,成年中期正式结束,老年期随即来临。

(四)哈维格斯特的发展任务论

美国芝加哥大学研究儿童毕生发展的心理学家哈维格斯特(R. J. Havighurst, 1974)将成年中期划分在 30～60 岁,在总结前人有关发展研究的基础上,提出了一种具有综合色彩的发展理论,即综合适应发展理论。哈维格斯特认为人类不是天生就有一种能指引我们生活的本能,要在人类社会中顺利生活,个体就必须学会自我学习、摸索。这个学习过程是应该伴随人的一生的:随着生命的开始而开始,也随着生命的结束而结束。他认为个体在学习过程中所要完成的各任务之间不是等距离的,也就是说,个体是不能以一个固定的速度去完成一个个任务的,而必须使一些学习任务在某个时期内完成,而另一些学习任务又在另一个时期内完成。这样,就会产生许多加速学习时期(period of accelerated learning)。而正是这些加速学习时期的存在使得许多个体在发展过程中感到不适应,由此产生各种各样的心理危机和冲突,在这种情况下,哈维格斯特提出了发展任务(developmental task)这个概念。他认为,成年中期(40～60 周岁)的发展任务包括:完成成年人的公民和社会职责,建立并维持某种经济水准的生活,帮助青少年子女成长为可靠、幸福的成年人,开展成年中期的闲暇活动,与配偶维持密切关系,承受并适应成年中期的生理变化,与年迈父母相互适应(表 11－3)。

表 11－3　哈维格斯特成年中期的发展任务

成年中期的 7 大发展任务
1. 实现成人的公民和社会责任
2. 建立和维持经济生活标准
3. 协助十几岁的孩子成为有责任而且快乐的成年人

续表

4. 发展成人的休闲活动
5. 使自己成为一个德行完美的、身体健全的配偶
6. 接受和适应成年中期的生理变化
7. 适应年迈的双亲

资料来源：夏埃、威里斯，2003：46

第三节　成年中期的相关问题

艾里克森（Erikson，1963）认为，人生每个发展阶段都有其特定的问题，同时都有积极的解决方法和消极的解决方法。积极的解决方法有助于自我的加强并形成比较好的适应能力；消极的解决方法削弱了自我，阻碍了顺应能力的形成。我们使用"中年危机"这个词，表示个体正面临着一个重要发展转折点，其中有发展的危险，也有发展的机会。人到中年后在心理上所产生的危机感包括：更年期的到来、空巢期的出现和事业上的失落感等。中年期是人生的黄金时期，但也是多事之秋，有很多问题需要人们去逐一面对、加以讨论并妥善解决，也需要社会工作者充分扮演好自己的职业角色加以适时与必要的支持。

一、中年危机

中年危机是指40岁早期到中期假定存在的一个压力时期，它导致中年人对生活的评价下降，面临生活与工作的双重压力（Papalia & Olds，1995）。在这段时间里，一个人意识到他成年时期的第一部分已经结束。一些建立了家庭的人们，现在也喜欢从每天看护孩子的责任中获得更多的自由，因为孩子都已长大并开始独立，一些孩子已有了自己的职业，并且获得了某些成功，他们变得和父母一样自立，父母正把他们当成助手。虽然中年人都处在积累财富的最佳时期，他们也意识到自己的时间是有限的，没能实现年轻时所有的梦想，即使已经实现了他们的梦想，他们也可能意识到他们并没有赢得他们所希望得到的。

然而这种现实性并不一定造成危机，它只是许多生活变化之一，人们要尽早调整。在这一时期，许多中年人明显意识到生命的有限并认识到如果他们想在职业或亲属关系方面有所变化,他们必须马上行动。虽然性格特点在成人时期保持稳定,但仍会发生变化,中年人变得更加内省,包括影响性格的因素和与之相关的其他因素。例如,男子可能变得更加善于表达和有教养,女人则变得更加自信。(Cytrynbaum et al., 1980; Helson & Moane, 1987)

"中年危机"并无负面意思,许多对中年人的挑战和个人的估量是正面的、富有成效的和有益的。因此,我们宁可称这一生活时期为中年变化,而不是危机。这一段时期属于重新调整个人家庭生活、职业、与亲属关系、社会和内部生活的时期。中年变化的特征形成是由于个人认识自我和周围他人的变化引起的。有时,当人们改变了他们的准则后,很自然会产生中年变化。当个人由一个稳定状态变化成另一种状态时,产生中年变化也是很自然的。在这个变化中,人们表现出成功和失败都是很普遍的。一些人看到他们的不足,感到非常焦急和不安,并想避免出现这种情况,对另外一些人而言,中年变化可能是非常有效的,因为他们能检视自己,并且能发现自己的优点和不足。

社会工作者有时能够发现那些有预先衰老迹象的服务对象会表现出焦虑和抑郁,另一些服务对象只考虑他们生活中负面的内容,因而认为他们是失败者。一些人在评价他们年轻时的梦想和目前成就之间的差距时,会感到沮丧失望。对社会工作者来说,这暗示着由于中年生活的现实性使得成年早期的梦想需要被检视,服务对象应当明白生活中的某些目标是不能实现的,他们必须接受现实,并集中精力于那些有可能实现的目标。最后,这种评估可能会导致成年生活后期更可能达到自我实现。

二、中年人的婚姻家庭问题

进入"中年"的婚姻,本应是最和谐、最成熟、最有魅力的,但这时也是婚姻最容易"伤逝"的时期。中年的夫妻都正处于事业发展的巅峰期,夫妇双方工作忙碌,彼此见面交流的时间就少了;另外,随着夫妻双方熟悉度的增加,彼此往往多了了解少了关注和浪漫,一些熟视无睹的不在意恰恰给婚姻埋下了破裂的伏笔。婚姻的变异是逐步的,离婚也并非仅仅开始于一方看着另一方说出"我们应该结束这一切了"。每一个婚姻的离异,都必定有或明或暗的前兆。走上离婚道路的起点就是冲突。冲突的发生是由于夫妻间的不和谐、关系紧张而造成的。冲突的持续发展便导致婚姻的危机。冲突一般开始是自小冲突而发展到较大冲突，由偶尔发生冲突到经常频繁发生冲突。冲突的逐步升级，直至分居，感情破裂而无法弥合，最后必然导致同床异梦甚至是离婚。中年期容易出现家庭婚姻问题，也是离婚率较高的一个阶段。中年期夫妻的压力一般由以下四个主要因素引发：

第一，社会变化的影响。社会变革改变了人们已有的婚姻观念和对丈夫、妻子的角色期待，中年夫妻有更多发展、改变的可能性，同样也更容易经历不和谐与压力，这些变化会给婚姻带来极大压力，影响到婚姻能否长久。

第二，个体发展的影响。到中年时，因为个体更加容易意识到自身的失败和时光的流逝，许多人开始追忆他们过去的选择，而且常常关注他们曾放弃的选择，产生一种紧迫感或是一种渴望。尤其当婚姻中的一方或双方倾向于指责对方应对失落感负责时，婚姻就会出现危机。这些追悔在与婚姻生活的琐碎事情相对比时，被理想化了。当事者并没有意识到他们在自己过去的选择和妥协中所得到的，也没有意识到当时的各种选择是结合当时的各种条件所作出的，并不能以现在的某些条件去替换当时的条件，再设想结果。

第三，早年婚姻关系的耗损和僵化。往往婚姻开始时，人们尚不了解婚姻的真谛，在早期婚姻生活中，会形成一些不言而喻的妥协和相处的模式。早期的精力主要用在抚养孩子和发展事业上，夫妻双方很难有时间和精力去回顾和修订这些协议。从表面上看，这种“顺其自然”的生活方式是可行的，可这样生活的夫妻到了中年，就很容易出现生活僵化的情况。对许多夫妻来说，这时双方开始了对相互关系的审视和思考。

第四，家庭生活圈的改变。中年期正好是青春期的孩子要脱离父母，并且最易与父母发生冲突的阶段，这时夫妻关系容易降至一生中的最低点，夫妻为了尽到父母的义务，往往忽视了自己的婚姻交流和互为伴侣的需要。再加上双方的父母往往也到了需要赡养的阶段，于是中年夫妻成为了“三明治中的夹心层”一代，夹在了父母和孩子的需要之间，由此带来的经济、身体和情感上的压力给中年夫妻的人生造成了巨大的困难。

针对中年期婚姻危机的状况，社会工作者应当帮助中年夫妇认识到以下三点：

第一，加强夫妇之间的沟通。这既包括言语沟通，也包括感情沟通和行为沟通。正常的言语沟通不仅能增强了解，而且也是意识到对方存在、尊重对方的一种表现。感情沟通是家庭生活愉快、夫妻关系融洽的保证。密切的沟通可以促使夫妇之间的心心相印与和谐美满。

第二,帮助夫妇双方重新认识自己在家庭中的位置,在情感上缩小双方的距离。婚姻是两性的结合,缺少任何一方都是不完整的,男女双方在家庭中的地位是平等的。如果只是一方服侍、迁就另一方,以致其过多承担生活的责任,没有时间和精力去调整自己的状态,在婚姻中失去自我,就可能使双方产生距离,使婚姻的天平倾斜甚至倒塌。

第三,促使案主把婚姻、家庭看作是一种社会责任和义务,夫妻双方要时刻提醒自己应忠诚于对方,要经常向对方敞开心扉,取得对方的理解和认同,从而达到夫妇之间的动态的平衡与和谐。维护家庭和睦是夫妻双方共同的责任和义务,需要双方的共同努力才能达到理想的境界。

三、中年人的社会角色问题

社会角色问题是中年阶层比较突出的问题。对于成年早期和成年晚期来说,社会角色问题不那么突出,而中年期是人生负重的时期,他们是社会的中坚,有责任和义务在社会生活中扮演主要角色,他们要抚养下一代并赡养上一代,应该比成年早期更成熟、更理智、更严肃地履行社会责任和义务,应该比成年晚期更有能力、更有进取,更认真地开拓事业。这既是社会对中年人的习惯认识和期望,也为大多数中年人自觉践行,因而中年人就要在社会生活中扮演多种社会角色。许多中年心理问题正是始发于对这种角色期待实践的压力。

首先,每一个人的情况都是极为不同的,如果每个中年人通通都按照年龄角色期待去生活,必然会形成一种"自我"与"角色"的冲突。仅以中年人应有所谓的中年人形象而论,一些中年人按照这种期待去生活,就不能像青年人那样表现出固有的冲动和热情,而需要把"真实的我"藏在中年人的"面具"之后;按照"老成持重""成熟理智"的角色特征要求自己,否则便不会被社会赞同,不会为人们理解。这对中年期来说实在是一种自我压抑,由此还会带来孤独、寂寞的心理状态,感到自己不能生活在一种实在的状态之中。

其次,年龄角色期待是事实,但并不是每一个人都能如实地实现它。然而生活中某些中年人却把这些期待作为一种既定的标准来苛求自己,从而把事情极端化。比如,中年人通常期望自己具有与年龄相适应的社会地位和身份,但生活中却远非如此幸运。这就可能引起一系列恶果:人已中年,功未成,名未就,与同辈人相比顿感十分寒酸,为了获得与自己年龄相符的社会地位和社会身份,长期处在一种紧张的心理暗示之中,把那些能够表明身份、地位的东西,诸如职位、职称、看得过重,于是苦苦追求,一旦失意便酿成许多悲剧。而更多的中年人是处在这样一种状态之中,由于认识到无法达到社会角色期待,转而自卑,丧失生活信心,失去生活意义,自暴自弃。

正确处理和解决社会角色问题,是中年期生活中重要的内容。社会工作者对这一问题的解决要注意两个方面:在社会层面上,应当创造条件关心和帮助中年人,解决他们负担过重的问题,指导他们正确对待人生、妥善处理可能遇到的社会角色问题;在个体层面上,提高中年人的应对水平,使之能够进行积极的角色调适。社会角色生活有冲突、有矛盾这很正常,关键是要能够协调认知,缓解压力。

四、中年人的失业问题

失业也是一个值得引起密切关注的中年期压力事件。失业会给失业者带来各方面的影响,一方面影响身心健康,另一方面还会使失业者处于多重的社会弱势(social disadvantage)之中,如导致贫穷、排斥出消费市场、家庭关系紧张、排斥出社会福利制度等(曾群、魏雁滨,2004)。长期失业者甚至可能成为低下阶层中的一员,形成不同于主流社会的生活方式和价值观念。中年人在职业适应中的主要特征是稳定性,经过长时间的摸索和改变,中年人渐渐适应了职业的要求,逐步走上了发展的道路。中年期又被认为是人生的黄金时期,在中年阶段,许多人在事业上开始了收获,大多数中年人在50岁左右达到了人生的顶峰时期,是家庭和事业的双丰收的时期,从这个意义上说,中年是一个非常值得羡慕的时期。但是如果在这样一个重要的、本该硕果累累的时间段里发生了失业问题,那么其后果与影响是多方面的,而且是深远的。其中,失业的集中影响是家庭收入的减少,失业使其失去了经济来源,如果是夫妻双方都陷入失业,则家庭生活就会出现十分窘迫的局面。在我国20世纪90年代末的产业结构调整和国有企业改革的过程中,许多中年人就陷入了下岗或失业的窘境。

失业会导致失业者在家庭中地位的下降。失业者没有了收入,无法自食其力,很多人成为家庭的包袱,丧失了在家庭中的主导地位。另外,失业还容易导致夫妻原来的平衡被打破,夫妻之间的平等关系失去了存在的基础,使婚姻一下子被推到危机的边缘。同时,失业导致了失业者与社会的割裂。人是社会关系的产物,但这个社会关系的建立具有一定的现实基础,职业与工作正是最为重要的途径。没有了工作,也就没有了同事,失去了与他人的联系,慢慢地就失去了与社会的联系,失去了在社会中的地位。一个没有社会地位,也没有社会联系的人,就不是一个真正的社会人。失业人员常常感到被社会抛弃,被他人拒绝。加霍达(Jahoda)等人在奥地利一个小镇的研究发现,突如其来的失业导致了社区共同体的衰败和个人与共同体的脱离;巴克(Bakke)的研究则发现,失业者与朋友的交往骤减(参见曾群,2004)。

作为失业人员,常常容易产生不利于个人健康和社会稳定的心理倾向。其中包括:

第一,不满和怨恨。突然降临的失业,使一个人稳定的工作状态和心理平衡被打破,由此会直接影响其个人和家庭的生存。在这种打击下,几乎所有的人都会产生不满和怨恨的情绪。通常他们会把这种不满或怨恨指向社会、单位、领导等。对于自己的失业,他们一般难以保持豁达的心态,且不愿承认和接受失业的事实,难以自行提出积极的应对方法和策略。

第二,自责和内疚。由于失业,不能通过正常的工作得到工资来支持家庭的开支,所以失业往往会引发个人强烈的自责和内疚。他们会觉得自己没有尽到做丈夫或妻子或父母的责任,对不起家人,觉得自己无能。如果这时候家人不能及时对其给予安慰和鼓励,便会加重其心理负担。有些人可能还会以反向的形式表达这种自责和内疚,如埋怨子女或配偶等。

第三,退缩与绝望。有的失业人员在重新寻找工作的过程中,几次遭受挫折,便一蹶不振,不愿去做更多方面的探索,而是回到家中,满足于依靠政府救济和亲友接济维持生活。在这种心境的支配下,有的人可能会自暴自弃,容易滋生反社会行为。

第四,不正确的归因和自信心的缺失。一部分失业者对于自己失业不能做全面正确的分析,单纯埋怨社会不公,而没有或很少去考虑其中具有的个人方面的原因,比如,自己的知识、技术等不适应社会发展的需要,个人在寻找新的工作、重新创业的过程中,适应性和开拓性不强等。

失业问题是一个综合性的社会问题,应该采用综合性的方法加以解决。对社会工作者而言,在遇到失业的案主时,应当尽力帮助他们得到切实的生活保障,并寻找合适的资源,如提供再就业的培训机会等,并促使政府出台相关的政策措施,健全社会保障和失业保险体系,利用制度来保障个体的利益。同时,要重视对案主及其家庭的人性化关怀。家庭中一个人或夫妻二人失业,双方都会感到沮丧不安。失业者如果负性的情绪很严重,长时间的抑郁、焦虑、愤怒、甚至借酒浇愁等,会导致失业者不同程度上从社会生活中退缩,这就需要社会工作者和专业心理咨询师的积极介入,一方面要积极进行身体方面疾病的治疗,同时也不要忽视对心理问题的解决和纠正,动员失业者全家的力量,团结一致,共同克服困难渡过难关。

推荐阅读书目

詹姆斯·O. 卢格,1996,人生发展心理学,陈德民等译,上海:学林出版社。
朱莉娅·贝里曼等,2001,发展心理学与你,陈萍等译,北京:北京大学出版社。
罗伯特·费尔德曼,2007,发展心理学——人的毕生发展,苏彦捷等译,北京:世界图书出版公司。

对社会工作实务的建议

- 熟练掌握中年期生理变化的规律和特征。
- 掌握中年期心理变化的普遍规律,协助解决可能发生的心理危机。
- 发掘优势视角,解决问题时注重发挥中年期自身的优势和特长。
- 对中年期案主在某项技能或自身能力上的缺失进行增权。
- 协助处理中年可能出现的财务危机,并协助对即将到来的老年期作出规划。
- 注重对中年期生活目标和生活态度的选择和调整。
- 关注中年期的情感需求,并对发生婚姻变故的案主提供情感支持和专业介入。
- 注重对中年期家庭生活关系、工作关系的协调与支持。
- 为失业的中年期联系社会保障资源,提供培养再就业能力的场所和机会,并调整其心理认知。

第十二章
成年晚期

成年晚期一般是指60周岁及以上年龄段的时期（也有些标准将起点定为65周岁），通常也可称为"老年期"。这个时期占到个体生命周期的1/4到1/3时间，是人类生命的最后阶段。在成年晚期，个体在生理和认知上会出现一些退行性变化和衰老现象，人格和社会角色等方面也会发生相应的改变。成年晚期的这些发展变化具有很大的个体、时代、地区差异，而且即便是同一个体，身心各方面的衰老也不都是同步的。因此以60周岁或65周岁作为成年晚期的起点并不是绝对的，而是结合具体的时代背景和社会环境因素，比如相关政策（如退休政策）所设定的标准来决定。随着整个社会逐渐步入老龄化时代，老年人在总人口中所占比重越来越大，成年晚期的各种相关问题也越来越受到全社会的关注。让全社会的老年人度过一个充实而幸福的晚年，成为相关政府部门和专业机构都非常重视的问题。对于社会工作者来说，为老人提供服务，不仅仅要满足他们物质上的、日常生活的需要，更重要的还是关注他们心灵上的需要，安抚可能陷入孤寂、空虚的灵魂，让他们在晚年仍然能够体会到人世间的温情和快乐。

第一节　成年晚期的生理与认知发展

人类的身体时刻在变化着，"衰老"也属于生命发展周期的自然变化。而到了成年晚期，这些变化开始比较明显地影响个体的生活能力，从而也引起人们对于衰老的关注。对于衰老的原因，目前学术界尚无定论，但一般认为主要可归为两方面因素：一是先天因素，即基因所携带的程序；二是后天因素，即环境、生化条件等导致的累积损伤。衰老又可分为两种过程，一种是年龄增长导致的生理性改变，另一种是因疾病或应激而引起的病理性改变。但实际上这两种过程的区分更多是人为的，接下来要介绍的衰老表现很多都是生理和病理过程相互交织所导致的结果。

一、成年晚期的生理变化

成年晚期的生理衰退首先表现在细胞的老化上。进入成年晚期后，细胞逐渐停止有丝分裂，人体产生新细胞的速度跟不上细胞衰亡的速度，从而造成细胞数量的逐年减少。同时，老化细胞的各类蛋白合成减少，摄取营养和修复染色体损伤的能力下降，结构变形，体积缩小。作为人体的基本结构和功能单位，细胞的这些变化奠定了整体生理衰老的基础。

（一）各个生理系统的变化

个体进入成年晚期后，身体的各个系统，如神经系统、循环系统、呼吸系统、消化系统以及骨骼系统等，都逐渐趋于衰退，功能减弱。各个系统的组织器官都会发生一些变化，从而导致整体外观和功能都逐步呈现出老年人的显著特征。

1. 骨骼系统

骨骼方面的衰老表现造成了老年人体型的变化。骨钙丧失、骨质疏松、韧性减弱、骨骼肌萎缩或者骨质增生，导致老年人运动困难、容易骨折。而椎间盘萎缩、脊柱变形下弯，以及下肢弯曲，则会造成老年人弯腰驼背，身材变矮的现象。而头颅骨变薄，牙龈和牙槽组织萎缩，牙齿松动脱落，加上皮下脂肪的减少导致面部、四肢等处原有的凹凸更为明显，形成了老年人独特的面容特征。

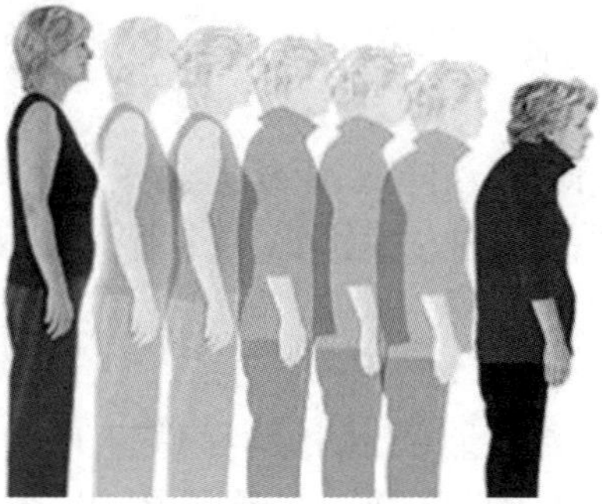

图 12－1　老年人的身材变化

2. 肌肉系统

在肌肉方面，由于肌肉萎缩、肌肉变瘦、力量减弱、肌肉以及关节韧带松弛、活动不灵活，还可能出现由中枢神经系统变化引起的肌肉强直或震颤。而上述骨骼和肌肉系统变化，都会进一步导致老年人的动作变得迟缓、步履蹒跚、手指哆嗦,甚至发展为运动障碍。

3. 外皮系统

皮肤及附属器官随着年龄的增长也会发生衰老和萎缩,如表皮变薄、汗腺及皮脂腺萎缩,进而造成老年人皮肤的外观变化,表皮衰老导致皮肤变薄、弹性降低,皮下脂肪的减少导致皮肤松弛并出现褶皱,汗液和皮脂分泌的减少则使皮肤变得干燥,黑色素细胞的增生还造成老年斑的出现。同时,毛囊的衰老导致其中黑色素的生产逐渐停止,人体的毛发比如头发、胡须也就开始变白;随着毛囊的萎缩,毛发逐渐稀疏脱落,造成秃顶。

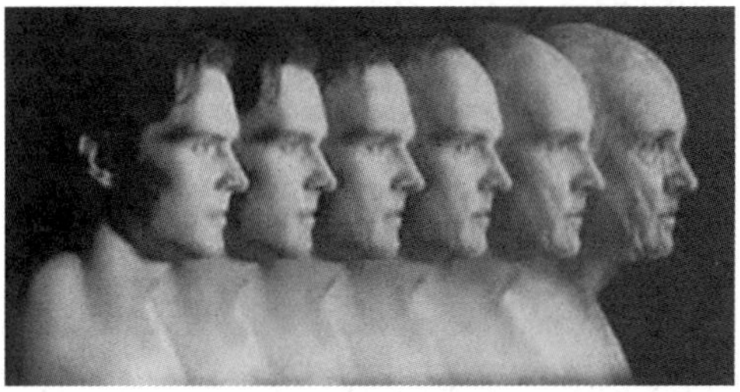

图 12 – 2 老年人的外貌变化

4. 循环系统

心血管的衰老会造成血压变化,脉搏随着年龄逐渐变慢,心脏起搏细胞的数量减少,心脏向全身输送血液的效率也开始降低。在血管方面,动脉内膜厚度的增加和中膜的纤维化导致动脉硬化;血管壁堆积的脂类导致动脉粥样硬化,致使管径变细,动脉压升高。

5. 呼吸系统

老年人肺泡壁变薄、弹性降低,组织重量减轻下降,导致呼吸功能降低。支气管软骨钙化变硬,黏膜上皮退化。因骨骼的退化,胸廓增大呈桶状,呼吸肌萎缩变弱。

6. 消化系统

在口腔中,由于牙龈萎缩,牙齿松动易脱落,咀嚼功能下降;而唾液腺的分泌功能也随着年龄增长而降低。在肠胃中,胃、肠黏膜萎缩,结缔组织增多,导致消化能力的下降,引起老年人饮食方面的问题。

7. 神经系统

神经细胞总体数量的下降导致脑组织萎缩、脑细胞数量减少、神经突触数量减少。同时,脑部血流和耗氧量降低,脑血管阻力增加,导致脑功能的下降。神经纤维传导速度降低,反射减弱或消失,导致感觉随之变得迟钝,植物神经系统的调节能力也逐渐下降。

8. 泌尿系统

肾和膀胱重量随着年龄增长都会减轻。这些组织器官的减重导致肾脏滤过功能下降、膀胱容量减小，引发老年人泌尿方面的困难。

9. 生殖系统

成年晚期男女的生殖器官都会呈现萎缩性变化，性功能逐步下降。

（二）整体生理功能的衰老

由于各个生理系统的衰老，成年晚期整个机体的适应能力都趋于下降。各脏器细胞功能的减退和细胞数量的减少，使得心脏、肺、肾脏、肠胃等都发生萎缩，重量减轻，生理功能减弱。在内分泌系统中，多种腺体的分泌能力降低，导致人体各项激素水平的下降，引发生理功能和情绪心境等各种变化。眼、耳等感觉器官的衰退与相关神经衰老一起导致视力下降、听力减退、味觉、嗅觉和皮肤觉敏感性降低。免疫监视功能和免疫防御能力降低，则会导致人更容易罹患各种肿瘤和感染性疾病。

机体生理功能的衰老造成罹患慢性退行性疾病的风险明显增加，比如慢性支气管炎、高血压、冠心病、糖尿病、痛风等。这些疾病中有很多并不是老年期的特有疾病，在生命的其他时期也会发生。但是随着老年期免疫能力的下降，疾病更容易长期发展、诱发并发症或转变为更严重的疾病。不同慢性疾病和相关症状的发生具有较大的性别、种族和民族差异，但都会影响老年人的健康状况和寿命长短，是成年晚期生活所面临的重要问题之一。

当个体年龄达到 85 周岁左右时，其各项生理功能就会变得更低，很可能生活无法自理，必须要接受他人的照顾，甚至需要专业人士的护理。从这个阶段一直持续到生命结束，个体要去适应进一步受限于身体机能的社会生活和行为习惯，而社会则面临老年护理、养老机构设置等现实问题。

（三）脑的衰老和神经疾病

脑和神经系统的衰老是成年晚期认知、人格等各种心理变化的物质基础。大约从 30 岁开始，神经细胞就会呈减少趋势。到了成年晚期，大脑及小脑的神经细胞减少会导致脑的重量相比青年、中年时期减少 20% 左右。脑神经系统整体也呈退行性变化。大脑皮质表皮面积减少、脑膜变厚、蛛网膜逐渐纤维化、钙化，脑细胞中脂褐素的蓄积促使细胞质中核糖核酸含量降低，影响脑细胞进行正常的新陈代谢，从而导致“脑萎缩”。

脑神经系统是人类机体的高级指挥中枢，脑血管硬化、弹性降低、供氧不足等因素直接促使脑衰老。脑和神经系统的衰老可直接影响到老年人的感觉、运动及思维等心理功能的衰退现象。比如,海马区神经元的减少会造成老年人记忆能力的衰退,而一些常见的老年神经系统疾病也集中地表现出这类状况。如阿尔茨海默病(Alzheimer disease)和帕金森病(Parkinson disease)。

阿尔茨海默病是一种神经系统退行性疾病,是老年性痴呆(dementia)中最常见的一种类型。临床上的主要表现包括记忆障碍、失语、失认、视空间技能损害、执行功能障碍以及人格和行为改变等全面性痴呆表现。该病的病因迄今仍没有统一定论。认知功能的全面下降和精神症状会导致患者出现行为障碍,日常生活能力逐渐下降。最后阶段甚至会发展至大小便失禁,肢体僵直,最终昏迷,患者一般死于感染等并发症。另一方面,严重记忆障碍甚至可能导致患者认不出家人,加上人格和行为的改变让患者的亲友关系更加冷淡,给周围人也造成痛苦。根据2005年的一项调查估算,中国55岁以上人群中,目前约有310万阿尔茨海默病患者;65岁以上阿尔茨海默病总患病率约为5.9%(张振馨等,2005)。随着老年人口数量的增加,未来该病对老年人生命健康和社会负担的威胁将会更大。

表12-1 阿尔茨海默病各阶段的典型表现

阶段	典型表现
前痴呆阶段 常和一般的衰老表现相混淆	注意、计划、抽象能力等认知功能的微小问题 短时记忆的微小丧失
早期阶段 通常此阶段的症状已可以在就医时确定诊断	做事心不在焉 学习和记忆能力减退,难以记住最近获得的信息 词汇量减少、词语流畅度等下降,导致一定的口头和书面语言困难,但通常较难被注意到 对不熟悉的状况感到困惑
中期阶段 此阶段症状的发展已经影响到患者的正常生活	持续发展的认知困难将影响到生活自理能力 记忆问题更严重,长时记忆开始丧失,有可能无法认出亲人 言语出现较为明显的困难,如说错词语 在更多的环境下感到困惑 走动不停、容易烦躁发怒、无故哭泣、抗拒照顾 运动协调能力下降,跌倒风险增加,出现失禁症状
最终阶段 患者通常需要完全依靠他人照顾	说话下降到只能用单独词汇、短句,最终完全丧失语言能力 情感反应转为冷漠、疲惫 部分丧失自我意识 肌肉量和活动能力降低到卧床,出现感染等并发症

资料来源:Förstl & Kurz, 1999

帕金森病是一种常见的中老年人神经系统变性疾病，在临床上主要表现为四大症状：静止性震颤、运动迟缓、强直和姿势平衡障碍。该病的病因主要在于脑内的多巴胺递质通路神经元老化，多巴胺分泌减少会造成丘脑—皮质反馈活动受到过度抑制，因此产生肌张力增高、动作减少等运动症状；而中脑—边缘系统和中脑—皮质系统的多巴胺含量减少则可能引起智能减退、行为情感异常、言语错乱等高级活动障碍病变。帕金森病患者具有一些典型外貌和行为表现，比如面部表情减少，俗称“面具脸”；手指节律性震颤，形成所谓“搓丸样动作”；站立时头部前倾，躯干俯屈；行走呈“小碎步”样的慌张步态。

二、成年晚期的认知变化

生理系统，特别是神经系统的退行性变化，又会进一步引起基本心理功能的减退。从感觉、知觉一直到学习能力和记忆力都会出现各种不同的衰退表现。

（一）成年晚期感知觉的退行性变化

在成年晚期的各种心理活动中，感知觉的变化最为明显，其中受老化影响最突出的则是听觉和视觉。进入老年期后，听觉感受性最早开始衰退，其次是视力。平均而言，55 周岁之前还很稳定的听力和视力，55 周岁之后可能会在短期出现相当急剧的衰退。味觉的衰退和视觉相似，大约在 60 周岁之前的几年还相当稳定，但随后对咸、甜、苦和酸等物质的感受性便急速下降。

1. 视觉衰退

随着年老，由于眼睛晶状体弹性变小，调节力逐渐下降，时常看不清近物，出现“老花眼”。其次，老年人对弱光和强光的感受性也明显下降，由此也导致对颜色的辨别力有所下降。老年人对蓝绿色的辨认最困难，而对黄、红色的辨别力降低较少。此外，老年人对物体的形状、大小、深度、运动物体的辨识力也比年轻人差，对视觉信息的加工速度也有较大的下降，视觉的注意能力也有一定程度的降低。

2. 听力下降

与视觉相比，老年人的听力下降更为明显，甚至减退到耳聋的程度。一般来说，人的听力的最佳年龄是 20 周岁，超过 50 周岁，听力就开始下降，而且言语听觉理解力随着年龄的增长而逐渐下降，70 ~ 79 周岁开始明显下降，

80~89 周岁以及 90 周岁以后下降尤为明显。因此,社会工作者在对老年人说话时,语速要放慢些,并应适当提高声调,必要时多重复几遍。

3. 味觉、嗅觉和皮肤感觉迟钝

由于味觉感受器——味蕾随着年龄的增长而减少,因此味觉的敏感性也随着年龄的增长而下降。而且味觉的多样性也随着年龄的增长而减退,青年人能同时品尝出食品中的多种味道,而老年人只能感觉到其中的几种,其中以对咸味的感受较为敏感。

嗅觉也随着年龄的增长而下降,在人的一生中嗅觉最灵敏的时期是20~50 周岁,50 周岁以后就逐渐衰退,70 周岁以后嗅觉急剧减退。在 60 周岁至 80 周岁的老人中约有 20% 的人会失去嗅觉。

老年人的温度觉也比较迟钝。高龄老人不但对室温敏感程度下降,而且身体的体温也随着年龄的增长而降低。部分老人身体深部的温度甚至低于体表的温度,由于对室温的感觉十分迟钝,由此造成的老年人患病和死亡的几率也比较高。

(二)成年晚期记忆力和智力的变化

1. 记忆力的减退

老年人记忆力变化的总趋势是随着年龄的增长而下降,18~30 岁是个体记忆的"黄金时期",记忆能力最强,记忆效率最高。到了 35 岁以后,记忆能力就逐步下降。但一般情况下,直到进入成年晚期前,记忆衰退得并不明显。成年期后个体记忆力在总趋势上表现为衰退,但其发展并不是直线下降,而是具有一定的阶段性特征。

记忆是认知系统对信息的一种处理过程,这个过程的各个部分在年龄增长的过程中有着不同的衰退表现:感觉记忆和单纯的短时记忆几乎不会受到年龄的影响,但用于认知任务的工作记忆却会随年龄有一定衰退,并对老年人的认知老化起到重要作用;长时记忆中保存的久远记忆一般不会减退,而回忆能力会随着年龄发生比较显著的衰退。这说明,老年人记忆力下降的日常表现主要来自于信息提取发生困难,而信息的保持和存储功能并没有太大的减退。

根据记忆能力的类型,成年晚期的记忆力衰退还会具有以下表现:①机械识记能力减退。机械识记是指在记忆材料没有意义或不理解其意义的情况下,采取机械重复的方法对其进行的识记。老年人对自己理解材料的识记和青年人没有多大差别,但对自己不理解材料的识记要比年轻人差。②无意记忆能力下降(Direnfeld & Roberts, 2006)。有意记忆是指特意去记忆的内容,而无意记忆则与之相反。老年人在回忆日常经历而没有特别去注意的事物时比较困难;而若要求老年人特别去记住某些材料,只要给予足够的时间,也可以完成。③再认能力较差,老年人的再认能力在各个年龄段中是最差的。④记忆广度,即短时记忆的容量下降。

成年晚期个体记忆力下降的原因主要集中在以下三个方面:环境因素、信息加工缺陷和生物因素。受到这些因素的影响,成年晚期记忆力的变化具有比其他年龄组都要大的个体差异,表现为不同个体记忆发生明显减退的时间有早有晚,减退速率有快有慢,减退程度有重有轻,有的甚至向相反的方向发展。

2. 智力的变化

传统的老年智力观点认为,随着年龄增长造成的生理功能“退化”,老年人的智力水平会不可避免地出现下降的趋势。这种认识符合人们在日常生活中的观察和早期一些智力测验的结果。一般来说,成人的智力在到达巅峰之后就开始逐渐衰退;但研究也显示出智力不同侧面的发展变化并不均衡,智力衰退开始的年龄以及衰退的程度也有所差异。到了 20 世纪 60 年代,随着人们广泛接受了智力由不同成分构成的观点,研究者也开始注意智力衰退中不同方面表现的差异性。

卡特尔等人提出和发展的“流体—晶体智力”理论对不同智力因素随年龄的增长和分化进行了总结和概括(Cattell, 1963; Horn, 1982)。根据这一理论,人的智力根据变化趋势不同可划分为流体和晶体两大方面。所谓的“流体智力”(fluid intelligence)包括非言语性的抽象推理能力和要求一定速度的动作性操作,如数学运算、空间知觉等;而与之相对,“晶体智力”(crystallized intelligence)则主要包括依赖学习积累获得的知识、技能,如语言、常识等。由于流体智力受限于神经生理条件,因此在成年晚期就会明显下降;而晶体智力主要受文化等外在因素影响,其发展与年龄增长成正比,因而老年人的晶体智力通常会保持在一个较稳定的水平,甚至会继续提高。

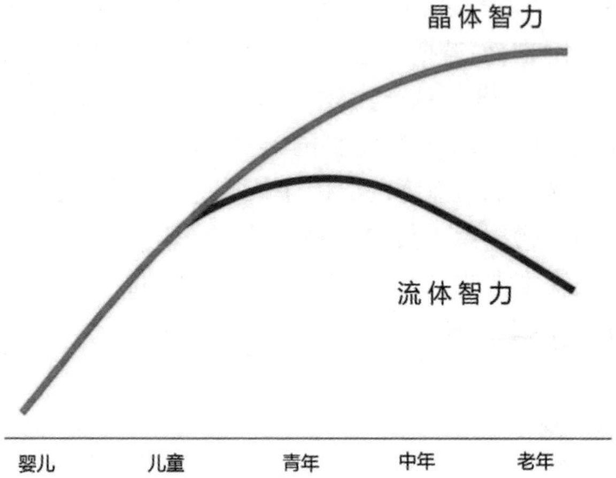

图 12－3 晶体智力和流体智力随年龄发展的大致趋势

不过，随着认知研究的发展，学者开始发现老年人智力衰退的趋势并不能简单地被流体—晶体智力理论所概括。老年人的各项认知能力具有极大的个体差异性，而且还会受到时代、环境等外在因素的影响。自 1956 年开始，美国学者沙伊就在美国的西雅图对个体的认知发展进行追踪研究，力图克服单纯横向或纵向研究的缺陷。沙伊随机选择了 500 名年龄跨度在 20～70 岁的被试，对他们进行了一系列的认知能力测验。从 20 岁开始，这些被试年龄相差 5 岁就被编为一组。研究者每 7 年就对他们进行一次测试，而每年都会有新的被试加入进来，最终接受测试的人数超过 5000 人。研究选用了五种认知能力作为测量的因素，即数字能力、词汇理解能力、词语流畅性、归纳推理能力和空间能力。研究发现，进入成年晚期后，个体的某些认知能力会有所下降，但下降的幅度很小，直到 80 岁以后才会逐渐显现。智力的发展变化存在较大的个体差异，有些人从 30 岁开始就出现智力下降，而另一些保持良好的个体直到 70 岁才会出现这种下降（Schaie，1994）。沙伊的研究发现，老年人的认知能力具有“可塑性”，成年晚期可能发生的智力改变并不是固定不变的。如果能在一定的时机受到适当的刺激、练习和激励时，老年人就能够较好地保持智力水平。

神经科学的研究也支持了老年人认知能力“可塑性”的概念。大脑老化与可塑性的研究发现，脑神经突触和树突具有形态学和功能学的可重塑性。在脑衰老的过程中，树突仍然还可以生长，表现出代偿修复功能（Coleman & Flood，1986）；当老年人的脑受损时，海马突触也具有可塑性和脑功能的稳定性（Cotman & Anderson, 1988）。这种发展从中年期一直延续到老年期，可以在神经细胞衰老的同时使树突产生更多的关联，形成新的、具有相当数量的神经环路，甚至可以超过已丧失的原有神经元，使中枢神经系统这一部位形成新的树突网络，可以有效地补偿由于神经细胞退行性改变与脑的老化带来的神经结构缺陷。大脑的可重塑性为老年人智力的良性发展提供了基础。

第二节　成年晚期的社会性与人格发展

随着年龄增长导致的各种身心功能的衰退及生活条件的改变，尤其是退休后角色地位的改变，导致了成年晚期社会与人格特征的种种变化。老年人需要去适应生理上的衰退，接受退休后的生活，重新认识自我，形成新的生活结构，并将精力投入到新的社会角色和社会活动中去。

一、成年晚期的人格发展

人格所表达的实际上是个体内在的、稳定的行为倾向。成年晚期的人格是经过儿童期、青年期、成年前期和中期的变化而形成的，在具有较高稳定性的同时，仍然有着发展和变化。艾里克森的人格发展理论认为，在成年晚期，个体面临的社会心理冲突是自我完善（integrity）对失望（despair）。自我完善意味着个体对自己一生所经过的生命循环感到完满，并与周围的世界达成一致，而这就是一种正向的人格变化。相反，如果回顾人生时感到没有实现任何重大目标，个体则会体验到挫败，产生失望，进而影响对生命和死亡的态度。能否体会到完善感成为个体能否成功老年化的关键。

虽然根据理论派别和测量工具的不同，研究者对于成年晚期人格的变与不变之处尚有争议，但总体而言，进入成年晚期之后，人的个性虽然会发生某些变化，但其基本方面还是会持续保持稳定。具体来说，老年人的人格结构和所属的气质类型基本上是稳定不变的，个体成年早期和中期的表现就可以很好地预测成年晚期的表现。而个性的变化往往更多地体现在一些具体的性格特质上，依据个体情况而有所不同，如较典型的几种变化包括：有些老年人会变得小心、谨慎、固执和刻板；随着年龄的增长，个体对待周围环境的态度和方式会逐渐表现出由主动向被动、由朝向外部世界转而朝向内心世界的趋势；也有些老年人更清晰地知道哪些东西在生命中更重要，因此会具有更高的自信、更成熟的目标感和归属感(Sheldon,2006)。值得注意的是,虽然成年晚期的人格可能会发生上述变化,但只是相对同一个体的青年和中年时期而言,并不是每一个老人都会具备相同的特征。而且即使是变化之处通常也是成年中期人格发展的一种延续。

成年晚期的人格发展对老年人的心理健康具有一定的影响。针对老年人人格和情绪的研究发现,在大学阶段被描述为"稳定、可靠、安全、精心、真诚、值得信赖"的被试以及在学业上表现良好的实践者和组织者,往往在老年时情绪调试得最好。对个体的成功老年化来说,务实和可靠等人格特质似乎比果断、容易交友等大学期间很重要的品质更有意义。而且许多生命初期的重要因素对成年晚期发展的影响并不如传统的精神分析理论强调的那样大,即使是相对阴暗的童年(诸如贫穷、孤儿、父母离异等),对具有高等教育水平的个体成功老年化的影响也很小(Vaillant & Mukamal, 2001; Vaillant, 2002)。

二、成年晚期的情绪和情感变化

成年晚期的身心变化会导致个体容易出现一些共同的情感体验,这其中既有积极的,也有消极的。在情绪体验的持续时间上,由于成年晚期中枢神经系统内发生的生理变化和调整能力的降低,老年人的情绪一旦被激发就需要花费较长的时间才能恢复平静。这使得老年人的情绪体验持续的时间比较长。同时,由于老年人已形成比较稳定的价值观和较强的自我控制能力,其情绪情感一般不会轻易因为外界因素的影响而发生起伏波动,从而体现出深刻、持久的特征。

(一)积极的情绪情感体验

随着年龄增长,老年人在身体素质和一些心理机能,尤其在认知能力方面呈现下降趋势。但在情绪方面,老年人却有着比年轻人更多的积极情绪体验。近年来,情绪随年龄变化的研究结论开始趋于一致,很多研究表明老年人更易快乐;而且随着年龄增长,他们更易关注短期目标,对自己的生活感到满足和幸福;情绪控制能力的加强也有助于提高快乐程度。一项针对18~94岁被试的研究发现,随着年龄增长,个体日常经历的消极情绪的频率和持久性会有所降低,而积极情绪的水平则在一生中基本保持稳定(Carstensen, Pasupathi, Mayr & Nesselroade, 2000)。老年人的生活满意度也会随着年龄增长而增加(Lawton, Kleban, Bradley & Dean, 1993)。同时,成功老年化个体的应对机制随着年龄增长变得成熟,比如会更多地使用幽默等应对方式,而较少使用消极攻击等不成熟的应对方式(Vaillant & Mukamal, 2001)。

对于老年人在积极情绪方面的上升表现,社会情绪选择理论(Socioemotional Selectivity Theory)从时间知觉影响情绪目标选择的角度来进行解释。该理论认为,个体如何选择自身所追求的社会目标会受到时间知觉的影响:当个体感觉未来时间充裕时,会偏向获得知识、搜集信息的目标;而当个体知觉到时间有限时,情绪目标就成为基本的追求目标(Mather & Carstensen, 2005)。也就是说,随着年龄增长,老年人常感到时间变得越来越有限,他们不再关注未来,而将注意力转向现实的体验,比如情感的状态、体验到的情绪满足等。这就导致老年人的情绪加工中出现"积极效应"(positivity effect),即更容易注意和记忆积极的情绪情感信息,表现出对积极信息的偏向。这种偏向也会导致老年人的行为出现变化,比如更认真地对待和处理社会互动,选择有助于产生积极情绪情感体验的互动伙伴。

对于一个人来说,回顾生命的过程是十分重要的,因为这个过程使一个人看到他生命的意义,给人最后一次改变的机会或完成未完成的工作。事实上,老人常常回忆和谈论过去的人、事件和感情,根据埃里克森的理论,老年期的人生任务是"整合"并避免"绝望"。如果老年人能以一种新的眼光来看待过去的经历和行为,他们可能会有机会完成未完成的工作,如与疏远的家人或朋友恢复交往,并在这个过程中增强自尊,获得自我满足感。

从社会文化上看,老年人的积极情绪情感状态可以具有深刻的道德感和美感。由于看事物的视角更加成熟和内心化,老年人会更多地关注美的内容,更加理解生命的意义,热爱并赞赏那些对社会、对人类有益的事物。社会工作者应注意激发和提升老年人的积极情绪情感,帮助老年人更好地应对生活变化和负性事件,体验幸福的晚年生活。

(二)消极的情绪情感体验

虽然总体上成年晚期的积极情绪较为突出,但老年人仍然会受到消极情绪情感的困扰。引发老年人消极情绪情感的原因通常有以下三种:第一,不适应离退休导致的角色和生活变化;第二,发生重大负性生活事件,比如配偶亡故;第三,因年老而导致的身体能力下降和各类躯体疾病。老年人比较典型的消极情绪情感体验包括:

(1)冷落感。离退休的老年人体力下降,集体生活减少。由于工作环境和职务的变化或失去,过去经常接受到的热情和尊敬的目光越来越少,容易使老人感到"门前冷落车马稀"的冷落感。

(2)孤独感。大多数老年人都有不同程度的孤独感。群体交往的减少，家庭结构、家庭成员之间关系的变化(如失去配偶、子女成家独立生活等)都可能会使老人产生孤独感。

(3)忧郁感。老年人会因为生活中的各种事情而忧虑，如因为家庭纠纷难以和解而忧虑，因为子女就业问题而苦恼，因孙辈的教育问题而焦急，因为身体各系统和器官逐渐发生病变而忧虑等等。尤其是一些长期被病魔纠缠的老人，时时受到死亡的威胁，更容易陷入惴惴不安和忧郁的心境之中，甚至发展为抑郁症。

(4)不满情绪。老年人不满情绪的产生与其需要是否获得满足有关。例如，由于自己的社会地位下降、自己感到不受人尊重而不满，或因沿用固有的思维方式看不惯现实中的某些现象而发牢骚等等。

消极情绪情感会对老年人的身心健康形成威胁，因此社会工作者应随时关注老年人的心境状态，并在必要的时候进行干预。优化老年人的家庭、社会环境，及时、恰当地介入重大负性事件等，都有助于缓解消极情绪情感，保护老年人的心理健康。

缅怀往事疗法或人生回顾疗法是较有代表性的介入方法，缅怀往事主要可分成六个不同类型：①整合性缅怀往事，目的是帮助老人通过解决冲突，接纳过去和现在的不同，找到人生意义和为离世作准备；②工具性缅怀往事，指重拾过去解决问题的技能；③传递性缅怀往事，指将个人文化遗产和传奇故事传递给下一代；④叙事性缅怀往事，指描述性的回忆生平经历或过去的逸事；⑤规避现实型缅怀往事，指的是回顾能带来自豪感的过去，抵御眼前的困境；⑥强迫性缅怀往事，指的是重新挖掘能带来内疚、苦涩和绝望感的负面回忆。

人生回顾疗法的重点既有一生中的正性事件，也有负性事件。它的目的是重新建构老人对人生历程的感悟，使老人对现在的生活更满意，更有建设性。在实施人生回顾疗法时，特别注意前测(建立评估基线)和后测(评估介入的效果)两个环节。在内容安排上，可以制定一套方案，明确探查的领域，比如可以探查死亡、悲伤、恐惧、读书生活、艰难的事情、工作经历、人际关系等。在回顾过程中，帮助老年人发现生命历程中不同阶段的主题以及这些主题如何影响过去和现在的生活。特别要发现令老年人失去和得到对生活掌控感的主题，前者包括焦虑、否定、绝望、无助、孤立、孤独和丧失等，后者包括联结、应对、效能、希望和信任等。让老年人逐步识别自己人生的力量是人生回顾疗法的重要目的。

三、成年晚期的社会性变化

个体进入老年后，由于年龄增长和一些生活事件（如退休、配偶亡故等），其社会角色和家庭关系等都会发生变化，进而引发社会行为和态度的改变。个体的这些社会性变化也是一种应对外部世界和生活变化的适应过程。

（一）退休

退休是工业时代之后才逐渐被广泛接受的概念，个体在达到特定年龄后将不再从事任何正式的工作。这种彻底从工作领域退出的事件必然会一定程度地改变人的心理和社会行为。当然，退休问题也不仅仅是个体事件，还涉及退休资格、强制性退休年龄等重要的社会政策因素，以下则主要介绍退休对个体心理产生的影响。

艾特利（Atchey, 2000）提出，退休过程可以看作是一个进行一系列调试的过程，这个调适过程可分为五个阶段；但这五个阶段不是每个人都必须经历的时间序列，也不一定与特定的实足年龄或时间长短有关系：①蜜月时期，在退休后立刻开始。这是一个令人愉快的时期，在此期间个人试图去做所有他以前想做却没有时间做的事情。蜜月期部分地建立在退休前对退休的想象基础上，可能会有许多旅行，尤其是在那些自愿退休和富有的人中，蜜月时期更加普遍。②休息和放松时期，在这个时期中，个体的活动水平在退休后下降，但退休三年后，个体的活动水平又回到退休前。③幻灭期，假如退休的预想没有按计划实施，或者计划被疾病或配偶去世中断，就会出现幻灭期，而且有的个体会出现抑郁症，不过经历幻灭期的个体所占的比率是很少的。④重新定向期，个体观察情况和探索新的投身道路，其目标是发展一套现实的选择，从而为退休提供结构和常规。⑤发展稳定而又令人满意的常规生活。

此外，在成年晚期选择继续工作或退休的利弊也引起广泛的争论。过去，很多人因收入不高而更倾向于到达强制年龄才退休，甚至希望延长工作年限。现在，如果退休的福利收益比较令人满意，个体会更愿意在达到退休年龄时爽快地退休，甚至选择提前退休。影响个体退休决定的两个传统因素是个体的健康状况，以及退休期间能否有足够的收入。当然，个体在选择退休时，原因往往是多重的。在作出退休决定的过程中，既有“拉”的力量，包括退休的吸引力和去做自己想做的工作的吸引力；也有“推”的因素，包括职场中迫使个体退休的问题和压力和个人健康状况等。有学者提出工作或退休与幸福感和心理健康的关联程度取决于个人对于进入劳动力市场的偏好(Hertzog, 1990)。也就是说,以何种方式作出退休决定,极大地影响着退休后的满意度。当退休决定是出于自愿或是在可控制的情况下作出的时候,会有较高程度的满意度。也就是说,关键并不在于是否退休,而是在于是否自愿。

总体而言,对于个体来说,退休是“好事”还是“坏事”很大程度上取决于其工作和生活的状态。有一些因素会导致个体将退休视为负性事件,比如,退休后收入少,导致生活上产生财务压力;个体更喜欢和工作伙伴的人际关系,而和家人的关系冷淡或存在问题;个体缺少工作之外的兴趣爱好,感觉除了工作没有什么其他事情可做。这些都可能导致老年人不适应退休生活。相反,如果个体将退休更多地视为一种“解放”,让自己能脱离占据时间精力的工作,全身心投入自己的爱好和玩乐,经营家庭和友情,那么退休生活反而就成为一个向往。当然,并不是所有老年人的客观条件都能让退休成为一个完全正性的事件,但尽量调整自己的态度和行为还是可以让退休过程变得更加顺利和快乐。

(二)家庭关系的变化

退休后,个体退出了工作领域,也在很大程度上退出了公共活动领域。因此,家庭在成年晚期的生活中就拥有了更为重要的地位。

1. 夫妻关系

根据我国第六次全国人口普查的结果,我国 60 周岁以上人口的离婚率只有 0.78%。在 2000 年的调查数据显示,处于婚姻状态的老年人中,属于初婚的比例为 62.4%,属于再婚的比例约为 3.9%;另外,丧偶的老年人比例为 26.88%。老年人离婚比例低、初婚有配偶(即通俗所谓的初次结婚之后就“白头偕老”)比例高,都说明我国老年人的婚姻状况从总体上看是比较稳定的。

表 12-2 我国老年人口婚姻状况

婚姻状况	60 岁及以上人口(单位:人)		
	合计	男	女
总 计	17658702	8607680	9051022
未 婚	313683	280619	33064
有配偶	12459025	6839768	5619257

续表

离　婚	138077	84200	53877
丧　偶	4747917	1403093	3344824

资料来源:第六次全国人口普查,2010

稳定的婚姻状况对于老年生活来说起着非常重要的作用。进入成年晚期后,家庭成为了退休个体的生活核心。而老年个体退休时,其子女一般都已经长大成人,家庭生活的重心也就主要置于其配偶身上。退休打乱了原有的生活规律,个体需要重新调整夫妻关系,重新确定夫妻间新的最佳距离。综合来看,退休夫妻的关系大致可分为两种:一种是喜欢独自或一同外出,另一种是不管愿不愿意两个人都待在家里(不一定在同一房间)。但无论是“和睦相融”,还是“独立”,都涉及个人或夫妻与外界的关系问题,概括起来可分为四种:①愿意外出,但必须夫妻同行;②愿意待在家里,夫妻相守;③独自外出参加社会活动;④愿意待在家中,但不阻止对方外出。夫妻如增加共同外出的机会和减少独自外出的次数,就可以密切夫妻关系;但如果处理不好,则可能扩大夫妻间的距离,如在对方不愿意的时候仍坚持不出门或把对方一人留在家中。

总体而言,已婚老年人的生活质量要高于未婚或丧偶的老年人。对于已婚老年人来说,情感、社会支持和生活起居照顾的最大来源就是自己的伴侣。正如俗话说的“少来夫妻老来伴”,一起同甘共苦走过人生形成的稳固心理联结对于老年人生活是重要的正向因素。配偶也能够成为老年人休闲娱乐活动的主要同伴和分享者,让双方的生活更加丰富多彩。

当然,成年晚期的各种变化也会对老年夫妻的感情造成一些冲击,包括:①身心衰老带来的负面情绪。一些老年人到了成年晚期,许多事情觉得心有余而力不足;加上退休之后工作角色的丧失,很容易激发失落、愤懑和焦虑的情绪,因此可能将配偶当作出气筒,挑剔和无理取闹。②由于生理变化不同步造成性生活的不和谐。有的时候,夫妻中的某一方依然存在着性需要,而其配偶却感觉已经不适合再有性行为,双方就会产生嫌隙。如有的老年妇女对性生活已丧失兴趣,也就不愿意配合丈夫的要求,从而导致感情不和。③以往感情问题的恶化。有些老年夫妻在青年或中年时就感情不和,只是为了孩子或其他原因相互容忍,但到了老年之后,随着空闲时间的增多,密切接触的机会也就更多,不免发生争执和冲突,关系也就日益恶化。

由于以上这些原因,并非所有的老年人都有美好的婚姻经历。即便是维持着婚姻状态的老俩口,也并非都是相濡以沫、琴瑟和谐的,也可能存在得过且过、甚至势同水火的婚姻状态。不过一般来说,成年晚期的婚姻关系即使濒于破裂,双方也会倾向于不离婚。这一点很容易理解,结婚多年的夫妻离婚比那些处于同样情况下离婚的年轻人要承受更多的心理压力。但近些年来,随着社会观念的开放、个人经济能力上升,过去非常少见的成年晚期后离婚的现象有所增加。国外有研究(Cain, 1982)发现女性提出离婚的原因多是认为她们的丈夫长期酗酒、暴虐并拒绝别人的帮助,或追求其他女性;而大多数主动提出离婚的男性则是为了同另一个女性结婚。这些男性一般对工作事业非常投入,他们离婚的决定一般是由于退休而获得了强化。而被动离婚的女性则认为自己的整个一生是失败的,因为她们被社会化了,将自己的一生奉献给了婚姻,并将婚姻中扮演的角色看作是主要的自我认同。离婚后,这些女性如果有一个可以分担她们实际问题和负面情绪的密友的话,会调适得很好。

研究表明,离婚和分居的人对生活的满意程度比结婚的人低得多(Uhlenberg, Cooney & Boyd, 1990),除非离婚的人再结婚,否则他们对幸福生活的憧憬会消失,心理压力增加。因为很多老年男性离婚的决定因素是想与另一个人结婚,所以他们在离婚后的很短时间里便会再婚。然而,离婚的老年女性很少再婚。老年人离婚除了涉及必然的财产问题,更关系到如何处理复杂的家庭人际网络,特别是和儿孙辈的协调。如果缺少社会支持,离婚的老人患精神疾病和死亡的比率很高。这表明社会工作应提供更多的社会服务,给老人更多的社会支持。

2. 亲子关系

老年人与成年子女之间的关系随着老人年纪的增长而发生着变化。在子女新婚和刚刚组建家庭时,父母仍然会为他们提供各种帮助;但是随着子女年龄的增长,资源流动的方向慢慢会变成成年子女帮助父母。库尼和尤兰伯格(Cooney & Uhlenberg, 1992)抽取了20到64周岁的成年子女的代表样本,研究父母给予子女的各种类型支持(包括给予建议、提供服务、照看孩子和赠予礼物)的变化趋势。结果显示,25~30周岁是子女接受父母各种帮助的顶峰时期;在40周岁的时候,支持率开始急剧下降。这表明成年子女接受最多支持的时间是在第一次婚姻、建立新家庭期间。最普遍的支持形式是精神层面(如建议),约有40%的成年子女接受过父母的意见;女儿比儿子更可能受到在照顾孩子、服务和建议方面的帮助;比起身体健康的父母,而离婚或丧偶的父母所能提供的援助就会少一些。此项研究的最重要发现则在于，有超过一半的成年子女认为父母是潜在的和实际的帮助来源，直到四十五周岁左右大多数的成年子女，也还把他们的父母看作是能为他们提供经济和感情支持的人。(Cooney & Uhlenberg, 1992)这说明即使是在成年晚期，亲子关系依然是最重要的社会关系之一。

在我国，父母对女子的帮助往往不仅仅是精神层面的，更是经济和直接利益层面的。近年来由于房地产价格的迅猛上涨，导致成年早期的子女无力支付购房首付，于是形成了父母资助部分或全部首付款、子女负责每月还贷的购房模式。另外，社会上还有被媒体形象地称之为"啃老族"的成年子女，他们没有收入、或收入不能满足自己需要，从而依然依赖父母提供经济支持。其中有一些确属经济困难，或面临大笔支出(如购房)而无法独立承担因而依赖父母；但也有一些是因为缺少职业技能、或者自身缺少就业意愿而依赖父母，这部分人员应当引起社会工作者的关注。

同时，成年子女也对老年父母提供照顾，赡养父母是成年子女的责任和义务。它可以有多种具体形式，如鼓励老年的父母自己做力所能及的事情、帮助他们寻找新的生活内容、尊重父母对自己的生活做主的权利等。一般来说，女儿比儿子更有可能提供实际上的照顾，尤其是在需要动手的、细致的事情和感情的支持上；虽然她们也在工作，但并没有减少对父母的照顾。而儿子提供的帮助一般是如何进行投资、干一些重活和购物等。

3. 与兄弟姐妹的关系

个体与同胞手足的关系在成年晚期生活中有着比较特殊的地位。在生命周期中，兄弟姐妹的关系会发生比较大的变化。一般来说，在成年前的儿童、青少年时代，个体和兄弟姐妹之间的关系都比较亲密。成年后，随着个体离开原生家庭去开创自己的生活，与手足之间的联系就会逐渐淡化。而到了成年晚期，回归家庭和个人情感的老年人往往会在回顾人生的基础上继续寻找生活的意义。虽然兄弟姐妹通常不住在一起，难以相互照顾，但由于分享共同的童年回忆和成年前经历，他们常能为老年人提供有力的情感支持。

我国在1979年开始实行独生子女制度，而在此之前出生的人很多都有兄弟姐妹。在中国传统社会的家庭关系中，大家族的概念还是比较重要的，兄弟姐妹各自的家庭之间走动也比较多。虽然现在的城市人口大部分生活在较小的核心家庭中，但几十年延续下来的传统观念还是具有一定的影响力。除了部分居住地太远的兄弟姐妹之间联系较少外，多数同胞兄弟姐妹之间还是有着比较密切的感情联系，特别是在生老病死等涉及生命、血缘的事件上更容易引起共鸣。

4. 与孙辈的关系

一般而言,父母对孩子的社会化负有主要责任,但(外)祖父母也会以各种方式参与对孩子的教育和抚养进程,其具体方式和参与程度有赖于几代人的生活状况。如果(外)祖父母不和子女的家庭一起生活,相对较少参与孙辈的抚养,祖孙关系可能就比较疏远。但在现代社会,夫妻双方都有全日制工作压力的情况下,很多家庭日常抚养孩子的工作都主要由祖辈来承担,那么祖孙的关系就会比较亲密,甚至成为"代理父母"。当然,两代人的教育理念和生活观念可能存在着巨大差异,因此隔代教育通常也是影响成年子女与父母关系的重要因素之一。研究发现,与父母教养方式类似,祖辈的教养方式也可以分为不同类型,如支持型、权威型、消极型等(Mueller, Wilhelm & Elder, 2002)。老年人的教育方法并不一定适用于年轻一代,也不能替代父母在孩子教育中的关键地位,他们可能更适于扮演参谋而不是"保姆"的角色。

祖辈在抚养孙辈中的角色非常多元化。首先,祖辈可以成为孙辈的"导师"。除了基本的生活技能外,(外)祖父母还可以教给孩子一些学校不会教授的传统知识和技艺,如种花、编织、写毛笔字等。同时,祖辈可以扮演历史学家的角色,告知孩子关于家族的渊源和父母的成长历程,这可以增加孩子与自身家庭的情感联系。

其次,祖辈也可承担调停者的角色。当孩子跟父母对立的时候,可能会去找(外)祖父母,这时祖辈就成为两代之间沟通的桥梁。祖孙之间往往可以避开一些敏感的领域而自由讨论;父母在抚育孩子时却没有不能避开这些问题,而必须干涉孩子的发展过程。这样,就不可避免地引起父母和孩子之间的代际冲突。当父母的要求标准和孩子的接受意愿之间产生冲突时,(外)祖父母可能会批评父母养育孩子的方法、或是反过来批评孩子的行为,从而卷入这一过程。祖辈还可以与孩子成为好朋友,一方面,祖辈可以为孙辈提供乐趣;另一方面,由于成年子女工作繁忙,很少有时间和老人聊天,孙辈的出现也恰好弥补了老人情感的空虚。因此老年人往往爱和孩子一起玩耍,得享天伦之乐,祖孙之间形成所谓的"隔代亲"现象。

虽然"几世同堂"的现象过去通常出现在传统社会的大家庭中,随着现代化的进程逐渐减少,但是现代的老年人也有可能接触到不同世代的生活观念和思维方式。当涉及高速发展的社会潮流和生活科技(如互联网、电子产品)时,老年人和孙辈的关系可能就不是单向的"照顾"了。在老年人教导孙辈传统知识、技能的同时,孙辈也可以帮助老人来适应快速发展的社会物质环境。但反过来说，这种落差也可能减少祖孙之间的共同语言，削弱双方的情感联系。

（三）老年人的社会参与

由于生理功能的衰竭，一般而言老人的年纪越大，社会参与的频率将会越少，且参与的种类和范围也日趋狭窄。此外，老人社会参与的程度也受到居住地的影响，在都市等相对繁华的地区，老人的参与程度就可能比较高；相反，在偏僻的地区，老人的参与程度和机会将会大大降低。但总体而言，老年人的社会参与是日渐减弱的，这种趋势也可能会导致老年孤独感的递增。老人社会参与的活动主要有以下四种：

1. 休闲娱乐

休闲娱乐是老年人最常见的社会参与形式。我国很多单位、部门和社区都建立有老年人活动中心、“老人乐园”或“退休工人之家”等场所，开设丰富多彩的娱乐活动，老年人可以根据自己的兴趣去选择娱乐项目，如下棋、唱歌、跳舞、与老朋友喝茶谈天等，其乐融融。全国省、直辖市和自治区一级的老年体协也已经建立，老年人体育活动的开展，对增强老年人体质、延缓衰老过程、防治老年病和慢性病将发挥良好的作用。

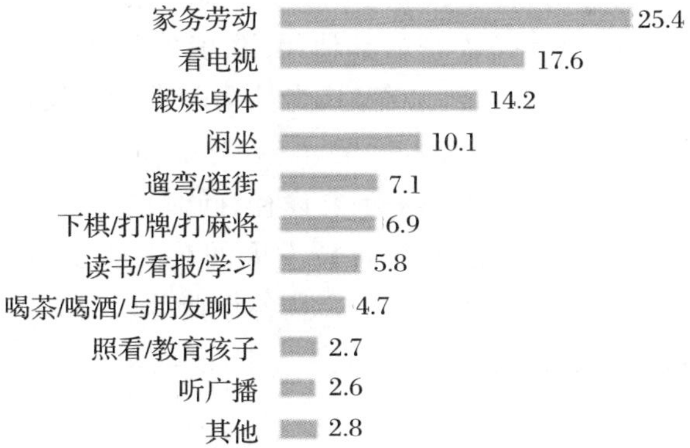

图 12－4　老年人选择“最重要生活内容”的百分比

资料来源：零点指标数据网站，2005

2. 继续教育

许多老年人为了让自己的晚年生活依然丰富多彩，积极参加各种学习活动，在学习过程中获得心理上的满足和精神上的愉悦。许多地区以举办老年大学、读书会、讲座等形式，丰富老年人的生活。此外，许多大学的教育中心也开始对老人实行免费教育，让他们学习新技能，结识新朋友。

3. 宗教活动

老年人参与宗教活动的兴趣往往要比其他年龄段的人口高。在宗教中,他们不仅可以得到心灵的安慰,而且可以寻到志同道合的教友,免除生活的孤独和寂寞。部分老人由于接近死亡,对死亡的恐惧、对人生意义的思考以及对死后去向的迷惘,都促使他们去寻找答案,宗教活动可能成为他们首选的社会参与活动。

4. 再就业和志愿活动

老年人再就业的现象在当今社会中已经非常普遍。许多老人是因为强制退休制度、而不是身体或能力原因退休,他们在退休之后仍然身体健康、精力充沛,不习惯赋闲在家中,而是再找一份新的工作,或者通过返聘等形式重返工作岗位,以此来填补生活的空虚和寂寞。同时,也有许多老人选择参加志愿活动和公益活动而不要任何报酬,从而让自己的生活过得更有意义和乐趣。

老年学理论界对老年人社会参与问题一般持积极态度,认为老年人的社会参与既可满足社会发展的需要,又可满足老年人自身安度幸福晚年的需要。就社会意义来说,老年人长期学习和实践过程中累积的丰富知识和经验,是社会的宝贵财富,社会经济、政治、思想、文化的发展都需要他们的参与。所以社会工作者有义务联合其他组织,引导和组织老年人参与社会活动,挖掘他们中的劳动力和智力资源,为社会的进步和发展做出贡献。例如,老年人可以担任工作参谋和顾问的角色,对中青年在业务上的进行"传帮带",这是培养岗位接班人的一个重要途径;同时,老年人是传统文化的传播者,也是社会文化和各专业理论、科技发展的重要建设力量,在教育和文化事业中发挥着重要作用。许多老年人是各行业部门的高级科学家、教授、艺术家、工程师,依然是各行各业的顶尖人才,以其聪明才智对我国科技文化发展正在发挥着巨大的作用。

老年人积极参与到社会活动中,对于自身的身心健康也是大有益处的。参与一定的社会活动,有利于老年人延年益寿。老年人如能继续参与一定的社会工作或生产劳动,有利于身体各器官正常运转,实现新陈代谢、延缓老化;参与一定的人际交往、交流信息和学习、研究、文化、体育等活动,使晚年生活丰富多彩,不断接触新事物,学习新知识,适应新发展,使精神充实、心情愉快,有利于身体各分泌系统、循环系统、吸收系统运转正常,实现心身健康。同时,参与社会活动、为社会继续作贡献是老年人晚年生活的精神支柱,使老人感到自己对社会仍有价值,精神因而有了寄托,可以在工作中寻求自我价值的满足。另外，参与一定的社会活动，也有利于老年人改善生活。我国目前有许多老年人还没有享受退休金待遇，即使有退休金，其收入也大大低于在职劳动者。通过继续参与有报酬的社会性事务，可以增加老年人的收入，改善老年人的生活。

（四）成年晚期社会性变化的相关理论

随着发达和较发达国家人口老龄化和老年社会问题的日益突出，老年社会问题的研究被重视和发展起来，并引起了学者的广泛关注。下面我们将重点介绍西方社会的老年理论，旨在帮助社会工作者了解和掌握成年晚期的相关研究，为解决我国的成年晚期个体问题和社会问题提供借鉴与思考。

1. 撤退理论

这一理论认为，随着老年人口年龄的增长，个人与他人间的人际交往量会逐渐减少，性质也会发生某种变化，充当消极的角色取向程度增加，这一切不仅是正常的，而且是必要的。从总体上看，由于老年人参与社会活动减少，社会也须采取一定的撤退措施，将权限由老年一代转交给成年一代。撤退主要体现在两个方面：一是社会方面的撤退，即社会通过一定的退休制度，使老年人口离开原来从事的工作岗位由成年人接替，达到撤退的目的；二是来自个人的撤退，即个体在成年期形成的各种社会关系在进入成年晚期后，因为社会工作的撤退，许多社会关系会减弱。这种减弱，或是因老人自身觉得所剩年岁有限，该退了；或是因老人体力或智力衰退，难于支撑；或是因生活的天地缩小，也就清心寡欲了。因此，老年人口自身接受撤退理论是合情合理的，甚至主动按照撤退理论来指导自己的行为规范，并不把撤退理论视为一种悲观理论（Cumming & Henry，1961）。

撤退理论概括了老年人口参与社会生活的总趋势，成为有影响的老年社会学理论。但也有些人并不赞成这一观点，因为它似乎赋予老年人一个接受生命终结以维护社会安定的目标，将老人与社会的分离和退缩视为是自然的、普遍的、渐进的、且不可避免的，完全无视于个人或文化的特殊性，它还加注了一个自由主义的说辞——“撤退”，让老人放下负担、得到解放。在来自个人撤退的方面，也有人举出实例发表异议，因为社会中仍有很多老年人愿意选择继续工作、参与社会活动、活跃文体生活，而不是选择自动退避三舍的撤退。

2. 活动理论

这一理论认为，社会活动和社会生活的基础对各个年龄组人口来说都大致相同,社会和个人的关系在成年中期和成年中晚期并没有截然不同。成年晚期同样有着活动的愿望,只是活动速度和节奏放慢了而已。个体在社会中的角色并不因年龄的增长而减少,一个人只要在生理和心理上有足够的能力,他便可以扮演其角色、履行其义务。但是由于实际生活往往剥夺了许多老人期望扮演社会角色的机会,使得老人所能活动的社会范围变窄、活动程度缩小,从而使得老人对自身的存在价值产生迷茫,因此应有补偿性的活动以维持老人在社会和心理的适应。如老人退休了,就通过职业以外的活动进行补充;老人的配偶或亲友死亡,就应增加其他人际交往来弥补。这一理论由美国芝加哥大学社会学家们结合美国实际,作了较大的发展。

伯格斯(Burgess, 1960)在研究人口"变老"过程中指出,美国的社会结构不能够容纳老人,老年人被排斥在社会活动之外的状况正在发展。老年人只能履行一种无意义社会职能的"非角色的角色"。他认为,进入晚年的人不一定变得"角色失落"(role-less),而是应当有他们新的角色,同其他生命周期一样在社会活动中做出应有的贡献。哈维斯特和艾尔布莱特(Havinghurst & Albrecht, 1953)认为,如果一个老人的社会参与层面越高,他的精神和生活满意度也会随之增加。另一活动理论家罗斯(Rose, 1964)则指出,年老后可能会出现"累积性的剥夺"的危险,如年轻时未受到教育的人到老时享受的机会少,得到的老年福利也少。年老而贫困者是陷入此种恶性循环的高危人群。因此,老年人新角色的建立,还要靠他们自身的努力,需要老年人联合起来为自身的利益奋斗,创造一个可提供有意义角色和活动领域的老年亚文化,在社会结构中取得自己的地位。

与撤退理论不同,这一理论质疑撤退是自然过程或是文化上为实现新陈代谢而采取的手段,认为后者如果属实则构成有系统的歧视,因此应受到道德谴责。如果撤退理论要削弱老人独立生存的工具性角色,那么在实际生活中就应当试图终止这样的削弱,协助老年人开创其他补偿性角色来取代失落的角色。当然,老年人也有责任去保持自己的活跃程度,而不仅仅是依靠社会来提供更多机会让老人保持自己的活跃程度。

3. 其他理论

除上述影响较大的社会心理学理论外,还有其他一些与成年晚期的相关的理论观点。皮尔林(Pearlin, 1982)认为老化可能有多种模式,并非所有人都适用一种模式,同一群体对相同情况有可能反应不同,而同群体间的个别差异也可能大于不同群体间的差别。对某些老年人而言,从年龄的成熟中得到的满足,可以补偿因老化带来的负面影响。老化的意义是否积极,应视个人的心理状况与其生命历史而定。比如,对孩子离家开始的空巢期,有些父母感到悲伤不振,似乎生活中少了最重要的东西;有些却在这种新得的自由中欢愉地生活。因此,老化并不一定带来比年轻时更大的压力。

另外,持续理论从发展心理学的立场出发,认为包括老化在内的生命周期各个阶段都有着一定的连续性,不能截然断开。一个人在特定的环境条件下生存和发展,形成一定的习惯、爱好、性格、个性,尽管在一生中会因环境和事件的影响而有所改变,作出某种调整,但是未成年和成年时期形成的个人的性格、爱好等一整套生活方式和交往方式,则具有延续的性质,并支配着老年人的生活和活动(Atchley, 1972)。因此,它承认老年人个体之间的差异性,不像撤退理论、活动理论只侧重于一个方向。

第三节　成年晚期的相关问题

一、老年人权益保护

有几个原因导致老年人成为社会的弱势群体。首先,老年人最主要的弱势在于年龄导致的身心功能衰退以及各类疾病。生理原因会极大地影响老年人的社会活动能力,而很多高龄和患有慢性疾病的老人更是存在生活困难,常常需要依赖他人照顾。其次,老年人在经济上与年轻人相比处于劣势,因为多数老年人不再工作,生活主要依靠退休金、以往的积蓄、子女的赡养或社会的救助,经济独立性下降。再次,由于基本脱离了工作和主要的社会活动领域,老年人对社会的影响力也有所下降。

为了保护老年人的权益,我国从 2013 年 7 月 1 日开始实行《中华人民共和国老年人权益保障法》,从法律角度规定了老年人享有的基本权益。除了经济与物质环境上的保障,其中的附则 9 章 85 条还特别提出,家庭成员应当关心老年人的精神需求,与老年人分开居住的家庭成员,应当经常看望或者问候老年人。

对于作为弱势群体的老年人可能面临的社会问题,社会工作者应当进行充分了解,结合相关法规和有关部门的工作进行积极地介入,从制度上保障老年人的合法权益。因此,以下就介绍几个和老年人权益密切相关的主要社会问题,供未来的社会工作者学习和思考:

(一)养老保险和退休年龄

在人类历史上,退休是一个相当新的概念。在20世纪之前,大多数工作者在死亡前3年才会退休。只是随着近代社会生产力水平的发展和社会公共卫生状况的提升,社会和工作性质由农业转向工业,人口的平均预期寿命的增长,退休的概念才逐渐得到承认。人们开始意识到,在人的整个生命历程中应该有这么一段时间,不再从事任何正式的工作。随着退休变成一个规范化的生活事件,两个主要的公共政策问题出现了:第一个问题是退休资格,即从业者在退休后如何享有养老津贴或养老保险;第二个问题的出现要晚于第一个问题,即是否应该有一个退休的强制性年龄(mandatory age)。

退休资格问题是在19世纪后期第一次被提出来的,当时德国为65周岁以上的老人建立了一项政府退休金,这是对退休的第一次制度性支持。而在社会保障体系建立起来之前,大部分65周岁以上的男性都要继续工作。我国《宪法》第44条明确规定:“国家依照法律规定实行企业事业组织的职工和国家机关工作人员的退休制度,退休人员的生活受到国家和社会的保障。”由此可见,占我国人口的大多数、从事传统农业的农民,实际上是没有退休资格的,也就是没有养老津贴的;也就是说,我国传统的养老保险体系,实际上并没有包括农民。农民的养老问题,传统上除了依靠个人的继续劳动和以往的积蓄之外,只能家庭养老或其他社会救助体系。现在,国家已经在着手解决农村人口的养老问题,探索建立新型的农村养老模式。2009年起,我国启动新型农村社会养老保险(简称新农保)试点工作,建立个人缴费、集体补助、政府补贴相结合的新农保制度,实行社会统筹与个人账户相结合,与家庭养老、土地保障、社会救助等其他政策措施相配套,保障农村居民老年基本生活。

具体退休资格的人口,其起止时间因国情和具体行业的不同而有所不同。美国在1935年颁布的《社会救济金法案》,将65周岁定为“退休年龄”。但强制退休年龄的确定,会因社会的劳动力人口状况而发生重大调整。例如,美国人口年龄结构的变化,就已经导致了美国劳动者的退休时间计划的变化。由于65周岁以上人口的比率正在上升,社会保险和其他养老金体系给年轻的就业者的负担不断加重。为了解决这问题,1983年美国正式提出《社会保险修正案》,计划将享受标准性退休津贴的资格年龄在2009年升至66周岁,2027年升至67周岁。这一修正案推迟了就业者获得津贴的资格年龄,但目前还不清楚,全额退休津贴获得资格年龄的提高将会对退休年龄产生怎样的影响。

我国的法定退休年龄根据1978年颁布的办法规定，全民所有制企业、事业单位和党政机关、群众团体的工人，男性为60周岁，女性为50周岁，并且累计工龄满10年的准予退休。而城镇个体工商户等自谋职业者、农民工以及采取各种灵活方式就业人员在男年满60周岁，女年满55周岁时，累计缴费年限满15年整的可按规定领基本养老金。根据第六次全国人口普查的结果，2010年我国人口平均预期寿命已达74.83岁，其中男性为72.38岁，女性为77.37岁。与20世纪80年代初67.77岁的平均预期寿命相比，已经提高了将近10岁，但退休年龄仍然维持过去的标准。教育水平的整体提升也导致目前的退休年龄设置不再合适，大学毕业生平均在23周岁左右，研究生则要到26周岁后才参加工作，培养的时间长、费用高，但工作时间却相对较短。因此，统一的强制退休年龄也许并不利于劳动成本、经济发展、充分就业及应对人口老龄化。

不过，对于是否应该存在强制退休年龄，不同的社会和时期也存在着争议。反对强制退休的意见认为，强制退休使年龄歧视制度化，并侵犯了人权。强制退休忽视了老年就业者的多样化能力，这可能对老年人造成经济上、身体上和心理上的负面影响。许多老年人在退休的时候依然年富力强，但是由于工作体制的规定而不得不从岗位上离开而让位给年轻人，这会使他们在离开后的相当长一段时间内感到失落、空虚和寂寞，甚至抑郁成疾。同时，社会的老龄化趋势还在继续，而人口出生率则不断降低，这将需要更大数量的老年就业者。此外，老年就业者的继续工作有助于他们减轻对社会保险项目的需求，减轻国家财政的负担。受这种思潮的影响，在过去的二十年来，美国的公共政策已经逐渐转向取消强制退休年龄。

在实际生活中，退休年龄和模式还会受到社会阶层的影响。有研究考察了男性的退休因素，结果发现在因健康状况不佳，或因雇主提议而退休的人当中，蓝领工人比白领职员的比例更高；较高收入的员工通常会选择较晚退休；拥有退休金或社会保障的人会选择较早退休。与此同时，工资和职业地位较低的职工往往更容易有健康问题，从而选择较早退休；体力工作者更容易发生的工伤也会导致个体选择提前退休（Henretta，2001：52）。在到达退休年龄之后继续工作的人基本可以分为两类：一类人退休后能够供养自己的生活，但仍然选择继续工作；另一类人则是因为经济困难不得不继续赚钱糊口。而后者也多是来自于下层低收入群体。

在美国，65周岁以上的就业者中一半以上只是做兼职。这种选择并非是因为缺乏胜任全职的能力，而是因为社会、雇佣者对年龄较大的偏见，忽视了老年工作者的能力和资格有时仍可以与年轻的就业者相匹敌（Warr，1998：65）。老年就业者与年轻就业者的工作状况有以下对比：①老年就业者（55 周岁及以上）的态度和工作行为总体上与有效的组织运行相一致；②老年就业者的工作满意度高于其他的年龄组；③老年就业者更加忠诚并且很少会离开目前的雇主；④健康的老年就业者比年轻就业者的缺勤率更低，而不健康的老年就业者则会有较高的缺勤率；⑤老年就业者很少会在工作中受伤，但是一旦受伤，则需要更长的时间恢复，并且有可能致残；⑥老年就业者确实能够继续学习并可能从新的培训中受益。此外，在许多工种中，只有极少数的老年就业者在工作绩效上因年龄增大而下降；在注重经验的工作中，老年就业者可能保持和年轻就业者相同的生产力（Warr，1998：68）。

可见，老年人在工作领域的表现具有很大的个体差异。退休政策如果能具有较大的弹性会比较有利于个体发挥积极性。逐步延长职工的法定退休年龄，推进灵活的退休标准也许是未来的发展趋势。

（二）老年人的赡养

受传统家庭养老文化影响，当前我国老年人口的赡养主要采取家庭养老的模式。家庭养老基本上就是居家养老和子女养老的结合，是沿袭自我国长期传统农业社会的养老模式。当前，这种家庭养老模式面临着以下两个新的问题。

第一，核心家庭的增加、人口流动的加剧给照顾老人带来困难。家庭养老包括物质供养、生活照料和精神慰藉三个方面的内容。当物质供养有了保障后，生活照料和精神慰藉就显得特别重要，这也是家庭养老文化的核心内容。然而自我国实施计划生育政策和改革开放经济发展以来，家庭平均人口数逐年下降。核心家庭“4（老年夫妇）—2（青年或中年夫妇）—1（孩子）”家庭结构模式开始形成，一对青年夫妇今后可能要照顾 4 位乃至 6～8 位老人。另外，和传统社会相比，如今绝大多数女性都有自己的工作，几乎所有的小孩均要接受教育，因此老年人的生活照料便失去了人员保证。与此同时，由于经济的增长，城市化进程的加剧，社会制度的变迁以及教育的发展，人口流动越来越频繁。而流动人口往往又是那些有知识、有技能的青壮年劳动人口，这就给家庭照顾老人带来了诸多困难。

第二，物质供养成本低而医疗费用高。我国现在的老年人，由于特殊的社会和人生经历，一般都比较朴实、勤劳。在农村，绝大部分地区的农民只要拥有一份“养老田”或“养老山”，一般均可以获得稳定的物质保障。而城市的老人只要拥有稳定的退休金，物质供养通常是有保障的。所以对于身体健康、生活能够自理的中国老年人而言，赡养所需的物质供养通常还是可以得到保障的。但是老年人却是一个患病率高、患病种类多、住院比例高的特殊群体，尤其是慢性病所需的日常医疗开支和生活能力下降后所需的日常照料都可能给家庭造成巨大负担。同时，老年人也是一个高死亡率的群体，据世界卫生组织报道，全球65周岁以上的老年人死亡率达到43%。老年人的后事也需要一大笔现金开支，对于“4—2—1”家庭尤其是农村家庭来说，要料理4位老人的后事确实非常困难，更不用说6~8位老人了。（高和荣，2003）

当然，家庭养老也有着自身的优势，其优点主要是方便易行且符合我国的养老传统。对于习惯传统社会家庭结构和养老模式的老年人来说，家庭给予的心理依赖感往往不是其他机构所能代替的。因此对于部分老年人，特别是长期生活在传统农业社会环境中的老人，家庭养老依然有着不可替代的地位。在养老方式的选择上，还是应当首先尊重老年人本身的养老意愿，进行充分沟通后再选择最适合老年人和家庭需求的养老方式。对于有着机构养老意愿的老人，应当给予足够的重视并提供相应的设施与制度。另外，目前已有一些开发商开始在城市周边地区建立老年人退休社区，改变以往的养老院等单一形式，让生活其中的老年人不至于产生以往在养老机构生活的拘束感。这个社区中有医院、食堂、商店等服务设施，让老人可以不出城就满足各项生活需要。同时，只属于老年人的社区又可以提供群体归属，老年人可以和社区中的同龄人一起组织和参与适合本群体的社会活动，提升老年人的社会参与感。这种类似“老年城”的项目也有一定的发展前景。

长期以来，我国社会福利事业都是由国家和集体包办，存在着资金不足、福利机构少、服务水平低等问题，特别是国家资金投入不足一直是困扰养老事业发展的难题。在目前情况下，单纯依靠国家和政府的力量兴办养老服务机构，恐怕一时难以满足市场需求。因此，鼓励社会力量发展养老服务业，吸收民间资本进入养老服务市场，已经是我国进入老龄化社会的战略选择。社会化养老问题必须通过投资主体多元化的途径来解决，社会福利社会化是解决社会养老问题的切实选择。其中，养老服务机构的具体形式包括民政部门审批登记的福利性、非营利性的养老服务机构，包括社会福利院、老年公寓、养老院、老年护理院、托老所、敬老院、光荣院、老年服务中心、康复中心等。社会工作者可以在这些机构内部，对老年人进行特殊护理，而对于选择在家养老的老人，也应当能够按要求提供上门性的护理服务和情感服务。

二、人口老龄化

(一)老龄化的趋势

在当今社会,人口老龄化问题已经成为一种趋势,是一个世界性的共同问题。按照世界卫生组织的标准,60 周岁及以上老年人口占总人口的比例达到 10% 以上,或者 65 周岁及以上老年人占总人口的比例达 7% 以上,则标志着这个国家或地区进入了老龄化社会。根据联合国人口司的报告(United Nations, 2001),人口老龄化现象是前所未有的:老年人(60 岁以上)所占比例的增加伴随着年轻人(15 岁以下)所占比例的减少,按照当前的趋势估算,到 2050 年,世界上老年人的数目将在历史上首次超过年轻人的数目。而在一些发达国家,1998 年就已经发生了这种年轻人和老年人人口相对比例历史性扭转的状况。

我国的老龄化情况也不容乐观。2000 年第五次全国人口普查结果显示,60 岁及以上人口为 1.2 亿人,占总人口的 10.46%;而 2010 年第六次全国人口普查结果显示,60 岁及以上人口达到 1.7 亿人,占总人口的 13.32%。这表明我国已经进入了老龄化社会,并且呈现加速发展的趋势。2050 年,中国 60 岁以上老年人口将接近 4.4 亿,约占总人口 30%(United Nations, 2001)。老龄化的趋势必将对我国社会未来的发展造成重大的影响。

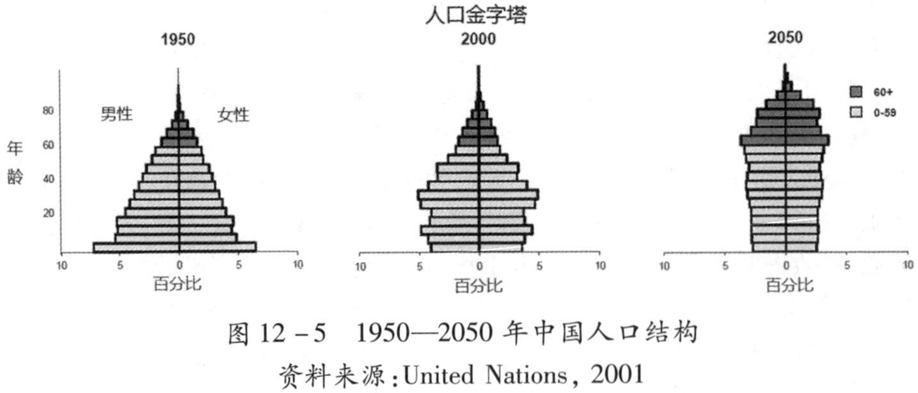

图 12-5 1950—2050 年中国人口结构

资料来源:United Nations, 2001

从人口学角度上看,造成人口老龄化的原因可能有以下四个原因:第一,生育率的持续下降会导致各个年龄组的人口都下降;而年代越晚,生育率就越低,出生的人也越少,年轻人口占总人口的比重就随之下降,人口会发生老龄化。在我国,计划生育政策和经济发展都对生育率造成了影响。

第二,死亡率的下降会导致老年人口增加,形成老龄化趋势。但死亡率下降的同时也会增加其他各年龄组的人口数量。当老年人口在总人口中所占比重较小的时候,死亡率下降增加的老年人口数量不足以抵消年轻人口的增长,对老龄化造成的主要是缓慢的趋势性影响。第三,人口结构具有人口发展上的惯性,老年人口比例比较高的社会在一段时期中人口会倾向于进一步老化。最后,老年人平均寿命增加会导致老年人口数量的上升。由于科学技术的飞速发展和医疗卫生事业的不断进步,人类的平均寿命不断延长,导致老年人口本身也在"老龄化",使 80 岁以上的年龄组成为人口增长最快的年龄组。这几个因素的共同作用导致了当前的人口老龄化趋势。

(二)人口老龄化造成的影响

人口老龄化对人类社会造成的影响是多方面的。在经济领域,人口老龄化导致社会养老支出增加和老年抚养比的下降。抚养比又称抚养系数,是指总人口中非劳动年龄人口对劳动年龄人口数之比,显示劳动者所承担的负担。抚养比越大,表明劳动力人均承担的抚养人数越多,抚养负担越严重。老龄人口抚养比反映的即是劳动力的养老负担。人口老龄化的结果将直接导致老龄人口抚养比的提高,社会养老负担加重。国家统计局公布的 2014 年国民经济数据显示,2014 年 16 岁以上至 60 岁以下劳动年龄人口 91583 万人,比上年末减少 371 万人,占总人口的比重为 67%。劳动人口下降大趋势对经济社会都将产生全面影响,这就导致社会保险计划、退休者的福利必须要作出相应的改变。此外,人口结构的变化也将对劳动力市场、经济增长、储蓄、投资与消费行为、税收等经济生活的各个方面产生冲击。

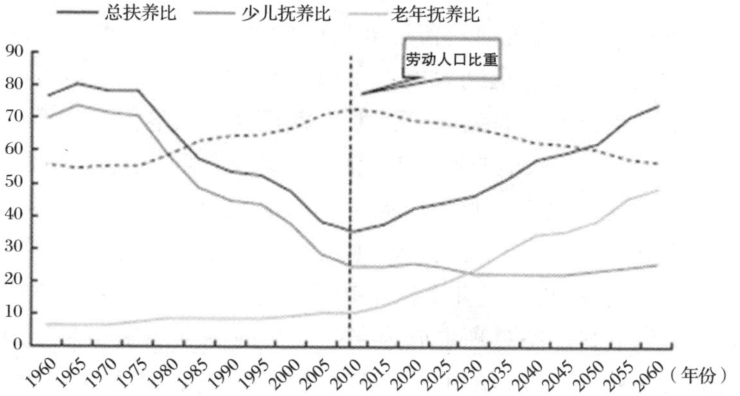

图 12－6　中国人口抚养比和劳动年龄人口比重变化趋势(1960—2060 年)

资料来源:中国人口与劳动问题报告,2013:21

第十二章

在社会层面，人口老龄化直接影响了养老和医疗保健、家庭组成、生活安排、住房与迁徙。老龄化造成养老负担大幅增加，使家庭养老模式面临困难。一对青年夫妇今后可能要照顾多代际的四位以上老人，这使得对老人的生活照料和精神慰藉难以得到充分的保证。从家庭结构上来说，独居的老年人也会逐渐增加。如子女不在身边仍希望居家养老的的案主，那么可能就需要专业家政或护理人员的服务。当前我国老年福利机构和养老护理职业的发展不如发达国家，与未来几千万失能老人的需求相差甚远，此领域的服务尚待进一步建设和发展。

人口老龄化还会间接引发社会生活其他方面的变化。如在男女比例上，由于女性预期寿命高于男性，未来女性在老年人口中所占比例会逐渐增加，由此对社会文化生活造成更复杂的影响。在公共政治领域，老年人口比例的增加可能会影响公民对社会政策的总体观点和参政议政的模式。在社会态度和文化思想上，人口的老龄化是否会导致社会文化的“老化”和保守化也是值得观察的问题。

人口老龄化的复杂和持久的后果是所有社会未来都将面临的巨大挑战，同时也提供了巨大的机会。比如，未来养老领域的巨大需求就可以成为服务行业发展的一个热门领域，针对老年人的特殊技术和产品开发也是很好的商业契机。相应的社会政策和制度也要作好调整，在让老年人度过幸福晚年生活的同时，充分发挥老年人仍然具有的巨大潜力，服务于国家和社会的发展。

（三）“空巢”问题

“空巢老人”是指子女离家的独居中老年人。人们用空巢（empty nest）这种自然界中小鸟长大，巢中只留下老鸟的状态来比喻人类家庭的类似情况。学术界对如何定义空巢老人尚有争议，分歧的关键在于是否应该将无子女的老人纳入空巢老人的范畴。不过，一般而言空巢老人是指最后一个孩子也离开家庭，只剩下一对夫妻独自生活的老年父母（卢慕雪、郭成，2013）。

我国当前的空巢现象既和人口老龄化有关，也属于现代社会家庭结构逐渐向核心家庭转变的一个表现。除此之外，在我国，空巢现象还经常源于年轻劳动人口的流动，也就是儿女因工作原因远在外地，使老人不得已独守空巢。这也导致农村的空巢现象成为当今社会的热点问题。在我国农民还主要以务农为主业的时候，城市因为现代化程度较高，空巢问题更为严重，农村则较少空巢老人。但随着近些年农民外出务工人员数量的急剧增加，我国农村“空巢家庭”的比例上升得比城市还快。城市有着相对更健全的养老保障制度和更现代化的养老观念，而很多农村家庭还停留在传统社会的生活方式和思维模式下，空巢造成的冲击也就更为严重。

空巢现象对老年人的影响主要集中于养老资源和心理健康两个方面。在养老方面，空巢老人具有相对较少的照料人力与物质资源，在生活困难时得不到儿女的及时照顾。但也有不少研究者发现，空巢老人在生活自理能力、疾患风险与存活率方面的指标要优于多代同居的老人，这可能是由于独居促使老年人更积极地料理日常生活，而避免与子女同住易形成的依赖性和惰性，更有助于保持生活能力和躯体机能（沈可、王桂新，2013）。在心理健康方面，空巢的影响总体而言是负面的，特别是对于习惯传统家庭模式的老人而言。空巢老人常常会产生独孤寂寞感，有时会觉得自己被子女抛弃，由此表现出抑郁、悲伤、焦虑、沮丧、自我否定的情绪。有些空巢老人也会有责备子女的倾向，觉得子女对父母不孝。如果空巢的同时还有经济困难、社会支持少等情况，空巢造成的负面心理影响可能会进一步扩大，而这在我国农村社会是非常典型的现象。反过来说，一些正向因素也能够与空巢的负面影响相抵消，如果经济能独立支持生活、社会活动丰富，所谓的“空巢”对部分老年人来说未必是坏事，他们可以享受更自由、更具私密性的生活，而这种情况在一些福利保障优越的发达国家较为常见。因此，对空巢现象的影响不能一概而论，应根据个案的具体情况进行具体分析。

在面对空巢老人的时候，社会工作者一方面要了解空巢老人的实际困难，提供应有的帮助；另一方面，也要帮助老年人自我适应，正视“空巢”这一客观现象，让空巢老人走出家庭、积极参与社会活动、结交新朋友、培养兴趣爱好、重新构建有规律的生活。另一方面，子女在空巢老人的心理调适上仍然发挥着必不可少的作用。我国历来有着“孝亲”的文化传统，《老年人权益保障法》中也规定了子女要“常回家看看”。社会工作者需要利用这些法律、制度和文化上的资源帮助空巢老人和子女更好地联系和沟通。对于农村的空巢问题，则可能还需要依靠政府进一步推动城市化进程，建立更适合我国国情的农村社区养老模式。

三、老年人丧偶与再婚

虽然老年人的婚姻总体稳定，但仍然有几种情况会导致婚姻状况在老年期再次发生变动。其中比较常见的一种情况就是丧偶。我国的第六次人口普查数据显示，在我国 60 周岁以上老年人中，丧偶的老年人比例为

26.9%。丧偶可以说是成年晚期个体可能遇到的最悲痛的生活事件之一。老年夫妻通常一起生活多年，经过生儿育女，风雨同舟，使他们习惯了相伴相守。配偶的突然离去会让他们的心理和情绪受到致命打击。他们会感觉天突然塌了一半，情感失去了皈依，生活失去了重心，人生失去了意义，对任何事情都提不起精神。有的老年人从此一蹶不振，少言寡语、茶饭不思，精神恍惚，说话语无伦次，甚至生活习惯和性格都发生了变化，造成适应性障碍，形成所谓的“丧偶综合征”。轻的可表现心境抑郁，表情悲伤，持续时间短暂；重的可表现为悲恸欲绝，呼天抢地，痛不欲生或呆若木鸡，神思恍惚。由此可见，丧偶是一个人人生过程中的一个需要引起特别关注和积极应对的重要生活事件，能否适应这一重大人生变化的挑战，直接关系到老年人的身心健康和生活质量。

由于男性寿命较短和丈夫一般要比妻子年纪大，丧偶的老年女性要多于丧偶的老年男性。无论哪个年龄段，失去丈夫或妻子都是极端情绪压力的诱因，失去伴侣的人面临很多情感和实际问题。对于那些将生活的全部建立在照顾丈夫、享受他的陪伴的女性来说，失去伴侣是很难接受的事。对于正在工作的男女来说，回家后不再有可以聊天或讨论的同伴，令他们备感孤独。社交生活也可能发生变化，根据菲尔德和明克勒（Field & Minkler, 1988）的研究结果，在死者刚刚去世的那段时间里，朋友和家人会经常安慰丧偶者，然而之后他们要继续自己的生活，需要建立一个完全不同的生活模式。此外，丧偶者的另一个主要问题是经济困难，如果丈夫是主要的经济支柱，他的遗孀就失去了收入来源。奥布莱恩特和摩根（O' Bryant & Morgan, 1989）指出经济上作了良好准备的女性们能够更好地适应丧偶生活，这不仅因为她们更好地了解自己的经济状况，而且因为她们感受到丈夫的感情，为丈夫帮助自己作好生活规划而感到欣慰。

对于如何帮助老人及其家人面对临终和丧亲的伤痛，帕帕利亚和奥兹（Papalia & Olds, 1995）提出了七点建议：①接触那些能够帮助悲痛的人减少伤痛的力量（如特殊的宗教或哲学观点）；②令伤痛者了解通过愤怒、犯罪或抑郁来克服损失是不必要的，甚至是有害的；③尊重不同的表达伤痛的方式，不要认为人们的反应是不正常的；④为需要悲痛疗法的人提供专业服务，帮助丧亲者表达出他们的损失、犯罪感、敌意和愤怒等感觉；⑤推动服务机构（老人院、医院等）建立以病人为中心、以家庭为中心服务的理念；⑥为晚期病人和其家庭建立支持团体；⑦针对各不同年龄层面的人群开展临终教育，普及有关临终和悲痛的常识，帮助人们处理日常生活和职业工作中遇到的有关处境。

总的来说，丧偶同很多危机一样，由于性格和环境，对不同的人有不同的影响。的确，治愈丧偶的悲痛需要时间。然而，如果老年人能够早些形成较强的自我认同和自我满足感，会更好地适应丧偶生活。例如，如果一名女性有自己的兴趣爱好，知道如何生活，就不会因丈夫的死亡而被击倒。同样的，如果男性知道如何做饭，会制定社交计划的话，他们在丧偶后也会调适得好一些。社会工作者应该帮助老人及其家庭把丧亲视为一个长期的调整过程，促使他们在生活方式和态度上有所改变。

在配偶死亡之后，老年人除了独居，另外一种选择就是再婚。在我国，老年人再婚主要有三种模式：①结婚式再婚模式，该模式无别于中青年人的结婚模式。老年人依据我国现行的《婚姻法》登记再婚，如果过不到一块去，又依据《婚姻法》离异，但因结婚、离异导致的子女、财产等纠纷和重重阻力，在现实中给老年人的这种婚姻增添了许多烦恼和痛苦。②同居式再婚模式，即是未经履行任何法律手续。丧偶或离异的异性老人便过上了事实的夫妻生活。该模式的再婚模式应称为非法律式的婚姻，许多老年人因为畏惧正式再婚带来的诸多不便和烦恼而选择了这条道路。③老年协议式再婚模式，也可称为老年协议婚姻。这种婚姻可经男女老年人自主协商、签订婚前协议并由登记机关批准后确立，其最大的特点是协议可规定不改变双方的亲子关系、财产所有权和继承权。协议再婚模式简单易行：老人经过相恋相知，愿意成为夫妻，签订协议经登记机关登记便可。假如两人再分手，那就到登记机关按照协议离婚，无须分割财产。协议式再婚模式有两易（成婚容易、离婚容易）和两不变（双方原来的财产所有权不变、双方原来的财产继承权不变）。

上述几种再婚模式都很普遍。但是其中协议式再婚模式既解决了结婚式再婚模式自身难以克服的困难，又避免了同居式再婚模式的严重弊端，比较充分地体现了老年再婚道德的宏观、微观和年龄标准的综合要求。所以说，老年协议式再婚模式可能更适合当前中国社会现状。

国外有研究表明老年人之间结成的新婚姻关系大多数取得了成功。在一次对 100 对老年再婚者的调查中，只有 6 对认为自己的婚姻是失败的（Mckain，1972）。大多数的老年夫妻都是相互了解了好几年才走进婚姻的殿堂。通常在结婚之前，他们之间就有了一定程度的联系，这种关系大多数没有文艺作品中表现得那样浪漫，却相对比较稳定。因为当他们的家庭处于空巢阶段的时候，为了免除老年的孤单和寂寞，他们就必须寻找一个伴侣来安慰和支持他们孤寂的晚年生活。

尽管如此,老年人再婚也会遇到许多障碍和困难。首先,担心晚辈的反对是老年人再婚的主要障碍之一。子女反对老年人再婚一般有几种理由:担心遗产落入他人之手;怕让人说对长辈不孝;不愿愧对已故的亲长;不想照顾护理后母(继父)等。其次,固守传统力保“晚节”的观念在一些老人心中根深蒂固。他们受限制于传统的思想观念,不敢迈出再婚的脚步。而且在社会舆论的压力下,老年人也往往会对再婚望而却步,不敢理直气壮地再次追求自己的幸福。其实,老年人也是人,完全有权利按自己的意愿来自由地恋爱和结婚。最后,再婚后再次离婚。部分老人可能认为自己岁数大了,不能像年轻人一样挑挑拣拣,能搭伴过日子就成了。可是,婚姻毕竟是婚姻,不能因年龄已老便忽略其他必要因素,如果双方没有达成共识和理解,没有建立起共同生活的感情基础,就匆忙仓促成婚,难免日后“水火不容”,只会给晚年增加痛苦。社会工作者在面对老年人的再婚问题时,既要熟悉相关的法律知识,也要了解当事人的需求与愿望,对不同个案的具体情况作出分类。一方面,应帮助老年人调整心态、化解压力;另一方面,也要让其与子女更好地沟通,使老年人的婚姻幸福能够得到家庭和社区的支持。

推荐阅读书目

帕伊亚,1999,老龄化与老年人,杨爱芬译,北京:商务印书馆。

理查德·查德波斯纳,2002,衰老与老龄,周云译,北京:中国政法大学出版社。

凯瑟琳·麦金尼斯—迪特里克,2008,老年社会工作:生理·心理及社会方面的评估与干预,隋玉杰译,北京:中国人民大学出版社。

民政部养老服务体系建设领导小组办公室,全国老龄办养老服务体系建设领导小组办公室,2010,国外及港澳台地区养老服务情况汇编,北京:中国社会出版社。

张仙桥、李德滨,2011,中国老年社会学,北京:社会科学文献出版社。

对社会工作实务的建议

- 熟练掌握老年人的生理、心理和行为特征,掌握成年晚期的相关社会工作知识与理论。
- 能综合运用个案工作、群体工作、社区工作以及心理咨询的基础知识与技术对老年人的常见问题进行专业介入。
- 要具备有关老人疾病和医药卫生方面的知识,及时为有需要的老人服务。
- 能帮助老年人适应生活角色的变化,促进老年人的社会参与。
- 要熟悉有关老年人权益的各项法令,以及社会与社区的资源,并能够利用这些资源为老年人谋取福利，解决问题。

- 要培养领导力和协调能力，在工作中能够很好地和其他各机构、各类专业人士合作，更好地为老人服务。
- 对社区老年人的问题和需要保持高度的敏感性，能及时掌握和发现社区中老年人的需求变化，为老年人提供必要的机构和社区照顾。
- 在服务过程中要时时注意现有制度对老人的影响，并及时反映给行政单位，作为改进规章制度的参考。
- 能帮助老年人及其家人应付丧偶这一压力事件。

第十三章
临终和死亡

虽然任何年龄的人都有面对死亡的可能,但本书中所提到的“临终与死亡”主要是指发生在成年晚期之后、生命发展到一定程度的自然终结,包括高龄导致的生理功能不可逆转的自然衰竭,以及各种发生在成年晚期之后的疾病导致的生命衰竭。死亡不仅是个人生命的终止,而且是影响家人、朋友以及其他人的一种社会事件。一些重要人物的死亡甚至会被用来标志一个历史时期的终结。

大多数文化中都讳言谈到死亡,但不可否认的是,死亡是人生命历程发展的一个必经阶段——不论是所爱的人,还是我们自己,都必须面对死亡。同时,我们也应看到,死亡虽然无法被避免,但我们在面对死亡时却并非是完全的无能为力。经过专业训练的社工应尽可能地帮助临终者及其家属安静、平稳地度过这一时期,尽可能地减少死亡给他们带来的痛苦。

第一节　临终期的生理与认知状况

一、临终期的生理特征

临终期处于生命发展的最终阶段,处于这个时期的个体多数失去了自理能力和部分生理机能,往往是疾病与衰老并存,同时思维变得迟钝,与家人或医护人员进行交流的难度增加。因此,在照顾临终者时,家庭成员与其他照顾者如果对死亡的相关信息没有足够的了解,通常情况下他们会面临很严重的焦虑。大部分家庭都希望对接下来会发生的事情有一定的了解,真实、准确的信息可以帮助他们消除对未知的恐惧(Cagle & Kovacs,2009)。社工应当为这些家庭提供有关死亡症状的信息,以使他们能够判断出已经处于临终期的亲人,并对接下来的情况有所准备。虽然个体情况存在差异,但是一般情况下，处于临终期的病人会出现如下症状（Foley，2005；Reith & Payne，2009）。

（1）体温和循环变化。由于末梢循环减慢，临终期病人的手脚摸起来会很凉，如果是仰卧在床上，身体背部的颜色可能会加深。通常情况下病人此时对寒冷的感受性很低，轻质柔软的被子即可以提供足够的温暖，过于厚重的覆盖物反而可能会影响病人的呼吸和内循环。

（2）睡眠时间大量增加。由于代谢降低，临终期的病人通常会增加大量的睡眠时间，有时可能很难从睡眠中被唤醒，逐步失去对身边真实环境的感受。因此，当病人处于清醒状态的时候，身边的人应当拿出更多的时间来陪伴他们。

（3）视觉和听觉衰退。临终期的病人会逐渐失去清晰的视觉和听觉。在视觉衰退的时候，病人可能会要求尽可能地点亮屋里的灯光。而听觉则是五感中最后失去的一感，所以照顾者不应认为感觉已经严重不灵敏的病人什么都听不到。对临终者讲话的时候，声音应当缓慢而清晰，音量保持在一般人能够听到的水平上即可，而不该过分提高。许多病人直到死亡前的几分钟还在讲话，并因能与自己爱的人进行语言交流感到安心。

（4）口腔分泌物拥塞。体内液体摄入量的减少和无法咳出正常的唾液导致了临终期病人口腔分泌物的增多，这些分泌物积聚于咽喉的后部，使病人经常发出喉鸣声。此时调节床头的升降并调整病人的头部使其歪向一侧倾斜，可以使病人的呼吸得以缓和。偶尔擦拭病人的口唇，也可以为其提供舒适感。

（5）失禁。在死亡或死亡即将来临的时候，随着肌肉变得松弛，肠与膀胱功能开始丧失。此时尿液的颜色会变得很深。有必要的话应该在床上垫一些衬垫，以使病人的皮肤保持干燥和清洁。

（6）不安和困惑。病人可能会变得焦躁不安，或者看到一些并不存在的人和事物。这些症状是由于供应到脑部的氧气量减少，以及身体新陈代谢情况的改变造成的。此时不能对病人焦躁的反应进行喝止，而是应当有人陪在病人身边，用冷静的声音告诉他放轻松，并辅以输氧措施。轻音乐、搓背、温柔的触碰可能会有助于帮助病人镇定下来。

（7）饮食需求的减少。临终病人的身体会减少对饮食的需求，勉强他进行饮食反而有可能会加剧症状。事实上，轻微的脱水有益于减少肺分泌物的产生，从而改善病人的呼吸，而脱水导致轻微的肾脏机能不全也会产生一定的镇静作用。因此，尽管抑制对食物和水的提供在感觉上是违反常识的，但是对于临终期的病人而言，适当喂以少量的水和少量的食物比起强迫他们进行饮食要更有帮助得多。

（8）呼吸改变。病人的呼吸会变得不规律，可能会出现周期为 10 ~ 30 秒的呼吸停顿。这种症状是由于身体内循环的减少和体内废物的堆积。调节床头升降或者使病人头歪向一侧可能会帮助病人缓解不规律的呼吸模式。

（9）不适与痛苦。不适的表现包括呻吟、焦躁不安、眉头紧蹙等。频繁的观测将帮助确定病人疼痛。如果疼痛一直持续，应当在医生或护士的指示下正确服用止痛药物，来减少病人的痛苦。

图 13－1　临终期病人

临终期可能会持续数小时或数天，即使病人已经表现出濒危的体征，也没有人能够预测准确的死亡时间，而以下这些迹象表明死亡已经发生：①呼吸停止；②心脏停止跳动；③肠道或膀胱失去控制；④对摇动或口头指令没有回应；⑤眼皮略微睁开，眼睛停留在一点上不再移动；⑥随着下颚的放松，嘴部轻微张开。

如此明确地与临终者的家庭成员或亲密朋友来谈论死亡，这似乎是一件很令人难过和尴尬的事情，但是这些知识有安慰的作用，也可以帮助他们缓解由于对未知的恐惧而带来的焦虑。临终者如果了解到他的家人们在信息、医疗和社会支持方面获得了帮助，从而能够更好地履行自己作为护理者的角色，也会感觉到欣慰。与此同时，这些信息也有助于家属们提前为葬礼等后事作出计划和准备，而不是在患者死亡之时还要面对艰难的、情感上的抉择。

二、对死亡的认知

没有人能够确切知道死亡到底是怎样的一种经历，但大多数人在面对死亡的时候都会经历某种有意识的或无意识的死亡焦虑，但对死亡的具体恐惧感则是因人而异的。死亡涉及丧失，意味着个人身份的终结，即自我的丧失。个体将再也闻不到芬芳花香，不再会解决现实问题，没有快乐、也没有希望，不再有极度的兴奋、也不再有痛苦的悲伤。很多人还会考虑到自己的死对他人意味着什么，活着的人将会感到生命中不可恢复的失去，以及可能带给家人的困难和痛苦。

对死亡概念的全面理解至少需要三个因素：①不可逆转性，指人们应当知道，一旦某一个活着的有机体死亡，其肉体就不能重新获得生命；②无功能性，要求人们认识到，活着时候的机能在死后就停止了；③普遍性，意味着人们必须明白所有活着的有机体都会死亡（Brent Speece, Lin Dong & Yang, 1998）。而对死亡焦虑进行的经验研究表明，它是一种至少具备四个不同特征的复杂现象：①对躯体变化的担心，②对时间流逝的意识，③伴随死亡而来的痛苦和紧张的担忧，④对死亡引起的心理和情绪反应的担忧。因此，说死亡焦虑不仅包括对离开所爱的人的恐惧，也包括对变化和变化结果的恐惧（夏埃、威里斯，2003）。

对死亡的焦虑与个体的人生经历、宗教信仰、性格和生活满意度等因素有关，这些因素都会影响到一个人适应临终和死亡的方式。有些人从很早就开始恐惧死亡的来临，有些人则较少思考死亡；对于某些人来说，死亡是最不愿意面对、最不愿意去思考的事，而对具有某些宗教信仰的人而言，死亡只是进入另一个世界的必经阶段而已。与那些突发致命急症或猝死的人比较起来，老年人已经逐渐面对他们自身身体健康状况的局限，对自己的死亡有了社会化的适应，所以他们有更多的时间和机会来接受死亡，并在情绪上和心理上都为之作了准备。不利的一面是，他们的家庭成员在谈到有关临终与死亡的感受时，可能会避开他们，或者表达一些消极的观点，这些可能会使那些老人感到一种被孤立的感觉。

根据艾里克森的自我发展理论的八个阶段，生命中最后的一个阶段，就是“获得完美感和避免悲观绝望”的阶段。这一阶段中，最重要的任务就是保留生命的潜能，乐观而充实地度过这一时期。这个目标的实现与否主要基于以往七个阶段的过渡情况，如果之前的人生中每一阶段的目标都顺利达成，那么到这一阶段则会体会到完美感，感觉生命对社会和他人有所贡献，生活幸福，这样的人对死亡并不会感到惧怕；而前七个阶段渡过并不顺利的人，往往到达这一阶段后感觉后悔失望，又无力重新开始，被悲观绝望的情绪所笼罩，他们则更多地会觉得没有准备好面对死亡，对死亡怀有排斥与恐惧的心理。

与生活一样，死亡的丰富性和复杂性也可以从包括生理的、心理的、社会的，以及精神层面等多维框架来进行理解（Bern-Klug，2004；Bern-Klug Gessert & Forbes，2001）。从下面将要介绍的死亡过程的理论中我们可以发现：死亡带来的丧失和随之而来的丧亲之痛，都是生命进程中的一个个独特过程，虽然发生在不同的情境之下，但是它们有着共通之处。

美国精神病学家罗斯（Elisabeth Kübler-Ross）对死亡过程的研究是最著名的。通过对几百个临终患者进行观察和访谈，她提出每个人对死亡的反应都表现在四个重要方面：肉体的、情绪的、理智的和心灵直觉的。她识别了死亡的五个阶段，每一个阶段都以一种态度为特征（Ross，1969）。

第一阶段是否认（denial）。人们否认死亡会发生在自己身上，当他明白自己即将死亡的时候，第一反应是短暂的震惊与麻木的状态，然后觉得“这不是真的，不可能是我”。这种否认会在与社会互动暂时隔离的情况下奏效，并持续很长一段时间。

第二阶段是愤怒（anger）。人们认识到自己即将死亡之后会表达出愤怒的情绪，并且质问，“为什么是我？”他们会将自身的愤怒、嫉妒投射到其他人身上，而且通常会埋怨上天不公，或是直接对医护人员、家人和朋友发火。此种愤怒情绪是病人开始接受死亡事实的开始。

第三阶段是讨价还价（bargaining）。当愤怒的阶段快结束时，很多患者会开始在内心与命运之神进行谈判，试图推迟死亡的时间。类似于，“这件事确实发生在我身上了，但是如果能够换取几个月的生命，我愿意……”

第四阶段是沮丧（depression）。一种失去的感觉随之产生，个体会为自己生命的终结和那些会被自己留在世上的事物感到悲伤。在这个阶段一种常见的反应就是退缩，对自己所爱的和亲密的人说，“我只想一个人呆着”。

第五阶段是接受（acceptance）。在这一阶段人们接受了命不久长的事实，同时放弃了挣扎和挽回生命的努力，开始回顾自己生活中所完成的部分“没关系，我的生活已经……”

在罗斯所提出的五个阶段中，只有沮丧是会经常出现的，而其他的五个阶段并不一定都会出现，可能只会出现其中的两个或三个。所以说她的理论不应该看作是一种死亡过程的阶段理论，而应该看作是对临终者所表现态度的一种猜测和讨论。在作者看来，个体坚持经历了所有阶段之后依然存活希望的也存在。

伊丽莎白·库伯勒·罗斯（Elisabeth Kübler-Ross，1926—2004），美籍瑞士精神病医师、医学博士，探讨死亡与临终经验领域的权威女学者。1969 年，她出版了一部拓荒性的作品《论死亡和濒临死亡》，革命性地将死亡过程划分为五个阶段。她致力于推进临终关怀事业，改变了无数人处理死亡、面对临终病患的方式。她先后获得了二十多个荣誉学位，著作被译成 27 种语言。2007 年，她入选美国女性名人堂，《时代》杂志曾称她为“20 世纪最伟大的思想家之一”。罗斯还著有《天使走过人间》《你可以更靠近我》《用心去活》等作品。

除了这几个阶段中出现的心理特征之外，临终期的病人还会较多地思虑后事，关心死后的遗体处理和其他家庭成员将来的生活情况等，这可能会增加他们的心理障碍，导致其变得抑郁孤僻、自我调节和控制能力降低、依赖性增强（薛萌，2008）。

护理人员应当认识到：罗斯在提出这个阶段理论时，主要是为了使医护工作者对病人的感受和经历体会得更多一些。但是有时医护人员会断章取义，试图刻意地引导病人机械地从一个阶段来到下一个阶段，有些病人甚至因为自己没有达到“适当”的阶段而感到十分焦虑，这样反而违背了罗斯的初衷。

除了表达关于死亡的感受，一些老人还具有其他与面对死亡有关的需求，最为困扰他们的是对长时间身体疼痛或不适的恐惧，以及害怕失去对自身的控制和掌控感等。有些人认为临终期的老年人需要一份安全亲密的人际关系来表达恐惧、悲伤、愤怒、怨恨的情绪，或其他与失去生命有关的感受，尤其是与所爱的人分离的感觉（Bowlby，1980）。适当的交流对于他们来说非常重要。

艾拉·约克（Ira Byock，1997，2004）在他的著作中提到了关于在面对死亡时对生命中的重要事件加以确定（我爱你，你爱我吗？），完成生命中某些任务的重要性，因为我们永远也不知道生命还有多少时间。这些任务包括确定、和解（我原谅你，你原谅我吗？）以及“说再见”。在他看来，完成这些生命中的重要任务，临终者就可以走向一个了无牵挂、令人满意的“好的死亡”。而在费伯和伊格纽（S. J. Farber，T. R. Egnew，2004）看来，“尊重死亡”的观念比一个“好的死亡”更有意义，表达了一种对生命价值观的追求。

在文学作品中，描述死亡有时会用到诸如有意义的、适当的、自然的、平和的等词语。一个人可能会被描述为死得其所、死得恰到时候、过早离世等。这样的用词表明了一种将死亡顺从地看作是生命整体的一部分意图。在日常生活中，往往更加间接地使用委婉语、隐喻、医学术语或俚语等来避免直接谈论死亡——在这些语境里常常会说这些人是“失去了”“去世了”或者是“不在了”（DeSpelder & Strickland，2007）。对于一个社工工作者而言，注意到这些词语的使用是很重要的，因为它们通常反映了某种文化或宗教背景，能够体现出哪种用词会让病人及其家属觉得舒适和可以接受。

第二节　死亡的仪式及其对丧亲者的影响

一、死亡的仪式

不论在哪个社会，随着家庭成员的死亡，随之而来的都是一整套的需要全部家庭成员共同参与的仪式。葬礼是这种仪式化程序的关键内容，对丧亲者处理哀伤、调整情绪有非常重要的作用。从心理意义而言，丧葬仪式可以增加丧亲者对死者已矣的接受度和对生活的控制感，同时也是一种消极感情的宣泄以及与他人联系的加强（贾晓明，2010）。正如有研究指出的，丧葬仪式对丧亲者具有一定的功能性，包括社会性功能、抚慰性功能、教育性功能、调整身心的功能和转化经验的功能等，通过这些功能的相互运作，体现出了丧葬仪式肯定生命价值、化解失落伤痛的内在意义（方蕙玲，2001）。对一名社工工作者来说，了解不同文化背景下丧葬仪式的不同形式，以及理解这些仪式所具备的功能，是很有必要的。

丧葬仪式的内容随着文化、时代和群体的不同而有很大的差异，夜间守灵、穿丧服以及其他的仪式则是葬礼的补充。参加葬礼的人不必刻意注重服装，但是无论在西方社会还是在中国本土社会，人们都不会选择色彩鲜艳的服装，而通常会选择黑色或深色的衣服；在中国，亡人的遗属则身着白色的孝服。死者的家人忙于各种细节的安排（如安排丧葬计划、联系亲属等），而亲属朋友则为其提供帮助（如帮助提供食物、安排场地等）。

就中国传统的习俗而言，土葬厚葬的形式是有着深厚的历史根源的。家中老人去世后，子孙应按严格的程序为其举办隆重的葬礼，让死者入土为安，并在葬礼上表现出深切的哀痛，否则会被视为“不孝”。而且由于传统文化中相信鬼神的存在，相信死去的祖先的魂灵会庇护后代，因此在举行丧葬仪式的时候，会通过各种仪式环节充分表达对各种鬼神和死者魂灵的敬畏，希望他们能够保佑这个家族的兴旺发展。在整个仪式过程中，亲友的探望、帮助可以增加家庭成员之间的联系，也巩固了乡邻间的关系；盛大的仪式则不仅是与死者的告别，也是家族实力和精神凝聚力的体现，维持了传统的道德伦理观念。

传统丧葬仪式的内容十分复杂，人类学家林耀华在《义序的宗族研究》一书中，细致地描述了福建省义序乡这个典型的宗族村落的丧葬仪式过程，这里的丧葬仪式过程在汉族传统丧葬仪式中非常具有代表性，仪式的整个过程包括丧事仪节：从“过世”“报丧”“搬药师”“殓尸”“入殓”到“上孝”；各种礼仪环节：包括“上马祭”“早晚祭”“开吊”“七七”“七七之后”等；最后是各种葬事仪节：包括“停柩”“出葬”“送葬”“路祭”“回笼”等过程。从对整个仪式过程的描述中可以看出，丧葬仪式对于一个家庭乃至整个宗族的重要意义。

传统的葬礼往往要花费大量的金钱，而穷人一般无力筹措葬礼的全部费用。在我国的某些地方，为了举办一个体面的葬礼，一般要动员整个家庭的力量、甚至要举债来举行葬礼。一方面，这是通过葬礼来表达对亲人的祭奠，另一方面更多的是迎合世俗的观念，厚葬亲人以免被亲友、邻居所嘲笑。所以民间曾有“死都死不起”的说法，就是指葬礼仪式的花费给普通百姓带来的经济上的负担是非常大的。这种不顾自身条件讲究厚葬的旧风俗，还需要通过不断的移风易俗才能逐渐消失。

现在随着社会经济、文化的发展，现代人们对于死亡的价值观念多数以唯物主义无神论为主导，传统的鬼神观念逐渐被冲淡。加之政府对殡葬改革的执行，土葬多数转变为火葬，各种丧葬仪式也变得更加简化和环保。在第三次全国殡葬工作会议上《大力推进殡葬改革，加快殡葬事业发展，为促进社会主义两个文明建设作出新贡献》的报告（1997）中指出：“用遗体告别代替发丧送葬，用献花圈代替焚香摆供，用戴黑纱、白花代替披麻戴孝，用鞠躬默哀代替磕头跪拜，用播放哀乐代替吹吹打打、鸣放鞭炮。这些在城市被普遍接受的丧葬形式，正在广大农村逐步推广。”

二、死亡对丧亲者的影响

在亲人去世后，丧亲者往往会出现不同程度的居丧反应。居丧反应是指人们面对失去亲人后而产生的悲伤、哀痛的心理与行为反应。失去是人们一种常见的体验。有大量证据表明，来自所有文化的人都对他们深深眷恋者的死亡有着强烈的、痛苦的反应（Doka & Tucci，2009）。悲伤、孤独、怀疑和焦虑等情绪可能只是人们在经历丧亲之痛时体验到的一小部分感受，真实的全部感受要复杂得多。丧亲之痛甚至可能会带来躯体化的反应，例如喉咙紧缩、窒息、腹部的空虚感以及肌肉的无力感等等。

居丧反应是一个人面对亲人去世这件事的正常反应，是一个复杂的处理感情的过程，也是一个非常具有个性化的过程。每个人表现和消化悲痛的方式都不相同，但对于人们来说，真正的挑战是如何克制悲痛，不使之发展成为一种病态，并试着将这种丧亲之痛理解为生活中的一部分而应对下来，在这个过程中甚至有可能改变原有的世界观（Parkes，2002）。

同临终者逐渐接受死亡一样，丧亲者逐渐接受亲人的失去也是一个过程，正常的居丧反应大致会经历以下三个阶段：第一个阶段持续的时间较短，这一时期丧亲者会否认事实，表现出一种麻木冷淡的情绪反应，对现实感到一种不真实感，同时不断回忆关于死者的音容笑貌等过去的事情；第二个阶段持续的时间会更长一些，此时丧亲者真正地感受到失去亲人的痛苦，情绪极其低落，会出现较多的自责感和内疚感，有时会将愤怒感投射到其他亲属或医护人员的身上，也有的可能会出现社会性退缩，在心理和行为反应上出现一些紊乱，在这一阶段中，哀悼行为是一种比较适合缓解悲伤的举动，是包括文化传统在内的社会进程对人们在经历死亡后的行为指导；经历到第三个阶段，也可以说是熬过了丧亲之痛的阶段，丧亲者的心理和行为逐渐恢复正常，逐渐接受了失去亲人的事实，此时回忆的内容多半是积极的往事，是一种缅怀亲人的表现（冯斌，2011）。

从这个角度来讲，也可以把居丧反应看作人体应对创伤的一种应激反应，第一阶段情绪的麻木与第二阶段悲痛的表达可以达到对自身情感的保护和对悲痛情绪的宣泄，这两个阶段顺利过渡后，才能慢慢达到第三个阶段中对失去亲人一事逐渐接受。

在威廉·华尔顿（2004）看来，通过采取行动更容易克服居丧反应，因此使哀悼通过完成四个特定任务来进行或许会更恰当。他认为，第一个要完成的任务是直面失去亲人的事实;第二个任务是完成悲痛带来的痛苦,因为人们常常出于对社会环境的考虑,对于外向地表达自身的痛苦和悲伤感到很不舒服,所以人们往往通过改变居住环境或迅速地建立新的关系来回避痛苦的感觉,这往往使第二阶段的任务难以完成。第三个任务是适应死者已逝的家庭环境,包括填充之前由死者在家里担任的角色以及在日常生活中进行适当的调整。第四个任务是在情感上重新安置死者,然后继续生活,逐渐找到一个失去已逝者后仍能进行的生活方式。

但是丧亲者如果没有能够通过正确的途径排解这些哀伤悲痛的情绪,可能会逐步出现病态的居丧反应。此时,悲伤会变得过分强烈,持续的时间过长或出现延迟——即本该在第一阶段早早出现的否认情绪过晚地出现——这些情况往往是由于突发性的死亡、丧亲者与死者的关系十分亲密或是对其去世有严重的负疚感。在这种情况下,丧亲者可能会出现病理性的抑郁症状和自我伤害、自我毁灭情绪,甚至产生一些怪异的行为和精神病样反应。社会工作者应当关注丧亲者的行为表现,正确判断他们的居丧反应,在必要的情况下及时介入,以免产生更多的悲剧。

近年来,有学者提出对于居丧护理的关注,因为即使是正常的居丧反应,也可能对个体的心理和行为的发展产生不良的影响。不仅如此,如果能尽早地对居丧反应进行干预,使丧亲者在丧亲发生后短时间内向他人倾诉内心的悲伤,可以有效地预防或降低病理性居丧反应出现的可能(Amyy M. C., Cecilia W. C. & Samuel M. Y.,2007)。也有人指出,居丧护理人员应当认识到,丧亲者的悲伤处于一个动态过程,且带有个性化特征,文化背景、宗教信仰、知识水平等方面不同的丧亲者会有不同的居丧反应,护理人员应视情况的不同而采取不同的护理策略。尤其需要注意的是,大部分居丧反应带来的负性情感都可以在短期内通过护理人员的介入而消失,所以护理者应当注意关键时期,通过护理干预来防止丧亲者居丧反应的病态化(陈丹,2010)。

第三节 临终期的相关问题

一、老年人社区照顾

(一)社区照顾内涵

社区照顾在引入我国之后,许多学者从不同方面进行了研究。学者周沛在《社区社会工作》(2002)一书中指出,社区照顾是指社区工作者动员社区资源,运用正式的和非正式的支持网络,联络社区内的政府和非政府的机构,运用正式的和非正式的支持网络,以正式合法的社会服务机构来为有需要的人提供援助行服务。汤冬娜在《城市社区照顾模式构建研究》(2007)中,提出社区照顾就是在党和政府的主导下,动员社区力量,利用社区资源,为社区成员提供福利性、公益性服务和便民生活服务,以满足社区成员日益增长的物质文化需要的过程。

(二)老年人社区照顾服务的现状

目前社区老年人社区照顾中普遍存在资金不足、服务形式单一、人力资源匮乏、社区服务机构能力建设不足等问题,具体表现如下:

(1)老年人社区照顾的服务形式单一。国家老龄委在全国范围内启动居家养老工程,通过一系列政策带动,全国各地大多数的居家养老服务中心实现了社区基础硬件建设的目标。目前社区向老年人提供的服务规模小、功能和内容单一,不少还停留在简单的问候和家务服务等层面。老年人精神层面的舒缓、心理层面的沟通、医疗康复护理知识的普及、迎合老年人个体需要等服务无法满足。

(2)开展老年人社区照顾服务的资金缺乏。开展老年人社区照顾需要有足够的经费保证。当前,城市社区开展老年人服务的经费主要来源于各街道的专项经费、社区办公活动经费及社会募集。政府虽然有专项资金用于居家养老服务,但是覆盖面偏低,补助对象主要为重点老人或特殊困难老人。老年人社区照顾服务资金的缺乏使得社区老年人服务无法深层次开展。

(3)开展老年人社区照顾的人力资源匮乏。目前在社区居委会工作中,尚没有老年工作的社区专干,在社区居委会中,多数由残疾人专干来兼做老年人服务方面的工作,且多由本社区内的残疾人士担任社区残疾工作专干,工作人员精力不足、专业化程度不高。社区中从事老年人社区照顾服务的人员主要是社区志愿者和社区干部。社区志愿者多为退休人员,他们精力有限、流动性大。社区干部承担的工作任务繁重,对社区老年人照顾往往无暇顾及。因为没有专职人员介入,人力资源匮乏,导致老年人照顾服务进展缓慢。

(4)社区服务组织能力建设不足。社会服务组织在承载老年人的社区照顾中发挥着重要的作用。目前机构在提供服务的专业化程度、自身的能力建设方面发展缓慢,社区服务组织“以老人中心”来开展服务的能力不足。

在开展社区照顾的过程中，老年人服务缺乏有效监管和服务质量的评估体系，社区服务组织的作用和功能还没有充分发挥出来，需要进一步的挖掘。

（三）社会工作者介入老年人社区照顾的工作视角

社会工作者介入老年人社区照顾体系，不是要摈弃以往的服务，而是在原有的服务基础上，发挥社工专业优势，导入社会工作的价值理念，运用社工专业技巧开展社区照顾服务，提升现有服务的专业服务品质，保证现有服务效果的有效性，社工介入老年人社区照顾的策略如下：

（1）树立“从问题入手、以需求为导向”的服务设计理念。社会工作人员进入社区后，由问题入手，对社区老年人进行需求调研与评估，掌握重点老人和特殊老人的基本情况，并为他们建立详细的个人档案，定期探访老人。社工根据不同老人的需求进行服务设计，全程跟进服务实施，并作好服务评估。

（2）运用优势视角，发挥老年人自身主体作用，实现老年人群体内的自助与互助。社会工作人员在开展服务的过程中，注重发挥老年人主体的作用，运用优势视角，擅于发现老人的优势，并挖掘他们的潜力，提升老年人的自信，提高他们的生活品质。社工在助人的同时，也应帮助老人实现自助。社工擅于运用小组工作的方法，发动老年人群体中具有领袖气质的老人，组成老年人的兴趣小组或者学习小组，老人自已帮助老年人群体，实现老年人群体内的自助与互助。

（3）运用增能理念，充分调动社区内资源帮助老年人。社会工作者擅于调动“以老人为中心”的各种社区资源，如老人的家庭成员、亲友、邻里、社区志愿者、社区组织、社区居家养老中心、老人协会、老龄委、民政部门等社区的非正式资源和正式照顾系统等，以老年人的问题为中心，整合各种资源来服务老年人。在开展老年人社区照顾的同时，社会工作人员要充分认识到社会服务组织在服务开展中的作用，支持并鼓励社会服务组织的发展和合作。社会工作者善于发动社区志愿者、高校志愿者开展老年人社区照顾服务，并根据服务开展的需要，有针对性地对志愿者给予必要的知识和技巧的培训，以期更好地服务该类人群。

（4）构建老年人的社会支持网络。构建老年人的社会支持网络是老年人照顾的重要方面。充分发挥老年人的正式支持系统和非正式支持系统的互补作用，社工做好服务的链接。社工从老年人的需求入手，加强对老年人已有的非正式网络的联络、互动，帮助老年人建立更多正式的支持资源。通过研读政策和把握当地社区情况，做好老人与正式资源的有效对接，并对老年人进行家庭探访、档案管理、个案转介、精神关怀等日常服务，充分挖掘和整合社区的各方资源，为老年人服务。

二、临终关怀

（一）临终关怀的内涵

临终关怀是姑息治疗的一种模式，它源自英国，旨在使临终者能够安详、舒适且有尊严地走完人生的最后一段路程，解决他们对死亡的惧怕。它并非一种局限于一时一地的护理模式，患者即使在自己的家中也可获得临终关怀服务。这项服务通常提供给预计剩余生命不超过6个月、并且不再接受针对性治疗的人。

世界卫生组织（WHO）指出，临终关怀是对无治愈希望病人的积极与整体性的照顾，其目的在于确保病人及其家属最佳获得的生活品质；临终关怀以控制疼痛、缓解病人其他相关生理症状，以及解除病人心理、社会与灵性层面的痛苦为重点；强调的是通过服务者为病人提供保守性的治疗和支持性的照顾，尽可能地使病人有尊严地、平静安详地告别人世。与此同时，社工应向病人家属提供支持系统与哀伤辅导。

临终关怀的目的，一方面是帮助病人了解死亡、接受死亡，在人道主义的关怀下，享受良好的医疗消费，使他们能够有价值、有意义、有尊严地度过人生的最后阶段，超越躯体的痛苦，安详而无牵挂地离开亲人，离开这个世界；另一方面是给予病人家属精神上的支持与慰藉，帮助他们直面死亡的事实，坦然地接受失去亲人的痛苦和所要面临的问题（韩修英、李玉萍，1999）。

与传统的治疗相比，姑息治疗具有这样的特征：①病人及其家属是进行治疗的主体；②提供治疗的是一个跨学科的团队，其成员不再局限于医生、护士，也可以包括社工、志愿者等其他职业的能够提供专业帮助的人士；③病人及其家属不再追求治愈疾病的疗法，而是选择姑息治疗来治疗症状和护理病人的起居；④病人去世之后，作为连续护理项目的一部分，姑息治疗的团队可以为面临丧亲之痛的家属提供进一步的护理。

（二）临终关怀的工作内容

临终关怀用不同于以往的全新理念是以爱和温情让死亡变得不再恐怖和狰狞。临终关怀工作从本质上讲是通过多种形式对临终者给予精神的慰藉、心灵的呵护、情感的满足和人的尊严的维护。具体而言，临终关怀在实际应用中，会采取一套专业有序的照护方式，争取在最大程度上保障病人的生命质量，给病人提供良好的生存环境和舒适的日常生活。这不仅包括给病人提供合理的饮食和对进食的协助，也包括对患者的口腔清洁护理和皮肤护理。此外，还包括帮助病人维持良好的室内通风和令人感觉舒适的室温等各项能够提高患者生活满意度的细节（迟西琴，2012）。

（1）临终关怀从理解死亡开始。临终病人已经失去了治愈的希望和自主活动的能力，对于他们来说，此时的心理状态十分低落，来自他人的尊重和温暖非常重要。因此，护理人员不仅要关注对临终病人生理状况的照料，也要注意关注他们的精神状态，努力消除他们的孤独感、维护他们的自尊心、尽可能多地与他们交流沟通，使他们能够没有遗憾地走完人生最后的路程。其中，最重要内容是帮助临终病人和即将走到生命尽头的人理解死亡并坦然接受死亡。不理解死亡甚至害怕死亡的人大多是不可能平静、愉快地告别人世，他们往往带着痛苦和恐惧离开人间，甚至由于担心、焦虑、恐惧、害怕死亡，抗拒死亡而加速了死亡的进程，缩短了本该安然享有的生命。临终关怀的理念就是通过给予临终者精神的慰藉、心灵的呵护、情感的满足和人的尊严的维护，促使他们能够理解死亡，坦然地对待死亡，即使不能延长生命的过程，也会平静安详地告别人世，把对死亡的恐惧和痛苦降到最低程度。

（2）减轻恐惧和不安是临终关怀的基本内容。临终关怀的重要内容还包括减轻临终病人和即将走到生命尽头的人对死亡的恐惧和不安的情绪。由于对生命的眷恋和不舍，人们担心死亡、害怕死亡、恐惧死亡，这是一种非常正常而普遍的心理活动。临终关怀可以通过细微的从生理到心理对患者的帮助，减轻他们对死亡的设想和面临死亡的恐惧和不安，让他们平静甚至带着微笑离开人世。1987 年成立的北京松堂关怀医院除了努力对每一个病患者进行全面、细致的护理和照料外，还特别规定在病人弥留之际，工作人员必须紧握临终者的手，不断地在他耳畔温和地重复着："别害怕，我们陪着您，来，抓住我的手……"（阎安，2010）让临终者感受到支持和依靠，他们的恐惧感和不安感便会慢慢消失，最后平静地告别人世。

（3）控制并减轻疼痛是临终关怀的重要内容。对病人症状的改善也是临终关怀的重要内容。对于临终期的病人而言，疼痛是经常会出现的症状，并且会带来非常难以忍受的痛苦。在临终关怀中，对病患者的疼痛处理是主动预防和控制，采用各种手段和方法，尽量减少患者的痛苦，而不是被动地压抑和忍受。一般情况下，控制病患者的疼痛主要有两种方式：药物控制和非药物控制。药物控制是在医生的指导下用镇痛药缓解疼痛，在临床治疗中普遍采用这种方法,为病人使用合理有效的止痛药物来减少他们的痛苦。而非药物控制主要是通过采用意念疗法、音乐疗法、心理疗法等方法缓解疼痛。临终关怀采用双向式,甚至把后者看得更为重要。人与动物的最根本区别是人有理性和意志,有自我控制的能力,临终关怀正是通过各种方法调动病患者的意念和对他们进行精神和心理的治疗、辅导,控制并减轻疼痛,使之从容面对病痛和苦难。护理人员应当同时可以与心理治疗师及外科医生等人配合,综合采用心理暗示法、外周神经阻断术等方法来改善病人的症状,使他们免受痛苦的折磨。

(4)满足临终者心底的愿望是临终关怀的具体内容。临终关怀的具体内容是从人之常情、人之亲情和一个人日常生活的基本需求,甚至从一个人的性格特征和职业特点等方面,去满足临终者心底的或最后的愿望。在满足临终者日常生活需求和心理、精神需求的同时,临终关怀还有更深刻的内容,那就是满足临终者的心愿。由于各方面的原因,临终者会有许多的遗憾和未了的心愿。如果临终者在生命的最后时刻无法实现或满足最基本的愿望和心底的渴望,就可能会“死不瞑目”。从临终关怀实行的情况看,帮助临终者完成其心愿,临终者就会因“死而无憾”而平静安宁地离开人世。

(5)对病人家属的慰藉与关怀是临终关怀工作至关重要的内容。在病患者临终前后,其亲属也将承受巨大的痛苦和折磨,而家属的态度和情绪又将直接影响工作人员对临终者进行临终关怀服务的正常实施。临终关怀工作人员、病患者和患者亲属是相互作用的三方关系,对患者家属的关怀同样是临终关怀的工作内容。当亲人面对病痛和死亡时,对亲人死亡的恐惧和不安的阴影同样笼罩着患者亲属。对患者亲属的慰藉与关怀直接影响到对临终者的心理、精神和情感的安慰和治疗。对患者亲属的关怀包括:对患者亲属的理解、同情和安慰,鼓励家属把内心的痛苦和真实的想法抒发出来;尽量满足家属对病人治疗、护理、生活等方面的要求;指导家属参与对临终病人的护理工作,努力达到逝者死而无憾、生者问心无愧的目标。

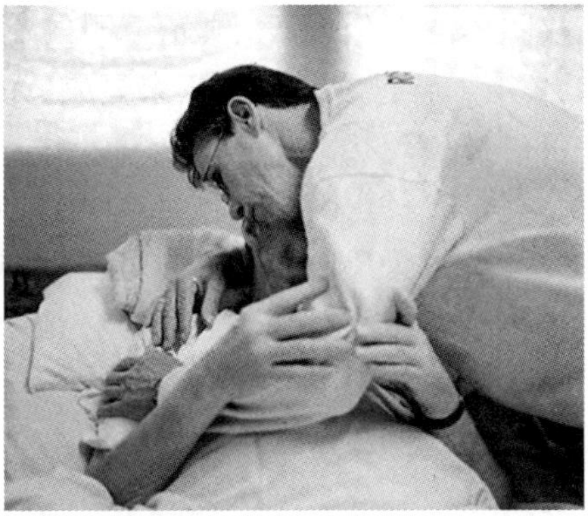

图 13－2　临终关怀

虽然有些人将临终关怀和姑息治疗与“放弃”联系在一起，认为这代表不再作任何努力了。但是实际上，临终关怀提供的姑息治疗，是一种专注于疼痛和症状管理而不是治疗疾病的形式。其核心理念是当治疗手段不再有效或不再符合病人意愿的时候，应当对病人“护理而非治理”（“Caring, not curing”）（National Hospice and Palliative Care Organization [NHPCO], 2008）。姑息治疗除了对患者进行生理上的照顾以外，还对其进行心理、社会和精神方面的照料，来为病人及其家属最大限度地争取有品质的生活。

美国自 1990 年起，接受医疗保险或医疗援助基金的医院和其他卫生保健机构被要求告知患者其病情是否有治愈的希望，患者有权利决定他们接受怎样的医疗和护理（McInnis-Dittrich，2013）。在具体层面上，社工可以帮助病人及其家属预先讨论和制定一份关于医疗护理的声明或文档，以指导社工在将来发生病人不能再表达自己意愿的情况下，仍能够对其提供符合其意愿的护理和治疗。这种讨论对于澄清临终治疗的价值和愿望提供了机会，使病人感到即使在临终状态下、在无法自行作出决策的时候，自身仍然拥有选择的权利。

在理想状态下，这种讨论应在个体步入成年晚期之初进行。声明的内容包括一份生前遗嘱和一份有持久法律效力的委托书。生前遗嘱包括人们在特定情况下愿意为自己选择的医疗过程、药物和治疗方式，也包括病人选择拒绝治疗的情况。例如，可以要求医护人员在没有救治希望的的情况下，不再使用任何人工手段或抢救措施来维持生命。因此，一份生前遗嘱可以提前允许某人代表病人发言，而一份委托书可以指定某人在病人无法表达自己意愿的时候替他发言。这项权利虽然给一些病人及其家属带来一定的安慰，但也并非没有争议，在美国，很多州就对此存在着不同的法律规定。

而对于某些民族和宗教团体的习俗而言，预先声明的制定可能会被认为是不道德的。因此，社工必须了解每个病人及其家庭成员的价值观和意愿。

（三）我国临终关怀的发展现状

我国临终关怀的起步和发展较晚，20 世纪 80 年代末期，临终关怀的理念才被引入我国。1988 年 7 月天津医科大学创建了我国第一所临终关怀研究中心和临终关怀病房。在此之后，北京、上海等各地市相继建立了临终关怀机构。同年 10 月上海成立了我国第一家临终关怀院——南汇护理院。中国生命关怀协会也于 2006 年成立，标志着我国临终关怀事业进入了一个新的历史发展时期（赵媛，2013）。

我国作为一个经济发展迅速、人口老龄化现象日益严重的人口大国，对临终关怀的需求十分迫切。我国传统的临终照料模式主要以非专业性质的家庭照料为主，但由于计划生育政策的影响，家庭模式大多是“4—2—1”结构，一对夫妻要承担赡养四位老人的责任。在这样的家庭结构下，很难实现较高质量的临终关怀，急需由家庭模式向社会模式转变。同时，我国癌症患者逐年增多，这种死亡率高、病痛较为严重、病程可能较长的疾病，对临终关怀的需求量也非常大，急需较为专业的、规模较大的临终关怀机构（王晓丽，2006）。

但是我国目前临终关怀的发展水平还比较低，表现在服务机构少、服务范围窄、服务质量较低、服务管理不规范等方面。另外，我国临终关怀事业的进一步发展也面临许多困难。虽然有越来越多的人开始了解和认同临终关怀的理念，但是还有相当数量的群众和单位对临终关怀的认识十分不足。基于传统理念的影响，病人家属更多地倾向于对病人隐瞒病情和不遗余力施行全力抢救，即使在了解到病人并无治愈希望的情况下，也希望能作最后的努力来避免死亡。在很大程度上，这种行为增加了病人临终的痛苦，使他们失去了获得临终关怀的机会。此外，临终关怀事业的经费来源不足，病人无力承担临终关怀的费用以及专业服务人员、专业团队的缺乏，都是我国目前临终关怀发展所需要克服的难题。

目前，我国临终关怀事业的发展最缺乏的就是大量的专业人才，当前从事临终关怀的医护人员多数因为条件及专业程度所限，提供的服务重点仍是以治疗而非关怀，只不过他们在治疗方式上倾向于控制疼痛，在这一点上与传统医疗进行区分。在临终关怀领域关注的另一要点——心理治疗方面，缺少大量专业心理治疗师的参与，即使是非专业的心理治疗，其数量也少之又少。与之相对的是，许多晚期癌症患者在收效甚微的情况下仍然不停地接受抗癌治疗，忍受着副作用带来的痛苦，加大了家庭的经济负担，也占用了社会的医疗资源。此时如果能够选择接受临终关怀服务，那么无论对病人及其家属，还是对社会而言都会带来更大的益处（杨淑艳、杨俊，2012）。在这些方面，我们可以更多地借鉴国外的成功经验，同时结合我国经济、文化、社会等方面的实际情况，发展适合我国国情的临终关怀模式。

三、安乐死

（一）安乐死的概念

安乐死可能是最容易引发争议的问题之一。对于安乐死的概念，人们也有不同的看法，具有代表性的概念有以下三种：①安乐死，是指对患有现代医学所确认的不治之症且濒临死亡的病人，为了减轻或免除其死亡前难以忍受的极端痛苦，在其本人殷切明白的嘱托下，由医生采取一定措施提前病人的死亡时间，使其平静安乐死去的行为。②安乐死，也称无痛苦致死，是指对于患了绝症、濒临死亡的病人，由于难以忍受肉体的痛苦，本人或其家属要求其安乐地死去时，医生为减少病人难以忍受的剧烈痛苦，采取措施提前结束病人的生命，使其安乐死去的行为。③安乐死，对患不治之症的病人在危重濒死状态时，由于精神和躯体的极端痛苦，在病人或其亲友的要求下，经过医生的认可，用人工的方法使病人在无痛苦状态下度过死亡阶段而终止生命全过程（戴波、王晓蕙，2004）。

上述各安乐死概念，虽然说法各异，但都有其共同特点：①为患者实施安乐死行为人的主观动机出自“善意”。换言之，医生必须是出于一种人道主义的同情或怜悯之目的才能为患者实施安乐死。②患者本人应当有真实而诚挚的死亡意思表示，即以口头或者书面申请的形式事先明确地表达了本人自愿死亡的意愿。③申请安乐死的患者，其所患的疾病应该属于当代医学技术上的不治之症，并且其临床痛苦已经达到不堪继续忍受的程度。④医生所选择的手段要遵守伦理规范和人道主义精神。

（二）有关安乐死的争议

安乐死问题在我国引起医学界、法学界、伦理学界以及公众的关注已经有近三十年的历史，但是多年的争辩并没有为安乐死找到一个结果，关于它的立法至今仍在讨论之中。1986 年 6 月，一位名叫夏素文的老人因肝硬化晚期腹胀伴严重腹水，被送进了陕西省汉中市传染病医院。医院诊查后确定，治疗已经没有希望；而当事人因不堪疼痛的折磨，几次翻滚到床下想摔死，也曾经拿着腰带想把自己勒死，均未获成功。最后，主治医生在夏素文儿子的王明成一再央求下，开出一张“安乐死”药方，使得老人安详离世。事后，医生和儿子两人以“故意杀人罪”被检察院批准逮捕。此案从中级人民法院报至最高人民法院，几经周折，两人才因“情节显著轻微，危害不大，不构成犯罪”而无罪释放。17年后，帮助母亲实现安乐死的王明成再次与安乐死紧密联系起来。2000年，他被查出患有胃癌，胃部被切除3/4。此外，他还患有心脏病、乙肝、哮喘、心力衰竭等多种疾病。2003年，癌细胞扩散到整个腹腔，每天要依赖大量强效镇痛药才能减缓痛苦。王明成向医院递交申请书，要求安乐死；但医院以“没有法律依据”明确拒绝。8个月后，王明成在痛苦中自然死亡。

1987年夏素文安乐死事件报道后，社会反响强烈，当时就产生了两种不同的意见：一种认为，执行安乐死的病人家属和医务人员已经构成了故意杀人罪，应该追究刑事责任；另一种认为，根据我国刑法总则的有关精神，执行安乐死并没有造成社会危害性，相反其目的是为了减轻病人的痛苦，所以应该是无罪的。但最终，执行安乐死的人还是以涉嫌故意杀人罪被追究了刑事责任；6年后，最高人民法院又宣告他们无罪。从中可以看出，我国对安乐死并没形成一个明确的意见，我国现行法律虽未对安乐死做出明文认可，但也没有明文禁止。例如，我国卫生部关于对晚期癌症病人一再放宽使用麻醉药品限度的规定，其实就是我国法律或政策在一定范围内对安乐死的认可（王国让，2004）。

就目前医学技术来讲，世界上尚有许多疾病是人类无法救治或不能彻底治愈的，许多患有此种疾病的病人大多数忍受着难以承受的痛苦，在这个时候对其实施安乐死，应当说是一个不错的选择。但安乐死是一种具有特殊意义的死亡类型，既是一个复杂的医学、法学问题，又是一个极为敏感的社会、伦理问题。有关安乐死的立法，考虑实施安乐死医疗机构的资格，确保安乐死病人的“知情同意权”（informed consent），并建立严格的实施制度，避免安乐死的滥用和无序。而我国医学发展不平衡的现状，以及其他相关的社会争议并未停止，因此制定和执行安乐死法规的条件尚未完全成熟，但有关方面已经抓紧为安乐死立法作准备。社会工作者可以通过目前对安乐死立法条件的讨论，对这一问题提出自己的见解和建议。

推荐阅读书目

查尔斯·科尔，克莱德·内比，2011，死亡课：关于死亡、临终和丧亲之痛，榕励译，北京：

中国人民大学出版社。
劳拉·拉·伯克,2014,伯克毕生发展心理学:从0岁到青少年,陈会昌译,北京:中国人民大学出版社。
林耀华,2000,义序的宗族研究,北京:生活·读书·新知三联书店。
罗斯,2005,论死亡和濒临死亡,邱谨译,广州:广东经济出版社。
中国医学论坛报社主编,2013,死亡如此多情:百位临床医生口述的临终事件,北京:中信出版社。

对社会工作实务的建议

- 了解临终期患者的生理、心理特征,掌握临终期的相关社会工作知识与理论。
- 能综合运用个案工作以及心理咨询的基础知识与技术对临终者常见的心理问题进行专业介入。
- 与临终者交谈时要考虑到他个人的生活经历和心理接受能力,评估其需要接受的服务种类和水平。
- 注意避免将临终者视作无法独立作出决策的个体,而是要最大限度地让他们决定自己接受护理的情况,即使他们已经失去了行动力。
- 学习有关临终关怀的知识和服务技能,进入社区或福利院为临终前的老人提供服务。
- 增强共情能力,尽量做到以推己及人的心态对待临终者及其家人。
- 了解不同地区和国家关于死亡和丧葬仪式的文化背景,更好地为案主服务。
- 关注丧亲者的情绪,适当作出安慰,并了解居丧护理的相关知识。

参考文献

一、中文文献

（一）著作

1. B. A. 瑟先科，1984，《夫妇冲突》，陈一筠、戴风文译，北京：中国妇女出版社。

2. 阿德勒，1990，《理解人性》，陈钢、陈旭译，贵阳：贵州人民出版社。

3. 阿什福德、雷克劳尔、洛蒂，2005，《人类行为与社会环境》，王宏亮等译，北京：中国人民大学出版社。

4. 埃尔德，2002，《大萧条的孩子们》，田禾、马春华译，南京：译林出版社。

5. 埃什尔曼，1991，《家庭导论》，潘允康等译，北京：中国社会科学出版社。

6. 埃托奥·布里奇斯，2003，《女性心理学》，苏彦捷等译，北京：北京大学出版社。

7. 艾里克·J. 马施、大卫·A. 沃尔夫，2004，《儿童异常心理学》，孟宪璋等译，广州：暨南大学出版社。

8. 巴雷特，1998，《数字化犯罪》，郝海洋译，沈阳：辽宁教育出版社。

9. 巴斯，2007，《进化心理学》，熊哲育等译，上海：华东师范大学出版社。

10. 薄惠茹、孙中国，1992，《中年社会学》，北京：中国人事出版社。

11. 贝克，2014，《婴儿、儿童和青少年》，桑标译，上海：上海人民出版社。

12. 贝克尔，1998，《家庭论》，王献生、王宇译，北京：商务印书馆。

13. 贝里曼，2001，《发展心理学与你》，陈萍等译，北京：北京大学出版社。

14. 毕红琴、翁定军、陈友放，2000，《人生发展心理学》，上海：上海大学出版社。

15. 波普诺，1999，《社会学》，李强等译，北京：中国人民大学出版社。

16. 蔡昉，2007，《中国人口与劳动问题报告 No. 8：刘易斯转折点及其政策挑战》，北京：社会科学文献出版社。

17. 蔡昉，2013，《中国人口与劳动问题报告 No. 14：从人口红利到制度红利》，北京：社会科学文献出版社。

18. 查尔斯·科尔、克莱德·内比，2011，《死亡课：关于死亡、临终和丧亲之痛》，榕励译，北京：中国人民大学出版社。

19. 车文博,2003,《人本主义心理学》,杭州:浙江教育出版社。

20. 陈帼眉,1990,《学前心理学》,北京:人民教育出版社。

21. 陈帼眉,1995,《学前儿童发展心理学》,北京:北京师范大学出版社。

22. 陈帼眉,2006,《幼儿心理学》,北京:北京师范大学出版社。

23. 程学超,1991,《中年心理学》,济南:山东教育出版社。

24. 丛梅,2000,《青少年犯罪与中、老年犯罪动机和作案手段的比较研究》,犯罪学研究会论文集。

25. 董奇,1992,《开发人生——心理发展学》,济南:山东教育出版社。

26. 董奇、陶沙,2002,《动作与心理发展》,北京:北京师范大学出版社。

27. 多诺霍夫,1988,《中年的挑战》,李来译,北京:中国城市经济出版社。

28. 法利、史密斯、博伊尔,2005,《社会工作概论》,隋玉杰等译,上海:华东理工大学出版社。

29. 费尔德曼,2013,《发生心理学——人的毕生发展》,苏彦捷等译,北京:世界图书出版社

30. 冯斌,2011,《老年人的居丧反应与对策》,2011 年浙江省医学会精神病学分会学术年会暨浙江省医师协会精神科医师分会第四届年会论文汇编。

31. 格林沃尔德,1992,《经济百科全书》,北京:中国社会科学出版社。

32. 龚维义,2004,《发展心理学》,北京:北京科学技术出版社。

33. 古德,1986,《家庭》,魏章玲译,北京:社会科学文献出版社。

34. 国际劳工局,2000,《世界就业报告 1998—1999》,北京:中国劳动与社会保障出版社。

35. 国家统计局,2007,《中国统计年鉴 2007》,北京:中国统计出版社。

36. 国家统计局人口和就业统计司,2006,《中国人口统计年鉴 2006》,北京:中国统计出版社。

37. 韩进之、魏华忠、杨丽珠,1990,《中国儿童青少年自我意识发展与教育》,载朱智贤主编,《中国儿童青少年心理发展与教育》,北京:中国卓越出版公司。

38. 黄书泉,2002,《走出危机——当代中年人人生透视》,合肥:安徽人民出版社。

39. 教育部高教司,2004,《社会工作主干课程教学基本要求》,北京:高等教育出版社。

40. 卡拉、西格曼,2009,《生命全程发展心理学》,陈英和译,北京:北京师范大学出版社。

41. 卡萨特金,1957,《婴儿高级神经活动发展概论》,刘静和等译,北京:科学出版社。

42. 柯兰君、李汉林,2001,《都市里的村民:中国大城市的流动人口》,北京:中央编译出版社。

43. 科尔伯格,2004,《道德发展心理学:道德阶段的本质与确证》,郭本禹等译,上海:华东师范大学出版社。

44. 库利,1999,《人类本性与社会秩序》,包凡一、王源译,北京:华夏出版社。

45. 库少雄,2005,《人类行为与社会环境》,武汉:华中科技大学出版社。

46. 兰春明等,1990,《婚姻与家庭模式的选择》,成都:四川大学出版社。

47. 劳拉·拉·伯克,2014,《伯克毕生发展心理学》,陈会昌译,北京:中国人民大学出版社。

48. 乐国安,2003,《法律心理学》,上海:华东师范大学出版社。

49. 李百珍,2002,《中小学生心理健康教育》,北京:科学普及出版社。

50. 李小江,2000,《文化、教育与性别——本土经验与学科建设》,南京:江苏人民出版社。

51. 李雪荣,1993,《现代儿童精神医学》,长沙:湖南科技出版社。

52. 李银河,1998,《同性恋亚文化》,北京:今日中国出版社。

53. 李迎生,2004,《社会工作概论》,北京:中国人民大学出版社。

54. 李幼穗,2004,《儿童社会性发展及其培养》,上海:华东师范大学出版社。

55. 李长岷,1986,《从初生到少年——儿童心理发展概论》,重庆:西南师范大学出版社。

56. 李中清、郭松义、定仪庄,2000,《婚姻家庭与人口行为》,北京:北京大学出版社。

57. 理查德·M. 勒纳,2011,《人类发展的概念和理论》,张文新译,北京:北京大学出版社。

58. 梁宝勇,2004,《发展心理病理学》,合肥:安徽教育出版社。

59. 廖泉文,2011,《人力资源管理(第二版)》,北京:高等教育出版社。

60. 林崇德,2002,《发展心理学》,杭州:浙江教育出版社。

61. 林耀华,2000,《义序的宗族研究》,北京:生活·读书·新知三联书店。

62. 刘达临,1988,《性社会学》,济南:山东人民出版社。

63. 刘金花,2006,《儿童发展心理学》,上海:华东师范大学出版社。

64. 刘林平,2002,《关系、社会资本与社会转型深圳"平江村"研究》,北京:中国社会科学出版社。

65. 刘献文,2006,《现阶段高校毕业生就业形势研究与分析》,中国科协年会交流论文。

66. 刘易斯,1989,《二元经济论》,施伟、谢兵、苏玉宏译,北京:北京经济学院出版社。

67. 刘铮,1985,《人口理论教程》,北京:中国人民大学出版社。

68. 卢格,1996,《人生发展心理学》,陈德民译,北京:学林出版社。

69. 罗杰斯,1991,《家庭互动与交易:发展论观点》,转引自埃什尔曼,《家庭导论》,潘允康等译,北京:中国社会科学出版社。

70. 罗森塔尔、雅各布森,1998,《课堂中的皮格马利翁》,唐晓杰等译,北京:人民教育出版社。

71. 罗斯,2005,《论死亡和濒临死亡》,邱谨译,广州:广东经济出版社。

72. 麦金侬,1994,《性骚扰与性别歧视——职业女性困境剖析》,赖慈云、雷文玫、李金梅译,台北:巨流图书出版公司。

73. 孟昭兰,2000,《婴儿心理学》,香港:天地图书有限公司。

74. 米德,1999,《心灵、自我与社会》,霍桂桓译,北京:华夏出版社。

75. 穆迪,1988,《电视的影响与儿童电视病》,粟秀玉译,北京:中国广播电视出版社。

76. 内廷、凯特纳、麦克默特里,2006,《宏观社会工作实务》,刘继同、隋玉杰等译,北京:中国人民大学出版社。

77. 欧文·亚龙,2009,《直视骄阳——克服死亡焦虑》,张亚译,北京:中国轻工业出版社。

78. 帕利普等,1981,《儿童世界》,华东师大外国教育研究所译,北京:人民教育出版社。

79. 帕帕拉、奥尔兹、费尔德曼,2005,《发展心理学》,陈萍、王茜译,北京:人民邮电出版社。

80. 帕帕拉、奥尔兹、费尔德曼,2013,《发展心理学》,李西营等译,北京:人民邮电出版社。

81. 潘绥铭,1995,《中国性现状》,北京:光明日报出版社。

82. 潘绥铭、白维廉、王爱丽、劳曼,2004,《当代中国人的性行为与性关系》,北京:社会科学文献出版社。

83. 庞丽娟、李辉,1993,《婴儿心理学》,杭州:浙江教育出版社。

84. 佩恩,2005,《现代社会工作理论》,何雪松等译,上海:华东师范大学出版社。

85. 彭聃龄,2012,《普通心理学》,北京:北京师范大学出版社。

86. 彭华民、杨心恒,2006,《社会学概论》,北京:高等教育出版社。

87. 皮亚杰,1980,《儿童的语言与思维》,傅统先译,北京:文化教育出版社。

88. 皮亚杰,1982,《教育科学与儿童心理学》,傅统先译,北京:文化教育出版社。

89. 皮亚杰,1984,《儿童的道德判断》,傅统先、陆有铨译,济南:山东教育出版社。

90. 萨缪尔森、诺德豪斯,1999,《经济学》,萧琛等译,北京:华夏出版社。

91. 桑标,2003,《当代儿童发展心理学》,上海:上海教育出版社。

92. 史慧中,1990,《3~6周岁儿童言语发展与教育》,载朱智贤主编,《中国儿童青少年心理发展与教育》,北京:中国卓越出版公司。

93. 守屋光雄,1982,《道德品性的发展阶段》,载朱智贤主编,《儿童心理学教学参考资料:儿童心理发展的基本理论》,北京:北京师范大学出版社。

94. 孙宏艳,2003,《如何面对孩子的性提问》,北京:现代出版社。

95. 孙名之,1982,《艾里克森的人格发展渐成说》,载朱智贤主编,《心理学教学参考资料:儿童心理学史论丛》,北京:北京师范大学出版社。

96. 汤冬娜,2007,《城市社区照顾模式构建研究》,长沙:中南大学出版社。

97. 陶宏开,2005a,《陶宏开向网瘾宣战》,北京:中国青年出版社。

98. 陶宏开,2005b,《孩子都有颗向上的心》,长沙:湖南人民出版社。

99. 特纳,2001,《社会学理论的结构(上)》,邱泽奇等译,北京:华夏出版社。

100. 托马斯、兹纳涅茨基,2000,《身处欧美的波兰农民》,张友云译,南京:译林出版社。

101. 王丽容,1995,《妇女与社会政策》,台北:巨流图书公司。

102. 王练,2011,《学前卫生学》,北京:高等教育出版社。

103. 王瑞鸿,2002,《人类行为与社会环境》,上海:华东理工大学出版社。

104. 王思斌,2004,《社会工作导论》,北京:北京大学出版社。

105. 威廉·华尔顿,2004,《悲伤辅导与悲伤治疗》,李开敏等译,台北:心理出版社股份有限公司。

106. 魏克伦、刘绍基,2013,《新生儿常见疾病诊断与处理》,北京:人民卫生出版社。

107. 邬沧萍、侯东民,2005,《人口、资源、环境关系史》,北京:中国人民大学出版社。

108. 吴康宁,1997,《教育社会学》,北京:人民教育出版社。

109. 夏埃、威里斯,2003,《成人发展与老龄化》,乐国安等译,上海:华东师范大学出版社。

110. 项飚,2000,《跨越边界的社区:北京"浙江村"的生活史》,北京:生活·读书·新知三联书店。

111. 谢弗,2005,《儿童心理学》,王莉译,北京:电子工业出版社。

112. 谢弗,2005,《发展心理学:儿童与青少年——心理学导读系列》,邹泓等译,北京:轻工业出版社。

113. 徐安琪、叶文振,2002,《中国婚姻研究报告》,北京:中国社会科学出版社。

114. 徐愫,2003,《人类行为与社会环境》,北京:社会科学文献出版社。

115. 杨丽珠、吴文菊,2000,《幼儿社会性发展与教育》,沈阳:辽宁师范大学出版社。

116. 姚本先,2002,《儿童发展与教育心理学》,合肥:安徽大学出版社。

117. 俞国良、辛自强,2004,《社会性发展心理学》,合肥:安徽教育出版社。

118. 扎斯特罗,2005,《社会工作实务:应用与提高》,晏凤鸣译,北京:中国人民大学出版社。

119. 扎斯特罗、柯斯特-阿什曼,2006,《人类行为与社会环境》,师海玲、孙岳等译,北京:中国人民大学出版社。

120. 张春兴,1989,《张氏心理学辞典》,台北:东华书局。

121. 张理义,2001,《神经症现代诊疗》,南京:江苏科学技术出版社。

122. 张庆林、Sternberg,2002,《创造性研究手册》,成都:四川教育出版社。

123. 张文霞、朱冬亮,2005,《家庭社会工作》,北京:社会科学文献出版社。

124. 中国国家统计局,2007,《中国统计年鉴》,北京:中国国家统计局出版社。

125. 中国医学论坛报社主编,2013,《死亡如此多情:百位临床医生口述的临终事件》,北京:中信出版社。

126. 中华人民共和国卫生部,2012,《中国吸烟危害健康报告》,北京:人民卫生出版社。

127. 中华医学会精神科分会编,2001,《中国精神障碍分类与诊断标准》,济南:山东科学技术出版社。

128. 周念丽,2006,《学前儿童发展心理学》,上海:华东师范大学出版社。

129. 周沛,2002,《社区社会工作》,北京:社会科学文献出版社。

130. 朱曼殊,1986,《儿童语言发展研究》,上海:华东师范大学出版社。

131. 朱智贤,1980,《儿童心理学》,北京:人民教育出版社。

132. 朱智贤,1993,《儿童心理学》,北京:人民教育出版社。

(二)期刊文章

1. 包蕾萍,2005,《生命历程理论的时间观探析》,《社会学研究》,(4):120~133。

2. 博达,2000,《老年临终期的基本需求结构及其低限特征》,《江西社会科学》,(9):121~125。

3. 卜卫,1997,《大众传媒与儿童性别角色的社会化》,《青年研究》,(2):26~33。

4. 曹国慧、朱眉华,2006,《美国少女妈妈问题探析》,《中国青年研究》,(10):73~77。

5. 曹欢,2003,《不良家庭类型与子女心理健康》,《西南师范大学学报》(人文社会科学版),(9):37~41。

6. 曾群,2004,《失业的社会后果》,《国外社会科学》,(2):39~43。

7. 曾群、魏雁滨,2004,《失业与社会排斥:一个分析的框架》,《社会学研究》,(3):11~20。

8. 曾毅、顾宝昌、涂平,1993,《我国近年来出生性别比升高原因及其后果分析》,《人口与经济》,(3):15。

9. 陈丹,2010,《浅谈我国居丧护理需求及其医疗机构实施居丧护理的方式》,《护理研究》,(9):2264~2265。

10. 陈会昌,1997,《中国和澳大利亚父母报告的儿童社会性发展》,《心理科学》,(6):409~493。

11. 陈会昌、梁兰芝,2000,《亲子依恋研究的进展》,《心理学动态》,(1):5。

12. 陈世平,2001,《儿童人际冲突解决策略与欺负行为的关系》,《心理科学》,(2):234~235。

13. 陈侠、黄希庭、白纲,2003,《关于网络成瘾的心理学研究》,《心理科学进展》,(4):355~359。

14. 程玉兰、崔伊薇、吴汉荣,1999,《学习困难儿童心理特征研究》,《中国心理卫生杂志》,(4):215~217。

15. 迟西琴,2012,《从以人为本看临终关怀的当代价值》,《中国医学伦理学》,(4):237~239。

16. 戴波、王晓蕙,2004,《安乐死概念中的几个问题》,《内蒙古大学学报》(人文社会科学版),(3):11~16。

17. 丁艳华、徐秀、王争艳等,2013,《母婴依恋关系对幼儿认知和行为发展的影响》,《中国儿童保健杂志》,21(12):1243~1245。

18. 方蕙玲,2001,《丧葬仪式功能初探》,《东吴哲学学报》,(6):183~206。

19. 方晓义、董奇,1998,《初中一、二年级学生的亲子冲突》,《心理科学》,(2):

122 ~125。

20. 风笑天,2000,《独生子女青少年的社会化过程及其结果》,《中国社会科学》,(6):118 ~131。

21. 风笑天,2002,《中国独生子女研究:回顾与前瞻》,《江海学刊》,(5):90 ~99。

22. 高和荣,2003,《文化变迁下的中国老年人口赡养问题研究》,《学术论坛》,(1):136 ~139。

23. 高鸿云,2007,《青少年自杀》,《中国实用儿科杂志》,22(3):169 ~172。

24. 高桦,1997,《被攻击者的性别差异研究》,《社会心理科学》,(4):26 ~29。

25. 顾伟文、吴剑清,2001,《开发学龄前儿童精细动作和心智潜能的实验研究》,《安徽体育科技》,(1):30 ~36。

26. 郭维明,2006,《文化因素对性别偏好的决定作用》,《人口学刊》,(2):9 ~14。

27. 韩修英、李玉萍,1999,《临终关怀之探讨》,《实用护理杂志》,(3):50 ~52。

28. 何雪莲,2002,《青少年偶像崇拜行为的归因初探》,《广西师院学报》(哲学社会科学版),(3):16 ~17。

29. 胡亮,2007,《青少年网络犯罪预防初探》,《河南公安高等专科学校学报》,(3):31 ~32。

30. 胡平、孟昭兰,2000,《依恋研究的新进展》,《心理学动态》,(2):26 ~32。

31. 黄路阳,2000,《关于儿童心理发展中的早期经验和早期教育》,《安康师专学报》,(2):34 ~37。

32. 纪秋发,1995,《北京青年的婚姻观——项实证调查研究》,《青年研究》,(7):46 ~51。

33. 季成叶、孙军玲、陈天娇,2004,《中国学龄儿童青少年1985—2000年超重、肥胖流行趋势动态分析》,《中华流行医学杂志》,(2):103 ~108。

34. 贾威、彭希哲,1995,《中国生育率下降过程中的出生性别比》,《人口研究》,(4):18 ~23。

35. 贾晓明,2010,《灾难后丧葬仪式的心理修复功能》,《神经损伤与功能重建》,(4):250 ~253。

36. 蒋竞雄,1997,《肥胖儿童的心理行为特点》,《国外医学妇幼保健分册》,(1):22 ~24。

37. 蒋俊梅,2002,《儿童攻击性行为的影响因素及矫正》,《教育探索》,(8):71 ~73。

38. 金志娟、金星明,2008,《学龄前儿童普通话平均句子长度和词汇广度研究》,《中国询证儿科杂志》,(4):261 ~266。

39. 李婵,2004,《社会学视野下的单亲家庭》,《湖南人文科技学院学报》,(5):23 ~25。

40. 李光春、范元成、刘雅等,1999,《中小学生眼屈光度动态变化与近视眼的追踪调查》,《实用预防医学》,12(6):408 ~410。

41. 李路路,1997,《私营企业主的个人背景与企业成功》,《中国社会科学》,(2):

35～42。

42. 李强、韩丁,2004,《中学生偶像崇拜特征及其与自我评价关系研究》,《应用心理学》,(2):8～12。

43. 李强、邓建伟、晓筝,1999,《社会变迁与个人发展:生命历程研究的范式与方法》,《社会学研究》,(6):1～17。

44. 李秀珊、李红、雷怡、孙忻怡、李秀丽,2009,《儿童假装游戏中假想角色现象初探》,《心理发展与教育》,(2):8～12。

45. 李银河,1989,《当代中国人的择偶标准》,《中国社会科学》,(4):73～77。

46. 李鹰,2006,《中学生异性交往的现状及心理特点》,《教育研究》,(9):74～81。

47. 李长岷,1984,《新生儿能力的发展》,《心理科学》,(3):40～42。

48. 梁卫兰等,2004,《幼儿早期句法和句子表达长度研究》,《中国儿童保健杂志》,(3):206～208。

49. 梁熙、王争艳,2014,《依恋关系的形成:保护情境中母亲和婴儿的作用》,《心理科学进展》,(12)。

50. 廖红、陈会昌,2000,《中学生对同伴群体和家庭影响力的判断》,《心理发展与教育》,(4):51～55。

51. 林光江,2003,《中国独生子女及儿童观研究综述》,《学海》,(2):140～144。

52. 林红,2004,《试析性别理论的核心思想及其学术价值》,《福建论坛》(人文社会科学版),(1):117～119。

53. 刘国雄、方富熹、杨小冬,2003,《国外儿童情绪发展研究的新进展》,《南京师大学报》(社科版),(6):98～104。

54. 刘康迈等,2004,《艾滋病的流行及对我国社会、经济的影响》,《社会学》,(1):65～68。

55. 刘守芬、孙晓芳,2000,《我国青少年犯罪的现状与对策研究》,《山东公安专科学校学报》,(5):32～37。

56. 刘爽,2005,《中国育龄夫妇的生育"性别偏好"》,《人口研究》,(3):2～12。

57. 刘爽,2006,《对中国生育"男孩偏好"社会动因的再思考》,《人口研究》,(5):2～10。

58. 刘雁书、肖水源,2007,《自杀事件的媒体报道对人群自杀行为的影响》,《临床心理卫生》,21(5):310～313。

59. 刘焱,1997,《我国幼儿教育领域中的游戏理论与实践》,《北京师范大学学报》(社会科学版),(2):54～60。

60. 柳恒超、许燕,2008,《情绪研究的新趋向:从有意识情绪到无意识情绪》,《北京师范大学学报》(社会科学版),(6):43～52。

61. 柳友荣,1997,《电视对青少年身心的负面影响与教育干预》,《青年研究》,(11):38～40。

62. 卢慕雪、郭成,2013,《空巢老人心理健康的现状及研究述评》,《心理科学进展》,

(2):263~271。

63. 罗国芬、邓喜芬,2002,《农村初中寄养子女情况调查报告》,《青年研究》,(3):21~25。

64. 罗国芬、邓喜芬,2003,《寄养经历对亲子关系的影响:比较视角中的图像》,《青年探索》,(1):20~23。

65. 孟馥等,2002,《单亲家庭子女自尊、行为问题及家庭环境的对照研究》,《中国行为医学科学》,(6):690~691。

66. 孟祥芝、谢利苹,2004,《幼儿动作发展与动作抑制研究》,《心理发展与教育》,(3):6~10。

67. 孟祥芝、周晓林,2003,《发展性协调障碍与书写困难个案研究》,《心理学报》,(5):604~609。

68. 缪小春,2001,《儿童早期经验在心理发展中的作用》,《心理科学》,(3):319~322。

69. 穆光宗、陈俊杰,1996,《中国农民生育需求的层次结构》,《人口研究》,(2):2。

70. 穆光宗、武继磊、张蕾,2007,《论我国人口"生育安全"》,《人口学刊》,(3):40~45。

71. 潘一禾,2003,《青少年"偶像崇拜"现象调查报告》,《中国青年研究》,(2):24~33。

72. 钱玉燕,2002,《儿童性别角色差异及其教育》,《陕西师范大学学报》(哲学社会科学版),(6):85~88。

73. 丘海雄、张应祥,1998,《理性选择理论述评》,《中山大学学报》(社会科学版),(1):117~124。

74. 全国22个城市协作调查组,1993,《儿童行为问题影响因素分析》,《中国心理卫生杂志》,(7):13~15。

75. 全国老龄工作委员会办公室,2007,《中国人口老龄化发展趋势预测研究报告》,《中国妇运》,(2):12~18。

76. 任真、桑标,1996,《毕生发展心理学的新进展》,《心理科学》,(4):634~637。

77. 桑敏兰,2003,《论中国妇女法定退休年龄的界定与调整》,《宁夏党校学报》,(6):88~92。

78. 沈贵鹏,2004,《五种心理教育模式》,《新华文摘》,(20)。

79. 上海市社区青少年事务办公室,2006,《上海市社区青少年工作的实践与探索》,《青少年犯罪研究》,(1):45~50。

80. 沈可、王桂新,2013,《空巢老年家庭影响与对策研究》,《人民论坛》,(23):18~21。

81. 师凤莲,2003,《当前中学生异性交往现状及分析》,《当代教育科学》,(13):51。

82. 石人炳,2009,《生育控制政策对人口出生性别比的影响研究》,《中国人口科学》,(5):86~94。

83. 史静寰,2002,《教材与教学:影响学生性别观念及行为的重要媒介》,《妇女研究论丛》,(2):32~36。

84. 宋宏伟、郭保红,2002,《独生子女和非独生子女体格发育指标的追踪观察》,《实用预防医学》,(3):266~267。

85. 孙树仁,2011,《论爱心护理工程的人文价值——以北京松堂关怀医院为个案研究》,《社会工作》(学术版),(3):37~39。

86. 唐灿,1995,《性骚扰在中国的存在——169 名女性的个案研究》,《妇女研究论丛》,(2):34~37。

87. 唐绍洪,2003,《论我国社会转型时期婚姻观念的转变》,《兰州学刊》,(5):45~49。

88. 田辉,1982,《新生儿的心理发展》,《应用心理学》,(3):19~21。

89. 王殿春、闵慧男,1999,《家庭结构对儿童情绪状态的影响研究》,《黑龙江教育学院学报》,(1):99~103。

90. 王恩国、郭明印,2008,《儿童性别角色发展及其影响因素》,《心理研究》,1(2):32~35。

91. 王国让,2004,《安乐死的发展现状及立法探讨》,《中国卫生事业管理》,(1):40~41。

92. 王化波、孟秋丽,2000,《日本的家庭结构现状及变化趋势分析》,《东北亚论坛》,(1):67~71。

93. 王磊,2004,《青少年异性交往心理问题研究综述》,《心理科学》,27(4):916~919。

94. 王美萍、刘新生,2002,《青少年期亲子关系研究的回顾与启示》,《山东师范大学学报》(人文社会科学版),(2):99~102。

95. 王世军,2002,《单亲家庭及其对子女成长的影响》,《学海》,(4):84~88。

96. 王晓丽,2006,《社会工作介入临终关怀的理论与现实分析》,《社会工作》(学术版),(4):12~14。

97. 王学义,2006,《胎儿期经历唐山大地震的青少年心理状况》,《中国临床康复》,(6):42~46

98. 王艳霞、李荣等,2007,《唐氏综合征儿童社会适应能力现状及影响因素研究》,《中华医学杂志》,87(20):1402~1406。

99. 王燕、黄玫,2004,《中国出生性别比异常的特征分析》,《人口研究》,(6):27~33。

100. 王银泉,2000,《少女妈妈震惊英国》,《华人时刊》,(2):34。

101. 魏红、刘学文,2007,《网络犯罪的形势及其对国际刑法的影响》,《政治与法律》,(1):129~134。

102. 沃建中、张晖、刘彩梅,2006,《电视对儿童成长的影响》,《中国临床康复》,10(6):187~189。

103. 沃建中等,2001,《中学生人际关系发展特点的研究》,《心理发展与教育》,(3):

9 ~ 15。

104. 吴丹、钱云柯等,2015,《唐氏综合征影响因素的病例对照研究》,《中国儿童保健杂志》,23(1):61 ~ 63。

105. 吴航,2007,《对儿童独自游戏的再思考》,《学前教育研究》,(2):44 ~ 45。

106. 吴晶等,2002,《青春期学生异性交往心理与行为特征研究》,《心理科学》,25(3):303 ~ 306。

107. 吴业苗、黄润龙,2007,《乡村生育中男性偏好的社会学解释》,《人口学刊》,(1):10 ~ 16。

108. 吴增强,2002,《解读青少年性心理》,《河南教育》,(3):14 ~ 15。

109. 徐安琪,2000,《择偶标准:五十年变迁及其原因分析》,《社会学研究》,(6):32 ~ 37。

110. 徐安琪、叶文振,2002,《家庭生命周期和夫妻冲突的经验研究》,《中国人口科学》,(2):56 ~ 59。

111. 徐晓军,2002,《大学生就业过程中的双重机制——人力资本与社会资本》,《青年研究》,(6):21 ~ 27。

112. 许成文等,2002,《单、双亲家庭学龄期儿童个性特征的对照性研究》,《中国行为医学科学》,(2):203 ~ 204。

113. 许芳菊,2009,《夫妻同盟共亲职》,《亲子天下》,(7):142 ~ 145。

114. 薛萌,2008,《老年病人的临终关怀特点及护理进展》,《护理研究》,(6):128 ~ 130。

115. 阎安,2010,《中国临终关怀:现状及其发展探索》,《科学经济社会》,(3):82 ~ 89。

116. 颜农秋,2004,《珠三角单亲家庭存在的问题及社会对策》,《人口研究》,(6):76 ~ 84。

117. 杨功焕等,2004,《中国人群自杀水平的变化趋势和地理分布特点》,《中华流行病学杂志》,25(4):280 ~ 284。

118. 杨洁、吕改莲,2002,《社会性别刻板印象的直接映像——对小学语文教材人物的性别分析》,《陕西师范大学学报》(哲学社会科学版),(4):109 ~ 116。

119. 杨菊华,2014,《"单独二孩"的政策影响——一个多层次的理论分析》,《中国卫生政策研究》,7(9):33 ~ 38。

120. 杨宁,2004,《揭批早期教育中的神话与伪科学》,《南京师大学报》,(4):63 ~ 68。

121. 杨淑艳、杨俊,2012,《日本山梨大学附属医院临终照护模式》,《全科护理》,(7):1820 ~ 1821。

122. 杨子尼,2003,《儿童虐待与忽视问题的国际研究进展》,《国外医学妇幼保健分册》,(3):188 ~ 191。

123. 杨宗仁,2002,《浅谈青少年的性心理和性教育》,《甘肃高师学报》,(4):99 ~ 102。

124. 姚俊、张丽,2004,《网络同辈群体:影响青少年社会化过程一个不容忽视的因素》,《青年探索》,(2):31~35。

125. 姚凯南,2003,《婴儿的情绪发展及情绪障碍》,《中国儿童保健杂志》,(6):389~391。

126. 叶浩生,2003,《第二次认知革命与社会建构论的产生》,《心理科学进展》,(1):101~107。

127. 岳晓东、严飞,2007a,《青少年偶像崇拜系列综述(之一)——偶像崇拜的年龄差异》,《青年研究》,(3):8~14。

128. 岳晓东、严飞,2007b,《青少年偶像崇拜系列综述(之二)——偶像崇拜的性别差异》,《青年研究》,(4):15~20。

129. 岳晓东、严飞,2007c,《青少年偶像崇拜系列综述(之三)——偶像崇拜的代际差异》,《青年研究》,(5):1~8。

130. 张宝义,2007,《青少年犯罪的日时点分布特征及分析——以天津市为背景的研究》,《中国青年研究》,(7):41~45。

131. 张劲松,2003,《儿童青少年的性心理问题》,《中国实用儿科杂志》,(3):184~186。

132. 张克俭、贾玲,2003,《当代女大学生择业难与女性平等就业的调查与研究》,《山东省青年管理干部学院学报:青年工作论坛》,(2):46~47。

133. 张克让、韩向明、马慧霞,1998,《青少年自杀观念及其相关因素分析》,《中国临床心理学杂志》,6(3):181~182。

134. 张令振,1992,《美国儿童电视收视行为研究》,《心理发展与教育》,(2):41~44。

135. 张熳,2007,《江苏省中学生自杀意念发生情况及其影响因素》,《中国学校卫生》,28(2):131。

136. 张萍,1989,《从征婚启事看我国城镇大龄未婚男女择偶标准的差异》,《社会学研究》,(2):17~19。

137. 张倩、郭念锋,1999,《攻击性行为儿童大脑半球某些认知特点的研究》,《心理学报》,(1):104~110。

138. 张秋霞,2005,《临终关怀中的心理问题》,《中国老年学杂志》,(1):104~106。

139. 张文新、张福建,1996,《学前儿童在园攻击性行为的观察研究》,《心理发展与教育》,(4):18~22。

140. 张振馨、Zahner G. E.、Roman G. C.、刘君、洪震、屈秋民、刘协和、张晓君、周玢、武成斌、唐牟尼、洪霞、李辉,2005,《中国北京、西安、上海和成都地区痴呆亚型患病率的研究》,《中国现代神经疾病杂志》,(3):156~57。

141. 张志群、郭兰婷,2001,《青春期自杀及其相关因素》,《华西医学》,(2):255~256。

142. 赵立新、刘海霞,2004,《浅谈网络化与青少年社会化》,《烟台师范学院学报》(哲学社会科学版),(1):121~123。

143. 赵雅文、王素云,2004,《青少年偶像崇拜及其负向效应的抑制与诱导》,《锦州医学院学报》(社会科学版),(2):51 ~53。

144. 赵媛,2013,《我国临终关怀现状及发展措施》,《大理学院学报》,(12):70 ~72。

145. 郑真真,1996,《人工流产与妇女心理研究》,《中国人口科学》,(2):39 ~44。

146. 智银利、刘丽,2003,《儿童攻击性行为研究综述》,《教育理论与实践》,(7):43 ~45。

147. 中国城市独生子女人格发展课题组,1997,《中国城市独生子女人格发展现状研究报告》,《青年研究》,(6):12 ~15。

148. 朱晓斌,1994,《从我国三种语文课本看儿童性别角色的社会化》,《教育研究》,(10):52 ~57。

(三)中文报纸

1. 白天亮,2008/03/04,《我国农民工已达 2.1 亿》,《人民日报》。

2. 陈如,2006/12/23,《青少年犯罪六成源于"无所事事"》,《南京日报》。

3. 何春中,2007/04/20,《近八成青少年犯罪受网络诱惑》,《中国青年报》。

4. 雷强,2005/06/20,《中国网络色情第一案直击:女版主为第一被告》,《安徽市场报》。

5. 卢德平、郑丹娘,2004/05/14,《中小学生最经常的课外活动是看电视》,《中国青年报》。

6. 中华人民共和国国家统计局,2014/02/25,《中华人民共和 2013 年国民经济和社会发展统计公报》,《经济日报》。

(四)网络资源

1. 季明,2002/11/15,《上海家庭总数的 12.4% 是"丁克家庭"》,中国法院网,http://www.chinacourt.org/html/article/200211/15/19507.shtml。

2. 联合国儿童基金会(UNICEF),2007,《世界儿童状况(2007)》。http://www.unicef.org/sowc07/。

3. 中国互联网络信息中心(CNNIC),2008,《中国互联网络发展状况统计报告》,http://www.cnnic.net.cn/index/0E/00/11/。

4. 中国青少年网络协会,2007,《2007 中国青少年网瘾数据报告》,http://campus.chinaren.com/20080118/n254748895.shtml。

二、英文文献

(一)著作

1. A. DiGiovanna, 1994. *Human Aging: Biological Perspectives.* N. Y.: McGraw-Hill.

2. A. Huston & J. Wright, 1996. *Television and Socialization of Young Children.* In T. MacBeth(Ed.) , Tuning in to Young Viewers, pp. 37 – 60. Thousand Oaks, C. A. : Sage.

3. A. Ira Byock, Byock, 1997. *Dying Well: The Prospect for Growth at the End of Life.* N. Y. : Riverhead Books.

4. A. Pincus & A. Minahan, 1973. *Social Work Practice: Model and Method.* Itasca, I. L. : Peacock.

5. A. S. Doka Tucci, 2009. *Living with Grief: Diversity and End-of-life Care.* Hospice Foundation of America.

6. A. Thomas & S. Chess, 1977. *Temperament and Development.* N. Y. : Brummer/Mazel.

7. Alibis, Hippolyte and David de la Croix., 2012. *Missing Daughters, Missing Brides?* Core Discussion Papers, RP – 2422.

8. Asher & Coie, 1990, *Peer Rejection in Childhood.* N. Y. : Cambridge University Press.

9. B. Bloom(Ed.) , 1985. *Developing Talent in Young People.* N. Y. : Ballantine Books.

10. B. I. Murstein, 1976. *Who Will Marry Whom?: Theories and Research in Marital Choice.* N. Y. : Springer Publishing Company.

11. B. I. Murstein, 1986. *Paths to Marriage.* Newbury Park, California: Sage Publications.

12. B. Inhelder & J. Piaget, 1958. *The Growth of Logical Thinking From Childhood to Adolescence.* N. Y. : Basic Books.

13. B. Newman & P. Newman, 1995. *Development Through Life: A Psychosocial Approach* (6th Ed.). Homewood: Dorsey.

14. BianYanjie, 1994. *Work and Inequality in Urban China.* Albany, N. Y. : State University of N. Y. Press.

15. Blumer Herbert, 1969. *Symbolic Interactionism: Perspective and Method.* Englewood Cliffs, N. J. : Prentice-Hall.

16. C. Byer, L. Stainberg & C. Byer, 2002. *Dimensions of Human Sexuality.* Boston: McGraw-Hill.

17. C. Copple & S. Bredekam, 2009. *Developmentally Appropriate Practice in Early Childhood Programs Serving Children from Birth through Age 8.* Washington D. C. : National Association for the Education of Young Children.

18. C. Germain & A. Gitterman, 1980. *The Life Model of Social Work.* N. Y. : Columbia University Press.

19. C. Germain, 1979. *Social Work Practice: People and Environmental Ecological Approach.* N. Y. : Columbia University Press.

20. C. Germain, 1991. *Human Behavior in the Social Environment: an Ecological View.* N. Y. : Columbia University Press.

21. C. Gilligan, 1982. *In a Different Voice: Psychological Theory and Women' s Development.* Cambridge, M. A. : Harvard University Press.

22. C. Hertzog, R. Dixon & D. Hultsch, 1990. Meta-memory in Adulthood: Differentiating Knowledge, Belief, and Behavior. In T. Hess(Ed.), *Aging and Cognition: Knowledge Organization and Utilization.* Amsterdam, the Netherlands: Elsevier.

23. C. Jencks et al., 1979. *Who Get Ahead?* N. Y.: Basic Books.

24. C. Nelson & M. Bosquet, 2000. Neurobiology of Fetal and Infant Development: Implications for Infant Mental Health. In C. Zeanah(Ed.), Handbook of Infant Mental Health. N. Y.: Guilford.

25. C. Zastrow & K. Krish-Ashman, 2001. *Understanding Human Behavior and the Social Environment. Belmont*, C. A.: Cole Brooks.

26. C. S. Koch, 1983. *Children Development through Adolescent.* N. Y.: Murray.

27. Council on Social Work Education, 1994. *Curriculum Policy Statement For Baccalaureate Degree Programs in Social Work Education. Alexandria*, V. A.: Council on Social Work Education.

28. Council on Social Work Education, 2001. *Educational Policy and Accreditation Standards.* Alexandria, V. A.: Council on Social Work Education.

29. D. Arnstrong, K. Henson& T. Savage, 1993. *Education: An Introduction.* N. Y.: Macmillan.

30. D. Elkind, 1988. *The Hurried Child.* N. Y.: Addison-Wesley Publishing Company.

31. D. Hepworth & J. Larsen, 1993. *Direct Social Work Practice: Theory and Skills.* Pacific Grove, C. A.: Cole Brooks.

32. D. Lapsley, 1996. *Moral Psychology.* N. Y.: Westview Press.

33. D. Levinson, 1978. *The Seasons of a Man's Life.* N. Y.: Knopf Group.

34. D. Papalia & S. Olds, 1995. *Human Development.* Boston: McGraw-Hill.

35. D. Papalia et al., 1979. *A Child's World.* N. Y.: McGraw-Hill.

36. D. Papalia, S. Olds & R. Feldman, 2001. *Human Development.* Boston: McGraw-Hill.

37. D. Treiman, 1997. *Occupational Prestige in Comparative Perspective.* N. Y.: Academic Press.

38. D. Y. H. Wu, 1996. Chinese childhood socialization. In M. H. Bond(Ed.), *The Handbook of Chinese Psychology*, pp. 143 – 154. H. K.: Oxford University Press.

39. DeSpelde, Strickland, 2005. *Study Guide for the Last Dance: Encountering Death and Dying.* Academic Internet Publishers.

40. E. Burgess, 1960. *Aging in Western Societies.* Chicago: The University of Chicago Press.

41. E. Cumming & W. Henry, 1961. Growing Old. *The Process of Disengagement.* N. Y.: Basic Books.

42. E. Durall, 1971. *Family Development.* Philadelphia: J. B. Lippincott.

43. E. Erikson, 1963. *Childhood and Society (2nd Ed.).* N. Y.: Norton.

44. E. Erikson, 1968. *Identity, Youth and Crisis.* N. Y. : Norton.

45. E. Hutchison, 2003. *Dimensions of Human Behavior: the Publications Changing Life Course.* Thousand Oaks, Calif: Sage Publications.

46. E. Lemert, 1951. *Social Pathology.* N. Y. : McGraw-Hill.

47. E. Lemert, 1967. *Human Deviance, Social Problems, and Social Control.* Englewood Cliffs, N. J. : Prentice Hall.

48. E. Ross, 1969. *On Death and Dying: What the Dying have to Teach Doctors, Nurses, Clergy, and Their Own Families.* N. Y. : MacMillan.

49. E. Zigler & M. Stevenson, 1993. *Children in a Changing World: Development and Social Issues.* Pacific Grove, C. A. : Cole Brooks.

50. F. D. Horowitz & J. Coloombo (Eds.), 1990. *Infancy Research: A Summative Evaluation & a Look to the Future.* Dotroid Waync: Slate University Press.

51. F. Hayward & Chen, 1998. Career Trajectories and Older Men' s Retirement. *Journal of Gerontology: Social Sciences*, 53B: S91 – S103.

52. F. Hollis, 1964. *Casework: A Psychosocial Therapy.* N. Y. : Random House.

53. F. Terry, 1980. *Theory and Problems of Child Psychology.* N. Y. : McGraw – Hill.

54. G. Becker, 1991. *A Treatise on the Family.* Cambridge, Mass. : Harvard University Press.

55. G. Elder, 1998. The Life Course and Human Development. In M. Lerner (Ed.), *Handbook of Child Psychology (Volume 1: Theoretical Models of Human Development).* N. Y. : Wiley.

56. G. Hamilton, 1951. *Theory and Practice of Social* Case Work. N. Y. : Columbia University Press.

57. G. Labouvie-Vief, 1986. *Intelligence and Cognition.* In J. E. Birren (Ed.) Handbook on the Psychology of Aging. N. Y. : Van Nostrand Reinhold.

58. G. Labouvie-Vief, 1986. Modes of Knowledge and the Organization of Development. In M. L. Commons, C. Armon, L. Kohlberg et al. (Eds.), *Adult development (Vol. 2). Models and Methods in the study of Adolescent Thought.* N. Y. : Praeger.

59. G. Lefrancois, 1999. *The Lifespan.* Belmont, C. A. : Wadsworth.

60. G. Leslie, 1982. *The Family in Social Context.* N. Y. : Oxford University Press.

61. G. Vaillant, 2002. *Aging Well.* Boston: Little, Brown and Co.

62. H. Becker, 1963. *Outsiders: Studies in the Sociology of Deviance.* N. Y. : The Free Press.

63. H. Bee, 1985. *The Developing Child.* N. Y. : Harper & Row.

64. H. Ginsbury & S. Opper, 1979. *Piaget' s Theory of Intellectual Development.* Englewood Cliff. N. J. : Prentice-Hall.

65. H. Harlow, 1961. The Development of Affectional Patterns in Infant Monkeys. In B.

Foss(Ed.), *Determinants of Infant Behavior*, pp. 75 – 97. London: Methuen.

66. H. Markus & P. Nurius, 1984. Self-understanding and Self-regulation in Middle Childhood. In W. A. Collins, *Development during Middle Childhood: The Years From Six to Twelve.* Washington, D. C.: National Academy.

67. H. Sullivan, 1953. *The Interpersonal Theory of Psychology.* N. Y.: Norton.

68. I. B. Weiner, 1982. *Child and Adolescent Psychology.* N. Y.: John Wiley.

69. I. Troll, 1985. *Early and Middle Adulthood.* Monterey, C. A.: Cole Brooks.

70. J. Aldous, 1978. *Family Careers: Development Change in Families.* N. Y.: Wiley.

71. J. Bowlby, 1973. *Attachment and Loss, Vol. 2: Separation.* N. Y.: Basic Books.

72. J. Bowlby, 1980. *Attachment and Loss, Vol. 3: Loss, Sadness and Depression.* N. Y.: Basic Books.

73. J. Bowlby, 1969. *Attachment and Loss, Vol. 1: Attachment.* N. Y.: Basic Books.

74. J. Dollard, L. Doob, N. Miller, O. Mowrer & R. Sears, 1939. *Frustration and Aggression.* N. H.: Yale University Press.

75. J. Fowler, 1981. *Stages of Faith: the Psychology of Human Development and the Quest For Meaning.* San Francisco: Harper & Row.

76. J. Harvey & A. Weber, 2002. *Odyssey of the Heart: Close Relationships in the 21st Century.* Mahwah, N. J.: Lawrence Erlbaum Associates.

77. J. Henretta, 2001. Work and Retirement. *Handbook of Aging and the Social Sciences.* San Diego, C. A.: Academic Press.

78. J. Kagan, 1984. *The Nature of the Child.* N. Y.: Basic Books.

79. J. Keogh & D. Sugden, 1985. *Movement Skill Development.* N. Y.: Macmillan Publishing Company.

80. J. L. Holland, 1997. *Making Vocational Choices: A Theory of Vocational Personalities and Work Environments (3rd Ed.)*. Odessa, F. L.: Psychological Assessment Resources.

81. J. L. Horn, 1982. The Aging of Human Abilities. In B. B. Wolman(Ed.), *Handbook of Developmental Psychology*, pp. 847 – 870. Englewood Cliffs, N. J.: Prentice Hall.

82. J. Santrock, 2002. *Life-span Development.* Boston: McGraw-Hill.

83. J. Whittaker & E. Tracy, 1989. *Social Treatment: an Introduction to Interpersonal Helping in Social Work Education.* N. Y.: Aldine de Gruyter.

84. K. M. Sheldon, 2006. Getting Older, Getting Better? Recent Psychological Evidence. In M. Csikszentmihalyi(Ed.), A Life Worth Living: *Perspectives from Positive Psychology*, pp. 215 – 229. Washington, D. C.: Gallup.

85. K. McInnis-Dittrich, 2013. *Social Work with Older Adults.* London: Pearson Higher Ed.

86. K. Rubin et al., 1983. The Relationship of Child's Play to Social Growth and Development. In H. Foot et al. (Eds.), Friendships and Social Relations in Children. London: Wiley.

87. K. W. Schaie & S. L. Willis, 2000. A Stage Theory Model of Adult Cognitive Develop-

ment Revisited. In World Congress of Gerontology, 1997. Adelaide, Australia: An Earlier Version of this Chapter was Presented at the Aforementioned Conference. N. Y. : Springer Publishing Co.

88. L. Berkowitz, 1969. The Frustration-aggression Hypothesis Revisited. In L. Berkowitz (Ed.), *Roots of aggression.* N. Y. : Atherton.

89. L. Pearlin, 1982. Discontinuities in the Study of Aging. In T. Hareven(Ed.), *Aging and the Life Course.* N. Y. : Guilford.

90. L. Schiamberg, 1988. *Child and Adolescent Development.* N. Y. : Macmillan.

91. L. Steinberg, 1989. Pubertal Maturation and Parent-adolescent Distance: An Evolutionary Perspective. In G. Adams, R. Montemayor & T. Gullotta(Eds.), Advances in Adolescent Development. *Vol. 1: Biology of Adolescent Behavior and Development.* Newbury Park, C. A. : Sage.

92. L. Steinberg, 1990. Autonomy, Conflict, and Harmony in the Family Relationship. In S. Feldman & Elliott G. (Eds.), *At the threshold: The Developing Adolescent*, pp. 255 – 276. Cambridge, M. A. : Harvard University Press.

93. L. Von Bertalanffy, 1973. *General System Theory: Foundations, Development, Applications.* N. Y. : George Braziller.

94. M. Ainsworth, S. Bell, M. Blehar & M. Main, 1971(April). *Physical Contact: A Study of Infant Responsiveness and Its Relation to Maternal Handling.* Paper Presented at the Biennial Meeting of the Society for Research in Child Development. M. N. : Minneapolis.

95. M. Boule & H. Vallois, 1957. *Fossil Men: A Textbook of Human Paleontology.* London: Thames and Hudson.

96. M. Daly & M. Wilson, 1994. Evolutionary Psychology of Male Violence. In J. Archer (Ed.), *Male violence*(pp. V253 – 288). London: Routledge.

97. M. Klaus & J. Kennell, 1983. *Parent-infant Bonding.* St. Louis: Mosby.

98. M. L. Hoffman, 1970. Moral Development. In P. H. Mussen(Ed.), *Carmichael' s Manual of Child Psychology (Vol. 2).* N. Y. : Wiley.

99. M. Lamb, 1981. *The Role of Father in Child Development.* N. Y. : Wiley.

100. M. Main & J. Solomon, 1986. Discovery of an Insecure Disorganized / Disoriented Attachment Pattern: Procedures, Findings and Implications for Classification of Behavior. In M. Yogman & T. Brazelton, *Affective Development in Infancy*, pp. 95 – 124. Norwood, N. J. : Ablex.

101. M. Richmond, 1917. *Social Diagnosis.* N. Y. : Free Press.

102. M. Richmond, 1922. *What Is Social Case Work? An Introductory Description.* N. Y. : Russell Sage Foundation.

103. M. Siporin, 1975. *Introduction to Social Work Practice.* N. Y. : Macmillan.

104. N. Finch, L. Hayes, W. Mason & L. Wallis, 1996. *Inheritance and Families.* London:

Sage.

105. O. Dale, R. Smith, J. Norlin & W. Chess, 2006. *Human Behavior and the Social Environment.* Boston: Pearson Education.

106. O. Duncan, D. Featherman & B. Duncan, 1972. *Socioeconomic Background and Achievement.* N. Y.: Seminar Press.

107. P. Blau & O. Duncan, 1967. *The American Occupational Structure.* N. Y.: Wiley.

108. P. Blau, 1964. *Exchange and Power in Social Life.* N. Y.: Wiley.

109. P. Bourdieu et al., 1994. *Academic Discourse: Linguistic Misunderstanding and Professorial Power.* Stanford, C. A.: Stanford University Press.

110. P. K. Smith & K. Connolly, 1981. *The Behavioral Ecology of the Preschool.* Cambridge: Cambridge University Press.

111. P. Mussen, 1983. *Handbook of Adult Psychology.* N. Y.: John Wiley & Sons.

112. P. Pecora, J. Whittaker & A. Maluccio, 1992. *The Child Welfare Challenge: Policy, Practice and Research.* N. Y.: Aldine de Gruyter.

113. P. Warr, 1998. Age Work and Mental Health. In K. Schaie and C. Schooler (Eds.), *The Impact of Work on Older Adults.* N. Y.: Springer.

114. R. Atchley, 1972. *The Social Forces in Later Life.* Belmont, C. A.: Wadsworth.

115. R. Atchley, 1976. *Sociology of Retirement.* N. Y.: Halsted.

116. R. Atchley, 2000. *Social Forces and Aging.* Belmont, C. A.: Wadsworth.

117. R. Barker, 1987. *The Social Work Dictionary.* Washington, D. C.: NASW Press.

118. R. Berns., 1993. *Child, Family, Community (3rd Ed.).* San Diego: Harcourt Brace Jovanovich.

119. R. Blieszner & R. Hamon, 1992. Filial Responsibility: Attitudes, Motivations and Behaviors. In J. Dwyer and R. Coward (Eds.), *Gender, Families and Elder Care.* Newbury Park, C. A.: Sage.

120. R. Case, 1985. *Intellectual Development: Birth to Adulthood.* N. Y.: Academic Press.

121. R. Feuerstein, 1980. *Instrumental Enrichment: An Intervention Program for Cognitive Modifiablity.* Baltimore: University of Park Press.

122. R. Havighurst & R. Albrecht, 1953. *Older People.* N. Y.: Longmans.

123. R. Havighurst, 1974. *Human Development and Education.* N. Y.: Longmans.

124. R. Kail & J. Cavanaugh, 1996. *Human Development.* Pacific Grove, C. A.: Cole Brooks.

125. R. Peck, 1968. Psychological Development in the Second Half of Life. In B. Neugarten (Ed.), Middle Age and Aging. Chicago: University of Chicago Press.

126. R. Rosenthal & L. Jacobson, 1968. *Pygmalion in the Classroom.* N. Y.: Holt, Rinehart & Winston.

127. R. Selman, 1980. *The Growth of Interpersonal Understanding: Developmental and*

Clinical Analyses. N. Y. : Academic Press.

128. R. Trivers, 1972. Parental Investment and Sexual Selection. In B. Campbell(Ed.), *Sexual Selection and the Descent of Man*, 1871 – 1971, pp. 136 – 179. Chicago: Aldine Publishing Company.

129. R. Weiss, 1974. The Provisions of Social Relationships. In Z. Rubin(Ed.), *Doing Unto Others*. Englewood Cliffs, N. J. : Prentice-Hall.

130. S. C. Levinson, 1983. *Pragmatics*. Cambridge: Cambridge University Press.

131. S. Farber & T. Egnew, 2004. *What is a Respectful Death: Living with Dying*. N. Y. : Columbia University Press.

132. S. Freud, 1983. Peer Relations. In P. H. Mussen(Ed.). *Handbook of Child Psychology*. N. Y. : Wiley.

133. S. Harter, 1996. Historical Roots of Contemporary Issues Involving Self-concept. In B. A. Bracken(Ed.), *Handbook of Self-concept: Developmental, Social, and Clinical Considerations*, pp. 1 –37. N. Y. : Wiley.

134. T. Hareven, 2000. *Families, History and Social Change: Life Course and Cross-cultural Perspectives*. Boulder, Colorado: Westview Press.

135. T. Williams, 1986. *The Impact of Television: A Natural Experiment in 3 Communities*. N. Y. : Academic Press.

136. W. Boehm, 1959. *Objectives of the Social Work Curriculum of the Future, Curriculum Study I*. N. Y. : Council on Social Work Education.

137. W. Dennis & M. Dennis, 1951. Development Under Controlled Environmental Conditions. In Dennis, W. (Ed.), *Readings in Child Psychology*. N. Y. : Prentice-Hall.

138. W. Hartup, 1984. The Peer Context in Middle Childhood. In W. A. Collins(Ed.), *Development during Middle Childhood: The Years from Six to Twelve*. Washington, D. C. : National Academy Press.

139. W. Hartup, 1992. Peer Relationship in Early and Middle Childhood. In V. Hasselt & M. Herson(Eds.), *Handbook of Social Development: A Lifespan Perspective*. N. Y. : Plenum.

140. W. James, 1952. *The Principles of Psychology*. Chicago: Encyclopedia Britannica.

141. W. Maters, V. Johnson & R. Kolodny, 1995. *Human Sexuality*. N. Y. : Harper Collins.

142. W. Mischel, 1999. *Introduction to Personality*. Fort Worth: Harcourt Brace College Publisher.

143. W. Seelbach, 1984. Filial Responsibility and the Care of Aging Family Members. *Independent Aging: Family and Social System Perspectives*. Rockville, M. D. : Aspen.

144. World Health Organization (WHO). 1998. *Obesity: Preventing and Managing the Global Epidemic*. Geneva: Author.

（二）期刊文章

1. A. B. Bergman, R. M. Larsen & B. A. Mueller, 1986. Changing Spectrum of Serious Child Abuse. *Pediatrics*, 77(1): 113 –116.

2. A. Bandura, 1982. The Psychology of Chance Encounters and Life Paths. *American Psychologist*, 37(7): 747.

3. A. Campbell, L. Shirley & J. Candy, 2004. A Longitudinal Study of Gender-Related Cognition and Behaviour. *Developmental Science*, 7(1): 1 –9.

4. A. Goldstein, 1999. Aggression Reduction Strategies: Effective and Ineffective. *Psychology Quarterly*, 14: 40 –58.

5. A. Jules, A. Felix & H. Stassen, 1999. Suicide Risk in Patients with Major Depression Disorder. *Clinical Psychiatry*, 60: 57 –62.

6. A. M. Leslie, 1987. Pretense and Representation: The Origins of Theory of Mind. *Psychological Review*, 94: 412 –426.

7. A. Olsson, E. Robertson, A. Bjorklund et al., 2010. Fatherhood in Focus, Sexual Activity Can Wait: New Fathers′Experience about Sexual Life after Childbirth. *Scand J Car Sci*, 24(4): 716 –725.

8. A. Rose, 1964. A Current Theoretical Issue in Social Gerontology. *Gerontologist*, 4: 46 –50.

9. B. Amsterdam, 1972. Mirror Self-image Reactions before Age Two. *Developmental Psychobiology*, 5: 297 –305

10. B. E. Vaughn & J. H. Langlois, 1983. Physical Attractiveness as a Correlate of Peer Status and Social Competence in Preschool Children. *Developmental Psychology*, 19(4): 561.

11. B. Gxoholt, O. Ekeberg & L. Wichstorm, 1997. Youth Suicide in Norway. Suicide *Life Threat Behaviour*, 27(3): 250.

12. B. Hamark, N. Uddenberg & L. Forssman, 1995. The Influence of Social Class on Party and Psychological Reactions in Women Coming for Induced Abortion. ActaObstet, *Gynecol-Scand*, 74: 302 –306.

13. B. I. Murstein, 1987. A Clarification and Extension of the SVR Theory of Dyadic Pairing. *Journal of Marriage and the Family*, 929 –933.

14. B. Martin, 1989. Gender Differences in Salary Expectations When Current Salary Information is Provided. *Psychology of Women Quarterly*, 13: 87 –96.

15. B. Neugarten & K. Weinstein, 1964. The Changing American Grandparent. *Journal of Marriage and the Family*, 26: 199 –204.

16. B. Priel & A. Besser, 2002. Perceptions of Early Relationships during the Transition to Motherhood: The Mediating Role of Social Support. *Infant Mental Health Journal*, 23(4): 343 –360.

17. B. Rockwell, 1989. Expectant Father: Change and Concerns. *Canadian Family Physi-*

cian, 35: 663 –665.

18. B. Watkins, 1988. Children's Representations of Television and Real Life. *Stories Communication Research*, 15(2): 159 – 184.

19. C. B? ckstr? m & E. H. Wahn, 2011. Support During Labour: First-time Fathers' Descriptions of Requested and Received Support During the Birth of Their Child. *Midwifery*, 27 (1): 67 –73.

20. C. Fisher, Y. Hauck & J. Fenwick, 2006. How Social Context Impacts on Women's Fears of Childbirth: A Western Australian Example. *Social Science & Medicine*, 63 (1): 64 –75.

21. C. H. Hart et al., 1998. Overt and Relational Aggression in Russian Nursery School-age Children: Parenting Style and Marital Linkages. *Developmental Psychology*, 34: 687 –697.

22. C. H. Kao & A. Long, 2004. First-time Taiwanese Expectant Fathers' Life Experiences during the Third Trimester of Pregnancy. *Journal of Nursing Research*, 12(1): 60 –65.

23. C. Knoester & A. Booth, 2000. Barriers to Divorce. *Journal of Family Issues*, 21(1): 78 –99.

24. C. Kopp, 1982. Antecedents of Self-regulation: A Developmental Perceptive. *Development Psychology*, 6: 199 –214.

25. C. Schaefer, 1969. Imaginary Companions and Creative Adolescents. *Development Psychology*, 1: 747 –749.

26. C. W. Cotman & K. J. Anderson, 1988. Synaptic Plasticity and Functional Stabilization in the Hippocampal Formation: Possible Role in Alzheimer's Disease. *Advances in Neurology*, 47: 313 –335.

27. D. Barker, J. Eriksson, T. Forsen et al., 2002. Fetal Origins of Adult Disease: Strength of Effects and Biological Basis. *Inter Journal of Epidemiol*, 31(6): 1235 –1239

28. D. Baumrind, 1968. Authoritarian vs. Authoritative Parental Control. *Adolescence*, 3: 255 –272.

29. D. Bell, 1993. Separation Anxiety Disorder Overanxious Disorder and School Refusal Child. Adolescent, *Psychiatry Clinic North America*, 2: 563 –580.

30. D. Best, J. Williams, J. Cloud, S. Davis, L. Robertson, J. Edwards, H. Giles, J. Fowles, 1977. Development of Sex-Trait Stereotypes among Young Children in the United States, England, and Ireland. *Child Development*, 48(4): 1375 –1384.

31. D. Bullock, 1982. Behaviorism and NSPI: The Erratically Applied Discipline. *Performance and Instruction*, 21(3): 4 –8, 11.

32. D. Buss, 1989. Sex Difference in Human Mate Preferences: Evolutionary Hypotheses Testing in 37 Cultures. *Behavioral and Brain Science*, 12: 1 –49.

33. D. C. French & A. L. Stright, 1991. Emergent Leadership in Children's *Small Groups. Small Group Research*, 22(2): 187 –199.

34. D. Field & M. Minkler, 1988. Continuity and Change in Social Support Between Young-old and Old-old or Very-old Age. *Journal of Gerontology: Psychological Science*, 43: 100 – 106

35. D. G. Singer, J. Singer, H. Agostino, & R. Delong, 2009. Children's Pastimes and Play in Sixteen Nations: Is Free Play Declining? *American Journal of Play*, (1): 283 – 312.

36. D. Hahn, J. DiPietro, 2001. In Vitro Fertilization and the Family: Quality of Parenting, Family Functioning, and Child Psychosocial Adjustment. *Development Psychology*, 37: 37 – 48.

37. D. Kalmuss, A. Davidson, & L. Cushman, 1992. Parenting Expectations, Experiences, and Adjustment to Parenthood: A Test of the Violated Expectations Framework. *Journal of Marriage and the Family*, 516 – 526.

38. D. Kenrick & R. Keefe, 1992. Age Preferences in Mates Reflect Sex Differences in Reproductive Strategies. *Behavioral and Brain Sciences*, 15: 75 – 133.

39. D. Laible & R A. Thompson, 1998. Attachment and Emotional Understanding in Preschool Children. *Developmental Psychology*, 34(5): 1038 – 1045.

40. D. M. Direnfeld & J. E. Roberts, 2006. Mood Congruent Memory in Dysphoria: The Roles of State Affect and Cognitive Style. *Behaviour Research and Therapy*, 44: 1275 – 1285.

41. D. T. H. Tan, 2004. The Future Is Near: Focus on Myopia. *Singapore Medical Journal*, 45(10): 451.

42. D. L. Krebs & F. Van Hesteren, 1994. The Develepment of Altruism: Toward an Integrative Model. *Developmental Review*, 14: 103 – 158.

43. E. Fombonne, 1998. Suicidal Behaviours in Vulnerable Adolescents: Time Trends and Their Correlates. *Br J. Psychiatry*, 173: 154.

44. E. G. Hall & A. M. Lee, 1984. Sex Differences in Motor Performance of Young Children: Fact or Fiction? Sex Roles, 10(3 – 4): 217 – 230.

45. E. Ginzberg, 1952. Toward a Theory of Occupational Choice. *Occupations: The Vocational Guidance Journal*, 30(7): 491 – 494.

46. E. Goldstein, 1996. What is Clinical Social Work? Looking Back to Move Ahead. *Clinical Social Work Journal*, 24(1): 89 – 104.

47. E. Kidd, P. Rogers & C. Rogers, 2010. The personality Correlates of Adults Who had Imaginary Companions in Childhood. *Psychological Reports*, 107(1): 163 – 172.

48. E. M. Rutledge, 1990. Black Parent-child Relations: Some Correlates. *Journal of Comparative Family Studies*, 369 – 378.

49. E. Nasser & J. Overholser, Assessing Varying Degrees of Lethality in Depressed Adolescent Suicide Ate Matters. *Acta Psychiatry Scand*, 99: 423 – 431.

50. E. Waters & K. Deane, 1985. Defining and Assessing Individual Differences in Attachment Relationships: Q-methodology and the Organization of Behavior in Infancy and Early Childhood. *Monographs of the Society For Research in Child Development*, 50: 66 – 106.

51. G. A. Levinger, 1976. Social Psychological Perspective on Marital Dissolution, *Journal of Social Issues*, 32(1): 21 -47.

52. G. Elder, 1969. Appearance and Education in Marriage Mobility. *American Sociological Review*, 34: 519 -33.

53. G. J. Suess, K. E. Grossmann & L. A. Sroufe, 1992. Effects of Infant Attachment to Mother on Quality of Adaptation in Preschool. *International Journal of Behavioral Development*, 15(1): 43 -65.

54. G. John, Cagle, Pamela, J. Kovacs, 2009. Education: A Complex and Empowering Social Work Intervention at the End of Life. *Health & Social Work*, 34: 17 -27.

55. G. Shaw, D. Schaffer, E. Velie, K. Morland & J. Harris, 1995. Periconceptional Vitamin Use, Dietary Folate, and the Occurrence of Neural Tube Defects. *Epidemiology*, 6: 219 -226.

56. G. Vaillant & K. Mukamal, 2001. Successful Aging. *The American Journal of Psychiatry*, 158: 839 -847.

57. G. Weiss, 1990. Hyperacitivity in Childhood, *New England Journal of Medicine*, 20: 322.

58. G. Weiss, 1990. Hyperactivity in childhood. *The New England Journal of Medicine*, 323(20): 1413 -1415.

59. G. Yildirim & N. H. Sahin, 2004. The Effect of Breathing and Skin Stimulation Techniques on Labour Pain Perception of Turkish Women. *Pain Research & Management: the Journal of the Canadian Pain Society*, 9: 183 -187.

60. H. Förstl & A. Kurz, 1999. Clinical Features of Alzheimer's Disease. *European Archives of Psychiatry and Clinical Neuroscience*, 249(6): 288 -290.

61. H. Hull, 1990. Recent Trends in Sex Ratios at Birth in China. *Population and Development Review*, 16(1): 63 -83.

62. H. Ozkan, A. N. Aksoy, 2011. Do Expectant Fathers Experience Sympathetic Pregnancy? *Health Med*, 5(3): 643 -647.

63. H. Schaffer, 2000. The Early Experience Assumption: Past, Present, and Future. *International Journal of Behavioral Development*, 24(1): 5 -14.

64. H. Steele, M. Steele, C. Croft & P. Fonagy, 1999. Infant-mother Attachment at One Year Predicts Children's Understanding of Mixed Emotions at Six Years. *Social Development*, 8(2): 161 -178.

65. H. T. Dunbar, C. W. Mueller, C. Medina, & T. Wolf, 1998. Psychological and Spiritual Growth in Women Living with HIV. *Social Work*, 43(2): 144 -154.

66. I. Gungor & N. K. Beji, 2007. Effects of Fathers' Attendance to Labor and Delivery on the Experience of Childbirth in Turkey. *Western Journal of Nursing Research*, 29(2): 213 -231.

67. I. Hildingsson, L. Cederl? f & S. Widén, 2011. Fathers' Birth Experience in Relation to Midwifery Care. *Women and Birth*, 24(3): 129 – 136.

68. I. McMillen & Robinson, 2005. Developmental Origins of the Metabolic Syndrome: Prediction, Plasticity, and Programming. *Physical Review*, 85(2): 571 –633.

69. J. Belsky & M. Rovine, 1990. Patterns of Marital Change across the Transition to Parenthood: Pregnancy to Three Years Postpartum. *Journal of Marriage and the Family*, 5 – 19.

70. J. Bowlby, 1951. Maternal Care and Mental Health. *World Health Organization Monograph*(Serial No. 2).

71. J. Carbery & D. Buhrmester, 1998. Friendship and Need Fulfillment DuringThree Phases of Young Adulthood. *Journal of Social and Personal Relationships*, 15(3):393 –409.

72. J. Colombo, 1982. The Critical Period Concept: Research, Methodology and Theoretical Issues. *Psychological Bulletion*, 91: 260 –275.

73. J. Dunn, J. Brown & M. Maguire, 1995. The Development of Children's Moral Sensibility: Individual Differences and Emotional Understanding. *Developmental Psychology*, 31(4): 649 –659.

74. J. E. Thomas, A. K. Bonér & I. Hildingsson, 2011. Fathering in the First Few Months. *Scandinavian Journal of Caring Sciences*, 25(3): 499 –509.

75. J. Feldhusen, D. Yun Dai & P. Clinkenbeard, 2000. Dimension of Competitive and Cooperative Learning Among Gifted Learners. *Journal For the Education of the Gifted*, 23: 328 –342.

76. J. Gazmararian, R. Petersen, A. Spita, M. Goodwin, L. Saltman & S. Marks, 2000. Violence and Reproductive Health: Current Knowledge and Future Research Directions. *Mar Child Health*, 4: 79 –84.

77. J. Harris, 1995. Where Is the Child's Environment? A Group Socialization Theory of Development. *Psychology Review*, 102: 458 –489.

78. J. J. Arnett, 2000. Emerging Adulthood. The Winding Road from the Late Teens through the Twenties. *American Psychologist*, 55: 469 –480.

79. J. Kagan, 1996. Three Pleasing Ideas. *American Psychologist*, 53: 901 –908.

80. J. L. Roopnarine & A. S. Honig, 1985. The Unpopular Child. *Young Children*, 40(6): 59 –64.

81. J. M. Tanner, 1978. Interaction of Hereditary and Environmental Factors in Controlling Growth. In J. M. Tanner(Ed.), *Education and Physical Growth*, pp. 90 – 114. Lomdon: Hodder and Stoughton.

82. J. Paulson & S. Bazemore, 2010. Prenatal and Postpartum Depression in Father Sand its Association with Maternal Depression. *Journal of American Medical Association*, 303(19): 1961 –1969.

83. J. Smetana, 1988. Adolescents' and Parents' Conceptions of Parental Authority. *Child*

Development, 59(21): 321 -335.

84. J. Steri & O. Nygren, 1991. The Missing Girls of China: A New Demographic Account. *Population and Development Review*, 17(1): 359 -363.

85. J. W. Schofield & Jr. B. E. Whitley, 1983. Peer Nomination vs. Rating Scale Measurement of Children's Peer Preferences. *Social Psychology Quarterly*, 242 -251.

86. K. A. Schachman, 2010. Online Fathering: The Experience of First-time Fatherhood in Combat-deployed Troops. *Nursing research*, 59(1): 11 -17.

87. K. Andrews, D. Francis & M. Riese, 2000. Prenatal Cocaine Explosure and Prematurity: Neuro-developmental Growth. *Journal of Developmental Behavioral Pediatrics*, 21: 262 -270.

88. K. Daniels, 1993. Infertility Counseling: The Need For a Psychosocial Perspective. British *Journal of Social Work*, 25: 105 -123.

89. K. H. Rubin, W. Bukowski & J. G. Parker, 1998. Peer Interactions, Relationships, and Groups. In N. Eisenberg(Ed.). *Handbook of Child Psychology: Social, Emotional, and Personality Development*, 3: 619 -700.

90. K. Linda, E. James & E. Laurie, 2001. Child Emotional Treatment: A 22-year Study of Us Army Cases. *Child Abuse & Neglect*, 25(5): 623 -639.

91. K. Nilson, 1982. Urinary Diversion via a Continent Ideal Reservoir Clinical Results in 12 Patients. *Journal of Urology*, 128.

92. K. S. Rosen & F. Rothbaum, 1993. Quality of Parental Caregiving and Security of Attachment. *Developmental Psychology*, 29(2): 358.

93. K. Schaie, 1978. External Validity in the Assessment of Intellectual Performance in Adulthood. *Journal of Gerontology*, 33: 695 -701.

94. K. Schaie, 1994. The Course of Adult Intellectual Development. *American Psychologist*, 49: 304 -313.

95. K. W. Schaie & F. A. Zanjani, 2006. Intellectual Development Across Adulthood. *Handbook of Adult Development and Learning*, 99 -122.

96. K. W. Schaie & S. L. Willis, 1993. *Age Difference Patterns of Psychometric Intelligence in Adulthood: Generalizability within and Across Ability Domains. Psychology and Aging*, 8: 44 -55.

97. K. W. Schaie, 1977. Toward a Stage Theory of Adult Cognitive Development. *The International Journal of Aging and Human Development*, 8(2): 129 -138.

98. K. W. Fischer, 1980. A Theory of Cognitive Development: The Control and Construction of Hierarchies of Skills. *Psychological Review*, 87(6): 477 -531.

99. L. Berkowitz & A. LePage, 1967. Weapons as aggression-eliciting stimuli. *Journal of Personality and Social Psychology*, 7: 202 -207.

100. L. Burd, T. Cotsonas-Hassler, J. Martsolf & J. Kerbeshian, 2003. Recognition and

Management of Fetal Alcohol Syndrome. *Neurotoxicological Teratology*, 25: 681 – 688.

101. L. Eron, L. Huesmann, M. Lefkowitz & L. Walder, 1972. Does Television Violence Cause Aggression? *American Psychologist*, 27: 253 – 263.

102. L. Ganong, J. Coleman, A. McDaniel & T. Killian, 1998. Attitudes Regarding Obligations to Assist an Older Parent or Stepparent Following Later Life Remarriage. *Journal of Marriage and the family*, 60: 595 – 610.

103. L. Genesoni & M. A. Tallandini, 2009. Men's Psychological Transition to Fatherhood: an Analysis of the Literature, 1989 – 2008. *Birth*, 36(4): 305 – 318.

104. L. L. Carstensen, M. Pasupathi, U. Mayr & J. R. Nesselroade, 2000. Emotional Experience in Everyday Life Across the Adult Life Span. *Journal of Personality and Social Psychology*, 79: 644 – 655.

105. L. Margolin & G. Meyer, 1987. The Continuing Role of Physical Attractiveness in Marriage, Journal of Marriage and the Family, 49(1): 21 – 27.

106. L. Rena et al., 2002. Risky Families: Family Social Environments and the Mental and Physical Health of Offspring. *Psychological Bulletin*, 128: 330 – 336.

107. H. T. Li, K. C. Lin, S. C. Chang, C. H. Kao, C. Y. Liu & S. C. Kuo, 2009. A Birth Education Program for Expectant Fathers in Taiwan: Effects on Their Anxiety. *Birth*, 36(4): 289 – 296.

108. Lin Nan & Bian Yanjie., 1991. Getting Ahead in Urban China. *American Journal of Sociology*, 97: 657 – 688.

109. M. Bern-Klug, C. Gessert & S. Forbes, 2001. The Need to Revise Assumptions about the End of Life: Implications for Social Work Practice. *Health & Social Work*, 26: 38 – 48.

110. M. Cain, 1982. Perspectives on Family and Fertility in Developing Countries. *Population Studies*, 36(2): 159 – 175.

111. M. Carter, 2002. Husbands and Maternal Health Matters in Rural Guatemala: Wives' Reports on Their Spouses' Involvement in Pregnancy and Birth. *Social Science & Medicine*, 55(3): 437 – 450.

112. M. Crandall, 1986. Evidence For on Inhibitory Effect of ANP on Vasopressin in Release. *Neuroendocrinology*, 44: 439.

113. M. Das Gupta & L. Shuzhuo, 1999. Gender Bias in China, South Korea and India 1920 – 1990: Effects of War, Famine and Fertility Decline. *Development and Change*, 30(3): 619 – 652.

114. M. Lewis, 1990. Challenges to the Study of Developmental Psychopathology. In A. Sameroff, M. Lewis & S. Miller(Eds.), *Handbook of Developmental Psychology*, 29 – 44.

115. M. M. Mueller, B. Wilhelm & G. H. Jr. Elder, 2002. Variations in Grandparenting. *Research on Aging*, 24: 360 – 388.

116. M. Main & D. Westen, 1981. The Quality of the Toddler's Relationship to Mother and

to Father: Related to Conflict and the Readiness to Establish New Relationships. *Child Development*, 52: 932 -940.

117. M. Mather & L. L. Carstensen, 2005. Aging and Motivated Cognition: the Positivity Effect in Attention and Memory. *Trends in Cognitive Sciences*, 9: 496 -502.

118. M. P. Lawton, M. Kleban, M. H. Bradley & J. Dean, 1993. Affect and Age: Cross-sectional Comparisions of Structure and Prevalence. *Psychology and Aging*, 8: 165 -175.

119. M. Pelkonen & Marttunen, 2003. Child and Adolescent Suicide: Epidemiology, Risk Factors, and Approaches to Prevention. *Pediatric Drugs*, 5(4): 243 -265.

120. M. Reith, M. Payne, 2009. Social Work in End of Life and Palliative Care. *Journal of Palliative Medicine*, 12: 1163 -1164.

121. M. Rutter, 1996. Transitions and Turning Points in Developmental Psychopathology: as Applied to the Age Span between Childhood and Mid-adulthood. *International Journal of Behavioral Development*, 19: 603 -626.

122. M. S. Joshi & M. MacLean, 1994. Indian and English Children's Understanding of the Distinction Between Real and Apparent Emotion. *Child Development*, 65(5): 1372 -1384.

123. M. Siporin, 1980. Ecological Systems Theory in Social Work. *Journal of Sociology and Social Welfare*, 7(4): 507 -532.

124. M. Szinovacz & C. Washo, 1992. Gender Differences in Exposure to Life Events and Adaptation to Retirment. *Journal of Gerontology: Social Sciences*, 47: 191 -196.

125. M. Taylor, S. M. Carlson, B. L. Maring, L. Gerow & C. M. Charley, 2004. The Characteristics and Correlates of Fantasy in School-age Children: Imaginary Companions, Impersonation, and Social Understanding. *Development Psychology*, 40(6): 1173 -1187.

126. M. Von Salisch, 2001. Children's Emotional Development: Challenges in Their Relationships to Parents, Peers, and Friends. *International Journal of Behavioral Development*, 25(4): 310 -319.

127. N. C. Jordan, J. Huttenlocher, & S. C. Levine, 1992. Differential Calculation Abilities in Young Children from Middle-and Low-income Families. Developmental Psychology, 28(4): 644.

128. N. G. Marie, T. Fleming, M. Robinson, et al., 2013. Global, Regional, and National Prevalence of Overweight and Obesity in Children and Adults during 1980 -2013: a Systematic Analysis for the Global Burden of Disease Study 2013. *The Lancet*, 384(9945): 766 -781.

129. N. Gibbs, 2002. Making Time For a Baby. *Time*, 11: 48 -54.

130. N. Miller, 1941. The Frustration-aggression Hypothesis. *Psychological Review*, 48: 337 -342.

131. P. Artal, M. Ferro, S. Miranda & R. Navarro, 1993. Effects of Aging in Retinal Image Quality. *Journal of the Optical Society of America*, 10: 1656 -1662.

132. P. Bateson, D. Barker, T. Clutton-Brock et al., 2004. Developmental Plasticity and

Human Health. *Nature*, 430(6998): 419 -421.

133. P. D. Coleman & D. G. Flood, 1986. Dendritic Proliferation in the Aging Brain As a Compensatory Repair Mechanisms. *Progress in Brain Research*, 70: 227 -237.

134. P. J. Turner & J. Gervai, 1995. A Multidimensional Study of Gender Typing in Preschool Children and Their Parents: Personality, Attitudes, Preferences, Behavior, and Cultural Differences. *Developmental Psychology*, 31: 759 -772.

135. P. K. Trickett & E. J. Susman, 1988. Parental Perceptions of Child-rearing Practices in Physically Abusive and Nonabusive Families. *Developmental Psychology*, 24(2): 270.

136. P. Miller & L. Sperry, 1987. The Socialization of Anger and Aggression. *Merrill Palmer Quarterly*, 33(1): 1 -31.

137. P. Morison & A. S. Masten, 1991. Peer Reputation in Middle Childhood as a Predictor of Adaptation in Adolescence: A Seven - Year Follow - up. *Child Development*, 62(5): 991 -1007.

138. P. Uhlenberg, T. Cooney & R. Boyd, 1990. Divorce for Women after Midlife. *Journal of Gerontology*, 45: S3 -S11.

139. Parkes, Colin, Murray, 2002. Grief: Lessons from the Past, Visions for the Future. *Death Studies*, 26: 367 -385.

140. Peterson A., 1993. Creating Adolescents: The Role of Context and Process in Developmental Trajectories. *Journal of Research on Adolescence*, 3: 1 -18.

141. R. A. Fabes & N. Eisenberg, 1992. Young Children's Coping with Interpersonal Anger. Child Development, 63(1): 116 -128.

142. R. B. Cattell, 1963. Theory of Fluid and Crystallized Intelligence: A Critical Experiment. *Journal of Educational Psychology*, 54: 1 -22.

143. R. J. Coplan, K. Prakash, K. O'Neil & M. Armer, 2004. Do You "Want" to Play? Distinguishing Between Conflicted Shyness and Social Disinterest in Early Childhood. *Developmental Psychology*, 40(2):244 -258.

144. R. J. Sternberg, 1986. A Triangular Theory of Love. *Psychological Review*, 93(2): 119.

145. R. Levenson, L. Carstensen & J. Gottman, 1993. Long-term Marriage: Age, Gender, and Satisfaction. *Psychology and Aging*, 8: 301 -313.

146. R. Rindfuss, E. Cooksey & R. Sutterlin, 1999. Young Adult Occupational Achievement. *Work and Occupations*, 26(2): 220 -263.

147. R. W. Hingson, W. Zha & E. R. Weitzman, 2009. Magnitude of and Trends in Alcohol-related Mortality and Morbidity Among U. S. College Students Ages 18 -24, 1998 -2005. *Journal of Studies on Alcohol and Drugs*, 16: 12.

148. R. W. Mitchell, 2007. Pretense in Animals: The Continuing Relevance of Children's Pretense. *Play and Development: Evolutionary, Sociocultural, and Functional Perspectives*,

51 -75.

149. R. Kaltiala-Heino, M. Rimpela & M. Marttunen, 1993. Bullying, Depression, and Suicidal Ideation in Finish Adolescents: School Survey. *BM1*, 319(7206): 348.

150. S. Goldberg, 1983. Parent-infant Bonding: Another Look. *Child Development*, 54: 1355 -1382.

151. S. Gortmeke & W. Dietz, 1987. Increasing Pediatric Obesity in the Unite States. *Pediatrics*, 141: 535 -540.

152. S. L. O' bryant & L. A. Morgan, 1989. Financial Experience and Well-being Among Mature Widowed Women. *The Gerontologist*, 20: 245 -251.

153. S. L. Sherman, S. B. Freeman, E. G. Allen et al., 2005. Risk Factors for Nondisjunction of Trisomy 21. *Cytogenet Genome Res*, 111: 273 -280.

154. S. Linda, Pagas, 2012. Sylvie Messier. Links between Motor Skills and Indicators of School Readiness at Kindergarten Entry in Urban Disadvantaged Children. *Journal of Educational and Developmental Psychology*, 1: 102.

155. S. M. McHale, K. A. Updegraff & H. Helms-Erikson, 2001. Sibling Influences on Gender Development in Middle Childhood and Early Adolescence: a Longitudinal Study. *Developmental Psychology*, 37(1): 115 -125.

156. S. Pirkola, M. Vhrttunen & M. Henriksson, 1999. Alcohol Related Problems among Adolescent Suicides in Finland. *Alcohol*, 34(3): 320.

157. S. R. Asher, 1982. Some Kids Are Nobody's Best Friend. *Today's Education: Social Studies Edition*, 71(1): 23 -29.

158. S. Sapkota, T. Kobayashi & M. Takase, 2012. Husbands' Experiences of Supporting Their Wives during Childbirth in Nepal. *Midwifery*, 28(1): 45 -51.

159. S. Sleek, 1996. Research Identifies Causes of Internal Homophobia. *APA Monitor*, 10: 1 -31.

160. S. Thompson, 1975. Gender Labels and Early Sex-role Development. *Child Development*, 46: 339 -347.

161. S. Wildberger, 2003. So You're Having a Baby. *Washingtonian*, 12(3): 85 -86, 88 -90.

162. T. Cooney & P. Uhlenberg, 1992. Support from Parents over the Life Course: The Adult Child's Perspective. *Social Forces*, 71: 63 -84.

163. T. Deave, D. Johnson, 2008. The Transition to Parenthood: What Does It Mean For Fathers? *Joural of AdvancedNurising*, 63(6): 626 -633.

164. T. Dellmann, 2004. "The Best Moment of My Life": ALiterature Review of Fathers' Experience of Childbirth. *Australian Midwifery*, 17(3): 20 -26.

165. T. Field, M. Diego, M. Hernandez-Reif et al., 2006. Prenatal Paternal Depression. *Infant Behavioral Development*, 29(4): 579 -583.

166. V. Uotinen, 1998. Age Identification: A Comparison between Finnish and North-American Cultures. *International Journal of Aging and Human Development*, 46: 109 - 124.

167. W. Christiaens, S. Van De Velde & P. Bracke, 2011. Pregnant Women's Fear of Childbirth in Midwife-and Obstetrician-led Care in Belgium and the Netherlands: Test of the Medicalization Hypothesis. *Women & health*, 51(3): 220 - 239.

168. W. Dare, C. Noronha, O. Kusemiju & O. Okanlawon, 2002. The Effect of Ethanol on Spermatogenesis and Fertility in Male Sprague Dawley Rats Pretreated with Acetylsalicylic Acid. *Nigeria Postgraduate Medical Journal*, 9: 194 - 198.

169. W. Dennis, 1941. Infant Development Under Conditions of Restricted Practice and Minimum Social Stimulation. *Genetic Psychology of Monographs*, 23: 143 - 189.

170. W. Dennis, 1966. Creative Productivity between the Ages of 20 and 80 Years. *Journal of Gerontology*, 11: 331 - 337.

171. W. Furman & D. Burhmester, 1985. Children's Perceptions of the Personal Relationships in Their Networks. *Developmental Psychology*, 21: 1016 - 1024.

172. W. J. Coster, M. S. Gersten, M. Beeghly & D. Cicchetti, 1989. Communicative Functioning in Maltreated Toddlers. *Developmental Psychology*, 25(6): 1020.

173. W. Mckain, 1972. A New Look at Older Marriages. *The Family Coordinator*, 21: 61 - 69.

174. X. Chen, L. Chang & Y. He, 2003. The Peer Group as a Context: Mediating and Moderating Effects on Relations Between Academic Achievement and Functioning in Chinese Children. *Child Development*, 74: 710 - 727.